U0824439

吉林大学哲学社会科学鼎新成果
培育计划结项成果

格兰维尔·威廉姆斯
刑法学教科书 I

犯罪论编

Glanville Williams
Textbook of
Criminal Law

[英] 丹尼斯·贝克 著
Dennis J. Baker

李立丰 译

法律出版社 LAW PRESS · CHINA | 北京

Glanville Williams Textbook of Criminal Law, 4th edition
by Dennis J. Baker
© Glanville Williams estate and Thomson Reuters
This translation of Glanville Williams' Textbook of Criminal Law is published by arrangement with Thomson Reuters.
This edition is not for sale outside China.
本书简体中文版由原作者和汤森路透授权法律出版社有限公司在中华人民共和国境内独家出版发行。
版权所有，违者必究。

著作权合同登记号
图字：01-2019-7860

引得清流泛孤舟（译者序）

在此之前，我的书，无论著译，但凡有序，皆以“当学术沦为职业”为题，发几句过时且“无用”的牢骚，扯两行不满学者“入市”的闲篇。不知我者读了，大多嗤之以鼻：穷酸刻薄一无是处。知我者读了，每每善意提醒：锋芒太过反易自伤。

岁月流转，年少不在。自己的学术职业化即便不能说是失败，但也绝对算不上彻底。即便依旧伸不得手来，但迫于生活，于无人处总要拾得些牙慧以便苟活。于是，便有了这部译著。但作为自绝于学术职业化的“出局者”，再说这个命题似乎已无资格，于是，便有了这个新序言。

刑法已非显学，普通法系刑法更是“非主流”的研究方向，相关研究在国内少人关注似属必然。“斗争”的语境，以及“平视”的角度，更让“西学东渐”作为一种研究范式，在主体性意识觉醒的中国日趋式微。就在这个特定的时空节点，一本享有盛誉的英国刑法教材和一个不算太差的中国刑法译者，宿命般地走到了一起。

作为普通法世界最为知名的刑法学教科书之一，本书原稿可谓鸿篇巨制，翻译过程中，结合中国读者的阅读习惯以及原书的编排体例，同时将原稿各章稍加编排，分别列入“犯罪论编”“抗辩论编”“典型罪编”三本规模适中的译著分侍读者，特此说明。

作为译者，可说的本就不多，唯愿“引得清流泛孤舟”。

“生命有限的人类，在浩瀚深邃的语言之海上齐心协力，划桨前行。虽然忐忑不安，却也十分快乐。不想停下，为了更加迫近真理，希望一直乘着这艘船航行下去。”①

---

① ［日］三浦紫苑：《编舟记》，蒋葳译，上海文艺出版社2015年版，第141页。

目录

第 1 章　犯罪与刑法

百千年前，普布留斯·奥维第乌斯·纳索（Publius Ovidius Naso）[①]曾言，法，“被制定出来，旨在防止强者滥用权力、为所欲为”。[②]

现在，来反思一下法的主要目标——对于安全的侧重。安全，作为某种不可估量的善，作为文明的独特标志，完全是法律的杰作。没有法，就没有安全，因此，也就没有生活的富足，更遑论人类存续的确定性。在这种状态下，唯一可能存在的平等，就是苦难的平等。

杰里米·边沁（Jeremy Bentham）[③]

不管持何种看法，没有人会质疑刑法之于社会的重要性。刑法，是人类用来防止行为可能对他人或社会机制造成严重损害的最后手段。同理，刑法承载了官方机构被允许对个人施加的最大强制力。作为某种为社会提供安全的保障工具，刑法的社会破坏性同样不容小觑。对社会与个人而言，整个法律体系中与其最具利害关系者，非刑法莫属。[④]

赫伯特·威克斯勒（Herbert Wechsler）[⑤]

---

① 普布留斯·奥维第乌斯·纳索（Publius Ovidius Naso），通称奥维德（Ovid），公元前 43 年至公元 17 年或 18 年，奥古斯都时期著名诗人，《变形记》作者。——译者注

② *Ouidius de Fastis cum duobus commentariis*，（Ovid，43 B. C.—17 A. D. or 18 A. D.），（Venice：Johannes Tacuinus，de Tridino，1497）. 中译本参见［古罗马］奥维德：《奥维德诗全集：拉中双语版》，李永毅译，中国青年出版社 2021 年版。——译者注

③ John Bowring（ed.），*The Works of Jeremy Bentham*，（Edinburgh：William Tait，1838）at 307.

④ “The Challenge of a Model Penal Code”，（1952）65 *Harv. L. Rev.* 1097 at 1089.

⑤ 赫伯特·威克斯勒（Herbert Wechsler，1909—2000 年），美国法学家，曾担任“美国法律协会”（American Law Institute，ALI）主席，是美国《模范刑法典》（Model Penal Code，MPC）的主要推动者。——译者注

第1节 研究范畴

1-001 开宗明义,从研究对象的范围开始谈起:本书研究的,主要是英格兰和威尔士的现行刑法,并不包括体系较为特殊的苏格兰刑法。英国议会虽然负责为整个联合王国立法,但经常需要将英格兰及威尔士与苏格兰作区别对待,毕竟苏格兰的法律体制别具一格。

之所以强调英格兰和威尔士,[①]理由在于二者虽被认为是两个国家(至少在许多威尔士人看来的确如此),但英格兰的法律,同样适用于威
4 尔士。实际上,无论出于何种立法目的,两者都被视为同属一个法域。"英格兰法官或威尔士的法官"这样的提法有些欠妥,虽然英格兰高等法院和巡回法院及威尔士高等法院和巡回法院法官的确分别存在,但其任命原则,显然与上述地域划分无关。至于"英国或威尔士法律",则错得"更加离谱",压根儿就没有这样两个法律体系。因此,不得不说,正如美国人和澳大利亚人也会用英语表达自己的意思一样,威尔士人同样需要遵守英格兰法律。偶尔,为了方便起见,本书直接使用"英国"概念来代表"英格兰及威尔士"这个正统的外交辞令,毕竟后者的表述太过烦冗。

尽管存在若干立法差异,北爱尔兰地区的法律,甚至包括"爱尔兰共和国"(Republic of Ireland)[②]的法律,基本上与"英国法"相同。此外,英国刑法的许多基本概念,在同属普通法系的美国、加拿大、澳大利亚、新西兰及不胜枚举的非洲国家,依然得到承认。基于普通法的域外判例,在英国司法体系中同样具有说服力,并将经常被本书援引。

第2节 犯罪之诉

1-002 警察有权在侵害人身、财产和公共秩序的重大"犯罪"(crimes),[③]

---

① 相关立法(Section 25 of the *Interpretation Act* 1978 and Sch. 3)废止了此前可以用"英格兰"包括"威尔士"的立法规定(*Wales and Berwick Act* 1746)。

② "爱尔兰共和国"(Republic of Ireland),简称"爱尔兰",西临大西洋,东靠爱尔兰海,与英国隔海相望,是北美通向欧洲的通道,曾一度被英国统治。1937年宣布成立共和国并独立。1948年12月21日脱离英联邦,并通过宪法成为永久中立国。1949年4月18日,英国承认爱尔兰独立。——译者注

③ "犯罪"(crimes),出于威慑违法者及其他人的目的,并为了公共秩序、和平、安宁和社会利益,在法律上被定性为针对国家或社区或公众的违法行为并可施以惩罚的一种作为或不作为,而无论其是否在道义上是错误的,或是否被定性为对个人造成了侵害并为赔偿损失而可对其提起民事上的诉讼。任何一种行为都可由法律规定为犯罪,而在其特征不变的情况下,该行为在某个时间可以被认定为犯罪,而在另一个时期则不被认定为犯罪。但是,一般说来,只要一种行为威胁到社会的安全、安宁或正常秩序,即会被认定为犯罪。犯罪行为通常都是在一般情况下被认为是违反道德的一

以及交通“违法”(offences)[①]等轻微案件中开展刑事执法活动。“检察长”(Director of Public Prosecutions,D. P. P.)[②],即所谓“公诉指挥者”,也可提告,在较为严重或疑难的案件中,更是如此。“重大诈欺办公室”(Serious Fraud Office)[③]拥有调查严重欺诈及腐败案件的特殊权力,获取、评估起诉诈骗犯所需的证据,甚至冻结其资产。

“税务及海关检察办公室”(Revenue and Customs Prosecution Office, RCPO)[④]的工作人员负责对涉税犯罪检控,在此过程中,亦可与警方及“王室检控署”(Crown Prosecution Service)[⑤]进行合作。[⑥]其他行政或公益

种行为,但也不全是如此。如违反交通规则或行政规章,其在本质上并不是犯罪或不道德的,而仅仅是受到刑罚的禁止而已。犯罪行为与仅被认定为侵权、违约或其他违反法定义务的行为之间的唯一本质区别是,犯罪行为在刑事法庭按刑事诉讼程序审理,并承担惩罚、处罚或其他处理,而其他行为只是要求返还财产、赔偿损害或其他民事救济的民事诉讼程序的基础。许多行为既是犯罪行为,同时又违反了民事义务,但也有一些行为则仅仅是犯罪行为或仅仅是侵权或违约。转引自[英]戴维·M. 沃克:《牛津法律大词典》,李双元等译,法律出版社 2003 年版,第 283 页。——译者注

① “违法”(offences),该词没有确定的或技术上的含义,只表示违背、触犯并受惩于法律的行为,特别是指受惩于制定法而不是普通法的行为,后者常被称为犯罪,违法专门指通过简单审判给予惩处的行为。犯罪和违法行为之间的区别存在于词语的习惯表达方面,而非法律定义的问题。因此,有时该术语是指“破坏交通的违法行为”。转引自[英]戴维·M. 沃克:《牛津法律大词典》,李双元等译,法律出版社 2003 年版,第 816 页。——译者注

② “检察长”,即英格兰和威尔士地区的检察长,这个职位于 1879 年设立,其职责系在总检察长的监督下负责提起、承办或进行刑事诉讼,并对警察及其他从事检举工作的部门提出建议。该职位于 1884 年与财政部法务官合并,后又于 1908 年分开。在总检察长的指导下,检察长可以对律师作出指示。尽管通常起诉工作要留给警察部门处理,但警察部门仍应将许多种类的犯罪案件向检察长进行汇报,不过在其他案件中,检察部门的工作人员要为案件进行准备工作,并由该部门进行起诉或指示诉状律师和出庭律师以检察长的名义进行起诉。在某些案件中,根据立法,应由检察长提起公诉或公诉需得到其同意。一般情况下,调查犯罪和出示证据的工作由警察部门而非检察长完成。该职务的设立仅在很小的程度上违反了英格兰刑法的一般原则,即通常由个人,包括警察、地方当局或其他公共机构,提起诉讼,检察长仅就极小比例的严重案件提起或接手公诉,尽管其可以在任何诉讼的任何阶段接手公诉。在苏格兰和北爱尔兰,检察长不具有任何职能。转引自[英]戴维·M. 沃克:《牛津法律大词典》,李双元等译,法律出版社 2003 年版,第 328 页。——译者注

③ “重大诈欺办公室”,是指根据《刑事司法法》(Criminal Justice Act)设立的非部长级政府部门,负责调查和起诉英格兰、威尔士和北爱尔兰地区的严重或复杂欺诈和腐败犯罪,向英格兰及威尔士总检察长负责。——译者注

④ “税务及海关检控处”,是根据 2005 年《税务和海关专员法》(Commissioners for Revenue and Customs Act 2005)设立的非部门性公共机构,作为独立的检察机关,负责在英格兰、威尔士和北爱尔兰地区,对以前属于税务局和“英国海关总署”(HMCE)管辖案件中的刑事犯罪提起诉讼。——译者注

⑤ “王室检控署”,也有人将其译为“皇家检察署”,主要负责起诉英格兰和威尔士警方和其他调查机构调查的刑事案件。这个机构独立于警方和政府,职责在于确保正确的人因正确的罪行受到起诉,并尽可能将罪犯绳之以法。其有权决定对哪些案件提起诉讼;有权在较为严重或复杂的案件中确定适当的指控,并在调查的早期阶段通知警方;有权准备案件并提交法庭;以及向被害人和控方证人提供信息、协助和支持。在检控署服务的检察官必须公正、客观和独立,旨在与警察、法院、司法部门和其他合作伙伴密切合作,以伸张正义。——译者注

⑥ C. P. S., *Relations with Other Prosecuting Agencies*, http://www.cps.gov.uk/legal/p_to_r/prosecuting_agencies_relations_with_other_agencies/#a20.

犯罪,则由“调查官”(inspector)[1]或其他相关政府部门的官员提起检控。比如“贸易与工业部”(Department of Trade and Industry, DTI)[2],以及“健康与安全执行局”(Health and Safety Executive, HSE)[3]的健康和安全调查官,或地方当局负责商业标准的官员,在涉及其管辖范围内的部分法律,如《公司法》时,可能会对诸如公害以及违反规划立法和地方规章的违法事项提起控诉;某些指控只能由地方当局提起。还可能会出现“自诉”(private prosecutions)的现象。[4] 到目前为止,有什么疑问吗?

1-003 警方一旦掌握充足证据,是否就会提出指控?

如果有罪定谳可能性较大,警方一般都会对重大犯罪启动调查程序;但在案情较为轻缓的案件或青少年违法案件当中,警方得行使自由裁量权。[5] 即便已经掌握了足够的定罪证据,警方也可能满足于仅仅作出警
5 告,或对犯罪者提出训诫。政府监查员也可能遵循同样的政策。严刑峻法,绝非明智,更不公正。而且,无论如何,犯罪数量如此之巨,以至于检控方必须有所取舍。过于频繁的检控,很快就会导致司法体系不堪重负进而最终崩溃。但是,现行的选择性打击政策所导致的结果是,许多事关安全的成文法甚至都没有得到充分执行。此外,在某种程度上,不同地方警察首长的执法政策经常存在显著差别,这的确不值得提倡。

1-004 何时可以提起自诉?

总体而言,任何人都可以提出控诉:[6]最大的障碍是无法得到法律帮

---

① “调查官”,多种人的头衔。这些人的职责是进行检查、调查并报告他们调查研究的结果。有工厂、矿山、采石场、古遗迹、学校和其他许多领域的调查官。他们都在各种法定的权力之下行事。商务部可任命调查官,以调查被认为经营未遵守公司法的公司事务。那些被任命进行法定调查的官员也称为调查官。这些人可能是那些未给人以公正印象的有关部门的官员,或是暂时任命的独立的个人。长期以来确认的原则是,在法定调查之前的诉讼程序中,一方当事人无权查看调查官方的报告副本,这一原则已经在特定情形下被改变了。转引自[英]戴维·M. 沃克:《牛津法律大词典》,李双元等译,法律出版社 2003 年版,第 568 页。——译者注

② “贸易与工业部”,2007 年被分裂为“创新、大学和技能部”(Department for Innovation, Universities and Skills)以及“商业、企业和监管改革部”(Department for Business, Enterprise and Regulatory Reform),后来又改组为“商业、创新与技能部”(Department for Business, Innovation & Skills)。——译者注

③ “健康与安全执行局”,根据 1974 年《工作中的健康与安全等法案》创建,作为英国政府机构,负责鼓励、管理和执行工作场所的健康、安全和福利,并研究英国的职业风险。——译者注

④ *R. (on the application of Gujra) v. Crown Prosecution Service*[2013]1 A. C. 484.

⑤ *R. v. Coxhead*[1986]R. T. R. 411.

⑥ Section 6 of the *Prosecution of offences Act* 1985.

助。工商业者有时会指控他人盗窃，而“压力集团”（pressure groups）①和“治安维持会”（vigilante）②成员，偶尔也会对涉及儿童的淫秽色情及虐待行为加以控诉。公民个人甚至可以对谋杀及其他严重人身或财产犯罪提出控诉，事实上，在能够负担得起诉讼费用的情况下，这种自诉的确偶有发生。在少数例外情况下，自诉需要得到特定官员，如检察长甚至“检察总长”（attorney-general）③的同意。④ 在某些情况下，王室检控署可接管

---

① “压力集团”，是指为谋求政府重视其意见并制定符合其利益和观点的法律和行政命令，而对政府持续施加影响和压力的团体或组织。其中著名的有职工大会、工会、英国工业联合会、英国制造商协会、汽车司机组织、批准的行业及其他许多组织。因涉及他们的利益，这些组织可以被称作地区性团体或利益集团。再如，“霍华德刑罚改革联合会”（Howard League）和皇家防止虐待动物委员会，这样的机构可以被称作事业团体或促进集团，因为它们的宗旨是为了促进事业，而不是扩大自己的利益。转引自［英］戴维·M. 沃克：《牛津法律大词典》，李双元等译，法律出版社 2003 年版，第 895 页。——译者注

② “治安维持会”，在治安维持会正式成立之前，在英美等国部分地区，特别是美国西部，以及一些执法不严的地区自愿组织起来的群体。这些成员一经组织便严格主持正义，尤其在淘金热时代的加利福尼亚以及被盗牛所困扰的西部部分地区，他们都有效地发挥了作用。但在其他场合，他们充其量不过是一群乌合之众，且时常动用私刑。参见［英］戴维·M. 沃克：《牛津法律大词典》，李双元等译，法律出版社 2003 年版，第 1157 页。——译者注

③ “检察总长”，英格兰的检察总长同为律师界和政府成员，而且是国王的首席法律顾问。通过特许状任命的检察总长，是英格兰律师协会的当然领袖，在一切法院均享有优先权。从中世纪国王代理人和王室高级律师发展而来的这个职位称谓最早于 1461 年出现。大概在 1570 年，取代了王室高级律师，担任国王的首席法律顾问，一般被封为爵士，几乎总是议会和枢密院成员，有时是内阁成员。因此，他负责政府的法律事务，负责管理有关行政司法和其他法律技术事项的法案。通常要求他对下议院处理法律事务给予协助。检察总长作为国王的首席法律顾问特别就国际法、公法和宪法方面的问题向国王提出建议，并为上议院特权委员会提供咨询。无法任命下级司法官员时一般须与检察总长协商。有时，他为任命高等法院法官提供咨询。检察总长作为国王的资深顾问是律师协会的当然领袖，在律师协会大会上主持会议，他是许多机构的当然成员，但仍然受其所属律师学院的纪律的约束。他代表国王处理重要的税收、刑事及其他案件。过去，他定期参加国家审判及某些重要的控诉。他可以在王座法院依职权提起刑事诉讼，亦可在王座法院分庭审理案件。他仍然负责决定是否对一些重要的案件提起公诉；在许多案件中，由“检察长”负责。通过撤回起诉，他可以终止正在进行的刑事诉讼。根据制定法规定，只有检察总长发布命令或者经其同意才能起诉或开始诉讼。过去，在向上议院提起刑事上诉时亦有此种要求。他通常代表公众开展调查工作，或者在侵害公众利益的案件中，代表公众行事。他作为国王的代理人如同政府监督一样行使对慈善机构的总监督权。1895 年以前，他仍然可以从事私人律师业，但自 1895 年以后，鉴于政府法律事务的数量，禁止检察总长在一切情况下从事私人律师业。他现在的报酬是以工资，而非以酬金计付。他一般被提拔至法官的职位。在出现空位时，有时直接提拔至大法官职位，或高等法院院长的职位。但是最近的惯例已经摒弃了如下观点：他有担任司法职位的优先权，以此为他的政治服务提供回报。一些检察总长再也没有被任命担任法官职位了。在检察总长之下有 1 个归司法官直接领导的小型的司法人员机构。兰开斯特郡特权领地法院也设有 1 名检察总长，威尔士国王也设有 1 名检察总长。1921 年之前，爱尔兰曾设 1 名检察总长。直至 1972 年，北爱尔兰有独立任命的检察总长。在苏格兰，“政府法律总顾问”（lord advocate）是与检察总长大致相当的职位。大多数英联邦所属地区采纳了这个称呼，并赋予政府主要法律官员相类似的职权。不过，在一些地区，政府法律事务由司法部部长处理。转引自［英］戴维·M. 沃克：《牛津法律大词典》，李双元等译，法律出版社 2003 年版，第 83 页。——译者注

④ *R. v. Tower Bridge Metropolitan Stipendiary Magistrate, Ex parte Chaudhry*［1994］Q. B. 340；*R. (on the application of Charlson) v. Guildford Magistrates Court*［2007］3 All E. R. 163.

自诉,或继续进行检控,或终止指控。罪行严重,且存在"初步证据"(*prima facie*)[1]的案件,一般由王室检控署接管。如果自诉干扰了对其他刑事犯罪的调查,或者根据 1985 年《违法行为检控法案》(Prosecution of offences Act 1985)第 24 条修订的 1981 年《高级法院法案》(Senior Courts Act 1981)第 42 条的规定,自诉行为纯属无理取闹,王室检控署也可以接管该案件以终止相关自诉。[2]

1-005　为何自诉还需要获得同意?

该要求的目的,旨在防止滥诉。制定特定立法的政府部门或其他机构可能担心法网恢恢,打击面太宽,因此希望依赖特定官员行使自由裁量权,将犯罪指控限制于事实清楚的公然违法案件。或者,相关立法可能存
6 在争议,因此,要求自诉获得特定官员的同意,是对那些赞同对于特定行为无条件犯罪化的意见,以及只支持有限犯罪化或者对其加以犯罪化根本反对的意见的妥协折中。某项立法的通过,甚至有可能仅仅是为了满足那些希望议会承认特定道德原则,但又不希望太多人因此遭到起诉的意见群体的愿望。换言之,"好狗只叫不咬",法律宣示,要比法律适用更为重要。例如,上述考量,解释了为什么对于教唆自杀的指控,需要得到检察长的同意。[3]

1-006　但如果检察长能够将其同意自诉的标准法定化,是否可以将该标准包括在设定具体犯罪的法律当中?

很难否认,将决定权交给检察长,就是把基本的立法决定授权给行政官员。[4] 但如果说需要检察长同意的原因仅仅是为了保护个人免受随便出现的轻率指控,显然就是另外一回事了。

1-007　如果被告人认罪,是否还需要正式审判?

在被告人认罪的情况下无须审理,仅需要对其量刑(或作出其他处遇决定)。

---

① "初步证据",初步的,表面的,一般而言,当事人在诉讼中须提出有初步证据的案件,也就是足以要求答辩的案件。表面证据是在不存在任何相反证据的时候,足以确认一项事实的证据,并非确证。转引自[英]戴维·M. 沃克:《牛津法律大词典》,李双元等译,法律出版社 2003 年版,第 896 页。——译者注

② *Jones v. Whalley*[2007]1 A. C. 63;*Turner v. D. P. P.* (1979) 68 Cr. App. R. 70;*Raymond v. Attorney-General*[1982]Q. B. 839.

③ Section 2 of the *Suicide Act* 1961. *Dunbar v. Plant* [1997] 3 W. L. R. 1261; *R.* (*on the application of Purdy*) *v. D. P. P.* [2010] 1 A. C. 345. Jaap Roording, "The Punishment of Tax Fraud", [1996] Crim. L. R. 240.

④ D. A. Thomas, "Form and Function in Criminal Law", in P. R. Glazebrook, *Reshaping the Criminal Law*: *Essays in Honour of Glanville Williams*, (London: Stevens & Sons, 1978) at 30-31.

1-008　如果被告人缴纳罚金，检控方是否可以撤销指控？

一般不会。① 罚金必须由法院执行。但也有例外规定，在轻微案件中，执法人员可以不将被告人送上法庭，而是对其处以罚金。税务机关可以对违反税法的行为，适用“民事惩罚/民事罚”（civil penalties）②制度。在这些情况下，可以无须法律诉讼程序，仅仅通过合意收取罚金。执迷不悟的拒不付款者，必须在“大众委员会”（General Commission）③或“高等法院”（High Court of Justice）④出庭应诉，但民事惩罚程序属于民事，而非刑事性质。⑤

---

① Cf. sections 1-11 of the *Criminal Justice and Police Act* 2001.

② 英语中的民事惩罚概念处于不断变化之中。对特定违法行为，如违法反托拉斯法和证券法的行为的惩罚，通常采取罚金和赔偿损失的方式。参见薛波主编：《元照英美法词典》，法律出版社2003年版，第230页。——译者注

③ “大众委员会”，又称General Council，即某区域的全体市民或某组织的全体成员选举产生代表、由这些代表组成的机构。参见Richard E. Garner ed., *Black' Law Dictionary*, West Publishing Co., 2009, 9th ed., p. 1055。

④ “高等法院”，是“最高司法法院”（Supreme Court of Judicature）的“上诉法院”（Court of Appeal）和“刑事法院”（Crown Court）以外的另一主要机构，创建于1875年，用以取代以前的高等大法官法院分庭、王座法院、高等民事法庭、理财法院、高等海事法院、遗嘱认证法院、离婚及婚姻诉讼法院和伦敦破产法院。1880年，高等民事法庭和理财法庭被并入王座法庭。1971年遗嘱认证、离婚及海事法庭改名为家庭法院分庭，而有关遗嘱认证争议的案件改由大法官法庭分庭管辖，海事案件被移交给王座法庭分庭管辖。高等法院的各法庭、法院都可以行使高等法院的司法管辖权，所有的高等法院法官地位平等。高等法院由前述各法庭、法院共同组成。高等法院的法官有大法官、高等法院院长、家庭分庭庭长、各法庭的陪席法官。上诉法院的法官可以高等法院法官的身份审理案件。根据大法官的请求，巡回法官和四季法院法官也可以以高等法院法官的身份审理案件。大法官是大法官法庭的庭长，但他也可以指定1名陪席法官担任副大法官来负责管理大法官法庭的事务。高等法院院长是王座法庭的庭长，同时也是家庭分庭庭长。高等法院的法官在需要时也可以参与其他法院或法庭案件的审理，包括上诉法院、限制性贸易惯例法院以及其他一些拥有特别管辖权的法院。高等法院在1875年成立时继承了它所取代的所有法院以及其他一些法院所拥有的管辖权，它的管辖权的行使限于英格兰和威尔士，既包括初审，也包括上诉审。其初审管辖权包括一切诉讼，而且并无数额上的限制，但是对于某些案件，高等法院与其他法院共同享有管辖权。对于特殊案件的管辖权，是依据法院的规则指派给各专门法庭来行使。王座法庭包括1个海事法庭和1个商业法庭。王座法庭的上诉管辖权和司法监督权，在某些情况下，由王座法庭指派1名法官负责行使，但一般情况下由王座法庭、大法官法庭或家庭法庭共同指派由2—3名法官组成的分庭负责行使。王座法庭行使的前述司法管辖权的典型事例包括由下级的法院或法庭向王座法庭分庭上诉的案件，申请颁发“人身保护令”、（上级法院对下级法院发出的履行责任的）执行令、“禁止诉讼令”（order ofmandamus, prohibition）或（上级法院向下级法院）调取案卷（以便复审）令（certiorari）等。除了诸如治安法院向王座法庭所属分庭提起上诉之类的特殊情况外，其管辖权主要是民事诉讼性质的，包括契约、民事侵权，商业或财产权、婚姻、家庭权利等方面的案件。转引自［英］戴维·M. 沃克：《牛津法律大词典》，李双元等译，法律出版社2003年版，第517页。——译者注

⑤ Section 100 of the *Taxes Management Act* 1970. *Flaxmode Ltd. v. Revenue and Customs Commissioners*[2010] S. F. T. D. 498.

海关官员[①]和地方车管所管理人员也可以同意违法者通过缴纳罚金避免出庭应讯。实施了法律设定"固定罚金"的机动车违法行为(包括违章停车、超速、各种车辆缺陷及不遵守交通指示),即使不需要出庭应诉,其行为也依然具有刑事违法属性。行为人支付了罚单上载明的罚金,即可免于出庭,但无视罚单者,依然可能会因其被开具罚单的违法行为遭到检控。目前英国当场处罚制度尚不普遍,但这种省时省力的惩罚措施的适用领域,有望在未来得到进一步拓展。

1-009 当场处罚的规定将令人生畏的司法体制降格为单纯的商业交易,是否可以据此对其加以反对?

当然,有人提出过这种批判。伍顿(Wotton)女士曾言,这些条款"最终坦率承认,我们已经彻底放弃了执行法律的一切希望,任何能力足够强大的人,都可以像购买一磅奶酪那样,购得违法的权利"。[②] 该批评显然
7 忽略了下列事实。即使不实行当场处罚,实际上"治安法庭"(Magistrates' Courts)[③]所执行的罚金体系,也能够让富人以较低的价格换取"有罪不罚"。此外,由于缴纳罚单本质上几乎就是种商业交易,以至于实际上是在对其所涉及的行为加以非犯罪化,所以法律规定,若干人(如车主)需要为其他人(如司机)的不当行为承受民事罚。此举旨在对真正的罪犯施加压力,迫使其举止得体,提高法律效力,同时避免产生强烈的不公正感。综上所述,通过简化轻微违法行为的执行程序,无须动用整套司法机制应对此类个案,就可以更好地预防违法行为。

---

① Section 152 of the *Customs and Excise Management Act* 1979. *Patel v. Spencer*[1976]1 W. L. R. 1268.

② Barbara Wootton, *In a World I Never Made*, (London: Harper Collins, 1967) at 235.

③ "治安法庭",在英格兰,治安法庭由依据成文法、普通法或授权行事的治安法官,或领薪治安官组成。听审的季审法庭分庭或委员会,或依照成文法授权行使诸如发放许可证之类行政管理职能的特别法庭的法官被排除在治安法庭定义之外。此类法庭是低级法庭,但至少就某些方面而言,它是记录法院。独任非专业法官只能在成文法就某类事项所授权的范围内进行活动,并且其权力受到严格限制。在通常情况下,治安法官是作为预审法官行事,以决定是否依照起诉书交付审判或何时签发授权令。治安法庭通常必须由至少两名非专业法官组成。治安法庭拥有有关某些种类债务的即决追索和包括别居、扶养、监护、收养和非婚生子女生父确认等家庭关系诉讼程序方面的初审管辖权,以及依据各种成文法所拥有的管辖权。治安法庭拥有作为预审法官根据起诉书对所有可审理的事项进行审查的初审刑事管辖权,并且,如果他们认为证据充足,便可将被指控的人交付巡回刑事法院审判。治安法庭还拥有对所有可即决审理而无须陪审团参与审理的罪行,及既可根据起诉书审理又可即决审理的,但法庭根据特定情况认为即决审理更为适当的罪行予以审判的初审刑事管辖权。如果法庭认为根据起诉书审判更为合适,则其作为预审法官继续对控告进行调查。即使即决审判已经开始,法庭也可以这样做,只要是在对起诉证据作出结论之前法庭停止了即决审判。转引自[英]戴维·M.沃克:《牛津法律大词典》,李双元等译,法律出版社2003年版,第722—723页。——译者注

第3节 广义及狭义违法行为

1-010 可以想象一下,假设诸君正在从事立法工作,作为议会法律顾问,负责为刚刚建立的国家编撰刑法典(也许有一天,你会发现自己实际上正在为英格兰和威尔士起草刑法典,毕竟目前这两个国家还没有任何类似的立法存在)。显然,你希望制定某项条款,惩罚强奸行为。你会把罪行定义为“强奸罪”(rape),还是把强奸作为涵摄范围更广的“攻击罪”(assault)[①]的典型范例?或者,你会设定更宽泛的“危害社会”(public mischief)[②]犯罪,不仅包括攻击,而且还包括若干其他形式的不当行为?后两种解决方案(攻击罪或危害社会罪),无论作何选择,都会使强奸罪的特别规定丧失必要性。究竟何种考量,会促使你选择以不同方式界定犯罪?

1-011 将强奸称为危害社会罪是否太过宽泛了?当然,强奸属于危害社会的行为,但显然没人知道法官还会将什么其他行为也视为危害社会。

这点当然十分重要。法律应该提供合理明确的预期。虽然没有办法实现绝对精确,但应避免过度模糊、对公民缺乏指导意义的立法,同时造成执法机关享有过度的自由裁量权。实际的执法行为,如果高度依赖于

---

① 值得一提的是,现有词典中,一般将“Assault”译为“企图伤害”。例如,将“assault”和“battery”分别翻译为“企图伤害”和“殴打”,并指出,根据英格兰法,它们既是构成犯罪也是构成侵权行为的不同种类的行为,不过,一般使了用“殴打”的概念来表示两种类型的行为。殴打是故意地或者可能因过失而实施的使他人担心遭受直接的、非法的人身暴力的行为,比如将武器对准他人。企图伤害是某人故意或者可能因过失而对他人施以非法暴力的行为,比如打击他人。因此,企图伤害常常意味着实际地实施人身攻击之前就存在伤害之意图。加重的殴打即那些由于有诸如抢劫的意图、造成了产生严重身体伤害的结果、或者有例如强暴、猥亵行为等情节,因而变得更加严重的行为。参见[英]戴维·M.沃克:《牛津法律大词典》,李双元等译,法律出版社2003年版,第75页。又如,将“assault”和“battery”分别翻译为“企图伤害”和“殴击”,并指出,这两种普通法上及制定法上的轻罪的区别在于:殴击罪的构成要求某种程度的身体接触;而企图伤害罪则缺乏身体接触。殴击通常以企图伤害为前提,但并非意味着行为人要同时对企图伤害罪和殴击罪承担刑事责任,而是殴击罪吸收企图伤害罪,只作一罪即殴击罪处理。虽然上述释意基本一致,但本文认为,“assault”的恰当汉译应当是“攻击”而非“企图伤害”,后者加入了主观或状态表述,与一般的违法犯罪行为的中文名称表述不符,而攻击则能很好概括“企图伤害”的应有之义。至于“battery”最好翻译为“殴打”,同样尊重的是中文的通常表述习惯。——译者注

② “危害社会”,这个概念的内涵很不确切。在英格兰,密谋从事或实施危害社会的行为一直被认为是犯罪。这很可能包括任何犯罪行为,也可能包括通过不诚实的、侵权的或犯罪的策略所实施的危害国家的行为。所以,向警察报假案,以致警察浪费时间去调查从未发生的犯罪,一直被认为是公共妨害行为。危害社会据说包括“败坏公共道德罪”(corrupting public mischief)。这个犯罪的不确定性使它成为某种令人不快的犯罪。而且是一种十分危险的犯罪。此外,这种犯罪很可能逃避刑法的制裁。某些特殊的危害社会的行为,如打电话进行欺骗,是法定犯罪。参见[英]戴维·M.沃克:《牛津法律大词典》,李双元等译,法律出版社2003年版,第919页。——译者注

警察和检察官的个人决定,往往就会丧失有效的控制。

过去曾经出现过某种习惯法(法官立法)意义上的违法行为,允许法官将一切被其否定的行为作为危害社会的"行为犯"加以处罚。此举受到了评论者的强烈批评,而在实践中,检察官也并没有经常据此提出控诉;最终,"上议院"(House of Lords)①推翻了先前关于这个问题的理解,

---

① "上议院",存在作为司法机关的上议院,与作为立法机关的上议院双重含义,对于前者而言,直到13世纪初期,国王法庭拥有立法、行政和司法权力。该世纪末期,位于议会的枢密院被认为是皇家司法的最高法院。甚至在14世纪,执法仍是议会的主要职能。它享有原审和上诉管辖权、审判重要案件以及回复申请。14—15世纪,随着达官贵人特别是进入议会的达官贵人应当是贵族和名人的观念的不断增长,枢密院、皇室官员及顾问从议会分离出来。最后,议会一分为二。在14世纪早期,议会相当多的事务是接受和回复请愿。这些原本是由各委员会处理,但后来到了14世纪,由上议院自己处理。请愿的数量是如此之大,以致在15世纪上议院将其甩给了枢密院,到了16世纪,这项工作由枢密院、大法官法院和星座法院分别进行处理。然而,上议院和下议院联合起来抵制枢密院对法律的控制。这种抵制使得他们和法官以及普通法律师团结起来反对普通法法院的错误应当由枢密院审查的观点。1366年后,修正普通法法院错误的管辖权归属议会。在14世纪,一般认为纠错管辖权只归属上议院,并从未受到过质疑。然而,只是到了17世纪,上议院的司法权力才最终确定和确立。在13世纪,议会经常行使民事初审管辖权,但是在随后的两个世纪里,不行使这种管辖权的倾向不断增强,尽管在17世纪也仍然偶尔行使之。"斯肯勒诉东印度公案"(1666)最终确定,上议院没有民事初审管辖权。在14世纪,议会有时介入具体案子并进行审判或者指导下级法院如何处理。但在十四五世纪人们普遍认为上议院更重要的权限是"纠错管辖权"(jurisdiction in error),这在17世纪早期曾反复行使。错案来自英格兰王座法院、理财法院、大法官法院普通法法庭,1783年前来自爱尔兰议会以及1707年后来自苏格兰最高民事法院。在17世纪,上议院创设了审理大法官衡平法院上诉的权利。在18世纪,除1783—1800年外,议会还审理爱尔兰理财法院的上诉。因为国王可能有时在议会指控重大犯罪所以上议院享有初审刑事管辖权。1641年查理一世在上议院指控"5议员"后,该项权利被宣告为非法。臣民也向议会提出上诉,或控告另1人。1663年后,这也被认为在法律是无效的。其最重要的刑事管辖权是在弹劾案中,如贵族因叛国或重罪受弹劾,被下议院起诉,并在上议院受到刑事审判长及整个上议院审判,或者其他情况下在大法官或掌玺大臣以及整个上议院前受到审判。尽管在法律上这项权利仍然可行,但自1805年后一直未使用,很可能已被取消。其他对被控犯有叛国或重罪的贵族的刑事管辖权一直持续到1935年,并在1948年被废除。1707年后,上议院取得了对苏格兰最高民事法院的上诉管辖权,尽管该权力并没有得到《联合条约》的确认。1800年《与爱尔兰联合法》赋予上议院对于爱尔兰法院(现为北爱尔兰法院)民事上诉管辖权。1907年刑事上诉法院建立后,享有刑事上诉管辖权,并于1921年起开始受理北爱尔兰刑事上诉案件。不管辖对苏格兰高等司法法院刑事案件的上诉。理论上,上诉是过去还是现在都由整个上议院处理,而且处理司法事务与立法事务的会期并无多大区别。在十七八世纪,贵族甚至主教有时动用权力作出与法官完全相反的裁决。大法官,或者是前任大法官通常是唯一熟悉法律的出庭贵族,在1834年,上议院曾在没有律师出庭的情况下作出判决。到了1867年,通常是由只具有英格兰法律知识的大法官或其他贵族审判苏格兰的上诉。在"欧康乃尔诉女王案"(*O' Connell v. The Queen*)(1844)中,大法官不理会世俗贵族的投票,自此以后成了只有法律上合格的贵族才参加上议院上诉案的审判的惯例。但是在1868年"李兰诉弗来彻案"(*Wands v. Fletcher*)中,决定必须有第3人与凯恩斯法官及克兰沃斯法官一起出庭审判,以满足3人审的规则(参见《1986年法律评论季刊》第160卷,第311页)。在1883年"布兰德拉诉克拉克案"(*Bradlaugh v. Clarke*)中,世俗贵族试图行使投票权,但其投票权被驳回。1856年,曾通过行使特权的方式尝试授予帕克终身贵族的爵位以使之在司法审判中享有出席上议院、进行投票的权利。但特权委员会认为(参见1856年"温斯雷德尔贵族案",*Wensleydale Peerage Case*)这是不可能的,只授予他普通贵族的身份,其他法官后来被授予爵位

宣布并不存在此类违法行为。[①]公共妨害行为的概念违反了"合法性原则"(principle of legality),[②]即"法无明文不为罪、法无明文不处罚" 8

以使之能参与司法审判。1873 年《同法制度法》取消了上议院的上诉管辖权,但在该法生效之前即被废除。1876 年《上诉管权法》规定了两名(现在为 11 名)上诉法院常任法官,他们必须是当过 15 年以上的大律师或辩护律师,或担任过至少两年的高级法官职务。他们被授予终身贵族身份,终身可以在任何事务中出席上议院和行使投票权。实际上,他们只参加有关法律问题的立法。1876 年的法律规定,审理上诉案件必须由至少 3 人以上的大法官,上诉法院常任法官,以及议会中其他担任或曾担任过高级司法职务的贵族进行。按照惯例,上诉法官一般有两名是苏格兰的,北爱尔兰也任命过。上诉案通常有 5 名法官审理,但对于非常重要的案件偶尔会有更多的法官出庭。以前对于疑难案件,通常召集王座法院分庭的法官帮助贵族们提供法律意见,但自 1876 年法颁布后,很少再这样做了。最后的几个案例是 1898 年"艾伦诉弗拿德案"(*Allen v. Flood*)以及 1904 年"自由教会诉欧维顿法官案"(*Free Church v. Lord Overtoun*)。经该法院或上议院同意,上议院有权审理英格兰上诉法院的民事上诉案;依据法定限制,有权直接审理来自英格兰高等法院及苏格兰最高民事法院的上诉案;在某些情况下,经该法院同意,有权审理北爱尔兰上诉法院的上诉案件;经该法院或上议院同意,依据法定限制,有权直接审理北爱尔兰高等法院的上诉案。根据 1907 年(现为 1966 年)《刑事上诉法》,上议院以前可以审理来自刑事上诉法院的上诉,现在审理来自上诉法院、上诉法院刑事庭、刑事上诉法院或北爱尔兰高等法院的上诉案,但不受理来自苏格兰司法法院的上诉案。它也受理王座法庭分庭有关刑事的上诉案和军事法院上诉庭的上诉案。上议院指定两个上诉委员会(不同于后面提到的上诉委员会)。每个委员会由 3 名法官组成,负责审查请求同意上诉的申诉书以及附带尚未解决或以前从未解决的事项的请愿书,并向上议院报告。以前当上议院不就立法事务开会时,便在上议院会议厅举行有关司法事务的会议,但现在作为上诉委员会则在一间委员会办公室举行会议。当议会休会或解散时,上议院可以开会并分成两组。上诉委员会审理上诉并向上议院报告结果。上议院议员,但不是大法官,不需要戴假发和穿长袍。如果大法官出席,将由他主持会议。如果他缺席,由在场的上诉法院常任高级法官主持。之所以保留管辖权是因为上诉人请求审查判决,并"为了让女王陛下放心,行为人的上议院审理上诉的法庭是公正的"。在上议院同意委员会的报告后,将由上议院在司法会议上作出判决。上议院通常在上午开会作出判决,下午处理公共事务。议员以讲演的形式提出意见,并对批准上诉的动议进行投票。之后,案件转到下级法院,根据上议院的动议作出判决。整个上议院对"弹劾案"(impeachment)具有管辖权。上议院议员将成为裁定事实和法律问题的法官。上议院还有权审理贵族(包括女性贵族和不是议会议员的苏格兰和爱尔兰贵族,但不包括主教)的叛国和重罪。如果议会召开会议,被告人将由上议院议员作为法官对事实和法律进行审判,其中有某人(通常是大法官)被任命为上议院特别刑事审判长并主持审判。如果议会不召开会议,被告人将由上议院特别刑事审判长(通常是大法官)以及贵族陪审团进行审判。最近的 1 个案例是 1935 年"克里弗勋爵案"。根据上议院议员的请求,1948 年法律废除了由贵族自行审判的特权。上议院对特权案件享有管辖权,包括藐视上议院的案件和贵族案件。贵族案件包括国王提交的有关旧爵位的有争议的权利请求及新爵位的效力和有效性的案件。1898 年上议院在司法实践中接受了其裁决能约束其自己以及所有下级法院的观点。但是在 1966 年,1 个非正式的《惯例声明》宣布,上议院有权在特殊的情况下改变它自己以前作出的裁决。[英]戴维·M. 沃克:《牛津法律大词典》,李双元等译,法律出版社 2003 年版,第 532—533 页。——译者注

① *D. P. P. v. Withers*[1975]A. C. 842. *R. v. Rimmington*[2006]1 A. C. 459;*R.* (*on the application of Nicklinson*) *v. Ministry of Justice* [2014]3 W. L. R. 200 at 226. sections 1 and 4 of the *Human Rights Act* 1998.

② "合法性原则",是英美等国家刑事司法实践中,一般不允许在准据法事先未经公开的情况下对行为人加以追诉的做法。参见 Richard E. Garner ed. ,*Black' Law Dictionary*, West Publishing Co. ,2009,9th ed. ,p. 977。——译者注

(*nulla poena sine lege*, or *nullum crimen sine lege*)。

有些成文法设定的违法行为,同样由于规定含混模糊而遭到质疑,只不过因为往往只涉及轻微处罚,反对呼声不如此前提到的对公众妨害的批评声那般强烈而已。事例便是,销售的食品,不符合买方的属性、成分或质量要求。[①] 根据该规定的前身,法院必须在每个具体案件中判定,作为香肠出售的东西,实际上是"香肠"还只是一坨面包渣。然而,现在的成文法要求,猪肉香肠的含肉量至少应达到 42%,而牛肉香肠的含肉量至少为 32%。[②] 显然,在与制造商和消费者组织协商后,可以通过立法统一解决该问题。在检控方提出控诉后,将"什么是香肠"这个问题交给不同的治安法官做出主观判断,显然效率低下,而且对于那些如果知道法律的规定便会加以遵守的制造商和销售商来说,也不公平。然而,对于许多食品(如绞肉),[③]治安法官仍然只能在缺乏立法参考的情况下,通过自由心证认定其是否满足适当的品质要求。

因此,回到问题上来,法律应该具备合理的精确性。对于如何才算是合理的精确,可能会有不同看法,但起码可以借此排除公众妨害之类的违法行为。强奸行为又该如何处理?我认为你也会同意,刑法典中必须包括攻击罪(对其他人的身体实施打击的行为)。你还会将强奸行为纳入其中吗?

1-012 强奸比普通攻击行为更加严重,该当更为严厉的惩罚,因此应当单独立法。

你的推理,代表着当前的通说观点。可以将强奸视为某种"性侵"行为,但根据现行法律,对女性实施的性侵,法定刑上限为 10 年。[④] 因此,强奸被单独入罪,并可处以终身监禁。[⑤]

当然,这不意味着所有强奸犯都需要在大牢里蹲一辈子。这里所明确的法定刑是法定最高刑,也就是说,强奸犯可以被处以监禁刑,理论上甚至可以单处罚金。司法实践中,根据犯罪情节,强奸犯一般需要服刑 3—5 年。终身监禁只适用于非常危险的犯罪人,且往往不会真的执行到罪犯自然死亡为止。

这里想要说明的事实便是,相同的行为,可能触犯多个不同罪名。较为严重的违法犯罪行为(强奸),对应相对较高的法定刑。如果出于某种

① Section 14 of the *Food Safety Act* 1990.

② Sch. 2 of the *Meat Products*(*England*)*Regulations* 2003/2075.

③ *Goldup v. John Manson Ltd.* [1982] Q. B. 161; *McDonald's Hamburgers Ltd. v. Windle*(1987) 151 J. P. 333.

④ Section 3 of the *Sexual offences Act* 2003.

⑤ Section 1 of the *Sexual offences Act* 2003.

原因,无法适用该罪名,还可以适用法定刑较轻的其他罪名(性侵),而后者相对于更为严重的违法犯罪,适用范围更为宽泛。 9

与此类似的双层次违法犯罪构造,还可以谋杀与“过失杀人”(manslaughter)、[1]故意伤害与“不法伤害”(unlawful wounding)、抢劫与盗窃,等等。其中,较为严重的犯罪,往往包括相对较轻犯罪所不具备的某种加重情节:可能是特定的犯意要素,更高的伤害程度,以及违法犯罪行为所导致或可能导致的损害或危险。

1-013　可以说,双层(或多层)制度安排,并非绝对必要。可以继续使用较轻犯罪的名称,同时对其附加更严重犯罪该当的最高处罚。因此,理论上可以对任何性侵行为规定最高为终身监禁的法定刑,这意味着可以废除作为具体犯罪的强奸罪,对此,已经出现了相当严肃的立法建议。这样一来,法院仅仅需要在每个案件中负责作出正确的惩罚措施即可,并用上诉机制对其加以制衡。

可以认为这种调整,不涉及根本性的改变,毕竟法院已经开始约定俗成地适用某种“刑罚体系”,而其通常远低于议会对特定违法犯罪设定的最高法定刑。取消双层立法体制,可以大幅简化法律,同时,让若干非常严重的性侵行为,如使用威胁手段强迫妇女“口交”,[2]受到与强奸同样严厉的处罚。

英国已经在这方面进行了若干法律改革。1971年《刑事损害法》(Criminal Damage Act 1971)废除了许多规定有不同最高法定刑的危害罪,并用配置有法定最高刑的一般性宽泛犯罪取而代之,这种法定最高刑罚(一般而言)不取决于违法行为所造成危害的严重性。1968年的《盗窃法》(Theft Act 1968)废除了法定刑各有不同的若干具体盗窃罪,基本上只保留了某项最高可判处7年监禁的罪行。盗窃的范围,包括从把老板的财物当作“津贴”据为己有,到对邮车进行严密的突袭;从没有办法下决心承认工资账户里被多存入了薪水的员工,到非法占用数万英镑来弥补赌债损失的银行职员。实际上,小偷很少能获判7年监禁刑,其中绝

---

① “过失杀人”,英格兰法律中,在非等同于谋杀的情势下将他人非法杀死的犯罪行为。其包括因被激怒以致使有理智的人暂时丧失自控力或盛怒之下实施的杀人行为,在实施不可能对他人造成危险的不法行为时非故意地杀死他人行为,及因严重和该受惩处的疏忽而未履行其必须履行的法定义务使他人致死的杀人行为,如轻率驾驶。其涵盖那些比单纯的粗心大意更为严重的疏忽所导致的死亡的情况,尽管粗心大意可以构成侵权疏忽。对于谋杀罪的指控,如果陪审团认为预谋的恶意未能得以证明,则其可以作出过失杀人罪成立的裁决。参见[英]戴维·M.沃克:《牛津法律大词典》,李双元等译,法律出版社2003年版,第731页。——译者注

② 如果被告人的“口交”行为,涉及用阴茎以外的任何其他身体部位进入受害人的身体,就将适用2003年《性犯罪法》(Sexual offences Act 2003)第2条,可判无期徒刑。

大多数根本没有被投入监狱。当法院在量刑方面享有一般自由裁量权时,其便可以考虑诸多加重和减轻情节。这样显然更好。挑出某些加重情节,并将其单独列为具体犯罪的做法,不仅使法律复杂化,而且往往使其看起来恣意武断。较轻的一般罪行的最坏情况,往往比严重罪行的最轻情况,更具有反社会性,更应受到谴责。此外,复杂的成文法规定,还为具备道德罪过的行为人提供了滥用法律的技术性漏洞,从而增加了其逃脱处罚的可能性。

1-014　我现在已经认识到或许可以放弃单独规定强奸罪的可能性。如果可以在不细分的情况下适用较为宽泛的犯罪涵盖刑事危害及盗窃,是否意味着我们可以满足于只规定较为宽泛的性侵犯罪?

此前提到的,都只是一面之词。对于宽泛的犯罪定义,存在两种非常
10 有力的反对意见:

第一,是历史和心理原因。强奸和谋杀等犯罪行为,在公众心目中被视为特殊罪行。如果有人提议对其加以废止,就会引发严重的误解。即便事实上可以通过范围更广的一般犯罪,继续以现在的方式对强奸和谋杀犯罪加以惩罚,但公众仍然可能会认为刑法的职能遭到了削弱。像"强奸"和"谋杀"这样的概念,包含着自古而来的禁忌,如果不用其形容犯罪,将会导致刑法的行为禁止功能大打折扣。

第二,扩大严重犯罪的范围,将会降低陪审团在审判中的作用,甚至可能会剥夺他们决定最重要问题的机会。在上述事例中,根据任何规则体系,被告人究竟是强奸了被害人,还是仅仅对其进行了性侵,将对于判刑产生非常重要的影响。如果问题不涉及犯罪的定义,法官将不得不进行自由裁量。在一定程度上,法官必须基于量刑的目的,认定犯罪事实;但是,如果能够在犯罪定义中得到简洁合理的表述,这些非常重要的问题,就应由陪审团来决定。①

1-015　所以,一如既往,这属于寻求最佳平衡的问题。法律属于相悖考量之间的务实妥协。我们可以找到强有力的论据来证明不能从根本上简化立法结构。违法行为的分级,既限制又帮助了法官,还解决了陪审团的职能问题,有助于控制法庭审理,并促进辩诉交易。可以将这些要点扩展为以下几点。

(一)限制法官

尽管法官一般不会充分利用议会所赋予的刑罚权,但通常认为,法官

① Thomas, *op. cit. supra*, note 12 at 21.

不应完全摆脱法律的束缚。对于大多数强奸犯来说，"终身监禁"，即无明确关押期限的监禁，是可以接受的刑罚措施，但对性侵（那种尽管令人强烈反感，但比较轻微的行为，如在人群中偷摸女性乳房等），判处该种刑罚，却似乎令人无法接受。

法官不仅受到立法机关所设定的法定最高刑的限制，而且还受到上诉法院所设计的人称"量刑幅度"的制约。法院需遵循"量刑指导委员会"（Sentencing Guidelines Council）①的指导方针。2009年《验尸官与司法法》（Coroners and Justice Act 2009）第125条，要求法官对2010年4月6日之后犯罪的罪犯裁量刑罚时，除非有违正义原则，否则一律遵守该量刑准则。② 理论上来讲，最高刑期只适用于同类犯罪中最严重的罪行，否则法官的量刑必须低于其他案件的判决。③ 11

（二）协助法官

在"刑事法院"（Crown Court）④进行的普通审理活动中，陪审团听取质证，以决定是否做出有罪判决，法官听取质证，以决定定罪后的量刑。由法官决定是否存在影响量刑的加重或减轻情节。⑤ 但是，如果存在两项或两项以上的指控，而陪审团认定较重的检控无罪，仅就较轻控诉宣告

---

① "量刑指导委员会"，是英国政府的一个非部门公共机构，根据2003年《刑事司法法》第167条，为英格兰和威尔士的法院提供权威的量刑指导，2010年4月，被"量刑委员会"（Sentencing Council）取代。

② 相关指引，参见 http://www.sentencingcouncil.org.uk/guidelines/guidelines-to-download.htm。

③ *R. v. Mills*（1982）146 J. N. P. 266. D. A. Thomas（ed.），*Current Sentencing Practice*（London：Sweet & Maxwell，2010）. Andrew Ashworth，*Sentencing and Criminal Justice*（Cambridge：Cambridge University Press，2010）.

④ "刑事法院"，英国高级刑事法庭，1971年取代了"巡回法庭"和"季审法庭"（Quarter Sessions）。它是英国最高司法法院的一部分，可设在英格兰和威尔士的任何地方。它由高等法院法官、巡回法官（此两种均为专职法官，后者还兼任郡法院法官）和临时指定的兼职法官组成。该法院法官在审理来自治安法庭的上诉和审判刑事案件时，必须有2名、3名或4名治安法官陪审。它也有权审理其他若干案件。刑事法院对刑事案件具有专属管辖权。犯罪的案件分为四类：必须由一名高等法院法官审理的；除非释放，就须有一名高等法院法官审理的；由一名高等法院法官、巡回法官或城市法院法官审理的；由一名巡回法官或城市法院法官审理的；以上每类案件审理必须有陪审团陪审。该法院还有权听审当事人就治安法院即席判决所提出的上诉，对已经即席审判定罪的罪犯判处刑罚，还对特定的民事案件享有上诉管辖权。审判程序由刑事法院规则规定。刑事法庭合并了1956年建立于利物浦和曼彻斯特的刑事法庭，该法庭当时由上述城市法庭的专职法官主持，处理初审和上诉案件。刑事法庭还合并了"中央刑事法庭"（Central Criminal Court），虽然刑事法庭不在伦敦，仍然保留使用中央刑事法庭的名称（因为当时刑事法庭在伦敦开庭时，它便被称为中央刑事法庭）。如果对定罪的判决不服，可向上诉法院、高等法院刑事分庭再向上议院提起上诉。参见［英］戴维·M. 沃克：《牛津法律大词典》，李双元等译，法律出版社2003年版，第291页。——译者注

⑤ *R. v. Stosiek*［1982］Crim. L. R. 615. *R. v. Bertram*［2004］1 Cr. App. R.（S.）27.

有罪时，量刑规则便是，法官在就较轻的犯罪量刑时，必须对无罪宣判给予应有的重视；因此，他必须假定（不论他本人的意见如何，无论证据如何清楚确凿），较重指控成立所需的加重情节，并未得到证明。[①]

许多案件，则根本没有被提交给陪审团。被告人认罪（作了所谓“辩诉交易”），从而无须经过审判。用法律术语来说，他是“认”罪，而不是被“定”罪。对于律师而言，“认罪”总是意味着承认有罪；如果将其指代为较轻的指控，如果检控方接受被告人的认罪，法官将在考虑与量刑有关的事项后，对其做出量刑决定；但其必须遵守辩诉交易的默契，不能基于任何证实较重指控的加重情节做出量刑判决。[②] 在履行上述原则时，即使只存在某项有罪指控，但只要检控方未控告本来可以控诉的加重形式的罪行，法官就不得以罪犯犯下加重形式的罪行为基础，判处刑罚。[③] 由此可见，对于犯罪行为设定不同级别，有助于减少法官在决定合适量刑幅度时所遭遇的难题。这显然算不上很强有力的论点，因为即便被告人遭到两项指控，并且最后只有其中较轻的罪行被有罪定谳，法官依然可以享有一般自由裁量权。此外，在有些极端的案件中，罪犯具有的较高人身危险性，迫使法院不得不无视较重罪行指控无法成立的事实。[④]

（三）赋予陪审团权力

陪审团不能参与量刑，而这对陪审员的内心良知造成了极大压力。如果重罪定谳意味着法官席上那个话说得没完没了的家伙会把相貌堂堂
12 的年轻被告人送进监狱蹲上很多年，他们还要做出有罪判决么？赋予陪审团选择对较轻犯罪定罪的机会，意味着他们可以限制法官的量刑权。更重要的是，陪审团通过选择较轻的罪行定罪，实际上释放出希望对犯罪者宽大处理的信号。由此，陪审团被间接赋予了对判决的一小部分控制权，从而使其更容易接受自己无法直接控制量刑的事实。一般来说，判决被告人犯下较轻罪行，要比在其有罪的情况下直接无罪开释，更符合公共利益。[⑤]

---

① *R. v. Davies*[1982]Crim. L. R. 243.

② *R. v. Twomey*[1964]Crim. L. R. 419. Cf. *R. v. Denniston*(1977)64 Cr. App. R. 119; *R. v. Fisher*(1981)3 Cr. App. R.（S.）313（attempt）. *R. v. Clark*[1996]2 Cr. App. R.（S.）351; *R. v. VV*[2004] EWCA Crim. 355.

③ *R. v. Foo*[1976]Crim. L. R. 45. *R. v. Rubinstein*(1982)4 Cr. App. R.（S.）202.

④ *R. v. McCauliffe*(1982)4 Cr. App. R.（S.）13. sections 224–239 of the *Criminal Justice Act* 2003.

⑤ D. A. Thomas, *op. cit. supra*, note 12 at 23–34.

(四)控制审级

对犯罪加以分级的另一结果是,有助于控制管辖法院的选择。较为严重的违法犯罪,可能只在刑事法院审理;较轻微的罪行,则可能只需要在治安法院审理。

(五)协助辩诉交易

如控方撤回较重的有罪指控,被告人便可通过其辩护人,针对较轻的指控表示认罪。[①] 例如,案件事实没有办法排除怀疑地证明"故意伤害"的严重犯罪时,王室检控署有时依然会提出类似指控。如此一来,辩护律师可以非正式地询问自己的对手,即检控方,是否会接受被告人针对较为轻缓的犯罪——不法伤害的辩诉交易(认罪)。[②] 如果双方达成合意,王室检控署的律师将向法官解释事实,并说明他为何难以证明更严重的指控成立。法官如同意该项安排,就将给予许可,撤销与更重犯罪相关的指控,接受被告人对较轻罪行的认罪。这样可以节省了法庭的时间、证人的时间和他们举证的压力,并避免了被告人全身而退的可能性。被告人则可因此获得量刑方面的好处。

1-016 对于辩护律师来说,是否建议自己的当事人认罪,可能是相当困难的抉择。如果认为自己有机会让被告人彻底无罪,比如存在意外事件或正当防卫等抗辩事由,律师可以选择奋斗到底。但如果被告人前 13
科累累,或者案件事实明显对其不利,辩护人可能会认为尝试妥协更加明智,因为这将保护当事人免受被陪审团认定更严重指控成立的可能性,进而避免面临法官判处的严厉刑罚。除此之外,只要认罪便可"从轻发落",也是种习惯,毕竟这样可以节省法庭的大量时间。

辩诉交易,同时具有黑暗的一面。一般来说,当被告人出现在治安法官面前时,提出指控的往往是警察,尽管罪名可能会在之后发生变化,但警方依然对此享有相当大的控制权。警察可能因为无法确定事实,或者因为希望保留所有的选择权而过度指控。因此,对于后来仅仅被认定为

---

① Mike McConville and Chester L. Mirsky, *Jury Trials and Plea Bargaining: A True History* (Oxford: Hart Publishing, 2005); Mary E. Vogel, *Coercion to Compromise: Plea Bargaining, the Courts, and the Making of Political Authority* (New York: Oxford University Press, 2007).

② Glanville Williams, "Alternative Elements and Included offences", (1984) 43 *Cambridge L. J.* 290; Glanville Williams, "Included offences", (1991) 55 (2) *J. Crim. L.* 234; Dianne Harris, "Included offences and the offences against the Person Act", (1994) 53 (3) *Cambridge L. J.* 467. Cf. Kathy Swedlow, "When Must a Jury be Allowed to Find a Defendant Guilty of a Lesser—Included Offence", (2004) *Preview U. S. Sup. Ct. Cas.* 161.

不法伤害的案件,他们也可能会指控被告人谋杀未遂,或故意伤害。检控书中包含非常严重的指控事实本身,会使被告人感到异常焦虑,同时成为其试图通过承认自己犯下较轻罪行以解决案件的强烈诱因。如果起诉书中只包括较轻罪行的指控,可能会鼓励被告人积极举证,甚至赢得无罪判决。有时,会导致结果显失公平。[①]

第4节 法律的司法发展

1-017 和英国其他部门法类似,刑法,基本上属于成文法或制定法,但同时也在很大程度上,建立在法庭判决的基础之上。

1-018 稍等片刻。当您谈及所谓判决时,到底是指谁的决定?法官还是陪审团?

在刑事法院的审判中,法官对陪审团作出法律指示,然后陪审团对整个案件作出裁决。但是,当我们将已决案件作为法律基础时,通常指的是上诉法院的判决,而这个审级并没有陪审团的参与(初审法官向陪审团作出的法律指示,可以作为法源加以引用,但其等级较低。在这个意义上,陪审团的决定,无论以何种方式,都没有办法作为重要的法律判例)。

当非法律专业人士将注意力转向法律时,自然而然会推定,法律是预先制定的一整套规制人类行为的规则,同时,也成为法院认定是否存在违法行为的准据。但现实情况与此略有不同。许多关于法律是什么的判决,实际上只是对判决刚刚做出时法律内容的陈述。“那根本不是条正式规定”,《爱丽丝梦游仙境》中,爱丽丝对女王说:“是你在这儿临时发明出来的。”[②]在将抽象规则应用于具体事实时,不仅不可避免地存在不确定性,而且即使法律规定明确且能够被精确应用,法官也会时不时希望在裁决中对其加以改变。

当然,大多数判决,都只是在例行适用法律。不出所料,法官的工作,主要便是查明法律的内容并对其加以适用。然而,法官可以假借阐述或
14 解释法律的名义,制定法律。法官常常不会完全受制于先前判例的束缚,而是可以根据制定相关判例的法院级别,对其加以推翻或拒绝予以适用;即使理应遵循相关判例,法官也可以通过寻找本案与之前案件的不同点,

① John Baldwin and Mike McConville, *Negotiated Justice: Pressures on Defendants to Plead Guilty* (London: MartRobertson, 1979); Erica Hashimoto, “Toward Ethical Plea Bargaining,” (2009) 30 *Cardozo L. Rev.* 949. 最近的事例, Duncan Watson, “The Attorney General's Guidelines on Plea Bargaining in Serious Fraud: Obtaining Guilty Pleas Fairly”, (2010) 74 *J. Crim. L.* 77。

② 此处汉译参考了[英]刘易斯·卡罗尔:《爱丽丝梦游仙境》,冷杉译,中国社会科学出版社2010年版,第12章相关部分。——译者注

来对两者加以“区分”。因此，诚如本书将多次展示的那样，立法，乃是案件裁决的艺术或技术之一部分。

1-019　这与解释成文法有些类似。法院不能像制定判例那样制定成文法，但却可以对其加以“解释”。[1] 既可以对其加以限缩，也可以将其进行扩大。法院仍然在名义上沿袭传统原则，即刑事法的解读，应在存疑的情况下遵循“严格解释”，以得出有利于被告人的结果；但因为有罪认定往往存在特定的社会价值，所以存疑有利被告的原则在实践中很少得到适用。事实上，可以大胆坚称，被告人的行为越脱离法纪，法官在解释旨在规制被告人行为的法律时，就越宽松。如果被告人的行为有违道德，除非基于法律规定做出最有力的推理，否则根本无法阻止法官做出将相关成文法适用于被告人的决定。[2] “悲哉，法律改革！议会虽有提议，但却无奈遭遇‘上诉委员会’（Appellate Committee）[3]的阻挠。”[4]

与卖淫相关的法律，为合法及非法地解释相关成文法以涵盖非典型的边际情况，提供了范例。有人认为，“妓女”概念包括受雇，用手为他人提供性刺激的“女按摩师”。[5] 这显然不符合通常的卖淫含义，法院当然也没有对出现在刑法中的该概念加以“严格解释”。一直以来法院都是在对该罪名进行目的解释，但并未说明这样做的任何政策性理由。然而，相关原因却不难找到。所谓“按摩院”除了引诱妇女从事卖淫活动外，还面临其实与普通妓院无异的指控。如果必须证明在私底下究竟发生了什么性行为，警方就无法很好地控制卖淫。尽管该判决扩展了“卖淫”这个词的含义，但远没有达到临界点。因此，这里并不是对于该判例加以批评，而只是借此举例，来说明在刑法用语的意思存在疑问时，法院更倾向于对刑法中的概念适用更广义，而非通常的、更狭义的含义。

另外某项判决，则通过合理但宽泛的解释，过渡为现实中的秘密立法。这虽然不算是对成文法解读的代表性样本，但这种现象绝对算不上绝无仅有。 15

---

① Andrew Ashworth, “Interpreting Criminal Statutes: A Crisis of Legality?”, (1991) 107 *L. Q. R.* 419; Timothy Endicott, “Law is Necessarily Vague”, (2001) 7 *Leg. Theory* 379.

② *R. v. Lambie* [1982] A. C. 449. *R. v. Hinks* [2001] 2 A. C. 241; *R. v. Evans* [2009] 1 W. L. R. 1999.

③ “上诉委员会”从 1945 年起，成为由上议院在每届议会任命的委员会。由上议院高等法官组成，审理所有向上诉院提起上诉的案件。该委员会向议院汇报它们所做的裁决。参见[英]戴维·M. 沃克：《牛津法律大词典》，李双元等译，法律出版社 2003 年版，第 62 页。——译者注

④ Glanville Williams, “The Lords and Impossible Attempts, or *Quis Custodiet Ipsos Custodes*”, (1986) 45 *Cambridge L. J.* 33 at 38.

⑤ *R. v. Webb* [1964] 1 Q. B. 357.

1-020 某项法律规定,行为人“站街”拉客属于违法。[①] 法院认为,如果妓女站在临街房间的窗户前,搔首弄姿引诱客人,针对的是街上的男人,行为人就属于“站街”拉客。[②]

大多数人会对这种解释感到惊讶。该判决基于以下推理(法院没有像我将要做的那样,清楚地阐明以下过程):

1. 成文法禁止妓女或其他人站街拉客;
2. “拉客”指代对男性(现在也包括对女性)[③]进行性诱惑;
3. 相关法律禁止妓女站在街上对他人进行性诱惑;
4. 现在有妓女对街上的人进行性诱惑;
5. 因此,行为人在站街拉客。

上述推理的谬误应该是显而易见的。最后一个前提,存在暗含的连字符:妓女对“街上的人”进行性诱惑,这并不意味着行为人的性引诱行为是在街上进行的(如果在自己的房间里唱歌给街上的某个人听,我们很难说行为人是在街上唱歌)。事实上,相关成文法存在的迹象表明,议会其实并不打算像法院所说的那样适用该法。特别是,该法明确规定“街道”包括门口,这显然证明其本意不是将临街房间也包括在内。

尽管上诉法院曾表示,如果判例“侵犯相关主体自由”,其此前做出的判例,将对自身不具备约束力,但该规则在实践中几乎从未获得适用。几乎所有法官在法律理解或推理方面出现的错误,无论多么明显,都可能被作为教条的“遵循判例”的神奇力量所掩盖。因此,法律的每次司法扩张,都构成了未来进一步继续扩张的坚实基础。既然法院已经判定房间里的妓女可以成立站街拉客,之后其还可以继续认为,如果该妓女在窗口被动地(衣不蔽体,沐浴在红色灯光下)展示自己,也属于“拉客”。[④] 的确,妓女展示自己的目的是吸引客人光临。但在其通常意义上,“拉客”概念意味着存在招揽行为,而不仅仅是在某个地方出现。酒吧里穿着暴露的妓女虽然旨在吸引顾客,但没有通过言语或姿势对任何人进行性接触,故不应被认为是拉客。

刚才提到的判决,得到了公众舆论的支持,同时把我们从犯罪的罪恶根源中解救出来。[⑤] 但需要质疑的,并不是法官制定的规则是否有效,而

① Section 1 of the *Street offences Act* 1959(as amended).

② *Smith v. Hughes*[1960]1 W. L. R. 830. *Eastbourne BC v. Stirling*[2001]R. T. R. 7.

③ Sch. 1 of the *Sexual offences Act* 2003 and section 16 of the *Policing and Crime Act* 2009.

④ *Behrendt v. Burridge*[1977]1 W. L. R. 29.

⑤ Dennis J. Baker, *The Right Not to be Criminalized: Demarcating Criminal Law's Authority*, (Farnham:Ashgate Publishing,2011) at Chap. 6;Joel Feinberg,*The Moral Limits of the Criminal Law: Offense to Others* (New York:Oxford University Press,Vol. Ⅱ,1985).

是在我上面提到的最后两个判决中,法官是否存在如此行使司法职能的正当理由。 16

1-021　如此说来,法官可以随心所欲炮制法律?

这种观点有些夸大,但也存在相当程度的真实性。之所以说其属于夸张,是因为法官趋于保守、态度传统。他们喜欢把自己看作法律体系的管理者,而非“卡迪审判”(Cadi justice)①,即棕榈树下的阿拉伯司法专权擅断。

的确,因为普通法是由司法机关制定的,成文法也是由司法机关解释并因此由其塑造的。议会作为立法机构,只会偶然在其(或更为常见的在内阁部会首长)认为存在紧迫重要性的事项时才会加以干预。调整法律以满足当前需要的日常任务,基本落在法院身上。而在该过程中,法官会受到“什么样的行为是应该被允许的”想法的强烈影响。法院创制新刑法的趋势显而易见,以致很难确定何种反社会行为(或在法官看来具备反社会属性的行为)不是犯罪行为:法律几乎只能规定,哪些行为是犯罪。

从某种意义上来说,法院不断地创制法律规则,对于法律体系而言堪称某种巨大优势。其中特别值得欢迎的是,法官偶尔会根据公平正义或社会政策的需要,创造出某种全新的抗辩方式,相关范例,便是麦克纳格滕(Macnaghten)法官在“国王诉伯恩案”(*The King v. Bourne*)②中对陪审团的著名指示意见。但是法官很少创制出对刑法的限制措施,他们的创造能力,主要体现在不断扩大刑法适用范围这个方面。法官通过巧妙地操纵言辞、规则和判例,达成自己造法的目的,这种秘密立法者的形象,与法官理应作为国家和相关主体之间公正裁决者的形象,不相符合。

---

①　“卡迪审判”,伊斯兰教法审判,卡迪系阿拉伯语音译,是伊斯兰教教职称谓,意为“教法执行官”,简称“教法官”,可依据伊斯兰教法对穆斯林当事人之间的民事、商事、刑事等诉讼执行审判。历史上,第二任哈里发欧麦尔曾向埃及、大马士革、霍姆斯等地派驻法官。在伍麦叶王朝,卡迪的任命和撤换由行省总督决定,为低级行政官员,除执法、办案、主持公正外,还协助总督管理某些行政工作。在阿拔斯王朝,随着伊斯兰教法体系日臻完善,教法学家社会地位显著提高,哈里发任命许多教法学家为卡迪,担任各级沙里亚法院的司法官。在巴格达还设有最高卡迪(Qadi al-Qudat,即卡迪·库达特),统辖全国的司法审判工作。卡迪不受地方行政长官约束,独立行使司法和审判权。卡迪制度一度为伊斯兰国家的基本司法制度。13 世纪后,由于异族的入侵,统一的哈里发国家解体,卡迪制度随之衰落。奥斯曼帝国崛起后,卡迪制度得到恢复和发展。帝国一度以伊斯兰法为唯一的司法制度。进入近现代,特别是第二次世界大战以来,随着伊斯兰国家社会的演变和法制改革的兴起,传统的司法制度受到巨大冲击,发生了显著的变化,卡迪的地位和作用随之下降。有些国家(如土耳其、埃及等)撤销了教法法院,代之以政教分离的世俗法院,有些仍以教法为基本法的国家(如沙特阿拉伯和海湾沿岸的伊斯兰国家),虽然保留了卡迪制度,但都经过改组,普遍设立了由数名卡迪主持的多级司法制度和上诉制度,而大部分伊斯兰国家,则建立了全国统一的国民司法体制,卡迪法院作为初审法院被保留下来,但其权限受到严格限制,为民事审判的辅助机关,卡迪的职责以调解民事纠纷为主。——译者注

②　[1939]1 K. B. 687.

我们必须保持进退有据。大多数司法鹰派所针对的,是在任何社会都会被视为有害的行为。因此,远算不上极权暴政。然而,其也背离了将法律视为事先设定且为人所知的行为规制体系的理念。坏蛋、其他威胁社会秩序者以及若干仅仅在性生活或其他方面不循规蹈矩的人几乎可以肯定,法官对于法律的解读,将对他们不利。[1]

1-022　我还以为法律的规定,至少,是为了判定坏人有罪。

唯一能够确保将所有邪恶的坏人绳之以法的办法,便是保持违法犯罪成立条件的灵活性。但是,如前所述,对于那些想知道自己究竟应该如何行事的公民来说,规定含混模糊的刑法,本身就是种罪恶。很可能会矫枉过正,打击无辜。因此,现代的趋势,便是适用相对精确的方式制定法律。然而,法律越精细,就越容易让其为非作歹者钻空子。有些人会"选择用最新的方式来实施最传统罪行",法官则希望通过重新解释法律的方式对其加以处理。因此,刑事司法的实施,是彼此矛盾的压力相向而行的结果:一方面是确保刑法具有确定性的压力,另一方面则是确保刑法具有适应性的压力。

17 第二种主张,可以用莎士比亚的生动比喻加以概括:

"我们不能把法律当作吓鸟用的稻草人,
让它安然不动矗立在那边,
鸟儿们见惯以后,
会在顶上栖息而不再害怕。"[2]

过去,包括现在,法官都在积极支持法律适应性的论点,认为这属于法律必要的司法扩张,但对大多数评论者来说,相反的立场似乎更具说服力。法律不应该是开放性的,法官也不应该突破法律的界限。该观点的经典表达,出自曾担任掌玺大臣的弗朗西斯·培根(Francis Bacon):[3]

"司法者应当认识到,他们的职责是 *Ius dicere*,而不是 *Ius dare*,也就是说,只是解释或实现法律,而绝不是制定或变更法律。"[4]

---

① *R. v. Gibson*[1990]2 Q. B. 619. Dennis J. Baker,"The Impossibility of a Critically Objective Criminal Law",(2011)56(2)*McGill L. J.* 349.

② 此处汉译参考了[英]莎士比亚:《一报还一报》,张信威译,商务印书馆 1990 年版相关部分。——译者注

③ 弗朗西斯·培根,1561—1626 年,第一代圣阿尔本子爵(1st Viscount St Alban),英国文艺复兴时期散文家、哲学家、英国唯物主义哲学家,实验科学的创始人,是近代归纳法的创始人,又是给科学研究程序进行逻辑组织化的先驱。主要著作有《新工具》《论科学的增进》《学术的伟大复兴》等,值得一提的是,培根作为法官当面接受诉讼当事人 4 万英镑,被政敌揭发赶下台,被判有期徒刑,关押在伦敦塔,终身不得担任任何公职,政治生涯结束。——译者注

④ Francis Bacon,*Essays*,*Moral*,*Economical*,*and Political*,(London:printed by T. Bensley,1798) at 198;*R.* (*on the application of Nicklinson*) *v. Ministry of Justice* [2014]3 W. L. R. 200 at 226.

1-023 史蒂芬大法官，即备受推崇的詹姆斯·菲茨詹姆斯·史蒂芬爵士(Sir James Fitzjames Stephen)——那个时代最伟大的刑事法律专家,《刑法史》(A History of Criminal Law)和《刑法撷要》(Digest of Criminal Law)等名著的作者,《1879年法典草案》(Draft Code of 1879)的主要起草者——对培根的上述原则明确给予了支持,并提出英国为世界各国输出了一部伟大的刑法典,但自身却对其拒绝采用:

"相当一部分英国法律,系司法判例,从本质来看,这实属必须。围绕争议的每个判例,都会使相关问题在未来获得些许确定感,从而为法律增添一点内容。事实上,无论以何种方式作出裁判,都将就案件涉及的特定问题选定适用的法律,正因如此,司法判决才具备如此巨大的重要性。

然而,在我看来,在行使法官地位所赋予的狭隘且限定的准立法权力时,应在将众所周知的法律原则和类推应用于全新的事实组合,或者提出较为宽泛的定义及准则,抑或在判断成文法所表达——尽管在我们法官看来是默示而非明示——的构成要件时,尽可能地(在某些情况下,这种做法的确不可能)自我设限。我认为,如果图一时方便,进一步扩大法律的适用范围,就侵入了立法机关的权限范围。"①

在该段中,斯蒂芬大法官并没有明确他本来可以厘定的某些区别。对于法官立法的反对意见,在民法领域要比在刑法领域少得多(因此更容易加以弥合)。民法一般不会把人关起来,或以其他方式对其加以惩罚。② 即使在刑法领域,为了追求公平正义,法官也没有理由不扩大针对犯罪的正当化事由或免责事由,也没有理由不改变妨碍查明真相的普通法程序或证据技术规则。这里并不涉及人们为了保证自己的行为符合法律而试图理解法律的问题。问题在于刑事实体法适用范围的扩大,即刑 18
法禁止性规定的扩张。在此方面,培根所提倡的原则,更具认可度。

1-024 我认为反对法官扩大犯罪成立范围的论点,太过理想化。当法官提高法律之效率时,往往会得到公众的普遍支持。没有人愿意受过时法律的管辖。人们一般不懂法律,但显然对自己的流氓恶行一清二楚。因而,法官操纵法律将其绳之以法,有益无害。恶贯满盈者绝对不会寻求事先的法律建议,而地痞无赖或许会;此外,律师预测行为的性质及后果并给出法律意见时,一般会考虑到法官的态度。

你所表达的观点很有说服力。但是,预测,并不像你说的那样容易。由于法官的看法各不相同,所以通常很难事先知道他们是否会改变法律。就屋内窗前的妓女而言,如果行为人事先征求我的意见,我会坚持认为,

---

① *R. v. Coney* 8 Q. B. D. 534 at 550-551.

② 民法最多允许惩罚性赔偿。

行为人所希望采取的行为不属于法律禁止的范围,毕竟这几乎是所有的法律结论倾向采取的观点,但是我会警告,法官可能会采取不同的视角。人们有时会根据似乎是现行法律的解释采取行动,结果却被不仅改变了现行法律,而且还对自己不利的回溯性判决而被搞的昏头涨脑。

无论争论如何,法官仍在继续立法。若干普通法犯罪的定义非常含混模糊,从而在适用这些罪行时,很容易加以扩张。这尤其适用于"妨害公益"(public nuisance)①犯罪,这类异质犯罪具有相同的名称,并在一定程度上取代了此前由危害社会所占据的司法打击手段。② 司法过程,受到妨碍司法、妨碍警察执行公务和藐视法庭的不同罪名的保护。几乎任何与检控犯罪有关的不当行为,都可以根据这些开放性罪名中的这个或那个加以处罚,同时不必事先明确法官将如何看待不当行为。

"英国内政部诉哈曼案"(*Home Office v. Harman*)③就是藐视法庭罪名如何涉及法官富有争议的自由裁量权的典型事例。在本案中,尽管西蒙(Simon)和斯卡曼(Scarman)等法官激烈反对,但上议院依然裁定,即便审判期间已经在公开法庭上公开宣读过文件的内容,但"事务律师"(solicitor)④向报社提供相关文件的行为,构成民事意义上的藐视法庭行为。

1-025 一般来说,法律的扩张都不会大张旗鼓,而是采取小步快跑的方式进行,法官们继续假装自己只是"法律的代言人"(*judex est lex*

---

① "妨害公益",根据英格兰普通法,这个罪行是指从事不为法律保护的行为,或者不履行法定义务,从而妨害公众行使人们都享有的权利,或带来不便。妨害公共利益罪表现为阻碍公路、污染空气或河流,把不适合人类消费的食物投入市场,在从事采石活动中引起过高的噪声和过多灰尘,以及从事其他类似行为。一个单独行为可以是妨害公共利益罪,而干涉公众权利的行为必须是实质性的和不正当的。旨在妨害公共利益的意图并不是构成妨害公共利益罪必不可少的要件。只要所从事的行为的自然结果妨害了公共利益,就构成了妨害罪。专门法令也把许多种妨害公共利益的行为规定为犯罪。参见[英]戴维·M. 沃克:《牛津法律大词典》,李双元等译,法律出版社 2003 年版,第 919 页。——译者注

② *R. v. Norbury*[1978] Crim. L. R. 435; cf. *D. P. P. v. Fearon*[2010] 2 Cr. App. R. 22; *R. v. Rimmington*[2006] 1 A. C. 459.

③ [1983] 1 A. C. 280.

④ "Solicitor"的概念,在英格兰地区,传统上指在衡平法院中,承担抄写诉状等法律文书工作的常设办事人员,可被译作"事务律师",又被译为诉状律师。最初,这个职业群体地位低于代理人,被视为普通的民事代理人。但到了 15 世纪,事务律师这种所谓初级律师,开始逐渐获得与代理人同等的法律地位。其业务范围包括普通的法律咨询、参与民商事谈判、起草遗嘱等法律文书、担任民商事法律顾问,有权出庭参与初级法院等案件审理,在特定场合可以获准参与高级刑事法庭等庭审。随着时代的进步,事务律师也开始获得出任中低级司法官员的机会。现在,要成为事务律师,必须跟随出庭律师接受一定时间的培训,通过专门的考试,获得事务律师资格,取得年度执业证书。参见薛波主编:《元照英美法词典》,法律出版社 2003 年版,第 1270 页;[英]戴维·M. 沃克:《牛津法律大词典》,李双元等译,法律出版社 2003 年版,第 1046 页,以及 Richard E. Garner ed., *Black' Law Dictionary*, West Publishing Co., 2009, 9th ed., p. 1520。——译者注

loquens)。判决将以某种方式整合先前的司法判例,向蒙在鼓里的人们表明,法院必然会得出确实结论,而对有鉴别力的人来说,这通常不过是所说的"特别答辩"(special pleading)①——通过误导及其他办法,对于判决进行的合理化说明。法律上的利弊得失没有得到公正的说明(如果相关法源与判决结果相悖,而法院不准备承认自己的决定正在改变法律,就无法对此很好地加以说明)。法院选择的都是结论的论点和依据,同时 19
尽量减少或干脆无视与此相悖的法律根据或有力观点。普通律师的推理,像在一般的民事案件中那样,可能遭到法官的否定,错误或肤浅的论点反而占据上风。之所以必须秘密进行,是因为在刑事领域不断扩大犯罪圈的人,无法依靠任何以前确立的有利于自己的法律规则。法院会说,如果法律如此规定,势必是荒谬的,无法充分保障公众利益;因此(其立即得出结论),本不应如此立法。②

认为法院总是会对被告人作出不利的法律解释,是种错误的印象。英国公民享有得天独厚的政治自由,这部分归功于法官。即使被告人是个社会渣滓,法官有时也会在法律存疑的时候,做出有利于被告人的决定。在程序和证据问题上,英国法院普遍适用普通法的技术规则,无论是否有罪,严格坚持有利被告,尽管这对有罪的人来说更有利。当然,法官的脾气秉性也不尽相同。其中若干,会在被刺激时,非常轻易地便放弃既有法律根据而做出自由裁量。然而,除非面对极其令人发指的案件,大多数法官都会真诚地试图遵循判例。因此,被告人被宣判无罪还是获得有罪定谳,可能取决于其到底是在循规蹈矩还是大胆冒进的法官面前接受审判。

这些事实对律师来说可谓尽人皆知,尽管在法庭辩论过程中,他们并不经常如此表达。难得一见的直抒胸臆,出现在布里奇法官(Bridge L. J.)③代表上诉法院所作的发言之中:

"我们认为,尽量避免这种有时会使司法者产生心理压力的诱惑,即避免因为行为过程具有反社会性,便认为其必然符合某些常见犯罪的打

---

① "特别答辩",即要求提出具体的或新的事项作为理由来反驳对方当事人的主张,而非仅仅直接否认对方主张的答辩。参见薛波主编:《元照英美法词典》,法律出版社 2003 年版,第 1278 页。——译者注

② *R. v. Instan*[1893]1 Q. B. 450 at 454.

③ "Lords Justices",简称"L. J.",又被称为"Lord Justice of Appeal",即上诉法院常任法官,是英格兰上诉法院任何一般法官的称谓。此类法官常常在法律书籍中被提及,如史密斯常任法官,或以复数形式提及,如史密斯和琼斯常任法官。1851—1875 年,该头衔为审理不服副"大法官"(Vice-chanceller)判决而提起的上诉案的两位大法官法庭常任上诉法官所拥有。参见[英]戴维 · M. 沃克:《牛津法律大词典》,李双元等译,法律出版社 2003 年版,第 711 页。本译文为阅读便利,一般将其统称为法官,特此说明。——译者注

击范围。”①

由此,上诉法院推翻了有罪判决。但故事的后续是,在进一步的上诉审中,上议院并未抵挡住这种诱惑,再次作出了有罪判决。②

1-026 肯定没有办法咬定,在疑难案件中,依照法律应该做出有利于坏蛋被告人的解释,难道不是吗?

尽管存在反对法官立法的各种论据,但必须在某种程度上对其加以容忍。行之有效的刑法带来的社会利益,足以为扩大解释提供正当性。如果定罪的论点得到法律推理和相关判例的支持(即使支持结论的论据
20 效力不如反对的论据效力强),并且,合乎明确的社会政策且不违反对法院有约束力的法律,法院就可以较为适当地做出有罪判决。

我想对该判断标准加以补充:当判决主要取决于政策考虑,特别是当有利于被告人的判例已被推翻,或事实上已不复存在时,法官应诚实地承认,自己正在扩张法律。这种坦诚带来的必然后果是,不能像现在一样,对那些碰巧处于法律扩张适用范围的被告人,以及在新的扩大解释作出之前触犯法律的人进行惩罚。法官至少应对这些被告人给予无条件或有条件的释放,最好是无罪释放。如果扩张解释仅仅涉及犯罪的轻重,或被告人故意触犯法律,则可适用其他考量。

如前所述,引发麻烦的主要原因在于数个世纪以来,英国立法机关始终对刑法不太重视。议会虽然一直在努力增设犯罪,同时在法律条文方面语焉不详,但一旦法律中的明确谬误与缺陷暴露出来,便很难补救,更何况立法机关始终都在避免因为设定法律抗辩事由而惹祸上身。根据目前的制度安排,政府和议会,都不能够满足社会对其所提出的所有要求。

许多英联邦国家都制定了刑法典,以取代摇摇欲坠的普通法传统;但在英国,为此目的提出的建议总是遭到抵制。19 世纪,曾出现过两次制定刑法典的努力,一次是 1833 年,由布鲁厄姆法官(Lord Brougham)③发

---

① *R. v. Charles*[1976]1 W. L. R. 248 at 256C.

② *R. v. Charles*[1977]A. C. 177.

③ “Lord”的概念,意义包括法官、法官阁下、地主等,授予贵族的荣誉称号,出于礼貌,该称号也给予公爵之子和伯爵长子。高等法院和上诉法院法官在法庭上被称为“法官阁下”。根据习惯和出于礼仪,该称号也给予苏格兰最高民事法院所有法官,虽然他们通常并不是贵族,其姓既可以用法官的姓,也可以是来自其社会阶层的姓。他们在法庭上也被称为“法官阁下”。在封建法律中,该词也经常用指与普通人和封臣截然不同的封建等级制度中的领主,无论其是否具有贵族身份。这种用法在地主,即向佃户出租地的人和庄园主这类词语中仍得到保留。领主对其封臣土地所享有的权益有时被称为领主权。参见[英]戴维·M. 沃克:《牛津法律大词典》,李双元等译,法律出版社 2003 年版,第 62 页。——译者注

起,另一次则在 1878 年由斯蒂芬发起。① 这两次失败的原因主要是法官群体的反对,他们希望保留自己的自由裁量权。

1-027　但成文法难道不算是法典吗?您之前提到,目前大多数英国刑事法都是成文法。

成文法一般不能代表普通法,而后者才是刑法中诸多不确定性的来源所在。通常由政府官员起草的成文法,往往忽视了法律原则,没有界定基本概念范畴。而编撰精良的法典,则应该是开明的政府借助法律精英人士共同智慧的产物。对除律师以外的所有人来说,这样做的最大好处,便是未雨绸缪,可以事先解决可预见的法律难题,节省纳税人为解决技术问题而寻求专业法律帮助时花费的大量诉讼成本。此外,法典还能够确保整个法律体系受到监督委员会的定期检查。

随着 1959 年"刑法修订委员会"(Criminal Law Revision Committee, C. L. R. C.)②以及 1965 年"法律委员会"(Law Commission)③的成立,新的改革机制应运而生。虽然前者将自己的职能局限于提议修改被认为不令人满意的法律规则,并坚决拒绝将其负责修订的特定部门法编纂成法典,但后者始终努力起草法典④;但法典化前景令人担忧。法律委员会撰 21
写了草案,其本身具备一定价值,适合议会通过(尽管在某些方面可以改进),但该草案没有受到合理考虑以及得到双方认可的修正,而是遭到了部会首长等官僚的漠视、消极抵制甚至公开反对。同样的命运也降临到了其他政府委员会提交的重要立法提案上,感觉就好像是由"巴特勒委员会"(Butler Committee)⑤负责关于刑事责任的提案那样。全社会都对此不感兴趣,即使是在整个法律界,也没有燃起对刑法加以合理化的强烈热情。

---

① M. L. Friedland, "R. S. Wright's Model Criminal Code: A Forgotten Chapter in the History of the Criminal Law", (1981) 1 *Oxford J. Legal Stud*. 307.

② "刑法修订委员会"是一个由博学的法律专家组成的常设委员会,内政大臣要求该委员会就法律问题提供咨询意见,并报告改革建议。虽然从未正式废除,但自 1986 年以来,该委员会一直处于休眠状态,并被法律委员会取代。——译者注

③ "法律委员会"是根据 1965 年成文法分别于英格兰和苏格兰设立的两个永久性机构。每个委员会由 1 名从高等法院派任委员会主席的法官和 4 名委员组成。委员会的职能是负责审查各自管辖范围内的所有法律,为两个法律体系的系统修正、变革和重述而准备方案及进行调查研究。自 1965 年以来,委员会的建议已成为这两个法律体系诸多立法改革的依据。参见[英]戴维·M. 沃克:《牛津法律大词典》,李双元等译,法律出版社 2003 年版,第 660 页。——译者注

④ Law Commission, *A Criminal Code for England and Wales: Report and Draft Criminal Code Bill*, Law Com No. 177 (London: H. M. S. O., 1989).

⑤ "巴特勒委员会",是指英国殖民地时期的"印度土邦委员会"指定由哈考特·巴特勒爵士(Sir Harcourt Butler)领导的委员会,故被俗称为"巴特勒委员会",负责调查和澄清 1927 年印度各土著地区的权属关系。在这里意指与英国关系不大的问题。——译者注

第5节 违法行为的分类

1-028 “违法”(offence)概念可谓“犯罪”(crime)的别称。广义上的犯罪,不仅包括重大犯罪(该当公诉的犯罪),还包括涉及普通人某些日常生活行为的“简易犯”(summary offences),①后者主要规范许多行业、特殊活动,亦称“行政犯”(regulatory offences)。②

在实践中,一般不将简易违法行为称为犯罪,理由是这种犯罪以此来描述过于夸大。但如果简易违法行为会导致6个月的监禁,就可以被认为属于犯罪。③ 然而,现在对“犯罪”这个词的使用,已经变得相对谨小慎微,正如大家在指责别人做了错事时越来越谨小慎微一样(这可能是导致犯罪率上升的原因之一),所以我们似乎不喜欢说他们犯罪。即使是像谋杀和强奸这样的卑鄙罪行,现在也被成文法列为“违法行为”。但从技术上把他们也称作犯罪,是没有错的。当然,对于“犯罪法/刑法”(criminal law)这个词,没有可供替代的表述,“刑罚法”(penal law)除外,但现在已经很少有人使用这样的表述。“违法”这个词恰好没有办法用作合适的形容词。在本书中,继续在一般意义上使用“犯罪”概念。

简易违法行为为数众多。如果你不是飞行员,可能会傻乎乎地认为,在航空管制区的地面以上30米,或其他任何地方地面以上60米的空域放风筝是被允许的,没有问题。④ 事实上,在公共道路上以被动方式向他人索要(乞讨)钱财、⑤在提供出租房屋地址时收取相关费用、⑥在未经许可的情况下挨家挨户募捐、⑦以英制磅而不是以千克为标准出售水果,都可能导致监禁。⑧

1-029 我们不能因此取笑法律。或许存在这样或者那样看起来像是议会或政府用力过度的罪名,但其中大多数都有充分的立法理由,或者

---

① “简易犯”,是由治安法院按简易程序审理的违法行为。参见薛波主编:《元照英美法词典》,法律出版社2003年版,第1310页。——译者注

② “行政犯”,属于与普通法中规定的犯罪行为相对的法定犯,一般与公益性质有关,参见Richard E. Garner ed., *Black' Law Dictionary*, West Publishing Co., 2009, 9th ed., p. 1188。——译者注

③ Dennis J. Baker, “Constitutionalizing the Harm Principle”, (2008) 27 *Crim. Just. Ethics* 3.

④ Art. 164 of the *Air Navigation Order* 2009.

⑤ Section 4 of the *Vagrancy Act* 1824.

⑥ Section 1(1)(b) of the *Accommodation Agencies Act* 1953.

⑦ *House to House Collections Act* 1939; *Hankinson v. Dowland*[1974] 1 W. L. R. 1327.

⑧ *Weights and Measures Act* 1985.

起码当你认真思考时,会发现背后存在的某种动因。大多数简易违法行为,都是立法机关单纯为了提高标准,或防止轻微欺诈或胁迫而进行努力的结果。许多行业都受到行政成文法的规范,因而除非申领执照、依法注册或取得资格,否则从事这些行业通常是违法的。至于哪些行业更受法律的青睐(或成为规范目标),往往取决于政治压力的偶然作用。直到1975年(在马匹运输时代结束很久之后),人们才认为有必要颁布成文法,规定只有符合资质的铁匠才有资格钉马掌;[①]但当时还没有任何法律禁止任何人自诩为足病医生,治疗人类的脚部疾病。[②] 22

大多数许可性规定,是对已经得到确认的需求,特别是对公共卫生和安全以及防止欺诈的回应。其在确保标准制定和普遍遵守方面具有价值,在由专门设立的调查官向监督机构报告监督工作的情况下,效果尤其明显。发放证照的有权机关,经常获授权对此设定条件限制,并可以因行政相对人行为不当而收回证照;法庭在认定违法行为成立后,亦可被授权撤销或暂时吊销许可证或登记,最为人所知的事例,便是吊销驾驶资格。(即使某项活动不需证照,认定某些行为属于违法的法院,依然有权就此发出职业禁止令。例如,有罪定谳者,最高可以被剥夺公司管理资格15年。)[③]

这里所说的简易违法行为,代表了刑法的更大涵摄范围。在此方面,可以合理预期,随着本书的进展,将给各位带来更多可以合法做什么,以及不可以合法做什么的信息。事实上,就像其他所有有关刑法的著作一样,对于没有充分了解的问题,并不会置喙过多。"要诚实,不要暴力"(包括毁坏财产的行为),这两条戒律几乎就是本书的全部要义。关于大量行政犯的详细、系统的信息,不在本书的介绍范围之内。但对于本书来说,不诚实和暴力以及为解决这些问题而建立法律架构的主题已经足够宏大,以至于除了选择性介绍之外,别无他法。此外,本书还将关注刑事责任之一般原则,而无论罪行之轻重。

1-030 什么是简易违法行为?

它是指只能在治安法院,[④]由法官,而非陪审团审理的罪行。用律师简明扼要的语言来说,被检控犯有简易罪行的人,不享有"受审权",即受陪审团审判的权利。将"受审权"赋予被指控的人,如果当事人对此提出

---

① Section 16 of the *Farriers*(*Registration*)*Act* 1975.

② 现在,英国的"足部医生"(Chiropodists)必须在卫生专业委员会注册。没有文凭而无法注册的人称自己为"足部保健医生",因为没有法律要求他们经过注册才能使用这样的头衔。

③ Section 2 of the *Company Directors Disqualification Act* 1986.

④ Section 5 and Sch. 1 of the *Interpretation Act* 1978.

异议,将由治安法官负责审理。

与简易违法行为不同,成年人所犯的该当检控的违法行为,原则上可由陪审团在刑事法院进行审理(对于"原则上"的解释,将在下面叙述)。在刑事法院审理的案件,一般来说需要根据起诉书审理,起诉书是陪审团
23 审判所依据的正式检控书。如此进行的审判的重要特点在于,总是在刑事法院由陪审团负责审理。

"简易违法行为"这个概念现已约定俗成,并在立法中得到使用;但的确略显不当,因为"简易"的,不是犯罪本身,而是程序模式。即使指代程序,"简易"这个形容词也不算精准,治安法院的司法程序,理应和陪审团审判的程序一样正式谨慎。所谓的简易审理,与根据控诉书对既可以经检控审理,又可以简易审理的违法行为进行的审判的主要区别在于,后者需要前置"交付审判程序"(治安法官将被告人移交刑事法院审理),当然,如果是简易审理,就不会出现陪审团。交付审判程序不适用于仅可经由经检控审理的案件。1998 年《犯罪及脱序行为法》(Crime and Disorder Act 1998)第 51 条要求"仅可检控审理"的犯罪,应直接移交给刑事法院。此外,任何与之相关的既可简易审理又可经检控审理的违法行为都将同时被移交刑事法院。[①] 如果不存在与之相关的仅可检控审理的违法行为,则交付审判程序要求既可简易审理又可经检控审理的违法行为,必须提交给刑事法院审理。[②]

该当检控的违法行为,过去一般分为重罪(较为严重的类型)和轻罪(社会危害性虽比简易违法行为更重,但又不及重罪)。这个最初非常重要的区分,后来因为各种法律改革而遭到削弱,1967 年,作为权宜之计通过的立法,将法律不加区别地适用于重罪及轻罪。[③] 因此,现在不再需要使用上述概念。不再使用"重罪",是因为其已经不再具有独立性;不再提及"轻罪",是因为这个表达的全部意义,都在与重罪相互区分。此外,如果把谋杀列为轻罪,会让人感觉有些大题小做。

1-031　如何才能知道某种违法行为是简易还是检控违法行为?

简易违法行为,完全是成文法创制的结果。如果议会意图设定某种简易违法行为,会在立法中对此加以明确。如果议会在禁止某种行为的同时,并未对其如何审理加以说明,则可以将其视为检控违法行为。[④]

虽然普通法中存在若干检控违法行为,但现在基本上都被规定在成

---

① 另参见 2003 年《刑事司法法》(*Criminal Justice Act* 2003)附表 3 中的拟议条款。

② Section 6 of the *Magistrates' Courts Act* 1980.

③ Section 1 of the *Criminal Law Act* 1967.

④ *Johnson v. Colam*(1875)10 Q. B. 544.

文法当中，尽管其中若干曾源于法官立法。

1-032　也就是说，治安法官审理简易违法行为，而刑事法院审理检控违法行为？

前半句话没有错，但后半句有些过于简单化。除简易违法行为外，治安法院也可以审理某些检控违法行为。 24

需要解释的是：司法实践中，几乎所有的刑事诉讼，都是从治安法院开始的。法律程序的开展，第一步便是将嫌疑犯带到治安法官席前，由后者决定，要么逮捕他，要么向他送达出庭传票。

如控罪属简易违法行为，治安法官通常会自行审理（简易审判）。即便指控属可检控违法行为，治安法官仍可有权按简易程序审理。某项可按简易程序审理的可检控违法行为，可以被称为"两可审理行为"。对于此类违法行为，治安法官首先决定该案件是否适合按简易程序审理。如果是，他们就开始担任"审查治安官"的角色，适用"交付审判程序"。其职责是初步考虑案件证据是否确凿。如果答案是肯定的（就像通常的那样），治安法官就会把被告人送到（移交）陪审团审理（依照经检控审理）。还存在某种书面移送的现代方式，在这个过程中，如果没有被告人的要求，治安官无须考虑证据。[①] 交付审判程序可由治安法官独任负责。如果治安法官认为自己适宜审理此案件，就可以在符合条件（得到被告人的同意）的情况下这样做。（如前所述，只可检控的违法行为，以及与之相关的两可审理行为，均须直接移交刑事法院，因此无须事先进行交付审判程序听证。）

1-033　您提到，只有某些检控违法行为可以适用两可程序审理，究竟是哪些呢？

下面就将介绍如何区分。"两可审理行为"是指（a）在规制这些违法行为的立法中明确规定可以通过任何方式审判的，以及（b）在《治安法院法》（the Magistrates' Court Act）附表 1 中列明的违法行为。当然，在这里复制这份清单没有什么意义。其他所有违法行为都属于简易违法行为，或只能循公诉程序审理。姑且可以称后者为"纯粹该当检控的违法行为"，其中就包括所有可判处终身监禁的犯罪。

1-034　事实上由谁来决定两可审理行为的被告人如何被审判呢？是检察官吗？

警方或自诉人都不得坚持案件必须依据某种方式加以审理。如果案件满足下列条件之一，则将适用公诉程序审理：

---

① Section 6(2) of the *Magistrates Court Act* 1980.

1. 治安法官认为不适合简易审理；

2. 治安法官认为更为适合简易审理，但被告人选择接受陪审团审判。

否则，案件就需要接受简易审理。可以看出，除非治安法官和被告人
25 都同意进行简易审判，否则（由警方或自诉人提起的）“两可审理行为”需要以公诉程序进行审判。[①] 这意味着被告人有权被陪审团审判。关于相关权利的告知，现存过分详细的程序设置。一般来说，如果被告人允许，而且案情不太严重，治安法官就将准备自行审理该案。

1-035　在这个问题上，治安法官难道不需要听取警方的意见吗？

警方可能非常乐见对案件进行简易审理，毕竟这样可以节省大量时间。如果警方想要被告耗费时日接受审判，也可能会试图说服治安法官相关罪行过于严重，不适合简易审判（警方对治安官在某些案件，特别是涉及暴力袭警的案件中的过分宽大感到不满）。但警方能够确保将案件提交刑事法院审理的唯一方法，便是选择某项纯粹适用检控的违法行为加以指控。这种情况仅发生于警方自行检控的时候；如果检控方是王室检控署的官员（检察总长）或（更常见的情况）检察长，则被告人就将丧失就“两可审理行为”行使接受陪审团审判的权利。

1-036　结果便是，任何面对严重的“两可审理行为”指控的被告人，如果希望接受陪审团审理，基本上都能达成所愿？

是的，并且对于若干不太严重的指控来说，也是如此。以小偷小摸为例。即便仅仅是某项盗窃价值 40 英镑的“高斯巴”（Cohiba）[②]雪茄的指控，而适用陪审团审理此案的公共成本高达 1 万英镑，被告人仍可以坚持在刑事法院受审。但如果他最终被定罪，则可能会被判令支付审理费用。当然，被告可能根本就无力赔付。

1-037　难道法律不能更加理性吗？

法律和生活一样，是种妥协。如果剥夺盗窃被告人的陪审团审判权，则可能会遭遇某些人的强烈反对，而这种有罪定谳也会被视为某种耻辱。同时，若干极其违反道德的行为，却只能适用简易审理。

一般来说，如果提出，被告人就会接受简易审判，因为他认为治安法官审理案件的速度更快（尽管事情并非总是这样）。此外，治安法院也不令人生畏。适用简易程序定罪，最高刑罚一般为 6 个月监禁和（或）罚金，即使在此种量刑幅度内，治安法官对罪犯的处遇，也可能比他们选择在刑事法院受审时更为宽大。（法官和书记员经常所适用的量刑幅度，

---

① 17-27A of the *Magistrates Court Act* 1980.

② “高斯巴”（Cohiba），著名古巴雪茄品牌，创始于 1966 年，因古巴前最高领导人卡斯特罗最爱享用闻名。——译者注

在大多数治安法官看来,重得犹如洪水猛兽。反之,前者则将形容治安法官的量刑的词改为“轻如鸿毛”。)有时,被告人会选择刑事法院的全方位(和高费用)审判,为的就是在陪审团面前为自己的行为公开辩护(如果能够得到更好的法律建议,相信有更多的人会选择这样做)。 26

1-038　除了管辖权问题之外,在简易违法行为与检控违法行为之间,是否还存在其他差别?

还有若干,但只有对于实体刑法而言具有重要意义。检控违法行为的“未遂犯”(attempt)①,本身依然属于检控违法行为,但在法律没有明文规定的情况下,简易违法行为的未遂,并不可罚。该区别并非偶然:简易违法行为一般并不严重,因而单纯的未遂根本不值得加以检控。②

第 6 节　刑法与民法

1-039　非专业法律人士习惯认为,英国的法律以刑法为主,但事实上,大多数立法都是民事法律,而非刑事法律。原则上,英国存在两套法院系统:刑事法院和民事法院(尽管同一个法院通常享有两种管辖权)。同样,存在两种法律程序:民事程序和刑事程序。刑事法院适用刑事诉讼程序,对刑法加以适用,民事法院同样如此。某个行为可以只是民法意义上的过错行为(违反了民法),也可以只是犯罪;还可以两者兼而有之。民法中,与刑法最为相似的部分,便是侵权法,其作用主要是规制损害行为。

1-040　为什么要设立两套法律系统?

刑法主要关注的问题是不法分子是否应受到惩罚(或强制处遇)的问题。而民法关心的是私人权利问题:例如,物品的所有人要求不法持有者返还原物,或者在其拒不返还时,选择要求延期损害赔偿。

---

① “未遂犯”,也可译为企图、未遂行为,是指为实施某种行为所作的努力。在刑法上,为实现某种犯罪目的之努力必须与纯粹的实现犯罪目的之愿望或意图以及为实现犯罪目的所作之预备区别开来。这种犯罪企图是蓄意而为的,是一种以实施犯罪为目的的部分犯罪;只不过这种犯罪尚未完成或遭受挫折,或者只能用实施犯罪的行动才能加以解释。一般而言,难以解决的问题为:如何确定某一行为是否已经构成未遂行为,或者如何把它与无辜行为区别开来。即使实际上不可能完成犯罪,但仍成立犯罪未遂。依英格兰普通法,企图实施叛国罪、任何重罪或轻罪均构成轻刑罪。依许多制定法,犯罪未遂本身是种实体罪,被控有犯罪之人可能判处具有实行该种犯罪的企图。这是一项基本原则。参见[英]戴维·M. 沃克:《牛津法律大词典》,李双元等译,法律出版社 2003 年版,第 82 页。——译者注

② Section 127 of the *Magistrates' Court Act* 1980.

1-041 诽谤者需要承担侵权责任还是刑事责任呢?

理论上来讲可以同时追究,但现在来看,很少对其提起刑事检控。[①]

1-042 是否可以认为,需要对他人承担侵权责任的诽谤行为人会经常出现在"被告人席"(Dock)?

很少出现在被告人席上,因为被告人席为刑事法院所特有。诽谤者可能会因行为构成侵权而被诉要求赔偿损失,而且损害赔偿数额很可能十分大。诽谤者可能会发现自己坐在证人席上,作为民事诉讼的被告人进行举证,但却不太可能出现在被告人席上。

1-043 如果诽谤者无力支付赔偿,是否需要坐牢?

不需要,诽谤者可能会需要接受破产法院的审理。在民事赔偿和刑事罚金之间存在巨大差异:如果拒绝缴纳罚金,某种情况下,会面临坐牢
27 的命运。[②]

1-044 犯罪人是否经常面临损害赔偿的检控?

你混用了不同术语。损害赔偿之诉(不是检控)属于民法问题。民事之诉(起诉)针对的是民事过错行为,而对于犯罪行为,则需要检控。所以答案是否定的。不是任何犯罪都构成民事过错。根据成文法的规定,很多刑事违法行为都不属于损害赔偿诉讼的对象。

1-045 如果我被酒后驾车的司机撞伤,能否对其所实施的酒驾违法行为提起损害赔偿之诉?

对于刑法意义上的酒驾罪来说,答案是否定的,但你可以提起过失危害之诉,而这属于侵权法性质。

1-046 他喝醉酒显然是有意为之,显然不属于"过失"(Negligent)[③]案件。

司机故意(有意)喝酒,但没有想要故意伤害你。无论如何,过失案件

---

① J. R. Spencer, "Criminal Libel: A Skeleton in the Cupboard", [1977] Crim. L. R. 383 at 465. *Gleaves v. Insall*[1999]2 Cr. App. R. 466 at 478 *per* Kennedy L. J. .

② Section 76 of the *Magistrates' Courts Act* 1980.

③ "过失"(negligent)或其名词形式 negligence,又被译为不留心,疏忽。第一,在日常习惯中,该词只表示粗心大意。第二,在法律习惯中,它是指没有达到注意的标准,而任何理智正常的行为人,根据法律在当时情况下都应达到这个标准;如果没有法定的应尽的注意义务,则缺乏注意不产生任何法律后果。一般来讲,在能够预见或应当预见到缺乏注意会引起损害的情况下,即负有注意的义务。因此,疏忽是可能引起许多种损害的情况,该情形乃是在特定情况下没有采取应当采取的足够措施来避免损害的发生,它与故意地或有意地造成损害的情况形成鲜明对照。所以,即使某人可能并未粗心而是尽量注意,但如果法院认为他尽到的注意在当时情况下是不充分的,则他也可能属于疏忽损害。第三,在英国法中,"过失"的名称用在某种特殊的侵权行为中,指在某种情况下有理智的人应当注意而没有注意以致造成他人人身或财产损害的侵权行为。过失暗含有对原告人注意的法定义务。一般来说,如果两者的关系是如此密切,以至于行为人如未尽到注意就能对他方造成损害,则存在这种法定义务。亦意味着在某些情况下未达到通常所指的合理注意标准;然而在特殊情况

可以包括故意。在法律上，人们总是提到，承担责任必须满足最低限度的过错原则，因此故意伤害他人的人，“毋庸置疑”（*a fortiori*）[①]应被认为构成过失。

1-047 是否有人会因为违反合同而遭到刑事检控？

对于若干危险的违约行为，可以判处刑事处罚，[②]特定类型的债务欺诈行为也属于犯罪。总的来说，该领域的法律规定较为薄弱，缺乏可执行性。在很大程度上，违反合同并不是犯罪。以欺诈手段引发合同之债的行为，可能构成犯罪。但获得合同利益后，不履行支付对价义务，则通常不属于犯罪。受害方的补救办法是提起民事诉讼，要求偿付债务、赔偿损失、实际履行或申请禁止令。（未遵守法院具体履行命令或禁止令的缔约方，可因藐视法庭被送进监狱，但该义务一般被视为具有“民事”而非“刑事”性质。）

1-048 但违反诚信拒不履行合同之债的情况愈演愈烈。现在很多人都为了赚取应支付的合同价款产生的利息而拖延履行，甚至很多人干脆想办法耍赖不认账。为什么不动用刑法对于这些人进行打击？

主要的原因在于，担心这样做可能会重新引入类似于狄更斯时代的实际意义上的“债务监禁”。然而，如果能证明该人在订立合同时就无意付款，其在道德意义上与小偷并无不同。他利用欺诈手段，骗取了他人的商品或服务。例如，欺骗建筑商在其房屋内装修新厨房，也就是说，根本无意为该厨房的装修支付对价，这样的行为人，可能会被纳入2006年

下，可能要求较高的注意标准，如对飞行员和做手术的外科大夫的注意标准就要求高一些。在这些特殊情形下，行为人的不注意和其他行为人所受的伤害的联系尽管不很紧密，但它不得由于其他若干因果因素的干扰而中断，而且这种不注意与对原告造成的最终的损害、实际损失或损害的联系并非太松散。疏忽大意的侵权行为多种多样，但最通常的是造成了人身伤害和死亡的疏忽大意的侵权行为，属于这类的有：雇主对雇员的责任、土地持有者对来访者的责任、供应者对消费者的责任、提供服务的人对其客户的责任、驾驶人员对其他道路使用者的责任等。疏忽大意的侵权行为种类并非封闭性的，许多新的种类可能会得到承认，如引起经济损失的疏忽大意侵权行为。该词语的第三个意思是从第二个词义派生出来的，并且是由于英格兰法一直是从构成侵权行为的原因，来划分侵权行为而得到了发展。英格兰法并没有把损害合逻辑地划成故意造成的损害和过失造成的损害，而是划成：非法侵入、侵占动产、口头诽谤及其他类似行为。因而，由过失所造成的人身伤害被称为名义上的侵权行为，即过失侵权行为。在苏格兰法中，从未确认的行为方式，任一“不法行为”（delict）都可以是故意的，也可以是过失的（该词的第二种含义），过错行为都是由于过失所造成的过错行为。“共同过失”（contributory negligence）的情况下，过失的概念采取一般疏忽这个日常含义。刑法中，过失采用其通常的含义，并非构成刑事责任的一般要件，只是在特定案件中如此，比如未尽适当谨慎和注意驾驶车辆的犯罪，或者过失非常严重达到了对后果自由放任或漠不关心的程度。参见［英］戴维·M. 沃克：《牛津法律大词典》，李双元等译，法律出版社2003年版，第792页。——译者注

① 直译为“有足够的理由”（英文发音为“ay forsheeohry”）。

② G. H. Treitel, “Contract and Crime”, in Colin Tapper (ed.), *Crime Proof and Punishment, Essays in Memory of Sir Rupert Cross*, (London: Butterworth, 1981) at 83.

28 《欺诈法》(Fraud Act 2006)的管辖范围。

1-049 如果某个行为既属于刑法意义上的过错行为，又属于民法意义上的过错行为，是否可以对其进行两次处罚？

民事诉讼损害赔偿是对被害人的补偿，而不是对不法行为人的处罚。惩罚性赔偿金也只在特殊情况下存在，但仍然属于某种赔偿形式。

1-050 假设同一行为既属于犯罪又属于侵权，该如何区分犯罪与侵权？

如果说行为属于侵权行为或其他民事过错行为，则意味着可以在该行为出现之后对其提起民事诉讼，主张损害赔偿或其他民事救济。如果说其是犯罪，就意味着可以对其提出刑事检控。两者不仅程序和证据不同，结果也不同。

民事诉讼程序的通常结果为以下几种之一：

1. 偿还债务；
2. 损害赔偿；
3. 做出补偿；
4. 恢复原状；
5. 要求履行合同特定义务；
6. 停止侵害或从事特定行为的禁止令；
7. 权利确认。

此外，在解除婚姻、未成年人监护、监护权变更等程序以及司法审查的应用方面，还存在民事及衡平法意义上的补救措施。后者要求高等法院对遭遇公共当局和下级法庭的不当行为的给予救济；救济可以采取声明、禁止令、损害赔偿、特许权命令(命令书、禁止令、调卷令)或"人身保护令状"(*habeas corpus*)①的形式。所有这些都明显属于民事性质的司法指令。

---

① "人身保护令状"，指在英格兰沿用的一种为保护臣民的自由而颁发的"法院令状"(prerogative writ)，颁发这种令状是为了保证释放那些被非法监禁在监狱、医院或者处于私人监禁之中的人。人身保护令状最初包括在要求监禁他人的人让该被监禁者出庭的命令之中，有时也包括在要求将被指控者移交法庭的命令之中。根据英格兰的普通法，任何自由人如果不是因为犯有刑事罪行或者由于民事负债而被监禁，均有权要求高等法院的王座法庭向实施监禁的监狱的监狱长颁发人身保护令状，要求解交被监禁者，并说明被监禁者之被监禁的理由，以便法院对其适当性予以裁断，从而确定将被监禁者或移送监狱，或准予保释，或予以释放。这种人身保护令状在《大宪章》之前即已存在，它是在17世纪时作为审查非法监禁的正当程序而确立的。该令状为保护权利而颁发，但是却存在许多不足之处。如被押的犯人有可能被转移至另外的监狱；高等民事法院能否发布这种令状是有疑问的，而且英国理财法院从未颁发过这种令状；此外，王座法院的法官能否单独在休庭期间发布此种令状也同样是有疑问的。在1627年的"达莱尔案"(参见*Darnel's case*)中，法院对根据"国王特别命令"所作成的这种令状的有效性提出了异议，并坚持这个主张，但是这个判例被1628年的《权利请愿书》宣布无效。1640年的《人身权利保护法》规定只要押或拘禁根据的是国王或枢密院的命令，

第7节　犯罪的定义

1-051　我们现在进入了犯罪界定阶段。犯罪(或刑事违法行为),是指借由刑事程序,适用刑罚处遇的法律过错行为。

则此种令状在法律上即属有效,但是该法并未完全发生效力。复辟之后发生的其他一些案例反映出了程序上的其他缺陷,1679年的《人身保护修正法》试图弥补这些不足,它既没有宣布原则,也没有规定赋予新的权利,而是极大地改进、完善了自由权行使的机制。该法规定,根据刑事控告案件中任何囚犯或其代理人的申诉,大法官或任何上级法院的法官均应发布人身保护令状并将该囚犯交保释放;该囚犯必须在20天内被移送法院;被释放的囚犯不得因同一罪行再次被拘禁;人身保护令状可以自王座法院、高等民事法院、大法官法院或者理财法院中得到;任何人都不得被送到苏格兰、爱尔兰或英国海外属地予以监禁。该法的1个缺陷——没有对保释金数额作出限制,在1689年的《权利法案》中得到了补救,后者规定当局不应要求过多的保释金。1816年,这个补救被当年颁行的《人身保护法》扩大适用于非刑事犯罪的指控,并赋予法官裁定监狱报告中所列举的事实的真实性的权力。1679年的《人身保护修正法》曾经几度在局势动荡时期被《议会法》基于政治需要的理由而宣布暂停实施,如1794—1801年,以及1817年就曾经如此。现在,在绝大多数的非法剥夺人身自由的刑事或民事案件中,人身保护令状作为某种补救措施都是可以适用的,这使法院能够审查对当事人予以拘禁这个行为的正当性。那种认为可以不断地向法官提出颁发人身保护令状请求的观点被认为是错误的;只在有新的证据的情况下才能提出新的请求。无论是在刑事还是在民事案件中,对发布或者拒绝发布释放令的裁定都可以提出上诉。上诉可以针对包括国王、大臣、政府官员、有义务保护所有国民和外国人自由权的法官在内的任何人。人身保护令状通常被援引用来检验行政当局的行为,包括为引渡而实施的监禁的合法性。它是一种权利令状,即可赋予(法律上)应得的补救权利的令状。但是,如果当事人能够得到其他方式的补救,法院可以拒绝发布此种令状。在某人已经被具有法定管辖权的法院判处监禁的情况下,人身保护令状是不得予以使用的。过去,人身保护令状在英国国王的所有领地都适用,但从1862年的《人身保护法》颁行以来,它不再适用于英国的殖民地,而是由殖民地的本地法院来发布此种令状。1679年的《人身保护修正法》适用于威尔士、特维得河畔的伯里克、泽西岛和根西岛,而1816年的《人身保护法》还可适用于马恩岛。过去,王座法院有时候向爱尔兰发布人身保护令状,但是现在已经不再这么做。1679年的《人身保护修正法》不适用于爱尔兰,但是爱尔兰的议会在1781—1782年的法令中就此作出相应的规定。英格兰法院没有向苏格兰发布过人身保护令状,而且此种令状在苏格兰法中也不存在,但是为防止非法监禁以及避免审判的不正当延迟,苏格兰于1701年就人身保护令状制定了相应的成文法规定。在苏格兰1975年的现代《刑事诉讼法》中就有和人身保护令状相同效力的条款。在其他情况下,苏格兰最高民事法院有权发布命令要求释放被非法监禁的人。不能为了审查本来可以用其他方式审查上级法院的判决而发布人身保护令状。在下议院以滥用特权为由将该院某一议员交付监禁的场合,也不能适用人身保护令状来保证释放该议员。此外,在上议院或下议院以滥用特权为由将某非议会成员交付监禁直至议会休会或解散的场合,也同样不能适用该令状来保证释放该被监禁者。对根据人身保护令状而获释放的被非法监禁者,不得被以同样的罪名再次予以监禁或拘押。保证遵守人身保护令状的方式有处以罚款,或以藐视法庭罪判处监禁。在有关人员无视人身保护令状,或对该令状作出虚假的或者不充分的报告的情况下,即可处以上述处罚。还有其他形式的人身保护令状,如"解送被监禁者到庭作证令",该令状使被监禁的在押者可以出庭作证,还有"出庭答辩或辩诉令",根据该令状,可以将被监禁的在押犯人移送法庭或者司法官,以便就任何其他指控而对该犯人进行审判或调查。此外,还有现在已经被废止的"到庭询问令"和"接受被监禁者令",根据此种令状,可以将被押犯人从一所监狱转移至另一所监狱以接受审判。参见[英]戴维·M.沃克:《牛津法律大词典》,李双元等译,法律出版社2003年版,第494—495页。——译者注

1-052　这难道不是在循环定义吗？如果不适用刑事程序，就不知道什么是犯罪，如果不知道什么行为是犯罪，就无法了解到相关程序是不是刑事程序。

这个问题颇有见地，值得一答。答案是否定的。我所做的，并非循环定义，尽管看起来可能如此。刑事程序，也就是说刑事检控，可以在不必使用“犯罪”概念——至少不需要为说明刑事程序是什么而对犯罪加以
29 定义的情况下——对具体犯罪给予非常详细地描述。

下面，概要分析一下刑事诉讼的内容。如果某人被怀疑实施了某种类型的刑事违法行为（也就是说犯罪，但我知道你已经准备好发难，所以没有使用这个概念），就有可能会在没有逮捕令的情况下被逮捕，或者在有逮捕令的情况下被逮捕，然后被押到治安官面前。或者，他可能会因为控方的起诉书而接到指示他出庭的传票，从而出庭。随后的诉讼将取决于指控的是检控违法行为，还是简易违法行为。你会注意到，到目前为止，不一定要使用“犯罪”或“刑事”这样的表述，就可以继续完整地描述与民事诉讼程序和证据在许多方面（尽管不是全部）存在差异的刑事诉讼程序和证据。[①] 事实上，一般伴随这种类型诉讼程序的违法行为，或法律过错行为，就是种犯罪行为。

以高等法院为例，可以说明刑事与民事程序之间的区分：

高等法院的民事诉讼程序，一般以令状为开端，而开启刑事法院刑事审判的司法文书，则是检控书。在治安法院层级，启动民事诉讼的文件称为诉状，而启动公诉程序的文件，如我们所见，被称为“起诉书”（information）[②]。

---

① Glanville L. Williams, “The Definition of a Crime”, (1955) 8 *Current Legal Problems* 107 at 130. the penetrating discussion in Andrew Ashworth, “Is the Criminal Law a Lost Cause?”, (2000) 116 *L. Q. R.* 225.

② “起诉书”，是指某种程序据以启动的原始文件。在普通法上，特权起诉程序是以王室的名义而提起的某种民事诉讼请求，目的在于索回侵犯王室财产所致的损害赔偿或追回拖欠王室的财物或钱款。由检察总长提起这种诉讼。其他种类的起诉书有：因侵入王室土地而引起的非法侵入他人土地的起诉书，类似于“非法侵入私地的诉讼”；追索根据契约约定应归王室的金钱而提起的清偿债务起诉书；追索应成为王室财产的无主物或因拒纳消费税而没收财物提起的对物起诉书；请求返还属王室所有但被他人持有的财产的非法持有起诉书。理财法院在行使衡平法管辖权过程中，还有某种被称为英格兰起诉书的程序，一般类似于衡平法上的控诉状。大法官法庭的起诉书由检察总长代表国王或某些受到国王特别保护的人的利益提出（依职权起诉）。这些起诉书通常于某些人有关系。这些人的名字被写进控告书中，并通常是与争议的事实有利害关系的人。（检察总长根据告发甲……）起诉书也用于刑事诉讼中。其中一些按照控诉人的要求为依据刑法抽取刑罚而提起。在王座法院分庭，对于特别影响主权或扰乱，危害政府的犯罪，可以由检察总长拟订起诉书，对于个人要求惩罚骚乱，司法行政官的违法行为以及其他严重违法行为的控告，可以由刑事部主事官拟订起诉书。现在只保留下来了由检察总长依职权提出的起诉书司法行政法院的刑事程序也由起诉书启动。该起诉书主要陈述指控的犯罪行为。参见［英］戴维·M. 沃克：《牛津法律大词典》，李双元等译，法律出版社 2003 年版，第 560—561 页。——译者注

一般来说,民事诉讼由直接受影响的主体提起。而检控,总的来说,可以由任何人提起,无须考虑其是否受到相关刑事违法行为的影响,但其必须遵守此前已经公示的各种限制。

民事诉讼的原告,可以随时中止诉讼,而政府官员却无权阻止其进程。相比之下,除了检察总长和检察长之外的控方,没有办法确保启动检控后还能任意放弃。如果检察官改变了自身对案件的看法,可以在法院许可的情况下撤回起诉;但是如果其撤销指控没有得到许可,警方或任何其他主体,都可以代表公众继续检控。① 即使没有得到其他检控主体的同意,检察长依然可以接管公诉程序,要么是为了更有效地推进诉讼,要么甚至是旨在中止诉讼——尽管这种干预仅仅发生在最为特殊的例外情况下,例如由于技术原因继续审判不合适,或者政府希望保护"告发"犯罪同伙的罪犯。② 检察总长也通过作出"不起诉"(*nolle proséqui*)决定, 29
阻止向刑事法院提起的任何检控,但同样,只有在因为技术原因不适合继续审判的情况下,检察总长才会选择介入。③

1-053 还能再追问一下吗?您的描述并没有解释犯罪到底是什么,而只是阐述了犯罪导致的结果。

此类反对意见误解了定义的目的。定义,旨在解释如何使用特定概念。假设某位部长向议会宣布,政府打算通过立法,将非正式罢工规定为犯罪(或刑事违法行为),这表明加入非正式罢工的人将遭受刑事审判(我们知道这意味着什么),可能面临刑事处遇的结果(我们也知道那代表着什么)。所以,我们知道非正式罢工,是种犯罪。

我想,你可能想知道的是,什么"应该"是犯罪,而不是什么"是"犯罪,因为任何政府所选择加以犯罪化的,就"是"犯罪。而政府,就是通过将其规定为刑事违法行为,而非民事过错行为,实现定义的目的。稍后,我们就会讨论什么应该是犯罪这个问题。

1-054 能否说在个人提起的民事诉讼中,法庭指令主要是为了保护私人利益诉求,而刑事法院所做的判决旨在保护社会整体?

唉,不,"命令型"法庭令状(mandamus)④(民事性质的,或至少是非刑事性质的)要求被告人履行其所担负的公共职责,而这显然不是为了

---

① *Raymond v. Attorney—General*[1982]Q. B. 839;*R. v. D. P. P. Ex p. Hussein*[1990]C. O. D. 88;*R. v. D. P. P. Ex p. Chaudhary*[1995]1 Cr. App. R. 136.

② Cf. *R.* (*on the application of Corner House Research*) *v. Director of the Serious Fraud Office* [2009]1 A. C. 756.

③ J. Ll. J. Edwards, *The Law Officers of the Crown*, (London: Sweet & Maxwell, 1964) at Chap. 12.

④ "法庭要求"或"法庭命令"的意思。

使任何特定的个人因此受益;而刑事法院可以作出某项旨在使个人受益的赔偿命令。民法和刑法之间的界限存在下列两处特别容易混淆之处。

1. 横跨民事和刑事程序的责令具结。

举个刑法方面的事例:假设公民在治安法官面前指控他人攻击自己,被告人却答辩称是指控方挑起的事端。治安法官,打个比方,可能会各打五十大板,无论有无保证,只要求他们两个都具结,以息事宁人,维持治安。保证(无论是被责令具结人作出的还是其保证人的)意味着,违反具结者,需要支付款项。被责令具结人做出保证后,拒不认账,或者未能找到所需的担保人,可能会立即被判处监禁(即使该人是否违法是存疑的)。违反具结条款时,可以被没收其承诺支付的全部金额。

即使没有进入刑事诉讼,也可以适用责令具结。如果担心某人会破坏治安,可以通过民事诉讼(提交诉状)将其诉至治安法院,并强令其遵
31 守治安。在某些情况下,具结金可能会是很多钱。如果某人经常违反法律,因为法定罚款额度较低,因此有时会采用这种程序;通过治安官对其施加约束,就可以在下次违法时,对其处以较重的处罚。①

2. 民事法院有时可以发布禁令或公告,以防止刑事违法行为。这可以在存在成文法明示或默示授权的情况下进行。② 此外,司法部部长有权根据普通法诉请禁止令,以预防公共妨害或其他违反公共义务的行为;私人可在检察总长同意的情况下,以其名义诉请禁止令。后者也被称为"告发人诉讼"(relator action)③,因为律师主要基于与作为真正原告的公民的"关系"(*ex relatione*)提起诉讼,而所有由此产生的费用,必须由该公民承担。

1-055 告发人诉讼是民事性质还是刑事性质,也就是说,其是因为民事过错行为,还是刑事过错行为而被提起?

属于民事诉讼行为,但可以基于犯罪或其他违反公共义务的理由提起。

1-056 这真是太糊里糊涂了。我想您一直在讲,犯罪是刑事法院负责处理的事情。但现在您又告诉我,对此民事法院也可以进行干预。

对,起码对于犯罪的逮捕问题是这样的。申请禁止令(或其他诉求选

---

① *Justices of the Peace Act* 1361;*R. v. Lincoln Crown Court Ex p. Jude*[1998]1 W. L. R. 1403. 更为充分的讨论,Glanville Williams,*Criminal Law:The General Part*,(London:Stevens & Sons,2nd edn. 1961)at Chap. 16;Andrew Ashworth,"Preventive Orders and the Rule of Law",in Dennis J. Baker and Jeremy Horder(Ed.),*The Sanctity of Life and the Criminal Law*,(Cambridge:Cambridge University Press,2013) at 45。

② *RCA Corp. v. Pollard*[1982]3 W. L. R. 1007.

③ 重音在第2个音节。

择,即申请法院公告)的诉讼,需要向具有刑事和民事管辖权的高等法院提起,该诉讼受民事诉讼规则管辖,因为不涉及惩罚问题,因此不被视为刑事诉讼。

1-057　提起“告发人诉讼”的目的何在?为什么不直接对于犯罪提起检控呢?

可能仅仅存在犯罪的威胁,但实际尚未实施,通过申请禁止令,可以阻止犯罪的着手。或者刑事处罚可能只是轻微的罚金,而这显然不足以预防犯罪活动再次发生,然而不服从禁止令,可以导致从事违法行为的人被关进监狱。[1]

1-058　当真正的控告方是私人时,为什么一定要以检察总长的名义提起诉讼呢?

当被告人违反了公共义务或威胁要违反公共义务时,将提起告发人诉讼。少年用手推车阻塞街道;或者公共汽车停在你居住街区的道路上,造成交通拥堵。没有谁的个人权利因此遭到侵犯:阻碍公路通行是对公 32
众无障碍通行权的侵犯,通常作为某种简易违法行为遭到检控。但是法院允许检察总长为了公众的利益提起诉讼,而检察总长转而决定允许公众使用他的名义。因为其只同意提起诉讼,借此可以避免许多人起诉同一被告人时可能出现的麻烦和浪费。

1-059　如果检察总长不希望相关法律得到落实,从而拒绝授权该怎么办?

法庭赋予检察总长绝对的自由裁量权,不会对其加以干涉。例如,检察总长认为与某个强大的工会作对是不明智的,就可能会拒绝同意。不管理由是好是坏,检察总长都不需要对其加以说明。[2] 检察总长绝对控制公益诉讼的唯一重要例外是,根据法律明文规定,地方当局有权提起诉讼以保护本地居民的利益。[3]

简而言之,刑法和民法之间的界限有些不太明确。可以概括地认为,所有的犯罪都应依法受到惩罚,而这项任务,通常由刑事法院负责(或以某种使被告人面临被惩罚的特殊风险的方式,作出判决,如延迟宣判或缓刑),而民事法院则并不以追求同样的惩罚为导向。我不得不说这是相当宽泛的观点,因为有时民事法院也会作出类似于惩罚性赔偿那样的处

---

① Cf. section 1 of the *Crime and Disorder Act* 1998,在撰写本书时仍然有效。英国政府已表示打算废除这个条款。

② *Gouriet v. Union of Post Office Workers*[1978]A. C. 435;*Ashby v. Ebdon*[1985]Ch. 394.

③ Section 222 of the *Local Government Act* 1972;*Kent CC v. Batchelor*(*No.* 2)[1979]1 W. L. R. 213.

罚决定。

1-060　我们为什么需要制定刑法？

我只能送给你一段名言警句，以解释为什么需要法律和执行机构。[1]法律的目标与功能，一般与传统道德没有太大的区别。澳大利亚伟大的哲学家麦基（J. L. Mackie），对道德的功能及其与法律的关系，作出了极为精妙的解释：

“普罗泰戈拉（Protagoras）、霍布斯（Hobbes）、休谟（Hume）和瓦诺克（Warnock）至少在道德（以及终极法律）需要解决的问题上，达成了一般共识：有限的资源和有限的同情心共同作用，因而导致相互冲突的竞争关系滋生，本来可以彼此互利的合作关系缺失。[2]

……

最根本的办法，便是达成某种具备自己执行机制的合意。任何行为人都有动机去支持自行负责惩罚（或给予私法补救措施，如损害赔偿、禁止令等）违反上述合意的行为的有权主体（并且其也有这样做的动机）。因此，任何行为人都有双重理由履行自己达成的合同的义务：害怕因违反合意而受到惩罚[或必须支付损害赔偿等]，以及期望因遵守合意而获得利益，毕竟几乎可以肯定，其他当事方[多数]也会基于相同的动机履行
33 合意。”[3]

无论我们根据狭义的个人合意，[4]还是更为宏观的社会契约[5]讨论法律，都存在充分的实证证据支持社会是根据某种合意形成的说法；[6]而且，在这样复杂的合意，乃至次级合意的网络中，总有些人不会遵守其在合约中的义务。因此，非正式的道德规范被编纂成法律，以便通过刑事惩罚或私法补偿来制止违法行为。麦基[7]在其关于道德进化的讨论中，引用了“博弈论”（game theory），但同时非常谨慎地指出，即使是最先进的理论，也无法解释道德原则的演进过程，以及大多数人为什么会恪守道德

---

① Baker, *op. cit. supra*, note 45 at Chaps. 2 & 6.

② J. L. Mackie, *Ethics: Inventing Right and Wrong*, (New York: Penguin Books, 1977) at 111.

③ *Id.* at 109. Nicola Lacey, “Social Policy, Civil Society and the Institutions of Criminal Justice”, (2001) 26 *Austl. J. Leg. Phil.* 7; Stanley I. Benn and R. S. Peters, *Social Principles and the Democratic State*, (London: Harper Collins Publishers, 1971). John Gardner, “Ethics and Law”, in John Skorupski (ed.), *The Routledge Companion to Ethics* (London: Routledge, 2010).

④ David Gauthier, *Morals By Agreement* (New York: Oxford University Press, 1999).

⑤ Thomas M. Scanlon, *What We Owe To Each Other* (Cambridge MA: Harvard University Press, 2000).

⑥ F. J. M. Feldbrugge, *The Law's Beginnings* (Leiden: Brill Academic Publishing, 2003); A. S. Diamond, *Primitive Law: Past and Present* (London: Methuen & Co. Ltd., 1971).

⑦ Mackie, *op. cit. supra*, note 98 at 115 *et seq.*

规范。我们从旨在保护个人财产和身体安全的法律中大受其益。针对欺诈和欺骗行为制定的健康和安全标准、成文法,就服务于该目的。此外,所有人在维护国家及相关体制方面均存在利益,毕竟每个社会成员都会从社会文明中获得好处。①

拉兹(Raz)教授②指出,法律具备诸多社会功能,包括预防不法行为(这主要通过颁布刑事和侵权法实现);通过提供设施和机制,确保个体之间的私人活动受到规范及保障。提供服务和产品的重新分配;解决未受规范的争端解决机制。社会是人类获得进步和福祉的必要条件,而这需要法律的直接或间接地维护与促进。由于现代生活的复杂性,法律的覆盖范围不断扩大。我们制定有刑法、合同法、家事法、信托法、消费者保护法、侵权法、环境法、税法等。税法既有间接的影响,也有直接的影响,因为其迫使个人转移部分收入,用于公共基础设施建设。税法使政府可以通过透明的方式获取收入,以便公众可以从其所提供的大学、学校、道路、法院、警察、穷人福利等方面间接受益。社会福利也可能对犯罪率产生影响,因为其也为这些缺乏独善其身能力的人,提供生活所需。③

1-061 原则上,刑法应当遵循"危害原则"④"自治原则"⑤"罪责原则""平等原则"等基本正义原则。这些人类所发展和构建的基本道德原 34
则,随着人类认识的不断深入,一直得以改进。当然,考虑到认识论探究的局限性和人类理性之界限,对伤害的描述也会有所不同。人类发明犯罪以对社会共同生活引起的一般冲突加以规制。刑法作为某种社会控制机制,从而允许社会进行自我管理。刑法,本应用来调整真正的冲突,但不幸的是,立法者也将无害的错误行为加以犯罪化;并用刑法对弱势群体严加管控。⑥

不禁止具有社会危害性或其他有损个人自治的错误行为的刑法,毫无原则可言。例如,德夫林法官(Lord Devlin)⑦所指的行为(自愿卖淫和

---

① Alasdair MacIntyre, *After Virtue: A Study in Moral Theory* (Notre Dame, IN: University of Notre Dame Press, 1984). S. Shapin, *A Social History of Truth: Civility and Science in Seventeenth—Century England* (Chicago, IL: University of Chicago Press, 1994).

② Raz, *The Authority of Law*, (Oxford: Oxford University Press, 2009) at 168-179.

③ Dennis J. Baker, "A Critical Evaluation of the Historical and Contemporary Justifications for Criminalizing Begging", (2009) 73(3) *J. Crim. L.* 212.

④ Baker, *op. cit. supra*, note 45, Chaps. 2 & 6.

⑤ J. B. Schneewind, *The Invention of Autonomy* (Cambridge: Cambridge University Press, 1998).

⑥ Richard Quinney, *The Critique of Legal Order*, (Boston: Little Brown, 1974) at 16; William Chambliss and Robert Seidmann, *Law, Order, and Power* (Reading, MA: Addison—Wesley, 1982); Jeffrey Reiman, *The Richer and the Poor Get Prison*, (Boston: Allyn & Bacon, 4th edn. 1995) at 7.

⑦ Patrick Devlin, *The Enforcement of Morals* (Oxford: Oxford University Press, 1965).

同性恋),并不具有危害性或侵害他人的自主权,因为即使是最传统的危害或过错原则,也无法解释成年人自愿从事同性恋和卖淫行为如何危害或侵犯他人的自主权。德夫林认为如果不对此进行犯罪化,社会便会解构,这并没有错,他的错误之处在于,坚持认为某些无害但违反传统规范的行为会导致社会解构,因此应将其规定为犯罪。他声称,如果不将同性恋和卖淫等行为加以犯罪化,就会出现与不将谋杀、强奸、盗窃、抢劫等过错危害行为犯罪化所导致的同样类型的社会解体,但该说法显然缺乏实证支持。

理性立法者在做出犯罪化决定时,应充分利用现有的最佳社会信息,包括对正义、伤害、隐私、自主等传统的深刻理解。刑法的演变,往往受到缺乏公正性的考虑的影响,英国历史各个时期的立法者,往往不够开明理性,难以认识到某些刑事立法决定的不公正性。[①] 在 16 世纪,大众还无法想象,人类根本不会被女巫所蛊惑,这导致许多妇女因涉嫌从事巫术而被定罪。[②] 现在,英国人已不再将巫术定为犯罪,是因为足够的经验信息,能够理性认知人类不可能拥有超自然的力量。总而言之,刑法的目的,旨在阻遏具有可责性的危害行为的发生。

1-062 在决定将某种具有社会危害性的过错行为确定为犯罪,而不是民法意义上的过错行为时,到底有无标准呢?

克雷尼克(Kleinig)教授[③]指出,危害本身并不能真正解释为什么某些形式的危害行为被规定为犯罪,而其他危害行为则没有被规定为犯罪。在他看来,道德可责性,可能在区分罪与非罪方面发挥重要作用,但他同时指出,故意实施的危害行为(如故意违反合同)往往受到民事成文法的规制。[④] 而犯罪和侵权行为之间存在很多道德重合。[⑤] 决定行为是否应

---

① Francis Bowes Sayre, "Mens Rea", (1932) 45 *Harvard Law Review* 974 at 977. James Fitzjames Stephen, *Liberty*, *Equality*, *Fraternity* (Indianapolis: Liberty Fund, 1993).

② A. A. D. J. MacFarlane, "Witchcraft in Tudor and Stuart Essex", in J. S. Cockburn (eds.), *Crime in England* 1550–1800, (Cambridge: Methuen & Co., 1977) at 83.

③ John Kleinig, "Criminally Harming Others", (1986) 5 *Crim. Just. Ethics* 3. Benjamin C. Zipursky, "Two Dimensions of Responsibility in Crime, Tort, and Moral Luck", (2008) 9 *Theoretical Inq. L.* 97; Kenneth W. Simons, "Crime/Tort Distinction: Legal Doctrine and Normative Perspectives", (2008) 17 *Widener L. J.* 719; John C. Coffee, "Does Unlawful Mean Criminal: Reflections on the Disappearing Tort/Crime Distinction in American Law", (1991) 71 *B. U. L. Rev.* 193; Robert W. Drane and David J. Neal, "On Moral Justifications for the Tort/Crime Distinction", (1980) 68 *Cal. L. Rev.* 398. the essays in volume 76 of the *Boston University Law Review* and in Matthew Dyson (ed.), *Unravelling Tort and Crime* (Cambridge: Cambridge University Press, 2014).

④ John Kleining, "Criminally Harming Others", (1986) at 6.

⑤ Carleton Kemp Allen, *Legal Duties* (Oxford: Clarendon Press, 1931) at 221–52; J. A. Jolowicz, *Lectures on Jurisprudence*, (London: Athlone Press, 1963) at 344–58.

被作为刑事犯罪的根据,不仅仅是危害程度,或其他不利益(但无害)的后果,例如被害人在得知被告偷拍了自己裙底春光时所遭受的心理痛苦。① 有些侵权行为比犯罪行为的危害性更大。和故意开车碾压特定行人的驾驶员相比,过失的火车司机可能造成的伤害更大。同样,存在过失的银行家②也可能造成超过1000个扒手的危害后果。③ 立法者必须考虑行为所涉及的道德可责性的程度,以确定相关行为是否足以引发刑事谴责,还是仅仅需要采取私法意义上的应对措施。 36

总是会存在若干交叉重叠之处。私法也旨在预防某些不必要的(通常是有害的)不良后果,而不仅仅是对过错行为的对象加以补偿。④ 虽然没有办法对此完美区分,但民事过错行为与犯罪行为的区别,主要在于其所涉及的可责性程度。汉普顿(Hampton)⑤、冯·赫希(von Hirsch)⑥和阿什沃思(Ashworth)⑦一样,他们都认为伴随危害行为的可责性程度,对于区分侵权行为和犯罪而言至关重要。侵权行为通常涉及过失危害行为,而犯罪包含故意、轻率或严重过失的危害行为。尽管如此,某些私法意义上的非法行为所涉及的危害结果和可责性程度,可能足以使之构成刑事犯罪(故意诽谤、无正当理由故意违反合同等),但造成危害结果的不法行为,不一定就是刑事犯罪。值得注意的是,前者为刑事定罪提供了必要条件,但国家并非必须将一切形式的造成危害结果的过错行为,都规定为刑事犯罪。⑧ 事实上,通过民法对若干故意造成危害结果的过错行为加以处遇,有助于缩小犯罪圈。确保犯罪化的决定符合公平的要求,并不是告诉立法者他们应该将什么定为犯罪,而是告诉他们可以将什么规定为犯罪。⑨ 刑法,只应作为防止相当严重过错行为发生的最后手段。

如果立法者希望利用刑法而不是民法对此加以应对,就必须说明为

---

① *R. v. Hamilton*[2008]Q. B. 224.

② James Gobert and Maurice Punch, *Rethinking Corporate Crime*, (London: Butterworths LexisNexis, 2003) at 19.

③ Allen, *op. cit. supra*, note 120 at 255.

④ Kleinig, *op. cit. supra*, note 118.

⑤ Jean E. Hampton, "Liberalism, Retribution and Criminality", in *In Harms Way: Essays in Honour of Joel Feinberg*, ed. Jules L. Coleman and Allen Buchanan (Cambridge: Cambridge University Press, 1994) at 176*et seq*. Cf. John Braithwaite and Philip Pettit, *Not Just Deserts: Republican Theory of Criminal Justice*, (Oxford: Clarendon Press, 1990).

⑥ Andrew von Hirsch, *Censure and Sanctions*, (Oxford: Clarendon Press, 1993) at 10.

⑦ Andrew Ashworth, "Taking the Consequences", in *Action and Value in Criminal Law*, ed. Stephen Shute, John Gardner and Jeremy Horder(Oxford: Clarendon Press, 1993) at 116.

⑧ Joel Feinberg, *The Moral Limits of the Criminal Law: Harm to Others*, (New York: Oxford University Press, 1984) at 10, 187-190.

⑨ (New York: Oxford University Press, 1984) at 4, 10.

什么这种行为该当刑事谴责。尽管如此,重要的是需要注意,在某些情况下,需要作为犯罪处理的案件太过引发关注,以至于国家在道义上有义务动用刑法来保护公民的合法利益。例如,在20世纪90年代,立法者被迫将婚内强奸定为刑事犯罪。① 该当处罚的婚内强奸,因其严重性和危害
37 性上升为道德问题,因而不能继续留给相关方自行解决,这在关心其成员的人道社会中更是如此。② 进一步而言,过错行为该当刑事处遇,而非私法应对,是因为“不应该期待个人自行承担对其加以制止的责任……而是应当由社会承担对其作出应对的整体道义负担。③ 在历史上,公众性以及社会危害性理念,被用来作为识别犯罪的关键要素。但这种方法不适用于区分犯罪和侵权行为,因为很明显,许多私法意义上的不法行为也会对社会造成危害。重点应放在鉴于违法行为所涉危害的严重性和性质,以及所涉的可责性的程度,国家是否有义务使用刑法的问题之上。在不太严重的案件中,造成危害结果的过错行为,只是犯罪化处理的充分条件而已。

1-063 假设火车司机过失造成的危害和某起强奸造成的危害结果完全一致,但除非这种危害后果至少是由司机的重大过失所引起的,否则仅凭其所造成结果的严重性,不足以证明刑事应对的正当性。此外,故意诽谤或违反合同义务所产生的后果的危害性,意味着此类过错行为可以被加以犯罪化处理。但这种危害的本质,不足以迫使国家将此类过错行为确定为刑事犯罪。要求某人为自己的利益而提起诉讼,以寻求对强奸犯的报复结果,显失公平(不仅因为这间接影响到我们所有人),而且因为强奸犯和被害人之间的诉讼地位并不平等。但是,要求某人为了自己的利益对违反合同并造成损失的相对方提起诉讼索取赔偿是合理的。最后,只能对此做粗略的划分。

马歇尔(Marshall)和达夫(Duff)④讨论了个人危害与社会危害之间的交叉重叠。他们建议,应在违法行为人与更为广义的社会的关系以及其与被害人的个人关系的语境下考虑相关处罚问题。通过将“强奸的被害人”理解为“我们”,而不仅仅是“她们”,进而将这种过错行为理解为对“我们的”利益,而不仅仅是对“她的个人利益”的侵犯:我们不是将注意力从受害人所遭遇的过错行为,转移到某些单独的所谓“公共”利益之

---

① *R. v. R.* [1991]4 All E. R. 481.

② J. R. Lucas, *Responsibility*, (Oxford: Clarendon Press, 1993) at 104.

③ *Attorney—General v. PYA Quarries*[1957]2 Q. B. 169.

④ S. E. Marshall and R. A. Duff, “Criminalization and Sharing Wrongs”, (1998) 11 *Can J. L. and Jurisprudence* 7 at 20-21.

上。相反,我们对女受害人所遭受的侵害感同身受:这不是对“我们”实施的过错行为,而是对她实施的过错行为;但又是对“我们”实施的过错行为,因为这是对她的不法侵害,而这个被害人是我们中的一员,是社会的一分子,其身份和利益都存在于此社会中。[①] 同样,艾伦(Allen)[②]十分 38
正确地指出,“犯罪之所以是犯罪,是因为包含着直接严重威胁社会安全或福祉的不法行为,对此无法只通过补偿受害方进行救济”。过错行为造成的危害性,仅仅为犯罪化提供了充分条件,但在某些情况下,由于所涉危害的严重性,立法机关将被迫采取行动。

区分应当被犯罪化的过错行为可以被犯罪化的过错行为,是沿着可责性、危害结果及其严重程度的谱系如何划线的问题。执法的公平性,也是连续的统一体,因为在某些情况下,从正义的角度来看,要求个人采取行动来制止危害集体利益而非个人利益的违法行为,更不公平。实用性的限制,尤其适用于如不法投弃或乱扔垃圾等危害公益的行为。作为个别现象,乱丢垃圾可能并没有太大的危害性,但如果汇总起来,到处乱丢垃圾对伦敦这样的大城市造成的危害结果,要比偶然发生的其他严重侵犯个体的犯罪(如谋杀)更为严重。[③] 因为乱扔垃圾会影响社会整体利益,所以不能指望某个人主动启动诉讼程序来阻止乱扔垃圾。相反,整个社会(通过公共机关,如警方、法院、政府和公共机制,后者如刑法和刑罚)共同负责保护集体利益(防止乱扔垃圾、逃税等)。

1-064　对于犯罪化的公平执法正当性,也可适用于其他领域。例如,在“弗格森诉英国天然气贸易有限公司案”(*Ferguson v. British Gas Trading Ltd.* [2010] 1 W. L. R. 785 at 799)中,塞得利大法官(Sedley L. J.)表示:

“议会通过1997年《防止骚扰法》(Protection from Harassment Act 1997)的意图,是将此处所指控的无正当理由持续的严重威胁,规定为刑事犯罪,并将民事诉讼权作为替代救济措施。如此一来,不应该让那些面临困境的人因为诉讼,将自己的积蓄乃至家庭,置于危险之中。应该由具有权力及相关手段的地方公权力机关,承担将所谓骚扰者带到治安法官面前的主要责任,不管这些骚扰者是否与己有关,是否强大。”

民法与刑法具有共同的目标,即阻止人们彼此伤害。这是损害赔偿

---

① S. E. Marshall and R. A. Duff, “Criminalization and Sharing Wrongs”, (1998) 11 *Can J. L. and Jurisprudence* 7 at 20–21.

② Allen, *op. cit. supra*, fn. 120 at 233–35.

③ Dennis J. Baker, “Collective Criminalization and the Constitutional Right to Endanger Others”, (2009) 28 *Crim. Just. Ethics* 168.

诉讼和禁止令诉讼的目标之一。禁止令要求被告人不得(例如)继续从事危害社会的妨害行为,或者不得发表或继续发表有害的诽谤言论;如果
39 被禁止方不服从,则可能会因藐视法庭而被判刑(监禁)。与其相关的是,民法甚至允许基于藐视法庭而将相关方送进监狱。这种违法行为异乎寻常,既有民事也有刑事属性。民事性质的藐视法庭,主要发生在行为人拒不服从法庭指令的情况下。刑事性质的藐视罪,则包括妨碍法院工作的各种行为,从法庭上的无理行为到可能影响法律审理结果的不当公开。[①] 如果某人因不服从法庭指令而被监禁,法院可以在其服从后下令将其释放。

在民事诉讼中,可以被采取监禁措施的对象,包括那些没有缴纳所得税、房产税和类似的公共规费[②](但不是市政局的房屋租金)的人,以及那些没有为妻子或孩子(包括非婚生子女)支付赡养费的人。但是,被告人不是以罪犯的身份入狱,而是以民事违法行为人的身份入狱,可以在监狱中得到若干不适用于罪犯的宽大待遇。

综上所述,如果民法就足以确保行为的规范性,总体政策,不会选择适用刑法。一般来说,因为无法依靠个人代表公众提起民事诉讼,故必须动用刑法来保护公众利益,此外,对于赤贫者而言,民法几乎没有任何威慑力。

第8节　惩罚的正当性

1-065　作为最后的准备工作,现在请考虑下惩罚的正当性基础。[③] 围绕该问题的讨论,极大发挥了法学家和哲学家的聪明才智。在你看来,为什么需要对被告人采取惩罚措施呢?

1-066　我可以张口就来。这是因为,这些人做了错事,因此应当被惩罚。

你所阐述的,是所谓"道德报应论"(也被称为报复性司法,或行为该

---

① David Eady and A. T. H. Smith, *Arlidge, Eady & Smith on Contempt*, (London: Sweet & Maxwell, 2009).

② 包括缴纳社会保险费。

③ Andrew von Hirsch and Andrew Ashworth, *Proportionate Sentencing: Exploring the Principles* (Oxford: Oxford University Press, 2005); Andrew von Hirsch, *Past or Future Crimes: Deservedness and Dangerousness in the Sentencing of Criminals* (New Brunswick: Rutgers University Press, 1985); Jeffrie G. Murphy, *Retribution Reconsidered* (Dordrecht: Kluwer, 1992); Joel Feinberg, *Doing and Deserving: Essays in the Theory of Responsibility* (Princeton: Princeton University Press, 1971); Stanley I. Benn, "An Approach to the Problems of Punishment", (1958) 33 *Philosophy* 325.

当处罚性)，该理论认为，违法者将根据道德法则受到其所允许或要求的任何程度的惩罚。在不法行为和相关惩罚之间，应该存在必要的道德联系。

但是，道德谴责和法律惩罚，是对所谓僭越作为社会标准的道德法律的反社会行为的回应。可以将报应正义解释为对于具有生物学意义上的原始复仇冲动的升华。从长远来看，除自卫之外，某种明智的报复措施， 40
有利于预防或阻止攻击者的后续攻击行为。因此，报复，而不仅仅是防卫，仍然有其价值。恐惧和愤怒都属于防卫机制。人类仍然保有这些情绪，但我们已经将这种愤怒升华为道德上的否定评价及相关法律制度。

哲学家们对报应正义的概念分析，存在两种不同的命题：消极论和积极论。消极报应论认为，人们只有在实施了过错行为的情况下，才应该受到惩罚(这必然意味着道德过错)。我们强烈感受到(虽然我们倾向于认为这是种直觉，但其实际上基本还是文化的产物)不应该惩罚任何无罪的人。许多功利主义者会支持这种消极的报应论，因为如果无辜的人受到惩罚，将会特别冒犯人类的道德情感。

1-067　但除了错案以外，我们绝对不会惩罚无辜者。

这并不完全正确。我们经常故意惩罚那些没有过错的行为人。这被称为“严格责任”，对此，有些人认为这是不公正的。而其在很大程度上，虽然不是全部，仅适用于轻微违法行为，通常是简易违法行为。

1-068　不管怎样，只有行为人存在某种过错，才会被关进监狱。

现如今，也许绝对是这样，但法院在过去却并不总是遵循该原则。现在人们普遍认为，或者是除非某人存在过错地违反法律，否则不应受到严重处罚；除非存在过错，除非是不存在多大可责性的轻微违法行为，否则甚至连轻微处罚(如罚款)都不该当。在满足上述条件的情况下，消极正义论似乎毫无争议，有些人甚至会无保留地对此表示支持。

1-069　那积极的报应论又是指什么呢？

开始的时候提到，过错行为人应当受到惩罚。任意的惩罚必然缺乏公正性，而如果我们能够提供帮助，就没有过错行为人能逍遥法外。

如果说现在律师和哲学家几乎一致反对该观点，也希望你不会感觉被冒犯。即使是支持报应论的哲学家，也不再认为过错行为是惩罚的充分条件(他们并不认为所有的错误行为都必须受到处罚)；而只会主张这是必要条件(没有人可以对非过错行为人进行合理的惩罚)。也许惩罚有罪者总是公正的，因为在此语境下，这就是“公正”的含义。但不管是否如此，都已不再认为惩罚有罪的人具有正当性。由于该意见得到了普遍接受，警方和其他检控方才可基于自由裁量决定是否提起诉讼。此外，除谋杀以外，量刑法官几乎都享有对犯罪者的自由裁量权。例如，可以对其判处缓刑(旨在帮助他不再犯罪),或者无条件开释。简言之,道德报应论除了可以用来限制量刑之外,[1]现在基本上被该问题的思考者所摒
41 弃。"该当性"或"报应性"的限制很重要,因为其确保了违法者受到的惩罚与其过去实施的违法行为相当。也就是说,根据他过去违法行为的罪过和危害程度加以惩罚,不会因为人们可能做了什么而惩罚他们。[2]

1-070　如果不承认刑罚该当性,又该基于何种理由做出惩罚呢?

唯一可能的答案,便是功利主义者所认为的,惩罚具有预防功能。功利主义者(他们认为全部道德,都与人类的幸福或福祉最大化有关)自然得出结论:违法者受到惩罚,是出于社会原因,是放眼于未来,而不是基于过去的形而上学的原因。功利主义之父边沁写道:

"所有惩罚都是恶害。所有的惩罚本身都是恶。之所以被允许,是因为有可能排除某种更大的恶。"[3]

惩罚似乎着眼于过去,但对于功利主义者而言,惩罚的真正正当性,在于放眼于未来。"人不是因为偷了马,而是为了不让马将来被偷,才会被绞死。"[4]客运渡船沉没后,没有必要再对其进行必要的维护。我们大多数人支持制定刑法和保留刑罚,是因为想避免伤害,而不是寻求报复。大多数人都希望自己永远不会处于试图寻求报复的境地,希望避免成为下个被害人。换句话说,惩罚的功利主义基础,要么是对被惩罚者的影响(特别威慑),要么是对其他人的警告(一般威慑)。此外,刑罚过程还具有一定的教育效果。惩罚能使犯罪者认识到自己行为的恶劣粗鄙。[5] 功利主义的目标,是为刑法、刑罚、警力配置、法律制度等提供正当理由。刑罚的确会对罪犯和其他与之类似的危险分子加以震慑,但这种威慑,必须通过按照罪犯造成的伤害成比例地对其进行惩罚的方式来实现。

1-071　假设某人实施了邪恶行为,但可以肯定,他之后绝对不会再犯。例如,丈夫谋杀了自己恶毒且啰嗦的妻子,并且必须承认,他不会蠢到再娶这样的人。基于功利主义的立场/观点,是否需要对其加以惩罚?

答案显然是肯定的,目的在于达成一般威慑的目标。同样地,将暴露

---

① Denis Galligan, "The Return to Retribution in Penal Theory", in Colin Tapper (ed.), *Crime Proof and Punishment, Essays in Memory of Sir Rupert Cross*, (London: Butterworth, 1981). H. L. A. Hart, *Punishment and Responsibility* (Oxford: Oxford University Press, 1968).

② Dennis J. Baker, "Punishment without a Crime: Is Preventive Detention Reconcilable with Justice", (2009) 34 *Austl. J. Leg. Phil.* 120.

③ Jeremy Bentham, *An Introduction to the Principles of Morals and Legislation* (London: T. Payne, 1789), Chap. 15, § 1.

④ George Savile (Marquis of Halifax), *Character of King Charles the Second: Political, Moral and Miscellaneous Thoughts and Reflections*, (London: J. & R. Tonson, 1750) at 114.

⑤ Nigel Walker, *Why Punish?*, (Oxford: Oxford University Press, 1990); D. M. Farrell, "Deterrence and the Just Distribution of Harm", (1995) 12 *Social Philosophy and Policy* 220.

身份的间谍关进监狱，目的在于希望震慑国防部或其下属部门的其他人不得从事类似的行为。如果监狱官员向囚犯提供了牢房钥匙的印模，以帮助其逃跑，一旦被发现，该官员将被解雇，并永远不得在监狱内担任类似职务；但他仍然将被送进监狱。尽管如此，这可以通过罚当其罪的方式，即对其施加与过去造成的危害结果成比例的刑罚来加以实现。 42

1-072　您所说的简洁干脆，但刑罚的适用效果并不算太好，难道不是吗？

当然不算太好。但请考虑下，如果没有对为非作歹者作出特别规定，情况可能会变得更糟。

说惩罚的合理正当性是预防犯罪，并不是说惩罚总是有这种效果，或者惩罚的适用是明智和适度的。我们发现，较轻的刑罚往往可以达成与较重惩罚相同的效果，对犯罪者的非惩罚性处分，往往比惩罚性判决更能防止类似犯罪的再次发生。

1-073　法院在量刑时遵循哪种学说？报应主义还是功利主义？

法院基于消极报应论，认为一般来讲，罪犯不应受到与其罪责和所做行为的危害性不相称的更严厉的惩罚。每个公民都享有不被显失公平地做犯罪化处理的基本权利。正如将在本书第 3 章所看到的那样，导致犯罪显失公平的主要原因是：(1)定罪显失公平(从犯罪化角度而言，当被动乞讨等无害行为被标记为犯罪行为时，就会出现这种情况)；(2)量刑不成比例(从罚不当罪的角度来看，因行为人窃取录像带而判处其终身监禁的做法，是非常不公平的，但这种情况在某个发达的民主国家的确已经出现)。① 减少罪犯人数的唯一方法，就是对其加以惩罚以实施威慑。如果把所有的罪犯都关进监狱，判处终身监禁，以功利主义为目的刑罚效率更高，但这样的制度显然缺乏公正性。实现预防危害行为的义务，必须被按比例分配给那些选择违法的人。如果你多次犯法，就将受到多次惩罚。如果严重违法，就会受到更为严厉的惩罚。②

1-074　议会已经认识到对行为人的惩罚与其过去实施的错误行为相称的重要性。2003 年《刑事司法法》(Criminal Justice Act 2003)第 143 条规定：③

(1)在评估违法行为的严重性时，法院必须考虑犯罪者在实施该罪行时的可责性以及该罪行所造成、意图造成或可能造成的任何危害后果。

---

① Baker, *op. cit. supra*, note 45 at Chaps. 2.

② Paul H. Robinson, *Distributive Principles of Criminal Law: Who Should be Punished How Much?* (New York: Oxford University Press, 2008).

③ Section 142 of the2003 *Act* 明确了刑罚的目的是功利性的，即一般预防。

(2)在考虑有某项或多项犯罪前科的行为人所实施的违法行为(“现行罪行”)的严重性时,如法院认为(在该行为有罪定谳的情况下)每项前科应被合理地予以处理,则法院必须将该项前科视为加重要素,特别是需
43 要考虑到(a)与本次犯罪相关的前科的性质,以及(b)前科与现行犯罪行为之间的时间间隔。

为了确定刑期的长度,量刑法官将考虑犯罪行为的危害性以及犯罪者在造成危害时表现出的可责程度。可以将其用下面的公式大概表示为:可责性×不良行为,即 C×BC[或在涉及监禁的情况下,C × 危害(H) = 刑期][①]。可责性具有三个位阶:①重大过失;②主观轻率(选择自担风险);③充分故意(意图)。反之,主观意图对应最大程度的过错性,而客观轻率则对应最低的有责性。

与可责性不同,危害结果不能简单地分为三个位阶,因为其在程度和性质上有很大的差异。例如,攻击身体比造成他人经济损失更为严重吗?如果身体伤害小,经济损失大怎么办?对于不同的人来说,危害结果以不同的方式对其产生影响。有些人可能宁愿被打成熊猫眼,也不愿意自己还没有来得及上保险的宾利新车被暴徒破坏。最佳解决方案,就是对典型判例作若干基本的概括。[②] 可以将危害结果,粗略地区分为,即谋杀的位阶为 10,乱扔垃圾的位阶为 1。决定把某个特定的危害结果放在这 10 个位阶中的哪个位置显然不易,但却并非绝不可能。这里使用位阶而非像梯子横档那样的固定标准,是因为,和可责性一样,特定不良后果的危害性,是程度的问题。很可能处于梯子的两个横档之间的位置。但在确定如何对特定危害结果进行分类时,需要考虑诸多变量。经济危害结果,在某种程度上,可以用被害人遭受的财产损失,以金钱的形式加以衡量,但如果这种经济危害是在暴力情况下造成的,例如遭遇武装抢劫,就必须同时考虑其他变量,如身体上遭受的伤害及精神上遭受的恐吓。此外,对他人身体施加的暴力,在某种程度上可以通过其所引起的客观伤害程度来加以衡量,但我们还必须同时考虑其他变量,如某些身体伤害——例如强奸等,通常会带来的精神创伤。[③]

1-075 其他重要的变量,还包括危害结果是否发生,即所谓的完成性与未完成性问题。以未遂为例,对其予以犯罪化并加以惩罚的核心道德正当性,是道德可责性和不良行为本身,而不是实际的危害后果。如此

---

① Robert Nozick, *Philosophical Explanations*, (Oxford:Clarendon Press, 1981) at 363-97.

② Minnesota Sentencing Grid. Richard S. Frase, “State Sentencing Guidelines Still Going Strong”, (1995) 78 *Judicature* 173.

③ Johan Galtung, “Cultural Violence”, (1990) 27(3) *Journal of Peace Research* 291 at 292.

一来，证明采取刑事强制措施是正当的，不需要实际危害后果。所谓“未完成罪”（inchoate offences），旨在将“与某种主要的危害结果具有适当的因果关系，增加危害结果发生的可能性”的行为，加以犯罪化并予以惩 44
罚；未完成的违法行为者，只要实施了法律界定为犯罪的有意行为，就具备可责性，其实质上在于行为人对于这种关系的认识，即行为人明知并可避免地增加了直接危害结果发生的可能性。[①]

对于未遂行为犯罪化持主观主义立场的人认为，那些企图造成刑事危害的行为人的道德可责性，丝毫不亚于成功达成刑事危害目标的行为人。例如，如果甲向乙开枪，意图杀死乙，但没有射中，也应当承担与成功杀死乙同样的可责性。毫无疑问，故意制造这种危险的行为应被犯罪化，并处以监禁刑。需要补充的是，道德可责性本身，在意图造成的危害结果非常严重的情况下，足以成为对行为人判处监禁的正当理由。过错该要件存在，但没有出现不良后果。但无论后果是否发生，过错行为/举动，足以为犯罪化提供正当性。争论的焦点在于，在具备可责性的行为人没有造成任何伤害的情况下，是否应该以及在何种程度上对其减轻处罚。道德层面的运气，是否应该在违法行为的定性及处刑中发挥作用？显然，在那些轻微的伤害未遂案件中，仅凭道德可责性，不足以证明监禁的正当性。在严重的案件中，如果被害人没有受到充分的伤害，便无权得到充分的报应，给予犯罪人轻缓的处遇，似乎也是公平的，毕竟被杀害的危险，并没有实际被杀严重。如果用责任推定和时运不济来为不法实施的过失杀人进行辩护是公平的，用运气较好作为抗辩事由，来为失败的未遂犯减轻惩罚，也是公平的。[②]

总之，法官（包括治安法官）通常根据对犯罪“价值”的粗略评估，对实施严重违法行为者进行处罚。对此，存在习惯性的分级体系或量刑标准，上诉法院则不断对其细节加以完善；而这是道德报应、威慑、安抚公众、公开谴责违法行为、暂时剥夺行为人犯罪能力等理念的迷之兼容。必须理解的是，这种所谓分级体系并不是正式的官方文件，只能从上诉法院的判例中加以汇总。如前所述，2009 年《验尸官司法法》（Corners and Justice Act 2009）第 125 条，要求法官对违法行为人的量刑，在不违反司法公正的情况下，应遵守任何相关的量刑准则。

1-076　所谓的分级量刑体系，并没有明确特定违法行为对应的确定刑罚，而是对一般情况或其中可能规定的特殊情况，给出一定的量刑

---

① R. A. Duff, *Criminal Attempts*, (Oxford: Clarendon Press, 1996) at 132–33.

② *Contra*, Joel Feinberg, “Equal Punishment for Failed Attempts: Some Bad but Instructive Arguments Against It”, (1995) 37 *Ariz. L. Rev.* 117.

范围。在这个幅度内确定准确的判决,部分取决于是否存在减轻或加重情节。例如,先前不良的犯罪记录就属于某种加重情节,从某种意义上说,可以使法院选择处以相应量刑范围的最高刑,然而理论上法院不应因为存在前科,或者为了达成一般威慑的目的,而判处高于分级范围
45 的刑罚。

第 2 章　法官与陪审团

或者至少给我无可置疑的切实的证据，不这样可不行；否则我活活要你的命！

《奥赛罗》(*Othello*)[1]第 3 幕第 3 场

对于事实问题的争辩，将由 12 名普通人加以判断，但如果对法律问题存在不同意见，就意味着这 12 名没有受过专业法律教育的法盲，将对他们一无所知的法律问题进行审理。这些人会说，自己的职责不是审理法律问题，只是审理事实问题；因为，英国建国以来就规定：事实问题应由行为发生地的 12 名普通人审理，而法律问题则由 12 名法官审理，为此目的，本案有 6 名法官审理，而在"王座法院"(King's Bench)[2]还会有 6 名法官，他们通常会对法律问题进行合议并作出判断。否则，将导致 12 名非法律专业的英国人进行他们无法判断，也不属于他们判断的审判；因

---

① John Bowring(ed.),*The Works of Jeremy Bentham*,(Edinburgh:William Tait,1838) at 307.

② 在高等民事法院(参见 Common Pleas)成为独立的法院后约一个世纪，王座法院一直未能成为一个拥有自己的法官和诉讼记录的单独的法院。作为在国王面前开庭审理的法院，其不在任何确定的地点，而是随国王所到之处，在王国范围内各地开庭。它逐渐发展成为由法官组成的机构，在国王行宫里开庭，审理与国王有关的或只能由国王本人审判的、涉及达官贵人的案件。该法院也有权纠正所有其他法院的错误。法院的纠正错误的管辖权和对刑事案件的管辖权均来自与国王的密切关系。到 14 世纪，该法院成为独设的法院并失去了与国王和王室法律顾问之间的紧密联系。从而，其成了单纯的普通法法院，但仍保留了既是王室法律顾又是王室法院所具有的准政治权力。从 15 世纪始，它开始拥有对一般案件的刑事管辖权和对刑事案件提起公诉权、对因为一些复杂的法律问题而通过调卷令状从下级法院移交王座法院的其他诉讼案件管辖权。它还负责纠正错误令状认为下级法院有错误的判决，或由重审动议提出的纠正事宜，或将某一问题加以保留并与其他法官进行协商，以及负责审理由刑事上诉法院所提交的案件。对侵害诉讼案件，该法院的民事管辖权原先与高等民事法院是并存的，并且由于假设的《米德尔赛克斯诉状》，其拥有对所有对人诉讼和混合诉讼的并存管辖权。在十三四世纪，其又拥有通过纠正错误令状对爱尔兰王座法院案卷(至 1783 年)、对高等民事法院案卷(至 1830 年)的纠错管辖权。它还可以通过给予被告救济的令状或重审动议而纠正错误。它还发展了某种重要的监督管辖权，主要通过人身保护特权令、调卷令、禁止令、训令、禁止出国令及质问令等方式行使。至 1875 年，该法院被撤销并被并入新设立的高等法院，但在该高等法院内，这个名称以王座法庭的名称保留下来。参见[英]戴维·M. 沃克：《牛津法律大词典》，李双元等译，法律出版社 2003 年版，第 640—641 页。——译者注

此,“精通法律者”(Lawyer)①的共识便是无须对此加以反对,照搬此前做法即可。基于上述理由,法院庭审规则不允许此种例外。②

历史上的很多事例表明,英国国王和那些依附于他,受其奴役的法官,会颠覆英国人民的权利和自由,同时,还有很多事例彰显出英国陪审团的良好意识和爱国精神。英国人民享有的若干最宝贵的权利和自由,不应归功于法官的意见,而是出自陪审团的裁决。③

---

① “精通法律者”,是除律师这个通俗称谓之外的其他含义,是对以某种资格且专业上适合于从事法律工作的人的一般称呼,包括法官(不是非专业法官)、开业律师和法学教师,但不包括行政官员或办事员,除非他们具备此种资格。该术语有时专指注册的开业律师,不包括法官和法学教师。开业律师的种类可能不加区分,如美国和加拿大;也可能划分为出庭律师(或高级律师)和诉状律师,如联合王国和某些其他国家。在欧洲大陆国家可以看到对开业律师的其他分类。参见[英]戴维·M.沃克:《牛津法律大词典》,李双元等译,法律出版社2003年版,第668页。——译者注

② *Willion v. Berkley*(1561)1 Plow. 223 at 231.

③ *Hopkins v. Oxley Stave Co.* (1897)83 F. 912 at 926*per*Caldwell, J. citing*Bushell's Case*(1670)6 St. Tr. 999 among others. *Cf. R. and Poole*(1733)1 Cas. t. Hard. 23 at 28 *per* Lord Hardwicke, Ch. J.

2-001 在进入实体法的学习之前，必须对与实体刑法密切相关的部分程序法和证据法予以考虑。而这关系到在法庭上对于相关问题的举证责任以及法官和陪审团之间的职能分配。 46

第1节 证明义务的归属与程度

2-002 检控书（向治安法官提交的是控告书）提供了被指控的违法行为的具体内容。例如，针对盗窃行为向刑事法院提起检控的具体内容包括，甲在某天偷盗了属于乙的钱包。这显然并没有明确说明盗窃罪成立所需的所有要件。特别是这里将犯罪的主观要件通过默示的方式加以表达，因为一般认为，“偷盗”概念之中就包括这种主观要件。检控书也没有说明所指控的犯罪发生的地点或时间。但是被告人得到了针对自己的检控的正式通知，不管这种指控有多简单。

2-003 假设陪审团或治安法官无法确定被告人是有罪还是无辜，该如何判决？

必须认定其无罪。

2-004 因此，无罪开释其实是因为无法证明被告人是无辜的吗？

即使陪审团或治安法官认为被告人有罪，但只要有证据使他们对被告人的罪行产生任何合理的怀疑，也必须宣告其无罪。无罪判决并不意味着被告人离开法庭时，没有任何人品污点。是否如此，将取决于具体情况。[①]

关于举证责任，耳熟能详的表述，出现在著名的“伍尔明顿诉检察长案”（*Woolmington v. D. P. P.*）[②]中。以福斯特（Foster）[③]为代表的传统学派宣称每次杀害都被假定为谋杀，直到事实证明并非如此；该观点也得到了阿奇博尔（Archbold）[④]的肯定。对此，上议院坚决反对，强烈主张在刑事案件中还是应当采取最为基本的无罪推定原则。当对谋杀指控的抗辩事由是意外事件或“失去控制”（loss of control）时，检控方有责任说服陪审团确信杀人行为是蓄意为之而非遭到挑衅丧失理智。桑基大法官

① Peter Mirfield, “Shedding a Tear for Issue Estoppel”, [1980] Crim. L. R. 336 at 343 n. 33; *R. v. Mahalingan*[2008] 3 S. C. R. 316 at para. 123.

② [1935] A. C. 462; cf. *R. v. Hunt*[1987] A. C. 352.

③ Sir Michael Foster, *A Report of Some Proceedings on the Commission of Oyer and Terminer and Goal Delivery for the trial of the Rebels in the year* 1746 *in the county of Surry, and of other Crown Cases*, (Oxford: Clarendon Press, 1762) at 255.

④ Robert E. Ross and T. R. F. Butler (eds.), *Archbold's Criminal Pleading and Evidence*, (London: Sweet & Maxwell, 29th edn. 1934) at 873.

(Viscount Sankey L. C.)表示:“如果陪审团合理怀疑相关行为是无预谋的或激情为之,‘囚犯’(prisoner)有权被无罪释放”,即不构成谋杀罪(但有时仍可能被判过失杀人罪)。“大法官”(Lord Chancellor)[①]也用多年流
47 传下来的更为概括的观点表明:“在整个英国刑事法律网络中,始终可以看到一条颠扑不破的黄金规则,即检控方有责任证明囚犯的罪责,但该规则同时受精神错乱及其他任何法定例外情况的限制。”

在整个审判过程中,检控方都需要承担这种举证责任或证明义务。显然,这种举证责任不会仅因为检控方提交表面成立的“初步证据”,就转移到被告人身上。[②] 刑事案件中的证明责任与民事案件的证明责任明显不同。在民事案件中,举证责任一般由原告承担,但其只需要在满足盖然性的情况下对案件加以证明。刑事证明责任应该较此更为严格。

---

① “大法官”,是自11世纪始已为人所知的古老而高贵的国家官员,是由大法官法庭庭长职位或王室事务大臣发展而来。他还任国玺保管大臣。以前有时任命1人担任国玺保管大臣,只是以后才将该人也任命为大法官。大法官的概念来自栅栏或屏障的概念,中世纪王室事务大臣就在这种屏障后工作。忏悔者爱德华是首位让大法官保管其印章的国王。大法官始终是基督教徒,王室牧师首领,和所有部的国务大臣,他还负责签发王室令,并在王室令上加盖印章。他是国王法庭理财分庭成员,协助处理国王法庭和理财分庭的司法事务,随着其职位事务的发展,大法官成了大法官法庭的负责人。1199年,理财法庭和大法官法庭相分离。该职位原先总是由基督教徒担任,属于该类的有诸如托马斯·贝克特、休伯特·沃尔特以及托马斯·沃尔赛等此类人。但自14世纪以来,有时也任命世俗大法官。最后一位教士大法官是1621—1625年任职的威廉姆斯大主教。但宗教改革后,大法官职位通常由律师担任,而1625年后则总是由律师担任。大法官职位的重要法律意义行为人面来自其在大法官法庭中的领导地位,而大法官法庭有权批准或拒绝批准向努力提起诉讼的人签发令状。同时,该职位的法律重要性还来自15世纪以来所形成的政务会的实践,即在特定情况下,政务会将向国王和政务会提出的请求交由大法官审理,这使得历任大法官能创设、发展和完善整个衡平法制度。在发展衡平法工作中,成效最突出的是诺丁汉法官,哈德威克法官和埃尔登法官。大法官由国王根据首相从其支持者中所提名的人选予以任命,并且现在始终是内阁成员之一。任命由女王进行,女王将联合王国国玺移交给被任命者,并用职衔称呼被任命者。被任命者按王室之意就职,但根据惯例,如果其所在党派竞选失败,其则辞职。大法官不一定是贵族,但在任命时被封为贵族,并且常常在退职前晋升贵族爵位。由于大法官在历史上被认为是国王良心维护者,所以长期以来一直认为其必须属于英格兰教会,但1974年的成文法宣布该职位向罗马天主教徒开放。大法官拥有很多职权。在内阁中,他与根据不列宪法产生的司法部部长最相近似,可以就上诉法院常任法官的任命提出建议,任命高等法院法官、巡回法官和许多低级别的法律官员,并行使极大的基督教庇护权。大法官是上议院议长,可以参加辩论和分组表决。他是女王和议会之间联系的桥梁,并且在议会开会时,如果女王缺席,其则代为宣读女王演说词。他还报告法案的御准。在上议院作为终审上诉法院而开庭时,大法官有时参与上诉案件的审理,尽管在1939年以前其经常参与这种审理活动。当大法官参与上诉案件的审理时,其主持对上诉案的审理并通常由其宣布主要判决。大法官还是最高法院院长,上诉法院当然成员,高等法院大法官法庭的名义庭长。但现在,其极少行使上述职能。大法官现在属于国家首位臣民阶层,仅次于王室家族和坎特伯雷大主教。大法官退休后,享有退休金。其还有习惯性义务协助上议院审理上诉案,如果其被要求如此行事的话。同时,前任大法官可以被任命为上诉法院法官,正如在“迪尔霍恩案”(Viscount DIhorne)中那样。参见[英]戴维·M.沃克:《牛津法律大词典》,李双元等译,法律出版社2003年版,第710页。——译者注

② *R. v. Stoddart*(1909)2 Cr. App. R. 217 at 241-242.

2-005 合理怀疑到底指的是什么?

该表述几乎无法界定。这种合理怀疑不是凭空想象的,而是要求所有理性人对其作出评估。但这样表述到底有什么用?对法官来说,最好的办法是不加评论地陈述规则。法官曾经试图向陪审团解释什么是合理怀疑,但却经常犯错,甚至有时会导致作出的有罪判决后来被推翻的情况出现。1952年,“刑事上诉法院”(Court of Criminal Appeal)①建议,最好的办法,是询问陪审团是否“感觉满意以致形成内心确信”,或者表达与此类似的说法。② 但该变化并未奏效,1979年,“枢密院司法委员会”(Judicial Committee of the Privy Council)③建议回归久负盛名的标准解释范式:

---

① “上诉法院”,是最高司法法院的1个分支机构;系根据1873年的《法院组织法》设立,主要行使以前由理财法院上诉法庭、大法官及大法官法庭上诉庭所行使的管辖权,以及由枢密院在海事和精神错乱案件中所行使的管辖权。该法院由大法官、前任大法官、高等法院大法官、案卷保管主事官、家事庭(以前为遗嘱检验、离婚和海事分庭)庭长及上诉法院常任法官组成。常任高级法官和助理法官也可被邀请参加审理。上诉法院通常由案卷保管主事官和上诉法院常任法官组成3人法庭,但也可以组成1个满额的5人法庭。1966年,“刑事上诉法院”(Count of Criminal Appeal)被取消,从此以后上诉法院便作为民事庭或作为刑事庭开庭。刑事庭由奇数名法官组成,至少3名,其中1名通常是王座庭法官。通常由首席法官主持开庭。民事庭有权审理从高等法院和郡法院上诉的案件,刑事庭则有权审理被刑事法院定罪的人的上诉,并处理内政大臣提交的案件。每座分庭的任何数量的法庭均可以同时开庭。参见[英]戴维·M.沃克:《牛津法律大词典》,李双元等译,法律出版社2003年版,第275页。——译者注

② *R. v. Summers*[1952]36 Cr. App. R. 14.

③ “枢密院司法委员会”作为一个特别法庭,是根据1833年司法委员会条例建立的,其管辖权在于受理上诉案件,这些上诉案件包括两种类型:或者是即将提交给国王或枢密院首席裁判官的上诉,或者是各类由各种法规规定的上诉案件。枢密院司法委员会的组成人员包括:枢密院议长和前任议长、大法官、上诉法院常任法官,以及其他一些将成为或已经身为上诉法院常任法官的枢密院成员、英格兰最高法院或北爱尔兰最高法院法官、苏格兰最高民事法院官、英国自治领高级法院法官或前任法官、其他由枢密院令规定的不列颠属地身为枢密院大臣的法官。实际上受理上诉的委员会通常由上诉法院常任法官3—5人组成,可见,司法委员会的组成与为司法目的而组成的上议院非常类似。委员会在白厅的枢密院议事室开庭,其成员无须假发和长袍的装束,就像在其他上诉法庭一样听取辩论。两个或更多的委员会可以同时开庭。任何行为人可以有不超过两人的辩护人。委员会对于非产生于下级法院的任何观点不予考虑,对于假设问题也不发表意见,对事实裁定也往往不加以否决。其管辖权的范围是出自殖民地和属地法庭的上诉案件(大多数英联邦国家在获得独立时已废除了上诉制度,脱离了英联邦的国家也采取同样做法),以及来自处理捕获案件的海事法庭的案件,还包括一些英格兰教会的上诉案件和一些由各类法令规定的上诉案件。委员会并不是一个专门受理从联合王国法院上诉案件的上诉法院。通过检察总长,女王可以提请委员会受理或审议任何问题,而不单是由司法判决引起的问题,也可以从委员会寻求一个建议性的意见。在某一指定的日子里,公开法庭宣布上诉的结果。判决理由不在法庭上宣读,但是印刷好了的法庭意见书的副本会当庭发放。严格地讲,委员会的决议不是判决。枢密院作为女王的顾问,使决议以某种委婉的形式表达出来,即委员会将恭敬地建议女王陛下,由于某些给出的理由,上诉被认可或被驳回。在下次会议上,报告被呈交给女王陛下,以枢密院令的形式体现出来,这才是最后的命令。由于同样的原因,从理论上讲,只有单一的建议而非有争议的建议才可以给予女王,很久以来不允许透露有分歧的意见。但从1966年起,也可以提出这样的有分歧的意见。委员会的决议和意见做成高级法律汇编。从严格

"所有试图用其他表述替代的尝试都无法成立。一般来说,较为充分且成立的指导意见是,陪审团必须对证据感到满意,从而对被告人的罪行,形成毫无合理怀疑的内心确信。不过,只要能够清楚传递上述信息,也可以对排除合理怀疑采取其他表述形式。"①

有观点认为,所需的证明程度直接随检控罪行的严重性发生变化②;但这种多少缺乏可靠性的学说,实际上在司法实践中几乎从未得到过参考援引。有时,上诉法院还规定,法官仅仅告知陪审团应排除合理怀疑(证明程度)地认定被告人的罪责还不够,还需要进一步告知陪审团举证责任应由检控方承担(举证主体)。这种观点令人费解,因为第二个要求显然被包含在第一个要求之中。将这种理所当然的默示内容告诉陪审团毫无意义。无论如何,现在的司法立场是,如果法官仅仅就证明程度问题对陪审团给出指示意见,哪怕上诉法院可能认为这种指示意见太过宽泛而对此颇有微词,但基本不会以其不足以确保有罪判决为由而推翻原判
48 决。③和过去相比,现在上诉法院因为举证责任的相关法律指示存在技术缺陷而推翻原判的情况已经变得非常少见。如果理性的陪审团在针对合理怀疑的法律指示意见正确的情况下作出有罪判决,即使相关法律指示意见直接存在正面误导,也往往会被视而不见。④

2-006 英国议会是否可以对举证责任做出立法修改?

从宪法意义上来讲,国家有责任证明自己检控的案件已排除合理怀疑;但英国议会并不总是坚持在被证明有罪之前推定无罪的基本权利。⑤《欧洲保护人权和基本自由公约》(European Convention for the Protection of Human Rights and Fundamental Freedoms)⑥第6条规定,"凡受刑事犯罪指控者,在未经依法证明为有罪之前,应当被推定为无罪"。因此,如果

的角度看,它们不构成约束联合王国任何法庭的先例;但是,如果上诉事项和有关法律与联合王国法庭中的这些事项很相似的话,则可能有约束力。此时,特别是在委员会的组成人员与上议院的组成人员在其司法业务能力上相似,并且委员会成员个人名望很高的情况下,枢密院的建议就具有很高的指导价值。参见[英]戴维·M.沃克:《牛津法律大词典》,李双元等译,法律出版社2003年版,第613页。——译者注

① *Ferguson v. The Queen* [1979] 1 W. L. R. 94 at 99A. *R. v. Griffin* [2009] 2 S. C. R. 42 *per* Charron J. (Binnie, Deschamps, Abella, Rothstein JJ. concurring).

② Cf. *Bater v. Bater* [1951] P. 35; *Re H* (*Minors*) (*Sexual Abuse: Standard of Proof*) [1996] A. C. 563.

③ *R. v. Mullen* [2000] Q. B. 520 at 536–537. Cf. *R. v. Friend* (1962) 46 Cr. App. R. 288; *R. v. Donoghue* (1988) 86 Cr. App. R. 267.

④ *R. v. Stephens* [2002] EWCA Crim. 1529. *R. v. Majid* [2009] EWCA Crim. 2563; *Kwan Ping Bong v. The Queen* [1979] A. C. 609; *R. v. Folley* [1978] Crim. L. R. 556; *R. v. Hughes* [1963] Crim. L. R. 294.

⑤ Andrew Ashworth, "The Presumption of Innocence in English Criminal Law", [1996] Crim. L. R. 307. *R. v. Foye* (2013) 177 J. P. 449.

⑥ 4 November 1950, 213 U. N. T. S. 222 (entered into force generally on 3 September 1953).

被告人被指控犯有严重刑事违法行为(任何导致监禁刑的简易或检控违法行为。即使监禁一天,也是对被告人人身自由的严重侵犯),检控方就有责任证明被告人有罪。除特殊情况外,国家都需要承担说服陪审团的义务。[①]《欧洲保护人权和基本自由公约》出台后的法学理论研究表明,除非存在举证责任倒置的特殊理由,否则英国高等法院将裁决改变违反了《欧洲人权公约》第 6 条规定的举证责任。当然,这样的理由很少存在。[②] 在"谢德莱克诉检察长案"(*Sheldrake v. D. P. P.*)中,宾厄姆法官(Lord Bingham)表示:[③]

"我们首先需要关注的是审判应该是公正的,而无罪推定则是确保该目的实现的基本权利。欧洲人权公约并不禁止对事实或法律的推定,但要求这些推定应保持在合理范围内,不应该武断恣意。各国可自由界定除'犯意'(*mens rea*)[④]之外的刑事犯罪构成要件。但必须审查对被告不利的任何推定的实质和效力,推定必须具备合理性。任何与合理性或比例性相关的判断,必须为被告提供反驳的机会,维护其所享有的辩护权,确保适用推定的灵活性,同时法院应保留对证据进行评估的权力,以及应充分意识到在没有推定的情况下,检控方可能面临的危险和困难。安全考量并不能免除会员国遵守基本公平标准的义务。任何僭越无罪推定原则的正当性,无法通过任何经验法则加以论证,只能在审查适用于特定案件的特定条款的所有事实和情节后加以解决。" 49

① *R. v. Webster*[2010]EWCA Crim. 2819.

② *R. v. Webster*[2010]EWCA Crim. 2819;*Salabiaku v. France*(1991)13 E. H. R. R. 379;*R. v. Lambert*[2002]2 A. C. 545. *Re Winship*,397 U. S. 358(1970). Andrew Ashworth,"Four Threats to the Presumption of Innocence",(2006)10 *International Journal of Evidence & Proof* 241.

③ [2005]1 A. C. 264 at 297;*R. v. Webster*[2010]EWCA Crim. 2819.

④ "犯意",在英美法中,与"犯行"(*Actus reus*)并行的犯意是构成既遂犯罪的必不可少的心理因素。每一项犯罪定义均明示或默示地陈述什么样犯罪行为及什么样相伴的犯意是构成该项犯罪所必需的。构成某一特定犯罪所必需的,既不是一般的犯罪性堕落,也不是道德邪恶,而是犯罪心理或精神状态。每一特定犯罪的构成应具备何种犯罪心理或精神状态是每一项犯罪定义的组成部分。通常,其是故意或粗心大意,但也可以是纯粹的不注意或疏忽。在绝对责任的犯罪中,其仅仅在于放任为法律所禁止的结果发生。故意有时可仅仅是一般性的,或至多是蓄意行为,但在某些犯罪中,必不可少的犯意是使某些特定结果发生的故意。如盗窃罪具有永久性地剥夺所有人对物的所有权的故意,个人获利的故意不是盗窃罪犯意的组成部分。在刑法中一般推定故意或粗心大意意义上的犯意,为犯罪构成的必要要件,但许多依成文法规可惩罚的罪行是绝对责任的犯罪,如果放任为法律所禁止的结果发生,即构成此罪,如此规定之所以正当在于证明故意的困难,因此压倒一切的需要是劝阻实施为法律所禁止的行为,而不管是否是故意在某种犯意为定罪所必需之场合,证明被告未能形成或拥有作为必要要件的犯意,如以未成年、精神不健全或减轻责任为由,均是一种抗辩。参见[英]戴维·M. 沃克:《牛津法律大词典》,李双元等译,法律出版社 2003 年版,第 756 页。——译者注

第2节 提出“诉由不成立”动议

2-007 法官做出的指示意见，不是陪审团所面临的唯一限制。在案件检控完成前，辩护律师可能会向法官提出所谓“诉由不成立”的动议。这有时被称为直接裁决的申请。如果法官(在听取了检控方的意见后)裁定支持辩护方的上述动议，就不会将案件交由陪审团决定，而是直接指示陪审团判定被告人无罪。①

该动议，通常在陪审团听取了检控方的证据后提交。这就存在陪审团听到提出“诉由不成立”动议后产生偏见的危险，因为如果法官裁定案件成立，陪审员可以对自己说：“警察认为是他干的，现在法官也认为他作案了。”因此，公认的做法是，如果辩护方提交“诉由不成立”动议的理由是，王室检控署提交的证据不足以使案件交由陪审团审理(相对于控方提交的案件中存在纯粹的技术缺陷)，应在陪审团缺席的情况下，提交上述动议并进行辩论。②

2-008 为什么法官必须说证据不足？如果控方的案件一如既往令人发指，陪审员们根本不需要花很长时间就能自己做出判断。

这条规则是对被告人的保障。辩护方可能想说服法官检控方存在法律错误，借此缩短诉讼程序。辩护方可能想利用检控方存在的缺陷，在不暴露己方抗辩事由的弱点之情况下，获得无罪释放。辩护方可能还想避免存在偏见的陪审团在没有任何真凭实据的情况下对己方作出有罪裁决的风险。诚然，对于不公判决，可以通过上诉加以推翻，但通过“诉由不成立动议”程序可以直接避免上诉的必要。

2-009 换句话说，“诉由不成立动议”意味着“检控方把案子搞砸了”，是否如此？

是的，但对诉由不成立动议的其他解读是：“如果检控方迫使我的当事人坐上证人席，他就一点机会都没有了，所以我希望在轮到他发言之前，就让检控方发现自己的检控已经没戏了。”用正式的语言来说就是，动议如果成功，就可以保护被告人不必出庭接受交叉诘问，由此避免其可能被迫承认证明检控方指控的相关事实。尽管法律没有强迫被告人提供证据，但如果诉由不成立、动议遭到法官拒绝，在司法实践中，被告人可能会为了避免自己保持沉默给陪审团留下不好的印象，而不得不出庭作证。

---

① *R. v. Kahn*[2010]1 Cr. App. R. 4. Glanville Williams, “Application for a Directed Verdict”, [1965]Crim. L. R. 343,410.

② *R. v. Falconer—Atlee*(1974)58 Cr. App. R. 348 at 354; *Crosdale v. R.* [1995]1 W. L. R. 864.

这两个提交诉由不成立动议的理由，可以用较为复杂的感情来加以看待。第一个理由，即结束错误检控方的内心渴望（既可以节省公帑，也可以避免被告人不必要的担心和被错误判决的风险），完全有助于支持 50
提交该动议。第二个理由，无法得到那些不赞成被告人享有所谓宪法"沉默权"的人的善意看待。① 这项眷顾违法分子的权利，可以使其有机会从不得不认罪的困境中解脱出来，但这绝对不是守法公民应该对其加以宽容接受的理由。

2-010　难道检控方不能传召被告人作为己方证人出庭作证吗？

老天，当然不。这依然涉及沉默权。被告人只有在自愿的情况下，才能和其他辩护方证人（几乎总是在这些人之前）一样提供证据。

2-011　法官为什么不自己主动终止案件的审理呢？难道需要辩护方提出动议？

如果辩护律师不提出该意见，法官就不认为自己有责任在该诉讼阶段关注证据的充分性。即使在检控方证据中发现了不足之处，如果他认为这些缺陷可以通过辩护方证人提供的证言加以弥补，法官也可以让案件继续审理。然而，如果被告人没有代理律师，法官似乎有责任替他考虑这个点。②

2-012　如果被告人提出了诉由不成立的动议，而检控方立刻反称自己没有举出某项关键证据，能否在这个阶段弥补此前出现的缺陷或问题？

是的，如果法院（法官或治安法官）允许，在适当的情况下当然可以。③ 如果纯粹是形式上或技术上的缺陷，法院必须允许检控方提供额外的证据，并在必要时准予延期。④

2-013　假设法官指令陪审团裁定被告人无罪，但陪审团中有强硬分子，不管法官说什么，都希望独立作出公正判决，该怎么办？

如果首席陪审员拒绝听从法官的指令，法官可能会下令将其退任，要求其他的陪审员服从自己的要求。如果大家还是拒绝遵从，法官很有可能会重新组建更加听命于自己的陪审团。⑤ 上述变通手段荒谬至极，应当通过立法，授权法官在不经过陪审团的情况下作出无罪判决。

---

① *Murray v. U. K.* (*Right to Silence*)(1996)22 E. H. R. R. 29.

② [1981] Crim. L. R. 276.

③ *R. v. Doran*(1972)56 Cr. App. R. 429; *Matthews v. Morris*[1981] Crim. L. R. 495; *R. v. Francis* [1990] 1 W. L. R. 1264; *Malcolm v. D. P. P.* [2007] 1 W. L. R. 1230.

④ *R. v. Doran*(1972)56 Cr. App. R. 429. *Saunders v. Johns*[1965] Crim. L. R. 49.

⑤ 139 J. P. N. 159.

2-014 如果法官拒绝了理应支持的辩护方提出的诉由不成立动议,该如何处理?

如果辩护律师有勇气提出诉由不成立动议,而法官本应接受却没有
51 接受,上诉法院可推翻原审的有罪判决。然而,如果辩护律师上诉,司法实践便变得不太统一了。上诉法院有时会查看所有证据,以判定原审判决是否“不成立”。然而,在其他情况下,上诉法院认为,如果法官不恰当地拒绝了当时有证据支持的诉由不成立动议,即便在此之后出现了支持案件成立的补充证据,也无法排除这种拒绝的不适当性。①

用德夫林法官的话来说,无论是在审议之前,还是之后,诉由不成立动议和上诉的可能性意味着陪审团“进退两难”。② 概言之,他们不应被允许审判非常疑难的案件(或者更确切地说,某些非常不稳定的案件),即便获得审判许可,陪审团作出的有罪判决,也可能会在后来遭到推翻。

然而,审查疑难案件,应分两个阶段进行。首先,需要一般审查。根据法律规定,上诉法院如果认为原审判决“不成立”,③就要对其加以推翻。几年前,有法源认为,初审法官应该采用同样的审查标准:基于检控方的证据有罪判决是否成立?但是上诉法院现在推翻了该观点,并回到了传统的限缩规则,即在陪审团审判时,法官只有在判定不存在有罪证据,或证据不充分,且认为即便对其加以最大限度的采信,接受了适当法律指示的陪审团也不会据此得出合理的有罪认定的情况下,才能支持诉由不成立动议。④

2-015 以这种严格限制的方式表达的理由,显然是强调法官不得僭越陪审团职能。证人的可信度,应该只由陪审团来决定。因此,必须推定法官在裁定辩护方提出的此类动议时,相信事实上看来纯属一派谎言,或是与压倒性的相反证据相悖的证据。⑤ 似乎也必须推定,在没有解释的情况下,没有证据可以取代法官从证据中合理地得出的推论。

上诉法院提出的该公开理由,完全没有说服力。我们耳熟能详的是⑥陪审团见过证人、听过证言,因此应该被允许对案件作出裁决。但难道初审法官不是这样吗?然而,没有见过证人、听过证言的上诉法院,可以总体上以有罪判决不成立为由对其加以推翻。因此,从表面上看,值得注意

---

① *R. v. Juett*[1981]Crim. L. R. 113;cf. *R. v. Brown*[1998]Crim. L. R. 196.

② Patrick Devlin,*Trial by Jury*,(London,Stevens & Sons Ltd. ,1956)at 65.

③ Section 2 of the *Criminal Appeal Act* 1968.

④ *R. v. Galbraith*[1981]1 W. L. R. 1039;*R. v. Begum*[2010]EWCA Crim. 2647.

⑤ Rosemary Pattenden,“The Submission of No Case—Some Recent Developments”,[1982] *Crim. L. R.* 558 at 562-63.

⑥ *R. v. Galbraith*[1981]1 W. L. R. 1039.

的是,已经见过证人、听过证言的初审法官,本可以通过早期介入进而节省因错误或不明智的起诉引起的麻烦、风险和公帑,却被要求不能早期介入。虽然将上诉法院作为防止刑事冤案的某种保障措施是件好事,但最好还是采取双轨制。上诉法院拒绝考虑证据可信度问题,这项事实加剧了司法正义所面临的危险。 52

但是在人类事务中,很少出现一边倒的争论,事情也不总是像看起来的那样。上诉法院目前之所以采取上述观点,存在强有力的理由,法院很可能考虑到了这个点,但只是过于谨慎,没有大肆宣扬而已。正如前面所解释的,诉由不成立动议,其实是"沉默权"的有力支撑,这种沉默权得到了意见团体的强烈支持,但同时也导致了司法的困境。如果法官在面临诉由不成立动议时被迫停止审判,"沉默权"将得到充分保护。如果允许法官驳回动议,被告可能会觉得这样做是在迫使自己作证,并被迫在交叉诘问中作出不利于自己的供认。因此,那些认为英国刑事诉讼程序过于宽纵的人,对诉由不成立动议并不热衷,除非检控明显有误。但在上诉阶段,不会出现类似的困难,毕竟此时所有的证据都已提交上来,法院可以对其加以整体审查。

几年前,刑法修改委员会在其关于《证据法》(Law of Evidence)的报告中提出,应允许陪审团对被告未能对己方行为提出合理解释的事实加以考量,从而适度限制沉默权;但该提案引发了知名人士及相关团体(包括治安法官协会)的强烈抗议。最后,不仅该建议遭到撤回,连整个证据法的建议报告都被搁置。[①] 然而,没有人注意到法官正在通过限制诉由不成立动议来削弱沉默权。而该动议越受到限制,被告就越面临出庭作证的压力。

2-016 假设诉由不成立动议并未得到法官支持,案件继续审理。如果后来法官发现检控方的主张的确无法成立,能否自行决定终止审理?

法官有权在检控方完成指控之后的任何时候,哪怕在所有证据都已提交的情况下,终止审理。[②] 这非常重要,但经常遭人忽视。这意味着,与诉由不成立动议有关的限制性规则,只适用于法官接受该动议的义务,而不适用于法官根据自由心证承认该动议的权力。如果主审法官在听取检控方举证(如果被告人选择提供证据,也可能在其提交证据)后,认为没有充分的理由继续进行诉讼,则没有必要浪费公帑延长审判。[③] 在适当的情况下,检控方行使这种自由裁量权是解决上述"先天不足"问题的 53

---

① Sections 35 to 37 of the *Criminal Justice and Public Order Act* 1994. *R. v. Petkar*[2004]1 Cr. App. R. 270 at 283 citing *R. v. Cowan*[1996]Q. B. 373 at 383 *per* Lord Taylor C. J.

② *R. v. Young*[1964]1 W. L. R. 717 at 720. Cf. *R. v. Brown*[2002]1 Cr. App. R. 5.

③ Pattenden, *op. cit. supra*, note 33 at 565.

最佳途径。

2-017 可否在治安法庭提出诉由不成立动议？

当然。治安法官兼具法官和陪审团的角色,但他们在裁决是否接受诉由不成立动议时,会假装自己只是法官,考虑是否有足够的证据证明案件成立,以此决定是否应拒绝将本案提交给那个拟制的陪审团加以审理。

因此,可能会出现以下特殊情况:辩护律师提出诉由不成立动议;治安法官裁定诉由成立;辩护律师随后宣称己方不要求调取任何证据;治安法官让步并决定驳回检控。上述裁定看似前后不一,但治安法官的做法却合乎法律的规定。第一个裁定所表达的,不是其对案件适当结果的实体意见,而仅仅是形式意义上的法律裁定。

然而,治安法官与刑事法院的主审法官的权力,存在重要的差别。根据 1962 年《法官执业要求》(Practice Direction of 1962)①,对于提交给治安法院的诉由不成立动议,可以在满足下列条件的情况下予以适当支持:(a)没有证据证明所检控罪行中的某个基本要素存在;或(b)检控方所提交的证据,已经通过交叉诘问被证明无法采信,或明显缺乏可靠性,不足以使任何理性法官据此认定案件成立,进而展开庭审。除这两种情况外,治安法官的"决定还应取决于证据是否足以让理性法庭作出有罪认定"。最后者的情况与"分庭法院"(Divisional Court)②对治安法院的上诉进行的审查相同,因为在这里不适用陪审,因此第 1 阶段和第 2 阶段的控制结合在一起。关于这种差异,还没有作出令人满意的解释的原因,③但可能是在制定 1962 年《法官执业要求》时,陪审团审判的相关立法和目前已经定型的相关法律存在很大不同。

2-018 因此,在检控犯罪的审判中,检控方是否必须提供足够的证据,并需要提供可能更多的必要证据,才能将案件提交陪审团审理,以说服陪审团？

所言极是。这两种义务,现在通常被称为举证义务和说服义务,或举

---

① *Practice Direction*(*Submission of No Case*)[1962]1 W. L. R. 227;*D. P. P. v. SJ*(*A Juvenile*)[2002]EWHC 291. Cf. *R. v. Young*[1964]1 W. L. R. 717.

② "分庭"是由英格兰和威尔士高等法院的后座庭、或大法官法庭、或家事法庭的 2—3 名法官组成的法庭。分庭同时拥有初审管辖权和上诉管辖权。该分庭截然不同于"高等法院分庭"(Divisions of the High Court)。后座庭分庭审理有关发布人身保护特权令状、执行令、禁令以及调卷令的申请,并审理来自治安法庭的某些民事上诉案件,在特定案件的情况下,其还审理来自治安法庭行使刑事管辖权的上诉案件,以及来自各种特种法庭和依据各类法令的上诉案件。大法官法庭的分庭负责审理郡法院处理的破产和土地登记案件的上诉。家事法庭的分庭负责审理来自治安法庭涉及家事和婚姻案件的上诉,郡法院关于监护和收养案件的上诉,以及巡回刑事法庭涉及私生子女亲子鉴定程序的上诉。对行使民事管权的分庭判决的上诉向上诉法院提起。参见[英]戴维·M. 沃克:《牛津法律大词典》,李双元等译,法律出版社 2003 年版,第 332 页。——译者注

③ Archbold, 41st edn.

证责任及说服责任。

这种区别也是逐渐融入法律思维,并用各种表述方式被加以概括。英国法官有时称说服义务为"终极的"负担、"法律的"负担或"最终的"负担,而举证责任也被称为"临时的"负担、"战术的"负担(都不是什么好名字)或"最初的障碍"。然而,"证明责任"这个词,现在已被广泛接受。① 54

2-019　针对法律问题,是否存在证明义务?

义务或责任一般与事实有关;法律问题由法官决定,不存在任何所谓义务或负担问题。但有些问题,如"合理性问题",则处于中间地带。作为价值判断,"合理性问题"标志着犯罪行为和非犯罪行为之间的界限,因此是真正的法律判断。然而,其又是由陪审团作出的,当然,这需要在原审法官看来,存在让陪审团认定合理性或不合理性的证据。② 例如,除非证据足以使法官认定过失犯罪,否则其不能将过失指控的判断留给陪审团负责。

第3节　对检控方有利的规则

2-020　检控方的举证责任,可以通过如下两种方式得到减轻。首先,法官可以从证据中得出常识性的推论,其中若干可以进一步补强为法律主张。例证便是,当某人被发现持有最近被盗财物时所产生的有罪推定的假设。他可能因盗窃"处理赃物"(handling stolen goods)③这两个罪名,遭到检控;基于货物最近被盗且被告人被发现拥有这些货物的证据,检控方有权将案件交由陪审团审理。④

虽然该推定有助于检控方将案件交由陪审团处理,以满足其举证责任,但并不转移说服责任或所谓证明责任。即便如此,法官仍必须告知陪审团举证责任的分配,使他们确信证明有罪的责任在于起诉方。因此,如果被告对其所拥有的财物作出任何与其个人诚实确信相一致的解释,使

---

① *R. v. Gill*[1963]1 W. L. R. 841.

② In *AK v. Western Australia*(2008)232 C. L. R. 438 at 472-473.

③ 处理赃物罪是英格兰法中的一种罪名,是指在盗窃过程之外,虽然明知或确信某物品系被盗得,但是仍然不诚实地接受该物品,或者不诚实地实施或协助实施对此等物品的保存、转移、处理行为成为他人利益而变卖该物,或为此类行为的实施出谋划策等。"盗得"包括通过敲诈或欺诈的手段而获得他人的财物。参见[英]戴维·M. 沃克:《牛津法律大词典》,李双元等译,法律出版社2003年版,第501页。——译者注

④ *Clement's Case*(1830)168 E. R. 980.

陪审团对于检控方的观点产生怀疑,被告就有权获得无罪判决。[①]

对此,传统观点认为,推定只是种事实推定;最好称之为证据推定,以减轻举证责任。这是为法官设定的,指示他将案件交给陪审团审理的规则,而不是为陪审员设定,指令他们认定被告人有罪的规则。法官没有机会指示陪审团利用所谓"推定",最好也不要这样做,因为对推定含义的即兴解释,可能会使陪审团在检控方的说服义务问题上出现混淆。可以
55 在不谈及推定的情况下,对陪审团就常识推论进行充分指示。如果被告人被发现拥有刚刚被盗的财物,并给出了有点蹩脚的解释("我是从自称捡到货车上面掉下来的货物的人那里买来的"),则陪审团可以告知排除合理怀疑的证明责任,由王室检控署承担;他们可以对案件涉及的全体证据利用常识得出推论,并且如果被告不作解释,其可以根据持有这项事实定罪;但必须给予被告人一切归属于合理怀疑的利益。这样就避免使用推定的语言,因为在陪审团的心目中,推定的语言几乎肯定会与他们被告知的举证责任相冲突。

2-021 再者,对于攻击罪,检控方的责任在于举出证据证明被害人不同意该行为。[②] 但如果检控方证明被告人使用了暴力,这就将成为缺乏同意的有力推定证据,法官当然会将同意的认定问题留给陪审团。面对攻击指控,被告人可能会说,对方是受虐狂,喜欢受到身体虐待,或者是在双方同意的情况下进行的友情打斗;陪审团可能相信,也可能不会相信这些针对检控方的抗辩,但问题最终还是由他们来负责解决。可以将这与强奸罪进行比较。如果证明被告人与被害人发生过性行为,并且在发生性行为时"或在发生性行为之前",被告人对被害人使用暴力,或导致被害人"害怕被告人即将使用暴力"。并且知道被告人曾经这样做过,"而除非有足够的证据证明被告人相信对方存在合意,否则不应视为其合理地相信受害人同意性交"。[③] 可以推定被告人与被害人发生了非被害人自愿的性行为,因为据推定,暴力行为表明了被害人的不同意。如果被告人能够举出适当的证据,这个假设可以被推翻。例如,被告人可能会提供证据证明他和被害人都是经常参加性聚会的施虐受虐狂。[④] 如果有可靠证据表明被告人和被害人是经常发生性虐待行为的恋人,法官可能会得出结论,同意与否是真正的事实问题,需要将其提交给陪审团。第

---

① *R. v. Schama* (1916) 11 Cr. App. R. 45; *The People v. Oglesby* [1966] I. R. 162; *R. v. Aves* (1950) 34 Cr. App. R. 159; *R. v. Moulding* [1996] Crim. L. R. 440; *R. v. Hepworth* [1955] 2 Q. B. 600. Cf. Sections 75-76 of the *Sexual offences Act* 2003.

② *R. v. Donovan* [1934] 2 K. B. 498; *R. v. Meachen* [2006] EWCA Crim. 2414; *R. v. Brown* [1994] 1 A. C. 212.

③ Section 75(1), (a), (b), (c) and 75(2), (a) of the *Sexual offences Act* 2003.

④ Section 76 of the *Sexual offences Act* 2003.

75条并没有将这项法律责任转移到被告人身上，辩护团队只需要举出足够的证据提出被害人是否同意存在疑问即可。一旦被告方提出证据证明被告人是否存在合意，检控方就有责任合乎刑事证明标准地证明被害人缺乏合意。

这些都是可以免除检控方证明责任的方式。但是，在某些方面，完全免除检控方的举证责任，意味着其将转而由被告人承担。这就提出了下面需要考察的抗辩问题。 56

第4节 抗 辩

2-022 某人实施了法律所禁止的行为，即使有意为之，也并不意味着必然需要为这种违法行为承担罪责。除缺乏必要的主观要素或罪过程度之外，还存在其他各种抗辩事由。“正当化事由”(justification)[①]或“免责事由”(excuse)的情况包括“自卫”(self-defence)、[②]“执行公权”(public authority)、“紧急避险(necessity)、[③]“胁迫”(duress)、[④]“精神错

① “正当化事由”是侵权法和刑法中，证明被指控的行为系合法和正当的抗辩事由。因此，在诽谤侵权案中，证实被指控的陈述的真实性是正当理由；在故意伤害或过失杀人罪中，证实在自卫中实施伤害或过失杀人行为是正当理由。参见［英］戴维·M. 沃克:《牛津法律大词典》，李双元等译，法律出版社2003年版，第634页。——译者注

② “自卫”，是指法律允许的为保护自己或他人免遭非法侵害而造成加害人人身伤亡的行为。但该行为的前提是该人已尽其所能采取了避免暴力的行为，例如尽可能地退让，并且所造的伤害不超过他诚信与合理地认为为保护自己和他人所必须的限度。假设证实防卫所致的伤害或死亡是正当的，那防卫人就可完全不承担法律后果；相反，他有可能被指控犯有伤害罪，甚至是谋杀罪。防卫不仅限于保护自己的生命，还可延伸适用于免遭强奸，可能还包括免遭鸡奸，以及适用于该人有理由应予保护之人，如儿童。参见［英］戴维·M. 沃克:《牛津法律大词典》，李双元等译，法律出版社2003年版，第1023页。——译者注

③ 在不列颠法律中，对于何种程度(实在要确定的话)的紧急避险可作为对刑事指控的辩护理由并不明确。如果紧急避险所保护的道德价值明显大于因克制不为犯罪而保护的道德价值的，可以作为抗辩理由。例如，为挽救生命而超过限定的车速，为自卫而造成伤害或死亡。但在1884年，“女王诉达德利和斯蒂芬斯案”(*R. v. Dudley and Stephens*)(1884)中，在一条小船中漂流的两个人为了自己生存下来而杀死同伴并吃掉，该行为则构成杀人罪。当然，紧急避险不能作为一种普遍运用抗辩理由，它只适用于该行为在当时情况下明显是合理的非常特殊场合。参见［英］戴维·M. 沃克:《牛津法律大词典》，李双元等译，法律出版社2003年版，第792页。——译者注

④ “胁迫”是用暴力或暴力威胁，强迫他人实施和实际正在强迫他人实施某一特定行为。胁迫可能是对他人人身的实际伤害或人身的威胁，通常采用非法强制或至少是无理强制的恐吓方式，如以解雇相胁迫等。它包括对妻子、父母或子女的威胁。在胁迫下而为的行为在法律上一般是无效的。任何通过胁迫订立的合同、取得的赠与或放弃的权利等都是无效的。在刑法上，胁迫是一种辩护理由，因为如果以死亡或人身攻击相威胁，超过了人类通常的抵抗能力，则胁迫就应当成为使行为正当化的一个事由，而这些行为在其他场合将会构成犯罪。在苏格兰法上，同样的原则称为“暴力与恐惧”(force and fear)原则，它源于罗马法基于胁迫行为的诉讼(*actio quod metus causa*)。参见［英］戴维·M. 沃克:《牛津法律大词典》，李双元等译，法律出版社2003年版，第348页。——译者注

乱”(insanity)[①]和“减轻责任”(diminished responsibility)[②]等。

2-023 不在场证明呢?

既是,也不是。“抗辩”(defence)这个词有广义及狭义两种不同的含义。对于普通人来说,就相关论点而言,广义上讲,其所指代的是当事方可能用来反驳指控的任何情事。律师也在这个意义上利用该概念。是的,他们会谈及所谓的不在场的抗辩;但是不在场证明只是种否认被告人实施犯罪的特殊方式(被告人不可能实施被指控行为,因为当时他在其他地方)。被告人并没有为遭到指控的行为提供正当化事由或免责事

① “精神错乱”(insanity),没有严格定义的法律术语。通常用在刑法中,指人的心理缺陷和精神错乱的状态。这种状态是如此严重,以致有理由认定这种人对其所实施的犯罪行为不负责任。认定是否应对犯罪行为负责的根据和假定是行为人进行道德判断,区别是非曲直的认识能力,按照国家法律理解合法与非法、允许与禁止的能力,以及控制自己的行为和抑制实施错误的和法律所禁止的行为的能力。某人如果确实没有上述能力,就不能被认定有罪,就不应受处罚。最难解决的问题是如何确定法官和陪审团成员能够适用的检验标准。在这方面,需要检验的不是行为人是否患有精神错乱的疾病,而是其精神状态是否达到了不应负责任的程度。在英美法系中,一般检验的根据是“女王诉南顿案”(*R v. McNaughton*)(1843)(10 Cl. &,F200)中法官们对上议院所提问题的回答。其大意是,“要证实被告人患有精神病”,必须确凿地证明,其在实施犯罪行为时,由于有精神上的疾病,而不知道自己行为的性质和特征,即使知道,也不理解自己的行为错在什么地方。这个公式受到许多人的抨击,后来又提出过许多其他检验标准。美国法律学会的《模范刑法典》指出,被告人在实施犯罪行为时缺乏辨认其行为是犯罪的还是合法的实际能力,应成为辩护的理由。特别困难的问题是不可抵抗的冲动究竟是持续的还是仅仅是在发脾气下的暂时冲动。在联合王国,不能以此作为抗辩理由,但是在美国的某些法院里,则可以接受其为抗辩理由。联合王国法律还接受“减少责任”(diminished responsibility)理论,可以承担减少的或更正的刑罚。如果查明在押犯没有责任,将可以作出某种以精神病为由的无罪判决。他不会受到任何处罚,但是会被送到一家精神病收容院。无论是否承认被告人在犯罪时犯有精神病,精神病都会引起其他三个方面的问题。被告人可能被送交审判,但是医疗上的证据表明他不适合审判,或对他进行审判将会损害其精神状态。在这种情况下,他可能被送到精神病院。或者当被告人被送交审判时,发现他不适合对提问作出抗辩,也就是说,不能理解控诉和进行他的抗辩。这种情况下,是否适合抗辩的问题将由陪审团作出裁决,在卫生部部长同意出院之前,将一直留在医院里。或如果对被告人判处刑罚时,他不理解对其所判的刑罚的性质,在这种情况下,他也会被令留在医院。在可以适用罚金刑时,如果对于其是否是精神病尚存疑问,将永不执行这种刑罚。在苏格兰法中,并没有严格适用,或者字面上的意思适用南顿原则。问题在于被告人是否完全清醒或不完全清醒。与精神病相关的其他状态包括审判前的精神病,审判时的精神病,以及宣判时的精神病。转引自[英]戴维·M.沃克:《牛津法律大词典》,李双元等译,法律出版社2003年版,第567页。——译者注

② “减轻责任”(diminished responsibility),刑事案件中的部分辩护理由,可能仅限于在谋杀案中援引,于19世纪引入苏格兰司法中。其内容是:被告人如果正在身患疾病、精神失常或智力低下,以致达到不能为其行为负完全责任的程度,即处于某种接近但未达到精神错乱的状态时,其罪行可由谋杀罪减轻为过失杀人罪。1957年,英格兰在制定法中对于谋杀案开始采用减轻责任,如被告人能够证实存在上述情况,就使他能够仅仅被定为过失杀人罪。上述两种情况的目的均在于避免使那些没有充分根据以精神错乱为由而被判无罪者免于以谋杀罪判处死刑。由于废除了谋杀罪的死刑,因此该原则已经丧失了重要性。参见[英]戴维·M.沃克:《牛津法律大词典》,李双元等译,法律出版社2003年版,第325页。——译者注

由，而是直接否认自己做过此事。[①] 同样，意外事件、认识错误或无意识行为等抗辩事由，则通常否认被告人存在过错。一般来说，这些抗辩不会进一步引入任何问题，只是用来驳斥检控方的主张。

在狭义（或者，如果你愿意，也可以适用恰当概念）层面，抗辩事由是指被告人为了避免责任而声称的正当化事由、免责事由或技术问题，而这些抗辩事由都将在审判中引入全新问题。[②]

2-024　您谈到了意外事件和认识错误。两者的区分点到底是什么？

意外事件，是意料之外或不可预见的行为后果。认识错误意味着错误的理解。后者本身虽然属于主观事实，但却可能会产生物理后果，因此可能导致事故，例如，驾驶学员错误地踩下油门而不是离合器。

2-025　正当化事由和免责事由之间有什么区别？

两者都属于完全意义上的抗辩事由，[③]均可以产生无罪释放的结果。如果该行为不正当但可以免责，就某些附带目的而言，仍被视为属于某种轻微的错误行为。在正常情况下，存在正当化事由的行为人，可以说做了从各方面来看都是正确的事情。例如，如果被告人试图杀死被害人，被害人实施自卫以阻止被告人的不正当攻击，就是在做正确的事情。同时，免责的行为人通常可以说是在没有过错的情况下做了错事。精神分裂症患者因为不知道自己在做什么而随机刺死路人，肯定是不对的。精神错乱意味着行为缺乏可责性，但其所实施的攻击行为显然不具备正当性。[④] 57
精神错乱者的攻击既不是用来阻止更大的恶，也不是为了保护自己免受毫无根据的攻击。

历史小贴士：以前，“正当化事由”概念主要用于形容法律目标未受阻碍的案件，而“免责事由”概念则用于被认为不适宜惩罚的案件。杀害试图逃脱拘捕的危险罪犯是正当的，因为法律（如果可以人格化）希望这样做，而为了自卫杀人，则只是种免责事由。该区别十分重要，因为正当化事由是对刑事指控的抗辩事由，而免责事由则不是，仅仅是“皇家赦

---

① *R. v. Denney*［1963］Crim. L. R. 191.

② Glanville Williams，“offences and Defences”，(1982) 2 *Legal Stud*. 233.

③ 然而，也有若干情况下，由于心智迟钝，认识能力减轻，被告人被部分免除刑事责任。

④ Suzanne Uniacke，*Permissible Killing*：*The Self—Defence Justification of Homicide*（Cambridge：Cambridge University Press，1994）.

免"(royal pardon)[①]的理由。[②] 到了中世纪末期(很难明确固定的日期),甚至法院也开始承认各种免责事由。在那之后,人们常常认为没有必要再去区分正当化事由和免责事由,但这并不完全正确。而且,在极少数情况下,当两者的界定十分重要时,现在的法院会将自卫视为正当化事由,而不仅仅是免责事由。

2-026 被告方承担具体案件中抗辩的证明责任,是这样吗?

对若干案件来说是的,但这不是全部的事实抗辩。在大多数普通法抗辩事由中——例如自卫和胁迫——被告方不承担任何证明责任。"乌尔明顿诉检察长案"(*Woolmington v. D. P. P.*)[③]及其后的案件表明,检控方的责任在于否定这些抗辩,而不是由被告人证明这些抗辩。[④] 在普通法中,法院采取了值得称道的态度,即认为尽管由被告人提出抗辩,但审判唯一要解决的,其实就是单一的罪责问题,而这需要由检控方承担举证责任。此外,即使此类抗辩存在争议,法官就不能再简单地用笼统的一般术语指示陪审团必须对检控方证明的控诉产生内心确信。"如果辩护方提出了自卫问题,法官应当就与自卫相关的成文法做出具体说明,并明确举证责任由检控方承担。"[⑤]

2-027 被告人如何提起抗辩?

被告人不需要提交正式的书面申请。即使从严格(狭义)的抗辩意
58 义上讲,辩护方也可以仅仅通过提交相关证据来提起辩护。

有关(狭义)抗辩的证明责任,由被告人承担。例如,辩护律师认为被告人可能是在自卫,或是在"失去控制"的情况下行事,但如果无法举出最低限度的证据来支持该论点,此类说辞显然站不住脚。除非有"初步的证据"或"确凿的证据",否则法官不需要就该抗辩事由对陪审团作

---

① "皇家赦免",是指行使皇家特权宽恕罪犯所犯之罪并免予受罚。在1701年《王位继承法》(Act of Settlement of1701)颁布之前,对放免之使用无限制,但该法规定加盖国玺以保护下议院弹劾之人之放免的使用为非法。赦免其他罪犯的权力仍然被保留,由内政大臣或苏格兰事务大臣行使此种权力。参见[英]戴维·M.沃克:《牛津法律大词典》,李双元等译,法律出版社2003年版,第989页。——译者注

② N. D. Hunard, *The King's Pardon for Homicide before AD* 1307, (Oxford, Clarendon Press, 1969) at 166. Nigel Walker, *Crime and Insanity in England*, (Edinburgh: Edinburgh University Press, 1968) at 25-26.

③ [1935] A. C. 462.

④ *R. v. Julien*[1969] 1 W. L. R. 839.

⑤ *R. v. Owen*[1964] Crim. L. R. 831; *R. v. Folley*[1978] Crim. L. R. 556; *R. v. Abraham*[1973] 1 W. L. R. 1270; *R. v. Cameron*[1973] Crim. L. R. 520.

出法律指示。[①] 如此一来：[②]

"尽管关于证据是否应该被采信，或相关证据的证明力问题是由陪审团决定的，但法官有权判定特定理论或特定陈述是否有证据的支持，只有在法官认定恰当的情况下，才能将其交给陪审团加以审议。辩护方并不是随便开口讲讲，找出若干简单的借口，就可以成为托词。最终，需要由法官决定是否存在需要提交给陪审团的适当证据，而这很可能成为若干定罪建议的基础。"

最近若干法官经常宣称：当辩护（如自卫或预防犯罪）涉及被告人是否合理行事的问题时，"如此一来，对什么是'合理的'加以判断，是由陪审团负责的问题，从来都不取决于负责案件审理的法官的狭隘看法"。[③] 从传统法律理解来看，这是种夸张性的误导。合理性确实是陪审团负责审议的问题，但并非完全由陪审团判定。对于该抗辩规则需要受到严格的限制，即法官有权决定是否存在证明行为合理的证据供陪审团评议。任何理性的陪审员会根据这样的证据支持被告方。

2-028　如何判断证明责任究竟是由检控方承担，还是由辩护方承担？

基本（存在某些例外情况）区别在于是与犯罪有关的核心要素和还是与免责事由或其他抗辩有关的要素。可以将其分别称为检控（或构成）要素和抗辩要素。虽然界定时存在困难，但在将证明责任分配给检控方和辩护方时，必须要对此加以区分。

2-029　以攻击行为为例，该违法行为的基础，难道是被告人走到被害人面前劈头盖脸打了一拳？

是的，攻击罪意味着蓄意或轻率的攻击，举证及说服的责任，都由检控方承担。需要将其和作为抗辩事由的自卫加以区分，后者的证明责任落在被告人身上。

2-030　由被告方承担抗辩事由的证明责任。

不一定，的确在一般情况下，被告方需要承担这种证明责任。基本就是这样。 59

2-031　"证据"（evidence）和"证明"（proof）之间的区分是什么？当然，证据属于证明的一部分。

只有当陪审团认为其具备充分证明力时，证据材料才成为证据。当

---

① *Bratty v. Attorney—General of Northern Ireland*[1963]A. C. 386；*Hill v. Baxter*[1958]1 Q. B. 277 at 284.

② *Bratty v. Attorney—General of Northern Ireland*[1963]A. C. 386 at 416-417 *per* Lord Morris.

③ *Re Attorney—General of Northern Ireland's Reference*(*No.* 1 *of* 1975)[1977]A. C. 105 at 137E *per* Lord Diplock；*R. v. Cousins*[1982]Q. B. 526 at 530C；*R. v. Fisher*[1987]Crim. L. R. 334.

被告人承担抗辩的证明责任时,必须举出(或无论如何必须有)足够的证据支持相关抗辩,以说服法官将其交给陪审团加以判断;法官仍必须指示,除非确信被告的辩护不成立,否则陪审团应宣判无罪。[①] (第2章第5节关于辩护方的说服责任)

2-032　让被告人承担证明义务的意义何在?

无论被告人是否承担证明责任,显然都会提交在这个问题上所能举出的一切证据。因此,关于被告人是否应承担举证责任的问题,并不经常出现。被告方承担举证责任的意义在于,法官可以从陪审团处撤回仅仅等同于虚张声势的抗辩,从而简化陪审团的任务,还可以防止陪审团采信被告方并没有给出足够支撑的抗辩。[②] 但是,即使能够从陪审团处撤回辩护方提出的抗辩事由,法官也很少这样做,理由在于他自己也没有办法确定抗辩是否站得住脚,同时意识到存在上诉法院认为初审判决出错并将其加以推翻的风险。

让被告方承担证明责任的更为重要的意义是,可以防止被告人在检控方没有就某一问题提供证据的情况下,提出诉因不成立动议。借此简化检控方的任务。(同样的结果,如我们所见,有时无须通过给被告人分配证明责任,单纯通过推定就能加以实现。)

回到指控攻击罪的检控方提供了被告攻击被害人的证据的事例。假设在案件检控结束时,辩护律师站起来,对法院说:"合法自卫中实施的打击,不属于法律所禁止的攻击行为。检控方没有提供任何证据否定该打击是出于自卫的可能性。据我们所知,情况是这样的;因此,他们在法律上并没有提供证据证明存在攻击,故该针对被告人的案件根本是不成立的。"法官(或治安法官)将否决该动议,因为尽管前提是正确的,但却忽略了自卫的证明责任需要由被告人承担。如果被告人希望严肃认真地提出具体的抗辩事由,就必须为此提供证据。仅凭辩护方律师编造故事,显然是不够的。

2-033　所以不是被告人,而是他的律师,在讲故事?

被告人可以在证人席上提供证据支持自己的抗辩事由。关键是被告人的律师在论证中所说的内容,并不属于证据。

2-034　律师难道不能说,"我的当事人这样说"?

当然不能。证据只能在经被告人或其他证人宣誓(或认证)的情况
60 下才能提供。

---

① *Jayasena v. The Queen*[1970]A. C. 618.

② *R. v. Critchley*[1982]Crim. L. R. 524.

2-035　仅凭被告人空口白话，陪审团就必须相信？

陪审团不应该相信。但如果被告人出庭作证，这种陈述就是证据，并且如果让陪审团产生了合理怀疑，就应该作出对他有利的决定。

2-036　如果被告人出庭作证，是否可以对其进行交叉诘问，甚至想办法让他露出破绽？

可以。

2-037　难道这样不是在强迫被告人自证有罪吗？可怜的家伙进退两难。如果不作证，就没有办法将抗辩提交给陪审团。如果作证，就可能会弄得自己看起来像是个骗子。

把举证责任推到被告人身上，并不一定意味着被告人必须提供证据。他可以传唤其他证人提供有利于自己的证据，以此举证。法庭上从对控方证人的交叉诘问中获得证据。

2-038　如果控方证人一概否认，而被告人无法提供其他证人，是不是就必须亲自作证？

实际上是的，但我认为你是在把你对被告人的同情推向极端。如果不能提供任何证据来支持自己的抗辩，甚至不用他说，我们都会认为那对他来说也太糟糕了。但如果故事是可信的，并且敢于站出来接受交叉诘问，就很容易让被告人排除陪审团的合理怀疑。因此，我并不认同若干人为保护被告人免于提供证据而感到的焦虑。不像有些人那样担心被告不得不自证有罪。

辩护方证据是否经过充分的审议，与此前提到的对检控方证据的审查类似：提交给法庭的证据，是否可以让理性的陪审团对其加以采信（如果相信，以对其最有利的版本[1]）以支持失控、[2]自卫、[3]胁迫、[4]法定的“合理免责事由”[5]或“其他任何可能”的抗辩事由。法官的职责是，推定被告人的证据与本案不受质疑的证据相一致，实质上是真实的，并自问这是否提供了体现有效抗辩的材料。 61

然而，检控方和被告方的地位存在重要的区别，也就是说，说服责任

---

① Vscount Simon, *Holmes v. D. P. P.* [1946] A. C. 588. Cf. *Lee Chun Chuen v. The Queen* [1963] A. C. 220.

② Section 54(6) of the *Coroners and Justice Act* 2009. Cf. *Mancini v. D. P. P.* [1942] A. C. 1; *R. v. Hodges* [1962] Crim. L. R. 385.

③ *R. v. Lobell* [1957] 1 Q. B. 547; *R. v. Abraham* [1973] 1 W. L. R. 1270; *D. P. P. v. Walker* [1974] 1 W. L. R. 1090; *R. v. Bonnick* (1977) 66 Cr. App. R. 266; *R. v. Critchley* [1982] Crim. L. R. 524.

④ *R. v. Gill* [1963] 1 W. L. R. 841; *R. v. Radford* [2004] EWCA Crim. 2878.

⑤ *R. v. John* [1974] 1 W. L. R. 624. Cf. Glanville Williams, “Law and Fact”, [1976] Crim. L. R. 482, 539. *R. v. Leer* [1982] Crim. L. R. 310.

一般由检控方承担。被告人所要做的,就是向法庭提出若干证据,只需导致理性陪审团对其被指控的罪行产生怀疑即可。在实践中,如果被告人自行作证以支持抗辩,尽管可能会极不可信,但法官仍不会将提交给陪审团的该抗辩事由撤回。当法律要求被告人承担举证责任时,隐含的目的似乎是对被告人施加压力,迫使其本人坐上证人席,接受检控方的交叉诘问。只有在涉及医学问题时,例如被告提出行为时无意识抗辩,主审法官才可能需要比被告自己提交的证据更多的证明,如此一来,法官一般都要传召医学专家出庭作证。

2-039　如被告人为抗辩提供的证据支撑未能达到上述程度,法官可在向陪审团进行总结时忽略该问题;[1]事实上,他还可以直接指示陪审团,没有证据支持需要考虑该问题。[2] 相反,如果辩护方清楚地证明了抗辩事由,法官就可以(并且应该)不再将本案提交陪审团审判。[3]

简言之,在决定是否将某个问题(一般问题或某些具体问题)留给陪审团处理时,法官应承担适用举证责任规则之义务。而适用说服责任的规则之义务,则由陪审团承担。从其他角度来说,举证责任决定了法官的行为,即是将问题提交给陪审团,还是从陪审团处撤回该问题;说服责任决定了法官在指示陪审团如何做出裁决时所表述的内容。

2-040　假设被告并没有提出任何具体的抗辩事由,也没有指明抗辩事由的名称(如自卫),但却存在证明抗辩事由的证据呢?

如果存在支持抗辩事由的证据,即便被告自己并未提出,法官也应当将其提交给陪审团加以认定。参考莫里斯法官(Lord Morris)的观点:[4]

"法官始终有义务将案件中任何应当由陪审团处理的问题,(无论辩护方有无提出)提交给陪审团。"

特别是在某抗辩事由和其他抗辩事由矛盾(如不在场),以致被告没
62 有办法提出的情况下,此项规则显得极为重要。

第5节　辩护方承担的证明责任

2-041　再回到"乌尔明顿诉检察长案"中,桑基大法官说:"检察官有责任证明囚犯有罪,但同时应该承认精神错乱等法定例外。"该表述得

---

① *Mancini v. D. P. P.* [1942] A. C. 1; *D. P. P. v. Walker* [1974] 1 W. L. R. 1090.

② *R. v. Bonnick* (1978) 66 Cr. App. R. 266; *R. v. Radford* [2004] EWCA Crim. 2878.

③ *R. v. Ball* (1967) 131 J. P. N. 723.

④ *Palmer v. The Queen* [1971] A. C. 814 at 823; *von Starck v. The Queen* [2000] 1 W. L. R. 1270. Cf. *R. v. Harvey* [2009] EWCA Crim. 469; *R. v. Keane* [2010] EWCA Crim. 2514; *D. P. P. v. Walker* [1974] 1 W. L. R. 1090.

到司法实践的多次遵循，使这种推定毫无例外地得到落实。在民事案件中，存在将说服责任转由他人承担的特定可反驳的法律推定，但在刑事案件中，这样做似乎并不利于检控方，而只是解除了检控方的举证责任而已。就一般案件而言，遭到检控的被告人无须确立任何抗辩或事实，以确保自己获得无罪开释。[1]

精神错乱的抗辩，要求被告人超过盖然性地证明自己存在精神错乱。[2] 对此，将在精神错乱一章中加以讨论。许多成文法改变了说服责任的承担主体。如前所述，现在英国议会几乎会约定俗成地在最轻微的违法行为和若干严重的违法犯罪中，将证明某一特定事实的责任分配给被告人，以便达成“除非被告人证明自己无罪”，[3]否则就将被定罪的效果。这种规定特别适用于诸如持有执照以及缺乏认识等免责事由的情况。

典型的事例，1916年《腐败行为预防法》(Prevention of Corruption Act 1916)[4]第2条：

“凡……经证明任何金钱、礼物或其他对价，已由持有或谋求从陛下处取得合约的人或其代理人支付、给予或收受……除非反证成立，该对价须视为本法中所述合约的诱因或报酬而被腐败不正地支付、给予和收受。” 63

假设向政府提供办公用品的公司的董事与公务员关系不错，并曾给付后者一笔钱。后来，该董事因腐败遭到检控，但提供证据证明自己支付这笔钱是为清偿债务，从而导致陪审团怀疑这笔款项是否属于“腐败不正地”支付。如果不存在明确的法律规定，证明责任就将由检控方承担，陪审团应该宣判被告无罪。但由于被告人在这里需要证明付款行为不属于腐败不正，所以法官必须指示陪审团，如果根据证据对该说明产生怀疑，就需要作出有罪认定。[5]

2-042　如果相关立法调整了证明义务，被告人是否需要对其排除合理怀疑地加以证明？

不需要。司法一般减轻了被告人的证明责任，从而其只需满足民事

---

① *R. v. Friend*(1962)46 Cr. App. R. 288 at 289.

② Timothy H. Jones,“Insanity, Automatism, and the Burden of Proof on the Accused”,(1995)111(3)*L. Q. R.* 475.

③ *Thurrock DC v. Pinch*(*LA&A*)[1974]R. T. R. 269.

④ R. *v. Webster*[2010]EWCA Crim. 2819.

⑤ *R. v. Evans—Jones*(1924)17 Cr. App. R. 121.

案件中适用的“盖然性”(probability)[①]证明标准即可。[②]

2-043 您的意思是“可能性”(possibility)?

都可以,只要意思是一样的。

2-044 难道被告人仅仅需要证明本来可能是这样的?

不是。需要超过盖然性,或者说,“优势证据”(on the preponderance of evidence)——可能性超过不可能性。[③]

2-045 如何计算两者之间的不同?

这种事情肯定没有办法精确计算。能做到的,仅仅是概括性地指示陪审团:抗辩事由是不是更有可能是真实的?

2-046 相关法律为什么要重新分配证明责任?

部分原因在于针对普通法的理解出现了混乱。在19世纪,以及其后很长一段时间,人们都没有意识到说服责任与举证责任之间的区别。因此,作为普通法规则之一,一般认为,如果某一问题只有被告人了解,相关“证明责任”就应由被告人承担。如果只涉及举证责任,该主张无疑十分合理;但是理由何在?难道是因为这件事只有被告人了解,所以就应该剥夺其所享有的排除合理怀疑的权利?

对于此类法律的成型完善起推波助澜作用的其他要素是,许多刑事法官,民法思维根深蒂固,因而认为民事成文法律同样适用于刑事案件。因此,他们认为,免责事由成立的证明责任应由被告人承担(这显然属于民事规则)。而这些法官没有意识到,刑法和民法的重要区别在于制定
64 民法的目的并不是为了惩罚,而刑法基本是为了惩罚。[④]

无论如何,法官的这种态度影响了立法机构,尤其体现在以1980年《治安法院法》(Magistrate's Court Act 1980)第101条为代表的相关立法中,该法将证明例外情形、免责事由或主体资格等事项的责任,悉数分配给在治安法院接受审理的被告。[⑤] 从表面上看,这将使被告人承担证明自卫等普通法抗辩事由的义务,但治安法院认为,只适用于针对法定犯的例外情况,而不适用于刑事法中的传统抗辩事由。

---

① “盖然性”即较大可能性、概然性、概率,指事情可能发生,但其中掺杂有若干不确定的因素。较大可能性表示根据情理或经验,或根据有说服力的证据或论证一项陈述或假设可能符合事实的程度。如果法官指示陪审团可以按照较大可能性行动,这只是表示他们可以在证据说服力稍差的情况下,或可在没有法律要求的“相当确定”(Moral certainty)下行事。参见薛波主编:《元照英美法词典》,法律出版社2003年版,第1097页。——译者注

② *R. v. Carr—Briant*[1943]K. B. 607;*Morton v. Confer*[1963]1 W. L. R. 763.

③ *Public Prosecutor v. Yuvaroj*[1970]A. C. 913.

④ George P. Fletcher, *Rethinking Criminal Law*, (Boston: Little, Brown, 1978) at 524-532.

⑤ Williams, *op. cit. supra*, note 49 at 236-238. *R.* (*on the application of Grundy & Co Excavations Ltd.*) *v. Halton Division Magistrates Court*(2003)167 J. P. 387.

2-047　“乌尔明顿诉检察长案”是对刑事被告人应享有“无罪推定”权利原则的承认。如前所述,法院接受了在涉及普通法问题时,“无罪推定”应将其适用于整个罪责问题判断的逻辑后果。不幸的是,英国的“立法大师”(实际上尽是些议会律师和政府官僚)继续因循守传统,可能是因为他们并不满足于见到仅凭辩护方承担举证责任,就能阻止陪审团,甚至是治安法官轻易对华而不实、胡编乱造的抗辩事由照单全收。但可以肯定,对于法官而言,必须指示陪审团:“你已经听取了控辩双方提交的证据,如果最终还感觉如在雾里梦中,不知道如何是好,就必须认定被告人有罪,因为英国法律认为,除非被告人证明自己是无辜的,否则就应对这个指控承担罪责是不公平的。”

若干法官也态度守传统,盲目地故步自封,继续认为即使在刑事法院,即使相关法律未对证明责任做出任何规定,被告人也必须对其所主张的任何法定犯罪的例外情况加以证明。例如,被告人被控在没有执照的情况下出售酒类,就必须证明自己拥有执照。[①] 上诉法院在“女王诉爱德华案”(*R. v. Edwards*)中对于该规则阐述如下:[②]

“该规则只限于由禁止实施此类行为的成文法所设定的违法行为,但在法律明确的特殊情况、由法律指明的特殊人群、具有法定资格的人士、获得当局颁发的执照或许可者所实施的行为,不在此限。”

“限于”的措辞其实非常宽泛,乍一看似乎根本没有任何限制可言。但的意思是,例如,如果某项成文法在缺乏合理抗辩,或在法定抗辩事由的情况下对某种行为加以惩罚,否定该抗辩事由的责任,就应由控方承担,因为该案件不属于任何例外类别。[③] 此外,“女王诉爱德华案”设定的规则不适用于法官所创制的违法行为。在这些复杂的情况中是否别有隐情,就是其他问题了。 65

2-048　所以,实际上,法院在“乌尔明顿诉检察长案”所设定的两项例外之外,还增设了第 3 项例外?

是的。[④] 自“乌尔明顿诉检察长案”以来,许多判例都理所当然认为只存在两种例外,例如在“曼奇尼诉检察长案”(*Mancini v. D. P. P.*)中,西蒙大法官表示[⑤]:

“[在乌尔明顿诉检察长案中所设定的]规则具有普遍适用性……唯

---

① *R. v. Edwards*[1975]Q. B. 27;*R.* (*on the application of Grundy & Co Excavations Ltd.*) *v. Halton Division Magistrates Court*(2003)167 J. P. 387;cf. *R. v. Charles*[2010]1 W. L. R. 644.

② [1975]Q. B. 27 at 40.

③ *R. v. Cousins*[1982]Q. B. 526.

④ *R. v. Coughlan*(1976)63 Cr. App. R. 33;*Iremonger v. Vissenga*[1976]Crim. L. R. 524.

⑤ [1942]A. C. 1 at 11.

一的例外情况,如乌尔明顿诉检察长案所解释的那样,是精神错乱的抗辩事由和特别列明证明责任的法定犯。”

如果法律仅仅规定了资质条款,还不能将其合理地理解为“特别列明证明责任的法定犯”。此外,“女王诉爱德华案”在禁止“法律明确的特殊情况”的行为方面与既有法源并不一致,因为除非在被害人同意的“特殊情况”下,否则禁止普通意义上的攻击行为,①但证明这些情况的责任,由检控方承担。

反对证明责任倒置的论点,与简化审判有关,因而值得更多关注。如果举证责任落在被告身上,法官无须(也不应)就此向陪审团作出指示;法官自行决定证据是否足以支持将被告方提出的抗辩事由提交陪审团认定;如果证据足以支持,法官只需以通常的方式指示陪审团证明责任由检控方承担。但是,如果说服责任由被告承担,法官必须指示陪审团,在某些问题上,检控方必须证明案件不存在合理怀疑,而在特定问题上,被告人必须超过盖然性地证明自己提出的抗辩事由。对于普通陪审团来说,这可谓艰巨的智力挑战。

2-049 刑法修订委员会在其证据报告②中提出,应通过成文法,规定由检控方承担所有事项的说服责任,但应同时规定,如果之后的立法明确要求说服责任应由被告人承担,以及如果案件的法定抗辩事由取决于/基于被告人是否成功地将责任推给第三人,则举证责任倒置。修订委员会表示:

“我们强烈认为,从明确与简便的角度考量,无论在原则上,还是在实践中,辩护方所承担的义务,都应仅限于举证方面。”

在最近的几个判例中,英国法院倾向于认为,明确举证责任倒置的法定条款与《欧洲保护人权和基本自由公约》第 6 条无法兼容。③ 考虑到第
66 6 条的内容,此类规定可能会从英国立法层面最终消失。

第 6 节 法律与事实

2-050 英国刑事司法的基本规则是陪审团作为“事实裁判者”。法

---

① *Christopherson v. Bare*(1848) 116 E. R. 554. Cf. *R. v. Wilson*[1997] Q. B. 47.

② (London: H. M. S. O., Cmnd. 4991, 1972) at paras. 137-142.

③ *R. v. Lambert*[2002] 2 A. C. 545; *Sheldrake v. D. P. P.* [2005] 1 A. C. 264 at 297; *R. v. Webster* [2010] EWCA Crim. 2819; *D. P. P. v. Wright*[2010] Q. B. 224. *R. v. Charles*[2010] 1 W. L. R. 644. Cf. *R. v. Clarke*[2008] EWCA Crim. 893., Ian Dennis, “Reverse Onuses and the Presumption of Innocence: in Search of Principle”, [2005] Crim. L. R. 901.

官就相关法律对陪审团进行指导[①]时，一定要牢记时任枢密院大法官的迪普洛克(Diplock L. J.)所述的原则：

“法官向陪审团作总结的意义，不在于就刑法的某些方面向陪审团进行概括介绍，而在于告诉他们为确定被告是否犯下特定罪行，必须就哪些事实问题作出认定。”[②]

陪审团对事实加以认定，并将法律适用于这项事实，最终作出有罪或无罪的裁决，因此，是对整个案件作出裁决。法官只要向陪审团说明事实由陪审团认定，便可以审查事实，甚至可以建议陪审团如何发现或看待这些事实。

2-051 因此，是由法官对于立法做出解读并将其向陪审团做出解释？

法官将解释原则应用于相关立法，在存在歧义的情况下向陪审团提出采用何种含义的建议，并就法律用语的技术性含义给出意见。例如，如果法官认为成文法隐含性地要求犯意(尽管其不太可能用拉丁语 *mens rea* 表示)，就需要告诉陪审团，除非犯意存在，否则不能作出有罪认定。

2-052 如何才能知道陪审团理解了法官作出的法律指示意见？

没有办法知道。在英国，法院严厉反对任何企图调查陪审团在执行其被分配的任务时表现如何的行为(试图这样做甚至可能构成藐视法庭罪)。[③] 似乎可以合理认为，陪审团犯了许多错误。智力水平高于一般人水平的法律系学生，在具有相关专业知识的学者的指导下，花了大量时间研究刑法的基本概念。法官被期待将同样的信息传达给随机挑选的陪审员，而后者如果要做好自己的工作，不仅必须理解这些概念，还要会将其应用到错综复杂的证据网络当中。 67

这就意味着刑法应当尽可能简单。但最好是制定精细的规则，有好的规则总比只有简单的陈述要好，即使其对陪审团来说很难理解，也比那些除了便于阐明之外一无是处的规则要好得多。至少人们希望设定良好的规则能够在最大限度上得到适当的应用。

2-053 如果事实非常明确，法官是否可以直接将其告知陪审团？

他可以让陪审团了解自己的意见。在“检察长诉史密斯”(*D. P. P. v. Smith*)案[④]中，警察紧紧抓住被告人的车，试图阻止他，但被告人继续开

---

① *R. v. Goldstein*[1982]1 W. L. R. 804.

② *R. v. Mowatt*[1968]1 Q. B. 421. Cf. *R. v. Tennant*(1975)23 CCC(ed)82(Ont.).

③ Section 8 of the *Contempt of Court Act* 1981. *Attorney—General v. Associated Newspapers Ltd.* (1992)[1993]3 W. L. R. 74; cf. *R. v. Mirza*[2004]1 A. C. 1118.

④ [1961]A. C. 290 at 324. Cf. Lord Devlin in *Chandler v. D. P. P.*[1964]A. C. 763 at 803-804.

车,致使警察从车上摔了下来,最终死亡。在证据方面,被告人的证言是自己并不知道这位警察当时在车顶,原审法官对陪审团的指示如下:

“各位陪审员,对人言的轻信,如果有,也是有限度的,而且你们可能会想被告对于这部分案件事实的没有得到支持的陈述言过其实吗?证据是压倒性的吗?以及他知道自己开的车载着警官上路了吗?该系列问题需要你们来加以认定,但如果你们得出结论——被告当然知道,我认为你们非常正确。事实上,根据证据,我看不出你们怎样才能得出其他结论。如果存在其他结论,或许纯粹的‘意外事件’这种抗辩事由才足以说明。”

当本案在上议院审理时,基尔穆尔大法官(Kilmuir L. C.)评论说,法官的言论是完全正当的。通常情况下,法官不会如此态度决绝地指示陪审团,而且,除非事实没有争议,[①]否则他决不能指示陪审团作出有罪判决。[②]

2-054 法官能否这样告知陪审团:我告诉你法律是这样规定的,所以如果你发现事实符合法律的规定,就必须作出犯罪成立的决定?

当然,如果法官只是告诉陪审团必须听从自己对于法律的指示意见的话。

除有权将相关问题从陪审团处撤回讨论之外,法官在刑事案件中可以认定的事实包括:

1. 与证据的可接受性有关的事实问题(例如,证人是否具备专家资格;以及供认是否是由收买、威胁或强迫所导致的),如果存在可接受性问题,一般不允许陪审团听取该证据。

2. 与量刑有关的事实问题。当陪审团为定罪或宣判无罪而听取证据时,法官是为了在定罪的情况下判刑而听取证据,并且在定罪后可为此目的进一步听取证据。在量刑中,法官根据自己对事实的看法行事。[③] 如果愿意,他可以询问首席陪审员是否是基于某种或其他事实观点而作出
67 的有罪认定;如果法官这样做,就必须接受陪审团所表达的意见。

2-055 法律与事实之间的界限是什么?如果立法中提到了“建筑物”,由谁来决定大篷车是否属于建筑物呢?法官还是陪审团?

你可能会惊讶地发现,一般的答案是:陪审团。[④] 律师们根深蒂固地认为事实问题(而且只有事实问题)由陪审团负责,但这涉及扩展“事实问题”的含义。可以将事实问题分为四种类型,并从方便的角度考虑对

---

① *R. v. Goldstein*[1982]1 W. L. R. 804.

② *R. v. Wang*[2005]1 W. L. R. 661.

③ *R. v. Whittle*[1974]Crim. L. R. 487.

④ Cf. *R. v. Dhindsa*[2005]EWCA Crim. 1198.

其命名如下:①

1."主要事实问题"(questions of primary fact),主要事实主要取决于是否相信证人报告他所做的、感知到的或精神上的体验。(他在路上看到黑色痕迹了吗?)

2."推定事实问题"(questions of inferential fact),这关系到从主要事实(黑色痕迹是被告人用力刹车导致的吗?)中得出的恰当的事实(非口头)推定。

3."评估事实问题"(questions of evaluative fact),这些主要涉及对事实的法律评估,即其是合理的吗,还是有过失?(如果被告人必须用力刹车,这是否意味着他开得太快,因此存在过失?)②与合理性问题有关的所有价值判断,如成文法规定的"合理的免责事由",或逮捕时是否基于"合理理由怀疑其犯罪",均交由陪审团裁决,但前提是有足够证据支持陪审团作有罪判决。这些都不是真正的事实问题,但是陪审团所处理的问题就等于事实问题,意味着必须将其列入此列。

4."指代事实问题"(questions of denotative fact),这些涉及法律规则中普通(非法律)概念的应用,但必遵守以下意见。举个事例,大篷车是建筑物吗?

2-056 总体而言,上述四类事实问题(主要、推定、评估、指代事实),均交由陪审团决定。但: 68

1.法官不必把没有争议的事实问题留给陪审团(尽管为了安全起见,他通常会这样做)。③ 该主张不适用于对于基本事实毫无争议,但对其是否属于必须由陪审团裁决的特定法律事实类别仍有争议的情况。双方都同意他们谈论的是辆大篷车,而不是避暑别墅的事实,不能免除陪审团判定其是否属于建筑物的责任。其他事例是,在被认定的事实远远超出了犯罪预备,但不知是否构成犯罪未遂,④或承认的伤害是否构成严重人身伤害的方面存在争议。这个问题必须交给陪审团处理。

2.如对某一论证无足够证据支持,法官可将其从陪审团处撤回。明显的事例便是成文法所规定的所谓"合理的免责事由"(reasonable excuse),法官们倾向于对此加以严格限制。⑤

3.如果原判不成立,无论涉及何种类型的事实问题,上诉法院都可推

---

① Williams, *op. cit. supra*, note 68 at 472,532.

② *AK v. Western Australia*(2008) 232 C. L. R. 438 at 472-473.

③ *R. v. Goldstein*[1982] 1 W. L. R. 804. *R. v. Leer*[1982] Crim. L. R. 310.

④ D. P. P. v. Stonehouse[1978] A. C. 55.

⑤ *R. v. John*[1974] 1 W. L. R. 624; *R. v. Brown*[1974] R. T. R. 377; *R. v. Leer*[1982] Crim. L. R. 310.

翻原判决。

2-057 我确实仍然看不出到底该如何区分事实和法律问题。假设现在需要判断被告人到底是否实施了“夜盗”(burglary)①。这里可能会同时涉及事实和法律问题。

比如,被告人是否在正常的居住者不在的时候秘密潜入大篷车,偷走了车里的东西,这是事实问题。行为人能否在大篷车里实施夜盗,则是法律问题,法律对于这个问题的回答是肯定的,但前提是大篷车必须有人居住(夜盗可在“有人居住的车辆或船只”中实施)。②

虽然这种区别看似明显,但在将法律用语应用于事实时可能会出现麻烦。所有的概念,在某种程度上都是不精确的,因为在应用时可能会出现困难,有些词的含义甚至是非常模糊的。典型的事例便是,特定的伤害是否属于“严重的身体伤害”。虽然这是有些过时的法律用语,但其仅仅意味着严重的(或者说,真正严重的)伤害。除此之外,这个概念没有特别的法律意义。涉及程度问题,主要应当由作为事实认定者的陪审团来加以判断。同样,行为人是否在“驾驶”成文法意义上的汽车的问题,也留给了陪审团。这就是我们所说的指代性事实的问题。当然,从哲学上讲,词义和事实问题,也是有区别的。

2-058 不得允许陪审团将身体擦伤认定为严重身体伤害?

如果这就是全案证据所能证明的一切,法官不会将该问题提交给陪
70 审团。

2-059 可以看出,陪审团必须在标准非常宽泛的情况下决定某种伤害是否属于严重的人身伤害,否则没什么是需要他们来裁定的。这是程度问题,需要通过本能反应来加以解决。但是判定某人是否在开车,则是不同的。这可以取决于您给这个词下的定义。如果您的车被拖着走,您还在开车吗?

---

① “夜盗”又称侵入住宅罪、夜盗罪、在英格兰法中,指为了实现某种行为目的而在夜间破门侵入他人住宅的罪行,而不管该犯罪意图是否已实现;或带有犯重罪的意图侵入他人住宅后或实施了任一重罪后,冲出他人住宅的行为,都构成夜盗罪。1968年,依普通法和制定法可惩罚的罪被新的制定法罪即侵入住宅罪所代替。该法规定,凡行为人非法侵入任何建筑物或建筑物的一部分,非法侵入有人居住的车辆或船只,旨在窃取任何物品,或者严重伤害他人身体或强奸妇女,或者损坏该建筑物或任何物品,以及凡非法侵入任何建筑物或建筑物的一部分的人,旨在窃取该建筑物或者该建筑物中的物品者,或者严重伤害他人身体者构成该夜盗罪。严重侵入住宅罪是指犯罪人携带轻火器或仿制的轻火器、任何攻击性武器或者爆炸物品入屋的犯罪行为。侵入住宅罪也指凡在时间上或者内容上涉及侵入住宅的法律条文的犯罪。而“侵入住宅罪”(Housebreaking)是苏格兰法律规定的与之对应的犯罪。参见[英]戴维·M.沃克:《牛津法律大词典》,李双元等译,法律出版社2003年版,第146页。——译者注

② Section 9(3) of the *Theft Act* 1968.

在司机昏倒等的紧急情况下抓过方向盘的乘客,是否在驾驶?如果某人松开刹车让汽车滑行下坡,他是在开车吗?如果有人边用手推车,边通过打开的车窗控制方向,是在开车吗?这些问题交由陪审团处理,尽管法官可以向陪审团提出自己的意见。

2-060　但是,难道法官不应该把法律用语的含义留给大众来决定吗?陪审团既可以这样解读,也可以那样解读。

数百年来,法官们认为,为了陪审团的方便,对成文法中的概念加以定义,这是他们职责的一部分,因此,他们为了使用服务于法律目的术语,创建了"司法词典"。然后,上议院突然宣布了条新规则:"通常"(ordinary)词语的含义,是事实问题,因而由陪审团决定。尽管法官有权就法律中复杂的法律概念对陪审团作出指示,[①]但不应赋予"通常"概念以法律含义(这是针对治安法院判决的上诉审,其结论也同样适用于陪审团的相关认定)。[②]

该判决涉及相关法律中"侮辱"(insulting)概念的含义,该法将在公共场所使用威胁性、辱骂性或侵犯性的词语或语言并可能破坏和平的行为规定为简易犯罪。[③] 布鲁图斯(Brutus)是示威者之一,他们在比赛进行时冲入网球场,以抗议南非球员的存在。治安法院判定他的行为不构成侮辱罪。分庭法院推翻了原判,并对这个词作出了明显错误的定义。最后,上议院不同意分庭的界定,维持了治安法院的判决——理由不是所有的上议院成员都一定认为这个行为不构成侮辱(尽管他们也可能认为不构成),而是认为这个问题应当由治安法官负责认定。上议院的意见清 71
楚地表明,同样的规则也适用于必须由陪审团适用的相关成文法的情况。

2-061　陪审团会去查字典?

他们并没有什么字典,只能利用开庭时获得的信息,以及自己头脑中的知识。

2-062　陪审团是否可以要求法官提供字典?

不太可能得到。字典无法在特定上下文中定义概念,也不能注意到所涉及的政策问题。陪审团可能会回到法庭,由首席陪审员要求法官对该词的含义提供进一步的指导,然后法官可能会向他们宣读字典中的相关条目,并作出适当的解释。或者法官可能只是告诉陪审团回到评议室

---

① *R. v. DeBattista*[1986]2 W. W. R. 722.

② *Cozens v. Brutus*,[1973] A. C. 854;*R. v. Evans*[2005]1 W. L. R. 1435 at 1441. 但 Rupert Cross,*Statutory Interpretation*,(London:Butterworths,1976) at 53-55。

③ Dennis J. Baker and Lucy X. Zhao,"The Normativity of Using Prison to Control Hate Speech: The Hollowness of Waldron's Harm Theory",(2013)16(4)*New Crim. L. R.* 621.

去运用常识进行判断。[1]

里德法官(Lord Reid)在"科森斯诉布鲁图斯案"(*Cozens v. Brutus*)中给出了最充分的理由。他指出,字典会用同义词来定义"侮辱";但是,"很少有什么概念拥有确切的同义词"。另外的选择是由法庭来作出定义,但定义的目的并不是限制或修改这个概念的通常含义,并且法院也无权这样做。

该表述确实令人信服。司法定义的目的,可能不是修改概念的通常含义,而是对其加以陈述。就通常语言中的"侮辱",我提出了以下定义:除非有意表现出轻蔑或不尊重,或被受众理解为表现出这种态度,否则语言或举动本身不应被称为侮辱。这可能是治安法官对该概念的理解。并且他们认为被告人不打算侮辱观众或比赛,虽然他的行为无疑对观众或比赛有所冒犯,这也是正确的(治安法官和上议院似乎都没有考虑到这种示威,存在侮辱南非选手的可能性)。

上议院判决的适用范围并不完全明确。里德法官说,如果成文法的上下文表明,相关概念的使用存在不同寻常的意义,法院将用其他表述来判断这些非同寻常意义是什么(他没有解释为什么法院可以在成文法中
72 确定用语的不寻常含义,而不是寻常含义)。[2] 可以想象,法官可能会说,驾驶汽车的通常含义是自力驾驶,但是好比酒驾入刑的政策是禁止醉酒者控制行驶中的车辆,因此该概念在此目的具有更一般含义。然后,根据里德法官的原则,法官可以指示陪审团该概念具有更一般含义。但这仍然不允许法官就"侮辱"等这样寻常概念的寻常含义,教条主义地指示陪审团。[3]

2-063　假设侮辱这个违法行为的概念,由陪审团负责确定,而其决定,被告人在网球场里的示威行为,构成侮辱,但是,证据表明,这样做不是为了表达不敬,也不会被任何在场的人理解为表达不敬,仅仅是以较为冒犯的方式表达政治观点而已。陪审团的该判决是否会被上级法院推翻?

可能会。[4] 里德法官说:"问题通常是,如果熟悉该用语寻常含义的

---

① Cf. *U. S. v. Poole*(2008)545 F. 3d 916. Michael G. Heyman,"Lost in Translation:Criminal Jury Trials in the United States",(2014)3 *Brit. J. Am. Legal Stud.* 1;Judith L. Ritter,"Your Lips Are Moving … But The Words Aren't Clear:Dissecting the Presumption That Jurors Understand Instructions",(2004)69 *Mo. L. Rev.* 163.

② *Vetter v. Lake Macquarie CC*(2001)202 C. L. R. 439 at 451;*Collector of Customs v. Agfa—Gevaert Ltd.*(1996)186 C. L. R. 389 at 397. Cf. *Wyre Forest District Council Respondents v. Secretary of State for the Environment*[1990]2 A. C. 357.

③ Erika Rackley,"Prosecuting the Possession of Extreme Pornography:A Misunderstood and Misused Law",(2013)5 *Crim. L. R.* 400.

④ *Edwards v. Bairstow*[1956]A. C. 14.

法庭都不会作出那种判决,该判决是否合理。”他大概是在这里谈及了对治安法官判决的上诉。他使用的解决方案,并不适用于对陪审团裁定提出的上诉,后面的问题关乎裁决是否成立,尽管这可能使上诉法院更有控制权。

2-064　此前一直有个疑问,忍着没说。如果判决因为不成立,可能会在上诉审时被推翻,初审法官应该采取更为理性的办法,难道不是警告陪审团该如何对该概念进行解读,从而避免误判所带来的问题及后续上诉吗?

这似乎是常识。但不确定上议院会在多大程度上明确,这个问题完全由陪审团解决,不受上诉审控制。

“科森斯诉布鲁图斯案”中的主要反对意见认为,寄希望于陪审团的常识和英语水平,显然过高估计了陪审团的能力,同时也误解了语言功能,对法律解读个体差异缺乏理解。陪审员没有受教育程度的限制;可耻 73
的是,人们可以在不被询问是否识字的情况下堂而皇之地坐在陪审席上,甚至没有人给他们做测试,看他们是否能听懂英语。

的确,任何懂英语的人都知道如何使用常用词汇。只要传达了信息,单词是否被“正确”使用并不重要。但是,要求陪审团决定某项成文法的措辞是否适用于特定情况,相当于给他们设定其完全不习惯的任务。这样做成功与否,不仅取决于正确使用词语的能力,还依赖于对特定词语出现的情况、一般立法政策以及赋予词语这种或那种含义的考虑。

2-065　寻常概念与法律概念之间的区别是什么?

上议院没有提供例证帮助我们理解两者之间的差异。除极少数例外情况外,成文法中使用的所有措辞的通常含义,对于接受过 6 年正式教育的人来说,都是可以理解的。并且这些词语中的绝大多数,至少能被“普通中等教育”(GCSE)[①]水平的学生大致理解(并不是说陪审员在一生中的任何时候都符合这两种标准)成文法使用“寻常”词汇(可以在简明词典中发现并在一般语境中不时使用的词语)来表达专门的法律概念;我们通常不使用奇怪的用语来服务于法律目的。因此,从字面上来说,“科森斯诉布鲁图斯案”中所设定的规则,将使几乎所有的成文法都由陪审团负责解释。然而,普通人能够理解寻常概念的事实,并不意味着当在议

① “普通中等教育”即英国普通初级中学毕业文凭,相当于中国国内的初中毕业考试文凭,但实际上,GCSE 是英国中学 10 年级和 11 年级的学习课程,程度和要求都比国内初中毕业生要高,从理论上说应该是国内的高一学生申请较为合适。经过两年 GCSE 学习后,学生方可进入 A LEVEL 阶段的学习。学生 GCSE 的成绩将被作为 A LEVEL 甚至大学录取的参考。GCSE 有 1 年制和 2 年制之分。——译者注

会制定的法中被使用时,这个人就能够正确理解其在特定上下文中的含义。

初审及上诉审法院(上诉法院及高等法院分庭)经常会对"科森斯诉布鲁图斯案"确立的规则表现出一定程度的合理的不服从(甚至,上议院也会故意对其视而不见,或将之抛在脑后)。[①] 这种倾向表明,成文法中的关键概念,即法律问题的裁判一般要取决于其含义的用语并不"寻常",尽管没有被指导的陪审员可能认为稀松平常。无论如何,相关的法律文献中记载了很多法官将此类概念含义作为法律问题加以合理界定的典型范例。[②]

法官已经对"帮助"(assist)、[③]"生产"(produce)、[④]"轻率"(reckless)[⑤]和"留置"(retention)[⑥]等概念的含义,特别是其在法定犯中的含义,作出
74 了解释。在刑事问题上,这些概念当然是重要的,但并不全是法律用语。如果是寻常词汇,如果遵循"科森斯诉布鲁图斯案"的规则,[⑦]在理论上讲,任何由法官对词语的含义作出的直接指示导致的定罪,都应该被提出上诉;但这通常只是理论,因为上诉法院可能准备驳回上诉。更为谨慎的法官将把相关概念的含义解读留给陪审团,同时向他们强烈默示自己的意见。[⑧] 很遗憾,有些法官保持沉默,没有给陪审团提供任何帮助。因此,如果陪审团在判决时对于这个词的含义作出了完全不合理的解读,如前所述,在上诉审中有罪定谳就可因为无法成立而被推翻。但由于检控方无法提起上诉,因此这只能对陪审团起到片面的控制作用:如果陪审团对某个概念附加了愚蠢的仁慈含义,并由此宣布被告无罪,法律就没有办法提供任何救济。

---

① *R. v. Caldwell*[1982]A. C. 341.

② *Coleman v. Power*(2004)220 C. L. R. 1 at 38-42.

③ *R. v. Vickers*[1975]1 W. L. R. 811.

④ *D. P. P. v. Nock*[1978]A. C. 979 at 984E.

⑤ *R. v. Briggs*[1977]1 W. L. R. 605. "轻率"即鲁莽,放任为某些行为时的人的某种心理状态,和行为人对这些行为及其后果和法律责任相关。像"故意"(Intention)一样,放任要求预见到其行为的某些不可避免的后果或可能的甚至有时是很可能,但它与故意不同,它并不希望导致此等后果或使这些后果发生。这是种明知有危险,却还要去尝试或冒险的心理状态。如同故意行为的情况一样,一个有理智的人本应预见到这些后果是不可避免的、很有可能或有可能发生的,则认为该人已经预见,但从具体情形来看,他缺乏导致后果之主观愿望。如果行为者预见或应该预见,则是甘愿冒险或对此漠不关心。放任常常是特定犯罪的构成要件,规定为一种比故意的同等行为要轻的一个犯罪因素。参见[英]戴维·M. 沃克:《牛津法律大词典》,李双元等译,法律出版社 2003 年版,第 945 页。——译者注

⑥ *R. v. Pitchley*(1973)57 Cr. App. R. 30 at 37.

⑦ *Moyna v. Secretary of State for Work and Pensions*[2003]1 W. L. R. 1929.

⑧ *Attorney—General's Reference*(*No.* 1 *of* 1976)[1977]1 W. L. R. 646.

赋予陪审团自由的显著事例,与现已废除的1956年《性犯罪法》(Sexual offences Act 1956)第32条有关,该条规定,男人为了不道德的目的,在街上持续拉客属于违法行为。拘谨的措辞刻意掩盖了议会要禁止的行为,不可避免地造成了问题。"不道德目的"显然是为了涵盖(并且仅限于)性目的,但是哪些性目的应被视为不道德,只能留给执法者加以猜测。经过若干摇摆不定之后,法院现在以不作出决定的方式对此作出了决定;他们认为,在所有案件中,都应该由陪审团来确定该法律是否包含同性恋目的。因此,根据传统法,寻求非有偿性伴侣的同性恋者可能会被视为是在招妓,因为他们的定罪取决于特定陪审团的道德观,而这个问题显然可以通过修法来加以解决。[①] 75

2-066　治安法官呢?和陪审团地位相同?

有人认为"科森斯诉布鲁图斯案",尽管是针对治安法院判决的上诉审,但在与治安法官的关系上,一直显得有些"虚张声势"(*brutum fulmen*)。虽然分庭应该只就上诉案件中的法律问题加以审理,但对治安法院(以及负责治安法院上诉的刑事法院)实行严格控制。奇怪的是,随机遴选的陪审员,之前可能从来没有出过庭,竟被放任自由;而精挑细选并受过培训,通常具有相当经验的治安法官,反倒被严加管控,这到底是怎么回事。分庭可能会随即主张,简易审理的有罪认定本身就较为恣意任性,而且(因为即使是检控方也可以上诉)简易案件的无罪判决较为恣意任性。即使治安法官的任务是解释成文法中的寻常概念,也会这样说。[②] 但在这两者之间有特定的区域,分庭不会采取过度的控制并允许下级法院自行其是。

虽然分庭的做法对社会有益(即使从上议院的判例来看,存在很大的合法性疑问),但与陪审团审判相比,这种实践却很奇怪。在既可以简易审理又可以检控发起诉讼的案件中,处遇差异实际上是反常的。上诉法院可以非常确定地告诉治安法官(精心挑选,在适用法律方面颇有经验),某人是否在"驾驶"机动车;但当相同的问题出现在陪审团(无资格、无经验)面前时,法官却认为应当将其交给陪审团自由裁量。

第7节　对陪审团的上诉控制

2-067　上诉法院尽管(像其前身刑事上诉法院一样)一直有权推翻

---

① *R. v. Gray*(1982)74 Cr. App. R. 324. Cf. *R. v. Goddard*(1991)92 Cr. App. R. 185.

② *Behrendt v. Burridge*[1977]1 W. L. R. 29;*Chief Constable of the West Midlands v. Billingham*[1979]1 W. L. R. 747;*Seamark v. Prouse*[1980]1 W. L. R. 698;*Jones v. Pratt*[1983]R. T. R. 54.

错误判决,但在原审遵守了程序和证据规则的情况下,显然不愿意行使这种权力。个中原因在于英国法律界人士强烈认为定罪的责任在于陪审团。

一般来说,只有被告方可以向上诉法院提出上诉。但是,下级法院也可以接受上诉。在治安法院被定罪的被告人,可以向刑事法院提出上诉。此外,辩护方和检控方都可以通过"案件陈述方式"(way of case stated),就法律问题或管辖权问题向高等法院提出上诉。我们的重点将主要放在辩护方针对定罪向上诉法院提起上诉的问题上。

2-068 但是,如果任由明显错误的定罪,或者有合理理由认为可能是错误的有罪判决,上诉法院的工作是否会失败呢?

同意你的观点。议会在通过 1968 年《刑事上诉法》[(Criminal Appeal Act 1968)第 2 条后经 1995 年《刑事上诉法》第 1(2)条修订]时,也要求上诉法院在有罪判决不成立的情况下允许上诉。但即使是这项成文法,也没有引起司法实践的革命。

在 1995 年修法之前,存在两个上诉依据,即法院认为判决"不成立"或"不令人满意"。1995 年修法之前的法律意味着,上诉法院可以适用所谓的"但书"(proviso)——前款的结束语,这使得如果没有发生误判,即便存在技术意义上的不规范,也可以驳回上诉。[①] 现在允许上诉的唯一理由,是上诉法院认为原来的判决"不成立"。[②]

2-069 假设上诉法院认为有罪判决依靠的证据不足,但被告人毫无疑问构成其他犯罪,能否直接改判其他罪名?

是的,如果根据检控,陪审团本可以如此定罪的话。但是,如果在起诉书中没有明示或默示地包括适当的指控,或者陪审团已经就适当的指控宣告无罪,上诉法院也将无能为力。在上诉法院用另外的犯罪代替原审定罪之前,检控方必须同时证明:

1. 陪审团本可根据检控书裁定上诉人犯下了其他罪行,而该项指控需明示或默示地包括在检控书的某项罪名当中;

2. 陪审团必须对证明上诉人犯了该另一罪行的事实感到满意。[③]

2-070 如果原审判决虽然存在技术不规范的问题,但却实质正确该怎么办?上诉法院是否应该对于上述缺陷视而不见?

如果相关缺陷完全微不足道,上诉法院可以这样做。以前,如果原审过程中出现任何程序上的违规行为,法院的做法几乎都是维持定罪,但根

---

① *R. v. Graham*[1997]1 Cr. App. R. 302 at 308-309.

② *R. v. Graham*[1997]1 Cr. App. R. 302.

③ *R. v. Graham*[1997]1 Cr. App. R. 302. Cf. *R. v. K*[2008]1 Cr. App. R. 1.

据《1995年刑事上诉法》,法院的自由裁量权被削弱。时任上议院议长的宾厄姆法官在讨论1995年修正案时表示:[①]

"现在立法中已经没有任何但书条款了。我们的唯一责任,是考虑有罪判决是否成立。我们不会考虑不适当的技术性细节。虽有可能被指出存在某些起草或文书上的错误、遗漏、不一致或违背主流判例的做法,但相关有罪判决,不会因此被认为不成立。例如,我们希望对'女王诉麦克维特案'(*R. v. McVitie*)[②]按照新法,通过与传统法相同的方式作出判决。 77
但如法律清楚地表明,检控书所指明的罪行细节即使能够确证,也不能支持对被告人按检控罪行定罪,则必须认为对该违法行为的有罪判定不确当。如果被告在法律上不能成立控方基于事实指控的罪行,对该违法行为的定罪就是证据不足的。"

这种权力的行使方式在某种程度上取决于事实。如果违反了适当程序(例如,被告明显有罪,但其所实施的违法行为不同于检控方指控的罪名),无论相关立法有何规定,上诉法院一般会认为原判无效,从而推翻对被告作出的有罪判决。在司法实践中,即便可以,被告人也往往不会再次受审。[③] 所以,明显有罪的人会借机脱罪。[④] 如此一来,虽然经常有人建议上诉法院应有权下令重新审判,但为了使实质性的有罪问题能够在首次审理时便得到适当的审判,迄今为止"司法竞技理论"(sporting theory of justice)一直占据上风,而这项动议还没有得到采纳。

现在与1995年《刑事上诉法》第1(2)条颁布前相比,最高法院允许对更一般案件提起上诉。[⑤] 上诉的法律原则应该是,如果有罪判决不确当,则应准许上诉,即使理性的陪审团在得到适当指示后,根据适当可接受的证据,可能作出有罪判决。如果有任何迹象表明判决可能不成立,法院可能会允许上诉。因此,即使被告人接受了公正的审判,并且没有理由怀疑他的罪行,定罪也会因存在不成立的可能性而被推翻。[⑥]

2-071 如果法官篡夺了陪审团的职能,例如错误的告诉他们特定

---

① *R. v. Graham*[1997]1 Cr. App. R. 302 at 309.

② [1960]2 Q. B. 483.

③ J. R. Spencer, "Criminal Law and Criminal Appeals—the Tail that Wags the Dog", [1982] Crim. L. R. 260 at 272-275. *Contra*, Andrew Ashworth, *Principles of Criminal Law*, (Oxford: Oxford University Press, 2009) at 360.

④ *D. P. P. v. Gomez*[1993]AC 442; *R. v. Hinks*[2001]2 A. C. 241.

⑤ *R. v. Davis*[2001]1 Cr. App. R. 8; *R. v. Smallman*[2010]EWCA Crim. 548; *R. v. Brady*[2004] 1 W. L. R. 3240; *R. v. Thomas*[2000]1 Cr. App. R. 447.

⑥ *R. v. Togher*[2001]1 Cr. App. R. 33; *R. v. Early*[2003]1 Cr. App. R. 19. 主要 J. R. Spencer, "Does Our Present Criminal Appeal System Make Sense?" [2006] Crim. L. R. 677; J. R. Spencer, "Quashing Convictions for Procedural Irregularities", (2008) 67(2) *Cambridge L. J.* 227。

78 事实已经被证明,而其涉及的还是主要事实或推论事实,[①]上诉将很可能得到支持,有罪判决就很有可能被推翻。不管证据对被告多么明显不利,接受陪审团审判都算是神圣的权利,即如果愿意,可以做出任何自己所希望作出的结论。法官没有总结抗辩事由,也可以允许据此上诉。[②] 此外,通常允许就不可接受[③]的或新的证据提出上诉。[④]

"刑事案件审查委员会"(Criminal Cases Review Commission)[⑤]也可以将案件提交至上诉法院。1995 年《刑事上诉法》第 9 条规定:

(1)凡在英格兰及威尔士被循公诉程序[⑥]认定有罪,委员会——

(a)可随时将该有罪判决提交至上诉法院,并且

(b)(不论是否将有罪认定部分提交)可随时将本罪的量刑(法律规定的确定刑除外),或将与本罪有关的定罪后法律程序中的量刑问题,提交给上诉法庭。

(2)根据第(1)款对于有罪判决的提交,就各方面而言,须视为被告根据 1968 年《刑事上诉法》第 1 条针对该定罪提出的上诉。

(3)根据第(1)款对检控犯罪量刑部分的提交,或对与检控犯罪有关的定罪后法律程序中的量刑的提交,就各方面而言,须视为该人根据 1968 年《刑事上诉法》第 9 条针对下列内容提出的上诉:

(a)量刑;

(b)本罪或其他检控犯罪的任何刑罚,或与本罪或任何其他检控犯罪有关的定罪后根据法律程序判处的任何其他刑罚(法律规定的确定刑除外)。

(4)刑事案件审查委员会在根据第(1)款就某人的某项检控定罪提交时,可通知上诉法庭,该通知所指明的任何其他根据检控所作出的有罪判决,须视为根据第(1)款提交至上诉法庭。

(5)凡在英格兰及威尔士因被告精神错乱作出的无罪裁决,刑事案件审查委员会可随时将其提交上诉法院;而就各方面而言,根据本款作出的提交,须视为被告根据 1968 年《刑事上诉法》第 12 条对于本案判决提出的上诉。

同时,2008 年《刑事司法与移民法》(Criminal Justice and Immigration

---

① *R. v. Leer*[1982]Crim. L. R. 310. Cf. *R. v. Ptohopoulos*(1968)52 Cr. App. R. 47.

② *R. v. Badjan*(1966)50 Cr. App. R. 141.

③ *R. v. Tricoglus*(1977)65 Cr. App. R. 16.

④ *R. v. Pendleton*[2002]1 W. L. R. 72.

⑤ "刑事案件审查委员会"是英国司法部设立的独立的公共机构,负责审查英格兰、威尔士和北爱尔兰刑事法院可能出现的误判,并将案件移交上诉法院。——译者注

⑥ Section 11.

Act 2008)第42条规定：

(1)本条适用于刑事案件审查委员会根据1995年《刑事上诉法》第9条(1)(a),(5)或(6),或者依据1999年《刑事案件审查(精神失常)法》[Criminal Cases Review(Insanity)Act 1999]第1(1)条提出的本节规定的上诉；

(2)尽管存在本法第2条、第13条或第16条规定之情形,上诉法院在下列情况下,依然可以驳回起诉——

(a)接受上诉的唯一理由是,自有罪判决、裁决或认定作出之日起,或自知道存在上诉理由之日起,法律已有所发展变化,以及

(b)第(3)款的条件已获满足；

(3)本款所设定的条件如下——

(a)没有提交,但, 79

(b)上诉人已提出(并有权提出)申请延期,并以法律的发展为理由寻求上诉许可,而法院认为通过行使本法第18条第3款所赋予的权力而同意该项申请并不适当。 80

81

第3章　刑法的宪法及道德限制

自由就是指有权从事一切无害于他人的行为。因此，各人的自然权利的行使，只以保证社会上其他成员能享有同样权利为限制。此等限制仅得由法律规定之。①

法律仅有权禁止有害于社会的行为。凡未经法律禁止的行为即不得受到妨碍，而且任何人都不得被迫从事法律所未规定的行为。②

---

① Article Ⅳ of the *French Declaration of the Rights of Man and of the Citizen* 1789. 中译本参见[德]格奥尔格·耶里内克：《人权与公民权利宣言——现代宪法史论》，李锦辉译，商务印书馆 2013 年版。——译者注

② Article Ⅴ of the *French Declaration of the Rights of Man and of the Citizen* 1789.

第1节 实体刑法的限制

3-001 可以找到将盗窃、欺诈、强奸、谋杀、攻击、刑事损害、恐怖主义等严重危害行为界定为刑事犯罪的深厚道德基础。要确定边缘行为入罪的正当性,如"露阴癖"(exhibitionism)、[①]攻击性言论、"猎狐"(fox-hunting)[②]等,就需要进行更复杂的道德分析。目前尚不清楚为什么一系列明显无害的活动会被贴上犯罪的标签,如"被动乞讨"(passive begging)、[③]"为无家可归者舍食"(feeding the homeless)、[④]"通奸"(fornicating)、[⑤]"拥有性玩具"(possessing sex toys)、[⑥]"同性恋"(homosexuality)、[⑦]"持有供个人使用的大麻"[⑧]以及"参加现场脱衣秀"。[⑨] 在若干社会中,大多数人可能不赞成同性恋、卖淫、使用大麻或救济无家可归者的行为,但大多数人的"道德观念"(mores)并不能告诉我们为什么将这些行为定为刑事犯罪是正当的。为什么从事这种活动的人应该受到刑事谴责。在天平的另一端,10岁的儿童被允许接受有害且不必要的整容手术,如阴部整形和隆胸。这些不必要的有害手术被医疗合法化,而其他无害的行为却被犯罪化。[⑩]

3-002 对刑法难道没有任何限制吗?

实体刑法和刑罚既有内部限制,也有外部约束。实体刑法的内部限制可以在刑法的总则部分找到,[⑪]包括"自愿行为"要求(voluntary act 82

---

① Section 5 of the *Public Order Act* 1986; and section 66 of the *Sexual offences Act* 2003. "露阴癖"通常指男子向异性暴露生殖器官,以获得性快感,然而并非为了性交而进行威胁或引诱。它通常被视为扰乱治安或被当作制定法上的损害行为。参见[英]戴维·M.沃克:《牛津法律大词典》,李双元等译,法律出版社2003年版,第407页。——译者注

② *Hunting Act* 2004(U.K.).

③ Dennis J. Baker, "A Critical Evaluation of the Historical and Contemporary Justifications for Criminalising Begging", (2009) 73*J. Crim. L.* 212.

④ Randal C. Archibold, "Las Vegas Makes It Illegal to Feed Homeless in Parks", (New York: *N. Y. Times*, 28 July 2006).

⑤ *Lawrence v. Texas*(2003) 539 U.S. 558 at 586; 592-594 *per* Scalia, J.

⑥ *Williams v. Pryor*(2001) 240 F.3d 944 at 949.

⑦ *Lawrence v. Texas*(2003) 539 U.S. 558.

⑧ *Malmo—Levine*[2003] S.C.C. 74.

⑨ *Barnes v. Glen Theatre, Inc.* (1991) 501 U.S. 560 at 574-575.

⑩ *Gough v. D.P.P*(2013) 177 J.P. 669; cf.

⑪ Michael S. Moore, "The Specialness of the General Part of the Criminal Law", in Dennis J. Baker and Jeremy Horder (ed.), *The Sanctity of Life and the Criminal Law*, (Cambridge: Cambridge University Press, 2013) at 69 *et seq.* Nicola Lacey, "Contingency, Coherence and Conceptualism", in Antony Duff, *Philosophy and the Criminal Law*, (Cambridge: Cambridge University Press, 1998) at 9 *et seq.*

require-ment)、[①]“罪过”(fault)[②]要求、“因果关系”(causation)[③]以及用来使假定的犯罪行为,如自卫、被害人“同意”(consent)[④]和紧急避险等出罪

① “自愿行为要求”又被称为“有意识行为”(Voluntary conduct),人们按照自己的意志或意愿实施的行为。这个行为与无意识行为(如喷嚏、哆嗦等)相反。总体来说,有意识行为是负担民事责任或刑事责任的前提条件。因此,某人不承担在梦游状态下或疾病折磨下的行为引起的伤害责任。参见[英]戴维·M.沃克:《牛津法律大词典》,李双元等译,法律出版社2003年版,第1161页。——译者注

② “过错”与罗马法上的“过错”(culpa)相对应,经常作为侵权责任构成要件的主观要素。本质上这是个道德概念,意指被告之所以负有责任是因为他能够或应该能够避免或防止发生侵害行为。但是,随着法律的发展演进,在替代责任和法定责任之中日渐实行过错推定,过错只有技术上的意义。鉴于原告在众多案件中难以认定被告的过错,改革者极力主张无过错责任。参见[英]戴维·M.沃克:《牛津法律大词典》,李双元等译,法律出版社2003年版,第417页。——译者注

③ “因果关系”,是指两个事件之间相互联系的概念。两个事件的发生不仅在时空上密切相关,而且作为原因和结果相互关联,其中一个导致了或必然地引起了其他的发生。最早研究因果关系的是亚里士多德。他区分了质因、形式因、动力因和目的因,这个区分后来被充分阐发。休谟则认为因果必然性仅仅是基于先前的经验而对某种先后相陈的事物所抱期望的习惯所作出的反映。康德则推断因果性是基本的先验形式之一,其中感知性对经验进行整理,并要求有秩序的经验本身成为可能。因果关系在法律推论中尤其重要。它涉及在伤害、损害、损失以及其他事件中责任的确定问题。法庭关心的并非自然的原因,而是能够归咎责任的因果关系。因此,医疗调查可以得出死因是因为多处骨折,而法律调查则可能认为是作为被告人的司机的过失,或者说,是司机过失引起的碰撞,或其违反法律规定的行为引起的碰撞。在调查某一事实的影响,尤其是被告实施的作为引起某种后果的原因要素的行为时法庭常常要区分作为必要条件的事实(仅是先决条件)和作为直接原因的事实(产生实际效果的原因)。同时,某个伴随原始原因要素产生的,并可能取代该种要素而作为受调查事件的有效原因的要素,常常被称为一个新的妨碍诉因或干预行为。因此,某个受害人处于事故现场仅仅是必要条件,因为他如果不在现场,就不可能受到伤害。但是,直接原因却是司机的过失(违反安全注意义务),或可能是受害人自己的疏忽大意,也可能双方都有责任。而且假若受害人在医院因麻醉注射不当致死,由此便产生了新的妨碍诉因。如果某一事件在没有前一事件的情况下也同样发生的话,那么这种发生在先的事件就不能被认为是它的原因。作为法律意义上的原因,前一事件至少必须是后一事件发生的必要或先决条件,但并非每一先决条件都是具有重大意义的原因。如果某人不在车内,他可免于受伤,但他的在场虽然是先决条件,却并非受伤的原因。作为一个原因,前一事件在某种意义上必须导致后一事件的发生。在民法中,问题常常出现在侵权行为和轻罪责任的前后联系中,即被告人违反法律义务的行为,是原告是否受到伤害或损害的“原因”。在实践中,常常是几个原因促成一个结果。在特定情况下,某一伤害事件可以是部分由于被告人违反义务、部分由于原告人自己的过失(连带过失的问题),或者部分由两个或更多的被告人违反义务(共同过失的问题)所引起。此外,在某一行为引发连锁反应后果的情况下,其他行为(或是原告人的,或是被告人的,或是第三者的)或一个自然事件都可能附带发生(这是新的干预行为)并移转或促成连锁反应,以致最终结果与实施该行为的人所预期的不一样,或难以预测。某种假设是,尽管存在某一新因素的干扰,引发这个反应的人仍然有责任,但是这个新因素可能十分不可预测和具有显著性,以至于被认为已取代了原始原因,而成为最后伤害的主要原因类似问题亦存在于刑法中,例如有关死因问题。因果关系既是事实问题,又是法律问题。作为某些事件的必要条件,并可能构成侵权或犯罪的行为是否为该侵权或犯罪的因素,这是个法律问题。这种行为是否为事件的必要条件,则是个事实问题。参见[英]戴维·M.沃克:《牛津法律大词典》,李双元等译,法律出版社2003年版,第177—178页。——译者注

④ Dennis J. Baker,“The Moral Limits of Consent as a Defence in the Criminal Law”,(2009) 12 *New Crim. L. Rev.* 93.

的正当化抗辩事由。外部约束既存在于危害原则等道德原则中,也存在于已被宪法化的人权保障之中。只有宪法权利才有法律效力,因为政客为了赢得选举才会鼓吹刑法的民粹主义,而他们很少受到道德争论的引导。法官可以援引宪法权利,制定不公正的刑法与英国奉行的基本人权[①]无法兼容。与加拿大不同,英国的问题是:政客从未使用政治意愿或政治技巧去制定现代的权利法。

3-003 是否存在“不得被显失公平地归罪”的具体宪法权利?[②]

没有。英国宪法文件中并未规定公民享有不得被显失公平地予以归罪的具体宪法权利。 83

3-004 所以说,此权利是不存在的?

并非如此。其确实以有限的形式存在,但无法从具体的宪法性文本中找到。没有任何宪法权利明确、具体地规定:“任何人的行为都不应被显失公平地被犯罪化。”不得显失公平地被犯罪化的宪法权利,只能通过援引保护特定行为的权利来实现;不得被显失公平地加以犯罪化的一般公民权利,显然不可或缺。[③] 例如,在美国,言论自由权可以被用来作为乞讨的合法化根据。[④]

3-005 但是可以肯定,没有人享有在伤害他人的情况下不被惩罚的权利,是吗?

对的。没有人有权“不正当地”或“不具备免责事由地”伤害他人。但所有人都有权利在具备正当性事由或免责事由的情况下,不因危害他人而被定罪。[⑤] 不受不当刑事归责的权利,是基本人权,旨在保护个人免受国家刑罚权不正当发动的干涉。其作为基本的道德权利[⑥]应被视为基本的宪法权利。[⑦] 84

---

① Section 1 and 4 of the Human Rights Act 1998.

② *European Convention for the Protection of Human Rights and Fundamental Freedoms*, 4 November 1950,213 U. N. T. S. 222.

③ *Carter v. Canada(Attorney General)*[2015]S. C. C 5 at para. 126.

④ *Benefit v. Cambridge*,424 Mass. 918(1997). Cf. *Loper v. New York City Police Dept.* (1992)、802 F. Supp. 1029. Cf. *State v. Melchert-Dinkel* (2014)844 N. W. 2d 13 at 24.

⑤ Dennis J. Baker, *The Right Not to be Criminalized: Demarcating Criminal Law's Authority* (Farnham:Ashgate Publishing,2011). Douglas N. Husak, *Overcriminalisation:The Limits of the Criminal Law*,(Oxford:Oxford University Press,2008).

⑥ James Griffin, *On Human Rights* (Oxford:Oxford University Press,2008);Richard Kraut, *What is Good and Why:The Ethics of Well—Being* (Cambridge MA:Harvard University Press,2007).

⑦ Baker, *op. cit. supra*, note 20.

3-006 您提到过表达自由权(或者美国所称的言论自由权)已经被用来将被动乞讨合法化？还有什么宪法权利可以用来防止不正当犯罪化？

一些权利,例如不被显失公平地剥夺自由的权利,或不被施以残忍且不均衡(罪刑不相适应)的刑罚的权利,控制自己私人生活的权利等(《欧洲人权公约》第3条、第5条、第8条)①中的具体保护以及更为基本的保护,可用于确保公民不得被非正当地归罪。在各国宪法和国际公约中出现的核心权利,有着相似的目的和外延,尽管根据相关条款的文本性质,权利的确切范围略有不同。世界各地的法院使用不同的解释标准,但这些差异与其说是实质性的,不如说仅仅具有形式性。各国宪法和国际公约的规定表明,这些类型的权利,无论曾经的措辞如何有别,无论过去的解释有何不同,都包含禁止不正当入罪的一般权利。

用于确定欧洲人权的"演变性解释"(evolutive interpretation)方法,允许欧洲法院承认,概念会随着时间的推移而改变,并要求法院根据经济社会变化适用《欧洲人权公约》。② "理解幅度"(margin of appreciation)原则允许法院考虑到《欧洲人权公约》在不同国家的解释不同,但不应授权"欧洲人权法院"(Strasbourg Court)③认可可能导致人权滥用的解释,例如准许某人因从事无伤大雅的行为被定罪、被监禁,或赞同应对小偷小摸者判处40年监禁。某人因在商店行窃被判入狱40年,这违反了英国根深蒂固的传统司法标准。

诸如表达自由权等具体权利,可以与不被显失公平地予以犯罪化的一般权利和不被罪刑不相适应加以处罚的一般权利,进行区分。《欧洲联盟基本权利宪章》(Charter of Fundamental Rights of the European Union)第49条第3款规定:"刑罚的严重程度不得与刑事犯罪不相适应。"2003年《刑事司法法》第143条规定:"(1)在认定任何犯罪的严重性时,法院

---

① Part 1, section 2(b), *Constitution Act* 1982(Canada); and Articles 7, 9, and 12 of the *Canadian Charter of Rights and Freedoms*. And also the corresponding rights in Articles 1, 3, 4, 5, 9, and 12 of *Universal Declaration of Human Rights*, GA Res. 217 A(Ⅲ), U. N. Doc. A/810(1948).

② Eva Brems, *Human Rights: Universality and Diversity*, (The Hague: Martinus Nijhoff Publishers, 2001) at 396. Cf. Howard Charles Yourow, *The Margin of Appreciation Doctrine in the Dynamics of European Human Rights Jurisprudence*, (The Hague: Martinus Nijhoff Publishers, 1995) Cf. *Lawrence v. Texas*, 539 U. S. 558(2003).

③ "欧洲人权法院"(European Court of Human Rights),又称Strasbourg Court,是在《欧洲人权公约》的规定下建立的超国家的国际法庭,位于法国斯特拉斯堡,负责审理那些指控公约缔约国违反一条或多条《欧洲人权公约》里关于公民及政治权利的人权案件,申请方可以是单个人,也可以是一群人,还可以是一个或者多个公约缔约国。并且,法庭除了给出判决外,也可以给出咨询意见。——译者注

必须考虑犯罪者在犯罪过程中的罪责以及犯罪实际造成、意图引发或可以预见到可能会导致的任何伤害。”但不清楚英国是否存在宪法意义上 85
的公平处罚权，而不仅仅是作为道德权利的公平处遇权。同样，《欧洲人权公约》也不包含类似于 1789 年《法国人权宣言》(French Declaration of the Rights of Man and of the Citizen 1789)第 4 条和第 5 条所述的一般权利。但是，同样的结果也可以通过援引具体权利来实现，例如在不影响他人权利的情况下自由决定个人事务的权利。这也需要得到罪刑均衡权利的支持。[①] 英国迫切需要制定不被显失公平地予以犯罪化的明确权利，但在这种权利被纳入英国版本的权利法之前，必须充分利用现存的各项具体权利。

3-007　在美国和加拿大，言论自由权等具体权利被用来制衡各种不公正的刑法。涉及特定权利时，刑法必须僭越该特定权利的行使，否则法院将无法介入。例如，美国[②]和加拿大[③]将被动乞讨合法化，不是因为其违反了乞丐的被不公平地定为刑事犯罪的一般权利，而是因为其违反了乞丐特定的言论自由权利。然而，在这些案件中，言论自由不是真正的问题，真正的问题是乞丐被不公平地定为刑事犯罪。这些判决的效果，便是废除了那些导致乞丐不公平入罪的法律。

罪刑相适应的权利，影响更为广泛。在此方面，美国宪法第八修正案在法理上具有指导意义。就如何将《欧洲人权公约》第 3 条解释为不被显失公平地予以犯罪化的一般权利，提供了若干想法。美国宪法第八修正案被用来打击罪刑失衡的犯罪。如何知道什么时候刑罚是不成比例的？客观伤害是衡量监狱服刑期的适当尺度，因为监禁会对罪犯造成伤害。相称性要求任何监禁刑的刑期应与犯罪者的可责性和其不法行为的危害性相称。[④]

危害性与“可责性”(culpability)，[⑤]是确定罪刑是否均衡的最合适标准，因为犯罪化会对于犯罪人造成伤害后果。“即使在监狱里待上 1 天，对因患普通感冒而‘犯罪’的人来说，也将算是种残忍而不寻常的惩

---

① Baker, *op. cit. supra*, note 20 at Chap. 1.

② *Loper v. New York City Police Dept*. (1992) 802 F. Supp. 1029; *Benefit v. Cambridge*(1997) 424 Mass. 918.

③ *Federated Anti—Poverty Groups of British Columbia v. Vancouver*(*City*) [2002] B. C. S. C. 105.

④ Baker, *op. cit. supra*, note 20 at Chap. 2.

⑤ 也有人认为应当将其翻译为应受惩罚性或应受责备性，参见[英]戴维·M. 沃克：《牛津法律大词典》，李双元等译，法律出版社 2003 年版，第 293 页。但译者认为，尊重既有话语体系，将其译为“可责性”似乎更为合适。——译者注

罚。”[1]唉？在美国，罪刑相适应的限制，不是都被解释得几乎不复存在了吗？然而，情况并非总是如此。例如，在“索莱姆诉赫尔姆案”（*Solem v. Helm*）[2]中，被告因使用价值100美元的空头支票而被定罪。通常对该罪行的最高惩罚是5年监禁和5000美元罚金。但根据南达科他州累犯法
86 令，因为以前曾数次被定罪，被告人被判处无期徒刑，没有假释的选择权。联邦最高法院认为：“宪法第八修正案的残忍且不寻常的惩罚禁止性条款，不仅禁止野蛮的惩罚，而且禁止与犯罪不成比例的量刑判决。”[3]相反，在“哈梅林诉密歇根案”（*Harmelin v. Michigan*）[4]中，联邦最高法院认为，第八修正案允许在美国对持有毒品罪判处终身监禁不得假释之刑罚。

3-008 第八修正案的判例表明，西方国家的法院对严重侵犯人权的犯罪案件，往往不会严格制约罪与刑之间的比例。显而易见的是，西方国家往往不重视公平的有罪标签和与罪行相适应的刑罚。[5] 英国只是口头上同意按比例惩罚的观点。在“威克斯诉英国案”（*Weeks v. United Kingdom*）[6]中，17岁男性被告人因持发令枪抢劫商店而被判无期徒刑。这起抢劫案，涉案数额只有35便士，而且最终还在商店地板被发现。该案的被告人带着把装有空弹壳的发令枪去了宠物店，把枪指向主人，并要求提供收银机的物品。抢劫案发生后，他打电话给警察局自首，并对所犯罪行供认不讳。有消息称，他实施抢劫是因为想还清欠他母亲的3英镑。那天早些时候，母亲威胁要把他赶出家门。然而，法院坚称无期徒刑并不违反《欧洲人权公约》第3条。在一系列其他案件中，欧洲人权委员会错误地认为，该公约不包含“对主管法院判处的刑期进行质疑的一般权利”。[7]

第二个相当普遍的权利，是个人自主权类型的权利（私生活权），要么源于剥夺自由权，要么源于隐私权；有时源于对两者的解读，而这取决于具体司法区的规定。[8] 从这个意义上讲，罪刑相适应需要考虑法律禁止行为/后果的严重性、恶劣性和不可容忍性，以及对社会及其个人成员的影响。根据本标准，阻碍他人从事甲行为的自由是不公平的，除非甲行

---

① *Robinson v. California*（1962）360 U. S. 660 at 667.

② （1983）463 U. S. 277.

③ *Solem v. Helm*（1983）463 U. S. 277 at 284-290.

④ （1991）501 U. S. 957.

⑤ Dennis J. Baker & Lucy X. Zhao, “Responsibility Links, Fair Labelling and Proportionality in China: A Comparative Analysis”, (2009) 14(2) *UCLA J. Int'l L. & Foreign Aff.* 274.

⑥ （1988）10 E. H. R. R. 293.

⑦ Michael Tonry and Richard S. Frase, *Sentencing and Sanctions in Western Countries*, (Oxford: Oxford University Press, 2001), at 363.

⑧ *R. v. Malmo-Levine*[2003] S. C. C. 74 at para. 169.

为导致需要刑事法律回应的不良后果(或风险)。(我使用的是"不良"而不是"危害"的概念,因为有些后果即使缺乏有害性,例如公开露阴,也可能需要加以犯罪化。如果某个行为被犯罪化,并非因为其所具有的危害性,就一定是因为其会产生若干其他类型的不良后果,如令人生厌,①而 87
且这种不良后果足以引起刑事法律的回应。毕竟,不会将"被认为"是好事的后果或行为界定为刑事犯罪。)②

在"女王诉马尔默—列文案"(*R. v. Malmo-Levine*)③中,法官勒贝尔(LeBel)和德瑟查普(Deschamps)认为,根据《加拿大宪章》(Canada Charter)(主要保护人的生命、自由和安全)第 7 条,需要考虑将持有大麻供私人使用的人定为刑事犯罪是否符合比例原则。④ 博学多识的法官说:

"根据我们掌握的证据,为了个人使用目的大麻消费,可能造成的危害似乎相当轻微。相反,议会选择的犯罪形式所带来的危害和问题似乎是显而易见且颇为重要的……将简单持有入罪,并把持有人关进监狱,似乎符合这样的看法,即法律本身就相当于某种立法上的过度扩张,已然涵盖与大麻消费有关的逮捕问题……此外,除了监狱作为惩罚外,相关法律的执行已经使数十万加拿大人遭受留有犯罪记录的耻辱。因此,在违反《加拿大宪章》第 7 条的情况下,通过和实施某项与所讨论的社会问题不相称、因而具有任意性的立法,侵犯了基本自由利益。"

3-009　在加拿大和欧洲,隐私权,不受任意拘禁的权利,以及享有罪刑相适应的权利,可以被理解为公民提供了一般性权利:只要你不对他人做"错事"(wrong)⑤,就可以做你喜欢做的任何事。除此之外,可以在 88
必要时对其他具体权利,如言论自由和"信仰自由"⑥(freedom of

---

① *R. v. Harris*(1865-72) L. R. 1 C. C. R. 282.

② Hamish Stewart,"Legality and Morality in H. L. A. Hart's Theory of Criminal Law",(1999) 52 *S. M. U. L. Rev.* 201; Peter Mirfield,"Shedding a Tear for Issue Estoppel",[1980] Crim. L. R. 336.

③ [2003] S. C. C. 74 at para. 280.

④ *Dudgeon v. United Kingdom*,(1981) 4 E. H. R. P. 149.

⑤ Baker, *op. cit. supra*, note 20.

⑥ "信仰自由"主要的公民自由权之一,即持有自己愿意持有的行为准则并依此准则行事的权利。这自由与宗教自由密切相关,但两者并不等同——因为相信某行为的是非对错,显然不同于宗教信仰;另外与集会和结社自由、言论自由有关联,但又有所不同。出于信仰和信念所做的会与法律发生激烈对撞的唯一事例即是:个人出于信仰反对参加国家军队,反对加入工会。在英国,在拒绝服兵役的情况下,如果此人能够向调查其信念的真实性的法庭证明其信念,他可能被免除服兵役。在英国,在后种情形下,排外性雇佣企业强制解雇拒绝参加工会的雇员,如果该雇员是基于宗教信仰而拒绝参加工会,那么这种解雇行为是公平的;如果仅仅是出于良心的理由拒绝参加工会,那么这种解雇行为是不公平的。但是许多国家不允许适用排他性雇佣原则,也不准设立强制性工会会员资格制度。参见[英]戴维·M. 沃克:《牛津法律大词典》,李双元等译,法律出版社 2003 年版,第 445 页。——译者注

conscience),进行综合解读,以限制不公正的犯罪化。如果立法者想要将行为定为刑事犯罪,就必须提供经验证据,不仅要解释行为是如何侵害、伤害他人或使他人厌恶,而且还要阐明为什么犯罪化是符合比例的适当反应。为了满足在将无害行为(如露阴癖)犯罪化时的比例限制,法院可能会指出,有必要平衡公共空间的不同利益团体的诉求,从而为通过罚金将这种行为限制在某些海滩和公园的做法提供正当性。比例原则,或罪刑相适应的限制,意味着立法机关在处理相关社会问题时必须成比例地作出反应。在美国,"格里斯沃尔德诉康涅狄格州案"(*Griswold v. Connecticut*)①中所描述的隐私权不是列举的权利,而是根据宪法第一修正案、第二修正案、第三修正案、第四修正案和第九修正案中隐含的私密利益构建出来的。在"罗伊诉韦德案"(*Roe v. Wade*)②中,法院表示:"隐私权,无论如我们认为的那样,是建立在第十四修正案关于人身自由的概念和对国家行为的限制上,还是根据地方法院的裁定,建立在第九修正案的对人民权利的保留中,都足够宽泛,足以包括妇女是否终止妊娠的决定权。"在美国,隐私限制被用来保护与婚姻、③育儿和教育、④避孕⑤等有关的个人决定。

美国法院在解释推翻在隐私/个人自主权情况下不被不当入罪的权利的公平性时,经常提到诸如损害标准等指标。⑥ 美国的隐私权被赋予了相当一般解释,允许某人在许多领域自由做出个人选择。已被用来将一系列行为合法化,包括同性恋、⑦吸食大麻、⑧堕胎等。例如,在"拉文诉
89 阿拉斯加州案"(*Ravin v. State*)⑨中,禁止私人吸食大麻的法律,因侵犯了申请人的隐私权而遭到废除。(从这个意义上讲,隐私更普遍地指个人自主权,因为个人选择使用大麻的唯一私密之处在于,没有对他人产生有害的后果,只涉及个人生活方式的选择——不会影响他人的生活方式。)管辖法院认为,只有在"私人活动不会危害或伤害公众"的情况下,隐私保护才是绝对的。⑩ 其他法院也指出,隐私权主要源于"英美法律传统中

---

① (1965)381 U.S. 479 at 484.

② (1973)410 U.S. 113 at 153.

③ *Loving v. Virginia*(1967)388 U.S. 1.

④ *Prince v. Massachusetts*(1944)321 U.S. 158;*Pierce v. Society of Sisters*(1925)268 U.S. 510.

⑤ *Griswold v. Connecticut*(1965)381 U.S. 479;*Eisenstadt v. Baird*(1972)405 U.S. 438.

⑥ *Armstrong v. State*(199)989 P. 2d 364 at 372-74.

⑦ *Lawrence v. Texas*(2003)539 U.S. 558.

⑧ *Ravin v. State*(1975)537 2d 494.

⑨ (1975)537 P. 2d 494.

⑩ *Ravin v. State*(1975)537 2d 494. *Cruzan v. Harmon*(1988)760 S.W. 2d 408 at 417.

向来重大意义的个人自治以及自决权”。[1]

“威斯康星州诉尤德案”（*Wisconsin v. Yoder*）的多数派意见认为：“今天的大多数人是‘对的’，而阿米什人（Amish）[2]和其他像他们一样的人是‘错的’，这种想法毫无根据。奇怪甚至不稳定但不干涉他人权利或利益的生活方式不会因为与众不同就该当谴责。”[3]在“宾夕法尼亚诉博纳迪奥案”（*Commonwealth v. Bonadio*）[4]中，该州法院援引了个人自主权对他人没有伤害的理由，推翻了某项将同性恋者定为刑事犯罪的法律。法院引用了密尔的话：[5]

“伤害原则需要自由的品味和追求；自由地制定适合我们自身性格的生活计划；自由地做我们喜欢做的事，并承担因此可能发生的后果：不受我们同类的阻碍，只要我们不伤害他们，即使他们会认为我们的行为愚蠢、反常或错误。从所有人的这种自由出发，在个人之间相同的结合范围内，遵循自由；为了任何目的——不包括对他人造成的伤害——而联合的自由。

……

在道德规范方面，应适当行使警察权力，以保护所有人在界定和追求自己心中的道德时不受干涉的权利，而不是对行为不伤害他人的人强制实行多数人坚持的道德标准。成年伴侣之间私下合意进行的不典型性行为不会损害社会的世俗利益。该哲学原理适用于目前在法庭上讨论的性道德规范问题，或可概括适用于界定警察权力，适当地限定了国家对个人的权力。”[6]

3-010　在“劳伦斯诉得克萨斯州案”（*Lawrence v. Texas*）[7]中，美国联邦最高法院将成年伴侣私下合意进行的不典型性行为解释为隐私。在该案中，多数派法官否决了“鲍尔斯诉哈德威克案”（*Bowers v. Hardwick*）

---

① *Thor v. Superior Court*（1993）855 P. 2d 375 at 380；*Commonwealth v. Bonadio*（1980）415 A. 2d 47 at 96-98.

② “阿米什人”是美国和加拿大安大略省的一群基督新教再洗礼派门诺会信徒，以拒绝汽车及电力等现代设施，过着简朴的生活而闻名。阿米什是德裔瑞士移民后裔组成的传统、严密的宗教组织，过着与世隔绝的生活。他们不从军，不接受社会福利，或任何形式的政府帮助，许多人也不购买保险。大多数阿米什人在家说某种独特的高地德语方言，又称为宾夕法尼亚德语；而所谓的“瑞士阿米什人”则说某种阿勒曼尼语的方言。阿米什社区分成若干个团契。新教条团契使用汽车和电话，但是他们也自认是阿米什人。——译者注

③ （1972）406 U. S. 205 at 224.

④ （1980）415 A. 2d 47 at 96-98.

⑤ （1980）415 A. 2d 47 at 50-51.

⑥ （1980）415 A. 2d 47 at 49-50.

⑦ （2003）539 U. S. 558.

的判决,①并认为:“宪法承诺存在个人自由的领域,政府不可能进入这个领域。”②而且坚称,这个自由领地包括现在争论的两相情愿的行为(性关
90 系)。“得克萨斯州的法令没有进一步将国家利益合法化,从而不能证明对个人和私密生活的侵犯是正当的。”③多数派法官还主张,性行为的不道德性是不可接受的,这不足以推翻自然人享有的避免被不当入罪的权利。仅仅声称某物有害是不够的,必须证明其实际有害。

除非法院承认有这种权利,否则不被不当定罪的权利不能有效地行使。该权利体现在许多国际人权文件关于个人自主权和罪刑相适应的规定当中。也渗透到几乎所有其他宪法化的人权中。这是基本权利,法院应该认真对待。一旦法院承认了该权利,就有必要承担决定何时推翻该权利的任务。

3-011　像1789年《法国人权宣言》第4条和第5条那样明确设立类似的权利,难道不是更好吗?

对。令人惊讶的是,英国向全世界宣讲人权的重要性,但从未采取措施,将明示的不被不当入罪的权利纳入英国司法系统内的现代版本权利法案。如果采取这样的措施,法院无疑会比现在更频繁地援引这项权利。依赖其他权利(如现有的特定权利)的问题在于,英国法院的视野格局不够宽广:他们有效地执行了不被定罪的权利。这种缺乏远见的观念意味着该权利的发展已经受到阻碍。

3-012　在什么情况下这种权利需要被加以否定?

某人选择(在缺乏正当性与免责性事由的情况下)对他人实施错误行为的时候,不得被不当入罪的权利就会被推翻。即使该行为符合犯罪标签,也不应使用监禁来阻止该行为,除非该行为可能对他人造成“伤害”。④ 因实施违法行为而支付罚金是一回事,但将其送进监狱则是另外一回事。

3-013　什么算是危害?

由于位于危害目标的中心的重大伤害的原始类型,如谋杀、饥饿、造成肢体残疾或实施酷刑折磨等,都是涉及生理疼痛和身体伤害的危害,所

---

① (1986)478 U. S. 186.

② *Lawrence v. Texas*(2003)539 U. S. 558 at 578;cf. *People v. Baldwin*(1974)37 Cal. App. 3d 385.

③ *Lawrence v. Texas*(2003)539 U. S. 558 at 578.

④ Dennis J. Baker, “Constitutionalizing the Harm Principle”, (2008) 27 *Crim. Just. Ethics* 3; Dennis J. Baker and Lucy X. Zhao, “The Normativity of Using Prison to Control Hate Speech: The Hollowness of Waldron’s Harm Theory”, (2013) 16(4) *New Crim. L. R.* 621. Joel Feinberg, *Harm to Others: The Moral Limits of the Criminal Law*, (New York: Oxford University Press, 1984).

以人们对客观意义上的危害性存在更大的共识。无论文化背景或具体情节为何,这些危害或多或少以同样的方式影响着人类福祉。一旦从原始类型的危害集中转移到更传统的偶然伤害,该当入罪并予以惩罚的案件,就更难以确定。[①] 91

3-014　追求自由的人裸体骑车环游伦敦,会危害到别人吗?

不会,这可能会冒犯若干喜欢将自己裹起来的人,但不会对被害人造成任何经济或身体危害。许多行为的危害性取决于习惯和社会化。如果某人要在蒙娜丽莎身上画条刺眼的黄色条纹,他的行为将被归类为"刑事损害"(criminal damage),[②]但除非我们考虑到潜在的社会规范,否则不可能理解故意在一幅陈旧不堪的图上画上明亮的黄色线条的错误性、恶劣性或危害性(如果行为人正是蒙娜丽莎画作的财产所有人,人们仍然反对这个家伙将这幅画作毁于一旦,即使他的所作所为,只是在处置自己的财产)。[③] 有些人可能会争辩说,附加的条纹本身就是艺术,因此增加了原始绘画的美感,但是一旦他们被社会化,就会认为蒙娜丽莎画作是有文化意义的艺术品。在上面画条纹不会像摧毁偏远部落唯一的水源和食物源那样减少任何人的基本或原始类型的生存条件。后者的伤害更具有普遍性,因为严重的脱水和饥饿会以同样的方式影响所有的人。

3-015　当然,通常的不法行为会造成巨大的痛苦。如果社会化后的我重视隐私,而前情人将我的裸照上传到互联网,将给我带来巨大的伤痛。尽管他没有给我造成任何身体或经济上的伤害,但判处他简短的监禁难道是不公平的吗? 心理伤害当然也很重要。

如果这种行为仅仅具有冒犯性,则不应对其适用监禁形式的惩罚。只有在极端情况下,使他人厌恶或反感的行为才应被定为刑事犯罪;自不待言,在最极端的情况下,才该当褫夺自由。你所指的行为类型包括严重的心理痛苦/心烦意乱(distraction),因此,行为人可能会被判入狱。[④]

---

① Dennis J. Baker, "The Impossibility of a Critically Objective Criminal Law", (2011) 56 (2) *McGill L. J.* 349.

② "刑事损害"一般是指没有合法理由故意或轻率地毁坏或损害属于他人的财产。如果是通过纵火损坏或损害他人财产,则可以以纵火罪起诉。参见[英]戴维·M. 沃克:《牛津法律大词典》,李双元等译,法律出版社 2003 年版,第 301 页。——译者注

③ Douglas N. Husak, "Limitations on Criminalization", in Stephen Shute and Andrew P. Simester (ed.), *Criminal Law Theory: Doctrines of the General Part*, (Oxford: Oxford University Press, 2002) at 13-46.

④ Dennis J. Baker, "The Sense and Nonsense of Criminalizing Transfers of Obscene Material: Criminalizing Privacy Violations", (2008) 26 *Singapore Law Review* 126.

第 2 节 不得溯及既往

3-016 只有某项行为在实施时已被规定为犯罪,行为人才需为其承担刑事责任。在英格兰和威尔士的公共场所喝香槟不是犯罪行为,但是英国议会可以修改法律,使在任何公共场所饮用酒精饮料成为犯罪行
92 为。议会要立即改变对一年前在公园饮酒的人的犯罪指控,显然并不公平。如果警察能通过回看以前的闭路电视监控录像来识别谁在公园里喝酒,然后以新的罪名对其加以检控,也是不公平的。如果在行为发生时,在公共场所喝酒不是犯罪,这种行为就不应被认定为犯罪。这将违反合法性原则,即"法无明文不为罪,法无明文不处罚"(*nulla poena sine lege*, or *nullum crimen sine lege*)。①

《欧洲人权公约》第 7 条:

"任何人的作为或者不作为,在其发生时根据本国的国内法或国际法不构成刑事犯罪的,不得认为其犯有任何罪行。所处刑罚不得重于犯罪时所适用的刑罚。

本条不应妨碍对任何人的作为或不作为进行审判或者予以惩罚,如果该作为或者不作为在其发生时根据文明国家所承认的一般法律原则属于刑事犯罪行为。"

在"女王诉 R 案"(*R. v. R*)②中,上议院决定通过司法法令将"婚内强奸"加以入罪;至少废除了丈夫强奸妻子的豁免权。在本案作出决定之前,人们认为丈夫不能被判强奸他的妻子。格兰维尔·威廉姆斯教授在评论"女王诉 R 案"时说:

"迪西法官(Dicey)曾告诉我们,在英国,'法治至高无上'。之前的两个多世纪里,霍布斯曾宣称:'没有任何在特定行为完成之后制定的法律,能使其成为犯罪'……['女王诉 R 案']是为值得称赞的目的而采取的高压司法行动,人们对目的高尚性是否弥补了高压手段的不合理性,存在不同意见……废除强奸豁免本身就是对人权的值得赞扬的延伸,但回

---

① *R. v. Rimmington*[2006]1 A. C. 459 at 483;*R. v. Secretary of State for The Home Department*[2004]1 W. L. R. 2278 at 2289. Glanville Williams, *Criminal Law*: *The General Part*, (London: Stevens & Sons, 2nd edn. 1961) at 579-580; Jerome Hall, *General Principles of Criminal Law*, (Indianapolis: Bobbs-Merrill Co., 2nd edn., 1960) at 27-68; Francis A. Allen, "Crisis of Legality in the Criminal Law—Reflections on the Rule of Law", (1991) 42 *Mercer L. Rev.* 811; Paul H. Robinson, "Legality and Discretion in the Distribution of Criminal Sanctions", (1988) 25 *Harv. J. on Legis.* 393.

② [1992]1 A. C. 599. 本案中,为了保护受害人隐私,对于被告人,即其丈夫,改称为 R。——译者注

溯性地对其加以废除则是另一回事。如果议会通过了具有追溯力的废除婚姻豁免的法令,则很可能会被认定违反《欧洲人权公约》第7条,如此一来,政府将不得不撤销所有定罪,并向被定罪和处罚的人支付赔偿金……如果,像可能的那样,《欧洲人权公约》第7条第2款并未使回溯性刑事立法生效,则如何能使具有同等效力的溯及性司法诉讼有效?"①

3-017 这些评论是在1998年《人权法》(Human Rights Act 1998)颁布之前提出的。然而,1998年《人权法》并没有改变这种观点。在2002年"女王诉C案"(*R. v. C*)②中,法院认为,被告因1970年强奸自己妻子的行为被起诉并非滥用诉讼程序,尽管当时婚内强奸并未被规定为犯罪。显然,这项对婚内强奸新罪的溯及适用(该罪似乎基于1992年的 93
司法法令),③并没有违反《欧洲人权公约》规定的被告权利。上诉法院法官对此表示:④

"1970年,律师在向他的当事人解释强奸法时也许会说,强行与妻子发生性关系是野蛮行径,他本人不会宽恕这样的当事人。然后,他会告诉自己的这位客户,法院已经制定并有望继续制定不可撤销同意规则的例外条款,并且,如果本案的管辖法院考虑过这个问题,丈夫能从强奸自己妻子的指控中脱身,这种说法,基本上只是种'法律拟制'(legal fiction)。"⑤

这种推理不太有说服力。上诉法院的观点可能会是:1970年,律师会告诉他的当事人,婚内强奸不是犯罪,但法院可以随时作出此类有罪认定。但如果在1970年时这种行为还不是犯罪,被告又怎么可能会在1970年犯下该罪行呢?仅仅声明法院可以在任何时候承认该抗辩事由

---

① Glanville Williams,"Rape is Rape",(1992) 142 *N. L. J.* 11.

② [2004] 1 W. L. R. 2098.

③ *R. v. R* [1992] 1 A. C. 599.

④ *R. v. C* [2004] 1 W. L. R. 2098 at 2103.

⑤ "法律拟制"又称法律上的假定,隐匿或倾向于隐匿法律规范的文字未变但其实际适用已被修正这个事实的任何假定。简言之,假定案件甲为案件乙的实例并从法律上把案件甲视为案件乙的实例。常常运用假定以防止法典或制定法上的障碍。罗马法和英格兰法广泛采取拟制作为法律发展的方式,将法律规范扩大适用于法律规范所未曾规范的案件。梅因把这些制度概括为:法律是依靠拟制、衡平法、制定法而发展的。这种说法言过其实。英国法院广泛采用拟制以扩大其管辖权,例如《米德尔塞克斯式法案》(Bill of Middlesex)。以拟制为基础的许多规范延续到现代——尽管许多规范因改革而被废除。例如,父亲得因其女儿被诱奸而起诉——其拟制是由于诱奸而丧失女儿的服侍。通过口头陈述"甲被视为乙"从而在立法上广泛采用拟制。参见[英]戴维·M. 沃克:《牛津法律大词典》,李双元等译,法律出版社2003年版,第423页。——译者注

属于法律拟制,显然是行不通的。[①] 如果在1970年及以前没有被承认为法律拟制,在1970年就不是法律拟制。除此之外,律师曾告诉自己的当事人婚内强奸在道德上是错误的事实几乎于事无补,除非人们承认,当该行为在1970年发生时,并不清楚其是不是种犯罪行为。[②] 再者,因为涉及的错误行为尤其可耻,以至于原则遭到背弃。强奸是足以引起公愤的犯罪。很少有人同情上述案件的被告,但必须记住,这些案件并不总与卑鄙行为有关。[③] 与其削弱我们所依赖的基本权利,不如让愚蠢的懦夫逃
94 避正义的审判。

第3节 已决事项不再理原则

3-018 本书主要关注实体刑法,但若干重要的程序性保护依然值得参考。作为多项检控的对象,自然会面临连续检控。假设罪犯被审判,即使侥幸被从轻发落,也不能因此被再次审理,即使在再次审判中,控方能够避免技术性的问题,并掌握更好的证据。根据法式法律英语,被告人得进行所谓的"前经宣告无罪"(autrefois acquit)的抗辩。[④]

同样地,如果被告人被定罪,即使被不当轻纵,以后也不能以新的证据再次被提起检控,因为其可以主张"前经定罪"(autrefois convict)的自我抗辩。[⑤] 这些晦涩辞藻始终没有被取代,尽管其可能被称为"先前无罪定谳"和"先前有罪定谳"等抗辩事由;而两者可以被合并称为"已决事项不再理原则"(*res judicata*)。

2005年,2003年《刑事司法法》第75—79节正式生效,从而允许撤销无罪判决,并准许就某些罪行对被告人进行重审,但前提是能够提出令人信服且与该罪行有关的新证据,并命令重审以实现司法公正。[⑥]

---

① *State v. Bell*(1977) 90 N. M. 134; *People v. Brown* (1981) 632 P. 2d 1025; *Adams v. Com.* (1927) 219 Ky. 711. According to Professor LaFave, "as recently as 1985 it could still be said that the exemption existed in about thirty states". Wayne R. LaFave, *Substantive Criminal Law*, (West Publishing, Vol. Ⅱ., 2003) at 653.

② Andrew Ashworth, *Principles of Criminal Law*, (Oxford: Oxford University Press, 2009) at 63 citing *Knuller*(*Publishing, Printing and Promotions*) *Ltd. v. D. P. P.* [1973] A. C. 435 at 463.

③ Cf. *Shaw v. D. P. P.* [1962] A. C. 220.

④ *R. v. Dwyer* [2012] EWCA Crim. 10; *R. v. J* [2014] Q. B. 561; *R. v. FG* (*Autrefois Acquit*) [2001] 1 W. L. R. 1727.

⑤ Pronounced "ohterfoyz", with "acquit" and "convict" pronounced in English.

⑥ *R. v. Dunlop* [2007] 1 W. L. R. 1657. Ian Dennis, "Quashing Acquittals: Applying the 'New and Compelling Evidence', Exception to Double Jeopardy", (2014) Crim. L. R 247.

3-019　假设某人被判谋杀罪名不成立，然后他为报纸写一篇文章，描述自己是如何犯下谋杀罪的。还会再被指控吗？

如果法庭认为供词是“令人信服且与该罪行有关的新证据”，[①]他可能会再次被起诉。此外，如果他提供的证据是错误的，仍可能会因伪证遭到检控。

3-020　另外，上述例外情况仅仅适用于死刑案件吗？

不是，可以适用于多种违法犯罪。[②]

如果该犯罪行为并不是 2003 年《刑事司法法》附表 5 所列的罪行之一，则可以援引此前的抗辩事由。[③] 然而，刑法中并不存在所谓“禁止翻供”(estoppel)[④]原则。[⑤] 在宣判无罪后，王室检控署不能以同样的罪行再次起诉该被告，但如果被告因不同的罪行被提起诉讼，则不能禁止(阻止)检控方检控其犯了该罪行。在随后的诉讼中，无论是王室检控署还是被告，都不得就特定问题对先前的判决提出异议。这就好比法院基于庭审过程中掌握的事实作出的令人满意的法律认定，在其他情况下未必尽如人意一样。在前一诉讼中，如果指控的是像“检察长诉休弗雷案”(*D. P. P. v. Humphrys*)[⑥]中的伪证，如此一来，法院判决形成的规则通常 95
是常识性的，但在其他情况下，英国法律中的一事不再理原则可能会造成困难，也可能会导致法律判决结果的不一致，使法律威严受到某种程度的损害。如果被告在金钱和情感方面付出了巨大代价，在陪审团就特定问题作出对其有利裁决后，在被控因相同事实而产生的技术上不同的罪行时，还必须再次应诉，这对被告来说是困难的。然而，现在公认的是，法院有权将再次起诉视为无理取闹或压迫性诉讼，而使用该权力可以绕过

---

① On similar facts R. *v*. *Dunlop*[2007]1 W. L. R. 1657 the acquittal was quashed and a new trial ordered.

② Schedule 5 of the *Criminal Justice Act* 2003.

③ *R. v. JB*[2013]E. W. C. A. Crim. 356.

④ “禁止翻供”，是指禁止当事行为人在法律程序中主张或证明与形成于原始环境的事实不一样之事实的原则。禁止翻供有三种：禁止翻供记录，这种情况是在一项事实已由法庭做出司法判决，而相同的当事人之间在其他案件中又对该事实产生争议的情况下产生的；禁止翻供契约，该情况指当事各方在其所缔结的契约中即已对事实作出陈述，该契据又经各方加盖印章认可，即不允许当事人行为人否认他已确认的任何事实；不容推翻的事实，该情况指当事行为人明示或通过行为或不作为而暗示已对事实作出陈述、或他已经采取了某种行动，以至于他方合乎情理地认为能够对此予以信赖而采取行动，而且已经采取了如此行动，此时应不再许可已做出陈述的行为人再作出与前述陈述相反的陈述。不容推翻的事实包括冒称代理人或谎称他人允许其以某人代理人身份出现，冒充合伙人，以及造成其他人进行欺诈的疏忽。参见[英]戴维·M. 沃克：《牛津法律大词典》，李双元等译，法律出版社 2003 年版，第 392 页。——译者注

⑤ Cf. Hamish Stewart,“Issue Estoppel and Similar Facts”,(2008)53 *Crim. L. Q.* 382.

⑥ [1977]A. C. 1.

"检察长诉休弗雷案"[①]判例,并取得与禁止翻供相同的效果。[②]

假设某人被指控在血液中酒精含量超标的情况下驾驶摩托车,以及在没有尽到适当谨慎注意义务的情况下驾驶该车(相同的摩托车),这两项指控与同一事件有关。他选择以第1项罪名受审,陪审团根据他事实上没有驾驶这辆车的证据宣布他无罪。警方现在将其重新列入轻率驾驶罪的传票名单。如果案件得到审理,警方将被允许提交证据,表明被告人曾骑行过摩托车,尽管在这个问题上,此前他已经被陪审团宣判无罪。[③]曾有被告如此一来获得了高等法院向法官发出的禁止令,理由是重新指控具有压迫性和不公平性。然而,高等法院表示,之所以作出这项命令,仅仅是因为在刑事法院还有其他针对被告的未决检控。[④]

因此,尚不清楚高等法院中止诉讼的自由裁量权之行使是否旨在防止刑事诉讼被无端使用。[⑤] 虽然上议院现在已经关闭了适用英国法律中禁止翻供规则的大门,但是如此一来,显然还有很多相关问题没有得到解决。

3-021 假设已经提起检控,但有关当局犯下了可怕的技术性错误,是否可以中途放弃检控,然后选择以适当的方式重新提起?

可以。只有在已被定罪或无罪释放的情况下,才能凭借已决事项不再理原则进行抗辩。有些作家把"禁止双重告诉"(double jeopardy)[⑥]作为"已决事项不再理"的别称,但对英国法律来说,这种表述具有误导性。并非仅仅因为某人先前有被定罪的危险,就需要赋予其此类抗辩权,先前
96 的程序必须已经产生结果才行。[⑦]

第4节 公平审判权

3-022 最重要的程序性要求之一,便是赋予被告人接受公平审判的权利。《欧洲人权公约》第6条对此庄严作出了明确规定:[⑧]

"在决定某人的公民权利和义务或者在决定对某人确定任何刑事罪

---

① [1977]A. C. 1.

② *Dewhurst v. Foster*[1982]Crim. L. R. 582.

③ *R. v. Z*[2000]2 A. C. 483.

④ *R. v. Cwmbran JJ. ,Ex parte Pope*(1979)unreported;143 J. P. N. 415 at 568.

⑤ *R. v. Carroll*(2002)194 A. L. R. 1.

⑥ *Saeed v. Greater London Council*[1985]I. C. R. 637;*R. v. Ali*[2011]3 All E. R. 1071.

⑦ *D. P. P. v. Nasrulla*[1967]2 A. C. 238.

⑧ *R. (on the application of Williamson) v. Secretary of State for Education and Employment*[2005]2 A. C. 246.

名时，任何人都有权在合理的时间内受到依法设立的独立而公正的法院的公平且公开的审讯。判决应当公开宣布。但是，基于对民主社会中的道德、公共秩序或者国家安全的考量，以及对民主社会中的青少年利益或者是保护当事人的私生活权利的考虑，或者是法院认为，在特殊情况下，公开审理将损害公平利益，就可以拒绝记者和公众参与旁听全部或者部分审判。

凡受刑事犯罪指控者在未经依法证明为有罪之前，应当推定为无罪。

凡受刑事犯罪指控者享有下列最低限度的权利：

(a)立即以其所了解的语言详细地通知被指控的罪名以及被指控的原因；

(b)应为其提供适当的时间和便利条件为辩护做准备；

(c)由其本人自行辩护或者由其自己选择的律师协助他辩护，或者如果其无力支付律师费，则基于公平利益考虑，为其免费指派辩护律师；

(d)询问不利于己方的证人，并在与不利于他的证人相同的条件下，让有利于他的证人出庭接受询问；

(e)如果不懂或者不会讲法庭上使用的语言，可以请求免费的译员协助翻译。”

篇幅所限，没有办法仔细检视该权利的适用范围。但现存有一整套关于证据①和程序②法律体系，确保审判过程必须恪守特定程序。第 6 条项下的大多数内容与无罪推定有关规定，因为英国议会曾多次试图推翻举证责任。还有若干规则规定了警察在讯问嫌疑犯以及收集证据等方面的限制措施。 97

---

① Ian Dennis, *The Law of Evidence* (London: Sweet & Maxwell, 5th edn. 2013).

② Archbold, *Criminal Pleading: Evidence & Practice* (London: Sweet & Maxell, 2016).

第4章 故 意

欲念和强力是我们一切行为的根源，欲念形成自愿的行为；强力形成不自愿的行为。

布莱士·帕斯卡尔（Blaise Pascal）①

围绕刑法中所使用的“犯罪故意”（Criminal intent）②的概念，在法律辩证法领域引发了多次殊为激烈的争论。有时，这个术语意味着“有目的”（Purposive）人类活动；在其他时候则代表“预见”（Anticipation），而不是必然的“欲念”（Desire）。另外，据说在“故意”的宏大范围内，还包括主观预期之外的东西。即便用可以窥视人类内心的放大镜，排除哪怕最低限度的合理怀疑，让法庭和陪审团认定行为人并没有预料到社会现在试图对他提出指控时所依据的行为结果，但是，如果处于其地位的理性人能够预想到这些后果，这位被告人也将被认为具有“预见性”。③

莱昂·A. 图林（Leon A. Tulin）

---

① 由约瑟夫·沃克（Joseph Walker）翻译为英文（London：Printed for Jacob Tonson *et al*，1688）。布莱士·帕斯卡尔（Blaise Pascal，1623—1662年），法国数学家、物理学家、哲学家、散文家。该书中文版可参见［法］帕斯卡尔：《思想录》，钱培鑫译，译林出版社2012年版。——译者注

② “犯罪故意”又译为犯罪意图，是指有关预见某种可能的结果并希望获取这种结果的精神状态。一般情况下，意图本身在法律上并不重要，但是在某个人实施某种行为时，他以什么意图实施这种行为可能与他应这些行为或后果承担什么样的民事或刑事法律责任密切相关。因此甲枪杀乙的意图无关紧要，只要这仅仅是他的一个意图的话。但是如果甲偷了一支枪和一些弹药，或因向乙射击，或打中乙致其死亡，那么他在不同案件中的意图就变得非常重要了。意图很少被表达出来或得到承认，通常不得不根据当时情况和行为进行推定。如果行为人承认他实际上预见到了，或一个理性的人应当预见到，行为人期望的，或应当被认为期望的后果必然发生或在某些案件中极可能发生，应当推定其具有该意图；如果某人应当被认为期望通过其行为获得确定的和必然的后果，或可以认为其期望极可能发生或可能发生的后果时，也可以进行这样的推定。一般都假设人们期望获得其行为的天然和可能发生的后果，因此其意图可以从他的行为中推论得出，但行为人也可以主张他没有预见到或没有期望那些后果发生。在犯罪领域，在行为人的任何意图对于判断其罪行都必不可少，以及仅仅行为就导致绝对的责任的情况下，意图都是各犯罪定义的个不可缺少的要素。在这种情况下，必须具有引起某种特定后果，如永久消灭其财产的所有权人，或引起法定的各种类型的结果的意图。参见［英］戴维·M. 沃克：《牛津法律大词典》，李双元等译，法律出版社2003年版，第571页。——译者注

③ Leon A. Tulin，“The Role of Penalties in Criminal Law”，(1928) 37 *Yale L. J.* 1048.

第1节　犯行与犯意

4-001　上面的第二处引注，从技术角度而言，并不代表21世纪对于“犯意”的观点，但有时却看起来颇像那么回事。单纯的违法行为（或引发法律所禁止的事态）并不足以构成犯罪，无论如何，更不可能构成较为严重的刑事犯罪。犯罪成立通常还需要存在若干恶意或其他罪过。越来越坚持罪过要素，是文明进步的标志。[①] 在早期的法律中，现在所说的犯罪和民事过错行为之间的区别十分模糊，两者基本上都属于严格责任。[②] 也就是说，很少或根本不需要主观要素：法律几乎不区分有意和无 98
意行为。[③] 在万物有灵的法律思维阶段，甚至会对动物和无生命的物体施以“惩罚”。[④]

法律所遵循的发展轨迹，仍然可以透过孩提时代的经历窥见一斑。小孩子会认为，不管本意为何，只要不守规矩，便是犯了错误。后来，他们通过学习，发现了恶意的相关性，并通过说“我不是故意的”来为自己辩护。同样，尽管偶有例外，但法官也基本接受了“行为无罪，除非内心邪恶”（*Actus non facit reum nisi mens sit rea*）[⑤]这种适用于严重犯罪的基本原则。例如，攻击罪涉及行为人故意或轻率干涉他人。主观不法心态的要求不仅存在于大多数普通法犯罪中，而且也存在于几乎所有成文法规定的严重犯罪中。[⑥] 因此，即便属于法定犯的刑事损害，也需要故意或者轻率的犯意（轻率概念中的某些难点，将在下文予以讨论）。

如果成文刑法中没有明确包括犯意要素，法院通常会较为分散且没有明显可辨原则地暗示这些犯罪同样要求犯意，并推定英国议会的立法

---

① Paul E. Raymond, “The Origin and Rise of Moral Liability in Anglo—Saxon Criminal Law”, (1935) 15 *Or. L. Rev*. 93.

② Francis Bowes Sayre, “Mens Rea”, (1932) 45(6) *Harv. L. Rev*. 974 at 977; Albert Levitt, “The Origin of the Doctrine of Mens Rea”, (1923) 17 *Ill. L. Rev*. 117 at 120; Frederick Pollock and Frederick William Maitland, *The History of English Law Before the Time of Edward I*, (Cambridge: Cambridge University Press, Vol. Ⅱ, 1923) at 470-480. Stephen J. Morse, “Inevitable Mens Rea”, (2004) 27 *Harv. J. L. & Pub. Pol'y* 51.

③ Dennis J. Baker & Lucy X. Zhao, “Responsibility Links, Fair Labelling and Proportionality in China: A Comparative Analysis”, (2009) 14(2) *UCLA J. Int'l L. & Foreign Aff*. 274.

④ Payson Evans, *The Criminal Prosecution and Capital Punishment of Animals*, (London: Faber and Faber, 1987) at 184.

⑤ L. J Downer, *Leges Henrici Primi* (Oxford: Clarendon Press, 1972).

⑥ Andrew Ashworth and Meredith Blake, “The Presumption of Innocence in English Criminal Law”, [1996] Crim. L. R. 306.

意图是应根据一般的犯意要求认定犯罪。[①] 根据上议院作出的几项判决,现在这种假设几乎已经成为不证自明的公理。[②] 刑法对通常意义上的严重罪行的打击,一般涉及对犯罪主体自由的强烈干涉,因此对那些缺乏故意的行为人而言并不适用。[③]

4-002 您的意思是俄狄浦斯(Oedipus)[④]没有乱伦,仅仅因为他不知道约卡斯塔(Jocasta)是他的母亲?某人所知道的,不能改变其所做的,俄狄浦斯确实实施了乱伦。

这种结合当然属于近亲相奸(可能会受到乱伦所带来的遗传风险的影响),但俄狄浦斯并没有在道德上或法律上(根据英国法律)实施乱伦。"乱伦罪"(crime of incest)[⑤]和几乎所有的重罪一样,都要求具备主观犯
99 意。如果司机意外撞死行人,你会说他"实际上"是在实施谋杀吗?行为人实施了行为,如果带有必要的故意,这将是谋杀,但问题在于,缺乏此类故意。用律师的话来说,俄狄浦斯和司机实施了犯罪的危害行为,即所谓"犯行"(*Actus reus*),[⑥]却没有构成犯罪。[⑦] 这句法律术语,来自上面引用的与犯意相关的拉丁法谚。

4-003 我有个好主意。为什么不在犯罪的定义中省略罪过,同时让法官在行为人没有过错的情况下减轻或免除处罚呢?

你不是首个这样想的人,而这个想法也并不是精妙绝伦。该做法将把罪过问题从陪审团的审议事项中排除出去,从而简化他们的任务。但是,如果你在开车时不幸发生了纯粹的意外事故,撞死了行人,你能理解

---

① *Crown Prosecution Service v. M.* [2011] 1 W. L. R. 822.

② *R. v. K(Age of Consent: Reasonable Belief)* [2002] 1 A. C. 462.

③ *B. (A Minor) v. D. P. P.* [2000] 2 A. C. 428; *B(A Child) v. D. P. P.* [2000] 2 A. C. 428.

④ 俄狄浦斯(Oedipus 或 Odipus,有时拼为 Oidipous),欧洲文学史上典型的命运悲剧人物。是希腊神话中忒拜(Thebe)的国王拉伊俄斯(Laius)和王后约卡斯塔(Jocasta)的儿子,他在不知情的情况下,杀死了自己的父亲并娶了自己的母亲。——译者注

⑤ Section 65 of the *Sexual offences Act* 2003.

⑥ "犯行",即犯罪行为,是构成犯罪的基本要素之一,而其他要素是犯罪意图,也就是说如果其与犯罪意图结合在一起就是违反刑法。规定犯罪行为构成的内容是犯罪定义的一部分。在一些案件中,具有犯罪意图的行为存在于行为本身,例如,伪誓(在宣誓时做假证),或者酒后驾车,这些行为虽然没有对任何人造成损害,但这些行为本身即是刑事犯罪。在其他案例中,犯罪行为之构成取决于结果,或者行为本身与行为所导致的直接结果的结合,例如,谋杀,其中犯罪的主要部分在于杀害,死因、行为或者方法仅仅是犯罪的一部分。具有犯罪意图的行为通常是实施某些行为,例如,侵犯他人身体;但是也可能是不作为,例如,未能打开交通工具上的照明灯,或者是不履行的疏忽,例如不给动物喂食。每种不作为都可能是具有犯罪意图的行为,但仅当负有作为及不作为的法律义务时,才构成刑事犯罪。如果情况表明有合法的理由或者辩解,则不存在犯罪行为,因而也不存在犯罪。参见[英]戴维·M. 沃克:《牛津法律大词典》,李双元等译,法律出版社 2003 年版,第 20 页。——译者注

⑦ Cf. *Secretary of State for the Home Dept.* , *Ex p. Khan* [1977] 1 W. L. R. 1466.

自己为何被判(或被宣布犯下)非法杀人罪吗?法官后来判决免除处罚,你会因此感到如释重负吗?在不要求罪过的情况下定罪——适用严格责任——这意味着警察和其他人提起的检控在时间上将不会面临任何适当限制,法官和治安法官在做出处罚的时候也无须面临对象方面的任何约束。而且,英国的审判程序并不十分适合全面进行刑罚减免。①

4-004 我仍然不清楚"犯意"的确切含义。

在拉丁语中,该概念代表犯罪心理,但在法律上,指的是特定犯罪所需的心理状态(主观要素)。也可以指严重犯罪(以及若干较轻的犯罪)通常需要的主观心态。犯罪行为,即犯行,则是指法律所禁止的外部情形,是犯罪的外部要件。

通常,法律所需的主观要素是:

1. 故意实施法律所禁止的行为,或以其他方式引发犯罪的外在/客观要素(无论是否知道相关法律禁止);或

2. (在大多数犯罪中),针对此类要素,需要存在轻率的主观心态。

故意包括"明知"(knowledge)。②

4-005 所谓"外在要素",指的是违法行为中存在于内心之外的那一部分吗?

是指存在于被告人内心之外的要素。例如,强奸是指:(1)未经女性同意,男性对女性进行的性侵行为;(2)该男性明知女性不同意,或对她是否同意存在轻率心态。我所说的要素(1)是外在的要素,包括没有得到妇女的同意。除被告的主观要素外,客观要素是犯罪成立的全部要件。通 100
常包括被告的某些行为,有时还要求存在该行为所导致的特定结果。

4-006 您显然对我的好主意不感兴趣,但为什么不说犯意意味着邪恶或道德上的罪过呢?

这位亲爱的虚拟对话者,把你的想法写下来,还请见谅。毕竟,这里

---

① Sanford H. Kadish, "The Decline of Innocence", (1968) 26 *Cambridge L. J.* 273; Richard A. Wasserstrom, "H. L. A. Hart and the Doctrines of Mens Rea and Criminal Responsibility", (1968) 35 U. Chi. L. Rev. 92.

② "明知"也被译为认识,指对某些事实的意识,与不知相反。对某些事实的认识往往和各种不同的法律责任相关联。因此,认识到某些危险因素就与由包含该危险因素的事物所致损害的赔偿责任有关。在刑法中,犯罪意识或对致使实施犯罪行为的事实的认识通常是定罪的必要前提。成文法有时规定若干"明知地"做某事的犯罪。在此类犯罪案件中,通常必须提供证明该犯罪是故意所为的证据。认识不仅可以包括实际认识,如实际知道有关事实,而且包括推定认识,即法律认为当事人在当时情况下是认识的,不管他实际上是否认识。如果某人试图回避了解情况,或者对明示的认识方法视而不见,法律则推定其认识。比如某人廉价地买到一批财宝,而买卖当时情况表明这些财宝很可能是偷窃所获,但他却不予询问。此即属上述情况。参见[英]戴维·M. 沃克:《牛津法律大词典》,李双元等译,法律出版社2003年版,第644页。——译者注

仅仅是假借你的口吻,把过去那些聪明头脑中出现的若干不太明智的观点加以表述。对你目前的建议,我的答案是,犯意仅仅是对法律规定的犯罪主观要素的便捷表述。说某人基于犯意实施了犯行,并不意味着其做了不道德的行为。违法者出于良好的动机,基于规范意义上合理的理由,仍然可能构成犯罪。如果某人实施了规范意义上正当的安乐死行为,就要为自己的故意杀人行为负责,因为虽然行为人的行为在道德上没有错,但在法律意义上却是错的(这里的问题是,法律没有跟上当代的规范标准)。实施安乐死的行为人可能对于自己杀人的行为有所了解,①但除非法律将其承认为合法的行为动因,否则行为人将其援引作为合法的抗辩事由便无法律正当性。(在许多情况下)违法者可以因为自己对于法律的无知或误解而免于承担责任。

可以将"女王诉赫荣案"(*R. v. Heron*)②作为示例。根据成文法,"任何人变造或伪造与当前流通硬币相似的硬币"即属违法行为(具体的适用法现在被另一部表述稍微不同的成文法所取代)。③ 赫荣制造了类似"半金磅"(half-sovereigns)④的珍稀硬币。遭到检控后,被告通过律师提出,检控方必须证明他具有不诚实的故意,即意图将伪造的硬币作为真品。上议院支持原审法官的观点,认为并不需要这样的证据。议会希望防止伪造硬币,因为显而易见,存在假币进入流通领域的风险。唯一必要的故意,被西蒙大法官称为从事伪造或变造硬币行为的"基本故意",无须考虑行为人的目的(如果赫荣是为了制作电影道具的无害目的而做了硬币,那也并无任何不同,因为其内心的隐秘动机是无关紧要的)。

大法官们认识到,有些罪行需要的不仅仅是"基本"故意;而其所要
101 求的,是"特定",或者更好地说,是"进一步"(ulterior)故意。⑤ 这些违法行为或者明确要求超出基本故意的意图,或者默示需要这样的别有用心的故意("进一步"比"特定"更好,是因为进一步的要求可能被默示)。相反,仅仅要求基本故意的犯罪,只要求被告人的身体举动是故意的,或

---

① Joseph Raz, *Practical Reason and Norms*, (Oxford, O. U. P., 1999) at 16 es seq.

② [1982] 1 W. L. R. 451.

③ Section 14(2) of the *Forgery and Counterfeiting Act* 1981.

④ "半金磅"(Half-sovereigns),最初是在1544年根据亨利八世的倡议投入使用。1604年后,随着英国币制的大幅修订,这个黄金硬币开始停止铸造,直到1817年后才偶有恢复,因为数量稀少,较为珍贵。——译者注

⑤ John W. Salmond, *Jurisprudence*, London: Stevens and Haynes, (4th edn. 1913) at 346 *et passim*. *State v. Meche*(1890) 42 La. Ann. 273 at 276. section 18 of the *offences against the Person Act* 1861. *D. P. P. v. Lynch*[1975] A. C. 653 at 699; *D. P. P. v. Morgan*[1976] A. C. 182 at 213 *per* Lord Hailsham; *State v. Simpson*(1980) 299 N. C. 377 at 383 *per* Huskins, J.; *State v. Allen*(1923) 119 S. E. 504 at 506 *per* Stacy, C. J. *Hooper v. State*(1895) 106 Ala. 41. Cf. *Sorenson v. U. S.* (1909) 168 F. 785 at 803.

某种情况下是轻率的即可。显然,制造或持有诸如计算机等合法的日常物品,即使其可能被滥用于实施诈欺犯罪,[1]也明显不同于制造和持有假币,因为伪造的硬币不可能用于任何合法目的。被告可能会辩解说,行为人将把自己伪造的硬币作为电影的道具,但即使在那种情况下,也有人认为塑料片就已经足够,根本不需要制造那种可以用于诈欺的精确复制品。

4-007 明确(特别)要求进一步故意的事例,便是交付人明知(接收人)会信以为真,依然将伪造的物品加以交付的行为。[2] 在本案所涉及的情况下,犯罪者必须故意交付硬币或纸币(基本直接故意),并且必须对随后发生的事情具有进一步的直接故意。对进一步故意的要求,也可以用犯罪定义中的"基于某种特定故意"或"有悖诚信地"(dishonestly)、"不正当地"(corruptly)[3]或"欺骗地"(fraudulently)等字样来加以表示。[4]

如果法院认为这是立法机关的意图,进一步故意的要求,甚至还可以是默示的。指控赫荣时,依据的立法包括"虚假地"(Falsely)概念,这在其他语境当中,可能默示不诚实故意的要求,即欺诈故意。[5] 教材中有许多判例,默示在法定犯罪中,在没有权利要求的情况下,需要采取行动的故意。[6] 1861 年《侵犯人身权法》(offences against the Person Act 1861)第 102
18 条提供了其他事例。根据该条的规定,除非被告人进一步的故意是造成他人的严重身体伤害,否则无须承担故意伤害的法律责任。打耳洞的行为并不适用第 18 条,即使行为人故意伤害自己的顾客,刺穿了顾客的耳朵,因为行为人的进一步目的是通过提供这种服务赚取报酬。行为人并不成立故意伤害顾客的犯罪,因为其进一步的故意并非造成严重的人身伤害。[7]

主观要素的讨论,部分涉及相关术语的含义。故意、轻率和明知这 3 个概念,到底应作何理解？需要有合理准确的定义,并且与这些词的一般

---

① Section 6 of the *Fraud Act* 2006. Cf. *R. v. Mateta*[2014]1 All E. R. 152.

② Section 15(1)(b) of the *Forgery and Counterfeiting Act* 1981.

③ *R. v. J*[2014]1 W. L. R. 1857.

④ *R. v. Smith*[2002]1 W. L. R. 54; *R. v. White*[2010] EWCA Crim. 978; *Attorney—General's Reference*(*No.* 1 *of* 1981)[1982]2 W. L. R. 875.

⑤ *Welham v. D. P. P.*[1961] A. C. 103; *Scott v. Commissioner of Police of the Metropolis*[1975] A. C. 819. Cf. *R. v. Terry*[1984] A. C. 374; *R. v. Macrae*[1994] Crim. L. R. 363; *Kensington International Ltd. v. Congo*[2008]1 W. L. R. 1144.

⑥ *R. v. Allday*(1837)8 Car. & P. 136; *R. v. Kemp*[1964]2 Q. B. 341; *Moore v. Branton*[1974] Crim. L. R. 439. Cf. *Barrass v. Reeve*[1981]1 W. L. R. 408; *R. v. Sood*[1998]2 Cr. App. R. 355. Glanville Williams, *Criminal Law: The General Part*, (London: Stevens & Sons, 2nd edn. 1961) at 219 and 305-341. *R. v. Draper*[1962] Crim. L. R. 107.

⑦ *R. v. Hoskin*(1974)9 S. A. S. R. 531 at 540 *per* Hogarth, Walters and Jacobs, J. J. .

含义相差不远,以便立法机关能够在界定罪行时使用这些用语,并使原审法官能够向陪审团充满信心地解释这些定义。

4-008 另一部分涉及政策问题。要求主观要素成为犯罪的必要成分,到底具备何种程度的合理性?特定的违法行为,是否需要故意,或是否能够以轻率,或仅仅是过失的心态,甚至是在严格责任的情况下(不要求罪过)加以实施?这些问题应主要由立法机关在创制犯罪时予以回答。[①] 但是,有些罪行建立在习惯法基础上,甚至成文法在犯罪的主观方面也常常未置可否或模棱两可。如此一来,法官在社会政策方面的看法,就变得非常重要。

虽然根本上来说主观要素十分简单,但法院在相当混乱的情况下对其进行了发展,[②]部分原因是在过去,他们一直感到有必要基于社会或道德理由扩大刑事责任的范围。最简单的方法是扩展用于定义责任的词语的含义。结果,故意含义的法律范围现在仍存在疑问。目前还不清楚是否同时涵盖直接故意和间接故意,或者间接故意是否只是直接故意的证据。令人遗憾的是,经过上千年的持续发展,英国法律竟仍然缺乏明确和一致的故意概念。

可以尽可能地制定容易理解的方案;可以说,法律过错,或"罪过"(fault)可以分为主观要素(主观认识、犯意)和过失。过失属于法律上的罪过,尽管不是(或不一定是)主观要素。主观要素又可分为故意和轻率。[③]

4-009 这是对于主观要素的正向分类;但在例外情况下,犯罪可能
103 缺乏某种特定的故意、明知或确信。例如,对于偷窃和欺诈等缺乏诚信故意的犯罪来说,情况就是这样。这些罪行要求行为人不具备诚实的故意。某人故意从别人身上取钱,同时针对盗窃罪的指控,辩称自己这样做是为了收回此人欠下的债务。行为人获得债务偿付的意图可以被视为诚实的意图,从而抵销了行为人故意持有他人钱财的犯罪性。[④] 可以说,行为人的动机是取回认为别人欠自己的东西。缺乏进一步的故意,可以使被告

---

① Dennis J. Baker, *The Right Not to Be Criminalized*: *Demarcating Criminal Law's Authority*, (Farnham:Ashgate,2011).

② J. W. C. Turner,"The Mental Element in Crimes at Common Law",in Leon & J. W. C. Turner, *The Modern Approach to Criminal Law*,(London:MacMillan,1945) at 195.

③ R. *v*. *G*[2004] 1 A. C. 1034 the House of Lords overruled *Commissioner of Police of the Metropolis v. Caldwell*[1982] A. C. 341, so negligence applies in very few serious offences. Cf. *R. v. Adomako*[1994] Q. B. 302; *R. v. Morgan*[2007] EWCA Crim. 3313.

④ Antony Duff,"Intention Revisited",in Dennis J. Baker and Jeremy Horder, *Sanctity of Life and the Criminal Law*,(Cambridge:Cambridge University Press,2013) at 172 *et seq*.

免于罪责。[1]

对主观犯意的要求可能是默示的。例如，如前所述，即使没有这方面的明确规定，规制虚假陈述罪的成文法有时被认为默示地要求行为人具有欺诈或欺骗的故意[2]；但在其他场合（如“女王诉赫荣案”），单纯明知地从事了违反法律条文的行为，就被认为成立犯罪。很难从中发现一致的模式。

第2节 故意的本意

4-010 一般的法律观点是，无法对“故意”给出令人满意的定义，因此并不需要对其加以界定，毕竟这是所有人都知道的意思。这基本上是正确的。此前出现了问题，原因在于，法官给陪审团提供了故意的定义或审查标准，但其使用的概念宽泛，超出了这个词的一般意义。目前的做法是不加解释地留用该概念，这几乎在任何情况下都是完全可以接受的，只有某种情况例外（将在下文讨论）。然而，作为哲学问题，故意的定义相对容易。除了已经提到的上述例外，如果行为人希望自己的行为引发特定结果，就可以说行为人对此结果具有故意。 104

我有很多欲念。有些我承认是空想；有些则缺乏实施的精力。但是，如果我决定尝试实现愿望并开始为此目的而行动，欲念就会成为行动的故意。

期待实现的目的，可能只是种两恶相权取其轻的欲念。坐在牙医的椅子上时，我“真正”想做的事，仅仅是张开嘴去补牙，但之所以“真正”想这样做，是因为我希望将来避免牙痛。欲念本身不一定是目的（当然，补牙也并不是目的），但可能是种中间层次的欲望——在通往其他目的（从未来的牙痛中解脱出来）的道路上迈出的一步。欲念可能瞬间迸发，而非处心积虑。不需要在“内心语言”中表述。法官有时会根据欲念来拒绝某种故意的定义，但其中原因可能是他们忽视了对“欲念”含义的解释。然而，在某个方面，欲念的定义又太狭隘了：见本章第三节。故意的概念在法律中不仅用“故意”或“基于特定故意”来表达，而且也用其他词来表达，例如“为了特定目的”（with the purpose of）或“意欲地”（wilfully）

---

① Douglas N. Husak, “ ‘Broad’ Culpability and the Retributivist Dream”, (2012) 9 *Ohio St. J. Crim. L.* 449 at 476–477. Salmond made the same argument 100 years earlier. Salmond, *op. cit. supra*, note 19 at 343 *et passim*. A. P. Simester, “A Disintegrated Theory of Culpability”, in Dennis J. Baker and Jeremy Hoder, *The Sanctity of Life and the Criminal Law*, (Cambridge: Cambridge University Press, 2013) at 183 *et passim*.

② Cf. *R. v. Doyle* [2014] EWCA Crim. 1635; *R. v. Clark* [2012] Lloyd's Rep. F. C. 606.

(但后词通常包括轻率)。

4-011 对于结果的意欲,难道不是行为的动机,而非故意吗?

二者皆可。在日常言语中,“故意”和“动机”常常是可互换的概念。对于法律界人士而言,“动机”概念一般指的是若干法律规则之外的进一步故意。

如果我们说女性出于继承遗产的动机,开枪打死了自己的姑姑,使其行为成立谋杀的当下的故意,是杀人的故意或意欲,而默示的意图或动机,不构成谋杀罪的定义的一部分,只是根据遗嘱获益的意图或愿望。其他动机还包括报仇的欲望,或清除异己,或推动政治目标。(这种动机也可以用抽象的术语来表达:“行为人基于贪婪/复仇/嫉妒的动机杀死了自己的姑姑。”)在这个意义上,动机与责任(有罪或无罪)无关,而可能与证据或量刑有关。如果有助于检控成立,检控方可能会证明犯罪的动机,将其作为间接证据。但从法律上来讲,检控方不一定会证明被告人的动机,因为“无动机”的犯罪,仍然是犯罪。相反,被告可能会举出证明自己的动机良善的证据,旨在减少可能的刑罚,甚至将其化于无形。

例外情况便是,“动机”概念被用在“仇恨犯罪”(hate crimes)的责任认定当中。[1] 此外,进一步故意的犯罪需要两个故意,一前一后,后者可以被称为动机。夜盗罪,是指任何人以非法侵入的方式进入建筑物或建筑物的一部分,意图在其中犯下特定罪行。存在进入建筑物的故意,还需
105 要有在房屋内犯罪的进一步故意,如盗窃或给他人造成严重的身体伤害;这种进一步的故意便是进入的动机,有些判例就给出了这样的表述,但在这种情况下,动机成为该罪法律定义的一部分。

4-012 立法机关有时很难确定什么是非法的故意,什么是不相关的动机。在“钱德勒诉检察长案”(*Chandler v. D. P. P.*)[2]中,有几个人因为反对英军实施轰炸,在皇家空军基地组织了示威,试图阻挠飞机起飞。他们被判共谋违反1911年《政府机密法》(Official Secrets Act 1911)第1条,即以“有损国家安全或利益”的目的进入机场。原审法官指示陪审团,如果他们认为被告的直接故意是妨碍飞行,即可认定犯罪成立,而该判决得到了上议院的支持,驳回了被告主张自己的目的是废除核武器,从而在他们看来,将促进国家的安全和利益的抗辩。

大法官给出的理由不尽相同,但或许最明确的表达方式便是称,被告

---

① Dennis J. Baker and Lucy X. Zhao, “The Normativity of Using Prison to Control Hate Speech: The Hollowness of Waldron's Harm Theory”, (2013) 16(4) *New Crim. L. Rev.* 621; Andrew Ashworth, “Moving Against Hate Crime”, [2014] Crim. L. R. 474.

② [1964] A. C. 763.

有两个目的:本身即违法的直接目的,以及最终目的,虽然完全出于善意,但不能借此为直接目的的非法性提供正当性或加以免责。同样,在“女王诉琼斯案”(*R. v. Jones*)①中,被告被控因破坏空军基地而构成了刑事损害。“在辩护中,被告坚称,英国在伊拉克准备、宣布和发动战争的行为是非法行为(违反国际法),他们有理由通过使用1967年《刑法》(Criminal Law Act 1967)第3条中的合理强制力来对其加以阻止。”对此,霍夫曼大法官(Lord Hoffman)表示:“如果仅仅是为了让被告依据自身的内心诚信确信判断皇家武装行动的合法性,就允许他们对军事设施使用强力,《叛国法》(*Statute of Treason*)就将名存实亡。”②

4-013　为什么不允许将“规范性动机”(normative motivations),即行为的指导原则,作为抗辩事由?

英国议会事实上对此是承认的,但为了防止滥用,对其做出了非常狭义地界定。只有在被认为属于犯罪行为的表面合法的正当化事由时,所谓规范的动机才成立。③ 例如,正当防卫作为合法抗辩事由的存在根据,是英国议会承认如此一来伤害他人存在规范的正当理由,因此也应该将其视为法律上的正当化事由。如果被告人为了自卫而杀害或伤害了他 106
人,旨在维护自己的身体完整而采取行动,并且造成的任何伤害都是为了实现该目的,在这个意义上,允许自卫杀人者援引自卫的抗辩事由就是正确的。④ 这种动机,不仅是规范意义上的正当理由,而且还获得了法律上的承认。另外,如果医生决定让病人过量服药,以让只剩几周生命,而且疼痛难忍的病人解脱,则无法对此加以援引以作为合法的抗辩事由,因为议会没有承认基于慈悲动机实施的杀人行为是法律意义上的紧急避险⑤。医生的行医动机为其行为提供了规范意义上的正当化事由,但该事由未被法律认可。⑥ 因为安乐死是规范意义上的紧急避险,却不是法定的紧急避险,所以医生的动机是不相关要素。在英国,人们已经达成共识,由英国议会决定,是否要制定医疗紧急避险抗辩法,以覆盖那些旨在

---

① [2007]1 A. C. 136.

② *R. v. Jones*[2007]1 A. C. 136 at 177 *per* Lord Hoffman.

③ *Rosemond v. U. S.* (2014)572 U. S. at 14 *per* Alito, J.

④ George P. Fletcher, “Domination in the Theory of Justification and Excuse”, (1996)57 *U. Pitt. L. Rev.* 553; Kent Greenawalt, “The Perplexing Borders of Justification and Excuse”, (1984)84 *Colum. L. Rev.* 1897.

⑤ John Keown, “Williams versus Kamisar on Euthanasia: A Classic Debate Revisited”, and Penney Lewis, “The Failure of the Defence of Necessity as a Mechanism of Legal Change on Assisted Dying in the Common Law World”, both in Dennis J. Baker and Jeremy Horder, *The Sanctity of Life and the Criminal Law*, (Cambridge: Cambridge University Press, 2013) at 247 and 274 *et seq.* respectively.

⑥ Uwe Steinhoff, “Just Cause and ‘Right Intention’”, (2014)13(1)*Journal of Military Ethics* 32.

帮助病人自愿结束生命的医生。[①] 在英国司法管辖区,法院已经承认了协助死亡的合法权利。[②]

若干法官简单地宣称,因为他们同意被告实施客观犯罪行为的正当化事由或动机,并据此认定被告缺乏犯意。[③] 法院应设法将规范的正当行为,纳入公认的法定抗辩事由或健全的宪法权利,因为法官制定的抗辩事由体系是不可预测的。[④] 在“吉利克诉西诺福克和威斯贝克阿哈案”(*Gillick v. West Norfolk and Wisbech AHA*)[⑤],上议院认为,当医生出于某种正当理由,如促进“病人的身体、精神和情感健康”而实施刑事违法行
107 为时,“正当理由”就足以免除行为人的可责性。因此,给孩子服用避孕药物的医生,明知这会促进儿童性行为,但仍似乎能够凭借该动机让自己免责。上议院在这里所做的只是适用医疗性的紧急避险的抗辩事由。该判决在创建抗辩事由方面没有产生争议,因为紧急避险早已成为抗辩事由。但确实涉及紧急避险抗辩事由的争议性适用。如果孩子只有 14 岁,医生知道其和其他 60 岁的人有不正当关系,大法官们还会得出同样的结论吗?(例如这类儿童可能需要预防性药物以避免感染艾滋病病毒,而不是避免怀孕。)在医生为病人的最大利益而采取行动的其他情况下,法院不愿意承认“病人的最大利益”的动机属于抗辩事由。[⑥] 法院也拒绝接受执法人员将执法“动机”,作为其违法使用警察陷阱的行为的有价值的抗辩事由。[⑦]

4-014 除非相关正当化事由受到宪法权利的支持,否则法院不应通过考虑被告可能存在的每种可能的规范理由,来创造新的抗辩事由。一般来说,法院应设法将基于规范动机的行为纳入现有的抗辩事由体系。

---

① *R.* (*Nicklinson*) *and another v. Ministry of Justice and others* [2014] 3 W. L. R. 200 at 235*per*Lord Toulson, J. S. C. Cf. *Carter v. Canada*(*Attorney General*) [2015] S. C. C. 5.

② *Carter v. Canada*(*Attorney General*) [2015] S. C. C. 5.

③ *R. v. Steane*[1947] K. B. 997. Cf. *United States v. Leal-Cruz*(2005) 431 F. 3d 667 at 673. *The King v. Ahlers*[1915] 1 K. B. 616. Cf. Douglas N. Husak, “Motive and Criminal Liability”, (1989) 8 *Crim. Just. Ethics* 3; Alan Norrie, “Simulacra of Morality? Beyond the Ideal/Actual Antinomies of Criminal Justice”, R. A. Duff(ed.) *Philosophy and the Criminal Law*, (Cambridge: Cambridge University Press, 1998) at 101 *et seq*.

④ Whitley R. P. Kaufman, “Motive, Intention, and Morality in the Criminal Law”, (2003) 28 *Crim. Just. Rev*. 317; Nicola Lacey, “A Clear Concept of Intention: Elusive or Illusory?”, (1993) 56 *Mod. L. Rev*. 621.

⑤ [1986] A. C. 112.

⑥ *R. v. Cox*(1992) 12 B. M. L. R. 38. Cf. *R. v. Adams*[1957] Crim. L. R. 365. Andrew Ashworth, “Criminal Liability in a Medical Context: the Treatment of Good Intentions”, in A. P. Simester and A. T. H. Smith(ed.) *Harm and Culpability*, (Oxford: Clarendon Press, 1996) at 173 *et seq*.

⑦ *Yip Chiu—Cheung v. The Queen*[1995] 1 A. C. 111; *R. v. Smith*[1960] 2 W. L. R. 164.

在“批复 A 案”(*Re A*)(联体双胞胎:手术分离)[①]中,联体双胞胎女孩在骨盆处连接,分别有自己的大脑、心脏、肺和其他重要器官和四肢。医学证据表明,双胞胎中比较强壮的女孩通过共同动脉循环含氧血液维持了虚弱手足的生命。医学证据还显示,虚弱女孩的心脏和肺供氧不足,无法通过自己的身体输送血液。

如果这对双胞胎没有被分开,强壮女孩的心脏最终会衰竭,这对双胞胎会在几个月内死亡。医生们认为分离双胞胎会让更强壮的孩子生存并最终过上有价值的生活,但也承认其中弱小的那个会在分离的几分钟内死亡。法院支持基于紧急避险的抗辩事由,并准许医生进行手术。双胞胎中较强壮的那个幸存了下来,从此过上了正常的生活。医生们被免除了刑事责任。这是个正确的判决,因为如果外科医生不动手术,结果会更糟。外科医生不想杀死双胞胎中弱小的那个,她的死亡仅仅是拯救更强 108
壮女孩的不可避免的副作用。就刑事该当性而言,证据表明,外科医生为挽救更强壮的女孩而行动,同时仅仅加速了[②]双胞胎中较弱女孩不可避免的死亡,因而其行为具备规范性动机。[③] 上诉法院宣布,外科医生的有意行为构成刑法意义上的紧急避险。[④]

4-015 您已经定义了与后果相关的故意。可行为本身不就是故意的吗?

对。例如,可以很恰当地说,被告故意侵入被害人的土地,或者被告故意在不提及或不暗示任何后果的情况下,举办重婚仪式。如果是清醒的或有意识的,身体举动(如说话、写作、手势、走路)就是有意的,这意味着在某种意义上行为人从事特定行为的时候,知道自己在做什么。行为人不需要有意识地注意自己的动作,但这些动作都是有目的,都在行为人的控制之下。

4-016 行为与其后果之间的界限是如何划定的?如果被告人开枪打死了被害人。杀人,是被告人的行为还是行为的后果?

随你怎么看。通常情况下,语言往往模糊身体运动与其后果之间的

---

① [2001]Fam. 147,148.

② Michael S. Moore, *Counterfactual Dependence as an Independent, Non—Causal Desert—Determiner*, (2009) 34 *Austl. J. Leg. Phil.* 1 at 5. Such a case can be distinguished from cases where both lives have an equal chance of survival.

③ Thomas A. Cavanaugh, *Double—Effect Reasoning: Doing Good and Avoiding Evil*, (Oxford: Clarendon Press, 2006); Thomas M. Scanlon, *Moral Dimensions: Permissibility, Meaning, Blame*, (Cambridge MA: Harvard University Press, 2008); Warren Quinn, “Actions, Intentions, and Consequences: The Doctrine of Double Effect”, (1989) 18(4) *Philosophy and Public Affairs* 334.

④ [2001]Fam. 147.

区别,因为某人以特定方式行事的陈述,往往意味着行为的后果。被告人杀死了被害人的表述,意味着被告人导致了被害人的死亡后果。从特定角度看,死亡是种结果;从其他角度看,死亡可以看作被告人行为的一部分。

如果我实施了弯曲食指的举动;因为手指就放在把子弹上膛的枪的扳机周围,所以同时实施了开枪的动作(属于手指弯曲的随附情节);因为我已经把枪指向被害人,故还对她实施了伤害行为;因为她死了,所以我杀死了她;她的丈夫随后因为妻子死亡,郁郁而终,我还导致了他的死亡结果。在所有这些事例中,除了第一个和最后一个,后果都可以被表述为行为的一部分,因为碰巧使用了附带结果的动词(开枪、伤害、杀死)。最后事例必须被排除在行为清单之外,因为一旦必须使用"导致"(cause)概念,一般就不认为结果是行为的一部分。但令人感到意外的是,英语使我们能够说"我杀死了被害人",而不是必须说"我导致了行为
109 人的死亡";同样,除了第一个和最后一个事例,所有其他事例都是如此。只有我自己身体的自愿举动,才能毫无疑问地被说成是行为,而不是行为的结果。任何其他东西都可以称为结果,尽管语言可以使我们避免将其称为结果。

语言影响行为及其后果的共同概念的方式,可以通过考虑用刀伤害来进一步说明:

1. 被告拿着把刀,将其刺进了被害人的身体。在这里,自然可以说被告人刺伤了被害人。伤害,实际上是被告人身体运动的一部分;行为人实施了伤害,而不是导致了伤害。

2. 被告向被害人扔了把刀,并因此造成了伤害。在这里,可能没法说被告刺伤了被害人,而应说行为人导致了伤害的结果。这种伤害,是行为人扔刀行为所产生的结果。

4-017 从法律的目的来看,这两个事例中的情况是一样的。在这两种情况下,在法律意义上,被害人都受了伤害并留下了伤痕,而伤害是被告人身体运动的结果。区分前者的情况下伤害是行为的一部分,在第二种情况下伤害是行为的结果,毫无意义可言。上述表述的唯一价值,在于体现精通法律者对语言的使用,由特定概念的定义来加以控制。事例便是存在于谋杀和过失杀人定义中的"杀人"(kill)概念;法律赋予的含义可能比在一般讲话中具有的含义更广泛,因为如后所述,其还包括了由

若干“不作为”(omissions)[①]和间接手段所导致的死亡情况。

其他含混之处，可能会被注意到。如果被告开枪谋杀了被害人，我们会说被告人“故意这么做”，或者“打算这么做”。做什么？被告人可能只是想射击被害人身体的某个不太重要的部分，以此作为警告。因为被告人故意开枪就是故意杀人，这样说肯定是不对。如果想表述得更为精确，就应该谈论故意的后果(如果后果是重要的)而不是故意的行为。显然，无论是身体的运动或后果，针对相关的事实的行为必须是基于故意心态，如以下案件：

假设温克尔(winkle)在射杀鹧鸪的时候意外击中了图普曼(Tupman)。可以说温克尔故意开枪，打中了图普曼，但不可以说他故意向图普曼开枪。如果说温克尔实施了故意行为，因此构成了故意犯罪，显然属于语言滥用。然而有时，如前所述，即使最杰出的法官也犯了这样的错误。[②]

行为与其后果之间的区别，使得若干法官根据史密斯教授(J. C. Smith)[③]的建议，将犯罪分为两类：“行为犯”(conduct crimes)和“结果犯”(result crimes)。由于此前已经给出的原因，这种区分尽管有时有用，但仍然不能做到完全精确。

4-018 行为犯(诸如攻击)，是由身体举动(或其他行为)本身，加上任何必要的故意，合并构成的。诚如我们所知，行为犯可以分为两类。其共同特点便是不需要结果。(1)有些是基本(或一般)故意的行为犯，在这个意义上，唯一需要的主观要素，便是实施身体举动的故意，加上 110
(一般情况下)与随附情状相关的各种各样的主观要素。这种要求基本故意(非进一步故意)的行为犯的事例，包括“伪证罪”(perjury)、[④]“敲诈

---

① “不作为”，即未能为一定行为，或不为一定行为。不作为可能出于故意，例如放弃，也可能由于疏忽例如遗忘。一般地说，只有负有作为而不得不作为的法律义务时，不作为才具有法律上的意义。因此，不作为是对本应作出某一行为的法律义务的违反。没有作为义务的单纯不作为，例如早晨没有洗漱，通常与法律无关。参见[英]戴维·M. 沃克：《牛津法律大词典》，李双元等译，法律出版社2003年版，第820页。——译者注

② Lord Salmon's comments upon *R. v. Lamb* in *D. P. P. v. Newbury*[1977]A. C. 500 at 507-509.

③ 约翰·西里尔·史密斯(John Cyril Smith，1922—2003年)，英国刑法和刑事责任哲学的权威。——译者注

④ “伪证罪”，即证人、翻译人员在进行了法律宣誓之后，在法律诉讼中故意作他明知是虚假的或他不相信是真实的陈述的犯罪行为。虚假陈述必须是确定的和明确的才能构成犯罪。唆使作伪证是指以劝说或更常见地以贿赂或威胁手段促使他人作伪证。参见[英]戴维·M. 沃克：《牛津法律大词典》，李双元等译，法律出版社2003年版，第860页。——译者注

勒索罪”(blackmail)[①]和“重婚罪”(bigamy)[②]。(2)其他行为犯,虽然不需要发生法律禁止的结果,但是需要实现法律禁止结果的故意,因此是要求进一步故意的犯罪。这种犯罪的定义包含两个要求:特定的犯罪行为和产生结果的故意,例如盗窃(以永久剥夺他人财产的故意,不诚实地侵占他人的财产)和夜盗(基于某种被禁止的故意非法进入他人住所)。

结果犯(如谋杀),是指需要一定后果的犯罪。其中若干要求行为人对该结果存在故意,即此类故意必须得到实现的进一步故意犯罪。另外若干,则仅仅要求行为人对结果具有过失或轻率的心态,甚至根本不要求对结果有任何罪过。

因为上面提到的模糊性,行为犯与结果犯的区分是不科学的。如果认为谋杀导致了被害人死亡,其就属于结果犯,但如果将其视为是杀人行为,就是行为犯。如果认为不法伤害导致了被害人受伤的结果,其就是结果犯,但如果将其视为不法伤害行为,其就是行为犯。

4-019 第三类犯罪不能很好地契合上述任何一种分类。他们可能被称为纯粹的故意犯罪(诸如未遂或共谋等“未完成”罪)。同时,因为没有明确被法律禁止的行为,因此其不同于行为犯;因为不需要达成预期的结果,因此也不属于结果犯。这些犯罪,仅仅要求被告人实施了行为,且行为(在某些规则范围内)表现出足够坚定的引发其他犯罪的故意。

很难判断英国议会是否打算创制行为犯或结果犯。在允许或同意某人做某事的违法行为中,是予以同意便成立犯罪行为,还是只能在被许可采取的行动被实施时才构成犯罪?英国司法选择了后者。[③]

---

① “敲诈勒索”,black,原指非法的;mail,原指租金。指苏格兰地主为免于遭受劫匪的抢掠,作为代价而交出的财产,就是“安全保护费”。现在用于指为使自己或他人获得某种利益,或者企图给他人造成损失,以胁迫的方式提出钱财或其他利益的无理要求的犯罪。只有提出要求的人能使人相信他有合理的理由,并使人相信使用胁迫方法是使这种要求得到满足的正当手段这种要求才为正当。至于被要求的作为或不作为的性质并不重要,它是勒索钱财的某种形式。参见[英]戴维·M.沃克:《牛津法律大词典》,李双元等译,法律出版社 2003 年版,第 123 页。——译者注

② “重婚”是指在有效婚姻存续期间声称与另一人结婚的犯罪行为。最初它作为教会法上的犯罪于 1603 年被列为死罪。第一次婚姻如果在法律上是无效的话,则不构成此罪。但是,即使第二次“婚姻”是无效的,它也不同于重婚罪。因为该罪的实质要件是举行了结婚仪式并订立第二次婚约。仅仅是与合法配偶之外的人同居的行为亦不构成此罪,即使该行为已产生如同婚姻一样的影响。如果前次婚姻已在法律上解除则不存在犯罪问题。在英格兰法中,如果能证明被告的配偶已失踪 7 年且在这段时间内生死不明,则可以成为一个抗辩理由,但这却不影响第一次婚姻的实际存续如果重婚者中行为人当事人的属人法允许多配偶制,并且该人已在其住所地国家缔结了多个婚姻,那么就可能不构成犯罪。参见[英]戴维·M.沃克:《牛津法律大词典》,李双元等译,法律出版社 2003 年版,第 117 页。——译者注

③ *R. v. Diggin*[1981]72 Cr. App. R. 204.

第3节　间接故意:对附随后果的明知

4-020　即使行为人认识到自己的行为很可能导致特定后果,也不足以说明其故意这样做,但有充分的理由认为,作为法律问题,如果行为人对自己的行为十分肯定,就可以认定其对此存在故意。虽然某种结果不算是行为人的直接目的,但却被其视为不可避免而加以接受,[①]这有时被称为"间接故意"(oblique intent)。从概念上来讲,间接故意根本不是故意,而是"极端主观轻率"(extreme subjective recklessness)。[②] 被告故意 111
做甲行为,但不打算导致乙结果,[③]同时知道如果做甲行为,乙结果就几乎不可能不发生。从这种主观心态出发,行为人被视为也希望乙结果发生,因此对于该结果也有故意。[④]

很明显,某人可以被"认为"对自己行为在眼皮子底下将要导致的结果存在故意,[⑤]而从法律认定的角度,如果行为人认识到未来的结果是必然的或实际上肯定会发生,也应被认定对此结果具有故意。正如黑尔斯沙姆大法官(Lord Hailsham)在"哈雅姆诉检察长案"(*Hyam v. D. P. P.*)[⑥]中所说的那样,"故意"包括"手段、结果,以及手段和结果的不可分割性"(他指的是被告明知的后果是不可分割的)。似乎可以认为,所有人都能理解这种广义的故意。无论如何,这种扩展都不足以严重背离一般的想法,而如果不允许这样做,将在某些情况下导致故意概念在司法实践中存在明显缺陷。[⑦]

4-021　间接故意,是指存在两个故意的情况吗?[⑧]

涉及间接故意的案件,并不是说被告人具有双重直接故意,因为被告

---

① Glanville Williams,"Oblique Intention",(1987)46 *Cambridge L. J.* 417.

② Cf. R. A. Duff, "Criminalizing Endangerment", R. A. Duff and Stuart P. Green, *Defining Crimes*, (Oxford:Oxford University Press,2005) at 52.

③ Cf. John Finnis, "Intention and Side—Effects", R. G. Frey & Christopher W. Morris (eds.), *Liability and Responsibility:Essays in Law and Morals*, (Cambridge:Cambridge University Press,1991) at 32 *et seq.*

④ H. L. A. Hart, *Punishment and Responsibility: Essays in the Philosophy of Law*, (Oxford: Clarendon Press,1968) at 120.

⑤ P. R. Glazebrook, "Situational Liability", in P. R. Glazebrook (ed.) *Reshaping the Criminal Law:Essays in Honour of Glanville Williams*, (London:Steven & Sons,1978) at 117-118.

⑥ [1974] A. C. 55 at 74.

⑦ M. Cathleen Kaveny,"Inferring Intention From Foresight",(2004) 120 *L. Q. R.* 81 at 85; Alan Norrie, "After Woollin", [1999] Crim. L. R. 532.

⑧ Edward C. Lyons, "Slaughter of the Innocents: Justification, Excuse and the Principle of Double Effect", (2014) 18 *Berkeley J. Crim. L.* 231.

无进一步的直接故意。被告人对于行为甲和结果乙不同时具备直接故意。[①] 被告对于行为甲具有直接故意,并将乙结果视为甲行为的几乎必然的结果。因此,被告对于甲行为具有直接故意,对于乙结果具有间接故意。在"女王诉伍林案"(*R. v. Woollin*)[②]中,被告对其3个月大的婴儿大
112 发脾气,因为婴儿被食物噎住,吐得一团糟。为了发泄自己的愤怒,伍林使出浑身力气把孩子扔了出去,撞击造成了孩子的死亡。伍林的直接故意是把婴儿扔出去,但他的间接故意是造成婴儿重伤。伍林基于造成婴儿严重身体伤害的间接故意,直接故意地将婴儿扔了出去。与这些相关的是其他若干主观动机,如他的愤怒、痛苦、报复等。

在"哈雅姆诉检察长案"[③]中,被告与已经和被害人订婚的男人有染。被告到被害人家,在被害人的信箱里泼洒汽油并点燃。被害人侥幸逃离了熊熊大火,但两个女儿却在大火中窒息死亡。哈雅姆的辩解是,她放火只是为了吓唬被害人,借此让其离开本地。哈雅姆的点火行为显然是故意的,但其进一步的故意不是杀死被害人或被害人的女儿,而仅是吓唬对方。在自卫的情况下[④],被害人打算伤害攻击者,以达到自我保护的进一步目的(双重效果)。如果自卫者向攻击者开枪以阻止后者发动不正当的攻击,导致攻击者当场死亡,自卫者的行为产生的第一个效果是攻击者死亡;第二个效果是攻击者侵害的挫败(自卫者的直接故意是杀死攻击者,而进一步的直接故意是确保自己的生命安全和肢体完整)。杀人行为的直接故意是自我保护。在间接故意的情况下,被告的直接故意是进行伤害行为(投掷婴儿的行为等),但其进一步的直接故意,却不是杀害该婴儿。

4-022 这难道不仅仅是推定那些"极端(主观)轻率"的人具有故意吗?

间接故意,系犯意的独立形式,在犯罪的定性及定量方面,被视为等同于直接故意。从概念上讲,主观轻率被视为已经达到了十分极端的程度,以至于被认为与直接故意的错误性并无二致。假设存在下列情况:罪大恶极的坏蛋,将投下巨额保险的包裹送上飞机,并在面里装上了一枚定时炸弹,打算把飞机炸毁,从而让包裹随之灭失。行为人的直接故意仅仅是获取保险费,并不在乎飞机上的人是死是活,但行为人知道,计划的成

---

① Jeremy Bentham, *The Principles of Morals and Legislation*, (London: Printed for T. Payne, and Son, 1789) at 84.

② *R. v. Woollin*[1999] 1 A. C. 82.

③ [1974] A. C. 55.

④ Cf. *The Queen v. Dudley and Stephens*(1884-85) L. R. 14 Q. B. D. 273.

功将不可避免地伴随着副作用——机上人员的死亡。从理论上讲,常识表明,故意的概念应扩展到这种情况,而不应仅仅将其视为轻率。如果行为人预见到某个结果几乎必然与其故意的内容如影随形,尽管并不渴求或希望这种伴生结果,仍应被视为对其存在故意。这并不是说行为人对任何可能预料到的结果,都存在故意的心态。

4-023 您是说实体刑法中存在两种形式的故意吗?

这便是直接故意与间接故意。在"女王诉伍林案"中,[1]上议院支持了"女王诉奈德瑞克案"(*R. v. Nedrick*)[2]的判决,从而在法律上认可了间接故意这个概念。斯蒂恩大法官(Lord Steyn)援引了兰恩法官(Lord 113
Lane)在"女王诉奈德瑞克案"提出的相关意见:

(1)如果指控谋杀,在少数情况下,当简单的法律指示意见不够充分时,则应指示陪审团,除非他们确信被告的行为几乎一定会引发死亡或严重的身体伤害的结果(排除若干不可预见的介入要素),同时被告人对此十分清楚,否则无权推定被告人存在法律要求的故意心态。

(2)当行为人认识到,从所有的实际目的出发,他的行为都将不可避免地导致死亡或严重的伤害结果,无论其多么不希望结果发生,都不得不推定其对该结果具有故意的心态。这项决定,需要陪审团在考虑所有证据后加以作出。[3]

4-024 "女王诉伍林案"难道不是表明,存在间接故意的证据仅仅可以用来推定直接故意的存在吗?所谓的间接故意,难道不仅仅是种证据准则吗?

在"女王诉伍林案"中,斯蒂恩还总结道:"在(1)中使用'推定'(to infer)概念,可能会降低该法律指示意见的明晰性。我个人倾向于使用'认定'(to find)概念。另外,(2)的第一句话并不属于该法律指示意见的组成部分。但是,正如兰恩大法官所说的那样,法官说,陪审团应在审议所有证据后作出相关认定,总不会出错。"[4]

间接故意的认定,不仅是陪审团可以推定被告对行为具有直接故意的证据。一旦确认存在间接故意,陪审团就应该作出有罪判决。如果间接故意仅仅是证据规则,陪审团就可以自由地作出无罪判决。间接故意代表故意的另一种实质形式。如果陪审团已经确证被告预见到结果发生

---

① *R. v. Woollin*[1999]1 A. C. 82 at 96-97.

② [1986]1 W. L. R. 1025. *R. v. Hancock*[1986]A. C. 455; *R. v. Moloney*[1985]A. C. 905. Cf. *Hyam v. D. P. P.* [1975]A. C. 55.

③ *R. v. Woollin*[1999]1 A. C. 82 at 96-97.

④ *R. v. Woollin*[1999]1 A. C. 82 at 96-97.

的实质确定性，将其对间接故意存在的认定，仅仅视为可以（凭自己的判断）推定存在直接故意的证据，便是荒谬的。[①] 间接故意的推定，是对间接故意，而不是对直接故意的认定。

甲把自己的孩子从一栋着火的大楼的4楼扔了出去，因为这是唯一的逃生路线，但行为人的直接故意显然是拯救自己深爱的孩子，使其不被大火烧死。甲预见到孩子的死亡几乎是将其从4楼扔下去的必然结果。如此一来，不能直接从其行为推定出甲的直接故意，因为证据清楚地表明行为人只具有杀死孩子的间接故意。甲的直接故意并不是杀死自己的孩子。相反，甲的直接故意是挽救孩子的生命，但唯一留给她的选择，就是把孩子从燃烧的大楼里扔出去。如果行为人预见到孩子的死亡实际上是
114 其行为的必然结果，行为人就是间接故意地杀死了孩子。即便“情境所迫”（duress of circumstances）并不是谋杀的抗辩事由，[②]如此一来，似乎也可以适用紧急避险抗辩。[③] 此外，即使存在杀人的间接故意，也不太可能对那些竭尽全力挽救生命的人提起检控。因此，英国法律中的间接故意，是与作为实体罪过的直接故意相分离的罪过类型。还有重要的证据准则，即应以实质确定性的预见为准绳，同时，不应将其与作为实体罪过的间接故意相互混淆。

4-025　如果陪审团推定甲确实预见到死亡是其行为的必然结果，就可以援引间接故意的实质性原则来对其加以定罪。之所以适用间接故意原则，是因为间接故意属于谋杀罪的实质罪过要件。[④] 这不同于利用实质确定的预见性证据来推定直接故意。在后者的情况下，如果很清楚，被告并不存在相反的直接故意，表明被告预见到结果发生的实质确定性的证据，只能用来推定直接故意的存在。在上述假设中，很明显，母亲甲的直接故意，是挽救自己孩子的生命，然而因为行为人预见到从4楼把孩子扔出去必然发生死亡的结果，因此，对于死亡结果存在间接故意。

较为暧昧不明的灰色地带在于，即使能够证明被告至少预见到结果发生的确定性，目前尚不清楚其是否对该后果具有直接故意。如此一来，

---

① Cf. *R. v. Matthews*[2003]2 Cr. App. R. 30.

② *R. v. Howe*[1987]A. C. 417；*R. v. Ryan*[2013]S. C. C. 3.

③ *A(Children)(Conjoined Twins：Medical Treatment)(No.* 2)[2001]1 F. L. R. 267；cf. *Gillick v. West Norfolk and Wisbech AHA*[1986]A. C. 112；*R. v. Fretwell*(1862)Le. & Ca. 161；*R. v. Salford HA Ex p. Janaway*[1989]A. C. 537.

④ *Hyam v. D. P. P.*[1975]A. C. 55 at 75；*re Stonewall F.*(1989)208 Cal. App. 3d 1054 at 1062 fn. 7；*People v. George*(1941)42 Cal. App. 2d 568，571-572 and the discussion of it in the text；cf. *People v. Hiltel*(1901)131 Cal. 577；*Mata—Medina v. People*(2003)71 P. 3d. 973 at 978；*People v. Fabris*(1995)31 Cal. App. 4th 685 at 698；Glanville Williams，“Oblique Intention”，(1987)46 *Cambridge L. J.* 417 at 420；Glanville Williams，“The Mens Rea for Murder：Leave it Alone”，(1989)105 *L. Q. R.* 387.

陪审团可以利用被告预见到结果事实上肯定发生的证据,来推定直接或间接的故意。假设愤怒的被告人乙因为孩子哭闹不停,把孩子从行进的汽车里扔了出去。如果客观事实表明,婴儿肯定会被摔死,或者至少会受到严重伤害,并且乙预见到了这种实质确定性,而婴儿严重受伤或死亡, 115
陪审团可能会推定,乙具有造成该后果的间接故意。然而,其他可能便是陪审团会推定乙直接故意地造成了该后果。乙可能会辩称,自己并没有直接打算杀死或伤害婴儿,但陪审团不必接受行为人的说法。他们可以推定,乙不仅预见到了将婴儿从行驶中的汽车里扔到外面所导致的后果具有实质确定性,而且直接希望实现该后果。如此一来,陪审团可以利用实质确定性预见的证据,来推定直接故意,毕竟没有有力的证据支持乙将婴儿从车里扔出来的直接故意是为了满足任何进一步的合法目的。法官最有可能告诉陪审团,他们有权认定,在所谓的"被愤怒冲昏了头脑"(blind rage)的案件中被告人行为是有目的,愤怒战胜的是被告的控制能力,而无法否认其杀人的直接故意。被告可能会辩称,自己只具有杀死孩子的间接故意,而直接故意仅仅是泄愤,但这样的论点对行为人来讲没有帮助,因为其承认了自己具有间接故意。由于间接故意是谋杀罪的其他实质性罪过要件,所以无论是直接故意还是间接故意,被告人都会被判有罪(间接故意谋杀的被告,将被宣告谋杀罪名成立,并被判处无期徒刑)。因此,如果没有证据有力地支持直接故意而非间接故意的认定,陪审团可以利用被告人预见到其行为后果具有实质确定性的证据,来推定其具有直接故意或间接故意。

4-026 能否解释下实质罪过与证据之间的区别?

坚称将婴儿从燃烧的建筑物 4 楼扔下致死可能性高达 95%是一回事,利用该证据(死亡的可能性)来推定直接或间接故意,则是非常不同的另一回事。检控方可能会请一位专家证人出庭证明,如果把孩子从 4 楼扔下去,肯定会死。尽管如此,这种实质确定性也只是种证据,并不意味着被告自己预见到了这种实质确定性。也不意味着行为人具有杀死孩子的直接故意。[①] 死亡实际上非常确定,这个客观事实本身就是客观证据。陪审团必须推定被告的主观心态是否足以让其预见到把孩子从 4 楼扔下的实际后果一定是死亡或严重受伤。同样,陪审团必须推定被告是否存在杀人的直接故意。

证据准则,如某人对自己行为极有可能引发的自然结果具有故意,几个世纪之前便已经被纳入实质罪过的学说当中。在许多传统判例中,预

---

① *A*(*Children*)(*Conjoined Twins*:*Medical Treatment*)(*No*. 2)[2001]1 F. L. R. 267.

见本身的认定,就足以推定出故意。[①] 对于结果盖然性和可能性的预见,
115 这种证据准则,也与实质罪过学说混为一谈。其他问题便是,花了很长时间,轻率才成为某种完全不同于故意和过失的实质性罪过。[②] 正是证据和证据准则与实质罪过的混同,使许多法官和评论家迷失了方向。现代立法显得更加明晰。如果被指控具有故意,则必须通过证据对此予以证实。轻率的证据与故意的证据截然不同。同样,间接故意的证据也不是直接故意的证据,但如果有证据表明存在间接故意或直接故意,则陪审团可以推定被告人具备直接故意。如果可以相当程度确信被告人是在谎称自己不是直接故意杀人,存在间接故意的认定,将允许陪审团推定被告存在杀人的直接故意。

4-027　法官又该怎么跟陪审团解释呢?

通常情况下,故意意味着目的,告诉陪审团这就足够了,或者干脆不用解释,单纯使用这个概念。[③] 只有在不想引起特定问题的情况下,才需要就间接故意对陪审团进行法律指示。[④] 因此,如果被告人在高峰时段的伦敦地铁车厢里放置炸弹,只是想杀死敌对的恐怖分子——被害人甲。因他的直接目的是杀死被害人甲,所以这里涉及的罪责适用正常的故意原则。假设安放的炸弹爆炸了,不仅杀死了甲,而且杀死了另外50名无辜乘客。如果被告人声称他不想杀死除了甲以外的任何人,而证据表明他预见到所有乘客的死亡都存在实质必然性,就需要对陪审团做出间接故意的法律指示意见。[⑤]

4-028　间接故意是否适用于未遂?

这种故意应足以支持犯罪未遂的定罪。在之前提到的那个在飞机上
117 放炸弹的事例中,假设坏蛋在准备把炸弹放在飞机上时被捕。仅仅以轻率(这还不足以说明行为人的未遂行为)[⑥]来解释行为人的罪行,将会使故意概念变得十分教条、十分狭隘。虽然杀人在某些情况下可以是轻率

---

① *Williams v. Bayley*(1866)L. R. 1 H. L. 200 at 221.

② Glanville Williams, *Salmond on Jurisprudence*, (London: Steven & Sons, 1957) at 413. Rollin M. Perkins, "A Re—Examination of Malice Aforethought", (1934) 43 *Yale L. J.* 537. On the conflation of negligence with recklessness, Jerome Hall, *Principles of Criminal Law*, (Indianapolis: Bobbs—Merrill Co. Inc., 1960) at 122 *et seq. R. v. Mowatt* [1967] 3 W. L. R. 1192, *R. v. G* [2004] 1 A. C. 1034 and the authorities cited therein.

③ *R. v. Moloney*[1985]A. C. 905 at 926. *R. v. Belfon*[1976]1 W. L. R. 741.

④ *R. v. McNamara*[2009]EWCA Crim. 2530; *R. v. Allen*[2005]EWCA Crim. 1344.

⑤ Criminal Code Bill Commission, *Law Relating to Indictable offences*, (Report) (London: printed by George Edward Eyre et al., 1879) at 24. John Austin, *The province of Jurisprudence Determined*, (London: J. Murray, 5th ed. 1885) at 424.

⑥ *R. v. Mohan*[1976]Q. B. 1.

的,但谋杀未遂要求有杀人的故意,而不是对死亡结果的轻率心态。在这里,这个坏蛋应被认为想要故意杀人。

4-029 您说“已预见到确定性”意味着间接故意成立,而“仅预见到可能性”则意味着间接故意不成立,但是我想问,在这两者之间是否存在令人满意的界限?假设炸弹已经爆炸了,但飞行员奇迹般地驾驶遇难的飞机安全着陆了呢?

这些判例涉及可以被描述为绝对确定性的情况,但不能把预见的确定性的概念局限于绝对意义的确定性。这是人类认知确定性,或实质确定性,或实际确定性的问题。这与关于盖然性的说辞是不一样的。实质确定性审查不会覆盖很多令人讨厌的类型,但必须在某个地方划出界线。举经常被引用的事例,恐怖分子在公共场所放置炸弹,然后向警察告密。假设行为人不打算杀人,而只是为了吸引公众的注意。再假设行为人认为没有人会受伤,因为炸弹很容易被拆弹专家拆除。然而,在本案中,炸弹处置专家在试图拆除炸弹的时候被炸死。[①] 恐怖分子犯了过失杀人罪还是谋杀罪?斯蒂恩大法官表示:[②]

“确实,[间接故意学说]在这个经常被引用的恐怖案件中,在炸弹处置小组的成员被炸死的情况下,排除了恐怖分子谋杀罪的成立。如此一来,可以实事求是地说,恐怖分子并没有预见到炸死炸弹处理小组成员的结果具有实质确定性。这或许是在‘自陷风险’(*risk-taking*)方面没有制定相关原则的结果。此类案件不应造成实质性的困难,因为谋杀罪项下,还有过失杀人罪,这可能会使法庭行使自由裁量权,从而判处罪犯终身监禁。无论如何……由于恐怖主义的特殊困难制定某项原则‘将产生相应的不公,而这种不公很难消除’。我很满意完全基于‘女王诉莫勒内案’(*R. v. Moloney*)对于‘女王诉奈德瑞克案’(*R. v. Nedrick*)的相关审查,因为其建立在正确的预见水平之上。”

所以可以找到两个大致的区别:(1)间接故意涵盖实质确定性;(2)自陷风险涉及盖然性(例如,被告人在公共场所放置炸弹,预见到炸弹处置专家极有可能或至少有可能无法安全地拆除炸弹)。究竟属于何者,取决于案件的事实。[③]

4-030 间接故意仅仅适用于谋杀?这个学说的理论基础是什么?

其在杀人语境下的基本原理是确保那些应被贴上谋杀的可责性标签的人,不会被错误地作为过失杀人犯论处。因此,只有在缺乏直接故意, 118

① *R. v. Moloney*[1985]A. C. 905.

② *R. v. Woollin*[1999]1 A. C. 82 at 94-95.

③ *Hyam v. D. P. P.*[1975]A. C. 55. *Petto v. HM Advocate*(2009)S. L. T. 509.

但犯下了具有同样可责性罪行的情况下,才能对间接故意加以援引使用。例如,违反 1861 年《侵犯人身权法》第 18 条的行为人需要面对无期徒刑,而该法第 20 条没有规定类似的刑罚。如果适用第 20 条定罪处刑,明显过于宽大,在例外的情况下援引间接故意以获得第 18 条的定罪处刑就没有什么问题。

相反,可能有人认为,谋杀涉及无法弥补的严重危害后果,所以属于特殊类型案件,因此间接故意理论不应用于其他罪行。但这样的论点在概念上是空洞的。该原则不应适用于 21 世纪颁布的法定犯,的确可以质疑。"间接故意"原则,是英国法院在 20 世纪末发展出来的。如果议会当时打算将这样的原则适用于 21 世纪的罪行,肯定会明确表示。例如,2007 年《严重犯罪法》(Serious Crime Act 2007)第 44 条第 2 款规定:"不得仅仅因为鼓励或帮助是可预见的行为后果,就认定被告人具有鼓励或帮助犯罪的故意。"相关法提交国会时,司法部议会副大臣(Parliamentary Under-Secretary of State for Justice)[①]说:[②]

"通过第 2 款,赋予故意以某种特殊的含义……我希望借此能帮助议会的各位尊贵成员理解,我们试图对这里的故意作狭义的解释,同时认为应该排除实质确定性的概念。这等同于要求被告人的目的必须是帮助或鼓励犯罪。"

第 4 节 故意的证明

4-031 正如在第 2 章中所看到的那样,检控方需要承担证明必要的主观心态的责任。不得通过推定将证明义务转移到被告身上。被告辩称自己对行为的后果缺乏故意,这常常被称为"意外事件"(defence of accident)抗辩,但这仅仅是对故意和轻率的否定;证明故意或轻率的责任在于检控方。同样,控方必须证明被告人存在不诚实和欺诈,如果这些是必需的要素。[③] 主观要素取决于被告人的认识范围,这并无太大意义。[④] 很久以前,温德尔法官(Windeyer J.)曾说:[⑤]

"在区分故意和轻率之前,需要指出,最近在辩论中倾向于使用的'主观审查'和'客观审查'这两个用语,是非常不幸的。某人的故意对他来说是种主观状态,就像他对快乐或痛苦的感觉一样。但他人的思想状

---

① "司法部议会大臣",是负责联系英国司法部与英国议会相关立法活动的高阶文官。——译者注

② Hansard, HC Public Bill Committee, 6th Sitting, 3 July 2007, Col. 211.

③ *Ng v. The Queen*[1958] A. C. 173; *R. v. Lusty*[1964] 1 W. L. R. 606.

④ *R. v. Spurge*[1961] 2 Q. B. 205.

⑤ *Vallance v. The Queen*(1963) 108 C. L. R. 56 at 83.

态,或理解能力,则是客观事实。当其必须被加以证明时,在证明方式上,则与其他需要被证明的客观事实并无不同。陪审团必须将与案件有关的全部证据视为存在争议的事实,加以考量。如果被告提供了自己具体故 119
意的证据,陪审团必须权衡他的证词以及任何可以从其行为或其他相关事实中得出的相关推定……无论被告人说什么,陪审员们都可以从所有的证据中排除合理怀疑地得出结论,认定被告人有犯罪的思想和犯罪的目的。但问题总是在于,事实上,被告知道的是什么,预见的是什么,期待的是什么,打算的是什么。"

4-032　我不明白故意是如何被证明的。假设有证据表明,在被告人给被害人一剂砒霜后,被害人病重不起。而被告人则辩称自己误以为这是安眠药,至少其是这样告诉警察的,但行为人没有在法庭上作证。您的意思是控方有责任证明被告人没有认识错误并打算杀死被害人?如果被告人自己不提供证据,并因此不必接受交叉诘问,检控方如何能够对此加以证明?

被告人对警察说的话,并不是对他有利的证据。因此,就目前的情况来看,仅仅能够证明被告人给被害人服用了砒霜。法院一般不会在犯意问题上要求被告承担举证责任,但你所提出的事实肯定足以免除检控方的举证责任。法官必须对陪审团作出法律指示,告知其证明杀人故意(如果指控的是谋杀)的责任在于检控方,而且必须排除合理怀疑地证明这种故意;但法官也可以告知陪审团,他们有权从证据中推定故意。在实践中,如果被告人想让自己提出的认识错误的辩解被考虑的话,可能会提供证明所称错误的证据;但是任何证据,不管多么薄弱无力,都必须留给陪审团判定。

4-033　但是,在很多案件中,法院不是不可能区分清"意外"和"故意"吗?

也许如此,但法庭所采信的证明模式,足以区分真正和虚假的抗辩主张。事实是由直接证据(感知或经历了案件事实的证人,包括行为人的证言)或情节(间接)证据(围绕据以推定争议事实的其他事实的证人证言)加以证明的。这在故意的证明和其他事实证明方面,同样正确。

(1)故意可以直接根据被告所说的证据得到证实。通过应用所谓的"真实事实"规则(*Res gestae* rule),[①]可能存在证据说明行为人在实施行

---

① "真实事实"规则,又译为成就之事,在证据法上,指构成诉讼程序中争议的事实或与诉讼程序紧密相关的事实。真实事实包括引导性事实,解释性事实和随案件持续发展的事实。因此,旁听者所听到的受害人叫喊的证据,何时被殴打的证据,是可以采信的真实事实的一部分,而传闻证据则属于不可采信的证据。参见[英]戴维·M.沃克:《牛津法律大词典》,李双元等译,法律出版社2003年版,第963页。——译者注

为的过程中说过什么话，或行为人之前或之后承认自己当时打算做什么。① 当然，这样的证据本身并不是决定性的；相反，可能被更有力的证据所推翻；但通常足以成为认定故意的依据。随后的有罪供述，无论是在审判前还是在审判时，都被称为“认罪”（confession）。

（2）如果被告不给予法院协助，陪审团（或治安法官）将无法直接接
120 触到行为人的想法。② 因此，除非被告认罪，行为人在当时的主观状态，必须从行为人的外在行为（无论是否与当时的主观状态同步）判断。

这可以从行为人之前或之后的行为中加以收集。例如，可能有证据证明存在先前的犯罪计划，或在犯罪后试图摆脱司法审判。证据法的重要部分，涉及与其他罪行相关的证据。通常情况下，英国法不允许通过证明被告犯有其他罪行，来证明指控罪行成立，但如果各种犯罪表现出惊人的相似性，以至于不可能或难以想象全部都可能是巧合的结果，其他犯罪（无论发生在本罪之前还是之后），③可以作为证据证明被告有“犯罪”的“计划”。该证据可能说服陪审团，使之不仅相信被告人实施了被指控的行为，而且是基于必要的故意实施了这件事。与可能的动机相关的证据（例如，根据遗嘱而产生的期望）将会具有一定的证明力。

更常见的情况是，被告的故意必须从证明行为人当时从事何种行为的犯罪证据中加以收集。如果行为人将装满子弹的左轮手枪，指向他人，认真瞄准被害人的心脏并扣动扳机，陪审团就会认定行为人故意杀人，因为这是解释行为人行为的唯一合理假设。他们没有必要强制自己接受不可接受的说辞。

4-034 难道不可以将其简单地归结为结果发生的可能性吗？

不完全如此。盖然性仅仅可以作为指导，但并不一定具有决定性。该问题有其自身的发展历史。多年来，法院一直在回避故意的概念界定。当犯罪成立需要故意而法官认为该犯意要求太狭隘时，就会通过“如某人对自己行为自然极有可能引发的结果具有故意”这样的学说来扩展法律的覆盖范围。提出该原则的理由，在于法官希望获得并维持对于具有

---

① *Ratten v. The Queen*[1972]A. C. 378；*R. v. Andrews*[1987]A. C. 281.

② Cf. Richard Easton，“Overcoming Objections to the Admissibility of Lie—detection Evidence”，(2013)158(4)*S. J.* 14. *Offender Management Act* 2007. Julius Denenberg，“The Polygraph：Modern Wizardry Unmasked”，(1988)55 *Def. Counsel J.* 278；David A. Weintraub，“Polygraph Examination—A Valuable Arbitration Tool”，(2009)83(6)*Fla. B. J.* 97；Frederick Schauer，“Can Bad Science Be Good Evidence? Neuroscience，Lie Detection，and Beyond”，(2010)95 *Cornell L. Rev*. 1191. *R. v. Chard* (1972)56 Cr. App. R. 268；*R. v. Henry*[2006]1 Cr. App. R. 6. Cf. *R. v. Toner*(1991)93 Cr. App. R. 382.

③ *D. P. P. v. P*[1991]2 A. C. 447；*R. v. Foster*[2006]EWCA Crim. 1275；*R. v. Hurren*(1962)46 Cr. App. R. 323.

公共危险性或公害性的人的有罪判决。其他的促成要素在于,精通法律者没有花时间思考基本概念。轻率的概念,发展速度过慢。如果唯一能想到的主观要素是故意(或明知),这些人发现需要赋予其一般定义,而这个界定实际上涵盖了轻率,不幸的是,还包括过失。 121

但是,关于对极有可能引发的自然结果具有故意的证据准则,总是会引发反对意见。[①] 因为这创造出某种虚构的或"推定的"故意(明知自己只是从事了冒险行为,但却声称知道会造成严重事故,因此对结果具有故意的司机,会被除某些律师之外的所有人认为是在说谎)。这种推定适用于若干犯罪,但不是全部,而在其适用时,还会将过失当成故意。在该时期,证据准则与实质罪过学说相融合;预见盖然性的证据曾被认为是直接故意的证据。而事实上,盖然性预见是主观轻率的证据,并且表面上也类似于常识性的证据规则,借此,两者的融合加剧。人们在判断某人对于相关结果是否具有故意心态时,常常设身处地考虑自己是否会意识到这种结果,以及对其行为是否存在任何合理的解释,而不是假设被告人本人对于该结果具有故意。

这项法律的修改,是对上议院在"检察长诉史密斯案"(*Director of Public Prosecutions v. Smith*)[②]裁决的最终回应,而这也是英国法院有史以来最受批评的判决之一。在本案中,大法官们甚至对谋杀罪也应用了可能后果准则。他们认为,可以从后果的盖然性推定故意,如此一来故意的推定便不可辩驳。换句话说,法官可以这样指示陪审团:

"陪审团成员,在决定被告是否对结果具有故意时,只需要考虑理性人是否能预见到该结果发生的盖然性。不需要询问被告是否预见到,或其是否谋求该结果。即便可以肯定没有故意,你们依然可以认定其具有故意。"

4-035 该荒谬的规则被1967年《刑事司法法》第8条推翻,但在许多案件中,法院公然无视法律的变化。该法第8条规定:

"法院或陪审团在裁定某人是否已犯罪时——

(a)根据法律,不应仅仅因为行为的结果是行为人行为可能引发的

---

① *Edwards v. Harben*(1788)2 Term Rep. 587 at 589;*R. v. Harvey*(1823)2 B. &C. 257 at 260;*R. v. Horsey*(1862)3 F. &F. 287 at 289-90;*The Queen v. Aspinall*(1876)2 Q. B. D. 48;*D. P. P. v Beard* [1920]A. C. 479;*Smyth v. R.* (1958)98 C. L. R. 163;*National Coal Board v. Gamble*[1959]1 Q. B. 11 at 23 *per* Devlin, J. *D. P. P. v. Smith* [1961]A. C. 290;*R. v. Singh*[1962]A. C. 188;*R. v. Governor of Brixton Prison*[1963]2 Q. B. 243;*R. v. Clark*(No. 2)[1964]2 Q. B. 315 at 320 *per* Parker, C. J. Cf. *R. v. Hyam*[1973]3 W. L. R. 475;*R. v. Hancock*[1986]A. C. 455. William Blackstone, *Commentaries on the Laws of England*, (Oxford:Clarendon Press, 1769) Vol. IV at 200.

② [1961]A. C. 290.

自然后果,就推定其对于行为的该结果具有故意心态或预见到了该结果。

(b)须参照所有证据判定被告是否预见到该结果,以及是否对该结
122 果有故意心态,根据证据作出在有关情况下看来适当的推论。”

第8条与实体刑法中的故意没有关系。该规定仅涉及证明任何必要的故意或轻率的方式,并不涉及特定违法行为的法律要求。

既然“女王诉伍林案”已经结束了用盖然性来定义故意的错误,盖然性在第8条中扮演什么角色呢?第8条仅仅认为,被告对从事甲行为的盖然性后果的预见,是证明对此结果存在故意的证据——仅此而已。但该要素必须结合本案所有其他证据加以考虑。然而,该规则表明,故意,是通过“主观”调查——对被告的心理进行调查来确定的,尽管人们通常只能通过研究其外在行为来对此进行调查。实体刑法方面的问题,现在已经解决,显然,轻率与故意不同,盖然性或可能性的预见,并不是实体故意原则的一部分,尽管与其有关的证据可以用来推定故意。

第8条确立了故意和预见性,需要通过“主观”调查来加以确定,但是法官可以指示陪审团,他们可以从被告的行为推定出这些主观心态,前提是查看全案证据。如果陪审团在考虑所有证据后得出结论,被告出于一切可能的实际目的认识到,其行为不可避免地会导致死亡或严重伤害;这本身就是在认定被告对其行为的后果具有间接故意。如果陪审团作出了这样的裁决,就没有必要人为地利用该裁决来推定直接故意。如果间接故意成立,陪审团就应该作出有罪判决。同样,如果直接故意成立,陪审团也应作出有罪判决。

4-036 假设被告说自己被愤怒冲昏了头脑,或极度恐惧,不知道自己当时在做什么。如果指控的罪行需要故意或明知,行为人会不会因此而被判无罪?

自第8条颁布以来,相关抗辩必须交由陪审团处理。但法官无疑会告诉陪审团,他们有权认定在愤怒或恐惧状态下所做的行为也是有目的的,这种情绪状态抑制的是被告的控制力,而非认识力。①

4-037 第8条免除严格责任吗?

该条仅适用于犯罪行为需要犯意的情况。告诉你,如果犯罪需要某种主观要素,就必须对其真正加以确定,只要这是可以做到的;如果不能做到,承担证明主观要素责任的检控方,就无法完成使命。如果犯罪不要
123 求主观要素,则本条不适用。

---

① *Att—Gen. for Northern Ireland's Reference*[1977] A. C. 105, Glanville Williams, *Textbook of Criminal Law*, (London: Stevens & Sons, 1st edn. 1978) at 63. Cf. *R. v. Baker*[1997] Crim. L. R. 497.

第5节 一般故意与转移故意

如果被告的行为没有特别指向任何人,行为人基于所谓的"一般恶意"(general malice)——或者更好表述为"一般故意"(general intention)仍需承担责任。最明显的事例是恐怖分子的"人体炸弹"。伤害爆炸威力范围内任何人的故意,从逻辑和法律来讲,都可等同于伤害特定人的故意。①

4-038 另外的可能性是被告用枪瞄准被害人甲但意外击中了被害人乙。这是传统上被称为"转移恶意"(transferred malice),或者更准确地说,"转移故意"(transferred intention)的事例。虽然被告的目标是攻击被害人甲,但由于行为人的攻击行为在被害人乙身上产生了效果,因此,在普通法上被认为是对被害人乙的故意攻击。规则是,被告是有罪的,罪责程度,就像行为人意图伤害实际上伤害到的人一样。被害人的故意,通过法律拟制,传递给其他被害人。

该原则乃通说,只要针对某人或某物形成了不法的故意,但却在他人或他物上产生了效果,②并且预期的和实际的"被害人"(人或物)属于同一犯罪的概念范围,就可以加以适用。③ 回到具体的攻击判例中,有观点认为,被告在打击到被害人乙时,存在必要犯意,因此行为人具备攻击被害人乙的犯意和犯行。如果被告针对被害人乙缺乏犯意,这个论点当然是错误的。然而,许多人会认为转移故意原则在该应用中具有实质公正性。与对象错误的情况非常相似,即使前者在分析上与后者不同。

4-039 如果被告人的目标是杀死被害人甲,但行为人发射的子弹穿过被害人甲,也杀死了被害人乙,何如?是否存在"转移轻率"?

转移故意原则不适用于轻率、过失犯罪,因为这些犯罪属于基本故意犯罪,并无转移故意的可能。对于轻率、重大过失犯罪,被告人不必意图打击特定人。因此,当被告人向一群人开枪,目的是杀死其中一人时,对于行为人杀死的目标被害人之外者,可成立重大过失杀人罪,因为理性人能预见到有其他人会被杀害的危险。④ 如果被告人不以杀人故意行事, 124
而是主观上认识到自己可能通过向人群射击而杀死他人,则不适用,也不

---

① Cf. *People v. Smith*(2005) 124 P. 3d 730; *People v. Taylor*(2004) 32 Cal. 4th 863 at 869.

② *Ex parte Heigho*(1910) 18 Idaho 566.

③ Glanville Williams, *Criminal Law: The General Part* (London: Stevens & Sons, 2nd edn. 1961), at Chap. 4.

④ Cf. *People v. Riva*(2003) 112 Cal. App. 4th 981 at 999; *People v. Lee*(1994) 28 Cal. App. 4th 1724 at 1736-1737. Cf. *R. v. Grant*[2014] EWCA Crim. 143.

需要适用转移故意原则，因为轻率的漠视生命，将足以构成轻率过失杀人[1]或推定过失杀人[2]罪。对人类生命的轻率或重大过失的不尊重，支持认定被告对所有被其杀害的人犯有过失杀人罪。在某些情况下，可能会产生间接故意。由于间接故意在概念上和哲学上是种极端形式的主观轻率，[3]所以被告被指控故意杀死被害人甲，和间接故意杀死被害人乙，是没有障碍的，但前提是被告人打算杀死被害人甲，并预见到子弹将穿过被害人甲并杀死被害人乙。[4]

4-040 假设攻击者瞄准狗结果打到了人，或者情况反过来，该怎么办？

行为人既不能被指控对人犯罪，也不能被指控对财产犯罪。[5] 因为其对狗没有犯罪行为，对人没有犯罪故意。

更充分的理由是，没有法律提供可以对其行为给予充分指控的犯罪。没有哪部法律禁止伤害“动物”，包括人和狗在内。如果存在这种法律，意图伤害的“动物”和实际受伤害的“动物”之间的区别，就变得无关紧要，并且指控也是可以被提起的。但根据英国法律，狗属于 1971 年《刑事损害法》和 2006 年《动物福利法》(Animal Welfare Act 2006)的保护范围，而人类则属于 1861 年《侵犯人身权法》的保护范围。对于根据《刑事损害法》对故意或轻率地伤害狗的指控，不能通过表明伤害某人的故意来确定犯意，因为这不是该法所要求的犯意，[6]反之亦然。(但如果行为人对实际被害人存在轻率的心态，就将负责，行为人还可以被判试图犯下的罪行未遂。)

由此产生的规则是，故意只能在相同的犯罪中转移，因为被告必须具
125 有犯意，并且实施了与被指控的犯罪相当的行为，即使该行为可能存在于不同的人或物上。不允许将两种不同罪行的要素结合起来。

需要补充一点，抗辩也可以根据故意而转移。因此，如果被告人是针
126 对被害人甲实施了自卫行为，行为人将被视为针对被害人乙实施自卫行为。

---

① *R. v. Lidar*[2000]4 Archbold News 3, CA. *R. v. Pike*[1961] Crim. L. R. 547; *Gray v. Barr*[1971]2 Q. B. 554 at 557.

② *R. v. Church*[1966]1 Q. B. 59.

③ Finnis, *loc. cit. supra*, note 61.

④ *People v. Bland*(2002)48 P. 3d 1107.

⑤ *R. v. Pembliton* (1874)12 Cox C. C. 607; *R. v. Faulkner*(1877)13 Cox C. C. 550. *Ball et Uxor v. Axten*(1866)4 F. & F. 1019 *per* Lord Cockburn, C. J. and in *James v. Campbell*(1832)5 Car & P 372.

⑥ *R. v. Pembliton*(1872-75) L. R. 2 C. C. R. 119. *Mansell & Herbert's Case*(1555)1 Dyer, 128; *Gore's Case* (1611) 9 Coke 81; *Williams Case* (1639) (1639) W. Jones 432. Peter Westen, "The Significance of Transferred Intent", (2013) 7(2) *Crim. Law and Philos*. 321.

第 5 章 轻率与过失

"如果只能回首从前,那真是种可怜的记忆。"白王后对爱丽丝说。

刘易斯·卡罗尔(Lewis Carroll)①

① Lewis Carroll, *Through the Looking Glass*, (London: Macmillan and Co. & 1872) at 36. 汉译本可参见[英]刘易斯·卡罗尔:《爱丽丝镜中奇遇记》,吴钧陶译,上海译文出版社 2012 年版,第 2 章相关部分。——译者注

第1节　刑法中的轻率

5-001　学习是经验和教导的结果,学习使我们意识到生命所面临的危险。即使无法直接感知现实,也可以对其加以猜测,并通过预见自己行为的可能后果,将自己投射到未来。记忆,应具有积极意义。

这便是轻率概念的基础。"轻率"是表达谴责意味的词汇,通常包括有意识采取的不合理的冒险行为,其涉及存在某种特殊的不良环境,或某种邪恶即将发生的可能性。轻率的人故意"冒险"。在其他条件相同的情况下,这显然是种相较于故意可责性更低的主观心态,尽管要比疏忽大意的过失更为严重。轻率,和过失一样,属于缺乏正当性的冒险行为。和单纯的过失(或者,如果你喜欢,可以将其称之为客观的轻率)不同的是,在轻率的情况下,风险是已知的。过失或轻率的可责性,取决于许多要素,包括对风险的明知程度。

有些犯罪只能是故意的。但是,几乎所有需要犯意的犯罪(广义来说,更严重的犯罪)现在都承认轻率属于替代故意的手段。该主张适用于大多数普通法犯罪;[①]刑事立法者已开始将其纳入其犯罪表述中,如将某种"明知或轻率"实施的行为定为犯罪。英国法院在发展轻率行为概念方面进展缓慢;他们倾向于仅从故意、过失以及严格责任的角度来思考问题。[②] 轻率可以通过两种推理与故意加以调和,其中之一现在已被放
128 弃,余下的推理虽然偶尔在司法辞令中也能找到,但可靠性高度存疑:

"关于故意是对后果的盖然性预期的假设,使故意的概念涵盖了我们现在所称的轻率(也涵盖过失)。"[③]

另外的方法是,说"故意制造(或承担)风险"[④],或"无论是否发生或存在其他事情,都打算做某事"。其效果再次是将轻率与故意混为一谈。

在"女王诉G案"(*R. v. G*)[⑤]中,上议院明确区分了这两种观点。宾厄姆法官阐述了以下标准:

"某人……(i)当他意识到某一情况存在或即将发生的风险时;以及(ii)当他意识到存在结果发生的风险时;也就是说,在他明知不应不合理

---

① *D. P. P. v. Morgan*[1976]A. C. 182 at 230,209,225.

② Dennis J. Baker,*Reinterpreting Complicity and Facilitation offences*(2015)Chapter 2.

③ *The Queen v. Pembliton*(1872-75)L. R. 2 C. C. R. 119.

④ *D. P. P. v. Morgan*[1976]A. C. 182. cf. *Re A*(*Children*)(*Conjoined Twins*:*Medical Treatment*)(*No.* 2)[2001]1 F. L. R. 267). *R. v. G*[2004]1 A. C. 1034.

⑤ [2004]1 A. C. 1034.

地冒险的情况下，轻率行事。"[1]

5-002　轻率不就是极端的过失吗？为什么不只使用过失的基本概念范畴呢？

主要的理由在于，即使疏忽大意的过失可罚，法律也常常将其视为比轻率犯罪更为轻缓的罪行，因为其可责性较低。此外，尽管轻率被认为是大多数犯罪的构成要素，但由于政策，许多疏忽大意的过失案件被排除在刑法打击范围之外。需要有合适的术语，来区分(1)轻率和(2)不一定等于轻率的过失。

虽然存在轻率造成人身伤害或财产损失的一般罪行，但英国法中没有过失的一般罪行(除了交通肇事罪[2]和过失杀人罪)。法律委员会在起草现行1971年《刑事损害法》时，决定不规定过失损害侵财犯罪，议会接受了该决定。刑法修订委员会在审议危害人身罪时，决定不提出过失伤害罪。[3] 若干大陆法系国家或地区规定了这类行为的一般刑事责任；但英国刑事立法与司法迄今尚未发现这种规定是必要的。接受过失作为普 129
遍的犯罪模式，要么会使刑罚系统不堪重负，造成司法资源的紧张，要么会带来高度选择性的甚至反复无常的执法活动。一般来说，造成伤害或损失的过失行为，最好留给民法解决。如果要对其进行刑事处理，则应采用处理一般过失类别的专门规定。

第2节　主观轻率

5-003　上议院在"女王诉G案"[4]中平息了主客观之争。在此之前，法院一直在作为过失的轻率概念("客观"定义)和作为主观轻率的轻率概念之间犹豫不决。

1. 作为客观的轻率概念，提出轻率是对谨慎者行为标准的极端背离。通常被告会注意到风险，但也可能没有注意到；而且行为人(在这种观点上)可以被认为存在严重过失，不管行为人是否注意到了风险。事实认定者(陪审团或裁判官)并不需要调查行为人的想法，而只需要评估其偏离适当标准的程度即可。

2. 另外，主观的轻率过失试图探究被告的思想活动，考察其是否意识到存在风险，但却不顾一切地继续下去。

---

① *R. v. G*[2004]1 A. C. 1034.

② *R. v. Reid*[1992]1 W. L. R. 793.

③ Working Paper on *offences Against the Person*(London:H. M. S. O. ,1976) para. 90.

④ [2004]1 A. C. 1034.

主观主义定义,现在得到了英国司法的完全接受。

5-004 我们有时会有意识地冒风险,这是完全正确的。但对此如何证明呢?事情结束后,无论被告当时有什么认识,都不会留下任何痕迹。如果行为人说自己没想过,谁能反驳呢?

必须承认,基于主观立场的定义是理想状态,不可能完全实现。即使在法律上已经被接受,也不得不使用比如客观审查等手段对其加以质疑。陪审团可能会被指示,如果任何人都会认识到特定行为所涉及的风险,就可以推断被告也会有此认识。

但是认为风险显而易见,被告人不可能不知道(主观轻率),与认为理性人可以意识到风险,但很多人可能意识不到(如果缺乏相关证据,不能推定存在主观轻率,尽管如果存在相关过失犯罪,被告人可能需要责任),存在程度上的差别。

如果陪审团采用主观轻率原则,他们应将自己的任务视为尽力评估被告当时一定预见到了的(确实预见到了的)内容;如果存在特定事实证
130 明行为人可能没有意识到风险,这就将具有决定作用。如果事实表明被告当时是或可能是一时疏忽大意没有认识到所做的事情的危险性,根据主观轻率理论,行为人应该被无罪释放。

5-005 如果主观轻率的定义是指被告认识到存在风险,所指的是多大程度的风险?

根据轻率的主观定义,事实的认定者在理论上将首先调查被告预见到的风险程度,然后将确定该风险是否是被告引起的合理/正当的风险。实际上,相关事实调查不可能如此精确。但认定者可能会扪心自问,是否存在任何社会理由,造成比通常所接受的更多的生命危险。如果不存在,且法庭认为被告至少已经预见到存在超出了行为引发的可接受程度的风险,就可以认定行为人是轻率的。在特殊情况下,可以认定这种情况证明行为具有相当程度的风险。①

5-006 如果行为人希望结果发生,是不是属于轻率呢?

当然,毋庸置疑。如果行为是轻率的或故意的,显然可以构成过失犯罪。较为宽泛的罪过概念,当然包括较为狭义的过错概念。

5-007 尽管如此,还是觉得主观轻率是非常狭隘的概念。尽管不能证明行为人主观上是轻率的,仍然可以对其加以适当的惩罚。

这个概念含义相对较为狭隘,但这就是立法本意。如果立法机关希望在更大范围内确立犯罪,可以使用过失的概念。你所表达的恐惧,是主

---

① Glanville Williams, *Textbook of Criminal Law*, (London: Stevens & Sons, 1978) at 72-77.

观定义在过去遭遇阻力的主要原因。[①] 相反,客观的轻率定义使陪审团能够对被告的行为表示愤慨,而不必担心行为人脑子里发生了什么。但与此相反,可以认为,如果询问陪审团被告是否偏离了合理的标准,他们就只能在缺少外力协助的情况下独立作出价值判断。

部分问题源于"轻率"概念的由来。从词源学上讲,"轻率"和"粗心"的意思是一样的;指的是不关心或"不小心"的主观心态。在两起案件,即"伦敦警察局长诉考德威尔案"(*Commissioner of Police of the Metropolis v. Caldwell*)[②]和"女王诉劳伦斯案"(*R. v. Lawrence*)[③]中,迪普洛克法官认为这种含义仍然成立。谈到轻率,他表示"通俗的或字典上的意思是:对自己行为可能造成的有害后果不闻不问或漠不关心",[④]并坚信这也是其法律上的含义。如果迪普洛克法官是在字面或词源意义上使用"粗心"和"轻率"的话,应该说这是无懈可击的。轻率的人追求的是自己目标的实现,至于是否是在制造危险,一般都不关心或不太关心。但 131
人们已经注意到,现在无论在法律意义上还是在一般用法上,"粗心"概念都不是这个意思;迪普洛克也持类似看法。粗心的人是不关心而不是不小心的人。粗心的司机当然会在意交通事故,但由于汽车性能不稳定或其他原因,其无法以可避免事故的方式驾驶机动车。在"女王诉劳伦斯案"[⑤]中,黑尔斯沙姆大法官解释了粗心大意含义的这种变化,以及将其等同于轻率引发的谬误,并主张"轻率……几乎总是……指代缺乏故意的主观心态,而其超越了纯粹的疏忽大意,或者在现代意义上说——尽管不是其词源和原意——超越了单纯的粗心大意"。他接着说,这个词在法律语境中保留了字典中的意义(他刚刚解释过的意义);但他也认可了迪普洛克大法官对其做出的"清晰的法律解释",尽管没有意识到迪普洛克大法官接受了在不谈及任何主观心态的情况下认定轻率的可能性。在委员会会议室昏昏欲睡的气氛中,其他人都同意迪普洛克大法官的看法,即轻率意味着粗心大意,而黑尔斯沙姆大法官则对此表示反对。

第3节 过失的定义

因为人所不知道的东西对其加以污名化,会给世界带来麻烦;但他们

---

① *Commissioner of Police of the Metropolis v. Caldwell*[1982]A. C. 341.

② [1982]A. C. 341.

③ [1982]A. C. 510.

④ *Commissioner of Police of the Metropolis v. Caldwell*[1982]A. C. 341 at 351.

⑤ [1982]A. C. 510 at 520.

知道的肯定不是这样。

约什·比林斯(Josh Billings)[①]

5-008 故意显然属于主观心态,是法律过错。另外的不一定涉及主观心态的法律意义上的罪过,便是过失。若干意外事件(或其他情况)发生得非常出乎意料,以至于他们的发生,只能用不可避免这种法律概念加以表述。任何处在被告当时所处情况的谨慎的人,都不可能采取措施来避免这种邪恶的结果发生。其他事故的发生,是因为忽略了理性人可能采取的预防措施(理性人有时最好被称为谨慎的人)。这种事故是被称为过失或粗心的产物。如此一来,过失就变成了不遵守被告有义务遵守的谨慎注意标准的行为。在法律要求这种合理行为的情况下,未能表现得像合理谨慎的理性人。例如,雇主可能会忽视其工人是否采取了安全预防措施。

5-009 您的意思是被告粗心大意?

是的,或者不胜任本职工作(比如开车)。或者,更糟的是,行为人可能真的认识到了危险但决心"放手一搏"。在后者的情况下,行为人属于过于自信的过失,或者轻率。如果行为人没有注意到危险,或者意识到有
132 危险,而行为人本应该注意到或认识到,就属于疏忽大意的过失。过失行为是指被禁止的行为,被告的责任取决于行为人没有意识到(预见/知道)其本应该意识到的内容,从而没有采取相应的行为这项事实,或者有充分理由认为,行为人确实意识到了,但是没有按照应该的行事方式行事。

对过失的判断,以谨慎的一般人为标准,也被称为"客观"标准,因为不依靠对被告头脑中的事情的认定。

5-010 您为什么在定义过失时引入"谨慎的一般人"概念?是不是因为否则的话,所有人的标准都不一样?

根本就没有什么标准可言。对某人行为的每次判断都意味着使用外在标准对其加以衡量。

5-011 这个"谨慎的人"是谁?是街上的随便哪个人吗?

街上的人,传说中的圣人和无知者的结合,并不完全代表这种理念。法律人想象中的"谨慎的人"或"理性人"是"模范人":兼具警觉、谨慎、严密等品质,被法官作为行为的楷模。有时候,的确,行为人被描述成普

---

① Josh Billings, *Everybody's Friend, or; Josh Billing's Encyclopedia and Proverbial Philosophy of Wit and Humour*, (Hartford, CT: American Publishing Company, 1874.) at 82.

通人或者一般人。[1] 但在审判过程中,很少有人试图找出普通人的行为方式;而且,就算能证明其他人的行为倾向与被告的行为完全一致,那也不是对过失指控的有力反击(至少,这是侵权法的立场)。"法律意义上的人"(*Homo juridicus*)是理想的人、道德的人、尽责的人,他们没有把标准定得高得离谱,让日常生活陷入困顿,但仍然要求最仔细的考虑,以避免损害,并遵守法律。

5-012　为什么不通过简单地询问伤害是否具有盖然性,来消除所谓理性人的表述呢?

盖然性是程度不同的问题。轻率和过失意味着冒着伤害的风险,这种风险的概率是社会所不能接受的。这取决于所谓的风险是什么。如果没有其他方法减轻病人的痛苦或延长病人的生命,外科医生所进行的手术,即便存在很高的致死病人的风险,也不会被判定为过失或轻率。雇主,为了增加产量和利润,用手下工人的生命来承担统计学意义上的极低风险,很可能会被认为是刑事过失或刑事轻率。[2] 133

5-013　检控方应该如何证明过失?

在因过失侵权而提起的诉讼中,原告必须在其索赔书中详细说明所指称的过失。例如,在追尾案件中,被侵权人会说被告开得太快,入错了车道,没有保持适当的警惕,等等。刑事案件中没有类似的诉状,但指控过失犯罪的检察官必须准备好说明为了避免事故或其他事件的发生,被告本可以和本应该做什么(或本不应该做什么)。

围绕过失问题举出的证据,几乎完全与被告人从事(或未从事)的行为相关。[3] 在那之后,陪审团(或治安法官)判断被告的行为是否显示出缺乏应有的谨慎。但有时,会允许代表控方或辩护方的专家证人出庭作证,证明被告在技术问题上犯的错误是可以理解的,[4]或者被告的行为与从事特定职业者的行为相一致。[5] 如前所述,证明被告遵守了一般的行为标准,并不一定构成抗辩,因为事实认定者仍然可以说,该平均标准也

---

① Michael Vitiello, "Defining the Reasonable Person in the Criminal Law: Fighting the Lernean Hydra", (2010) 14 *Lewis & Clark L. Rev*. 1435; Marsha Levick and Elizabeth—Ann Tierney, "United States Supreme Court Adopts a Reasonable Juvenile Standard in *J. D. B. v. North Carolina* for Purposes of the Miranda Custody Analysis: Can a More Reasoned Justice System for Juveniles Be Far Behind", (2012) 47 *Harv. C. R. —C. L. L. Rev*. 501. *J. D. B. v. North Carolina* (2011) 131 S. Ct. 2394; 以及 *U. S. v. IMM* (2014) 747 F. 3d 754 at 765。

② *R. v. Mark* [2004] EWCA Crim. 2490; *R. v. D. P. P. Ex p. Jones* (*Timothy*) [2000] I. R. L. R. 373.

③ *R. v. Trafalgar Leisure Ltd.* [2009] Env. L. R. 29.

④ *R. v. Lamb* [1967] 2 Q. B. 981.

⑤ *R. v. Adomako* [1995] 1 A. C. 171. *Hines v. State* (2003) 578 S. E. 2d 868.

属于过失;但证据可能同样有助于辩护方。

除紧急情况外,如果行为人承担了只有在具备特殊技能的情况下才能安全执行的任务,而其偏偏不具备这种技能,就可以认定其具有过失心态。[①] 某人即使对自己十分在意的地方,也可能会变得"粗心"。某人可能尽其所能地谨慎,但因达不到客观标准而被认为"粗心"或过失。行为人可以诚实地,或者,用另外的说法,真诚地、"发自内心"(*bona fide*)地相信事实是这样的——自己不会危及任何人;但仍可能会被认为在达成这种信念时存在过失。不称职的司机可能会被判"没有适当注意及谨慎"地驾驶车辆,尽管行为人尽了自己的最大努力。粗心大意的人就是没有尽到注意义务的人:无论行为人是否自己感觉谨慎小心。行为人可能会因为犯下完全诚实的错误而被认为存在过失。

5-014 在普通法中,唯一需要行为人承担刑事责任的过失犯罪,当然,也是唯一重要的犯罪,便是过失杀人;在这里,法院发展出限制原
134 则,即过失必须"严重"才能追究刑事责任。[②] 这意味着,轻微地背离合理行为的过失,不会使某人受到刑事惩罚。法律还规定了其他几项过失犯罪。[③] 在其他情况下,立法机关似乎更愿意谈论不谨慎(如危险驾驶罪)[④]或要求尽到谨慎注意义务[⑤]或要求合理行为;但这些只是提及不同程度过失概念的不同方式。制定不作为罪的成文法往往涉及过失责任,因为此类成文法的目的是被告应采取积极措施,实现立法机构所期望的情况。

成文法创设了新的过失犯罪时,并不会具体规定刑事责任所必需的过失程度;也许有人会认为,比照过失杀人罪中制定的规则,法官们会要

---

① *R. v. Bannister*[2010]1 W. L. R. 870.

② *R. v. Adomako*[1995]1 A. C. 171;*R. v. Morgan*[2007]EWCA Crim. 3313;*R. v. Evans*[2009]1 W. L. R. 1999. Ken Oliphant,"Manslaughter:Recklessness or Gross Negligence",(1996)6 *K. C. L. J.* 149.

③ Section 5 of the *Domestic Violence,Crime and Victims Act* 2004.

④ Section 2B and 3 of the *Road Traffic Act* 1988.

⑤ Colin Manchester,"Knowledge,Due Diligence and Strict Liability Regulatory offences",[2006] Crim. L. R. 213.

求所有的犯罪过失都是“严重的”。在“美国法律协会”(American Law Institute)[①]创制的《模范刑法典》(Model Penal Code)中提出了该规则。[②]在英格兰和威尔士,并没有采取这条立法路线,因此,许多成文法中的过失犯罪意味着任何偏离理性人标准的行为,无论其程度有多小。[③] 如果说在要求过失为重大过失方面若干法院采取了更为宽泛的态度,[④]那么这在一般的法定过失理论中显然没有体现出来。 135

① “美国法律协会”于 1923 年成立,发起者多为杰出的法官、律师以及法学教师,旨在完善、明晰现行立法。在成立之初,美国法律学会就十分关注实体刑法方面存在的问题。通过调查美国刑法的实然状况,美国法律学会很快就发现了问题所在,并在其第一份决议当中明确指出,作为刑法学研究对象的成文法过于庞杂,而这种庞杂仅仅通过学术批判根本无法有效解决。很多学者同意,长期以来,对刑事立法的关注不够,而由此累积的大量问题积重难返,已经无法通过学理评价等解决。因此,1931 年,美国法律学会提出了第二份决议,呼吁构建模范法典。然而,这需要十分细致的实证分析,而这种努力即使不是在经济大萧条的年代进行,也耗费颇巨,故虽然得到了罗斯福总统强有力的支持,但仍最终流产。1950 年,建构《模范刑法典》的努力得以恢复,并成了若干由刑事执法、司法以及理论研究等各个领域专业人士组成的咨询委员会,1952 年,《模范刑法典》的设计以及起草工作正式开始。在随后的 10 年当中,美国法律学会召开过很多次咨询委员会议,每次会议持续 3 天左右,在会议期间,与会代表针对基本的政策问题反复争论并加以解决。与会者提出各自的研究成果以及草案,所有争论结果被集合成一个最终的版本。从 1953 年到 1962 年这 10 年,总共讨论了 31 个草案。在会议讨论修改通过之后,整个材料加上相关的评论,按照一定的顺序编排,一并送交美国法律学会,后面附加了于 1961 年提交的针对刑罚和改正措施的最终草案,形成了官方的 1962 年《模范刑法典》草案。法学会考虑了之前不同利益集团提交的不同的草案版本。虽然最终版本并没有得到所有参与者的认同与支持,但可以肯定的是,最终文本体现了很大程度的共识的。但必须指出的是,在全国范围内达成刑法观点的统一并不是法学会的目的所在。因为一般认为,不同州的环境以及观念的不同,势必会在其刑事实体法当中反映出来。提出《模范刑法典》,无非是刺激、帮助各司法区,在反思、完善其刑事成文法的时候开阔视野,并且可以为其审视自身所面临的问题提供新的评价和解决办法。但这并不是说美国法律学会没有野心推动这部模范法典的普遍适用,起码是某种参照。参见 Herbert Wechsler,“Codification of the Criminal law in the United States:The MPC”,*Colum. L. Rev.* 68(1968):1425。美国法律学会花费了 10 年时间,完善、起草了一部《模范刑法典》。28 位起草者和 28 位咨询委员在 8 次年会当中,总统提交了 18 份报告。20 年之后,7 位报告人和 20 位咨询委员完成了 6 卷官方评论。维彻斯勒为主报告人,路易斯·舒瓦茨(Louis B. Schwartz)是副报告人。这项工作持续了 50 年的时间,在法学同人的致力之下,1962 年报告人提出了最终版本。《模范刑法典》作出了很多贡献。这种尝试意义非凡,1962 年《模范刑法典》官方版本出台之后不久,大部分的州开始反思其刑法典的修改与完善问题。例如,在加州一个改革委员会就参照《模范刑法典》文本,自 1963 年开始,用了 6 年的时间来,提交出 3 份公开征求意见稿。参见 Arthur H. Sherry,“Criminal Law Revision in California”,*J. L. Reform* 4(1971):433。

② Section 202(2)(*d*).

③ Cf. section 111 of the *Protection of Freedoms Act* 2012 (section 2 of the *Protection from Harassment Act* 1997); section 23 of the *Violent Crime Reduction Act* 2006; sections 1 & 2 of the *Sunbeds Act*(*Northern Ireland*) 2011; section 5 of the *Bribery Act* 2010; sections 115-116 of the *Armed Forces Act* 2006; section 126 of the *Serious Organised Crime and Police Act* 2005; sections 71 and 78 of the *Sexual offences Act* 2003; sections 145-146 and 148 of the *Licensing Act* 2003; section 7B of the *Tobacco Advertising and Promotion Act* 2002; section 5 of the *Anti—terrorism, Crime and Security Act* 2001; section 22A of the *Road Traffic Act* 1988; section 1A of the *Crossbows Act* 1987.

④ *R. v. Adomako*[1995]1 A. C. 171.

5-015 可否认为您在考虑过失时完全忽视了被告的主观心态?

这样说就太过了。人们可以想象,如果现在的情景是普通的司机不知道被害人是盲人[①],也没有理由认为当自己向前开车时,被害人也会前行,行为人在开车撞倒盲人时就不算粗心大意。但是,司机如果知道这个人是盲人,就有可能因此而犯下过失的交通犯罪。[②]

5-016 过失是种犯意?

若干法官认为是,但也有实质性的争论:

过失不一定是种主观心态,因此称之为犯意并不恰当。

最严重和最可责的罪行被定义为需要故意或轻率。如果允许过失是罪过,法官们可能会将轻率的概念扩大,直到包括过失(有些人过去也曾这样做过),[③]这将导致刑罚的严厉程度大大增加。[④] 该论点并不涉及认为不应惩罚过失犯:[⑤]只是说,一般来说,过失行为不应与需要主观心态的罪行受到相同惩罚。[⑥]

哲学家尝试了各种各样的方案,试图把犯罪过失作为主观罪责的表现形式,但都没有成功。[⑦] 据说有些人有"我一点儿也不在乎"的态度,但态度不能使某人对其没有预见到的风险负主观责任。品格理论的倡导者将可用于推定客观过失或主观轻率的证据与实质过错理论本身混为一谈。他们陷入了陷阱,以为疏忽大意的过失也可以被注意到,而他们所做的一切都是指向若干要素,这些要素让陪审团得出主观过错的推论。如果被告人的性格显现出来,而相关的行为表现出行为人主观上的轻率,根本不需要提及过失。许多恶人可能丝毫不关心别人,但可能足够幸运,永
136 远不会发生意外。同时,许多具有模范品质的人可能不幸地犯了大错。

目前尚不清楚在"女王诉阿多马科案"(*R. v. Adomako*)中,作为被告的麻醉师的态度或性格是否是"我一点儿也不在乎",[⑧]尽管如此,他还是

---

① Section 30(3ZA)(3) of the *Road Safety Act* 2006.

② Section 2A(3) of the *Road Traffic Act* 1988; section 1 of the *Road Traffic Act* 1991; and section 20(1) of the *Road Safety Act* 2006.

③ *Commissioner of Police of the Metropolis v. Caldwell*[1982] A. C. 341.

④ *Elliott v. C(A Minor)*[1983] 1 W. L. R. 939.

⑤ Cf. the discussion in Kenneth W. Simons, "Culpability and Retributive Theory: The Problem of Criminal Negligence", (1994) 5 *J. Contemp. Legal Issues* 365.

⑥ Cf. George P. Fletcher, *Basic Concepts of Criminal Law*, (New York: Oxford University Press, 1998) at 117; George P. Fletcher, "Theory of Criminal Negligence: A Comparative Analysis", (1970) 119 *U. Pa. L. Rev.* 401.

⑦ Cf. discussion in Michael D. Bayles, "Character, Purpose and Criminal Responsibility", (1982) 1 *Law and Phil.* 5 at 10; Kenneth W. Simons, "Dimensions of Negligence in Criminal and Tort Law", (2002) 3 *Theoretical Inq. L.* 283.

⑧ [1995] 1 A. C. 171. *R. v. Misra*[2005] 1 Cr. App. R. 21.

应该受到惩罚。阿多马科可能很谨慎,但在案发那天弄错了。无情的麻醉师专注自我,在手术时,就算宿醉和睡眠不足,也可能永远不会犯错误。达夫和西蒙斯是"漠不关心的可责性"理论的主要倡导者。在某种程度上,主观选择导致漠不关心[①](也就是说,被告选择"不关心"),但其被主观轻率原则所涵盖。可责性作为古板的道德术语,仅仅是应受谴责性,[②]因此术语"应受责备的漠不关心"是误导性的,因为仅仅是指"应受非难的冷漠"。这种漠不关心根据主观或客观的理论都是值得谴责的。如果是在客观理论的指导下,被告就缺乏犯罪心理。如果是在主观理论的指导下,在事后的审判中,就必须排除合理怀疑地证明被告有犯罪心理(行为带有主观心理状态)。如果这些理论家只是指"漠不关心",[③]绝对来说(*simpliciter*),那就是单纯的过失。把主观轻率扩大到涵盖客观轻率的尝试只能走到目前为止,因为事实上的主观(事实上的主观心态)和事实上的客观(事实上的非主观心态)之间存在概念上的鸿沟,无法融合。不法行为人要么具备有主观心态,要么没有,不可能同时具备。同样,如后所述,故意的漠不关心或故意的置若罔闻属于主观的轻率。如果某人知道存在风险,故意视而不见以避免自己的怀疑得到证实,就很难辩称没有意识到自己是在冒险。[④]

第4节　处罚过失的正当性

5-017　处罚过失的根据,在于功利主义,即希望借此完善人们的行为标准。

5-018　这不是道德问题吗?不考虑别人是不对的。

如果疏忽大意的过失是不关心他人造成的,这是性格上的缺陷,可能被认为是道德上的错误。但法律人所说的疏忽大意的过失并不总是这种情况。过失可能只是好心人的失误,而这是否应该被认为是道德上的错 137
误还有待商榷。

---

① Kenneth W. Simons, "Does Punishment for Culpable Indifference Simply Punish for Bad Character", (2002-03) 6 *Buff. Crim. L. Rev.* 219; R. A. Duff, *Intention, Agency and Criminal Liability*, (Oxford: Basil Blackwell, 1990) at 160 *et seq*; Stephen P. Garvey, "What's Wrong with Involuntary Manslaughter", (2007) 85 *Tex. L. Rev.* 333; P. J. T. O'Hearn, "Criminal Negligence: An Analysis in Depth—Part II: Culpable Ignorance", (1964) 7 *Crim. L. Q.* 407.

② Cf. Jean Hampton, "Mens Rea", (1990) 7(2) *Social Philosophy and Policy* 1.

③ Michal S. Moore, *Placing Blame*, (Oxford: Clarendon Press, 1997) at 590.

④ Holly Smith, "Culpable Ignorance", (1983) 192(4) *Philosophical Review* 543.

5-019 即使罪犯在当时没有意识到危险,但如果采取了适当的预防措施,行为人就会意识到危险。所以行为人应该受到道德上的谴责。

我不反对,但应该注意事实。把你说的话应用到健忘的人身上。记性不好的人常常可以采取措施,通过在智能手机上记录自己的日程安排,并经常查看等措施来弥补自己的不足。但行为人的记忆力可能差到忘记打开智能手机,或者忘记了手机里记录的某项目的的严重程度。也许,为了克服这个风险,行为人会采取额外的预防措施,比如让其他人提醒自己。但可能某日行为人恰好忘了询问这位提醒者。行为人是想用其他设备提醒自己看智能手机还是让伴侣提醒自己?如果行为人忘记关炉子或熨斗而引起火灾呢?这是道德上的过错吗?我们所面临的是显而易见的事实,即在特定的场合,采取特定预防措施的想法从未进入行为人的脑海。那是行为人精神特质上的缺陷,行为人情不自禁。为了找出弥补行为人失败的安排中的某些缺陷,而追查行为人的过去,并因此责怪行为人,常常表现为某种在道德主义方面缺乏回报的行为。

这不仅仅是记忆的问题。许多研究已经对事故倾向性进行了探寻,发现特定人群比其他人群更容易发生事故。老年人相比年轻人更容易,儿童相比成年人更容易发生事故,等等。[①] 但有些人特别容易出事。他们天生特别笨拙,或者因为个人经历而变得非常愚笨。某人有某种天生的气质,随着时间的推移,这种气质可能会被许多无法控制的环境要素所改变。其结果可能是行为人变得冲动,无法停下来思考自己所做的事情的后果,或者头脑变得太迟钝,无法想象行为后果;行为人变得笨拙,无法以应有的精度控制自己的动作(或行为人正在使用的机器的运作),或者在紧急情况下反应时间很慢。

5-020 如果,正如您所说,个人无法控制自己身心的这些方面,又怎么能说行为人应该受到惩罚?

反对过失责任的意见,尤其吸引那些采取"决定论"(determinism)立场的人,根据该立场,所有事件(包括人类行为)都是由先前存在的原因

---

① Knud Knudsen, "Accident Risk in Middle Age Years and in Old Age", (1975) 18 *Acta Sociologica* 62. Cf. Liisa Hakamies—Blomqvist *et al.*, "Driver Ageing does not Cause Higher Accident Rates per km", (2002) 5(4) *Transportation Research: Traffic Psychology and Behaviour* 271. Frank P. Mckenna, "Accident proneness: A conceptual analysis", (1983) 15(1) *Accident Analysis & Prevention* 65.

事件所主宰的。[1] 我们所做的一切都是遗传素质和个人历史的产物。[2] 138

不必围绕决定论争论不休。可以说,决定论这种哲学理论,即使为真,对法律界人士和道德学者也没有什么意义。法律和道德上的问题是,如果有意愿,罪犯是否本可以采取其他行动。[3] 如果可以,行为人就需要承担道德和法律上的责任。[4] 接下来的问题"行为人能产生意愿吗"可能被哲学家们所揣摩,但从实用角度考虑,这在法律和道德上都遭到回避。法律和道德体系的目标是,朝着社会期望的方向引导行为人的意志。一旦掌握了该简单的观点,调和功利主义刑罚理由的明显困难就会稍有改善。然而,意愿或意志障碍,当与儿童相联系或被视为精神失常的症状时,就被赋予了道德和法律意义。

无论意愿"存在"还是"不存在",普通人都认为确实存在。行为人也准备好承认,在没有过错的情况下惩罚是不公正的,对存在过错的行为加以惩罚是公正的。因此,如果把刑法的适用范围限制在被视为过失行为的案件上,即大多数人在条件适当的情况下会采取其他行动的案件上,就能够确保对刑法的适用获得最佳的接受。另外,惩罚被视为存在罪过的行为,可以影响行为人和其他人未来的行为,而处罚没有罪过的行为,显然不可能产生这种后果。[5] 对于有罪过行为的惩罚,假定罪犯本可以阻止这种情况的发生,至少假定在被告的精神和身体素质之外不存在任何行为人无法改变以防止结果发生的情况;我们希望这种惩罚能够使行为人的事后表现得更好。刑罚的适用,是促进犯罪者适应未来的方式之一。但惩罚过失行为的真正价值在于,向全世界发出了"请小心"的信息(尤其是针对那些选择从事危险活动的人)。

5-021 对不可避免的意外事件——任何从事了违法者当时所从事

---

① Stephen J. Morse, "Determinism and the Death of Folk Psychology: Two Challenges to Responsibility from Neuroscience", (2008) 9 *Minn. J. L. Sci. & Tech.* 1; Richard Lowell Nygaard, "Freewill, Determinism, Penology, and the Human Genome: Where's A New Leibniz When We Really Need Him", (1996) 3 *U. Chi. L. Sch. Roundtable* 417.

② Cf. Karen Eltis, "Genetic Determinism and Discrimination: A Call to Re—Orient Prevailing Human Rights Discourse to Better Comport with the Public Implications of Individual Genetic Testing", (2007) 35(2) *Journal of Law, Medicine and Ethics* 282; Jennifer Wriggins, "Genetics, IQ, Determinism, and Torts: The Example of Discovery in Lead Exposure Litigation", (1997) 77 *B. U. L. Rev.* 1025.

③ Cf. the penetrating discussion in John Martin Fischer and Mark Ravizza, "Responsibility for Consequences", in Jules L. Coleman and Alan Buchanan, *In Harm's Way: Essays in Honour of Joel Feinberg*, (New York: Cambridge University Press, 1994) at 183 *et seq*.

④ George P. Fletcher, *Rethinking Criminal Law* (Boston: Little, Brown, 1978), 504-505.

⑤ Dennis J. Baker, "Punishment without a Crime: Is Preventive Detention Reconcilable with Justice", (2009) 34 *Austl. J. Leg. Phil.* 120; Peter Arenella "Convicting the Morally Blameless: Reassessing the Relationship between Legal and Moral Accountability", (1992) 39 *UCLA L. Rev.* 1511.

139 的行为的普通人,都无法避免危害结果的发生,除非彻底消除所讨论的活动类别(而这可能是社会上需要的活动)——实施惩罚,立场就是不同的。如此一来,罪犯必须将惩罚的风险作为自己行为的必然附带结果。这便是严格责任犯罪的立场,[①]但从道德主义的角度来看,严格责任是高度可疑的。

过失责任,是依据本身没有法律效力的常识性规则进行制裁(惩罚)的方式。关于枪支的管理,有众所周知的谨慎规则,即绝不应让枪支保持上膛状态,即使确信子弹没有上膛也不应将枪支指向任何人,等等。同样,这也只是谨慎的规则,而不是明确的法律规则,即某人不应该走入驾驶盲区(除了关于跨越双白线的法律之外)。不遵守这些规则(通常是故意或轻率的不遵守)将很容易被视为过失,根据后果可能导致对非常严重罪行的定罪。[②]

5-022　司机们之所以不在盲道上开车,是因为他们认识到的这样做的后果可能远比事后在法庭上呈现的更为直接和可怕。

此言不虚,但是规制过失和粗心大意驾驶的法律会增加压力,迫使坏司机改变驾驶习惯,最后不得不放弃驾驶。针对使用枪支与驾驶车辆时出现的疏忽大意,法律采取的是不同的立场。前者的粗心大意本身不是,即使造成严重伤害也不是犯罪,原因显然是枪支事故太少见,无法引起法律的特别注意。但是,如果被害人死亡,被告可能会被指控过失杀人。[③]

矛盾的是,惩罚过失行为的正当性,在既不涉及监禁,也不涉及道德否定评价的轻微犯罪中,反而比在严重犯罪中更加容易成立。"行政犯"一般涉及某项业务或其他经营活动,而且这种情况经常发生。罚金,如有必要,反复适用罚金,可以促使人们注意。[④] 另外,对行政犯判处长时间
140 监禁是没有意义的,因为这与当时的情况不成比例。至于犯罪者本人,与其提高行为人的标准,不如褫夺行为人从事职业的资格。这种以一般威慑为理由而通过的判决,不太可能使普通人更为勤勉地关注其行为的后果,但除了在已经提到的情况下,即可以要求遵守某些可确认的谨慎规则的情况。此外,即使所造成的伤害很大,但如此一来,不可能将伤害与那些对伤害负有最主要责任的人联系起来,仅仅因为实施者是造成伤害的

---

① Jeffrie G. Murphy and Jules L. Coleman, *Philosophy of Law*, (Westview Press, 1990) at 128.

② Section 2A(3) of the *Road Traffic Act* 1988; section 1 of the *Road Traffic Act* 1991; and section 20 of the *Road Safety Act* 2006.

③ *R. v. Salmon*(1880) 6 Q. B. D. 79.

④ *Milton Keynes Council v. Leisure Connection Ltd.* [2010] Env. L. R. 4; *Transco Plc. v. HM Advocate*(*No.* 1) [2005] B. C. C. 296.

直接原因,就对实施者实施重刑,可能没有什么社会利益。①

简言之,尽管出于一般和特殊预防以及个别报复和该当性的原因,很少有人反对对疏忽大意的犯罪者判处罚金,但如果可能的话,在违反某些具体规定的简易程序中,这样做似乎是正确的,而不是将过失作为严重的耻辱性罪行。拉德克利夫大法官(Lord Radcliffe)曾说:"让某人对其可预见的行为后果答责,从而不必费心去寻找他的动机或目的的想法,具有强烈的吸引力,但这显然与定罪处刑的原则存在不符。"②因此,过失责任只能作为例外,适用于比较严重的犯罪。

5-023 不应因过失而将任何人送进监狱的立法规定,还有很多话要说,③但在极少数情况下,监禁是国家的适当回应。威慑理由很简单,若干过失行为所涉及的危害,其严重性远远大于许多故意行为,因此,如果人们从事危险活动,如驾驶汽车、开火车、操控飞机、做手术、张贴食品药品标识、枪支管理等,就应该利用刑法来使其尽到谨慎注意义务。某人因为过失没有扑灭篝火所造成的伤害,④可能远大于故意砸碎电话听筒的人所造成的损害。⑤ 141

第5节 残疾被告

5-024 在比较身心残疾者(盲人、伤残者、智障者等)和理性人时,我们应假设理性人也有同样的缺陷。被告只需尽自己身体所允许的最大限度努力即可。⑥ 但是,如果残疾人做了若干只有没有相应残疾的人才能安全地做的事情,而他本来有机会不这样做,那通常是种过失。

5-025 被告的能力低下怎么办?

一般认为,理性人在智力和预见力方面,是合格的。⑦ 若干评论者认

---

① *Attorney—General's Reference*(*No*. 2 *of* 1999)[2000]Q. B. 796;*R. v. P&O European Ferries*(*Dover*)*Ltd*. (1991)93 Cr. App. R. 72.

② Lord Radcliffe, *Censors*(Cambridge: Cambridge University Press, The Rede Lecture, 1961)at 20.

③ Jerome Hall, "Negligent Behavior Should be Excluded from Penal Liability", (1963)63 *Colum. L. Rev*. 632. Cf. James B. Brady, "Punishment for Negligence: A Reply to Professor Hall", (1972-73)22 *Buff. L. Rev*. 107.

④ *R. v G*[2004]1 A. C. 1034.

⑤ Cf. *R. v. Parker*[1977]1 W. L. R. 600.

⑥ Mayo Moran, *Rethinking the Reasonable Person* (Oxford: Oxford University Press, 2003); Caroline Forell, "Essentialism, Empathy, and the Reasonable Woman", (1994)1994 *U. Ill. L. Rev*. 769. Tatjana Hornle, "Social Expectation in the Criminal Law: The Reasonable Person in a Comparative Perspective", (2008)11 *New Crim. L. Rev*. 1.

⑦ *R. v. C*[2001]3 F. C. R. 409. *R. v. Coles*[1995]1 Cr. App. R. 157.

为,在衡量被告的行为是否低于理性人被期望拥有的标准时,应考虑被告的某些能力低下的情况。有人称为主观的客观审查。这是在考虑被告是否本应该表现得比当时的行为好时,兼顾其丧失行动能力的特点的问题。问题不仅是行为人是否应尽到谨慎注意义务,而是考虑到行为人的身心残疾,其是否可以尽到适当谨慎的注意义务。这种类型的个体化的谨慎人/理性人测试,[1]允许考虑某些严重的身体和精神缺陷。[2]（当然,在某些情况下,某人的身体残疾,意味着行为人不应该做其当时正在做的事情。）

几十年前,基托法官(Kitto,J.)提出[3]:

“该原则当然适用于儿童。谨慎的标准是客观的,对被告而言,就像对成年人来说一样,说其造成的伤害是由于异常迟钝、脾气暴躁、心不在焉或缺乏经验,将无法找到答案。但这并不意味着被告不能依靠年龄等要素对预见力或谨慎能力的限制来为自己辩护,因为这不是他个人的问题,而是其所处的发展阶段的所有正常人的共同特征。基于此,被告人企图适用一般人的标准,客观而不是主观的标准。关于与预见性和谨慎、经验、对因果的理解、判断的平衡、考虑有关的事情,把所有年龄人的混为一
142 谈,谈论正常状态是荒谬的,实际上是对语言的滥用。在这些方面,对儿童来说的正常,与成年人的正常是不同的;正常的概念本身就代表不断上升的水平,直到‘此去经年,才能获得所谓的自由裁量权’……在我看来,如果某人没有达到‘行为得体’的客观标准——所谓‘得体’,需要对比在类似情况下普通人的注意标准——就要对他造成的伤害负责,是有问题的,而且在确定未成年人刑事责任时,以普通人为参考系,而不考虑相应年龄儿童的行为标准,也违背了刑法的基本理念。”

某些限制会阻止某些人(如此一来,是非常年幼的儿童)达到谨慎的成年人的标准。[4] 惩罚过失的全部理由在于,理性人当时会从事不同的行为。法律给过失的不法分子传达的信息是,他本应该采取不同的行动。如果理性的孩子或残疾人不可能有不同的行为,说“我们惩罚你是因为你应该实施不同的行为”便是荒谬的。如此一来,刑罚的一般威慑/预防的理由是毫无根据的,因为这些人没有能力以不同的方式行事。未成年人可能会实施若干过失的行为,而即使是最绝望的成年人也不会傻到做

---

① Peter Weston, “Individualizing the Reasonable Person in Criminal Law”, (2008) 2(2) *Crim. L. & Phil.* 137 at 140.

② *R. v. Mrzljak* [2005] 152 A. Crim. R. 315 at 334 *per* Holmes, J. *R. v. A* [2014] 1 W. L. R. 2469.

③ *McHale v. Watson* (1966) 115 C. L. R. 199 at 213–214.

④ *R. v. A* [2014] 1 W. L. R. 2469.

出这种行为。

同样，当谨慎的人/理性人以专业身份行事时，也有必要使其个性化。我们对手术室中的护士和神经外科医生的期望并不相同。同样，我们也不能希望护士在手术中发现属于其他人，例如麻醉师的技能范围之内问题。因此，标准是理性人如此一来应该做的事情。孩子不应被期望像称职的成年人一样行事；护士不应被期望预见到只有麻醉师才能察觉的风险，如此类推。

5-026　法院是否愿意考虑“人身归属特征”（inscriptive characteristics）呢？

是的，但程度有限。特别是，他们愿意考虑年龄。这是对要求忽略被告的心理特征的通常规则的修改。[①] 法院只应考虑使被告无法合理行事的特点。考虑性别是行不通的，因为这不是种残疾。而且，某个性别的理性人可能会服从，而另一种可能不会；这显然与因为行为人坐在轮椅上或患有某种精神障碍而无法遵守截然不同。只应考虑严重和明确界定的身体缺陷，否则，客观标准将演变为人人都可以用的抗辩事由。

5-027　但是，对专家和智商低下的人分别规定标准不同的注意义务，难道不是更公正吗？

人，生而天真。有些人会一直如此。但即使是“傻子”，也不能免受生活的调节过程，包括法律的影响。当陪审团或治安法官在审查过失时，他们很少会直说，但会扪心自问：“被告是不是比我想象的更愚蠢？”尽管 143
不是很精确，但算是可行的考查标准。但是，依据智商水平的变化而设立一系列标准，是不可能的，也是不明智的。例如，发生驾驶事故的老太太可能会因为必须面临交通肇事罪的指控而决定放弃驾驶，更别说法院可能会对其施加褫夺驾驶资格的处罚。如果说：司机越老，对其注意义务的要求就越低，显然就太荒谬了。[②]

此外，如果法律意义上的理性人被赋予被告的智商，似乎没有理由不赋予其被告的情感稳定性，甚至赋予行为人的由基因和环境所决定的整个性格。但是，如果把被告的所有特征都强加给理性人，判断的标准就完全消失了，届时我们只能将被告的行为与虚拟构造物的行为相比，而后者在所有能想到的方面，都与被告相像（推定是相同的）。然而，如果（用技

---

① *Royal Society for the Protection of Animals v. C.* (2006) 170 J. P. 463; *R. v. G.* [2004] 1 A. C. 1034 at 1037. Cf. *D. P. P. v. TY* (*No* 2) (2006) 14 V. R. 430. the civil law cases *Orchard v. Lee* [2009] EWCA Civ. 295; *Blake v. Galloway* [2004] 1 W. L. R. 2844; *Mullin v. Richards* [1998] 1 W. L. R. 1304. *Attorney—General for Jersey v. Holley* [2005] 2 A. C. 580; *D. P. P. v. Camplin* [1978] 2 W. L. R. 679.

② *R. v. Bannister* [2010] 1 W. L. R. 870.

术术语表示)说某人“心神耗弱”(mentally impaired),这就可能引入主观责任的问题。

5-028 如果被告喝醉了,您认为理性人也会这样?

显然,“理性的醉汉”是行不通的概念。众所周知,理性人和“恶名远扬”的法官一样清醒。因此,涉及过失的指控,不考虑自愿服用酒精或其他药物而产生的幻觉或实际丧失行为能力的状态。这项规定是基于社会原因而获得了合理性的,因为刑事法庭需要权力来控制那些有饮酒癖好
144 和醉酒时存在危险性的人。后面的章节中将进一步讨论这个问题。

第 6 章　针对情节的罪过

望你容许我从这些假设虚构的罪名中,来旁推侧引,以便洗雪我自身。①

莎士比亚

因此,人们很少在观念的方面发生错误,很少把红的名称用在绿上,或者把甜的名称用在苦上。至于各种观念如果系属于个别的感官,则人们更不容易混淆他们的名称,更不容易用滋味的名称来称某种颜色……复杂情状的观念,是最容易虚妄的。

约翰·洛克②

---

① *The Tragedie of King Richard the Third*, (London: Printed by Thomas Creede, for Andrew Wise, 1598), ACT I: Scene 2. 中译本可参见[英]莎士比亚:《理查三世》,杨林贵译,商务印书馆 1997 年版。——译者注

② *An Essay Concerning Human Understanding*, (London: T. Longman, 1796) Vol. 1 at 410-411. 中译本可参见[英]洛克:《人类理解论》,关文运译,商务印书馆 1959 年版。——译者注

第1节 行为的情节

6-001 迄今为止,我们主要关注的是针对后果的过错,但在与情节有关的方面,也可能出现类似的问题。

6-002 能否提"情节"的简要定义?如果有男人勾引法国女孩,女孩是法国人的事实,是不是种情节?

情节不是围绕犯罪的全部事实,而是有关情节——被告人行为时存在的事实,是法律规定的犯罪条件。在你提出的案件中,唯一可能犯下的违法行为,是与16岁以下的女孩发生性关系。[①] 事实(1)对象是女孩;和事实(2)其不满16岁,便是法律中有明确规定的犯罪情节;但女孩的法国国籍,则是无关紧要的。这种犯罪成立,不需要任何后果,只需要行为和情节。

其他事例是,重婚是指当男性(对女性来说也如此)[②]已与他人结婚后,再次和其他女性缔结婚约。在结婚典礼上说"我愿意"的行为就是犯
146 罪。被告已经结婚是犯罪的情节。这是法律中规定的事实,但不是结果。

6-003 但结婚了这个事实难道不是结果吗?

重婚仪式是无效的,无法产生任何与他人结婚的结果。即使这是犯罪行为,在民法上也没有法律效力。但无论如何,当某人分析犯罪的要素并谈到后果时,指的是实际后果,而不是法律后果。重婚在历史上被定为犯罪,因为其"亵渎了庄严的仪式"。如今,重婚相对较少受到起诉,而且受到相对宽大的对待,现在主要的反对意见是,重婚给了欺骗第二个"配偶"或第三者的机会。

如果法律的规定是明确和合理的,与情节有关的过错就可以相当容易地陈述出来。可能是这样的:

如果行为人在实施相关犯罪的行为时知道情节存在,则在情节方面,针对该行为是故意的。如果行为人在实施相关罪行时希望这种情节存在,也是如此。

如果行为人明知情节可能存在,并甘冒情节存在的不合理的风险,则针对该行为的情节,行为人存在轻率心态。

虽然并不知道情节的存在,但本可以通过合理的调查予以发现,则该行为人针对情节存在过失心态。

我们将看到,法院在前两个命题中为后世埋下了疑问和困难的种子。

---

① Section 9 of the *Sexual offences Act* 2003.

② Section 57 of the *offences against the Person Act* 1861.

6-004　我不明白如何才能针对情节存在轻率心态。情节就是存在的事实。行为人可以对未来发生的事情存在轻率,但对已经发生的事情肯定不会。

轻率与事实是否存在的问题有关。你可以在火上扔个信封,对里面是否有现金,持轻率心态。以下部分讨论将涉及错误的影响,这里会提到三种错误,其中只有两种涉及影响责任的问题:

1. 定义事实(犯罪定义的一部分)的错误。这是我们目前所关心的问题,如果错误否定了作为犯罪构成定义一部分的必要的主观要素,这种错误就是种抗辩。

2. 关于防卫问题的错误(例如,错误地相信自卫的必要性)。

3. 关于管辖权或程序性事实的错误不影响责任,也不构成任何免责事由(例如,认为你在苏格兰实施行为,而实际上你在英格兰实施行为, 147
或错误地认为你享有外交豁免权)。对于这种错误,我们无须赘言。

第2节　针对情节的故意

6-005　之前在第4章第2节定义的故意,与行为的结果有关,但我们也说行为本身是故意的。"行为本身"可以是指身体举动或身体举动加上行为发生时的情节。在应用于身体举动时,这个概念意味着举动是有意愿的、有意志的、有目的或在正常意识状态下进行的(从法律目的出发,梦游者并非故意行走,因为其并非处于正常意识状态)。根据通常的理解,故意的概念适用于行为的情节,意味着行为人知道这些情节。举个事例,如果说被告故意闯入机场,我们的意思是,其不仅仅是去散步,而在说被告人知道自己在机场,并明知其没有权利去那里。

6-006　假设被告人不清楚自己身处机场的某个地方,但对此有所怀疑,依然不顾一切走了进去,该如何认定?

如果真是这样的话,恰当的说法肯定是,被告人轻率地侵入了机场。或者,更确切地说,被告人是在行走,对自己是否在机场毫不在意。令人惊讶的是,在该法律问题上,几乎没有任何权威法律解释,因为在大多数的犯罪中,犯意既可以是故意也可以是轻率,如此一来,所有的起诉都只需证明被告人是轻率的。但法律应接受通常使用的语言,因此,故意犯罪(在最充分的意义上)应要求对情节有明知,而不仅仅是对情节的轻率心态。

举个事例,某人握着警官的手臂,以便说服他即将逮捕的人是无辜的。[①] 此人被判意欲妨碍警方执法,因为尽管只是暂时的妨害,但他的确明知自己在妨碍警员。他知道在那一刻,自己阻挠了那位警官执行公务。如果你知道你在做什么,你就是故意的。通常,"意欲"[②]概念被解释为包括主观上的轻率,[③]如果某人把车停在其知道可能妨碍警察的地方,并因此妨碍了警察执法,其可能会被定罪;但这会把犯罪成立范围推得太广。

以强奸为例。这在普通法中被定义为未经妇女同意与其性交。[④] 人
148 们一直认为这需要主观要素,但到底需要何种主观要素呢?时任上诉法院法官的布里奇(Bridge J.)在"检察长诉摩根案"(*D. P. P. v. Morgan*)[⑤]中宣布,强奸的目的仅仅是与妇女性交。[⑥] "没有该女性的同意",他认为这不属于需要主观心态的犯罪的组成部分。这个奇怪的想法遭到上议院的迎头痛击[⑦],上议院确认强奸确实需要主观要素,而不仅仅局限于发生性行为。[⑧]

6-007 若干法官对强奸问题的松散思考,并不是因为法官立法所导致的羞耻感。在我看来,如果可以扩大犯罪的成立范围[⑨]或限制抗辩事由,[⑩]法院决不会不愿意制定法律。尽管自身的错误不断受到指摘,但法官们却依传统无法无天地藐视语言的常规用法以及逻辑和正义的一般观念,犯意之所以始终一片混乱,主要还是因为他们希望不时地排除或限制犯意准则。

"检察长诉摩根案"涉及某种其定义(在案件判决时)取决于普通法(此后已以法定形式提出)[⑪]的犯罪。许多成文法中规定的其他犯罪都没有明确要求主观要素。然而,普通法的传统规则是,该要求是默示的,但法院经常回避该要求。[⑫] 有观点认为(正如在"检察长诉摩根案"中,上诉法院所主张的那样),虽然该犯罪隐含着需要某种故意,但这种故意只需

---

① *Hills v. Ellis*[1983]Q. B. 680.

② Section 89 of the *Police Act* 1996.

③ *R. v. Turbill*[2014]1 Cr. App. R. 7;*R. v. Sheppard*[1981]A. C. 394;*R. v Patel*[2013]Med. L. R. 507.

④ Section 1 of the *Sexual offences Act* 2003.

⑤ [1975]1 All E. R. 8.

⑥ *D. P. P. v. Morgan*[1976]A. C. 182 at 236-237.

⑦ *D. P. P. v. Morgan*[1976]A. C. 182.

⑧ Section 1(2) of the *Sexual offences Act* 2003.

⑨ *R. v. Evans*[2009]1 W. L. R. 1999 中;*Burns v. The Queen*(2011)217 A. Crim. R. 501.

⑩ *R. (on the application of Nicklinson) v. Ministry of Justice* [2014]3 W. L. R. 200 at 226. Cf. *Carter v. Canada(Attorney General)*[2015]S. C. C. 5.

⑪ Section 1 of the *Sexual offences Act* 2003.

⑫ *R. v. Deyemi*[2008]1 Cr. App. R. 25. Cf. *R. v. G*[2006]1 W. L. R. 2052.

要涉及禁止行为的实施,而不必针对该行为的情节。这只不过是对故意的口头要求而已。

通过重婚罪,可以说明这种语言对犯意原则的极端影响。法律规定,重婚是指在配偶健在的同时再次结婚。这就是法律对犯罪基本要求的全部规定。法院认为,法律中唯一默示的主观要素,是实施禁止行为的故意。换言之,是举行结婚仪式的故意。所以每个结婚的人都有重婚的犯 149
意,[①]如果其已经结婚,却对首次婚姻是否存续存在过失,就犯了重婚罪。

6-008　然而,这种对主观要素的严格限制性态度,一般并不适用于重婚等技术上严重的犯罪,而是适用于轻微的法定犯罪,后者通过这种策略,转变为严格责任犯罪。

当某项刑事法律明确要求主观要素时,法院似乎将要求主观要素不仅针对基本行为的实施,而且针对犯罪的情节方面。对于这种情节出现的错误,可能会否定故意和轻率心态。[②] 换言之,如果行为人认为犯罪成立所需的情节,即定义事实,并不存在,其对这些情节既没有故意,也没有轻率。该命题作为最低级的常识,是通过几项针对故意犯罪的判决确立的。[③] 如今,在法律规定中"意欲"概念通常被故意或轻率所取代;[④]正如"女王诉史密斯案"(*R. v. Smith*)所示,同样的规则也适用。[⑤]

1971年《刑事损害法》第1条第1款规定:"任何人无合法免责事由而毁坏或损坏属于他人财产,意图毁坏或损坏任何该等财产,或对于该等财产是否会被毁坏或损坏存在轻率心态,即属犯罪。"公寓租户史密斯先生,在房东太太的同意下对承租的房屋进行增建。这些添附物,被"附着在土地上",成为房东太太的财产;但他认为这些增建是自己的财产,因而为了拆除某些电线,损坏了添附物的表面。检控方对史密斯提出了刑事损害的起诉,理由是他故意损害了事实上(尽管他不知道)属于他人的财产,因此故意损害了他人财产。不管你信不信,原审法官接受了该论点,史密斯被判有罪。詹姆斯大法官代表上诉法院在撤销该定罪判决时表示,在解释第1条第1款时:[⑥]

---

① *D. P. P. v. Morgan*[1976]A. C. 182 at 236-237.

② In *B. (A Minor) v. D. P. P.* [2000]2 A. C. 428 at 462;*Per* Lord Nicholls citing Lord Lane C. J. R. *v. Williams*[1987]3 All E. R. 411 at 415.

③ *Moore v. Green*[1983]1 All E. R. 663;*Ostler v. Elliott*[1980]Crim. L. R. 584;*Willmott v. Atack* [1977]Q. B. 498;*Eaton v. Cobb*[1950]1 All E. R. 1016;*Wilson v. Inyang*[1951]2 K. B. 799;*Bullock v. Turnbull*[1952]2 Lloyd's Rep. 303.

④ Cf. *R. v. Turbill* [2014] 1 Cr. App. R. 7;*R. v. Sheppard*[1981] A. C. 394;*R. v Patel*[2013] Med. L. R. 507.

⑤ [1974]Q. B. 354.

⑥ *R. v. Smith*[1974]Q. B. 354 at 360.

“[我们]对‘毁坏或损坏属于他人的财产’构成犯罪并无异议。无法
150 排除用来描述‘财产’的‘属于他人’字样。适用犯意的一般原则,犯罪成立所需的故意和轻率以及没有合法免责事由,均针对属于他人的财产。因此,如果某人毁坏属于他人的财产或造成属于他人的财产的损害,只要其行为时诚实地认为财产是他自己的,哪怕这种认识是错误的,也不构成本节所述的罪行,但前提是,这种确信必须诚实,至于这种确信是否正当,则不在考虑之列。”

6-009 法官说,“如果确信是诚实的。”我想问,内心确信怎么可能是不诚实的?

当然不可能。法官在谈到确信时经常说,必须是真心的确信,诚实的确信,发自内心的确信,真正的确信,善意的确信。但这样的限定词是不必要的,因为人们不可能不真诚、不诚实或恶意地确信。当他们的意思是“实际地”(actually)的时候,他们似乎使用了“诚实地”(honestly)这个词。“女王诉史密斯案”的判决说明了两大的观点:

1. 成文法中的“犯意”概念,除另有明确规定外,应当被视为控制整个条文。[①] “意图损坏属于他人的任何财产”并不意味着“意图损坏任何财产,此类财产事实上属于他人”,而是意味着“意图毁坏属于他人的任何财产”。犯意支配着整个法律条文。

不幸的是,有些情节下,法官的行为就像“女王诉史密斯案”中的原审法官那样,将法律明确规定的主观要素,解释为只适用于犯罪的一部分,违背了议会的明确立法原意。即使法律规定中有“意欲”这样的词,法官有时也不将其解释为需要知道该违法犯罪所需的情节。[②] 以“B(未成年人)诉审判长案”[*B. (A Minor) v. D. P. P.*][③]为例,现在相当多的司法实践,拒绝这种对法律明确要求犯意的推理方式。与此相反,有缺陷的司法判例与现在已经遭到废除的法律规定有关,或者仅仅是“巡回法官”

---

① *Cotterill v. Penn*[1936]1 K. B. 53(statute now repealed);*R. v. McPherson*[1980]Crim. L. R. 654.

② Id.

③ [2000]2 A. C. 428. *R. v. K*[2002]1 A. C. 462;*Crown Prosecution Service v. M*[2009]EWCA Crim. 2615;*R. v. Pace*[2014]1 W. L. R. 2867.

(circuit judges)[1]的裁决，或者在上诉时被推翻或被撤销，或者只是"附带意见"(*obiter dicta*)[2]。因此，即使对目前最基层的法院，这些存在瑕疵的判例也没有任何约束力。

2. 作为前者的观点的必然结果，与情节有关的故意需要明知，如果未能明知，则行为人属于过失，并不足以入罪。[3] 如果您认为某财产不属于他人，在损害实际上属于他人的该财产时，主观心态既不是故意，也不是轻率。 151

"女王诉史密斯案"再次对若干早期的法律观点提供了有价值的修正。有某种倾向，认为"故意"及其语法变体(故意的、故意地等)的含义，仅仅是要求行为是故意的、结果是故意的或部分故意的，因此，不需要对行为的某些情节或后果的某些必要方面具有犯意。现在可以认定，这些观点是错误的。

另外，仍时不时被司法采信的令人心痛的谬论是，即使某人认为某一事实不存在，但如果这种确信是不合理的，也可能会被认为故意实施特定事实，因而被判有罪。[4] 该引人注目的观点之所以产生，是因为大西洋两岸乃至整个普通法世界的法官，都倾向于认为"确信"永远不可能单纯存在或成立。有时，如前所述，法官们认为被告人试图通过讲述自己诚实的内心确信来掩盖事实。但这个形容词(诚实地)即便无用，也是无害的。更常见的是，他们用"合理"这个词来修饰这个名词(确信)。但是，如果认为对某种事实不存在的不合理信念会使某人因与这项事实有关的故意犯罪而受到惩罚，那就意味着过失行为(通常指愚蠢行径)可以作为某项严重的罪行受到惩罚。

6-010 以下这个事例，很好地说明了若干关于合理确信地坚称的自相矛盾性：

"如果犯罪的定义不包括除'意图实施禁止行为'以外的具体主观要

---

① "巡回法官"，是1971年以来英格兰任命的专职法官。必须是执业10年以上的律师或任职3年以上的郡法院法官(Recorders)。他们作为郡法官审理民事案件，作为高级刑事法庭(Crown Court)的首席法官审理一般的刑事案件。每个郡法院地区都任命有1名或多名巡回法官，但他们可以在任何地区审理案件，他们还可应大法官的要求，作为高等法院法官或在某些案件中作为高等法院代理法官审理案件。1971年设立巡回法官以来，其他许多与此职务地位相当的任职者都被任命为巡回法官。参见[英]戴维·M. 沃克：《牛津法律大词典》，李双元等译，法律出版社2003年版，第201页。——译者注

② "附带意见"，是法官在作出判决的过程中，就某一与案件并不直接相关的法律问题所作的评论，并非为本案判决所必要，因此不具有判例的约束力。参见薛波主编：《元照英美法词典》，法律出版社2003年版，第991页。——译者注

③ Cf. *R. v. G.* [2010] 1 A. C. 43.

④ *R. v. Z* [2005] 2 A. C. 467; Cf. *R. v. Martin* [2000] 2 Cr. App. R. 42.

素,被告人可以表明,虽然自己故意实施了禁止行为,但缺乏犯意,因为他虽错误地,但诚实地、合理地相信了事实。如果事实属实,将使其行为变得无罪。”[1]

如果被告犯了这样的错误,说其故意实施了法律所禁止的行为,显然是不真实的,因为“违禁行为”必须包括相关情节。对所需情节的错误否定了该意图。[2] 法官经常用合理确信这种表述,但却很少解释为什么他们认为,如果要排除责任,对事实存在(或不存在)的确信必须是合理的。然而,两位杰出的法官却给出了大胆的解释。西蒙大法官在本书稍后讨论的“检察长诉摩根案”中发表的异议观点,赞同并引用了上诉法院布里
152 奇大法官提出的理由:

“被告人在不能提供合理理由的情况下,提出的单纯内心确信的主张,不足以提交陪审团审议。”[3]

这个解释之所以失败,存在三个原因。首先,其混淆了是否有证据证明被告所主张的确信的问题,以及确信是否是由过失导致的问题。不合理确信的真实性可以得到充分的证明。事例是关于重婚的判决,[4]在该案中,被告正在寻求离婚,他收到了律师的一封信,信中说:“我们收到你的电报,希望在一两天内把文件寄给你签字。”被告,没受过多少教育,突然得出了仓促而错误的结论:他拍手说“谢天谢地,我已经离婚了”,然后立即再婚。他被定罪(尽管只被判处名义监禁一天);上诉被驳回,上诉法院说,没有证据表明被告是真诚且有合理理由相信自己是通过离婚从合法婚姻中解脱出来的。显然有证据表明他对此是相信的,所以反过来说,这也必然意味着,这种确信,如果存在,也是不合理的。法律专业人士很容易认为,外行(包括不识字或完全不懂某项专业事务的人)在法律和法律地位方面犯的所有错误都是不合理的,但奇怪的是,本案的陪审团采取了同样的观点。

6-011 对两位法官的推理的第二个反对意见是,传达了关于证据责任的“虚假默示”(*suggestio falsi*)。这意味着,不合理确信规则,在一定程度上节省了陪审团的时间,避免了麻烦。如果证据责任落在被告身上,这可能是真的,但事实并非如此。在故意和明知的问题上,举证责任几乎总是由检控方承担,[5]因此这两个问题必须由陪审团审理,无论被告是否

---

① *D. P. P. v. Morgan*[1975]2 W. L. R. 913 at 921.

② *B.* (*A Minor*) *v. D. P. P.* [2000]2 A. C. 428 at 462. Section 1 of the *Sexual offences Act* 2003.

③ *D. P. P. v. Morgan*[1976]A. C. 182 at 220.

④ *R. v. Wheat*[1921]2 K. B. 119.

⑤ 例外之一,就是所谓“自动症”(Automatism)抗辩。

对此提供证据。被告未能提供令人信服的证据(和其以错误确信为由否认主观要素的事实)并不能使法官有权从陪审团处撤回让其对于犯意进行事实认定的指示意见,哪怕其认为证据是一面倒的。法官所做的,是指示陪审团,如果他们认为错误是不合理的(对陪审员来说的主要问题),无论证据使他们多么确信存在错误,都必须认定这不属于抗辩事由。对于需要提供犯意证明的罪行,适当的法律指示意见应当非常简单,即要求陪审团考虑被告是否具有争议中的确信。"虽然只要求被告的确信是诚实和真实的,并不要求是合理的,但确信的合理性或不合理绝不是无关紧要的。这种信念越不合理,就越不可能被认为是真诚的。"①

两位法官犯的第三个错误是前面提到的逻辑谬误,即认为某人在犯罪所需的情节上犯了不合理的错误,就可以被判故意或轻率地实施了犯罪。即使不合理错误原则具有一定的社会优势,法官也无权将其附加在需要证明犯意的法律规定之上。② 该逻辑观点早在被黑尔斯沙姆大法 153
官、克罗斯大法官(Lord Cross)和法拉瑟大法官(Lord Fraser)在关键性判例"检察长诉摩根案"③中予以接受之前,就已经被法学家们阐述了多年。

黑尔斯沙姆大法官在"检察长诉摩根案"中的表述如下:

"我自己无法调和自己的良知,承认在我看来缺乏逻辑的制裁成为英国法律的一部分……一旦人们接受了……强奸中的禁止行为是非自愿的性交,而且犯罪的主观犯意是故意,在我看来,就必然会遵循这样的逻辑,即既没有'为诚实的确信或错误辩护'的余地,也没有为诚实和合理的确信或错误抗辩的空间。控方要么证明被告有必要的故意,要么证明没有故意。前者导致自己胜诉,后者导致败诉……任何其他观点,如插入'合理'概念,只能产生这样的效果,即说某人故意做他没有意图做的事情。"

6-012　因此,要求故意的法律规定有其特定的意涵,不能被理解为要求对过失承担责任。我们现在能够陈述意图的完整定义。从法律目的出发,其意味着或应该意味着:

1. (如果我们说的是行为的后果)希望作为(或不作为)产生某种后果,或意识到某种后果实际上肯定发生;或

2. 在明知相关情节的情况下,(如果只是简单地说行为本身)有意识从事作为(或有意识不作为)。

---

① *R. v. K*[2002]1 A. C. 462 at 474 *per* Lord Bingham. *R v. Williams*[1987]3 All E. R. 411 at 415; section 76 of the *Criminal Justice and Immigration Act* 2008.

② *B. (A Minor) v. D. P. P.* [2000]2 A. C. 428.

③ [1976]A. C. 182; *B. (A Minor) v. D. P. P.* [2000]2 A. C. 428; *R. v. K*[2002]1 A. C. 462; *Crown Prosecution Service v. M*[2009]EWCA Crim. 2615.

如果某项罪行所要求的是一般意义上的故意,那故意就应该涉及行为、情节和后果这三个要素。

本章其余部分将考察作为抗辩事由的错误的其他方面,后文则探讨了关于被害人或某种伤害结果的错误问题。

第3节　对于明知的要求

6-013　如前所述,成文法可能要求故意,进而要求被告人具有明知,但也可能直接通过使用明知概念,或其语法变体来要求这种主观心态。明知持有爆炸物的犯罪,[1]就是明确要求明知的典型事例。在这类立法中,明知的要求一般被解释为,除非法律明确规定了相反的含义,否则将适用于犯罪的所有情节。这与"女王诉史密斯案"[2]对故意犯罪所阐
154 述的明知规则相同。

例如,某项法律惩罚"明知未经表演者书面同意而从事任何记录"的行为人。法院认为"明知"概念不仅修饰作记录,而且还修饰未经同意。[3]"犯意"应适用于犯罪的所有要素。不幸的是,如前所述并将进一步看到的那样,法院并不总是按照该原则的要求解释法律规定。

尽管"明知"概念通常针对情节方面的要素,但也并非不能适用于后果。因此,安排将货物从肯尼亚运往大不列颠联合王国的人,在货物抵达联合王国时,可被判违反了"明知地不诚实地逃避适用于这些货物的禁令"。[4]

6-014　如果某人明知某事,但却忘记了呢?

如果真的忘记了,以至于没有想起来,就大概应推定已经不再明知了。但如果其能立即回忆起来,就仍属明知。然而,法院认为,如果被告过去明知自己持有毒品,即使现在忘记了这回事,也仍然属于持有,换言之,其被视为对其曾经知道但现在已经忘记的事情具有明知。[5]

6-015　如何证明明知?

检控方当然要承担说服陪审团的责任,[6]而其可能遭遇问题。仅仅证

---

① Section 4 of the *Explosive Substances Act* 1883. *R. v. Berry*(*No.* 3)[1995]1 W. L. R. 7.

② [1974]Q. B. 354 at 360. *R. v. Taaffe*[1984]A. C. 539;*R. v. Forbes*[2002]2 A. C. 512.

③ *Gaumont British Distributors Ltd. v. Henry*[1939]2 K. B. 711.

④ *R. v. Smith*[1973]Q. B. 924. Sections 68(2) and 170(1) of the *Customs and Excise Management Act* 1979.

⑤ *R. v. Jolie*[2004]1 Cr. App. R. 3;*R. v. Martindale*[1986]1 W. L. R. 1042;*R. v. McCalla*(1988)87 Cr. App. R. 372;Cf. *R. v. Bello*(1978)67 Cr. App. R. 288.

⑥ *R v. K*[2002]1 A. C. 462;*R. v. Curgerwen*(1865-72)L. R. 1 C. C. R. 1;*R. v. Cugullere*[1961]1 W. L. R. 858.

明被告本应知道，但因为过失而没有发现，是不够的。然而，尽管陪审团可能会因为被告澄澈的蓝眼睛所流露出的真情，接受难以置信的故事，但他们不一定会这样做。首先，如果任何普通人都能够对特定事实具有明知，陪审团可以推定被告明知，理由很简单——他们不能相信如此一来，被告人对这项事实缺乏明知。[①]

6-016　但您说仅仅证明被告因为过失而没有发现是不够的。我认为这种区别在骗人。陪审团说被告明知某件事，因为普通人会知道，还是说其本应该知道这件事，因为理性人会认识到，这只是文字游戏。

通常没有实际的区别。但这在法律上很重要，因为决定了法官进行法律指示时，必须告诉陪审团什么内容。此外，在若干例外情况下，判决可能会受到以下证据的影响：被告是哪类人；其是否存在与被检控事实有关的动机；其在被检控罪行发生之前、当时和之后的行为；等等。即使缺乏这类特别证据，陪审团也必须自由决定对被告的无罪声明赋予多少分量。简言之，陪审团必须在得出针对任何其他主观心态的认识的推论之 155
前，考虑所有的证据。

对检控方可援引的证据的重要限制是，一般来说，[②]不能提交与被告先前的定罪（或其他类似行为）相关的证据。

假设被告人被控明知地持有爆炸物。事实证明，其持有装有炸药的袋子。被告的抗辩理由是，包是意大利朋友交由自己保管的，自己并不知道包里装的是什么。态度强硬的陪审团可能会拒绝接受这个故事，而且毫无疑问，他们的拒绝会得到支持。但有些陪审团可能认为存疑有利于被告，并宣告其无罪。如果他们知道被告以前曾因持有爆炸物而被定罪，可能就不会这么做，但通常不准许他们知道既有的犯罪记录。

6-017　其次（回到我刚才所说的），对明知的严格要求，通过“有意无视”（wilful blindness）规则[③]来加以限定。这主要是为了对付那些鼓吹“无知是福，聪明是愚”异端邪说的人。[④] 超越一般真理的狡辩，是人类的

---

① Cf. *Wilson v. Bird*［1963］Crim. L. R. 57.

② Cf. section 78 of the *Police and Criminal Evidence Act* 1984.

③ Christopher Sherrin，“Wilful Blindness：A Confused and Unnecessary Basis for Criminal Liability”，(2014) 7 *U. B. C. L. Rev.* 709；Chan Wing Cheong，“Culpability in the Misuse of Drugs Act—Wilful Blindness，the Reasonable Person and a Duty to Check”，(2013) 25 *S. Ac. L. J.* 110；Ira P. Robbins，“The Ostrich Instruction：Deliberate Ignorance as a Criminal *Mens Rea*”，(1991) 81 *J. Crim. L. & Criminology* 191；Douglas N. Husak，“Wilful Ignorance，Knowledge，and the Equal Culpability Thesis：A Study of the Deeper Significance of the Principle of Legality”，(1994) 1994 *Wis. L. Rev.* 29；David Luban，“Contrived Ignorance”，(1999) 87 *Geo. L. J.* 957.

④ Andrew Horne，*The Mirrour of Justices*，(Washington：John Byrne & Co.，translated into English by W. H. of Gray's Inn，1903) at 206. 1328.

失败。如果某人故意对显而易见的事物“视而不见”，因为其“不想知道”，就会被认定为明知，而且至少是轻率，毕竟其在最终可能会发生其所考虑到的事实方面冒了风险。虽然所有的判例都同意这，但他们对有
156 意无视的含义却各持己见。其中最为有力的观点认为，只有当某人相信事实会存在，并故意避免进一步调查，以期为自己留出后路的时候，才可适用该规定。法律委员会在尘封已久、官僚主义色彩浓厚的报告中，提出了以下认定标准：

“明知的检验标准是，相关行为人是否认识到有关情节，或对其存在是否存在实质怀疑。”①

可以将该非常有限的学说合理解读为对明知的常识性解释，而不是对该概念含义的合法扩展。如果没有对特定罪行给予充分的扩张，立法机关在决定使用“明知”还是“知道或应该知道”时，就应有所斟酌。

关于有意无视的恰当含义，事例是，雇主知道自己的企业属于非法经营，并在没有改变经营安排的情况下远走他乡，就会被认为“明知”企业在他不在的情况下违法运营，即使他没有获得与当时发生的事情有关的任何直接信息。② 换句话说，这是主观轻率的事例。

有意无视包括轻率，因此尽管有意无视的证据可以用来推定明知或确信，但有意无视不能取代实际的明知或确信。行为人明知或确信物品是赃物，仍对其加以处置，对于这种案件，上诉法院表示，“指示陪审团，如果被告怀疑系被盗赃物，但却故意视而不见，就应判定其构成犯罪，属于误导”；但“指示陪审团，根据常识和法律，他们可以认定，被告明知或确信货物系赃物，因为他故意对此情节有意无视，则是完全正确的法律指示意见”。③

6-018 确信和明知有什么区别？④

明知某件事时，你知道的是现在的事实。相信某个情节存在或将要存在时，你对此并不确定。甲可以坚称，“我知道我是女性”，因为其可以直接获得有关信息，从而可以认识到自己的性别。其也知道自己是否变性。但甲不能坚称：“我知道蒙娜丽莎是个女性”，因为其无法获得相关第一手信息，所以无法确定。甲所能做的，就是通过考虑现有的历史证据

---

① Law Commission for England and Wales, *Report on Mental Element in Crime*, Law Com. No. 89 (London: H. M. S. O., 1978) at 58.

② *Ross v. Moss* [1965] 2 Q. B. 396.

③ *R. v. Griffiths* (1974) 60 Cr. App. R. 14 at 18; *R. v. Saik* [2007] 1 A. C. 18 at 46.

④ *R. v. Hall* (1985) 81 Cr. App. R. 260. G. R. Sullivan, “Knowledge, Belief, and Culpability”, at 207 *et seq.* in Stephen Shute and A. P. Simester (ed.), *Criminal Law Theory: Doctrines of the General Part* (Oxford: Oxford University Press, 2001).

来形成某种信念。其或许认为蒙娜丽莎很可能是个女性,但这并不能转化为真正的明知。 157

因为蒙娜丽莎画作的主人公早在 16 世纪就已经去世,生活在 21 世纪的人们几乎不可能知道其是女性的事实。[①] 甲也可能相信,17 岁的牛津伯爵爱德华 · 德 · 维尔(Edward de Vere)[②]才是威廉 · 莎士比亚的戏剧和诗歌的真正作者,但其不能声称自己明知这是事实。如果你看到小偷盗窃了某些物品,而你知道这些东西属于你的雇主,对相关信息的第一手接触(看到了正在进行的偷窃行为),意味着你能够明知这个东西是偷来的这项事实。如果你没有目击盗窃,但获得了其他信息,例如,货物非常便宜,卖家以经营赃物而闻名,卖家要求你晚上在黑暗的巷子里交易等事实,就可以利用这些信息来让自己确信货物属于被盗物品(但这种确信可能会被证明是错误的)。同样,陪审团可以推定,当母亲未能阻止 12 岁的儿子与 30 岁的妇女[③]发生性关系时,就是在故意协助或鼓励对儿子的性侵犯,因为这位母亲 12 年前自己生了这个儿子,现在肯定明知儿子未成年因此根本无法同意这项事实。因此,这位母亲对儿子现在的年龄几乎不会犯下认识错误,毕竟其明知他现在的年龄。

在"女王诉赛克案"(*R. v. Saik*)[④]中,尼科尔斯法官说:"明知意味着真实的确信。"他似乎是在说,明知意味着你的确信事后被证明是正确的。[⑤] 首先,当我们谈论"确信"时,诸如"真诚的"这样的限定词是不必要的,因为某人不能不真诚地或不真实地确信。你要么有确信,要么没有。尼科尔斯法官的宣称,可能意味着 3 件事:(1)被告人真诚地具有(事实上确实具有)财产是犯罪所得的确信;(2)被告人确信事实甲实际上存在,并且从事后的角度来看,确信是正确的;(3)事实上被告人明知事实甲是真的(被告人知道自己的儿子只有 12 岁,因为其 12 年前生下了这个儿子)。

6-019　法官尼科尔斯又明确了第三种选择,即真诚确信,这意味着,在财产犯罪案件中,共犯必须也意识到该财产事实上是犯罪所得。检

---

① Cf. the discussion in J. L. Mackie, "The Relevance Criterion of Confirmation", (1969) 20(1) *British Journal for the Philosophy of Science* 27; J. L. Mackie, "The Paradox of Confirmation", (1963) 33 (52) *The British Journal for the Philosophy of Science* 265.

② 爱德华 · 德 · 维尔(Edward de Vere, 1550—1604 年),17 世牛津伯爵,伊丽莎白女王朝臣,编剧,抒情诗人,运动家,艺术资助者,被认为是莎士比亚艺术作品的代撰人,曾在威廉 · 塞西尔(William Cecil)男爵家受到良好的教育,因其文学作品受到追捧,并在宫廷主持戏剧和音乐会。——译者注

③ *State v. Ainsworth*(1993) 426 S. E. 2d 410.

④ [2007] 1 A. C. 18 at 36.

⑤ Cf. *R. v. Zundel*[1992] 2 S. C. R. 731; *R. v. Stevens*(1995) 96 C. C. C. (3d) 238.

控方必须证明,共谋者明知财产实际上真的是犯罪所得。[①] 选项 1 和选项 2 只能指轻率的明知。如果被告人相信存在的事实,如果这项事实是
158 真的,会使其行为成为犯罪,其充其量只具有轻率的明知。认为财产是犯罪所得的确信,并不构成真正的明知;一旦被告知道财产是犯罪所得是真的,其就有了真正的明知。其不再确信,因为已经明知。

"确信"是重要的概念,因为当轻率的明知足够时,就足以满足"明知"的要求。例如,《盗窃法》第 22 条规定,"某人在……明知或确信是赃物的情况下,不诚实地收受赃物……构成销赃"。明知可以成立,即使被告人不是确切地知道货物属于失窃物,因为只要其实际确信货物系被盗物,就应承担责任:[②]如果他希望是赃物,当然毋庸置疑。从事甲行为,但明知乙事实存在的人的可责性,与从事甲行为,同时确信乙存在的人的可责性,是一样的。

被告人也许不能确切地知道英国明年是否会下雨,但除非其精神错乱,否则肯定会确信明年必然会下雨。如果被告人肯定货物系被盗的赃物,其是否能够依靠极低的可能性——她确信是真的东西可能是假的——来逃避法律制裁? 我想不会! 当被告人持有了被其认为肯定是盗赃物的货物时,实际上就是故意收受赃物。被告人的可责性,与明知是赃物而故意收受的人的可责性并无实质区别。某人可能相信某件事的发生具有可能性、盖然性或实质的确定性。因此,当法律条款中使用"确信"概念时,法院有充分根据告知陪审团,如果他们确信被告实际上确信某一事实存在,或(换言之)其对这项事实的存在没有实质性的怀疑,就可以认定其明知这项事实。[③] 如果较低的确信水平是足够的,相关立法就应对此加以明确规定。[④]

6-020 为什么不应该说有意无视意味着明知? 您也认同犯意通常意味着故意或轻率。为什么不在这里应用这个原则呢?

法院有时确实把有意无视等同于轻率。[⑤] 然而,如果明知在司法上被视为包括有意无视,如果有意无视在司法上被等同于轻率,结果就将是,

---

① *R. v. Saik*[2007]1 A. C. 18 at 36.

② *R. v. Adinga* [2003] EWCA Crim. 3201; *R. v. Forsyth* [1997] 2 Cr. App. R. 299; *R. v. Toor* (1987) 85 Cr. App. R. 116; *R. v. Smith* (1977) 64 Cr. App. R. 217; *R. v. Ismail* [1977] Crim. L. R. 557; *R. v. Moys* (1984) 79 Cr. App. R. 72; *R. v. Reader* (1978) 66 Cr. App. R. 33; *Atwal v. Massey* (1972) 56 Cr. App. R. 6; *R. v. Grainge* [1974] 1 W. L. R. 619. *R. v. Havard* (1916) 11 Cr. App. R. 2; *R. v. Dykyj* (1993) 66 A. Crim. R. 567; *R. v. Fallon* (1981) 28 S. A. S. R. 394.

③ *R. v. Saik*[2007]1 A. C. 18.

④ Section 2 of the *Fraud Act* 2006; cf. section 45 of the *Serious Crime Act* 2007.

⑤ *R. v. Turbill*[2014]1 Cr. App. R. 7; *R. v. Sheppard*[1981] A. C. 394; *R. v Patel*[2013] Med. L. R. 507.

缺乏明知的人如果被发现存在轻率心态,就将在司法上被认定具有明知,而这显然不是立法的规定。法律规定中的"明知"概念非常有力。明知事实的存在,并不等于冒险去押宝其是否存在。法院不应通过强制解读来扩大犯意的范围。如果,当英国议会说"明知"或"明知地"的时候,并 159 不意味着实际的明知,就应尽可能将其交由立法修改。英国议会可以直截了当地指出:"明知事实存在,或对于这项事实是否存在具有轻率的心态。"①

对于处理赃物犯罪而言,赋予明知概念限制性含义的论点,具有特殊的意义。经销商可以从据称是破产大甩卖的人那里,收到货物的极低报价。经销商意识到这个人可能是个坏蛋,但无法绝对确定。价格十分诱人,经销商没有时间或意愿深入调查,只能或接受或拒绝。而这位经销商,选择了接受。法律规定,如果货物属于被盗的赃物,经销商并不犯有故意处理赃物相关犯罪。如果法律不是这样规定的,对诚实的经销商来说,便是无理取闹。然而,在法律适用过程中,明知的概念,可以被合理地认为包括轻率。这与行为的后果有关。再次以已经提到的明知地逃避进口货物禁令的法定欺诈犯罪为例。② 在"女王诉史密斯案"③中,被告和其他人从肯尼亚空运大麻到百慕大。他知道去百慕大的最可能路线途经伦敦。当包裹到达伦敦机场时,人们认为史密斯可能被判"故意从事"该罪行。

法院没有提及有意无视的学说,这种学说通常用于与情节有关,而非与后果有关的情况。似乎有理由说,就后果而言,从对风险的明知来看,明知的概念能够包含轻率。但是,当犯罪成立要求对行为、情节和后果有直接故意时,不应采取这种做法。在这种情形下,不应证明被告人故意在有关情况下采取行动,以期产生特定的犯罪结果。对于未来,我们永远无法确定,然而对于现存事实,我们通常可以明知;因此,对于未来的"明知"必须包含预期的内容。④

第4节　违法行为的容认

6-021　轻微违法行为,一般被认为适用严格责任归责原则;但有些

---

① Cf. section 2 of the *Fraud Act* 2006.

② Sections 68(2) and 170(1) of the *Customs and Excise Management Act* 1979. *R. v. Taaffe* [1984] A. C. 539; *R. v. Forbes* [2002] 2 A. C. 512.

③ [1973] Q. B. 924.

④ Dennis J. Baker, *Reinterpreting Complicity and Facilitation offences*, (2015) at Chap. 2.

成文法中的法定概念,即使发生在轻罪中,也被解释为默示地要求明知。当某项成文法将"容认"(permit)[①]做某事,或"准许"(allow)或"忍受"(suffer)做某事定为犯罪后,许多判例都开始要求被告应该(基本上)明知所涉的行为或事件,[②]不能说某人容认其所不知道的事情。[③] 这是英国法院几乎使用了各种语言表述的为数不多的犯意规则之一。有时判例需要行为人具有明知,有时需要明知或"有意无视"(以相当多的方式表达该准则),有时要求明知或轻率,有时甚至是过失。

160

现在可以认为,过失一般是被否认的,但要服从总是有可能作出的异常判决。虽然涉及财产的民法中有所谓推定明知原则(如果某人采取了合理的措施,本来可以具有相关明知),但刑法不承认这种准则。德夫林法官的经典说法是:

"对法律眼中的实际明知视而不见;仅仅因为过失而疏于调查,这些情节根本不是明知,而是属于推定明知的法律概念,一般来说,推定明知在刑法中是没有立足之地的。"[④]

在"威斯敏斯特市议会诉克罗伊亚格兰奇有限公司案"(*Westminster City Council v. Croyalgrange Ltd.*)[⑤]中,布里奇法官表示:

"但是,这也许值得一提,以期能进一步减轻理事会对强制执行对象场所的执照管制的焦虑,即在需要证明被告人的明知时,始终准许事实认定者将对明知的裁定建立在——被告故意对显而易见的事实视而不见或不进行调查,因为其已对相关事实产生了怀疑但又不想这种怀疑得到证实——证据的基础上。"

6-022 最好的观点似乎是,准许型犯罪可以是故意的,也可以是轻率的[⑥],除此之外,没有其他选项。这种对"容认"的解释的基础是,人不能容认其不知道或怀疑的东西。虽然准许别人使用汽车,但不知道汽车是在违反规章的情况下被使用的,不成立容认违章使用汽车。但如果其认识到这辆车可能会被违反规定使用,却没有采取合理的措施来防止这种情形的发生,完全可以说行为人容认不正当的使用。[⑦]

---

① Sections 35 and 36 of the *Sexual offences Act* 1956; section 8 of the *Misuse of Drugs Act* 1971; section 136 of the *Licensing Act* 2003.

② *R. v. Robinson—Pierre*[2014]1 W. L. R. 2638.

③ *R. v. Souter*[1971]1 W. L. R. 1187; *R. v. Thomas*(1976)63 Cr. App. R. 65; *Gray's Haulage Co. Ltd. v. Arnold*[1966]1 W. L. R. 534; *Latif v. Middlesbrough B. C.* [1997]C. O. D. 486.

④ *Taylor's Central Garages v. Roper*[1951]2 T. L. R. 284.

⑤ [1986]1 W. L. R. 674 at 684.

⑥ *R. v. Brock*[2001]1 W. L. R. 1159; *R. v. Auguste*[2004]1 W. L. R. 917; *R. v. Brett*[1999]1 W. L. R. 2109.

⑦ *Sweet v. Parsley*[1970]A. C. 132 at 162.

尽管关于该问题的法律总体上看来是合情合理的，但法院未能避免在一点上造成异常例外，即在准许未投保者使用机动车的犯罪方面的例外。如果该车的借用方碰巧没有保险，准许使用其车辆的人就需要承担严格责任。[①] 所以，如果你把车借给朋友，该朋友说其有驾照，而实际上 161
却没有驾照，即使你没有过错，也要承担刑事责任。[②] 如果某项法律将"导致"某事的发生规定为犯罪，这个词现在通常被解释为与"准许"相同的意思，即需要明知（或者可能是轻率）的心态。[③]

第 5 节 针对情节的轻率

6-023 此前，已经对"检察长诉摩根案"[④]判决书进行了摘录；现在将补充相关的事实陈述。涉及普通法上的强奸起诉。摩根是皇家空军中士，他邀请另外 3 名皇家空军士兵与他的妻子发生性关系。3 个同伴坚称（但摩根否认）摩根告诉他们，如果他的妻子有点挣扎，不要感到惊讶，因为听起来虽然有点古怪，但实际上，她很欢迎发生性关系。这 3 个士兵遂强行与摩根太太发生了性关系，后者随即开车去医院投诉说自己被强奸。3 人被控强奸，摩根也因教唆强奸而被检控为强奸案的当事人（"协助和教唆"强奸）。而 3 名被告人则提出了摩根夫人"同意"的抗辩事由（强奸罪中的行为是未经妇女同意的性交行为，女方不同意可以称为该行为的否定情节）。

原审法官指示陪审团，如果摩根夫人不同意，则被告确信其同意（如果他们真的这么认为）的事实将不能作为抗辩事由，除非这种确信是合理的；陪审团判定 3 名被告人有罪。尽管这些人的行为令人憎恶，但上议院以 3∶2 的多数对原审法官的法律指示意见加以否定。他们认为，原审法官应该让陪审团决定这种确信是否真的存在。真正相信妇女同意将否定强奸的故意，以及对不同意的轻率。不过，上议院认为可以通过适用但书，来维持原审的有罪判决。[⑤]

该案表面上看来提出了两点主张：

---

① *Sedgefield B. C. v. Crowe*[2009]R. T. R. 10; *Lloyd—Wolper v. Moore*[2004]1 W. L. R. 2350; *Ferrymasters Ltd. v. Adams*[1980]R. T. R. 139. section 143(1)(b) of the *Road Traffic Act* 1988.

② Section 143(1)(b) of the *Road Traffic Act* 1988; *Baugh v. Crago*[1975]R. T. R. 453. *Newbury v. Davis*[1974]R. T. R. 367; *Lloyd—Wolper v. Moore*[2004]1 W. L. R. 2350.

③ *R. v. G*[2004]1 A. C. 1034 at 1057. Section 5 of the *Domestic Violence, Crime and Victims Act* 2004.

④ [1976]A. C. 182.

⑤ *Criminal Appeal Act* 1995.

162 1. 犯罪需要主观要素。

2. 有关情节的必要主观要素是对有关情节的明知或主观轻率。如果被告缺乏这种主观要素,他就不会因未查明事实的过失,而被判有罪。

6-024 在“检察长诉摩根案”的判决中,犯意突然闯进了大众视野,举世哗然。妇女在都柏林和堪培拉街头示威。有人写信给报社,抱怨现在没有任何男性能因强奸罪被成功起诉;他所要做的,就是“说服自己”相信这些女性同意了。另外,该判决中关于法律问题的决定,得到了那些对重大罪行持主观主义立场的法律人士的赞同。主观主义理论要求存在罪过:犯罪的构成要素是危害结果(不良行为或后果)加上可责性。某人被闪电击倒并受伤害,但其没有受到过错行为的伤害。雷击是自然事故,不是某人为伤害他人而做出的具有可责性的选择。① 普通法系国家一直在努力发展罪过原则等正义原则,因此任何背离主观主义立场的做法都将是种倒退。② 公众倾向于认为,对某些严重罪行承担过失责任是公平的,但过失责任不应适用于其他罪行。尤其是当恐怖主义、恋童癖和强奸犯罪等引发公众情绪强烈反弹时,似乎更是如此。但是,同样是严重的犯罪,仅仅因为其中某些唤起了更大的公众情绪,就要求对其必须存在故意或主观轻率,而对其他不作此种要求,这是没有意义的。

6-025 我对于女性是否同意非常关心。不应该准许强暴妇女的家伙编造自己相信受害人同意的无稽之谈。

暂时同意你的意见,也许你会同意这个问题应该交由议会讨论,而议会已经回答了这个问题。③ 法院不应自行将某些严重犯罪变成过失犯。有些评论者同意你所主张的政策。④ 但是,如果你被说服相信被告的抗辩,即他相信这名女子是在装作反抗,并且非常享受这段婚外情,还会真的想把他当作强奸犯来惩罚吗?当然,你可能极不可能相信这种抗辩,甚至不接受这种抗辩可能是真实的,但那是另一回事。

也许你担心陪审团会被蒙蔽。然而,有证据表明,在男性使用暴力的

---

① Dennis J. Baker, “The Impossibility of a Critically Objective Criminal Law”, (2011) 56 (2) *McGill L. J.* 349.

② Dennis J. Baker & Lucy X. Zhao, “Responsibility Links, Fair Labelling and Proportionality in China: Comparing China's Criminal Law Theory and Doctrine”, (2009) 14 (2) 14 *UCLA J. Int'l L. Foreign Aff.* 274.

③ Section 1 of the *Sexual offences Act* 2003.

④ R. A. Duff, “Recklessness and Rape”, (1981) 3 *Liverpool Law Review* 49; Toni Pickard, “Culpable Mistakes and Rape: Relating Mens Rea to the Crime”, (1980) 30 *U. Toronto L. J.* 75; Celia Wells, “Swatting the Subjectivist Bug”, [1982] Crim. L. R. 209. *Contra*, Rosanna Cavallaro, “A Big Mistake: Eroding the Defence of Mistake of Fact about Consent Rape”, (1997) 86 *J. Crim. L. & Criminology* 815.

情况下,陪审团一般都会倾向于认定其犯有强奸罪。大多数法官和法律执业人士认为,根据证据中的事实,强奸罪的无罪判决几乎总是有正当理由或可以被理解。① 请记住,法官完全有权告诉陪审团,所谓确信的不合理性,是证明被告人确信不存在的证据,他们可以拒绝相信在大众看来非常合理的被告确信。"检察长诉摩根案"的陪审团很清楚该观点。② 在"B(未成年人)诉检察长案"[*B.* (*A Minor*) *v. D. P. P.*]中,尼科尔斯法官表示③: 163

"[我不能]不非常担心有时检控方很难证明被告知道孩子未满14岁……这段著名论断,来自澳大利亚的伟大法学家欧文·迪克森爵士(Sir Owen Dixon)对'托马斯诉国王案'(*Thomas v. The King* [1937] 59 C. L. R. 279,309)发表的意见,值得再次重复:'事实似乎是,法院一再畏手畏脚,从而任凭被告利用自己的明知和确信状况提出辩护。这种不情愿在很大程度上,如果不是全部的话,源自对事实认定者,即陪审团的不信任。法官们感觉,如果法律准许将这种抗辩提交陪审团,因犯可能会过于容易地逃避检控,因为他们的证明自己主观心态和描绘信息来源的证词,将无法得到充分的检验和反驳。被误导的陪审团无法坚定地坚持原则。不难理解这种倾向,但对法庭正确评估主观心态等证据的能力缺乏信心,不足以成为将理性和人道的刑法中最基本的要素排除在调查之外的理由。'"

至于"检察长诉摩根案"中的被告,陪审团并未采信他们的说法;上议院也维持了原判,因为被告人事实上不存在对被害人同意的(不合理的)确信。被告被定罪是因为他们具备主观罪过,并且该认定得到了证据的支持。还有什么问题?

6-026　创设某项罪行的成文法是否可规定,对后果的故意须满足对情节的主观轻率?

当然,如果法律明文规定的话。如果被告意识到情节可能已经存在,却没有采取任何措施查明,而立法仅仅要求对情节或后果有轻率,被告人就可能负有责任。只有当法律要求犯罪故意,而没有规定对情节的主观轻率时,才会产生问题。一般来说,在故意犯罪中,行为人需要知道或相信相关情节的存在,而不仅仅具有轻率心态。④ 涉及对情节的主观轻率的犯罪,自然被认为是轻率的犯罪,或具有混合犯意的犯罪,而不仅仅是

---

① *R. v. Y*[2002]1 A. C. 45.

② *R. v. Cogan*[1976]Q. B. 217.

③ [2000]2 A. C. 428 at 465.

④ *B.* (*A Minor*) *v. D. P. P.* [2000]2 A. C. 428;*R. v. K*[2002]1 A. C. 462.

164 故意犯罪。

举个假设的事例,如果法律规定故意窝藏逃犯是犯罪,而被告庇护了某人,他虽然怀疑该人是逃犯,但并非确切明知,就不应被认为实施了犯罪。[①] 根据这些事实,认定被告构成违法犯罪,则更自然的解读是,被告人轻率地窝藏罪犯,而不是故意地窝藏了罪犯。

在可能的情况下,法院几乎总是选择赋予刑事立法更广泛而不是更狭隘的含义,但现在有了更高的法源,应该限制其这样做的能力。[②] 在"检察长诉摩根案"中,黑尔斯沙姆法官、克罗斯法官使用的"无论是否"(whether or not)模式,可以使许多关于对情节存在轻率的案件看起来像是故意犯罪。这两位法官有时说,强奸犯希望与女性发生关系,并且对其是否同意存在轻率,有时认为行为人"不管女性是否同意",都打算与之发生性行为。[③] 后者使得本罪完全成为故意犯,而不是混合了故意和轻率的犯罪。回到逃犯的假设,根据上述推理,可以说,对客人是罪犯不具备确切的明知而给其提供庇护的人,属于故意窝藏罪,因为不管该人是不是罪犯,被告都打算予以容留。不管法律规定是否包含轻率行为,被告违反了法律规定。这样做的实际效果,不言而喻。

尽管该论点乍一看可能很有吸引力,但却可以加以反驳。这种观点把轻率的概念隐藏在故意的概念之下。如果两者不同,就把案件归入错误的类别。其他问题是,这种理论观点是否可以说服法院,不将犯罪扩大到其认为应为政策问题所涵盖的案件。

第6节　针对情节的过失

6-027 当然,某人不仅可以对其行为的后果,而且可以对其行为的情节存在过失。在要求过失的犯罪中,除非具备合理性(非过失),否则对犯罪要素的事实错误不能作为抗辩事由。例如,过失杀人可以是某项重大过失犯罪,因此,严重的不合理错误不能作为抗辩事由。事例是,某人向他人开枪,同时认为此人在该枪射程之外,这是非常不合理的抗辩。

如前所述,上议院承认,"检察长诉摩根案"不仅是某项与强奸法适用有关的判决,而且具有更一般适用性。[④] 然而,至少就强奸而言,"检察

---

① Cf. *R. v. Langley*(1702)2 Ld. Raym. 790.

② *B.* (*A Minor*) *v. D. P. P.* [2000]2 A. C. 428; *R. v. K*[2002]1 A. C. 462.

③ *D. P. P. v. Morgan*[1976]A. C. 182 at 203,209.

④ *B.* (*A Minor*) *v. D. P. P.* [2000]2 A. C. 428; *R. v. K*[2002]1 A. C. 462. *Crown Prosecution Service v. M*[2009]EWCA Crim. 2615.

长诉摩根案"所创造的判例,已被立法修改。2003 年《性犯罪法》(Sexual offences Act 2003)第 1 条①规定:

"1. 任何人(a)故意用阴茎插入他人的阴道、肛门或口腔,(b)但后者不同意被插入,以及(c)插入者不合理地认为被插入者同意,即属犯罪。

2. 确信是否合理,须在综合考量所有情节后决定,包括插入者是否已采取措施以确定被插入者是否同意。"

因此,如果被告人意图发生性行为,但对被害人是否同意存在过失,根据新的立法,他将被认定为犯罪。

需要进一步指出的是,议会在不同场合采用了合理确信和合理错误的措辞。当某项法律规定,明确准许用错误的确信作为抗辩事由时,其一般是通过"合理的"插入概念来加以限定辩护的。② 这意味着,就所涉及的要素而言,该罪变成了过失犯,而在其他方面,该罪可能需要其他形式的犯意。现在,在根据被害人年龄设立违法犯罪的法律中,常见形式是,规定被告可以证明其确信所谓被害人已超过有关年龄,并证明其有合理的理由确信此人已超过有关年龄,从而为自己辩护。③

第 7 节　法律未明确规定主观犯意的犯罪中的事实错误

6-028　尽管相关法源存在若干不协调之处,但在上面的论述中,已经明确不合理的事实认识错误(或其他无知)可以阻却故意。不合理的错误可以否定明知,不合理的错误也可以推翻轻率。如果法律规定没有使用明示或默示地要求故意、明知或轻率的词语,该怎么办?上议院现在或多或少地接受了上述所讨论的法律反思。可以用来支持下述观点的司法判例举不胜举,也就是说,即使其没有使用恰当的措辞,相对严重的法定犯罪也一般默示要求主观要素。现在认为,根据特定法律规定的情况,其所要求的主观要素包括故意、明知或轻率。④

如前所述,这些要求意味着,错误确信,与法律所要求的主观要素不兼容,可以成为免责事由;事实上,这种观点是在循环论证,本来无须赘

---

① *R. v. Doyle*[2010]EWCA Crim. 119.

② Section 28 of the *Misuse of Drugs Act* 1971.

③ Section 24 of the *Firearms Act* 1968; *Sexual offences Act* 2003. Cf. sections 63(1) and 65(2)(b) of the *Criminal Justice and Immigration Act* 2008; section 58(1)(b) of the *Terrorism Act* 2000. *R. v. Cheung*[2009]EWCA Crim. 2963 and *R. v. G*[2010]1 A. C. 43 respectively.

④ *B. (A Minor) v. D. P. P.* [2000]2 A. C. 428; *R. v. K*[2002]1 A. C. 462. *Crown Prosecution Service v. M*[2009]EWCA Crim. 2615.

166 言。相关判例源于“女王诉托尔森案”(*Queen v. Tolson*),[①]在该案中,法院作出了现在耳熟能详的矛盾判决,既要求主观要素,又主张能够作为抗辩事由的错误,必须是“合理的”。“女王诉托尔森案”长期以来一直广受赞誉,因为其确认了犯罪一般需要犯意,或至少需要证明行为人存在罪过。该案涉及的罪名是重婚罪,这项传统罪行,出自1861年《侵害人身权法》第57条(该法仍然有效)。该条的要点已经给出,但实际上还是最好全部列明如下:

“凡已婚者,不论第二次婚姻是在英格兰、爱尔兰或其他地方举行,在前夫或前妻的生命存续期间与其他人结婚,即属重罪,而被定罪者,可被处以不超过7年的劳役刑。但本条并不扩展适用于女皇陛下治下的臣民以外的人在英格兰及爱尔兰以外地方所缔结的第二次婚姻,亦不扩及与自己丈夫或妻子在过去7年间一直保持分离状态且并不知道自己丈夫或妻子在这段时间内还活着的缔结两次婚姻的人,也不适用于在第二次婚姻时已解除第一段婚约的人,或其前段婚姻已由任何具有司法管辖权的法院的判决宣布无效的人。”

法院审理的事实如下:托尔森夫人被丈夫遗弃,经调查,其认为托尔森修斯在离开后不久就在海上溺亡。等了6年都没有得到他的消息后,托马森夫人再次结婚,但这个时候,消失的丈夫再次出现。于是,有个愚蠢的家伙控告托尔森太太重婚。从字面上说,她的确违反了法律规定。本案由斯蒂芬法官审理,为了引起上诉,解决法律问题,他给陪审团的法律指示意见是,对配偶已经死亡的善意和合理的确信,不能作为重婚检控的抗辩事由。基于该法律指示意见(斯蒂芬法官自己都不相信这代表了法律)陪审团宣判被告有罪,斯蒂芬法官作出了名义判决[②],使自己所做出的法律指示意见是否合法的问题,得以提交皇室上诉法院定夺。斯蒂芬法官同样向上诉法院提交了其所审理的另一件事实非常类似的案件,上诉法院认为这些法律指示意见是错误的,并撤销了这两份原判决。

6-029 但这位女士的确实施了重婚罪。

表面上来看,这位女士确实实施了重婚罪的犯罪行为,即重婚行为,第2段“婚姻”因前次婚姻的存续而无效;但这些事实不足以构成犯罪。

6-030 为什么说这位女士没有罪过,并以此作为不对其加以惩罚的理由呢?

对无意伤害的人来说,被逮捕、面临对严重检控犯罪的审判和被定罪是可怕的,即使定罪后没有受到真正的惩罚。该妇女无罪的判决意味着,

---

① (1889) L. R. 23 Q. B. D. 168.

② 所谓名义判决,即判处一天监禁,这实际意味着当即获释。

如果此类事实再次发生，并且检控方确信被告抗辩的真实性，就不会再次出现类似的起诉。本案中最令人钦佩的观点是斯蒂芬法官本人的意见。这位博学的法官首先谈到了犯意的含义，然后接着陈述了法院的观点，即重婚罪的条文，尽管没有明确要求，但却默示要求某种罪过。

6-031 但是，法院添加了法律规定中不存在的概念，这样做对吗？他们难道不应该认为自己有义务执行现行的法律规定吗？

当某项法律规定创制某种犯罪时，并不会重述刑法传统上准许的所有抗辩事由；但议会的立法原意是这些抗辩可以适用。同样，由于犯意要求是法律的基本原则，所以对于严重罪行，有理由推定议会希望对其适用犯意要求。

斯蒂芬法官曾发表过被后世反复引用的观点。[1] 因为篇幅太长，这里无法复制，但可以总结如下。斯蒂芬法官首先提出，“每种犯罪的完整定义都包含关于主观心态的命题”。然后他再次阐明了该命题，即如果主观要素不存在，就没有犯罪；他明确地表示，该命题适用于由成文法和普通法确立的犯罪，所以所有这些犯罪都需要某种主观要素。接下来的一系列事例表明，如果某人对犯罪所需的事实缺乏明知，就不具有相关的主观要素，因此无法成立犯罪。然而，最后，法官将上述主张限定于被告对于事实的确信不仅必须是善意的而且必须基于合理理由的情况。这意味着，如果被告真诚但不合理地相信有正当事实存在，就没有抗辩事由，如此一来，被告人就缺乏犯罪成立所需的主观要素。对合理理由的提及背离了此前法官所提出的纯粹主观要素，并引入了客观检验标准。因此，该判决中存在基本矛盾。

6-032 法律准许以确信——基于合理的理由，对存在正当化根据深信不疑——为由进行抗辩，这体现出其仍然考虑到了主观要素（因为确信也是种主观要素）。所以我看不出判决中有什么矛盾。

马上会看到这。斯蒂芬法官认为犯罪所需的主观要素是对特定事实的明知，我们可以称为甲（例如，“我仍然处于已婚状态”）。被告的抗辩事由是，其认为现在的事实不是甲（“我现在处于未婚状态”）。对非甲确信的抗辩事由，当然和否认对甲的明知如出一辙。但是斯蒂芬法官认为，对甲不存在的确信，除非是合理的，否则不属于抗辩事由。如果这种确信是不合理的，尽管其确信甲不存在，也就是说，尽管并非明知甲，被告仍会被定罪。所以斯蒂芬法官的观点“自相矛盾”（*quod erat demonstran-* 168
dum）。他的观点将使只希望缔结一段有效婚姻的人犯下重婚罪——我

① (1889) L. R. 23 Q. B. D. 168 at 185 *et seq.*

们所有人在一生中的某个时候,几乎都会具有这种主观心态。尽管在“女王诉托尔森案”中,法庭审理过程并没有提出合理确信的问题,尽管斯蒂芬姆法官和本案其他法官显然犯有自相矛盾的错误,但在“女王诉托尔森案”中提出的该想法,在后来的重婚案件中得以延续。法官们反复强调,事实上的错误,要想成为重婚罪的抗辩事由,就必须是合理的。[①]

在“检察长诉摩根案”中,法官们对适用于普通法中的强奸罪的一般原则是由“托尔森案”代表,还是由“摩根案”所宣布的原则代表,存在分歧。他们都清楚地表明,并不打算对遵循“托尔森案”判决的全部案件进行彻底调查,但对“托尔森案”所确定的原则在这些案件中所应起到的作用,意见并不统一。在3名多数派法官中,黑尔斯沙姆法官只是说,他倾向于将“托尔森案”视为对于具体法律规定加以解读的狭义判决,[②]这种解读使该判决在重婚罪之外没有任何意义。法拉瑟大法官的意见也可以用同样的方式来解释,但并没有明确表达出来。他将“托尔森案”与强奸区分开来,理由是“重婚除了举办结婚仪式的意图之外,不涉及任何故意”[③],但他没有解释为什么应该如此严格地解释犯意。法拉瑟指出里德法官在前判例中犯下的错误,即认为“托尔森案”设定的规则(作为抗辩事由的对必要要素的错误确信必须是合理的)可能与犯罪所需的犯意涉及主观检验的主张共存;[④]但他没有批评“托尔森案”的判决犯了同样的错误。

多数派法官中最坚定地支持“托尔森案”判决的,乃是克罗斯法官,他将自己的意见局限于强奸法,但准备将“托尔森案”确定的规则,扩展适用于所有表面上规定了“绝对责任”,即没有明示或明确默示需要主观要素的法定犯。(他认为,关于强奸的法律规定默示要求存在主观要素,因为这是普通法对强奸的规定。[⑤] 同样,法定攻击罪默示地包含了普通
169 法对该罪行所要求的主观要素。)[⑥]他的观点是,当某项法律规定没有直接或间接提及主观要素时,法官可以默示要求具备主观要件。法官为什么可以随心所欲对其加以“默示”;使其所乐见的,是建立要求错误必须合理的一般规则。通过将该犯罪解释为不包含故意或轻率的一般犯意,可以避开逻辑学家的纠缠。“托尔森案”本身要求相对严重的犯罪具备主观要素,至于“托尔森案”判决与该要求相矛盾,则一点都不重要。

---

① *R. v. Gould*[1968]2 Q. B. 65.
② *D. P. P. v. Morgan*[1976]A. C. 182 at 215.
③ *D. P. P. v. Morgan*[1976]A. C. 182 at 238.
④ *D. P. P. v. Morgan*[1976]A. C. 182 at 238-239.
⑤ *D. P. P. v. Morgan*[1976]A. C. 182 at 219-221,234-235.
⑥ *R. v. Kimber*[1983]1 W. L. R. 1118.

6-033 托尔森案没有普遍的适用性,无法与"B诉检察长案"(*B v. D. P. P.*)①所确立的一般原则相协调。在"B诉检察长案"中尼科尔斯法官说:

"'合理确信'学派多年来一直没有受到挑战。但在过去的1/4个世纪里,若干个重要判例的被告方,提出了诚实但错误确信的辩护观点。在判决时,法院更新或重新强调了刑事犯罪中主观要素的主观性质。法院拒绝了合理确信的表述,而倾向于诚实确信的抗辩事由。当犯意被错误的确信所否定时,也被不合理的确信所否定,就像被合理的确信所否定一样……作为原则问题,诚实确信的抗辩事由必须是可取的。"②

"原则上,法定犯中与年龄有关的部分,与任何其他犯罪要素没有任何不同。如果男人真的相信猥亵的女子超过14岁,就不是故意对14岁以下的女孩实施这种行为。"③

在"B(未成年人)诉检察长"[*B(a minor) v. D. P. P.*]④案中,上议院认为,对犯意的推定⑤"作为宪法原则,不易被法律文本所取代"。⑥ 这意味着,除了上述行政犯(有关"许可型"等的法定犯)外,对犯意的宪法推定,适用于严重刑事犯罪的行为和伴随情节。因此,当某一法条对犯意未作陈述时,控方必须证明被告故意实施此类行为,并且对犯罪定义中规定的情节存在明知。 170

第8节 针对事实和抗辩事由的认识错误

6-034 在19世纪,似乎没有理论认为,对抗辩问题的不合理确信不能成为正当化事由或免责事由。大家普遍认为,即使醉汉错误地认为有必要进行自力防卫(自卫等),这种错误确信也可以成为攻击他人的正当化事由。⑦ 然而,后来出现了认为确信必须合理的观点,这种观点承继了许多针对抗辩事由要素的认识错误。⑧ 上议院在"检察长诉摩根案"

---

① [2000]2 A. C. 428.

② *B. (A Minor) v. D. P. P.* [2000]2 A. C. 428 at 461–62 citing *R. v. Kimber*[1983]1 W. L. R. 1118 at 1122;*R. v. Williams*[1987]78 Cr. App. R. 276.

③ *B. (a minor) v. D. P. P.* [2000]2 A. C. 428 at 463.

④ [2000]2 A. C. 428. *R. v. K*[2002]1 A. C. 462.

⑤ *Sweet v. Parsley*[1970]A. C. 132 at 148–149.

⑥ *B. (A Minor) v. D. P. P.* [2000]2 A. C. 428 at 470 *per* Lord Steyn. Dennis J. Baker, *The Right Not to be Criminalized: Demarcating Criminal Law's Authority* (Farnham: Ashgate Publishing, 2011).

⑦ *Marshall's Case* (1830) 168 E. R. 965; *R. v. Gamlen* (1858) 1 F. & F. 90. Cf. *R. v. Wardrope* [1960] Crim. L. R. 770; *R. v. O' Grady*[1987] Q. B. 995; *R. v. Hatton*[2006]1 Cr. App. R. 16.

⑧ *R. v. Howe*[1987]A. C. 417 at 459; *R. v. Z*[2005]2 A. C. 467.

中,并未宣称该判决将涵盖所有事实认识错误;其发表意见的目的,是表明被告所称的错误与犯罪定义的事实有关,这个犯罪成立事实对于确定被告故意实施强奸的"违法行为"至关重要。

如果被告人在离开俱乐部时不小心拿错了伞,显然缺乏盗窃的故意,而只想拿走属于自己的东西。然而,如果他把伞拿走,是因为相信这把伞是前一周从他那被偷走的,就是故意将他认为是自己的伞拿回来。如果错了,应被检控犯有盗窃罪。他可能会辩称相信自己拥有所有权。这属于对所有权产生了认识错误。又如,被告人朝树林里开了一枪,以为他在打兔子,却击中了某人,显然实施了谋杀罪的犯罪行为。这是关于犯罪构成事实的错误(因为侵犯人身权的犯罪仅限于对人采取的行动),即便存在重大过失,他也不可能被判实施了任何罪行。被告人不构成谋杀罪,因为不具备必要的犯意。他不想杀人。

6-035 如果被告错误地认为自己将受到攻击,并对被其假定为进攻者的被害人实施了伤害呢?

在自卫的情节下,被告打算攻击(或伤害)对方,同时明知伤害他人构成犯罪。这样的人故意实施了该罪的实行行为,但在法律上是正当的。如果辩护方能证明自己实施某项犯罪的行为,是为了达到法律上的正当目的,如自卫,将可以借此为自己的行为辩护。自卫者缺乏一般法律意义上的可责性,毕竟其所作所为是基于合法合理的动机。

作为抗辩事由的自卫的成立条件之一,是被告认为自己有必要使用暴力。[①] 在"女王诉威廉姆斯案"(*R. v. Williams*)[②]中,兰恩法官曾言:"对于(自卫者),必须基于其所认为的错误事实来加以判断。如果根据这些事实或情节判断,检控方未能证明其有罪,自卫者有权获得无罪释放……被告的确信的合理性或不合理性,对被告是否持有确信的问题至关重要。"但事实并非总是如此。在"阿尔伯特诉拉文案"(*Albert v. Lavin*)[③]中,法院被大量涉及合理确信的高等级司法意见所湮没,认为对自卫必要性的错误认识,除非是合理的,否则不能成为正当化事由。针对为了私人法益而防卫及为了公共利益而防卫的法律已经发生了改变,但胁迫抗辩的相关立法并未出现任何变动。

---

① *R. v. Williams*(1984)78 Cr. App. R. 276 at 281-282;*R. v. Beckford*[1988]A. C. 130;*Blackburn v. Bowering*[1994]1 W. L. R. 1324.

② (1984)78 Cr. App. R. 276 at 281-282.

③ *Albert v. Lavin*(1981)72 Cr. App. R. 178.

6-036　无论如何,您不能说这里面有任何逻辑上的谬误,对吧?因错误地认为自己必须自卫而伤害他人者,故意造成了伤害,其是否成立自卫的问题与其是否故意行事的问题无关。所以,伤人一定是故意的,这种说法没有什么不合逻辑的,但不合理的自卫确信,是不能作为正当化事由的。

我希望能让你相信这是不合逻辑的。你的论点认为,攻击的定义中没有提到防卫,但我想告诉你,这个论断是不真实的。伤害他人本身不是攻击,也不是任何一种不法行为。外科医生总是这样做。错误的做法是非法伤害他人,这意味着缺乏法律正当性。很多教材对攻击罪(普通法犯罪)所下的各种定义,都明确指出攻击是不法使用武力,这是正确的。现在如果伤人者相信事实存在,或如果其假想这些事实存在,造成他人受伤的行为就是合法且正当的,如此一来,防卫者就并不属于故意非法造成伤害的结果。

若干评论者认为,只有合理的事实错误才应该算数。对此,反对的理由是:

谋杀需要杀人(或造成严重的身体伤害)的故意;因此,无论多么严重的过失,过失开枪杀人都不是谋杀。但是,如果某人杀死他人,是因为错误但真诚地认为自己即将被其杀死,理论上就犯了谋杀罪,即便根据行为人所确信的事实,其也不会构成任何犯罪。行为人相信法律准许自己这样做,即其不打算触犯法律。将那些不是故意地采取非法行动的人定为刑事犯罪,难道不算严刑酷法吗?而且(如果其给批评增加了什么口实的话)这不是也不合逻辑吗?为什么在某种情况下必须具备过失,而在其他情况下其又不是相关的呢?

通过惩罚少数在假想胁迫情形下愚蠢行事的人,会明显改善公共安全状况吗?举个事例,某人坐在停在停车场内的车里,突然有两位老太太靠近这个人。假设,此人确信这两位女士是被人派去杀害自己的,所以加速离开,然后撞上了另一辆车。其能依靠"胁迫"作为抗辩事由吗?[①] 如果此人产生的错误确信被认为缺乏合理性,就无法作为抗辩事由。把假
想胁迫与假想防卫区别对待,明智吗? 172

对陷入恐惧的行为人适用过失犯罪标准,是否公平?如果某人想成功地摆脱威胁,在面临胁迫时,可能必须立即着手;实际上,在行动之前,行为人可能无法采取任何措施来检验自己的恐惧是否真的成立;但其可能会因不合理的认识错误而受到惩罚。[②] 相反,未经妇女同意而与之发

---

① *R. v. Graham*(1982)74 Cr. App. R. 235;*R. v. Howe*[1987]A. C. 417 at 459.

② Cf. *R. v. Martin*[2000]2 Cr. App. R. 42.

生性关系的男性,如果对此事有任何疑问,却有足够的时间对女性是否同意加以确认;然而,根据"检察长诉摩根案"的说法,男性对女性同意的不合理确信,也可以成为免责事由。法院的案件审理,不是根据常识或正义对各种情况进行分析,而是通过机械地应用对犯罪和抗辩事由之间的虚幻区分进行的。

实体刑法中没有其他规则区分犯罪的成立要件与抗辩要件,这种区分对理论界人士,显然比对法官和法律从业人员更有用。[①] 设立抗辩事由的规则,只是提供了犯罪成立范围的额外细节。[②] 将犯罪视为独立于相关限定条件与资质条件而存在,是不现实的。在可责性方面,合法的正当化事由与法定的免责事由增加了新的一层判断,但效果是一样的,即两者都否定了可责性。任何正当化事由和免责事由都与犯行没有任何关系,因为其是不能被推翻或消灭的,毕竟是已经发生了的事情(正当化事由或免责事由,不能让人起死回生)。事实认识错误可能意味着被告一开始就没有任何犯意,也就是说,行为人意外带走了在其看来属于自己的雨伞。或者,事实认识错误可能意味着被告的行为缺乏可责性,因为其(不合理地)认为自己的行为是合法的。在存在胁迫的情况下,如果被告确实存在认识错误,无论是否合理,被告的意志都是被抑制的。在这两种情况当中,都缺乏广义上的可责性。

既然普遍接受了"错误,如果阻却了被告拥有法律对其被控的罪行所要求的犯罪故意,无论其合理与否都是抗辩事由,是一般原则",[③]为什么不准许其涵盖所谓的胁迫呢?

第 9 节 针对被害人或危害类型的错误

6-037 针对被害人或有关财产出现的认识错误,如果不影响犯罪的性质类别,在法律上就是无关紧要的。因此,如果某人搞错了攻击对象或其实施夜盗的房子,不会让其免除责任。即使事实如其所料,行为人仍
173 会因触犯同样的法律规定而被认定有罪。[④] 当然,如果错误与犯罪性质有关,就可以否定犯意,就好比户主对被其认为是夜盗者的无辜者使用武力一样。在定罪方面,无关紧要的错误,并不意味着其在量刑方面也是无

---

① Glanville Williams,"offences and Defences",(1982)2 *Leg. Stud.* 233.

② *R. v. Graham*(1982)74 Cr. App. R. 235; *R. v. Howe*[1987] A. C. 417 at 459. Cf. *R. v. Safi* [2004]1 Cr. App. R. 14.

③ *B. (A Minor) v. D. P. P.* [2000]2 A. C. 428 at 478 *per* Lord Steyn.

④ *R. v. McCullum*(1973)57 Cr. App. R. 645.

关紧要的。例如,由于刑事损害罪需要故意或主观上的轻率,因此,某人恶作剧地着手损害了在其看来价值不大的财产,不应因为财产比其认为的值钱得多,就加重其刑。

不言而喻,如果错误是实质性的,观点就是不同的。某人实施了要求犯意的某个犯罪的客观行为,但认为自己犯的是其他罪,除非这两种犯罪之一属于严格责任[①],否则一般不能定罪。不过,其可能被认定成立意图实施的犯罪的未遂。例如,行为人可能认为自己在为朋友看管可卡因,但事实证明那是把枪。行为人不能因非法持有可卡因而被定罪,因为其没有这样做;该人可能也不能因非法持有枪支而被定罪,[②]因为他不知道自己持有的是枪支。[③] 解决办法是判处其持有可卡因未遂。[④] 关于毒品犯罪,例如,当某人认为自己持有的是大麻,而实际上是吗啡时,则可适用特别规定,可称为"可互换犯意条款"。1971 年《药物滥用法》(Misuse of Drugs Act 1971)第 28 条,将药物("管制药物")滥用按危险性的降序分为"A 类药物"、"B 类药物"和"C 类药物",定义及种类见该法第 28(3)条附表 2。该法为据此被检控的人提供了缺乏犯意的有限抗辩,但这种抗辩护方式,不能适用于在两类毒品之间的认识错误。 174

6-038 假设某人不知道使其行为成为犯罪的事实(特定犯行),但知道自己实施了某种道德上的错误行为。您曾说,"犯意"不是指对道德错误的认识,所以我想他不会被定罪吧?

原则上你是对的。在著名的"女王诉普林斯案"(*R. v. Prince*)[⑤]中,少数派法官认为,知道自己存在道德错误的行为人,不能主张事实认识错误的抗辩事由,即使根据他认识到的事实,他的行为并不会构成犯罪(而只是道德错误)。这种想法在法官们的脑海中时不时地重新浮现出来[⑥],但这是种思想上的混乱,对此可以通过大量的事例来证明。仅举一例:几乎所有人都会说偷猎麋鹿是不道德的,但如果某人认为自己是在非法射击鹿,而实际上其是在朝某人开枪,是不可能被判成立谋杀罪的。[⑦]

---

① *State v. Austin*(2010)788 N. W. 2d 788 at 794.

② *R. v. Taaffe*[1984]A. C. 539.

③ *R. v. G*[2010]1 A. C. 43 at 77-78.

④ *R. v. Leeson*[2000]1 Cr. App. R. 233;*R. v. McNamara*(1988)87 Cr. App. R. 246.

⑤ (1872-75)L. R. 2 C. C. R. 154. In *B. (A Minor) v. D. P. P.* [2000]2 A. C. 428 at 466.

⑥ *R. v. McPherson*[1980]Crim. L. R. 654 中。

⑦ Ssection 1 of the *Homicide Act* 1957. Cf. Madsen J. in *State v. Brown*,(2000)140 Wash. 2d 456 at 473-474.

第10节 犯意、价值判断与严格责任

6-039 如涉及价值判断的作出,则在价值判断方面,通常不适用犯意原则。例如,在过失问题上,被告所为的是"过失行为",还是"合理行为"的问题,涉及陪审团(当然也可能是治安法官)作出的价值判断,至于被告是否明知自己是过失,则不受此限。同样,如果陪审团认为被告人防卫行为的程度不成比例,[①]则排除正当防卫;如果陪审团认为被告主观意志支配下的行为缺乏合理性,则排除紧急避险,即使其个人认为这是正当的。[②] 然而,如果法官认为没有理性的陪审团会判其有罪,就应该指示陪审团无罪释放。刚才给出的事例都是价值判断,介于事实问题和法律问题之
175 间。与法律问题一样,被告没有预见到法院的判决,不能成为免责的理由。

在严格责任的情况下,即使涉及的是纯事实问题,也同样排除了犯意原则。在此,检控方证明违法行为的实施、情节的存在或后果的发生(视情形而定)即足以定罪。[③] 换言之,除非法律在特定程度上准许,否则无知、错误或合理谨慎都不是抗辩事由。若干法官提出将犯罪解释为严格责任犯罪的理由是相关法律对犯罪的罪过问题保持沉默;但法律的意思是,如果相关法律没有明示要求罪过,则应视为默示要求罪过,但反之则不亦然。[④]

6-040 严格责任,有时又被称为"绝对责任"(absolute liability),[⑤]尽管约定俗成,但却是一种错误的表述,因为除了缺乏故意、轻率或过失的通常抗辩事由悉数适用。例如,在特定情况下,被告人可以提出"胁迫"、[⑥]"自动症"[⑦]以及"不能犯"[⑧]等抗辩事由。一项违法犯罪,可能在某

---

① *R. v. Morris*[2014]1 W. L. R. 16.

② *R.* (*on the application of Nicklinson*) *v. Ministry of Justice*[2014]3 W. L. R. 200 at 226.

③ Glanville Williams, "' Absolute liability', in Traffic offences", [1967] Crim. L. R. 142 at 143-145.

④ *B.* (*A Minor*) *v. D. P. P.* [2000]2 A. C. 428; *Sweet v. Parsley*[1970] A. C. 132; *B.* (*A Child*) *v. DPP*[2000]2 A. C. 428; *Crown Prosecution Service v. M*[2010]2 Cr. App. R. 33; *R. v. Tolson*(1889)23 Q. B. D. 168. G. L. ,Peiris, "Strict Liability in Commonwealth Criminal Law", (1983)3 *Legal Stud*. 117.

⑤ Cf. *Com. v. Raban*(2014)85 A. 3d 467 at 470.

⑥ *O'sullivan v. Fisher*[1954]S. A. S. R. 33 at 37.

⑦ See *R. v. Metro News Ltd.* (1986)56 O. R. (2d)321(Can.)and *R. v. Stokes*(2009)O. N. C. J 8 at paragraph 10 citing Glanville Williams, *Textbook of Criminal Law*, (London: Stevens & Sons, 1978). *R. v. Charlson*(1955)1 W. L. R. 317 at 319; *State v. Kremer*(1962)262 Minn. 190; *Cordwell v. Carley*(1985)31 A. Crim. R. 291; *State v. Campbell*(1997)117 Ohio App. 3d 762; *R. v. Hudson*[1971]2 Q. B. 202.

⑧ *R. v. Leung Wing Cheung*[1958]H. K. L. R. 49 at 55-56 *per* Gould, J. ; *People v. Likine*(2012) 492 Mich. 367; *People v. Costello*(2014)20 N. E. 3d 771 at 774 *per* O' Brien, J. .

个方面是严格责任,但在其他要素要求罪过。无证驾驶,在缺乏驾驶资质方面是严格责任(即便驾驶员坚定,但错误地,相信自己在驾驶机动车的时候具备相关资质),但仍然要求其对驾驶行为具备故意。但我们仍然称为严格责任犯罪,因为这是该犯罪的主导特征。

如果法院认为某项严重犯罪的个别要素适用严格责任,这很可能是因为法院担心检控方很难证明被告人针对该要素的犯意。当所讨论的犯罪构成要素具有高度的推测性时,就会出现严重的问题。 176

6-041 例如,根据经1964年《淫秽出版物法》(Obscene Publications Act 1964)修正的1959年《淫秽出版物法》,问题困扰着淫秽犯罪(出版淫秽物品,或拥有淫秽物品以出版牟利)。根据1959年《淫秽出版物法》第1(1)条,和普通法的相关规定类似,对物品是否淫秽的检验标准是:

"其具有的影响是……从整体上看,考虑到所有有关情节后,倾向于腐蚀那些很可能阅读、看到或听到其所包含或体现内容的人。"

在这里,陪审团对假定的事实问题作出判断,而不考虑被告的真实想法,[①]也不管其多么合理地相信这篇文章不会使他人堕落。[②] 这个问题模糊不清,给陪审团提供了极大的回旋空间。根据法院对该法所作的解释,陪审团可能会认定,如果相关物品刺激个人出现性幻想,即使没有公开的性活动[③],甚至即便堕落与性无关,该物品也往往是淫秽的,而在法律定义的范围内,鼓励暴力[④]或药物滥用[⑤]的物品,也可能被认为是淫秽的。简言之,陪审团似乎可以谴责任何倾向于鼓励大大偏离"普通正派人士的现行标准"的出版物。[⑥] 鉴于这些活动不会对他人造成实际伤害,应将其合法化。[⑦] 因此,本书将不再关注这方面的法律。

淫秽物品犯罪的立法松懈受到了强烈而合理的批评:

"通过使用模糊的法定公式,催生出陪审团所掌握的一般自由裁量权,而这种要求陪审团自行确定相关标准的自由裁量权,最令人反感,毕

---

① *R. v. Smith*[2012]1 W. L. R. 3368.

② Section 2(5) of the1959 *Act*. Section 4 of the1959 *Act*, as amended by the *Criminal Law Act* 1977.

③ *D. P. P. v. Whyte*[1972]A. C. 849;*R. v. Carleton*[1996]1 Cr. App. R. 432;*R. v. Smith*[2012]1 W. L. R. 3368.

④ *R. v. Calder &Boyars Ltd.* [1969]1 Q. B. 151 at 172.

⑤ *John Calder(Publications)Ltd. v. Powell*[1965]1 Q. B. 509.

⑥ *Knuller(Publishing,Printing and Promotions)Ltd. v. D. P. P.* [1973]A. C. 435.

⑦ Dennis J. Baker,"The Sense and Nonsense of Criminalising Transfers of Obscene Material",(2008)26 *Sing. L. Rev.* 126;Dennis J. Baker,"Constitutionalizing the Harm Principle",(2008)27 *Crim. Just. Ethics* 3. Dennis J. Baker,"The Moral Limits of Criminalizing Remote Harms",(2007)*New Crim. L. Rev.* 371 at 386-87.

竟通过其他方式安排行使自由裁量权的可能性,无论是操作指南,还是讨论协商的交流过程,都是不存在的……如果立法者希望利用刑事制裁来控制这种行为,就必须承担更准确地界定被禁行为的责任,即使由此产生的立法将会在解读时令人生厌,但起码可以使陪审团不必僭越正常权
177 能。"①

6-042 陪审团不仅仅有自由裁量权来决定某一"过失"行为是否使被告人对"特定损害"负责,也有权认定什么"损害"符合犯罪构成要件。② 如果被告过失导致被害人死亡,陪审团不需要认定这种伤害结果("被害人的死亡")是否可以导致行为人被定罪,因为立法机关已经明确规定,杀人罪的实行行为需要伴随这种特定结果。在淫秽物品问题上,也由陪审团认定某一行为是否具有冒犯性等。

虽然法官们创设了犯意学说,但为了结束这场关于犯意的讨论,如前所述(而且随着本书的推进将看到更多的内容)有些人已经对其开展了长期的负隅顽抗。许多严重罪行的主观要素实际上都已被取消,而犯意在其他罪行中也遭到淡化。有些令人痛心的事例表明,某项明确要求犯意的犯罪,现在变成了所谓"部分犯意犯罪",即只要求对某些构成要素,而非要求对全部要件具有犯意。甚至学术界也以"规范性地位的改变",③这个花哨名字为推定责任辩护。有时,缺乏犯意(在发生认识错误的情况下)必须合理的主张,限制了主观要素,这就把犯罪变成了过失犯。即使在需要故意的时候,长期以来也有某种倾向(有些法官仍然坚持这种倾向),认为是"客观的",但也有很大的飞跃。除非立法机关另有明确规定,轻率现在是所有罪行的主观标准。

但犯意主义说明了法官司法观点的永恒张力。法官应该作为公正的裁决者,适用现有法律,保护主体的权利和自由;但其也属于国家机器,即广义上的政府机关。一般来说,法官角色的第二个概念,决定了司法界对
178 刑法中罪过问题的态度。

---

① D. A. Thomas, "Form and Function in Criminal Law", in P. R. Glazebrook (ed.), *Reshaping the Criminal Law: Essays in Honour of Glanville Williams*, (London: Steven & Sons, 1978) at 32.

② Cf. section 63 of the *Criminal Justice and Immigration Act* 200.

③ John Gardner, *offences and Defences*, (Oxford: Oxford University Press, 2007) at 41-42.

第 7 章　严格责任

这世界有祸了，因为将人绊倒。绊倒人的事是免不了的，但那绊倒人的有祸了。①

《马太福音 18:7》②

① *The Tragedie of King Richard the Third*,(London:Printed by Thomas Creede,for Andrew Wise,1598),ACT I:Scene 2.

② 中译本参见《马太福音 18:7》。——译者注

第1节 犯意与严格责任

7-001 在严格责任当中,即使涉及纯事实的问题,也同样排除了犯意原则。在此,检控方证明违法行为的实施、情节的存在或后果的发生(视情形而定)即足以定罪。[①] 换言之,除非法律特别准许,否则无知、错误或合理谨慎不能成为抗辩事由。若干法官提出将犯罪解释为严格责任犯罪的理由是,相关法律对罪过问题保持沉默;但如果存在默示要求罪过(法官认为法律默示了过错要求),即使相关立法没有明确规定犯意,也不影响犯意仍是其中所列犯罪的构成要件。[②]

严格责任有时被称为"绝对责任"(absolute liability)[③],这虽然是种公认的用法,但用词不当,因为除了缺乏故意、轻率或疏忽的抗辩外,其他所有通常的抗辩事由,都是可用的。例如,被告可以主张胁迫、[④]紧急避险、[⑤]精神失常、[⑥]自动症[⑦]以及在某些情况下的不能犯等抗辩事由。违法
180 犯罪可能具有严格责任,但同时需要有过错要素。在被褫夺驾驶资格的情况下驾驶机动车,是严格责任的违法行为(驾驶人是有罪的,虽然其坚定但错误地认为其当时没有被取消驾驶资格),但这需要行为人具备驾驶的故意。这被称为"严格责任罪",因为这是其主要特点。

如果法院认为某项严重犯罪的个别要素要求严格责任,这很可能是因为法院担心检控方很难证明被告人针对该要素的犯意。从经济方面考

---

① Glanville Williams,"'Absolute liability',in Traffic offences",[1967] Crim. L. R. 142 at 143-145.

② *Sweet v. Parsley* [1970] A. C. 132; *B (A Child) v. D. P. P.* [2000] 2 A. C. 428; *Crown Prosecution Service v. M* [2010] 2 Cr. App. R. 33. G. L., Peiris, "Strict Liability in Commonwealth Criminal Law", (1983) 3 *Legal Stud.* 117.

③ Cf. *Com. v. Raban* (2014) 85 A. 3d 467 at 470.

④ *O'sullivan v. Fisher* [1954] S. A. S. R. 33 at 37.

⑤ *U. S. v. Panter*, 688 F. 2d 268 (1982); *U. S. v. Unser*, 165F. 3d 755 (1999).

⑥ (27.4); *Tollefson v. State*, 525 So. 2d 957 at 961 (1988); *Clucas v. State*, 815 P. 2d 384 (1991). the authorities cited in Vera Bergelson, "Fair Punishment for Humbert Humbert: Strict Liability and Affirmative Defences", (2011) 14 *New Crim. L. Rev.* 55 at 67 n. 48; Ellen Byers, "Mentally Ill Criminal Offenders and the Strict Liability Effect: Is There Hope for a Just Jurisprudence in an Era of Responsibility/Consequences Talk", (2005) 57 *Ark. L. Rev.* 447. Cf. *D. P. P. v. Harper* [1997] 1 W. L. R. 1406.

⑦ *R. v. Metro News Ltd.* (1986) 56 O. R. (2d) 321 (Can.) and *R. v. Stokes* (2009) O. N. C. J 8 at paragraph 10 citing Glanville Williams, *Textbook of Criminal Law*, (London: Stevens & Sons, 1978). R. v. *Charlson* (1955) 1 W. L. R. 317 at 319; *State v. Kremer* (1962) 262 Minn. 190; *Cordwell v. Carley* (1985) 31 A. Crim. R. 291; *State v. Campbell* (1997) 117 Ohio App. 3d 762; *R. v. Hudson* [1971] 2 Q. B. 202. R. S. Clark, "Automatism and Strict Liability", (1970) 5 *Victoria U. Wellington L. Rev.* 12.

量，对违法停车、超速等轻微违法行为进行审判，也是不切实际的。

第2节　严格责任的概念

7-002　在法律用语中，绝对责任或严格责任罪是指不需要证明行为人对某项要素具有罪过的犯罪。某项具体的违法犯罪，可能某个方面适用严格责任，但并非全部要素都属于严格责任。不成熟的立法者，倾向于用绝对性的概念来界定犯罪，但这并不一定意味着希望对犯罪进行绝对的解释。以“不可杀人”的《圣经》戒律为例，不管这在3000年前是什么意思，现在传达的内涵是，不可故意或轻率或过失杀人。意外致死人命不是对该戒条的僭越，毕竟对于纯粹意外，任何人都无能为力。

不幸的是，对于措辞绝对的法律规定，却没有一成不变的解释规则。一般来说，法官都倾向于直接从字面含义解读，而这就会导致没有过错的人也会被定罪。然而，通常来说，犯罪（特别是严重犯罪）将被视为需要犯意。在缺乏规则的情况下，立法政策确立时便已经出现的问题，通常不确定且代价高昂，不是由民选的立法者，而是由少数律师在少数法官面前根据法律推理和辩论决定的。

对于该问题，更好的解决办法便是规定刑事责任一般所需的特定罪过类型，在特定的罪行既没有规定需要某种罪过，也没有规定不需要任何罪过的情况下，应认为默示要求过错。借此落实普遍接受的正义原则，也将使法律具有确定性，并使立法机关（无论是议会还是政府部门）免于在起草过程中遭遇具体规定所需罪过要素的复杂性。 181

7-003　诚然，应设立固定规则，但是对于轻罪是否有必要要求罪过？如果有助于抑制犯罪行为，惩罚罪犯，不管其有无罪过，又有何不可呢？

在刑事程序中，为了追求所谓充分的“效率”[①]可能会付出过高的代价。严格责任容易造成强烈的不满情绪，以及对刑事执法的信心丧失。[②]

7-004　这难道不是在夸大其词吗？如果治安法院不得不对轻微犯罪的过错问题进行调查，势必花费太多时间。此外，即便难以证明，还是会有人敏锐地怀疑被告存在过失。

如果被告想证明自己没有罪过，以减轻处罚，即使是涉及严格责任的

---

① Cf. Stephen Shavell, “Strict Liability Versus Negligence”, (1980) 9 *J. Legal Stud.* 1.

② Douglas N. Husak, “Varieties of Strict Liability”, (1995) 8 *Can. J. L. & Jurisprudence* 189; Kenneth W. Simons, “When is Strict Criminal Liability Just”, (1997) 87 *J. Crim. L. & Criminology* 1075; John Stanton—Ife, “Strict Liability: Stigma and Regret”, (2007) 27 *Oxford J. Legal Stud.* 151; A. P. Simester (ed.), *Appraising Strict Liability* (Oxford: Oxford University Press, 2005); Andrew Ashworth, “Should Strict Liability be Removed from all Imprisonable offences”, (2010) 45 *Irish Jurist* 1.

检控,治安法官也必须考虑罪过问题。

在某些案件中,即使行为人很有可能存在过失,但在实践中却几乎不可能证明,这种类型的案件虽然数量很少,但的确存在。夜间驾驶时,人们会看到相当多的车辆只靠一只头灯照明,或在尾灯不亮的状态下行驶。这些驾驶员中的许多人,可能在保养车辆方面存在过失,且不能排除某些车灯刚刚熄灭的可能性。少量的定额罚金是有道理的,因为根本没有办法对鱼目混珠者加以区分;如此一来,也最好仅仅通过"开罚单"的方式来追究责任。

7-005 这不仅是治安法官面临的实践问题。如果罪行众多,要求检控方证明过错,将对执法资源造成与其所能达到的目标不成比例的负担。这可能意味着,必须大幅增加警察、在职健康和安全检查人员、交通检查人员或负责商业标准的官员人数。

这是执法人员主张的论点,但必须以怀疑的眼光看待该意见,特别是因为每专业阶层的人士,都倾向于夸大自己的重要性。不受控制总是令人愉快的。但执法者不能对每种轻微的违法行为都检控。他们必须作出选择,认为罪犯存在罪过,自然会检控犯罪。如果检控方在检控前必须考察过失的证据,为什么不将这些证据提交法院审议?

在严格责任方面,民法和刑法有着重要区别。侵权法涉及发生损失或损害的案件,问题是由谁来承担责任。有时,人们认为应该把负担放在
182 某人通常是某类企业家的肩上,而其被要求充当某种意义上公众的强制保险人——例如,在自己的土地上存放了一批危险物品的人——以抵御风险。然而,刑法的目的是确保行为规则得到遵守,手段主要是威胁公众,如果违反规则就被受到惩罚。从逻辑上看,似乎不应该对没有犯罪心态——如果甚至都没有过失——的人施加惩罚,除非存在令人信服的司法适用理由,否则在非常轻微案件中应当排除对过错的审理。刑罚不是对已经发生的损失的转嫁,而是法律为罪犯所设定的强制的恶,如果犯罪无可避免的话,通常没有合理的刑罚基础(可以这样说)。墨菲(Murphy)和科尔曼(Coleman)这样回应对于严格责任的反对意见:

"一般严格责任将破坏有意义的生活,这迫使我们在不应过分谨慎的领域(如旅行、从事普通活动等)过分谨小慎微。但这并非适用于所有的社会活动领域。因此,为了防止巨大的伤害,社会最终如是说:'某些活动领域(食品加工、银行、对儿童的性实验)具有巨大的伤害潜力。'既然个人没有做这些事情的基本权利,既然让人们在这些领域随意试验(确实有很大的潜在危害)没有社会价值,让进入这些选定领域的代价,等同于愿意冒着严格责任起诉的风险,这有什么错……即使刑法的功能是表

达社会对某些行为的道德谴责，从而污名化罪犯，但缺乏智识者如果没有注意到警告，即应远离其不适宜处于的危险的行为领域，也可能成为刑罚适合的打击对象。"①

早期英国法——此前在4-001中进行过简要讨论——承认某些非常接近绝对刑事责任的东西。后来这种责任消失或湮灭，乃是由于教会的影响和对道德观念的日益认识。等到19世纪上半叶，就可以认为，犯罪不仅需要一般的过失，而且需要某种形式的犯意。②（仍然在很大程度上存在例外：若干罪行，例如过失杀人，行为人可以在没有积极的不法主观心态的情况下，因过失而犯本罪，还有若干其他罪行在某些方面适用严格责任。）即使议会在没有明确规定犯意的情况下，制定了新的犯罪，法院 183
通常也会认为该罪行只能由明知相关事实的人来实施，因为用库克伯恩法官（Cockburn C. J.）的话来讲，犯意要求是"所有刑事司法的基础"。③他表示："议会的法应该被理解为，没有任何无辜的人，或者没有造成伤害或犯下错误的人，会因为字面的解释而受到惩罚或伤害。"④

7-006　在"女王诉托尔森案"⑤中重申的美好情感，在19世纪末，当法院开始与犯意准则渐行渐远时，就已经开始受到质疑。议会开始了一系列社会福祉立法，这些立法后来泛滥成灾。相关立法，保护了消费者不受掺杂掺假、缺斤少两行为的侵害，保障了公众的健康和安全，对工人、租户和其他被认为需要照顾的人给予了特殊的保护，并以多种方式规范了经济活动。这类立法中的常规做法是，在不指明罪过的情况下，规定被禁止的行为。对此，议会的立法宗旨可以用以下两种或其中的任何一种来加以解读。可以假定，议会打算设立严格责任。这得到了相关事实的证实，即当法院以这种方式解释立法时，议会（实际上是指政府）一般情况下都不会从事相关修法工作。或者可以假定，议会意在让法院根据一般法律原则，包括犯意要求，对其加以解释，而这反过来又得到了相关事实的佐证，即在极少数情况下，当法院这样做时，议会从未修改立法使其更加严厉，反而是当法院未这样解释的时候，议会经常修改立法，准许被告

---

① Jeffrie G. Murphy and Jules L. Coleman, *Philosophy of Law*, (Westview Press, 1990) at 128. *Sweet v. Parsley*[1970] A. C. 132 at 163.

② Richard G. Singer, "Resurgence of Mens Rea: Ⅲ—The Rise and Fall of Strict Criminal Liability", (1989) 30 *B. C. L. Rev*. 337 at 340-356.

③ *R. v. Sleep*[1861] 8 Cox C. C. 472 at 477.

④ Sir Edward Coke, *Institutes of the laws of England: Third Part*, (London: Printed by William Rawlins *et al.*, Part 1. 1684) at 360. Quoted with approval in *Margate Pier Co. v. Hannam*(1819) 106 E. R. 661 at 664.

⑤ (1889) 23 Q. B. D. 168.

提出不知情或不存在任何过失之类的抗辩。第二种假设的好处是让议会澄清这种犯意,从而消除对法官们的指责,即他们自己放弃了公正原则。此外,如果法院坚持要求存在罪过,几乎肯定会对议会产生同样的影响,而法官随时在罪过问题上作出让步,自然会使正义原则贬值。

过去几十年来,英国立法机关和司法机关都经常排除或限制犯意要求,有时甚至会像"女王诉拉森纳案"(*R. v. Larsonneur*)[①]那样,完全放弃该规则。但幸运的是,最近一段时间,至少就"自然犯"(*mala in se* crimes)而言,司法的行动方向开始有所不同。[②] 在"女王诉K案"(*R. v. K*)[③]中,斯蒂恩法官说:"宪法中存在某项普遍适用的原则,该原则已经得到充分的证实,即只要某一部分刑事立法对犯意未作规定,就应推定,为了实现议会的立法意图,我们必须在解读时使用要求犯意的文字。"当然,如果这是宪法原则,则无论相关刑法条文是否明确规定严格责任足以定罪,其
184 都将适用。原则是:每项该当监禁刑的严重犯罪都需要有罪过。[④] 然而,法院尚未承认这属于宪法权利。

2003年《性犯罪法》创设的许多犯罪,都包含严格责任的内容,同时设定有相当重的刑期,但法院不太愿意认为这些规定与1998年《人权法》不符。[⑤] 2003年《性犯罪法》中若干构成要素存在严格责任的犯罪,没有明确规定严格责任足以入罪。但很明显,这正是议会的立法意图,因为2003年《性犯罪法》中的大多数罪行都明确要求必须存在罪过。其他条款则明确规定了严格责任。例如,2003年《性犯罪法》第53A条设立了严格责任犯罪。如果有人向遭受剥削行为(被迫卖淫)的妓女支付或承诺支付性服务费用,即构成犯罪。"不论被告人是否明知或应该明知[第3方]从事剥削行为",都需要承担责任(这是仅可处以罚金的简易犯,但仍可能涉及刑事诉讼和定罪)。这类入罪默示要求无辜者对他人的犯罪行为负责,从而侵犯了无辜者不被不公平地定罪的宪法权利。[⑥]

7-007 通常,主观要素在法定犯中得以部分保留,但在难以证明犯

---

① (1934) 24 Cr. App. R. 74.

② *B(A Child) v. D. P. P.* [2000] 2 A. C. 428; *Crown Prosecution Service v. M* [2010] 2 Cr. App. R. 33. Kenneth Campbell, "New Directions in Strict Liability", (2000) 11 *K. C. L. J.* 261.

③ [2002] 1 A. C. 462 at 477.

④ Dennis J. Baker, *The Right Not to be Criminalized: Demarcating Criminal Law's Authority*, (Ashgate: Farnham, 2011) at Chap. 2.

⑤ *R. v. G* [2009] 1 A. C. 92.

⑥ Dennis J. Baker, "Collective Criminalization and the Constitutional Right to Endanger Others", (2009) 28 *Crim. Just. Ethics* 168 at 190 *et seq.*; Dennis J. Baker, "The Moral Limits of Criminalizing Remote Harms", (2007) 10 *New Crim. L. Rev.* 370.

意的情况下，针对某些要素的主观心态可能遭到放弃。[①] 当立法机关在制定某项行政犯性质的轻微犯罪时，没有明确提及主观要素（如使用"故意"或"明知"），法院一般认为，在某些方面，应按字面意思理解相关法律规定，从而产生严格责任。即使法律规定的是严重犯罪并明确要求具有主观罪过，即使法律用语似乎清晰表明犯意针对各个构成要素，法院也可以将主观要素仅适用于部分犯罪构成要素，而非全部要素之上。换句话说，法院可能会创制出某种部分犯意犯罪。[②] 185

当吉尔伯特（Gilbert）[③]在撰写其著名的模拟司法推理时，脑海中也许正在浮现这种发展。对案情一无所知，案发时亦不在场，对于被告的此种辩解，"天皇"（Mikado）回答说：[④]

"这是其中可悲的一部分。不幸的是，傻瓜法律规定的是'出现了让继承人死亡的图谋'（Compassing）。没有任何字是关于错误，缺乏明知，或没有概念，或不在那里。当然应该有，但是没有。这些立法总是以这种邋遢的方式被起草。"

吉尔伯特曾当过律师，《日本天皇》首次公演是在 1885 年，即前面提到的作出严厉判决的"女王诉普林斯案"[⑤]宣判 10 年之后。

7-008　既然严重犯罪需要主观要素，法院是否有理由认为对轻微犯罪要求主观要素是不适当的？像卖掺水牛奶这样的违法行为属于过失犯罪，而不是明知犯罪。

你说得对，在轻罪方面，过失犯的存在范围应比普通法所准许的更大。司法实践一般认为，在犯意要求和严格责任之间没有另外的路径：除非立法明确规定了过失，否则每项犯罪都必须列入两者中的某种。法官如此推理：法律没有明确规定主观要素；通过默示的方式认定会使犯罪成立范围缩小太多；因此，这是绝对责任犯罪（严格责任的犯罪），即不需要任何罪过。但这种推理是错误的。无法通过确定不需要犯意来确定不需要过失。

---

① *R. v. G*[2009]1 A. C. 92 at 96H.

② *R. v. Savage*[1992]1 A. C. 699；*R. v. Mowatt*[1968]1 Q. B. 421；*R. v. Phekoo*[1981]1 W. L. R. 1117；and *R. v. Prince*(1875)2 C. C. R. 154；Compare，*State v. Brown*，140 Wash. 2d 456 at 473-474 (2000).

③ 威廉·施文克·吉尔伯特法官（Sir William Schwenck Gilbert，1836—1911 年），英国剧作家、文学家、诗人。他与作曲家阿瑟·萨利文合作的 14 部喜剧闻名于世，其中最著名的为《皮纳福号军舰》（H. M. S. Pinafore）、《彭赞斯的海盗》（The Pirates of Penzance）以及在音乐剧院中表演场次最多的历史剧之一《日本天皇》（The Mikado），其中若干台词已经成为当代英语的一部分。——译者注

④ W. S. Gilbert and Arthur Sullivan，*The Mikado*，*or*，*The town of Titipu* (London：Chappell，1911).

⑤ (1875)2 C. C. R. 154.

7-009 无论如何，可以肯定，在司法实践中，被认为负有严格责任的被告至少存在过失，是吗？

经常如此，但不一定绝对如此。以（仅举一例说明）“帕克诉奥尔德案”（*Parker v. Alder*）[①]为例。农民奥尔德通过铁路把牛奶送到买主手中。这个过程中，有人擅自打开奶罐，大概是在抽取了若干牛奶之后加水，并予以搅拌。根据出售不符合所需性质、品质和质量的食品的相关法条，奥尔德被定罪，法院认为牛奶在到达目的地之前，其财产所有权不会发生转移，因此属于在出售时掺假。

这起案件显示了绝对责任犯罪和过失犯罪之间的巨大区别。为了使某人对自己的过失负责，检控方必须证明其行为存在过失的某些特征；必须指出行为人本可以合理采取的，以避免这种邪恶的结果发生的具体措施。如果被告被定罪，他将知道在今后类似的情况下，可以通过采取检控
186 方向他提供的措施来避免法律诉讼。但牛奶供应商如果想要避免自己面临奥尔德所接受的罚金，唯一确定的方法，只能是放弃供应牛奶。如果他们能在牛奶桶上安装防护锁，也许可以将风险降到最低。然而，这样的建议将引发如下考虑，即这样的支出是否值得，毕竟牛奶被他人注水的风险很小，以及在牛奶中掺水的社会危害更是非常之小。[②] 从商业角度考量，采取预防措施是要花钱的，如果真的坚持要做到尽善尽美，产品的成本就会大幅度上升，而这不会给消费者带来好处。

从某种程度上说，这只是轻微的恶行，这位农民应该为牛奶掺假行为支付几英镑（他当然能够付得起）的罚金，尽管他对此其实无能为力。[③] 然而，如果这种惩罚是种罪恶，显然具有不必要的属性，因为创设严格责任犯罪的必要性，通常没有说服力。粗心大意的违规行为比比皆是，对这些罪行的起诉，通常足以成为教育人们守法的长鸣警钟。将少数缺乏道德罪过的人，加入为数众多真正有罪的被告之中，毫无裨益。但社会舆论则与此完全相反。因为，虽然自然的邪恶往往可以被接受为生活代价的一部分，但人为的恶害可能会因为被认为缺乏公正性，遭到强烈甚至极端憎恶。

7-010 对企业进行罚款，无论其是否有罪过，与其说是种羞辱，不如说是对私人的罚金。但即使被告是贸易公司，无视过错的规则也可能导致经销商将罚金视为其间接成本一部分。因此，通过扩张法律而对刑

---

① [1899] 1 Q. B. 20; cf. *Watson v. Coupland* [1945] 1 All E. R. 217.

② Dennis J. Baker & Lucy X. Zhao, “Responsibility Links, Fair Labelling and Proportionality in China: A Comparative Analysis”, (2009) 14(2) *UCLA J. Int' l L. & Foreign Aff.* 274.

③ Martin Wasik, “Shifting the Burden of Strict Liability”, [1982] Crim. L. R. 567.

事程序产生的漠不关心的态度，很可能蔓延到存在罪过要素的其他违法犯罪当中。通常情况下，冒着偶尔受到小额罚金的风险，要比为避免罚金而对业务安排进行必要的修改便宜得多。① 如果交易者习惯于刑事法庭的气氛，并被教导将犯罪过程视为与责任和罪过无关的事情，就可能会在许多法律规定所针对的问题上采取愤世嫉俗和自私自利的态度。最终的结果实际上可能是法律预防效果的下降。②

但回到牛奶掺水案件。奥尔德说把牛奶放上火车时牛奶是纯净的，你怎么知道他说的是实话？也许是他自己掺假的。严格责任可以防止人们以不诚实的抗辩事由为借口，逃避刑事制裁。

7-011　治安法官发现，牛奶放上火车时是纯的。

如果不诚实的抗辩被认为是问题，可以通过转移证明义务至被告人来加以解决。

严格责任免除了公诉方必须证明罪过的责任，但没有免除其证明被告人实施了违反法律规定的行为的义务。假设在"帕克诉奥尔德案"中，买主把阿尔德桶里的牛奶转移到他自己的容器里，后来才发现里面有水。奥尔德坚称，他桶里的牛奶是纯的，掺假一定是在交付标的后发生的。买家说，掺假不是物权转移后发生的，所以一定是奥尔德的错。如此一来，检控方将承担举证责任，证明奥尔德供应稀释牛奶违反了法律规定，他将有权享受存疑有利于被告的好处。因此，法律并没有说，对于严格责任罪的检控，被告的话总是被忽视的。

如果个别被告凭借不诚实的抗辩事由逃脱惩罚，法律的威慑作用似乎不大可能大大削弱，或者根本不会削弱。通常这样的被告不太可能以这种方式逍遥法外。

现在必须谈谈这个问题的历史。严格责任的演变过程，可以通过《食品和药品法》(Food and Drugs Acts)的构建来说明，该法最早出现在 19 世纪的成文法中，现在适用的是 1990 年《食品安全法》。该法第 14 条第 1 款规定，在损害买方利益的情况下，出售任何不符合所需性质、品质或

① Raymond W. Mushal, "Reflections upon American Environmental Enforcement Experience as it may Relate to Post—Hampton Developments in England and Wales", (2007) 19(2) *J. Environmental Law* 201; Melanie Newman, "Bitter Pills for Drug Companies", (2010) *B. M. J.* 341: c5095; Jeffrey H. Reiman, *The Rich Get Richer and the Poor Get Prison*, (Boston: Allyn & Bacon, 4th edn. 1995); Cf. Nelson, G. Smith, "No Longer Just a Cost of Doing Business: Criminal Liability of Corporate Officials for Violations of the *Clean Water Act* and the *Resource Conservation and Recovery Act*", (1993) 53 *La. L. Rev.* 119.

② Sanford H. Kadish, "Some Observations on the Use of Criminal Sanctions in Enforcing Economic Regulations", (1963) 30 *U. Chi. L. Rev.* 423 at 440–444.

质量的食品为犯罪。[①]（奥尔德是根据本条前身的前身被定罪的。）[②]买方被视为要求卖方提供与其明示或默示描述相符合的商品[③]，而卖方被视为默示承诺其所出售的货物是纯净的。因此，如果面包中有钉子，在肉卷
188 中混入老鼠屎，在牛奶中注水，或者香肠的肉含量不足，就构成违法。如前所述，这项违法被认为不需要犯意（暂时搁置法定抗辩的问题）。[④] 先前的判例，是在对相关法律规定的措辞进行批判性审查，并将此条与彼条进行比较之后作出的，得出结论是，议会的立法意图一定是放弃特定罪行的罪过，尽管相关法律中没有这方面的明文规定。后来，法官们变得更加大胆，他们的判决不再基于法律规定的内容，而是以一般社会基础为依据，他们提出，如果认为检控方有必要证明犯意，立法的目的就会被推翻。没有人提出，问题在于检控方是否至少不需要证明过失。这现在还没有定论，因为 1990 年《食品安全法》为被告提供了尽到"适当谨慎"（due diligence）的抗辩事由。

7-012 第 21 条规定：

（1）有下文第（5）款规定之情形，被控人如证明他已采取一切合理的预防措施，并已尽恰当的注意义务，以避免其本人或受其控制的人实施该罪行，即为免责抗辩。

（2）在不损害上文第（1）款的概括原则的基础上，被控犯上文第 14 条或第 15 条所规定罪行之人，如（a）没有配制被指称构成该罪行的食物；且（b）没有将该食物输入英国，如该人符合以下第（3）款或第（4）款的要求，即当作已成立第一款所创设的抗辩事由。

（3）任何人如证明如下事项，便符合本款的规定——

（a）相关罪行是由不受其控制的他人的作为或不作为，或由于倚赖该人所提供的资料所导致；

（b）他对有关食物所作的一切检查，在所有情况下均属合理，或在所有情况下，他倚赖向他供应食物的人所作的检查是合理的；

（c）他在犯被检控的罪行时，不知道及没有理由怀疑其作为或不作为会构成有关条文所设定的犯罪。

（4）任何人如证明如下事项，便符合本款的规定——

（a）实施相关罪行是由于不受他控制的他人的作为或失责，或是由

---

① Cf. sections 8 and 15 of the *Act of* 1990.

② Section 2 of the now repealed *Food and Drugs Act* 1955. *Nottingham City Council v. Wolverhampton & Dudley Breweries Plc*. [2004] Q. B. 1274.

③ *Per*Lord Diplock in *Smedleys Ltd. v. Breed*[1974] A. C. 839 at 857-858.

④ Sections 20-22 of the *Food Safety Act* 1990.

于倚赖该人所提供的资料；

(b)被检控罪行所包括的售卖或拟售卖，并非以其名义或商标进行；

(c)他在被检控罪行发生时不知道，也不能合理地期待他知道，他的作为或不作为将构成有关条文所设立的犯罪。

第3节　规则的扩展

7-013　一旦正义的概念被抛弃，转而借口“国家利益”(*raison d'État*)主张建立严格责任，其就可以很容易地扩展到刑事立法中，甚至得到普遍适用，但前提是罪行不是特别严重。因此，与出售麻醉品有关的法律、管理度量衡的立法，[1]规范雇主和雇员关系的立法(如工作时间和工资)、1988年《道路交通法》(Road Traffic Act 1988)的诸多规定，以及其 189
他无法在此列举的其他立法，都被解读为适用严格责任。[2]

当某人发现法官将某法条解释为适用严格责任，而立法机关却使用了表明不诚实或其他过错要求的词语时，严格责任产生于议会的立法意图而不是法官偏好的理论，就显得特别空洞。

假设你和我在争论，我会告诉你，你的结论是错误的。这可能不是不礼貌的，因为如此一来，“错误”概念只意味着“不成立”。但如果我告诉你，你在作虚假陈述，你认为我的话是无礼的，这是可以理解的，因为如此一来，“虚假”概念，通常会带有指控你撒谎的意味。为了避免误解，你必须说对手是“错误的”，而不是说他在说假话。因此，可以认为，议会惩罚“虚假”陈述行为的法，按着有利于被告之原则，可以被解读为默示要求具有犯意，即被告知道该陈述是虚假的，或者对于其是否是真的存在轻率心态。但有人认为，以这种方式表述的若干罪行应适用严格责任。[3]

7-014　如果行为人确实进行了适当的维护，则认为其符合要求车辆制动器“保持”良好状态，即高效工作状态的法律规定。这也不为过：不管你的保养多么好，如果你的刹车失灵了，即使是完全不可预见的，你也要按照规定承担责任。[4] 这种结构使得法律规定相当于要求制动器始终处于安全状态。[5]

法律规定要求破产人对发生损失的方式作出令人满意的解释。即使

---

① Section 34 of *Weights and Measures Act* 1985.

② Meredith Blake and Andrew Ashworth, “The Presumption of Innocence in English Criminal Law”, (1996) Crim. L. R. 306 at 313.

③ *Laird v. Dobell*[1906]1 K. B. 131; *R. v. Cummerson*[1968]2 Q. B. 534.

④ *Hawkins v. Holmes*[1974]R. T. R. 436.

⑤ Section 40A of the *Road Traffic Act* 1988.

他尽了一切应尽的努力作出解答,但如果该解释不尽如人意,即属犯
190 罪。① 换言之,破产人在法律上承担超出合理预期的义务。

第4节　解释原则

7-015　一般来说,与严格责任相关的法源相互冲突,以至于不可能就这种责任形式何时适用,何时不适用,抽象出任何一以贯之的原则。肯定严格责任的特定立场几乎总是与支持罪过责任的矛盾立场相匹配。其结果是,在成文法没有明文规定的情况下,法官通常可以随意附加任何罪过要素,或拒绝附加任何罪过要素;他们总是可以为自己的提议找到某种明显的法源或论据。

以"雷诺兹诉 GH 奥斯丁与桑斯公司案"(*Reynolds v. GH Austin & Sons Ltd.*)②为例,被告公司经营客车运输业务,但只被许可运送特定私人旅客,未被准许搭载不特定公众群体。妇女协会组织了一次郊游,公司同意提供一辆长途巴士。郊游的组织者在公司不知情的情况下,向公众宣传此次郊游,因此若干公众也参与其中。其结果是,该公司的执照不包括这种对长途汽车的特殊使用。该公司被控成立在没有道路服务许可证的情况下运营车辆的法定犯。鉴于许多法源对严格责任的规定,检控方无疑认为自己手里的案件一清二楚,但分庭法院却指示无罪释放。戈达德法官(Lord Goddard C. J.)表示:"这并不是在质疑公认的原则,即如果有绝对禁止,并且实施了禁止行为,就会受到惩罚;而是迄今为止,该原则从未适用于这样案件,即禁止行为不是被告,而是由他无法控制的某个人实施的,并且他对该人无法律责任。"

7-016　我认为这个理由站不住脚。被法律所禁止的行为并不是向公众宣传郊游;是使用没有道路服务执照的车辆,而该公司确实是这样做的。

是的,恐怕这也是哥达德法官犯下的"职业性失误"(homeric nod)。确实有其他人的行为,但正如你所说,检控的行为是被告公司的行为。

还有人批评戈达德法官忽视了"帕克诉奥尔德案",③这两个判决相互对立。奥斯丁与桑斯公司实施了法律禁止的行为;他们使用的这辆车,没有覆盖该用途的适当执照。同样,奥尔德也实施了违禁行为;他出售的食物不符合法律所要求的性质、品质或质量。在这两种情况下,如果没有

---

① *R. v. Salter*[1968]2 Q. B. 793.

② [1951]2 K. B. 135.

③ [1899]1 Q. B. 20.

被告下属雇员以外的其他人的未经授权的行为,就不会发生违法行为。如果这是奥斯丁与桑斯公司的借口,这也应该是抗辩事由。这两个案件之间的区别是,“奥尔德案”中的实际罪犯是未知的,而且可能无法确定,而“雷诺兹诉奥斯丁与桑斯公司案”中的实际罪犯是已知的或可追踪的。但这项事实不应影响被告的责任。 191

最近的立法倾向于包括无过失抗辩;因此,像奥尔德这样的人并不总是要为第三方的独立不法行为负责。如果换到现在,奥尔德可谓找到了抗辩事由。1990年《食品安全法》第20条规定:

“凡任何人犯本部分任何前述条文所订罪行,系由于他人的作为或不作为所致,则他人即属犯罪;而不论是否对前者启动司法程序,均可凭借本条对后者提起检控及定罪。”①

7-017 在其他若干案件中,法院已表明,虽然被告一般负有严格责任,但他也许可以证明违法行为系由第三方的行为造成的,从而摆脱自己的责任。② 虽然聊胜于无,但同样地,将无过错抗辩限制在存在第三方行为的案件是不合逻辑的。正如史密斯(J. C. Smith)所评论的那样:③

“如果该事件是不可预见的,不管其是由某种自然现象引起的,还是由第三方干预引发的,被告都不需要承担责任。唯一的解释似乎是,(法院)有某种假设,即必须有人负责——如果存在介入的第三方,就由第三方负责,否则,由被告负责。”

法官们经常声称:法律规定中没有“明知”概念,证明议会的立法意图便是要创设严格责任的罪行,这显然是不合理的推论。议会可能遗漏了“明知的”,不希望为罪过要素而烦恼(有时情况的确如此);④或者议会可能意味着可以明知或轻率地犯下罪行;或者可能意味着可以过失地犯下罪行。“该罪不需要明知,因此适用绝对责任,故不要求过失”的说法,体现了似是而非的模糊谬误。

与之矛盾的其他事例是:在“哈定诉普莱斯案”(*Harding v. Price*)⑤中,有人认为,如果司机不知道事故发生,因而没有停车,就不能根据法律规定对其定罪。这可能表明,不作为犯罪取决于被告知道引发作为义务的事实。除非你知道事实,否则不会被激励去行动。但是,和“雷诺兹诉

① Reg. 16 of the *Consumer Protection from Unfair Trading Regulations* 2008.

② *Alphacell Ltd. v. Woodward*[1972] A. C. 824; *Strowger v. John*[1974] R. T. R. 124; *James & Son v. Smee*[1955] 1 Q. B. 78 at 91 *per* Parker J..

③ [1974] Crim. L. R. 124.

④ *Roper v. Taylor's Central Garage*[1951] 2 T. L. R. 284 at 288.

⑤ [1948] 1 K. B. 695; *Hampson v. Powell*[1970] R. T. R. 293; *Bentley v. Dickinson*[1983] R. T. R. 356. Cf. *D. P. P. v. Pidhajeckyi*[1991] R. T. R. 136.

GH 奥斯丁与桑斯公司案”一样,“哈丁诉普莱斯案”只代表了简单而清晰的内在规律和法律中不合理的部分。其他不作为犯罪被解释为不考虑司
192 法公正。例如,某逃学女孩的父母被判犯有 1944 年传统《教育法》(Education Act 1944)所规定的罪行,[①]尽管他们并不知道女儿翘课。[②]

7-018 严格责任能适用于纯粹的技术性犯罪吗?

这个想法是里德法官在“斯威特诉帕斯利案”(*Sweet v. Parsley*)[③]的判决书中提出的。普遍认为,如果犯罪是现代立法政策而不是传统道德的结果,或者换言之,如果犯罪是“法定犯”(*malum prohibitum*)的问题,而非“自然犯”(*malum in se*)的问题,则应追究严格责任。法定犯有时被称为“准刑事犯罪”,即“在任何真正意义上都不算是犯罪,但基于公共利益的考量,用刑罚予以禁止的行为”,[④]也被称为“公益犯罪”或“行政犯”。

试图建立该类别的犯罪,困难在于准确地界定其含义。从某种意义上说,所有违法行为都是公益犯罪,都是法律规制的结果。所谓准刑事犯罪,其起诉程序与其他犯罪相同。有人可能会认为,任何法官都不可能接受可能被判入狱的罪行“在任何真正意义上都不是犯罪”,但三位上议院法官如是说时,并没有感到不协调。事实上,很多人正是因实施了不要求过错的犯罪行为而在监狱里“熬苦窑”。但作为宪法正义问题,导致有期刑的犯罪,提供了非常明确的界限。[⑤] 从原则上讲,当某人没有罪过的时候,就不应该被送进监狱。所有人都享有这项宪法规定的基本权利,即不因无可指摘的伤害行为而被“监禁”。[⑥]

如果违法行为不能导致监禁刑,可能的论点是,某人的名誉不会因为犯了技术性犯罪/法定犯而降低,如此一来,人们不想知道他犯罪时主观上是否是明知。人们确实可以对技术犯罪和特别不道德的行为作出一般
193 区分,但这是程度问题。如果原则是严格责任只适用于技术犯罪,法院就

---

① *Bath and North East Somerset DC v. Warman*[1999]Ed. C. R. 517. the *Human Rights Act* 1998; *Barnfather v. Islington Education Authority*[2003]1 W. L. R. 2318.

② *Crump v. Gilmore*(1969)113 S. J. 998. ,*Atkinson v. Sir Alfred McAlphine & Sons Ltd.* [1974] Crim. L. R. 668.

③ [1970]A. C. 132 at 149, affirmed by the House of Lords in *B(A Child) v. D. P. P.* [2000]2 A. C. 428; *R. v. K*[2002]1 A. C. 462 at 477. Applied by the Court of Appeal in *Crown Prosecution Service v. M*[2010]2 Cr. App. R. 33; *R. v. Matudi*[2003]E. H. L. R. 13.

④ *Sherras v. De Rutzen*[1895]1 Q. B. 918 at 922 *per* Wright J. .

⑤ Dennis J. Baker, “Constitutionalizing the Harm Principle”, (2008)27 *Crim. Just. Ethics* 3.

⑥ *Robinson v. California*, 360 U. S. 660, 667 (1962). Dennis J. Baker, *The Right Not to be Criminalized: Demarcating Criminal Law's Authority*, (Ashgate: Farnham, 2011). Cf. *R. v. Muhamad* [2003]Q. B. 1031.

应对这种犯罪的构成存在专门的认定。但法院已将严格责任解读为涉及长期监禁刑的各种罪行，包括：

1968年《火器法》(Firearms Act 1968)[①]规定的重罪。

性犯罪(考虑到年轻人的年龄)。[②]

"法定强奸"(statutory rape)。[③]

7-019　事实是，法官有无以计数的理由来设定严格责任，而技术性犯罪只是其中之一。如果罪行是技术性的，这将成为不提供罪过证明的理由；[④]如果罪行涉及重大公共利益，就必须构成"对社会的危险"，这将是得出同样结论的其他理由。以前的司法思维模式偏向于方向：支持提起检控，[⑤]但现在的趋势是，除非法律另有明文规定，否则就要求证明犯意的存在。[⑥]

如果认真对待准刑事犯罪的理论，这应意味着这些犯罪只应作为"违警罪"(contraventions)被处以数额较小的罚金，同时不应由警方或(主要是)法院执行，而是由相关执法机构执行，只有在上诉时才能诉诸司法。[⑦]但这需要一般立法，而议会没有时间。最好的希望是，如果能够改变态度，[⑧]随着新的犯罪行为的产生，在实现该目标方面可能会逐步取得进展。

7-020　起次要作用的行为人能否被追究严格责任？

以前有人指出，严格责任不适用于未完成罪或共犯。作为未遂犯、从犯，被告人必须对有关事实具有明知心态。

第5节　使用与导致

7-021　在道路交通立法的条款中出现的动词，一直是司法关注的主题。根据1988年《道路交通法》第40A节相关条文，某项与机动车有

---

① *R. v. Deyemi*[2008]1 Cr. App. R. 2; *R. v. Zahid*[2010]EWCA Crim. 2158; *R. v. Waller*[1991] Crim. L. R. 381; *R. v. Bradish*(1990)90 Cr. App. R. 271.

② *R. v. Prince*(1875)2 C. C. R. 154; cf. *B(A Child) v. D. P. P.* [2000]2 A. C. 428 where the Lords disapproved *R. v. Prince*.

③ *R. v. G.* [2009]1 A. C. 92.

④ *Strowger v. John*[1974]R. T. R. 124.

⑤ *Cain v. Campbell* [1978] Crim. L. R. 292 ("taking"); *Pharmaceutical Society v. Harwood* [1981]Crim. L. R. 255.

⑥ *B(A Child) v. D. P. P.* [2000]2 A. C. 428; *R. v. K*[2002]1 A. C. 462; *Crown Prosecution Service v. M*[2010]2 Cr. App. R. 33; *R. v. Matudi*[2003]E. H. L. R. 13.

⑦ "Justice", *Breaking the Rules* (London: Justice, 1980).

⑧ *B(A Child) v. D. P. P.* [2000]2 A. C. 428; *R. v. K*[2002]1 A. C. 462.

关的犯罪行为的规定如下：

“在考虑下列情节的前提下，任何人在道路上‘使用’（uses）、‘导致’或‘准许’（permit）他人使用汽车或拖车，都可被认定违法：(a)该汽车或拖车或其附件或设备的状况，或(b)使用该汽车或拖车的目的，或(c)该汽车或拖车所运载的乘客人数，或运载乘客的方式，或(d)其负载的重量、位置或分布，或方式。”

“使用”、“导致”和“准许”，都被认为构成单独的犯罪。[①] “使用”被理解为立法创建了某种严格责任，在这个意义上，不需要行为人知道自己使用的东西的性能。因此，如果该车雇员在业务活动中使用，并且该车辆不符合规定（尽管任何人都没有罪过），检察官如果决定检控，应针对雇主（以及雇员，如果他愿意的话）违反规定使用该车辆的那部分行为，进行指控。[②]

起诉雇主“准许”使用的检控方，将遭遇一系列相当成熟稳定的判例，其大意是任何“准许”、“遭受”或“允许”[③]型犯罪，只能由明知自己准许、容认或允许使用的事实（或者事实的可能性）的人实施。[④] 因此，这个动词引入了犯意要求。

7-022 法院对“导致”作出了令人奇怪的限制性解释。有人认为，如此一来，该动词意味着下达使用车辆的命令或指示。因此，当汽车技工在修车过程中因为过失违反相关的规定，其雇主在车主随后驾驶该面包车上路时不负任何责任[⑤]；因此，该技工也不负任何责任。

如此一来，刑事责任完全落在不幸的货车车主身上，他认为自己的货车已经被修好，然后驾车上路。因此，法院的判决，导致了司法的双重失
195 败。根据因果原则，是过失的修理工导致了该违法行为，因为他导致业主相信工作已经妥善完成；根据合理的法律观点，业主应被视为没有责任。

7-023 假设被告人告诉他的儿子开被告人的车去火车站取包裹，但被告人不知道这辆车的刹车有毛病。被告人这样做，属于导致汽车的使用吗？

有人认为，除非行为人明知相关事实，否则不会导致他人违反法律使

---

① *R. (on the application of Vehicle & Operator Services Agency) v. Henderson* [2004] EWHC 3118; *Hatton v. Hall* [1997] R. T. R. 212. *James & Son v. Smee* [1955] 1 Q. B. 78; *Gifford v. Whittaker* [1942] 1 K. B. 501.

② Cf. *Richardson v. Baker* [1976] R. T. R. 56. *Jenks v. Turpin* (1883-84) 13 Q. B. D. 505.

③ *R. v. Tilley* [2010] 1 W. L. R. 605.

④ 6. 4. *Vehicle Inspectorate v. Nuttall* [1999] 1 W. L. R. 629 *per* Lord Steyn; cf. the judgment of Lord Hobhouse. *Cambridgeshire CC v. Associated Lead Mills Ltd.* [2006] R. T. R. 8.

⑤ *Shave v. Rosner* [1954] 2 Q. B. 113. Cf. *Thompson v. Lodwick* [1983] R. T. R. 76.

用车辆,而他指示的车辆驾驶者是否是自己的雇员并不重要。“导致”概念与“准许”概念所要求的犯意相同。[①]

严格地说,如果适用了“全新行为的介入”(*novus actus*)[②]的自治原则,则应当认为,如果结果是在他人的自由介入后立即发生的,则被告不构成“导致”结果的犯罪。远因者,如果有责任的话,应该是作为行为人(正犯)因实施了法定动词范围内的行为(当他被认定“使用”某物时),而承担责任,或者作为直接原因者的从犯,而承担责任,并且责任应该带有通常的明知要求。但可以理解的是,法院应忽视该技术性细节,并判定雇主在他也明知事实的情况下导致了犯罪。

导致行为以外结果的人可能要负严格责任。因此,在“埃尔法赛尔诉伍德沃德案”(*Alphacell v. Woodward*)[③]中,上议院维持了因被告“导致”污染物质进入河流,而在无须证明犯意或过失的情况下,原审法院对这家公司作出的有罪判决。原审法官们保留了这样问题:如果结果是由陌生人或上帝的行为导致的,公司是否应承担责任。[④] 但此后上议院认为,公司仍将对这些事实负责。[⑤] 如果某项行为(以及诸如危害结果或危害危险等事件)以外的事件,实际上是由两个人的独立行动造成的,法院很可能会认定,在法律上,过失者,而不是尽到谨慎注意义务的人,才是事件的起因。[⑥] 这可视为合理预见原则在因果关系中的应用。

第6节 持有犯

7-024 有些罪行的措辞是“持有”(possessing)法律所禁止的物品,即所谓的“违禁品”(contraband)。例如,非法持有爆炸物、火器和管制药物(通常是能够影响意识和行为的药物)的罪行。其他法律使用的是不 196
同用语,但具有相同的效果,例如“无证饲养”危险野生动物、[⑦]“收受”赃物(处理赃物的方式),以及“携带”攻击性武器的犯罪行为。(但“随身

---

① *Ross Hillman Ltd. v. Bond*[1974]Q. B. 435, *Cambridgeshire CC v. Associated Lead Mills Ltd.*[2006]R. T. R. 8.

② Glanville Williams, “Finis for *Novus Actus*”, (1989) 48 *Cambridge L. J.* 391.

③ [1972]A. C. 824.

④ Anthony Dugdale and Michael Jones, *Clerk &Lindsell on Torts* (London: Sweet & Maxwell, 20th edn. 2010).

⑤ *Environmental Agency v. Empress Car Co. (Abertillery) Ltd.* [1998]1 All E. R. 481, cf. *Impress (Worcester) Ltd. v. Rees*[1971]2 All E. R. 357. the discussion at 8. 9.

⑥ *Sever v. Duffy*[1977]R. T. R. 429.

⑦ *Dangerous Wild Animals Act* 1976.

携带”指的是直接的个人持有,[①]如果某人将违禁品委托给他人保管,前者就可构成普通的持有罪。)[②]

根据持有理论,该概念涉及体素和心素两个方面:控制所涉事物的主体。不必详细讨论该理论,只需观察在违禁品犯罪中的重要性。有些持有罪明确要求明知,最突出的事例是收受赃物。如果设立持有罪的法律规定没有具体要求明知,目前的趋势是,认为规定了严格责任,即使该罪行是某项可能受到严厉惩罚的严重罪行。本书将联系毒品和枪支犯罪,对此展开讲解。

第 7 节　持有管制药物

7-025　与毒品犯罪有关的法律现在主要是 1971 年《药物滥用法》第 28(3)条。这使得责任在很大程度上取决于被告是否明知自己持有这件东西,或者是否因为过失而不确定自己持有物品的性质。相关条文,在省略了不必要内容之后,如下所示:

“如果检控方需要证明某一物质或产品是受管制药物,并且证明了该物质或产品是受管制药物,则应在下列情况下,宣告被告无罪:

(i)被告人证明自己既不相信也不怀疑,也没有理由怀疑有关物质或产品是受管制药物;或

(ii)被告人证明自己相信有关的物质或产品是受管制药物或属于某类受管制药物,但如果该物质或产品事实上是该受管制药物或属于此类受管制药物时就不会触犯本条规制的任何罪行。”

第(i)款规定,当被告对自己持有受管制药物缺乏明知时,可以提出无过失抗辩。根据第(ii)款,如果被告认为自己持有的是不同的受管制药物,可以主张非常有限的抗辩:事实必须是,如果是该药物,就不构成犯罪。例如,他必须证明自己持有医生处方,并且在他看来,他所持有的药物与处方开出的药相同。否则该人会因为实际持有的药物而受到惩罚。因此,当他有理由相信自己犯下的只是持有大麻脂等轻缓罪行,可以因持
197 有一包海洛因而受到惩罚。[③]

然而,该法只不过是对现有判例法的亡羊补牢,后者对持有理论作出了复杂的区分。如果不是因为其仍然会影响总结的技术正确性,从而可

① *R. v. Doukas*[1978]1 W. L. R. 372;*R. v. Jones*[1987]1 W. L. R. 692;*R. v. Pawlicki*[1992]1 W. L. R. 827.

② *R. v. Kelt*[1977]1 W. L. R. 1365.

③ *R. v. Leeson*[2000]1 Cr. App. R. 233.

能导致无罪释放，因此聊胜于无，否则现在根本没有多大的实际意义。这意味着，如果要充分理解法律，就必须阐明普通法。

7-026　根据1971年之前的立法，未经授权持有管制药物被无条件宣布为犯罪，法院认为对此罪行应认定严格责任。上议院在"华纳诉大都会警务处处长案"（*Warner v. Metropolitan Police Commissioner*）①中的裁决，最终解决了该问题。警方发现在华纳携带的盒子里有两万片安非他命；他先是说盒子里有垃圾，然后说盒子散发异味。华纳关于自己确信的说法显然是非常可疑的；但原审法官告诉陪审团，被告人的确信与本罪无关，因此上诉法院面临的选择是，要么同意罪行适用严格责任，要么推翻有罪判决。如此一来，上议院的法官显然有很大的理由去认同原审法官的意见，他们也确实表示了同意。里德法官强烈反对，他认为，根据"女王诉托尔森案"②的说法，尽管当时生效的法律对主观要素保持沉默，但却隐含着犯意的要求。这种罪行受到严厉的惩罚，可以说属于传统道德规范的范畴，因为会引起道德否定评价；不能仅仅因为方便，便对此不予考虑。③ 然而，大多数上议院法官意识到堵住禁毒立法漏洞的社会重要意义。他们对议会可能的立法意图的猜测，在某种程度上被1971年《药物滥用法》证明存在错误，该法规定了之前已经提到的无过失抗辩，并且无过失的举证责任应由被告方承担。④

阅读第28(3)条的人会明白，如果被检控非法持有大麻等，而持有者不知道自己持有受管制药物，就必须证明自己没有罪过。但此种情况更复杂。这种证明确实是种抗辩；但是，只有在证明被告持有毒品，且普通法上的持有原则含有对他有利的内容的情况下，才需要无过失抗辩。

稍作解释：假设在持有罪中，犯罪行为包括对违禁品的实际控制；如果1971年《药物滥用法》确立了该主张，本应省去许多麻烦。但事实显 198
然并非如此，从而留下了持有问题，最终在"华纳诉大都会警务处处长案"中该问题得到了解决。在本案中，上议院在将罪过的概念从相关犯罪中剔除之后，又基于用错地方的机智，通过持有理论将罪过放回原处。他们之所以能做到这一点，是因为人们一直认为持有涉及所谓的"持有目的"（*animus possidendi*），即持有的故意这种主观要素。⑤

7-027　就有关盗窃的法律而言，可以很容易地发现被害人的持有

① [1969] 2 A. C. 256.

② (1889) 23 Q. B. D. 168.

③ *Sweet v. Parsley* [1970] A. C. 132.

④ *R. v. Lambert* [2002] 2 A. C. 545 at 563.

⑤ Sir Frederick Pollock and R. S. Wright, *An Essay on Possession in the Common Law* (Oxford: Clarendon Press, 1888).

目的。由于持有侵犯的是不法行为人的权属,因此盗窃和刑事损害可能发生在财产持有人身上。而且,为了这个目的,某人可以被认为持有某件东西,尽管其并不知道相关属性,甚至该物品的存在,就像在容器箱子里的东西一样。持有房屋、运输工具、办公桌或其他容器的人,被视为存在持有其内一切物品的故意,除非该等物品是由他人直接持有的。所有人,也许除了小偷,都会同意这是合理的原则。因此,为了保护被害人的财产而要求被害人具备的持有目的是最低限度的。否则就是持有违禁品。如果被指控的持有人不是证人席上的检控方,而是被告席上的被告,根据上议院的说法,一般来说,他不能因持有违禁物品而被定罪,除非他以某种微弱的方式对此有所认识。但是,这样做的让步是极其有限的。[①] 一般认为,在 3 种情况下,即使不知道自己究竟持有什么,也仍可以认定被告持有违禁品。3 条规则分列如下:

首先,如果他要求别人将违禁品交给自己,则在该违禁品到达他所在的场所时,即构成非法持有违禁品的罪行,尽管他当时并不知道违禁品已经来了。因此,与其他租户混居的房客,一旦其所订购的大麻被塞进自己的信箱,就犯下了持有大麻的罪行。[②] 这是上诉法院在"华纳案"后作出的判决,表明该案并没有耗尽法院在制定有关该问题的新规则方面的聪明才智。

7-028 其次,从上议院对"华纳案"发表的意见中得出的公平推论是,某人在持有违禁物品时在道德上是无可指责的,他有一段合理但短暂的时间来检查该物品是否是违禁物品,如果是违禁物品,则有时间将其交给警察。[③] 该观点得到了法官们的支持,他们接受了主张,即必须形成实
199 质性的持有,而不是暂时的控制。

虽然"华纳案"似乎给了被告一段短暂的宽限期,让其来检查自己所持有的东西,但这并不准许他犯错误。如果他认为自己手里的是糖果,因而没有费心去检查盒子里的东西,他就持有盒子里实际装着的东西。如果他意识到自己不知道里面有什么,从而认真地检查内含物,但错误地得出结论,认为东西是糖果,还是会被视为持有实际装着的东西。

1971 年《药物滥用法》解释了某人何时可以合法获得他所明知属于(或怀疑可能是)受管制药物的物品。被告可以证明:

(a)他明知或怀疑该药物是受管制药物,而其持有该药物是为了防止他人犯或继续犯与该药物有关的罪行,并在持有该药物后,尽快采取了

---

① *R. v. Lewis*(1988)87 Cr. App. R. 270.

② *R. v. Peaston*(1979)69 Cr. App. R. 203. Cf. *Adams v. D. P. P.* [2002] EWHC 438(Admin).

③ *R. v. Wright*(1976)62 Cr. App. R. 169.

一切他可采取的合理措施,销毁该药物或将该药品交给有权保管该物品的人;或

(b)明知或怀疑是受管制药物,持有该物品是为了将其交给合法有权接管该物品的人保管,并在持有该物品后,尽快采取一切合理的措施,将其交给该人保管。

7-029 可以注意到,该款并不仅仅因为被告在确定药物的非法性质后,立即将其扔掉或退回给转让人,就为其提供抗辩事由。但这两个事实中的任何都可能促使法院认定被告与该物没有足够的实质性关系,从而不将其视为持有。[①]

最后,根据要研究的某些规则,某人被认为持有不请自来的物品(即使他既不知道也不怀疑其属于违禁品),最低要求是他必须明知自己持有的是什么。每个明知自己持有东西的人,都必须立即检查该物品是什么,否则如果实际上是违禁品,就会被认为是持有违禁品。

这条规定,即被告必须明知自己持有东西,听起来可能是非常没有营养的要求,的确如此,但至少产生的效果是,如果物品已经交到被告的雇员手中,或是进入自己所有的建筑物里,或是放进自己的背包或车里,只要不知道任何东西已经如此交付或放置,就不会获得违禁品的持有权。[②]上议院通过"华纳案"确认了该规则,对违禁品犯罪需要某种主观心态的观点给予了温和的支持。但是,法官并没有通过明确要求基本的罪过要素来落实该规定(本可能因为其会让华纳全身而退而面临批判),而是根据对持有理论的改进,将其仅适用于违禁品犯罪。 200

7-030 尽管"华纳案"判决的时间点,出现在 1971 年相关立法之前,虽然在法准许无罪过辩护之后,被引入持有理论的技术性细节因而变得不必要,但此后,"华纳案"一直得到遵循。[③]

假设被控藏有受管制药物的被告知道有盒子被送到自家,并相信盒子是空的,但实际上里面装的是大麻。如果被告没有订购大麻,就不能被判非法持有大麻罪[即使这样做背离了第 28(3)条]。审理案件的法官必须指示陪审团(或书记官必须告知治安法官)检控方有责任证明被告持有大麻,这意味着必须证明持有者明知盒子里有甲物品。法官不得告诉陪审团,如果被告"有理由怀疑甲物品在盒子里",他就可以被定罪。根据《药物滥用法》,该"客观"公式仅适用于被告持有违禁品的情况,目前我们正在考虑其是否正持有违禁品。

---

① *R. v. Wright*(1976)62 Cr. App. R. 169;*R. v. McNamara*(1988)87 Cr. App. R. 246.

② Cf. *R. v. Lewis*(1988)87 Cr. App. R. 270.

③ *R. v. Leeson*[2000]1 Cr. App. R. 233;*R. v. McNamara*(1988)87 Cr. App. R. 246.

这个突然进入讨论的神秘代数量是什么(你可能希望对此有所了解)? 被告被控持有大麻;难道不是要证明他知道自己持有大麻吗? 不,必须证明的是什么,答案并不确定;这就是为什么在前一段插入了“甲”这个符号。作为局部的定义,意味着“被告确切地明知的内容之外的附加内容”。因此,持有者在所谓的“栽赃”案件中不承担责任。

7-031 他可能知道自己的车里有许多小东西,但如果有人在其不知情的情况下,把大麻烟放在车里,车主就不构成犯罪。① 持有者可能知道自己有瓶胃药,但如果在他不知情的情况下在这些药片中掺入安非他命片(受管制药物),就不构成犯罪。② 持有者可能知道他有刀,可如果刀上有大麻脂的痕迹,但其没有把大麻脂涂在刀上,也不知道刀上有此物,就不构成犯罪。③

可以看出,用最厚道的形容词来说,法律是极其微妙的。认为某人可以持有盒子的 6 个侧面,而不必持有里面的东西。被告持有该容器或其他物品,以及任何已知的内容物或附属物,但(就违禁品罪行而言)未持有不为其所知的内容物或附属物。一般而言,只可就其所知的内含物或附属物而犯持有违禁品罪。

这让人想到了问题,也是你挂在嘴边的问题。在谈到“被告知道的内容在那里”时,是否假定持有者知道这些内容的性质? 假设持有者知道自己有一包香烟,认为是烟草,但实际上是大麻。持有者知道自己有一瓶药片,以为这些药片都是妻子的胃药,但事实上这些药片都是儿子的安非他命片。持有者意识到刀上有棕色的东西,认为是太妃糖,但其实是大
201 麻。在上述情况下,持有者知道存在问题的东西在那里吗?

7-032 这是“华纳案”中,上议院考虑的问题。大多数人(注意到华纳和他无法令人信服的辩护)认为某人对事物的“性质”的认识错误并不妨碍他对该物品的持有。在上述所有的案件中,被告都被认定持有违禁品。如果持有者知道他有某物质,他就持有,即使他错误地理解了的本质。④ 例如,有人认为,如果被告知道有一支香烟,他就持有,即使含有大麻,而不是他认为的烟草。⑤

但法律划定的界限太细,有时甚至湮灭了常识:

1. 某人知道他有一包 20 支香烟。他认为这些都是烟草,但都是大

---

① *R. v. Ashton—Rickhardt*[1978]1 W. L. R. 37.

② *R. v. Irving*[1970]Crim. L. R. 642.

③ *R. v. Marriott*[1971]1 W. L. R. 187.

④ *Warner v. Commissioner of Police of the Metropolis*[1969]2 A. C. 256;*R. v. Leeson*[2000]1 Cr. App. R. 233;*R. v. McNamara*(1988)87 Cr. App. R. 246.

⑤ *Searle v. Randolph*[1972]Crim. L. R. 779.

麻。结论:他持有大麻。

2. 与上相同,只不过 20 支香烟中,只有一支是大麻。法律似乎认为,这与判例 1 基本相同,因此该人非法持有一支大麻。他知道自己有 20 支烟,而这支大麻,正是其中之一,但是:

3. 如果他只知道他有不确定数量的香烟,而这支大麻是在他不知情的情况下混入其中,他就不会被认定为持有该大麻。[①]

奇怪的是,这竟然要看被告是否知道总数。某人是否成立犯罪竟取决于他是否认识到自己有把干净的刀,或者他是否认为自己的刀的刀片上有点太妃糖,这难道不疯狂吗?

7-033　在"华纳案"中设定的规则,使得罪过责任和严格责任之间出现了某种深奥且不合理的妥协。正如盗窃案所表明的那样,某人应该 202
知道自己对于特定物品的控制,并不是持有概念的重要组成部分。当违禁品案件中出现持有问题时,坚持要求被告人明知的唯一理由是,如果被告不知道自己持有某件东西,定罪判决可能会让人感觉是不公平的。皮尔斯法官清楚地表明了这,并因此成为相关法律的缔造者,因为他在两个本应主张更严格责任的法官和两个更宽容的法官之间保持了平衡。皮尔斯法官公开表示,持有目的这个概念是犯意的替代品,[②]虽然这种替换并不完美。但是,如果存在公平问题,当被告认为他所持有的是完全不同的东西,比如香水时,判定他犯持有受管制药物罪肯定是不公平的。区分相信自己有空盒子的被告和确信自己有装有香水的盒子的被告(事实上在这两种情况下盒子都放置的都是大麻)显然会使法律彻底沦为法官自由裁量权的附庸。"华纳案"所体现出的区别之美(在他们这些法官看来)在于足以确保华纳继续被定罪。但那只是短暂的优势,现在我们因为无法确定的未来而被荒谬的法律所拖累。

然而,"华纳案"所确立的规则,只在持有问题上显得重要。1971 年的《药物滥用法》没有触及"华纳案"的概念混乱,但最重要的是,第 28(3)条规定的全新法定抗辩事由。因此,即使被告被发现持有该药物,如果他并非明知,也没有怀疑,并且没有理由怀疑该药物是受管制的药物,他现在可以(根据该款)全身而退。结果是,根据该法,如果没有任何东西可以引起他对该药物是否为管制药物进行调查,此人就没有犯非法持有该药物的罪行。

被告被发现车内有一支含有大麻的香烟,他的抗辩事由是他不知道香烟在那里,而且一定是别人放在那里的。法官必须首先指示陪审团,检

---

① *R. v. Irving*[1970]Crim. L. R. 642.

② [1969]2 A. C. 256 at 360G.

控方承担证明义务,以使陪审团满意地确信被告知道自己持有烟(天知道陪审团是否会理解这番指示)。如果陪审团认为是肯定的,根据第28(3)条,被告应证明自己不知道或怀疑或有理由怀疑该物品是大麻或包括大麻的盖然性更大。①

7-034　这完全是对问题的人为分离。实质性的问题不是被告是否知道他持有烟草,易言之,明知自己持有某种东西,而且认识到这种东西是香烟(持有烟草并不违法),而是是否知道(或者,既然法律这么说,有理由怀疑)自己持有大麻;而在常识上,这个问题应该局限于此,应该是单独的问题,只引发单一的举证责任。

已经说到了盒子里的东西(同样的规则也适用于包装好的东西,因为一经包装,内含物是看不见的),现在必须考虑盒子或包裹的持有者无权
203 打开的情况。假设某人得到了保险箱,或者给了别人保险箱。他知道里面有东西,但相信里面的东西是无辜的,比如糖果,但实际上是种受管制的药物。如果被告人无权打开箱子,判他有罪似乎是不公平的。

上议院为类似"华纳案"的这种情况制定了某项特别规则。多数人的观点似乎是,如果被告符合下列情形,则其持有该物品:

知道自己持有某物;并且有机会确定其是什么;并且有权搞清是什么(例如,打开外包装),或是在可疑情况下获得该物品。

以上是皮尔斯法官的具体观点,如前所述,这代表赞成认定刑事责任的观点中最精华的部分。

7-035　毋庸讳言,该复杂的规则不能从任何持有理论中推导出来。这是某项纯粹而简单的司法立法,其目的是为表面上诚实的人提供抗辩事由,而不是为那些引起怀疑的人创设抗辩事由(该目标实现得非常不彻底)。被告是雇员或受托人,无权打开委托给他的箱子,根据"华纳案"的规定或相关立法,如果是在可疑情况下得到的箱子,即如果本该怀疑真相,这可能意味着不能将无权打开作为抗辩事由。

如果被告对自己所持有的东西一无所知(就好像他以为自己被委托保管空盒子,而实际上里面装满了受管制的毒品),这条规则就不会对他不利。无论他多么愚蠢,无论情况多么可疑,他都不能因持有毒品而被定罪。但如果持有者知道盒子里有阿司匹林之类的东西,则如果盒子里有受管制的药品,并且如果他是在客观可疑的情况下开始并继续持有,就可以被定罪。

"华纳案"的规定进一步意味着,如果被告在可疑情况以外的其他情

---

① Cf. *R. v. Lambert*[2002]2 A. C. 545.

况下得到盒子以提供安全保管，并确信盒子里有香水，就将无罪，尽管盒子里实际上含有大麻，因为他无权打开盒子。

7-036 如果毒品在我不知情的情况下被扔到我的棚子里怎么办？

在爱尔兰判例“爱尔兰诉博伊尔案”（*People v. Boyle*）①中，被告被判非法持有管制药物罪。该罪涉及对棚子和容器里的可卡因的持有。警察搜查棚子时发现了3个人，以及可卡因和毒品加工设备。与博伊尔在的两名男性戴着橡胶手套，身上沾有大量大麻脂。博伊尔没有戴橡胶手套，身上也没有沾染受控制的违禁物质，但他和其他人在棚子里，打开门使其进来。丹汉姆法官（Denham J.）②表示：

“在本案中，没有证据表明被告与实际持有或控制棚屋或档案柜中的，现在被放在法官席上的物品有直接联系。不过，有证据表明，被告是 204
这间棚屋的合法占有者，也是事实上的所有者。有证据表明他每天都在那里。由此，陪审团可以适当地得出结论，即毒品和毒品处理设备，尤其是经过改装的压缩机，不可能在他不知情的情况下被搬来并留在那里，至少在被动意义上是默许的。这不是共享的空间，正如‘女王诉布兰德案’所说，被告对公共场所没有控制权，其他人可以自由出入，随心所欲。虽然这项证据可能不足以证明对这些物品的实际持有或控制，但其足以成为提交给陪审团的证据，据此陪审团可以认定被告向另外两名男性提供协助和鼓励，将棚屋用于非法目的。”

在“女王诉刘易斯案”（*R. v. Lewis*）③中，警方在房间中发现了毒品，而被告是这里的唯一房客。他的抗辩事由是，自己不知道或怀疑有人可能在他家里放了毒品。有证据表明，许多人经常光顾这所房子，但刘易斯只在极少数情况下到此。与博伊尔不同的是，几乎没有证据支持“没有［刘易斯］的明知，至少在被动意义上是默许同意的，毒品不可能被运送来和留在那里”的说法。刘易斯甚至没有怀疑在他家里会出现毒品（或可疑的包装或容器等）。诚然，刘易斯有机会搜查自己的房子，以确定是否有任何药物在那里，但某人不可能去寻找他甚至不怀疑存在的药物。刘易斯对家里的这个额外之物一无所知。

7-037 如果其他同住者将非法药物带入共享的房屋，又该怎么办？

在“女王诉布兰德案”（*R. v. Bland*）④中，有对情侣同住在经常有人光

---

① ［2010］1 I. R. 787.

② ［2010］1 I. R. 787 at 798.

③ （1988）87 Cr. App. R. 270.

④ （1987）151 J. P. 857；*R. v. Arshad*［2002］EWCA Crim. 1549；*R. v. Conway*（1994）Crim. L. R. 826.

顾的房子里。有人发现若干访客带着毒品离开了该场所。在这个地方也发现了毒品的痕迹。检控方对布兰德的检控是,她与从事毒品交易的男性住在一起,因此对毒品成立共同持有。布兰德以出卖为目的持有受管制药物的定罪被撤销,因为没有任何能够证明其主动或被动协助的证据。布兰德坚称她不知道她的男朋友是个毒贩。法院认为,根据她与毒品贩子住在“同一房间”这项事实,不足以得出被告帮助贩毒的推论。协助不仅仅需要明知(男朋友)在贩毒。

在“女王诉阔萨案”(*R. v. Kousar*)①中,负责商业标准的官员在被告及其丈夫的婚姻住所中发现了大量假冒商品。他们被检控犯有 1994 年《商标法》(Trade Marks Act 1994)第 92(1)(c)条规定的罪行。检控方提出的案件是,丈夫在当地市场出售冒牌商品,由于这些商品被存放在婚房当中,被告也持有这些商品。辩护人代表被告辩称,她与丈夫的生意无关,也不知道货物是伪造的。因此,就第 92(1)(c)条而言,货物不在她的管理范围内。

克拉克法官表示:

“在辩论过程中,人们对正常的家庭情况进行了若干讨论:丈夫或妻
205 子是否应被视为共同持有该房屋内事实上属于他人财产的物品?例如,妻子既是服装和化妆品的持有者又是所有者,那丈夫是否应被视为持有服装和化妆品?我们冒昧地认为,该概念是相当不恰当的。从这个意义上说,人无法持有配偶的个人财产。‘准许’这个词已经被使用,她准许这个财产在房子里。许可可能不仅仅是种默许,但即使如此,如前所述,也不足以使许可人成为货物的持有人。在毒品犯罪领域,存在某种具体的犯罪,即准许房地用于某些活动,但在相关立法中没有类似的规定。能够行使控制权的裁决,是该问题在适当时候提交陪审团的依据,并不等同于行使控制权的裁决……他们所谓的控制货物的能力或权利不足以使其持有货物。”

7-038　关于持有毒品的最后问题是,毒品滥用场所占用人的责任。例如,你准许你的客人在聚会上吸毒,你是犯法的吗?1971 年《毒品法》第 8 条规定了答案:

“任何人如身为任何场所的占用人或管理人,明知且准许或容忍在该场所内进行以下任何活动,即属犯罪:

(a)违反本法第 4(1)条生产或企图生产受管制药物;

(b)违反本法第 4(1)条而向他人供应或企图向他人供应受管制药

---

① [2009]2 Cr. App. R. 88 at 93.

物，或违反第4(1)条而发出向他人供应受管制药物的要约；

(c)准备鸦片供他人吸食；

(d)吸食大麻、大麻脂或制备的鸦片。”

这个条文需要犯意。其不仅适用于居住者，也适用于寄宿房屋的房东，而且可能适用于承办学生活动的大学和学院。(住在大学宿舍的学生本人是本节所指的其房间的“占用人”，①即使学院似乎也是占用人。同样的规则也适用于房客。)

第8节 持有火器

7-039 未经许可持有枪支是1968年《火器法》规定的犯罪行为。问题尤其出现在古董枪和玩具枪方面，其中某些是该法所规定的枪支，而其他的则不是。如果提起公诉，陪审团将在法官的指导下，决定特定枪支是否属于该法的定义范围。假设某人持有一把枪，并且他认为该枪是不在法律规制范围内的古董或玩具，但陪审团(或简易审判的治安法官)认定这是种被禁止的枪支。他实施了犯罪吗？

对这个问题的明智(虽然不是法律意义上)②的回答是，尽管警察可以扣押和没收这个违禁武器，但被告并不犯有持有违禁武器的罪行。他的错误可能是事实上的，也可能是法律上的。他可能错误地认为这把枪有特殊的属性(有某种与枪有关的事实)；如果这个属性是真的，则可能 206
会把这支枪从违禁枪支类别中剔除。或者被告人没有犯事实错误，而只是不知道枪支的法定定义，或者误解了(以某种陪审团或治安法官不会使用的解读方式)该定义。在这里，他的错误可以说是法律上的错误。根据罪过原则，可以作为抗辩事由的，是事实错误，而不是法律错误。③

法院显然没有区分这两种情况：他们认为无论是哪种情形，被告都负有责任。在先前两个关于该主题的案件中，法院分别就假想的古董和假想的玩具作出判决，④并引述“华纳诉大都会警务处处长案”的裁决，认为持有枪支罪是“绝对的”。与“女王诉托尔森案”⑤(以及其他类似判决)的区别主要是“持有致命武器对社会造成的危险”。然而，应当注意的是，在这两起案件中，被告都知道他有某种枪支。如果他根本不知道他有

---

① *R. v. Tao*[1977]Q. B. 141.

② *R. v. Deyemi*[2008]1 Cr. App. R. 345.

③ *R. v. Champ*(1981)73 Cr. App. R. 367.

④ *R. v. Howells*(1977)65 Cr. App. R. 86; *R. v. Hussain*(1981)72 Cr. App. R. 143; *R. v. Deyemi*[2008]1 Cr. App. R. 345. *R. v. Bradish*(1990)90 Cr. App. R. 271.

⑤ (1889)23 Q. B. D. 168.

枪呢？例如,假设他认为在自己的特定的盒子里(从祖母那里继承来的)的东西是电钻。同样,法院认为这样的人应该承担责任。[①]

7-040 可以通过两个假设说明现行法律。

警方发现被告人的车里有把枪;而被告人没有持枪执照,其抗辩事由是枪(用牛皮纸包着)是别人交给自己的:他不知道这个包裹的存在,也不知道有枪在里面。也就是说,这把枪是他所知道的车上物品之外的东西。根据“华纳案”的理论,如果该抗辩成立,被告人就不构成非法持有枪支。如果被告不知道某事物存在,就必须适用这项定律;当他接受包装物而不检查其内容,或看到包裹在自己的车里却省略检查时,就负有责任,是一回事。但是,在没有任何自愿的“作为”或“不作为”的情况下,让其承担责任,就是完全不同的另一回事。

还是前述案件,但被告人承认他在车里看到了棕色的纸袋,以为里面装的是儿子的玩具。根据一系列具体情节,被告被判对持有枪支负有严格责任。[②]

在“女王诉布拉迪什案”(*R. v. Bradish*)[③]中,法院认为,如果属于严格责任犯罪,被告是否知道容器(包、背包等)中的东西,或是否认为持有的弹药是假的,并不重要。这是某项严格责任罪,故被告主张不知道或法律不能合理地期待知道容器里有哪种武器,不能作为抗辩。但是,如果某
207 人并非明知自己持有攻击性武器,就不能以“随身携带攻击性武器罪”定罪,[④]这是没有限制的,同样的规则也应适用于枪支。令人遗憾,但现在必须接受的是,只要某人知道自己持有任何类型的枪,就属于冒着枪落入
208 法规制范围的危险,即使他有理由相信枪不在法对枪的定义之内。

① *R. v. Zahid*[2010]EWCA Crim. 2158;*R. v. Deyemi*[2008]1 Cr. App. R. 345.

② *R. v. Zahid*[2010]EWCA Crim. 2158;*R. v. Waller*[1991]Crim. L. R. 381;*R. v. Bradish*(1990)90 Cr. App. R. 271.

③ *R. v. Bradish*(1990)90 Cr. App. R. 271;*R. v. Waller*[1991]Crim. L. R. 381.

④ *R. v. Cugullere*[1961]1 W. L. R. 858;*R. v. Russell*(1985)81 Cr. App. R. 315.

第 8 章　行为归责：替代责任

将通过他人实施的行为视为自己实施的行为（*Qui peccat per alium peccat per se*），并不是刑法的金科玉律。

迪普洛克法官[①]

① *Tesco Supermarkets Ltd. v. Nattrass*[1972]A. C. 153 at 199.

第1节　在缺乏被告人行为的情况下存在的严格责任

8-001　若干严格责任案件要求被告至少违反法律规定实施了客观行为。然而,如第7章所述,有些"情节犯"(situational offences)和"身份犯"(status offences),同样需要面对严格责任。就上文所述的案件而言,逃学女孩的父母根据某项法律被判有罪,该法规定,如此一来,"孩子的父母应被认定违法",尽管他们不知道,而且很可能也没有理由知道他们女儿的不端行为。[1]

承担严格责任的情节犯的典型事例,是已经研究过的非法持有犯。如今,形式上已经创设了情节责任的立法(尽管并非总是如此)准许被告提出抗辩。[2] 在典型的情节犯中,犯罪构成的客观要素,被限定为发生的事件,事件是否由被告的行为引起并不重要。该事件可以在不提及行为人的行为(其子女缺课)的情况下加以定义。

可能有人倾向于将涉及他人行为的最后一类案件,归类为"替代责任"(vicarious liability),[3]这是种适用于侵权法的表述,在刑法中并不适合出现。民事法院认为,如果雇员在受雇过程中实施了侵权行为,雇主和雇员都应对此负责。[4] 因此,如果从公正的角度考虑,替代责任很难(并不是说不可能)得到支持。但侵权法的目的之一,便是赔偿不法侵害的
210 被害人,而且可以认为,最好通过由雇主给予补偿来实现该目的,因为显然雇主要比雇员更可能履行判决,毕竟其可以为自己的责任投保。

---

① *Crump v. Gilmore*(1969)113 S. J. 998. *Bath and North East Somerset DC v. Warman*[1999] Ed. C. R. 517;*R. v. Leeds Magistrates Court*[2005]E. L. R. 589.

② Section 28 of the *Misuse of Drugs Act* 1971.

③ "替代责任",是指某人为其他人的行为承担的责任。在刑法中替代责任是个例外,在普通法中也很可能不会出现,而仅存在于制定法中。尽管在某些案件中,存在特别权限的辩护,如主人已尽合理的注意义务,遵守制定法,但其仆人未经其同意而实施了犯罪。在民法中,替代责任在某些侵权行为和不法行为案件中得到承认,并表述为如下格言:委托人和上级雇主负责原则和委托他人代理之事与本人所为无异原则。不过这个格言并非解释和证明该原则。代理人于代理期间在代理权限内进行代理,那么委托人对代理人的不当行为负责。仆人或雇员在受雇范围内进行代理,那么主人或雇主对仆人或雇员的不当行为负责,但对他们在受雇期间超出工作范围所为的不当行为不负责任。雇主对其雇佣的独立缔约人的不当行为一般不负责任。父母对子女的过错行为不负替代责任,配偶之间也是一样。参见[英]戴维·M.沃克:《牛津法律大词典》,李双元等译,法律出版社2003年版,第1156页。——译者注

④ *Maga v. Archbishop of Birmingham*[2010]1 W. L. R. 1441;*Lister v. Hesley Hall Ltd.* [2002]1 A. C. 215;*Majrowski v. Guy's and St Thomas's NHS Trust*[2007]1 A. C. 224. Cf. *Safeway Stores Ltd. v. Twigger*[2011]1 Lloyd's Rep. 462.

8-002　这种推理不适用于以威慑和报应为主要目标的刑法①。在刑法中,某人不应为他人的错误行为负责,这似乎才是正义和功利的基本原则。对于功利主义者来说,刑罚只有在未来有用的时候才是正当的。一般来说,对没有实施违法行为,且无法通过任何合理预防措施阻却违法行为发生的人施加惩罚,无法实现"功利"(utility)②和"报应"(retribution)③的目标。

正义的观念似乎生而俱来,很难想象社会会如此冷酷无情地因为他人的罪行严惩自己的成员;然而,这样的事例比比皆是。④ 在现存最早的法典,公元前两千年出现的《汉谟拉比法典》(Code of Hammurabi)中,有条规定,如果建筑商建造的房子质量太差,掉在房主的儿子身上砸死了他,建筑商的儿子就应该被处死。⑤ 在《圣经·旧约》中,也明确了团体责任,尽管先知耶利米(Jeremiah)⑥和以西结(Ezekiel)⑦对此表示反对。到了《新约》时代,⑧个人责任、独立责任等观念在宗教思想中已经完全确

---

① *R. v. Huggins*(1730)92 E. R. 518;*Lee v. Dangar Grant & Co.* [1892]2 Q. B. 337 at 348;*Bagge v. Whitehead*[1892]2 Q. B. 355;*R.* (*on the application of Chief Constable of Northumbria*) *v. Newcastle upon Tyne Magistrates' Court*[2010]EWHC 935.

② Paul H. Robinson, *Distributive Principles of Criminal Law: Who Should be Punished How Much?*, (New York: Oxford University Press, 2008) at Chap. 8; David Beetham, *The Legitimation of Power* (Basingstoke, Macmillian, 1991).

③ Andrew von Hirsch, *Censure and Sanctions* (Oxford: Clarendon Press, 1993).

④ Dennis J. Baker, *The Right Not to be Criminalized: Demarcating Criminal Law's Authority*, (Ashgate: Farnham, 2011) at 101 *et seq.*; L. H. Leigh, *Strict and Vicarious Liability: A Study in Administrative Criminal Law* (London: Sweet & Maxwell, 1982).

⑤ Albert Kocourek and John H. Wigmore, *Sources of Ancient and Primitive Law*, (Boston: Little, Brown, 1915) at 433. Dennis J Baker & Lucy X. Zhao, "Responsibility Links, Fair Labelling and Proportionality in China: Comparing China's Criminal Law Theory and Doctrine", (2009) 14(2) *UCLA J. Int'l L. Foreign Aff.* 274; Daryl J. Levinson, "Collective Sanctions", (2004) 56 *Stan. L. Rev.* 345.

⑥ 耶利米,宗教人物,公元前六七世纪时希伯来的大预言家。——译者注

⑦ 以西结,宗教人物,公元前六七世纪时希伯来的大预言家。——译者注

⑧ 《新约》时代,是基督教义中七大时代之一,所谓七个时代,分别是无罪时代,即亚当夏娃吃善恶果之前,人类没有罪。良心时代,即亚当夏娃被赶出乐园,人类凭良心自我管理。人治时代,即以色列人的祖先亚伯拉罕时,人类各个民族国家出现君王的管理。律法时代,即上帝借摩西给上帝的子民以色列赐下了律法。外帮许多国家也都有了自己的律法。由律法来管理国家人民。新约时代,又称恩典时代,即上帝借主耶稣给全人类赐下恩典,凡认耶稣为救主,向神承认自己的罪,并努力悔改的,将来都可以进天堂,得永生。而不下地狱。千禧年时代,即主耶稣再次回来时,死去的基督徒复活为灵体,撒旦魔鬼被捆绑入地狱,使它不能再迷惑人类,世界统一为主耶稣做王的时代,万物复兴,如同伊甸园的情况,人类的寿数达近千年,末后撒旦再次被放出,迷惑许多的人犯罪。最后便是新天新地,即撒旦被放入硫黄地狱火中,永远受刑罚。不信耶稣的所有的人都复活受审判,恶人进入硫黄火中受永刑。信耶稣的义人得永生,进入新天新地。永恒时代开始。——译者注

立。[①] 即使在那时，个人责任理念也没有完全渗入刑法之中。在中世纪的英国，“百长”(men of the hundred)[②]会因当地出现的谋杀和抢劫罪而被处罚金。甚至不久之前，对城镇和村庄的集体惩罚，还被用作殖民统治的手段。立法机关也可以通过褫夺公民权利的法律机制，不经审判就宣告行为人犯有严重罪行。[③]

尽管刑事法院在该问题上没有适用一般意义上的责任原则，但在某些轻微刑事犯罪中，仍然承认类似替代责任的归责原则，目的是促使被告人对其他人行使控制权。典型事例，便出现在少年非刑案件当中。法院可命令未成年人的父母或监护人缴付该未成年人被判处的罚金、赔偿及讼费，但如在有关情况下，法院认为使其支付是不合理的，则可做例外处
211 遇。同样，根据法规，车辆的注册所有人对某些超额停车费负有责任，即使相关行为是其他人的过错(不是未经车主同意，持有使用车辆的人)所导致的。[④] 该规定是必要的，因为在犯罪数量众多且微不足道的情况下，警方追踪实际罪犯的工作过于繁重。

现在要研究对他人(特别是雇员)行为负刑事责任的其他几个事例。有时，这种责任的支持者主张，如果雇主因为潜在的违规行为而被罚款，将来就很可能会更好地约束自己的雇员。但如果准许雇主提出无过失抗辩，同样的结果也可能实现。雇主仍将面临相当大的压力，不得不监督那些在其控制下的行为主体，否则将面临抗辩失败的局面。

第 2 节　行为归责

8-003　有些法律表面上似乎针对的是被告的行为，但却被解读为将责任归于非行为人。之所以出现这种情况，是因为解释这些特别法的

---

① Mary Sturt and Margaret Hobling, *Practical Ethics: A Sketch of the Moral Structure of Society*, (London: Routledge & K. Paul, 1949) at 56.

② “百长”，又称 the hundred，在英语表述中被描述为“极其模糊”，可能指的是 100 张兽皮的面积(在盎格鲁-撒克逊早期，兽皮是指农民家庭耕种和需要的土地数量)。但到了 11 世纪，在许多地区这个面积单位被形容为足以养活 4 个家庭的面积，或者，可能是最初由 100 名武装人员居住的地区，或者是有义务提供 100 名武装人员的地区。需要注意，在早期，数字术语“百”本身可能不清楚，既有可能是“短”百(100)，或者在某些情况下“长”百(120)。鉴于此，这里将其译为百长。——译者注

③ Michael P. Lehmann, “The Bill of Attainder Doctrine: A Survey of the Decisional Law”, (1978) 5 *Hastings Const. L. Q.* 767.

④ Section 107 of the *Road Traffic Regulation Act* 1984; section 64 of the *Road Traffic Offenders Act* 1988.

法院认为,被告以外的人(通常是他的雇员,①或与雇员地位非常相似的人)的行为属于被告的行为。

鼓励这种解释的成文法事例,当属现已废止的 1964 年《执照法》(Licensing Act 1964)第 163 条,该条规定"任何人不得自行或由其雇员或代理人"处理某些事情。该条款并没有进行任何诸如甲须对乙的罪行负责的粗暴表述。通过该法的立法者可能认为,只有在雇主下令实施相关罪行时,该条才适用;但事实上,该条的立法意图无疑是让雇主也因其雇员在受雇过程中的未经授权的行为而接受惩罚;法院就是这样解释的。也就是说,这里出现了挂着个人行为幌子的情节犯事例。②

出台此类立法的原因,主要在于证明难问题。雇主往往会因未能防止犯罪而被认定存在过失罪责,即便检控方无法自行证明被告存在过失,尤其是在没有人必须回答问题的情况下。如此归责,使定罪有了着落,继而使雇佣公司被处以罚金。这种惩罚可能会促使公司对雇员进行纪律处分,甚至在类似情况下解雇雇员,因为这似乎是防止相关行为再次发生的唯一方法。 212

8-004　当然,在很大程度上,法律的目的可以通过使雇主对过失承担责任来加以实现,而确立己方无罪过的责任则由雇主承担。③ 但赞成严格规定的论点与支持严格责任的意见是一样的。有观点认为,对这些违法行为的处罚很轻,不应把检控方责任放在调查雇主所做的事情上。这是否属于令人信服的答案,见仁见智。如前所述,量刑问题可能与罪过有关,因此如果被告人希望提出过错问题,检察官就不能对此回避。

这类刑事责任,不同于侵权行为中的替代责任,因为刑法中的类似规定,大多散见于特别法或相关解释。④ 另外,侵权行为中的替代责任是普遍适用的法律原则。而且,两者背后的理论是不同的。在这些假托个人责任的案件中,刑法理论不是说雇员犯了罪行,而雇主应为该罪行承担责任,而是说在某些情况下,雇主或多或少地因雇员(或某些其他人)的行为而负有责任,就好像这是他自己的行为一样。刑法与侵权法之间,在司法实践上和概念上的这些差异,使该刑事原则在刑法理论上最好有独特

---

① *Harrow London Borough Council v. Shah*[2000]1 W. L. R. 83;*Coppen v. Moore*(*No.* 2)[1898]2 Q. B. 306;*R. v. Bleasdale*(1848)175 E. R. 321.

② *Lindsay v. Vickers*[1978]Crim. L. R. 55.

③ Cf. section 40 of the *Health and Safety at Work etc. Act* 1974 as examined R. *v. Chargot Ltd.* (*t/a Contract Services*)[2009]1 W. L. R. 1.

④ *R. v. Walter*(1799)170 E. R. 524;section 7 of the *Libel Act* 1843;*R. v. Holbrook*(1877)13 Cox C. C. 650;*R. v. Medley*(1834)6 C. & P. 292;cf. *Chisholm v. Doulton*(1889)L. R. 22 Q. B. D. 736;cf. the civil case,*Director General of Fair Trading v. Pioneer Concrete*(*UK*)*Ltd.* [1995]1 A. C. 456.

的名称,因此这里将其称为行为归责原则,也可简称为“归责”(attributive liability)。“但从刑法理论上理解,归因于被告的不是他人的违法犯罪(因为他人不必犯下罪行),而是他人的行为或罪过。”①

第3节 默示归责:执照类型的案件

8-005 法院通常认为,行为可以归因他人,即使立法中没有明确的措辞来表明这一点;但存在许多疑问。如前所述,没有哪项一般原则规定,某人会因其雇员在其受雇期间的犯罪行为而负有刑事责任。法院似乎经常在努力实现该原则,但尚未成功。因此,刑法的基本立场与侵权法相反。在这个意义上,本章开头引用的迪普洛克法官的名言,显然是正确的。
213 遭到刑事检控的被告人,只有在符合法院解释的法律规定的情况下才负有责任,但在涉及特定执照持有人的案件中,法院对法律规定的解释非常奇怪,导致了对该原则的事实例外。需要理解的一点是,法院经常发现,因为雇员或代理人的所作所为,被告确实属于法律的打击范围。随着研究的继续,这将变得更加清楚。

这些案件来自不同的时期,司法解释也发生了显著的变化;即使是当代法源,也没有提出完全一致的学说。然而,可以认为,有两项主要原则,可以解释大部分案件的判决。前者关注公共许可;后者则与成文法中的动词解读有关。

被告可获得公共当局的许可执照,从事本应遭到禁止的活动,而规定执照的法规,载有持照人可能犯下的特殊罪行。② 出售能使人迷醉的酒精类饮料的执照,肯定属于此类事例。在解释罪行时,法院认为某些场所的管理人或持照人,应对其下属经理或其他代表的行为负责。③

8-006 例如,1839年《大都会警察法》(Metropolitan Police Act 1839)第44条规定:

“凡在大都会警察辖区内,拥有或经营任何房屋、商店、房间或公共休闲场所,并在该等地方出售点心、酒水或餐食(不论该等酒水或餐食是否在该等地方备存或零售,或在其他地方取得)者,故意或明知准许在该房屋、店铺、房间或场所内的酗酒或其他扰乱秩序的行为,或明知准许或容

---

① Glazebrook's criticism of the term “vicarious liability” in P. R. Glazebrook, “Situational Liability,” in P. R. Glazebrook, *Reshaping the Criminal Law: Essays in Honour of Glanville Williams*, (London: Stevens & Sons, 1978) at 108 *et seq*.

② William Oldnall Russell, *A Treatise on Crimes and Indictable Misdemeanours*, (Boston: Lilly & Wait, 1831) at 301.

③ *Linnett v. MPC*[1946]K. B. 290.

受娼妓或品格恶劣的人聚集并在该处停留，需对每项相关违法犯罪承担责任。”

“准许”这个概念，一般被解读为要求犯意，即以被告明知发生的事情为先决条件。例如，假设屋主或经营者等雇佣的经理，在明知的情况下准许他人在该房屋内酗酒。自相矛盾的是，根据 1844 年的相关法律，不可能将真正的违法者，[①]即实施了正犯行为的经理认定有罪，因为该法只针对屋主或经营者。如果经营者不能被认定为正犯，管理人就不能被认定为从犯，如此一来，立法将完全失效。

这项立法被认为是指，当经营者委派他人管理相关物业时，就可以因该管理人员的行为而被判有罪。[②] 即使法律规定明确要求犯意，如惩罚 214
“明知而准许”妓女常去自己所在酒吧的经营者，经营者也要因自己所聘用的经理的明知而承担责任，尽管本人一点也不知情。[③] 因此，当某人显然不符合相关法律的规定时，授权原则准许他被判违反了该法。经营者可以被判为正犯，而经理可以被判为从犯。

8-007　授权原则在涉及执照的案件中经常得到应用。凯夫法官（Cave J.）解释了在“马萨诉莫里斯案”（*Massey v. Morriss*）[④]等涉及执照的早期判例中援引授权原则的理由。在本案中，船舶所有人被指控犯罪，因为他所有的一艘船舶的船长超载，即使其并没有同意超载，对此也不知情。凯夫法官提出：

“上诉人准许这艘船如此装载吗？没有任何证据表明他这样做了，除非他任命了一位准许这样超载的船长，而这就等于是他自己‘准许’了。但我不认为这是立法机关的立法意图。当然，在某些情况下，你可能会公正地得出这样的结论：船东指定了一位船长，他知道船长会使船超载，并希望船长这样做；但本案除了上诉人任命船长的无可争辩的事实之外，再无其他证据，据此显然不足判定船舶所有人构成犯罪。有人提到应参考啤酒馆的案子。但对此的解释是：啤酒馆的经营执照，只授予品行良好者，而且很明显，如果持照人能够将啤酒馆的控制和管理权委托给其他完全不适格的经营者，并借此让自己为啤酒馆的经营方式免于负责，显然会动摇颁发执照的初衷。本案与这些判例并不相似。”[⑤]

目前尚不清楚这些判例为何并不相似。难道航运经营商没有从利用

---

① Cf. section 140 of the *Licensing Act* 2003.

② *Allen v. Whitehead*［1930］1 K. B. 211.

③ *Allen v. Whitehead*［1930］1 K. B. 211. *Southwark LBC v. Allied Domecq Leisure Ltd.*［1999］E. H. L. R. 231. Cf. *Hall & Woodhouse Ltd. v. Poole Borough Council*［2010］P. T. S. R. 741.

④ ［1894］2 Q. B. 412.

⑤ ［1894］2 Q. B. 412 at 413-414.

管理人员来打破规则并从中受益吗？如果凯夫法官作出的判决还有什么作用的话，恐怕就在于强调了授权原则准许持有执照者在虚构的基础上被定罪。

8-008 但是，如果不考虑学术上的纯粹主义，授权原则难道真的不是很好的想法吗？

在某种程度上是，但人们可能会问，法院在违背法律规定的情况下定罪是否合适。当某一立法的起草人将犯罪限制在明知且准许的范围内时，一定已经考虑到并拒绝了（或被指示拒绝）将犯罪圈扩大到包括过失未阻止者的可能性。任何自重自爱的立法委员会，如果想把因过失而未能防止不为其所明知的事件的发生包括在内，都不会使用"在明知的情况下准许"这个短语。然而，这正是法院在涉及执照的案件中解读这个短语的方式。事实上，法院赞成的解释不仅考虑到了过失，而且只要受雇的经理明知，即便不可能发现事实的酒馆老板，也会受到惩罚。酒馆老板可能会被判犯有一系列要求犯意的犯罪，而在向大法官申请续期执照时，这些罪名可能会对他不利。从案件卷宗上没有人知道他是否存在罪过。
215 在虚构的基础上判决别人有罪，难道是对的吗？

法院认为，如果酒吧的老板没有授权他人管理酒馆，而是亲自在场，则当犯罪行为需要个人明知时，就不需要对其酒吧招待或其他雇员的行为负责，上述观点只不过是为现行法律徒增异端罢了。例如，如果持照人被指控"准许"醉酒，而许可是由雇员在持照人不知情的情况下提供的，但他本人在场，也无须承担责任，因为许可需要知情。[①] 该规则的效果是，持照人的责任取决于授权，这意味着他的责任与控制的可能性成反比。下面举两种截然不同的情况：

1. 酒保准许妓女在老板的眼皮底下活动，但却不让老板知道。这名酒吧老板真的不知道发生了什么事，因为他当时正忙着别的事情，没有控制这家酒吧。如此一来，老板就无须因明知准许妓女在他的物业聚会和逗留，被判犯有 1839 年《大都会警察法》第 44 条规定的法定罪行。

2. 如上案件，酒保容忍妓女的存在，但酒吧老板正在澳大利亚度假，并在精心挑选后，任命该酒保为经理，负责酒吧事宜。对此的规则是，可以判决老板有罪，因为他已经作出授权。

然而，很明显，在判例(2)中，老板对局面的控制，要比在判例(1)中更低。因此，这项法官制定的规则的结果是，事实上，酒馆所有者的控制

---

① *Somerset v. Wade*[1894]1 Q. B. 574；*Callow v. Tillstone*(1900)64 J. P. 823；*Robinson v. D. P. P.*[1991]R. T. R. 315；*Vehicle Inspectorate v. Nuttall*[1999]1 W. L. R. 629 *per* Lord Steyn；cf. *Ferguson v. Weaving*[1951]1 K. B. 814.

力越小,他就越有可能受到惩罚。这种反常现象是在刑法中不合理地引入民法中的一般代理概念的结果,而该概念在民法中的理由,与此完全不同。

8-009　但是,如果这位酒吧老板在场,我们几乎一定可以发现,他知道有妓女或醉鬼在酒吧里,或者故意对他们的存在视而不见,所以对其作出有罪判决,不会有什么困难。

即使该规定对于准许卖淫女和醉汉进入特定物业(这可能会受到怀疑)的违法犯罪总是正确的,但也可能存在老板的认识不属于构成要件的其他犯罪。以"凡恩诉伊安诺普洛斯案"(*Vane v. Yiannopoullos*)①为例。根据现在已经被废除的 1964 年《执照法》的规定,"持售酒执照者"如明知而将令人迷醉的酒类饮品出售或供应给执照所载条件不容许向其出售或供应的人,即属犯罪。该餐厅的执照持有人根据执照所载条件,获准只有权在用餐时供应酒类。但他雇用的女招待违背指示,当老板不在场时,在顾客不吃饭的情况下端上了酒类饮料。上议院的法官们认为,持照者不能被判有罪。多诺万法官简洁地表达了该立场:"如果在某项判 216
决中,法院认定雇员的明知等于雇主的明知,将导致相关法律难以执行,就应由立法机构负责解决。"②

上议院法官发表的看法,留下了悬而未决的问题,即上议院是否准备推翻认定酒吧老板需要对其所授权的经理的犯意负责的判决。然而,各分庭法院并没有回应这些质疑,③并继续适用传统规则,即持照人在授权时负有责任——该问题几乎完全取决于持照人是否在场。④

8-010　酒吧老板的所谓"不在场",是否需要满足特定距离的要求?

曾有判例认为,不在场意味着完全不在该物业范围内;但现在,分庭法院进一步扩大了法律的范围,认为恰好在其他房间的持照人,可以被认定已经委托女招待管理发生犯罪的房间。因此,只要持照人进入其他房间,服务员就可以按照规定成为"经理"。⑤ 这显然无法与"凡恩诉伊安诺普洛斯案"达成一致,在该案中,身处与犯罪现场不同楼层的持照人,被法院认定没有将权利授予他人。在不同楼层的持照人,可能比只在不同房间的持照人距离案发现场更远。为什么法律要区别同一栋楼的不同楼层和不同房间。如果法律真的区分了,难道不是适得其反吗?事实似乎

---

① [1965]A. C. 486.

② *Vane v. Yiannopoullos*[1965]A. C. 486 at 511.

③ *Howker v. Robinson*[1973]Q. B. 178.

④ *Howker v. Robinson*[1973]Q. B. 178.

⑤ *Howker v. Robinson*[1973]Q. B. 178.

是,中级上诉法院认为上议院的裁决令人难以接受,因此,如果能以任何方式将自己手里的案件与其他判例加以区分,就不会适用上议院的判例。

如果只有持照人可以作为正犯实施犯罪,如果事实上持照人没有授权但其雇员实施了法律所禁止的行为,原则上,任何人都不能被定罪。例如,在"凡恩诉伊安诺普洛斯案"中,女服务员明知所有事实,这些事实使她所做的事实际上违反了雇主执照上所载明的条件。尽管女服务员在道德上是个罪犯,但从来没有人认为她可以被判有罪,并成为并不存在的涉及执照的犯罪的从犯。只有当授权原则适用,持照人被判有罪时,从事实际出售行为的雇员才可以被认定为从犯。可以说,如果总是有可能对实际实施法律禁止行为的雇员定罪,法院就不太可能认为自己必须对持照人定罪(后者的抗辩事由是,法律要求涉及营业执照的犯罪必须具有犯意)。这个有力的观点,反驳了"女王诉寇干案"(*R. v. Cogan*)①中法官意见的有效性。

似乎在犯罪定义需要明知要素的情况下,持照人的代表必须对相关
217 事实具有明知心态。否则,持照人就不负责任。因此,该原则只适用于获得代理权的经理自己的行为,而不适用于经理的助理的行为;②但在此方面,至少出现过很难的判决。③

8-011 授权原则不一定局限于酒类出售案件,而是也可适用于其他法律规定的执照问题。④ 人们可能希望法院在这方面叫停,不要将其扩大到持照人所犯罪行之外,尽管不时有威胁性的迹象表明,这很有可能会发生。⑤

现已废除的1964年《执照法》⑥的相关规定适用范围有限,只针对通常是持照人的雇主,对雇员的责任只字不提。然而,2003年《执照法》(Licensing Act 2003)的规定填补了该空白,既规制正犯,也打击准许其这样做的行为人。许多条款将正犯的行为犯罪化,也将"准许"正犯实施犯罪行为的任何人加以入罪。例如,将该法第146条与第147条进行比较。第146条主要涵盖那些向未成年人出售含酒精饮料的主体(如果法律条款仅对酒保/经理规定了责任,则持照人通常不会对其承担替代责任。执

---

① [1976]Q. B. 217.

② Cf. *Rowlands v. Gee*[1977]Crim. L. R. 481. *Southwark LBC v. Allied Domecq Leisure Ltd.* [1999]E. H. L. R. 231.

③ R. *v. Winson*[1969]1 Q. B. 371.

④ *United Dairies(London) v. Beckenham Corp.* [1963]1 Q. B. 434.

⑤ In *Allen v. Whitehead*[1930]1 K. B. 211. Glanville Williams, *Criminal Law: The General Part*, (London: Stevens & Sons, 2nd edn. 1961) at 272-273.

⑥ Cf. *Licensing Act* 2003.

照人可以作为从犯承担责任,但前提是他明知相关事实)。尽管如此,2003 年《执照法》第 147 条主要涉及那些明知而准许他人向儿童出售含酒精饮料的主体,条件是其有能力阻止这种出售(2003 年《执照法》中明知而准许的条款不仅针对持照人,还针对该法中所定义的管理人员和监管人员)。持照人在澳大利亚度假,任命了某经理在其不在的情况下经营伦敦的酒吧,法院是否会认为前者明知后者的管理方式呢,该问题的答案尚待观察。如果持照人不知道其经理的违规行为,根据第 147 条对其加以定罪,就是错误的。依据经理的违法行为,足以认定经理有罪。如果检控方能够证明经理是在明知的情况下准许酒吧招待向未成年人出售酒精,该经理就成立正犯,并应该承担责任。(如果适用授权原则,持照人将被视为共同正犯,即使他不知道出售的情况,也无法亲自阻止违法出售行为。)

2003 年《执照法》第 140 条特别提到了持照人和指定的房地主管,但也再次要求所有潜在的犯罪者事实上应对给定的物业上正在发生扰乱治安的行为具有明知心态。该条规定: 218

(1)明知且容许他人在有关场所内作出扰乱法秩序行为者,即属违法,适用第(2)款相关规定;

(2)本款适用于——

(a)以有薪或无薪身份在该场所工作,被授权阻止该行为的任何人;

(b)如属持照场所,则——

(i)该场所的执照持有人;

(ii)该持照载明的场所指定主管(如有的话)。

对于自己不知道的正在发生的事情,不能加以阻止。因此,如果持照人在澳大利亚,则只有其知道该违法行为并明知而准许酒吧经理和其他工作人员任由其继续存在,才应被判有罪。如此一来,没有理由援引授权原则,因为现代法律为管理人员和其他相关工作人员提供了遵守法律的充分激励。将这些当事人规定为相关犯罪主体的理由是,违法是其个人选择。

第 4 节　成文法中动词的解释:出售

8-012　正如刚才所指出的,已废止的 1964 年《执照法》[①]的特点是,只针对通常是雇主的持照人,而对雇员则未置可否。如果说对其还要认

---

① Cf. *Licensing Act* 2003.

定什么责任的话,就只能根据共犯的原则对其加以处罚。其他许多法律规定则恰恰相反;其所打击的是实际的行为人,即所谓正犯,在涉及贸易或工业的领域,往往是雇员,而在雇主责任方面似乎保持了沉默。然而,多年来,法院一直在摸索能让雇主承担责任的原则。

这代表着其他的背离犯意的努力。法院曾在奉行宽大政策的时期认为,没有犯意,就不能将某人认定为从犯;但人们认为,在雇员实施了严格责任的违法行为的情况下,仍然可以将雇主定罪,无须要求检控方必须证明雇主的犯意。为了达到该目的,法院不得不认定雇主自己实施了相关的违法行为。[1]

少数案件将涉及持照人的判例中所作的传统区分,适用于其他法律规定,主要考察雇主是否做出了一般授权(如此一来,雇主为自己的代表负责)或者仅仅是任命雇员完成若干具体的工作?(如此一来,雇主不需要负责任。)[2]但该区别,除了在执照案件之外,总体来说已经遭到废止。从刑法的角度来看,这是不合理的,因为这样做既没有成功地甄选出那些最有可能获得有效控制的雇主,也没有准确地甄别出那些最有可能存在
219 罪过的老板。此外,这还涉及法院不正当地行使立法权的问题。

8-013 当法院发现(如他们所认为的)刑法中使用的动词有时可以解释为包括直接行为人以外的其他人的行为时,就出现了某种突破。再看 1990 年《食品安全法》第 14 条(重新将先前的立法加以颁行)。其旨在处罚"出售"(sells)"不符合买方要求的性质、品质或质量的食品"的人。在法律意义上,"出售"概念是指合法交易,即根据买卖合同进行的销售。当某人在百货公司购物时,[3]法律上的出售是由拥有所售商品的卖场,而非与顾客打交道的助手进行的。根据 1990 年《食品安全法》第 14 条,该商店公司可被判犯有不当出售罪。[4] 尽管雇主本人在出售行为发生时没有身体上的行动,销售是由其雇员实际完成的,但店主仍应作为实行犯承担责任,在法律上雇主被视为实施了出卖行为。[5] 合同中的动词几乎不可避免地被理解为适用于作为缔约方的雇主。在涉及事实的动

① E. g. ,*Harrow London Borough Council v. Shah*[2000]1 W. L. R. 83;*St Helens BC v. Hill*(1992)156 J. P. 602;*Coppen v. Moore*(*No.* 2)[1898]2 Q. B. 306;cf. *R. v. Bleasdale*(1848)175 E. R. 321.

② *E. g.* ,*Barker v. Levinson*[1951]1 K. B. 342.

③ Cf. *Nottingham City Council v. Wolverhampton and Dudley Breweries Plc.*[2004]Q. B. 1274.

④ *Nottingham City Council v. Wolverhampton and Dudley Breweries Plc.*[2004]Q. B. 1274 at 1286 *per* Kennedy L. J. .

⑤ *Harrow London Borough Council v. Shah*[2000]1 W. L. R. 83;*R. v. Winson*[1969]1 Q. B. 371 at 382.

词时，这种解释并没有说服力，根据传统原则，事实动词应理解为适用于实际行为人；否则，将会为替代刑事责任留下后门。

8-014　假设雇员在出售货物时无视雇主的指示，因而违反了法律规定呢？

出售合同仍然对雇主有约束力（如果雇员获得了出售的一般权限，并且买方不知道他的权限限制），因此，如果出售是错误的，雇主仍属犯罪。① 但是，雇员（如跑腿的男孩）根本没有被授权出售商品，其行为就不牵涉雇主。②

8-015　如果出售不是由雇员完成怎么办？

适用同样的原则。在民法中，当事人可以委托他人代为订立合同。代理人不必是他的雇员。代理人是被授权代表委托人订立合同的任何人；例如，可以是拍卖人。 220

8-016　我想，从事实际出售行为的雇员或其他代理人应承担从犯的责任。

不仅如此，他需要承担共同正犯的责任，因此他（在没有明确的法定抗辩事由的情况下）负有严格责任（如果只是作为从犯，就不会出现这种情况）。③

该判决观点，已经确定，但基于逻辑，依然是可以被加以挑战的。正如刚才看到的那样，法院认为，刑法中的“出售”概念，指代的是种法律关系。店员不是这种关系的行为人，所以只能承担从犯的责任。要说他是不当出售行为的实施者或正犯，就要同时以两种不同的方式解读“出售”这个成文法中规定的关键概念范畴：适用于创建法律关系（法律意义上的出售）和作出事实商洽（实际意义上的出售）。议会不太可能支持这种双重含义；如果希望把雇主和雇员都作为正犯，就应该选用适当的语言加以表述。为了让雇员负有法律责任，也不必然需要如此解释；作为从犯负有责任，仍然可以被定罪，但前提是证明其存在犯意。将“出售”概念解读为双重含义，不具有说服力，之所以这样做，仅仅是因为法官希望在严格责任的范围内，尽可能将更多的人纳入法网。

现在，英国司法采纳的“出售”概念更加宽泛。为了理解这一点，必须了解1979年《货物销售法》（Sale of Goods Act 1979）的基本框架体例。

---

① *Per cur.* in *Anderton v. Rodgers*（1981）145 J. P. 181.

② *Adams v. Camfoni*［1929］1 K. B. 95.（Employ）；*Portsea Island Mutual Cooperative Society Ltd. v. Leyland*［1978］I. C. R. 1195.

③ *Caldwell v. Bethell*［1913］1 K. B. 119；*Knapp v. Bedwell*（1916）80 J. P. 336. 在 *Sandford Motor Sales v. Habgood*［1962］Crim. L. R. 487；*Merton LBC v. Sinclair Collis Ltd.*（2010）175 J. P. 11。

1979 年《货物销售法》是民法中规范货物买卖合同的一般性法典，该法第 2(4)条规定，当货物的财产(所有权)转移给买方时，“出售合意”即变成“出售”。财产可以在签订合同时转移，但有时会在合同生效后交付。当出售合同的标的物是“未确定货物”时，在货物确定之前，所有权不能转移(第 16 条)，当货物“专属于”合同时，物权才被确定(指定为商定出售的货物)。假设我打电话给某位煤炭商人，订购 10 袋煤。订单被接受了，所以我和煤商之间就存在了买卖关系。第二天早晨，商人雇用的运煤工(他并没有参加合同的订立)开着装了满满的麻袋的运煤车出发。没有哪袋煤上写了我的名字，即当时没有出现专属于我的货物。煤矿工人不知道，这些麻袋里的煤缺斤短两。煤工从卡车上取下 10 袋煤，以及一张载有虚假重量的票据交给我。这是货物专属交付的时间点，即出售合意变成“出售”的时刻(第 18 条第 5 款)。法院认为，根据 1968 年《商品说明法》(Trade Descriptions Act 1968)之前的立法，这个运煤人运送附有假票的货物，并根据出售合同转让货物所有权，因而其“出售”了货物，因此可以被判出售带有虚假说明的商品罪。[①] 但根据规范“从事商业活动的交易者”的现行立法《保护消费者免受不公平交易法》(Consumer Protection from Unfair Trading Regulations 2008/1277)，则可能不会产生同
221 样的结果。认定运煤工人是交易者，或者他们从事的是商业活动，则扩大了该法的适用范围。

8-017 这种推理的说服力甚至还不如之前的观点，因为某人所实施的恰好转移了货物的所有权的行为，不能被合理地描述为出售行为。这样的人也不可能是商人：他不是交易者，也未从事商业活动。他所做的，只是帮助雇主(商人)从事商业活动。假设我卖给你一匹马，条件是第三方甲表示同意。当甲表示马是健康的，合同就变成无条件的，所有权也就转移了；但甲的同意意味着甲“卖掉”了马，这种说法是奇怪的。甲的准许只是合同完全生效的条件。如果明天下雨的话，我就把马卖给你，但那场雨卖不掉马。同样地，实现货物专属交付的送货员，如果用合理的用语进行表达，也没有在出售货物。他可以做的是协助出售，但他的责任应该取决于自己的犯意。

第 5 节 《制造和使用规则》中的“使用”

8-018 当成文法中的动词，指代的不是法律上的，而是纯粹事实上

---

① *Preston v. Albuery*[1964]2 Q. B. 796.

的情况时，把雇主带到刑事责任中的任务，就不容易了。以 19 世纪的判例为例，传统原则是行为人的雇主不受其行为影响。如果法律规定将（例如）“从事”（make）伪造或“进入”（entry）建筑物定为犯罪，则受雇佣者“从事”伪造或“进入”建筑物的行为，将不会自动归罪于雇主，因为违反法定禁令的是雇员，而不是雇主。只有雇员才能被判伪造或盗窃罪或某些其他严重罪行，当然，前提是雇主没有鼓励或协助上述犯罪行为。这些判例依然具有法律效力，在犯罪需要犯意的情况下，雇员的故意通常不能归因于雇主。但是，在不要求犯意的行政犯中，法院已经成功地将这些成文法中的动词加以扩展，使其包括雇主，即使这些动词并不涉及合同本身。

以动词“导致”为例。雇主可因为雇用了导致结果的人而被认定需要承担“导致”结果的责任，然而如此一来，如果雇主对相关事实缺乏明知，就不需要承担责任。[①]

判例法中更突出的，是动词“使用”（use）。1988 年《道路交通法》第 40a 节规定：

任何人“使用”（uses）或“导致”或“准许”（permit）他人[②]使用汽车或拖车上路，都可被认定违法： 222

如果——

（a）该汽车或拖车或其附件或设备的状况；

（b）使用该汽车或拖车的目的；

（c）该汽车或拖车所运载的乘客人数，或该汽车或拖车搭载乘客的方式；

（d）其负载的重量、位置或分布，或方式，具有给任何人造成伤害的危险。

8-019　假设甲驾驶一辆车，乙装载货物，丙搭车。一般可以认为这 3 个人都“使用”了这辆车（至少在某些情况下是这样），如果是在工作，他们的雇主丁也同样使用了该车。法律解释应该在多大程度上遵循大众语言？这个问题，产生于适用传统法判决的“詹姆斯和森公司诉斯梅案”（*James & Son Ltd. v. Smee*）。[③] 詹姆斯和森有限公司的雇员在受雇期间使用了一辆汽车。公司管理层不知道刹车失灵，这违反了现在已废除的

---

① *Cornish v. Ferry Masters Ltd.* [1975] R. T. R. 292; *Dent v. Coleman* [1978] R. T. R. 1. Cf. *National Rivers Authority (Southern Region) v. Alfred McAlpine Homes East Ltd.* [1994] Env. L. R. 198.

② *James & Son Ltd. v. Smee* [1955] 1 Q. B. 78.

③ [1955] 1 Q. B. 78.

1973年《制造与使用规则》(Construction and Use Regulations 1973)。[①] 有人认为,公司方面并非明知刹车有缺陷,故不应被判准许该罪行;但公司本可以被指控通过其雇员"使用"该车辆,因为该违法行为属于绝对禁止的罪行。后来成为上议院法官的帕克法官(Parker J.)说:"一般来说,如果仆人为了主人的生意而使用他的车,就属于主人在使用这辆车。"

这种推理是合理的,甚至从那时起就开始被广为接受,但其在法律上又是错误的。[②] 正统的原则是,行为的实际实施者是犯罪行为人,即正犯(除了无罪的代理人之外)。因此,在使用某物品的罪行中,应是操纵该物品的人实施该罪行。即使雇主已明确下令,也不应视其为犯罪的实行犯;其责任应为从犯责任,而从犯责任则要求其具有犯意。认为雇主可以通过其雇员使用该物品,显然并不准确;可以说麦克白夫人(Lady Macbeth)[③]借丈夫之手杀害了邓肯(Duncan),但她是从犯,而不是杀人凶手。从犯也不应被指控为主犯;该程序规则不影响实体法。此外,帕克法官的解释从根本上与立法不符。他的解读区分了使用和准许使用,这表明立法机关打算将使用的概念局限于个人使用。[④]

法院刚确立这项新规则,就开始后悔自己造成的责任范围过大。他们认识到,在如此广泛地解释使用的概念时,有可能会因剥夺准许使用该
223 罪行的任何实际效果而导致相关成文法丧失意义。[⑤] 因此,法院方面采取了值得称赞的做法,即限定了"一般说法",并在此情况下削减了归责原则,认定不驾驶车辆却"使用"了车辆的唯一主体,是司机的雇主。其他人只有在被认定导致或准许使用(或者,当然包括教唆使用)的情况下,才负有责任。因此,要求朋友为了自己的业务而驾驶车辆的车主,并没有使用该车辆;[⑥]出租车辆的人也不算使用该车辆。

---

① The *Road Vehicles(Construction and Use)Regulations* 1986/1078(as amended). *Pedal Cycles(Construction and Use)Regulations* 1983/1176.

② *Drysdale v. Harrison*[1973]R. T. R. 45; *Jones v. D. P. P.* [1999]R. T. R. 1; *O' Mahony v. Joliffe*[1999]R. T. R. 245.

③ "麦克白夫人"典出莎士比亚名剧《麦克白》,故事讲述了苏格兰国王邓肯的表弟麦克白将军,为国王平叛和抵御入侵立功归来,路上遇到3个女巫。女巫对他说了若干预言和隐语,说他将进爵为王,但他并无子嗣能继承王位,反而是同僚班柯将军的后代要做王。麦克白是有野心的英雄,他在夫人的怂恿下谋杀邓肯,做了国王,但麦克白夫人最终精神失常而死,而麦克白也众叛亲离,不得善终。——译者注

④ Cf. *R.* (*on the application of Vehicle & Operator Services Agency*) *v. Henderson*[2004]EWHC 3118.

⑤ *Bennett v. Richardson*[1980]R. T. R. 358. *Vehicle Inspectorate v. Nuttall*[1999]1 W. L. R. 629 *per* Lord Steyn; *Yorkshire Traction Co Ltd. v. Vehicle Inspectorate*[2001]R. T. R. 34.

⑥ *Crawford v. Haughton*[1972]1 W. L. R. 572; *Brandish v. Poole*[1968]1 W. L. R. 544; *R. v. Foulkes*(1875)L. R. 2 C. C. R. 150; *Boucher v. D. P. P.* (1996)160 J. P. 650.

8-020　但货车保养不好可能是车主的错,而不是租用者的错。

此处犯罪界定的措辞问题在于没有规定过失。所有人只对准许(或导致)承租人使用负有责任,并且在“准许”的情况下,被告可以提起需要明知(也可能是轻率)的抗辩事由。[①] 至于“导致”,在上下文中意味着车主发出了使用车辆的命令或指示。因此,当汽车技工维修面包车时存在过失,以致该车违反了以前的规定,则其雇主对车主随后驾驶该面包车上路不负任何责任;[②]总之,该技工也不负任何责任。

即使是对共同行为人的行为也没有归责。在民法中,合伙人应对其他合伙人在合伙中的行为负责;在刑法中,共犯人应对其共同行为人的出售或供应行为构成的犯罪负责,就好像共同行为人是自己的雇员一样。[③]任何共同行为人的出售或供应都是他们各自的出售和供应。但同样的规则不适用于合伙企业的“使用”。公司的合伙人,在其生意伙伴驾驶车辆时,即使该车辆被用于合伙事务,或甚至当他就坐在车上时,也不得被认定“使用”该车辆。[④] 合伙人不是雇员。该判决的正当性在于,对“使用” 224
的概念设定了相对明确的界限。然而,如果由公司的雇员驾驶,就属于该合伙人在“使用”车辆。[⑤]

不幸的是,法院认定,某人在某些情况下,可以在雇员之外的其他人驾车时“使用”该车,这种情况便是“直接为被告的目的”而驾驶车辆,此时,可以认定被告使用了车辆。[⑥] 被告人由朋友驾驶自己的车送自己回家,而他被认为是在使用这辆车。在“哈顿诉霍尔案”(*Hatton v. Hall*)[⑦]中,这种做法是妥当的。亨利法官(Henry L. J.)说:[⑧]“我们不反对这样的说法,即如果乘客确实促成了开车的过程,行使了足够的控制或管理,以至于成为了‘使用者’……问题是:他当时是否对汽车行使了足够的控制或管理……以至于成立共同使用汽车?”[⑨]因此,如果车辆的乘客对车辆行使足够程度的控制或管理,即使没有操作车辆,也将被视为使用

---

① *Robinson v. D. P. P.* [1991] R. T. R. 315; *Lloyd—Wolper v. Moore* [2004] R. T. R. 30; *D. P. P. v. Fisher* [1992] R. T. R. 93.

② *Shave v. Rosner* [1954] 2 Q. B. 113. Cf. *Thompson v. Lodwick* [1983] R. T. R. 76. Cf. section 5 of the *Domestic Violence, Crime and Victims Act* 2004.

③ *Clode v. Barnes* [1974] 1 W. L. R. 544; cf. *Parsons v. Barnes* [1973] Crim. L. R. 537; *Linnett v. MPC* [1946] K. B. 290.

④ *Bennett v. Richardson* [1980] R. T. R. 358.

⑤ *Passmooe v. Gibbons* [1979] R. T. R. 53.

⑥ *Cobb v. Williams* [1973] R. T. R. 113; *Leathley v. Tatton* [1980] R. T. R. 21.

⑦ [1997] R. T. R. 212.

⑧ *Hatton v. Hall* [1997] R. T. R. 212.

⑨ *Hatton v. Hall* [1997] R. T. R. 212 at 224.

者。[①] 上述例外不仅动摇了明确的规则,而且造成了异常。奇怪的是,当车辆被用于合伙事务时,坐在副驾驶的合伙人被视为对车辆缺乏控制或管理,因而不足以被视为使用者。

8-021 即使雇主因使用车辆而被定罪,驾驶车辆的雇员也可以被定罪,并承担严格责任,[②]尽管被投诉的车辆缺陷不是他的错,而是公司维修部门的错。如此一来,法律与正义完全无关。

司机可能不会被起诉,检控方会将矛头指向雇主。但是粗心的检察官,可能会指控司机使用车辆,以检控雇主教唆,这取决于法律规定的措
225 辞。如此一来,如果不能证明雇主明知所有的犯罪事实,就算对不幸的司机成功检控,对雇主的起诉也将面临失败。[③] 如果某项罪行准许雇主承担"严格责任",不能以"准许"或"导致"[④]或"教唆"该项罪行,而应以"使用"罪名起诉他。[⑤]

雇员追求自己的目标时可能会出现问题。雇主的责任将取决于以下确切事实:

假设雇员晚上将公司的面包车开出来,私人玩乐。如此一来,显然雇主不会"使用"货车,因为他没有以任何方式授权如此使用。[⑥]

如果雇员在得到授权的情况下上路,但中途偷偷去探访自己的女朋友,观点就不一定相同了。侵权法中的替代责任判例则表明,检验的是偏离程度。如果雇员只是走了条迂回路线(在外出或返回的途中),就仍属于工作过程中,因此雇主仍在"使用"车辆。如果雇员完全偏离路线,则属于自己玩乐。但无法规定精确的偏离角度以作为判断依据。法官只能作出有如印象派画家般的主观认定。[⑦]

8-022 雇主不能通过给雇员"不做"的清单来逃避责任,除非把所讨论的行为的全部类别都置于雇员的权限之外。如果公共汽车售票员被告知不要驾驶公共汽车,而他驾驶公共汽车的话,就属于在其工作范围之

---

① *O' Mahony v. Joliffe*[1999]R. T. R. 245.

② Cf. *R.* (*on the application of Vehicle & Operator Services Agency*) *v. Henderson*[2004]EWHC 3118.

③ *Robinson v. D. P. P.* [1991]R. T. R. 315. In *Vehicle Inspectorate v. Nuttall*[1999]1 W. L. R. 629 at 635. Cf. *Henshall*(*Quarries*) *v. Harvey*[1965]2 Q. B. 233.

④ *Cornish v. Ferry Masters Ltd.* [1975]R. T. R. 292; *Dent v. Coleman*[1978]R. T. R. 1. In *Vehicle Inspectorate v. Nuttall*[1999]1 W. L. R. 629 at 640 Lord Hobhouse. Cf. *National Rivers Authority* (*Southern Region*) *v. Alfred McAlpine Homes East Ltd.* [1994]Env. L. R. 198.

⑤ *Jones v. D. P. P.* [1999]R. T. R. 1.

⑥ *McKnight v. Davies*[1974]R. T. R. 4; *Singh v. Rathour*[1988]1 W. L. R. 422; cf. *R. v. Phipps* (1970)54 Cr. App. R. 300.

⑦ *Jack Motors Ltd. v. Fazackerley*[1962]Crim. L. R. 486. *Jones v. D. P. P.* [1999]R. T. R. 1.

外行事。[1] 但如果被告知不先检查刹车就不要驾驶公车的司机无视该命令，仍将属于在受雇期间采取行动，这样他的雇主在法律上仍系“使用”公车。否则，雇主只会命令他们的雇员不要违法，即使后者没有认真努力确保法律得到遵守，雇主也将逃避责任。[2] 226

中间情况，是指驾驶员被指示开一段行程，但使用的不是日常驾驶的车辆，而是他无权驾驶的车辆。这里再次认为，雇主“使用”了司机未获授权的车辆。被授权驾驶车辆行驶一段旅程的雇员，在其执行业务的过程中，使用了该车辆，这项事实是决定性的。[3] 授权车辆必须得到良好的维护（或保险），并且未授权车辆根本不应该被驾驶，这种法律解释对雇主来说，显然是严苛的。

8-023　如果我“使用”了雇员所驾驶的车辆，是否可以“使用”我雇来盖房子的建筑工人所驾驶的车辆？

不可以。建筑商是独立承包商，不是雇员。民法的一般规则是，替代责任不适用于独立缔约人，刑事法院在审议这类案件时也遵循该规则。如果建筑承包商的雇主或出租车上的乘客被认为“使用”车辆，以使他对其有缺陷的刹车负责，则法律失格，沦为荒谬。[4]

第 6 节　“使用”本身

8-024　先前的讨论主要涉及与“使用、导致或准许使用”有关的立法，如果立法只惩罚“使用”，原则似乎是相同的，但在某个方面存在例外。简单的“使用”罪，被认为比“使用或准许”罪范围更广，因为包括独立承包商的使用。然而，相关法源之间存在冲突。在“查尔曼诉克劳案”[*Charman*(*F. E.*) *v. Clow*][5]中，作为被告的查尔曼有限公司为履行合同而向受害方提供一定数量的“梣木”(ash)，他们从供应商处订购梣木，并雇用由车主担任司机的货运卡车进行运输。卡车不符合 1963 年《重量和计量法》(Weights and Measures Act 1963)[6]规定的立方标准，因此少运送了部分的梣木。该法律规定，任何“使用”物品为体积单位的商品交易行为都属违法。分庭法院认为，查尔曼有限公司因通过承包商“使用”卡

---

① *Iqbal v. London Transport Executive*(1973) 16 K. I. R. 329.

② *Vehicle Inspectorate v. Nuttall*[1999] 1 W. L. R. 629; cf. *Surrey CC v. Burton Retail Ltd.* (1998) 162 J. P. 545; *R. v. Lowe*(1850) 175 E. R. 489.

③ *Richardson v. Baker*[1976] R. T. R. 56; *Jones v. D. P. P.* [1999] R. T. R. 1.

④ Glanville Williams, *Textbook of Criminal Law*, (London: Stevens and Sons, 1978) at 937-940.

⑤ [1974] 1 W. L. R. 1384.

⑥ *Weights and Measures Act* 1985.

车而犯有该罪行。《解释与使用条例》相关判例由此出现分野,因为如此一来,法律规定没有提及作为替代司法进路的"准许"使用问题。

判决的根据在于,"使用"概念本身就足够广泛,足以涵盖通过独立承包人使用的情况,而对"使用或准许"采用了较狭义的含义,完全是因
227 为希望将法律适用的范围留给"准许"该替代办法。法院认为自己因受到法源[①]的制约,无法得出该结论,但对法律因此变得如此复杂表示遗憾(还可能补充道,法律因而变得如此公然的不公)。法院没有被要求注意相反的判决,其出现的日期比本判决所依赖的判例更晚。这便是"联合乳业(伦敦)诉贝克汉姆公司案"[*United Dairies*(*London*)*v. Beckenham Corp*][②]的判决。联合乳业是牛奶分销公司,向农民提供奶瓶,并从农民处购买牛奶。农夫把瓶子装满牛奶,然后把装满的牛奶交付给联合乳品厂。瓶子后来被证明不符合卫生标准。当时生效的法律规定,奶瓶在"使用"前必须彻底清洗干净,而法院认为"使用"是指灌装奶瓶;只有农民灌装奶瓶,只有他根据法律规定负有责任。

当然,用瓶子来装牛奶的是农夫。但毫无疑问,根据惯例,是农民,而不是牛奶经销商,应该负责清洗瓶子。因此,如果瓶子脏了,应是农民的错。这些都是给农民定罪的好理由。但是,食品检查员出于某种模糊的官僚主义原因,选择对经销商提出指控;而对其有利的判决是常识问题。如果接受了"查尔曼诉克劳案"的判决,经销商难道没有"使用"自己的瓶子吗?毕竟其让农民(独立的承包商)对瓶子进行灌装。灌装只是瓶子的一般用途的一部分,即用之向公众输送牛奶,根据"查尔曼诉克劳案"的原则,这是经销商(雇主)和农民(承包商)的使用。因此,在这两个判决之间似乎存在矛盾,"联合乳业(伦敦)诉贝克汉姆公司案"得出的结果是非常可取的。解释"使用"概念,使其包括通过承包商的使用,对这个动词进行了巨大的扩展,这可能意味着,例如,出租车的乘客对其所乘坐的违反交通法规的出租车负有责任,然而在常识上,乘客与这种违法行为没有任何关系。

8-025 除了留在独立承包商身上的责任问号之外,似乎(如前所述)"使用"概念的解释方式相同,无论其是否作为准许或导致使用的替代解决方案。可能出现最常见问题是,车辆未经授权而被开走,乘车者会被指控在没有保险的情况下使用车辆。[③] 如果他是非法持有的行为人,

---

① *Quality Dairies*(*York*)*v. Pedley*[1952]1 K. B. 275.

② [1963]1 Q. B. 434.

③ Section 143 of the *Road Traffic Act* 1988.

显然是非法持有运输工具的从犯,也是未投保使用机动车的从犯,[①]因此可以被判非法持有和未投保使用罪。[②] 如果乘客不是非法劫持的当事方,但在驾驶开始时知道车辆被非法劫持,就犯了允许自己搭载该车辆的罪行,[③]但不属于(至少一般而言)在没有保险的情况下使用车辆(甚至也不属于从犯)。[④] 这似乎是上述原则的应用:他不是司机或司机的雇主, 228
也没有委托使用。[⑤] 或许,如果其委托他人使用该车辆(尽管是在该车辆被非法占用之后),将因"直接目的"(direct purposes)规则[⑥]或"行使充分控制或管理"(exercising sufficient control or management)规则而被定罪。[⑦]

在"霍尔诉哈顿案"[⑧]中,亨利法官提出:

"[我]从总结中可以明显看出,虽然在日常用语层面上,所有乘客使用他所搭乘的车辆,但'使用'必须被赋予限制性的含义,否则,汽车、出租车和公共汽车上的许多乘客在接受搭载时,可能会在无意中犯下刑事罪行,但同时并非明知车辆的保险状态(或机械状况)……(还应注意的是,向[保险公司]索赔的乘客,并非仅仅因为他知道没有足够的有效第三方保险,及因为作为所有者或用户,只有他对未能提供该保险而负有责任,才被驳回)。在主要法源,即'布朗诉罗伯特'(*Brown v. Roberts*)[⑨]判决中,梅高法官(Megaw J.)对法定短语'在道路上使用机动车'作出了限制性解释。该判决的根据是,单纯的乘客并不能成为使用者:'除非在被指控为使用者的人身上存在在特定时间控制、管理或操作车辆的要素。'"

第7节 "个人化"的动词

8-026 在本章所研究的事例中,法院通过以归责为指导对动词进行解释,将严格责任罪扩展到雇主,以涵盖直接行为人以外的人。法院将在多大程度上遵循这种归责的做法仍然存在疑问,但肯定有若干动词,除

---

① *Ross v. Rivenall*[1959]1 W. L. R. 713;*per cur. Boldizsar v. Knight*[1980]Crim. L. R. 653.

② *Ross v. Rivenall*[1959]1 W. L. R. 713.

③ Section 12 of the *Theft Act* 1968.

④ *Hatton v. Hall*[1997]R. T. R. 212.

⑤ Cf. *O' Mahony v. Joliffe*[1999]R. T. R. 245.

⑥ *D. v. Parsons*[1960]1 W. L. R. 797. *A fortiori* if he only came to know of the unlawfulness during the ride:*Boldizsar v. Knight*[1980]Crim. L. R. 653.

⑦ *Hatton v. Hall*[1997]R. T. R. 212;*O' Mahony v. Joliffe*[1999]R. T. R. 245.

⑧ [1997]R. T. R. 212 at 218. At 225.

⑨ [1965]1 Q. B. 1.

了将其解释为某个人的行为之外，不能作其他归责解释。

重要的事例，便是动词“驾驶”(drives)。卡车的主人即使自己不在车里，也可能会说他自己“使用”其前往谢菲尔德；但他永远不会说他“开车”去谢菲尔德，除非他自己在驾驶这辆卡车。如前所述，驾驶的概念强烈地意味着控制车辆运动的物理行为。此外，认为雇主通过雇员开车，会产生荒谬的结果。这将意味着这位懒洋洋地躺在豪华轿车的后座上，从未学会驾驶的千万富翁，却可能会被判无照驾驶罪；尽管实际驾驶是由有照的司机完成的。如果百万富翁在丰盛的晚餐后被人开车拉回家，可能会被判酒后驾车。没有人应该受到如此不公正的对待。关于驾驶的法律
229 规定只能被合理地理解为实际驾驶，这就是他们的解释方式。

8-027 如果百万富翁告诉他的司机在居住区内以每小时 60 英里的速度开车呢？

当然，百万富翁也会成为专用司机所犯罪行(危险驾驶或超速)的从犯。

有人可能会说，个人化动词的其他事例是“明知地”。如果是雇员在未经雇主授权的情况下提出的要求，则不能被视为是雇主提出的要求。[①]在案件中，[②]雇主恰好因其雇员未经授权的行为而故意妨碍公路交通而被定罪；但这显然是错误的。首先，所涉罪行当时还是故意犯[③]，因此(与持照人案件不同)不应被归责。其次，雇主被认为做了雇员所做的每件事，而这显然不是法律的规定。对于将在下一章涉及的“乐购超市有限公司诉纳特拉斯案”(*Tesco Supermarkets Ltd. v. Nattrass*)[④]上议院评论颇多，大意是“替代责任”的概念在刑法中没有普遍适用。[⑤] 如果要让雇主对这类罪行负替代责任，则应通过具体的立法加以规定。

第 8 节 犯 意

8-028 原则上，考虑到明确的法源平衡，要求犯意的立法，并没有使雇主对其雇员的主观心态答责。在归责的意义上，对成文法中若干动词的解读，解决了在只存在雇员的罪过的情况下如何认定雇主责任的问题。这在各种持照人案件和公司责任案件中都有明示或默示，这些判例

---

① *Barker v. Levinson*[1951]1 K. B. 342.

② *C. Gabriel Ltd. v. Enfield L. B. C.* [1971]R. T. R. 265.

③ *Contra*, if the offence is one of absolute liability: *R. v. British Steel Plc.* [1995]1 W. L. R. 1356.

④ [1972]A. C. 153.

⑤ *R. (on the application of Chief Constable of Northumbria) v. Newcastle upon Tyne Magistrates' Court*[2010]EWHC 935 *per* Munby L. J.

承认,除了这些案件所涉及的特殊责任之外,雇员的犯意不能归责于雇主。① 同样的规则,也适用于过失。② 虽然存在若干相反的判决,③但其显然不符合当前的法源。

为支持该观点,可以列出下列既定规则;所有这些规则都表明,雇员的犯意不能自动转移给雇主:

即使是持照人,如果不将工作委托给该雇员,也不应对该雇员犯下的要求罪过的犯行负责:"凡恩诉伊安诺普洛斯案。"④ 230

由于"准许"或"导致"某人做某事需要犯意,如果雇主没有犯意,无须对自己准许或导致雇员做某事负责。⑤

即使雇主需要对其雇员直接犯下的严格责任犯罪答责,但却无须对该雇员犯下的这种罪行的未遂承担责任,因为这种未遂要求被告具有犯意,而雇员的犯意不足以使法院认定雇主有罪。

即使雇主需要对其雇员直接犯下的严格责任犯罪负责,也不得在没有证明其犯意的情况下,认定其具有教唆该罪行的责任。⑥ 231

---

① *Coupe v. Guyett*[1973]1 W. L. R. 669;*Essendon Engineering Co. v. Maile*[1982]R. T. R. 260.

② *Tesco Supermarkets Ltd. v. Nattrass*[1972]A. C. 153.

③ *C. Gabriel Ltd. v. Enfield L. B. C.* [1971]R. T. R. 265;*Mousell Bros Ltd. v. London & North Western Railway Co.* [1917]2 K. B. 836.

④ [1965]A. C. 486.

⑤ *Ross Hillman Ltd. v. Bond*[1974]Q. B. 435;*John v. Matthews*[1970]2 Q. B. 443.

⑥ *Somerset v. Wade*[1894]1 Q. B. 574;*Callow v. Tillstone*(1900)64 J. P. 823;*McKnight v. Davies* [1974]R. T. R. 4.

第 9 章　法人与严格责任的例外

我是“林格利有限公司”(Lingley Ltd.)的林格利,你们谁也抓不到我。几年前,我就把自己变成了法人。

萨顿·凡恩(Sutton Vane)①

医院,无论在预期、意向,还是授权命名方面,都应该足以支持法人的名称,因为法人本身只能是种抽象的存在,而且只存在于法律层面;因为这个汇集众人的法人,既无形,又不朽,只能存在于法律的关注和考虑中……法人不能犯叛国罪,不能被褫夺权利,也不能被逐出教会,因为他们没有灵魂,不能亲自出庭,只能由律师代理。②

---

① *Outward Bound*,(New York:Liveright,1930) at 96.

② *The Case of Sutton's Hospital*(1612) 10 Coke Reports 23a at 32b. (1608) 7 Coke Reports 2a at 10b.

第 1 节　法　人

9-001　萨顿·凡恩①笔下“令人不快的商人”,道出了民法中“法人”(corporation)②的若干真理。但公司董事,显然无法因此在刑事法庭上免责。

9-002　“公司”(company)③和法人有什么区别?

普通法中严格的技术术语是“法人”。“公司”可以是非法人的公司(合

---

① 萨顿·凡恩(Sutton Vane,1888—1963 年),英国剧作家。——译者注

② “法人”,指由个人组成的一个团体,或一群担任某种职位的个人,他们在法律上被视为一个单独的法律实体。因此,法人有时又被称为拟制人、法律人或团体人,以区别于自然人。法人实体在法律上独立于组成该实体的任何个人,具有自己的法律人格,因而可以起诉和应诉,可以拥有财产、进行交易,承担责任,基本上像自然人一样进行活动。因此有限公司的工厂为其本身所有,而不属于公司股东。法人具有永久的连续性,其可以无限期地存在下去,而不问组成法人的成员是否变化。法人不同于组成俱乐部、社团或工会的个人团体,不同于参加合伙的人,不同于担任受托管理人的人,也不同于其他非法人团体。有些团体,如工会,并非完全的法人,但又与法人非常类似,因而有时被称为准法人。最早得到许可的法人是自治市、大学和神职,到 15 世纪法人与其成员的区别开始得到承认。16 世纪末 17 世纪初,商业企业最先被创设为法人。东印度公司、皇家非洲公司和哈德逊湾公司等均根据特许状而成立。英国法律承认两大类法人,一种是集体法人,包括各种由自然人如公司成员组成的法人团体;另一种是独任法人,是由单一个人组成的政治机构,该个人及其继任者因其职务可以永久拥有交付给他们的财产,这种职务是永久的,尽管不一定是连续不断的。另外,有时也存在集体法人的领导是独任法人的情况。苏格兰法律不承认独任法人,除非其是依据适用于苏格兰的法律而成立的。集体法人有多种类型,并为多种目的而设立。常见的种类有:拥有与地方政府有关的法定权力和职能的法人;为提供公共服务或管理公共事业性企业而依法设立的“公法人”(public corporations),如国家煤炭局等;贸易公司,包括特许公司,根据特殊的议会法令而设立的公司,根据公司条例登记成立的公司,根据勤俭互助会条例和住宅建筑互助会条例而注册成立的各种社团等。集体法人一般可通过加盖公章的文据来表示其意思。独任法人最初主要是教会职务,大主教、主教、地方主教、教区牧师等均是独任法人。在普通法中,君主亦是个独任法人,而某些政府大臣根据法令也属于独任法人。作为独任法人的法律后果是,担任该职务的人死亡时有关职务财产应转移给其职务继任人,就如同他们是同一个人一样。法人可通过国王特许状、专利证书或成文法而创设,但也可以通过训令而存在,据推测这种训令是来自王室的某种特许状,但现已失传,还可以通过习惯而存在。根据成文法设立的法人,拥有有关创设法律直接或间接授予的权力和权利,而其他法人的权力和权利除成文上的限制之外,与私人是完全一样的。在集体法人中有一些职务,可以根据法人组织章程所规定的方式选任。每一法人均有权制定与其设立宗旨有关,通常只对其成员有约束力的内部细则。法人决议必须在法人大会上作出,除非章程有相反的规定,并须加盖法人印章。特许法人一般通过以下途径而被解散:将特许状交回国王,特许状因滥用权力和特权而被吊销,特许状因颁发新的特许状或法令而被撤销,特许法人还可由王座法庭代表国王依告知令状的程序予以解散。通过或依据成文法而设立的法人,可由后来的成文法予以解散,或通过法定的清算程序解散。参见[英]戴维·M. 沃克:《牛津法律大词典》,李双元等译,法律出版社 2003 年版,第 265 页以下。——译者注

③ “公司”,是指一定数量的人为了共同目的,往往是以营利为目的进行经营而结成的社团,也指适合于因规模太大以致无法以合伙运作而采用的种组织形式。但是,这个术语常常指在法律上只是合伙的组织,甚至是个人经营者。现代公司的原型包括特许商业企业、合营股份公司、根据财产托管契约而成立的非法人组织、根据 1834 年《商业公司法》通过特许证书而组成的公司。1844 年《合营

伙)。但提到公司时,我们通常指的是组成法人组织的公司,即法人,这
231 就是本章中“公司”的意思。人们可以通过如下方式,结成法人组织:

股份公司法》规定仅需登记就可成立公司,1855 年《有限责任法》规定在特定条件下,公司成员承担有限责任。以法人的名义进行经营,同时也带有某些法人公司特点的由个人组成的非法人公司,仍可继续存在。法人公司的成员可能承担无限责任。现代公司法的基础是 1862 年《公司法》。现代公司的一个主要特征就是它是法人团体,即是个完全独立于其组成成员的法律实体,并且尽管其成员有所变化,但公司还是继续存在。现在,可以根据王室特许状、议会的特别法令(它包括 1845 年《公司条款合并法》中的详细规定)、1948—1976 年的《公司法》(其前身即自 1856 年《合营股份公司法》以后的公司法)的一般条款进行的登记以及成本账簿公司(限于德文郡和科尔沃的锡矿)来设立公司。1948—1976 年的《公司法》规定了一个法律框架,在该框架内,公司享有相当大的决定其管理的自由。这些法律还规定了对公司成员、公司的债权人和公司的生意伙伴的各种保护措施。这些公司法并未包括所有与公司有关的法律,其中很多都由一般法律原则来决定,特别是关于合同和财产的。英格兰法律和苏格兰法律在某些方面存在差异。这些公司法规定了各种形式的公司的登记注册问题,有的公司的股东对公司债务负无限责任,有的公司的股东的责任仅以其股票面额为限,还有的公司的成员仅就其提供的担保承担责任,上市公司的股票在证券交易所进行交易,而非上市公司的成员是有限的,股票也不进行如此交易。大部分公司是非上市公司,因为在这种组织形式中,两个或两个以上的人能够在享受对商业损失只承担有限个人责任的巨大好处的条件下,进行经营活动。但是若干特定行业不能通过公司的形式来经营,那些从业人员只能组成合伙的形式。进行公司注册时,必须向公司注册处提交一份公司备忘录,说明公司名称、登记的营业所将设于联合王国的哪个地区、公司的目的,公司成员承担有限责任(如果有这种规定的话),股份资本的总额及其分割成特定价值的股份等;还须提交规定了公司管理规章的公司章程以及其他若干文件。公司注册处对公司给予注册并颁发执照后公司才正式成立。备忘录和章程对公司及其成员有约束力,并形成公司和其每个成员之间的一种合同。公司可以经常对这两份文件进行修改。公司往往通过向认购其股份的公众发行股票来筹集营运资本,还可以借款,特别是通过发行债券。股票可有不同的种类,不同股票代表的权利也有所不同。资本可以增加,也可以经法院的同意而减少。对于吸引发起人认购股票或债券的发布公司的发起书,公布已审计账目,必须披露的信息等,都有严格的法律规定。公司的成员资格可由签署公司章程及条款、认购股份或购买现有成员股份等方式取得。成员有权应召参加年度成员大会、查阅账目、选举董事、领取其股份的年息。通常,大多数成员的意见必须采纳,但是也有保护少数成员利益免受侵害的法律规定。可以召开临时大会,为某些特定目的,必须召开不同级别的股东会议。公司通常由股东大会所选出的董事会管理。他们是公司利益和财产的受托人,但不是股东或债权人的受托人。他们也是公司与他方进行交易的代理。董事承担许多法定职责。详细的行政工作由秘书来做,他必须保留法定记录,并向公司的登记官提交某些法定报表,如年度收支报表。必须有独立的审计人员检查账簿与账目,将情况向股东汇报。商贸部有广泛的权利检查公司账簿,调查公司事务。如果对债券持有人的贷款本金与利息没有适当地加以给付,债券持有人有权指定破产管理人来接管公司财产,为债权人的利益管理财产,变卖财产以支付债券持有人。一个公司可以进行重组,如将产业卖给一个新公司或者由公司与其债权人或股东,或与任何一类债权人或任何一类股东签订和解协议。法律对于保存账目、公开账目和披露与公司成员有关的信息有严格的要求。公司可因清算而结束,清算可由法庭决定,自愿进行,成在法庭监督下进行。在所有这 3 种模式下,都要指定一人为清算人,他的职能是收集公司财产,确定尚未清算的债权申请,确定现任或离任不满 1 年的公司成员中谁应对公司资产负责,清偿担保债权、优先债权和其他债权。如果财产仍有剩余,应分配给公司成员。可以任命由债权人和出资人组成的调查委员会来协助清算人。当公司已经清算完毕,将被从公司登记处除名,虽然在某种情况下,公司可以免于解散。参见[英]戴维·M. 沃克:《牛津法律大词典》,李双元等译,法律出版社 2003 年版,第 237 页以下。——译者注

1. 通过皇家特许，事例如伦敦国王学院、牛津、[1]剑桥等大学；

2. 根据特别立法，事例如“公法人”（public corporation）；

3. 根据2006年《公司法》（Companies Act 2006）或其前身（目前最常见的方式）[2]进行注册。

9-003　根据2006年《公司法》注册的公司与“合伙”（partnership）公司有什么区别？

合伙（例如Binjour & Co.）几乎没有得到刑法的承认，[3]在民法中也只得到有限的认可。这同样适用于其他非法人社团，如俱乐部。[4] 例如，当会员制俱乐部的会员在酒吧“购买”一杯饮料时，就1968年《商品说明法》而言，没有针对他的“出售”或“供应”行为，因为在法律上，他与其他会员一样，已经是该俱乐部所有财产的“受益所有人”（beneficial owner）。[5] 如果俱乐部登记为公司，该公司将拥有相关物权，同时产生所谓“销售”行为。关于注册公司（例如Binjour & Co. Ltd.）的观点是，法人，即名义上的实体，宛如幽灵般存在的人，律师称之为“法律意义上的人”（legal person）。法人建立在签署合作合意、创建该公司的自然人的基础之上，但又与之不同，即便这些人死后，也不可能影响公司的存在。需要理解的是，伯克先生（Mr. Burke）和威尔斯先生（Mr. Wills）把自己“转变为”有限公司时，便催生了全新的法律意义上的人，这个人可以自己持有财产并订立合同，这些不是伯克先生和威尔斯先生的合意和财产。

9-004　说公司是法人有什么意义？

公司的独立法律地位是有用的，因为个人股东可以来来去去，还因为
其具有创造有限责任的巨大优势。只有公司，对其债务负责。就算公司 233
资不抵债，债权人也不能侵犯股东的私有财产。股东只以出资额为限承担责任，在其股份全部被用于偿付公司债务后，不再承担责任。如果大公司出了问题，而投资者对公司的债务负有无限责任，不会有人会对其投资。

9-005　您的意思是说，某人可以通过伪装成公司来实施犯罪吗？

法律承认法人责任，但注册的公司，并不是犯罪者的避难所。公司只能通过人行事，为公司利益而犯罪的人将自己对该罪行负责，正如任何雇员为雇主而犯罪一样。注册成立的重要性在于，使公司本身在某些情况

---

[1] *Merton College in Oxford*（1347）Jenkins 21.

[2] The *Limited Liability Partnerships Act* 2000.

[3] Cf. *R. v. W Stevenson & Sons（A Partnership）*［2008］Bus. L. R. 1200.

[4] *Attorney—General v. Able*［1984］Q. B. 795 at 810.

[5] *John v. Matthews*［1970］2 Q. B. 443.

下对违法行为以及行为人承担责任。

第2节　识　别

9-006　法人责任是在某些关于程序的法律的帮助下，由法官慢慢发展起来的。[①] 公司通过如下3种方式承担责任：(1)直接责任；(2)责任归属；(3)根据某种特殊的法律规则，即所谓“识别原则”(identification doctrine)：

1. 某些法定罪行直接针对公司。[②] 如果法律规定了不作为罪，比如要求公司提供相关信息，除了公司本身之外，可能没有“人”可以被判定为不作为。因为这项责任只被交给公司(议会也可将其强加于官员，但一般不会这样做)。同样，如果法规对财产持有人规定了某项义务，如果是公司拥有或持有所涉财产，就很难将除公司以外的任何人定为犯罪人。除非公司可以被判为实施犯罪的正犯，否则董事不能被判为从犯。[③]

2. 法人对其雇员的不当行为负有与自然人雇主同样的责任。如前所述，替代责任不适用于要求犯意(除涉及被许可人的案件之外)的违法犯罪，同样的限制也适用于公司，只要其责任基于普通员工的一般归属规则。[④]

但是，识别原则更进一步。公司通过其管理人员被加以识别确定。
234 该学说起源于民事判决，法院认为，就提及“实际罪过或(对同一权利)双方法律关系(privity)”的法规而言，管理人身处的法律关系，便是公司的法律关系。霍尔丹(Haldane L. C.)在本案中提出：

“各位法官大人，法人是个抽象概念。它既没有自己的头脑，也没有自己的身体；因此，其积极的、具有指导性的意志，必须由个人来加以实现，这个人在某些方面可能被称为代理人，但实际上是公司的指导核心和意志中枢，是公司人格的自我和中心。”[⑤]

换言之，控制或管理公司事务的人，在某种意义上被视为公司本身。无论何时，当他们以控制人员的身份行事时，该公司的身份，通过下列要素加以识别：

---

① Glanville Williams, *Criminal Law: The General Part*, (London: Stevens & Sons, 2nd edn. 1961) at § 278.

② Sections 386-389 of the *Companies Act* 2006.

③ *R. v. Cogan*[1976]Q. B. 217.

④ *Ross Hillman v. Bond*[1974]2 All E. R. 287; *Tesco Stores Ltd. v. Brent L. B. C.* [1993]1 W. L. R. 1037 at 1043; *Ferguson v. British Gas Trading Ltd.* [2010]1 W. L. R. 785 at 795.

⑤ *Lennard's Carrying Co Ltd. v. Asiatic Petroleum Co. Ltd.* [1915]A. C. 705 at 713.

行为，即使相关动词无法被解读为可以归属于自然人雇主；以及主观心态。

9-007　这样，即使在自然人雇主不负有责任的情况下，公司也可以对要求犯意的罪行承担责任。在“女王诉 ICR 货运有限公司案”（*R. v. ICR Haulage Ltd.*）[①]中，该公司的董事总经理，和其他人被指控共谋诈骗。刑事上诉法院维持了检控方的主张。虽然所指控的罪行需要证明某种主观心态，且公司无法存在自己的主观心态，但可以将公司总经理的主观心态归结为公司的心理状态，因此总经理的欺诈，就是法人的欺诈。

请注意，除了公司和董事之外，其他人也参与了该阴谋，否则，就不可能定罪。公司可以通过其董事与其他人合谋。但是，如果董事代表公司做了违法的事情，便不能因为他与公司同谋而对其定罪，因为那时只有某一人的思维在起作用，而共谋需要至少两个人。[②]

如果公司根据身份识别原则负有责任，则董事或其他管理人员几乎总是该罪行的共同正犯或从犯，或犯下公司管理人员才能犯的特殊法定罪行。[③] 235

识别原则不仅适用于私营公司，也适用于公法人，如地方当局和公用事业单位。但是，由“皇室设立”的法人，可以受到皇室享有的一般法律豁免的保护。

9-008　您谈到控制高级职员，但在大公司里，在高层和下级之间划清界线不是不可能吗？即使是被派去做日常维护工作的工人（公司给他配了助手）也被赋予一定的自主权。

法律没有明确规定确定谁是控制人的原则。[④] 根据在“乐购超市有限公司诉纳特拉斯案”[⑤]中里德法官的说法：

“一旦事实被查明，从事特定活动的人是被视为公司，还是仅仅被视为公司的雇员或代理人，必须将其作为法律问题……法官必须指示陪审团，如果他们发现某些事实已经被证明，作为法律问题，他们必须认定高等员工、雇员或代理人的具备主观心态、意图、明知或确信的犯罪行为，皆系公司的行为。”

不幸的是，判决没有明确法官必须提请陪审团注意的这些事实。[⑥] 可

---

① [1944]K. B. 551.

② *R. v. McDonnell*[1966]1 Q. B. 233.

③ Section 1255 of the *Companies Act* 2006.

④ *Meridian Global Funds Management Asia Ltd. v. Securities Commission*[1995]2 A. C. 500.

⑤ [1972]A. C. 153 at 170,173.

⑥ *R. v. Andrews Weatherfoil Ltd.* [1972]1 W. L. R. 118.

以肯定地说,董事是控制人,但如果公司经理甚至秘书[1]有重要发言权,他就会加入这个选择的小圈子里。丹宁法官(Denning L. J.)在民事案件中描述了公司的"大脑"和"手"之间的区别,[2]但该表述只不过是比喻而已。

在"乐购案"中,出现了问题,即超市的分公司经理是否充分控制了公司的事务,能否将其个人的过失归咎于公司,并作为公司自身存在过错的决定性证据。上议院对此表示否定。里德法官重申了下列一般原则:[3]

"通常,公司的董事会、总经理或其他高级管理人员履行管理职能,并代表公司发表意见、实施行为。而他们的下属则无法这样做;相反,只能执行上面的命令,就算给予他们某种程度的自由裁量权,也丝毫没有区别。但董事会可将自己的部分管理职能委托给其代表,使其完全有权独立于董事会的指示行事。我认为,安排这样一位代表,就相当于使其扮演他们的角色,从而使被委托人在授权范围内的行为成为公司的行为,这不难理解。画这条线并不总是容易的,但有些情况下必须作出区分。"

9-009 里德法官明确表示,公司对其控制者的责任等同于自然人的个人责任。

"不存在公司承担替代责任的问题。"尽管不清楚分公司经理是否被视为可以代表公司的高层成员,但乐购分公司经理受到来访分行检查员
236 的严格制约,而区域经理则对他们的控制更为严格,这有助于实际决策。
但看来,即使没有这项事实,分支机构经理也不具备足够的行政权力,从而可以代表乐购公司。皮尔逊法官(Lord Pearson)说:

"在目前的情况下,该公司拥有大约数百家零售店,如果说其所有店长都是可以代表该公司主体身份的人,显然就太不合理了……对经营细节的监督通常不是高级管理层的职能:而这通常由工头、负责人、监督人、楼层经理和'店铺'经理(在工厂意义上是'车间主任')级别的员工执行。"[4]

9-010 如果零售店的数量是要素,那么我觉得很奇怪。拥有两家零售店的公司的主体身份,可以通过其分公司经理加以识别,而拥有数百家零售店的大公司的中枢系统,则完全位于总部,这是不是法律规定?为

---

① *Moore v. I Bresler Ltd.* [1944] 2 All E. R. 515. In *D. P. P. v. Kent and Sussex Contractors Co.* [1944] K. B. 146.

② *HL Bolton Engineering Co Ltd. v. TJ Graham & Sons Ltd.* [1957] 1 Q. B. 159.

③ *Tesco Supermarkets Ltd. v. Nattrass* [1972] A. C. 153 at 171.

④ *Tesco Supermarkets Ltd. v. Nattrass* [1972] A. C. 153 at 191, 193. Cf. Lord Diplock at 199-200.

什么要做这样的区分?

皮尔逊法官的话可能不过是"官样"文章。没有理由认为这件事取决于分支机构的数目。

更普遍地说,只能认为,识别原则是种在政策难题上的妥协。一方面,可以说每位公司雇员都是公司的代表,如此一来,公司将对最底层工人犯下的有犯意犯罪承担责任。这与适用于自然人雇主的规则形成了鲜明对比。在其他极端,可能会说,除了严格责任罪之外,公司永远不负责任。但这样,就不可能对未完成罪(即使是为了实施严格责任罪而为的犯罪)承担责任,也不可能作为从犯而承担责任,甚至不能成为严格责任罪的共犯。未完成罪和共犯责任,都需要犯意。公司甚至不可能对过失犯罪承担责任;而且由于目前的立法趋势是将严格责任转变为过失责任,这最终可能将公司责任完全排除在外。

如果有必要接受这种妥协,人们可能仍然认为上议院这种"无须过错的观点",在"乐购案"施画的界限过于狭窄。[①] 在这方面没有绝对的是非之分,但"乐购案"的实际效果似乎是,当公司的活动是全国性的,甚至是世界性的时,将识别原则局限于少数人在伦敦开会的行为。总体来说,扩大识别原则以涵盖控制当地分支机构的个人,似乎更为明智。 237

9-011 在需要犯意的犯罪中,是否限制能让公司负责的个人的范围并不重要,因为威慑的目的通常最好是通过起诉责任人来加以实现。"乐购案"涉及过失犯罪,而其所规定的责任限制,最具损害性。[②] 公司不应为其分公司经理的过失犯罪负责,但毕竟分公司经理在特定地区代表公司,所以这在法律上是相当大的缺陷。(过失在这些罪行中的重要性将在后文显现。)显然需要对其行为和主观心态与公司有牵连的管理人员,通过成文法进行重新定义。[③]

例如,《科罗拉多州修订成文法》(Colorado Revised Statutes 2003)第18-1-606条规定:

(1)在下列情况下,经营实体构成犯罪:

---

① Brent Fisse and John Braithwaite, *Corporations*, *Crime and Accountability* (Cambridge: Cambridge University Press, 1993); Celia Wells, *Corporations and Criminal Responsibility* (Oxford: Oxford University Press, 2nd edn. 2001); Sara Sun Beale and Adam G. Safwat, "What Developments in Western Europe Tell Us about American Critiques of Corporate Criminal Liability", (2004) 8 *Buff. Crim. L. Rev*. 89.

② *Attorney—General's Reference* (*No*. 2 *of* 1999) [2000] Q. B. 796; *R. v. P & O European Ferries* (*Dover*) *Ltd*. (1991) 93 Cr. App. R. 72.

③ Haw. Rev. Stat. § 702-227 (1993); Ark. Code Ann. § 5-2-502 (1997); § 2.07 (1), (3) of the ALI Model Penal Code.

(a)构成犯罪的行为包括不履行法律赋予经营实体的积极作为义务;或

(b)管理机构或被授权管理经营实体事务的个人或在其工作范围内或代表经营实体行事的高级管理人员参与、授权、招揽、要求、指挥或明知而容忍的行为构成犯罪。

(2)在本节中使用的:

(a)"代理人"是指经营实体的任何董事、高级职员或雇员,或被授权代表该商业实体行事的任何其他人,"高级管理代理人"是指经营实体的高级管理人员,或在制定经营实体的政策或以下属雇员的管理身份进行监督方面具有同等权力的任何其他代理人。

(b)"经营实体"是指公司……

最近有英国法院援引类似的美国亚利桑那州[①]相关立法,作为认定公司成立过失杀人和加重攻击罪的理由。在"子午线全球基金管理亚洲有限公司诉证券委员会案"(*Meridian Global Funds Management Asia Ltd. v. Security Commission*)[②]中,霍夫曼法官(Lord Hoffman)援引"代理"和"授权"的概念,将首席投资经理的行为和主观心态归咎于聘用他的公司。"子午线"是一家总部位于中国香港的投资管理公司。其首席投资经理和其他高级投资经理购买了新西兰公司的大量股份,以期获得对该公司的控制权。由于投资规模巨大,根据法律规定,该公司必须将其投资情况通知新西兰证券交易所。作为"指导思想和意志"的一部分的公司成员(董事)因为首席投资经理未能将投资情况上报,故未能将投资情况告知
238 该证券交易所。投资经理自身不视为公司"中枢神经和思想"的一部分,但在某种程度上其被视为以该身份行事,即当他被"授权"[③]为公司在相应级别上行事时。

9-012 枢密院不得不判定,首席投资经理的明知是否可以归因于子午线投资公司。霍夫曼法官表示:

"只要等级制度中的任何人拥有与法律期待作为自然人的所有人行使的职能'相对应的职能'(functions corresponding),其未能履行这些职能的行为,就应归咎于该公司。如果没有这样的人,上级管理层就应承担没有这样安排的过错责任。无论哪种情况,罪过都应归责于公司。"[④]

---

① Ariz. Rev. Stat. Ann. § 13-305(2001); *State v. Far West Water & Sewer Inc.*, 224 Ariz. 173 (2010).

② [1995]2 A. C. 500.

③ *Tesco Supermarkets Ltd. v. Nattrass*[1972]A. C. 153 at 193.

④ *Meridian Global Funds Management Asia Ltd. v. Securities Commission*[1995]2 A. C. 500 at 510.

法院可能会发现,在特定的情况下,特定的“法规”使自然人代理人成为公司“指导思想和意志”的一部分。例如,首席投资经理可以被视为公司“指导思想和意志”的一部分,前提是他经授权正在为公司进行大量投资。因此,如果不法行为与大规模投资决策无关,就不会被视为公司“大脑和意志”的一部分。在非投资语境下,他只是公司的其他员工:

“这始终是解释问题:鉴于法院旨在将其适用于公司,其到底打算如何适用?为了这个目的,谁的行为(或明知,或主观心态)可以算作公司的行为?人们通过运用通常的解释准则,考虑规则的语言(如果是法规)及其内容和政策,找到了这个问题的答案。”①

在判决书的后半部分,霍夫曼法官表示:

“就公司证券持有人而言,如果将其存在的主观认知,当作公司的主观认知,背后隐含着什么规则?当然,在公司的授权下的人,也可以获得相关权益。否则本法背后的立法政策将遭到否定。公司可以允许员工通过成为实质性的证券持有人而获得利益,但在董事会或其他高级管理人员对此了解之前,无须将相关情况汇报给他们。这将给董事会带来额外的好处,即尽可能不关注其投资经理的工作。因此,上议院认为,根据对该法第20(4)(e)条的正确解释,公司知道某人已经成为实质股东,前提是被授权处理此某项业务的员工明知这项事实。此时,公司则有义务根据第20(3)条发出通知。涉案投资经理的交易出于腐败的目的,并不想让自己的雇主知道,所以没有发出相关通知,这项事实在上议院看来,不会影响明知的归属和随后的通知义务。”② 239

“子午线全球基金管理亚洲有限公司诉证券委员会案”中采用的方法,并不像若干评论者所认为的那样具有创造性。枢密院仅仅认为,该法律规定意味着在特定情况下,即大规模投资情况下,首席投资官以公司“指导思想和意愿”的一部分的身份行事。因此,当他未能将投资情况通知新西兰证券交易所时,等同于该公司也未能履行相关义务。

因此,霍夫曼法官提出的所谓自然人代理人,不必成为公司“指导思想和意志”的一部分,而只需要以这种身份行事即可。这可能类似于美国更为宽泛的刑法中所采用的代理人观点,但显然,该做法更为有限。与美国法律不同的是,③子午线案作为判例,并不适用于较低级别的管理者

---

① *Meridian Global Funds Management Asia Ltd. v. Securities Commission*[1995]2 A. C. 500 at 507.

② *Meridian Global Funds Management Asia Ltd. v. Securities Commission*[1995]2 A. C. 500 at 511. *Ferguson v. British Gas Trading Ltd.* [2010]1 W. L. R. 785 at 794-795.

③ *U. S. v. Ionia Management*, 526 F. Supp. 2d 319(2007).

和监督者,而只适用于被授权在“直接思想和意志”层面上行事的高层管理者。因此,“子午线案”判例,并没有扩展识别学说。

9-013 如果公司的控制人为了自己的邪恶目标而实施了犯罪该怎么办?

有观点认为,即使控制人的行为是对公司的欺诈,也应归于公司。[①]这是种被称为“机械法理学”(mechanical jurisprudence)的推理,当行为针对公司,因此也侵犯股东时,对公司处以罚金几乎没有意义。

不仅在公司是被告的情况下,当被告是犯罪被害人时识别原则也同样重要。控制人的知情,以及控制人在其权力范围内作出的同意[②],与受害自然人知情同意一样,都是犯罪的抗辩事由。但是,当然,不诚实的董事知道真相,不是对不知情的诚实董事提出诈欺犯罪的指控的依据。[③]

可以说,识别原则只适用于开展公司业务过程中所做的行为,而不适用于经理的私人事务,只适用于以管理者或董事身份所从事的行为。[④]例如,假设总部位于伦敦的公司的总经理开车到剑桥去见一位分公司经理,在驾驶过程中,犯下了导致行人死亡的重大过失罪。在适当的情况下,公司可以被判过失杀人罪;但在本案中,公司是无罪的,因为总经理的行为,在侵权法的角度来讲,虽然是在其工作期间发生的,但不可以称为管理行为;它既不是公司权力的行使,也不是与公司活动有关的决定。

9-014 总经理的行为是否属于2007年《公司过失杀人和公司杀人法》(Corporate Manslaughter and Corporate Homicide Act 2007)第1条的管辖范围?

在公司过失杀人案件中不得援引识别原则,因为该法为此类案件制定了归责规则。然而,总经理的过失驾驶显然不属于该法第1条的适用范围。

该法第1条规定:

(1)如其活动的管理或组织方式满足下列需求,则适用本条的该组织构成犯罪——

(a)导致某人死亡;及

---

① *Moore v. I Bresler Ltd.* [1944]2 All E. R. 515. *Per contra*, *Attorney—General's Reference*(*No.* 2 *of* 1982)[1984] Q. B. 624; *Greener Solutions Ltd. v. Revenue and Customs Commissioners*[2010] UKFTT 412; and *Belmont Finance Corp. Ltd. v. Williams Furniture Ltd.* [1978]3 W. L. R. 712.

② *Attorney—General's Reference*(*No.* 2 *of* 1982)[1984]Q. B. 624; *R. v. Philippou*(1989)89 Cr. App. R. 290; cf. *R. v. Pearlberg*[1982]Crim. L. R. 829. *Attorney—General's Reference*(*No.* 1 *of* 1985)(1985)41 S. A. S. R. 147 at 154; *Macleod v. The Queen*[2003]214 C. L. R. 230 at 263.

③ *R. v. Buono*[1970]Crim. L. R. 154.

④ *Grace v. Thomason Nissan*, 76 F. Supp. 2d 1083(1999).

(b)相当于严重违反该组织对死者所负的有关注意义务。

(2)本条适用的组织是——

(a)法人;

(b)附表 1 所列的部门或其他团体;

(c)警察部队;

(d)合伙企业、工会或雇主协会,即雇主。

(3)任何组织只有在其高级管理人员管理或组织其活动的方式是第(1)款所描述的违法行为的实质性要素时,该组织才属犯本条所定罪行。

(4)就本法而言——

(a)"有关注意义务"具有第 2 条所赋予的含义,与第 3—7 条一并解读;

(b)任何组织违反注意义务,如指控构成违反该责任的行为远低于法律对该组织在有关情况下的合理预期,即属"严重违反";

(c)"高级管理人员",就组织而言,是指在以下方面发挥重要作用的人员:(i)就如何管理或组织其全部或大部分活动作出决定,或(ii)实际管理或组织全部或大部分活动。

本规定虽然不要求过失驾驶行为归责于构成公司指导思想和意志组成部分的人,但明确不追究与公司经营无关的个人过错行为。法人组织和管理活动的方式,并没有导致总经理的过失驾驶行为,或为之提供便利。相反,如果运输公司的组织和管理活动,使其司机经常被派驾驶不适合行驶的卡车,司机因卡车刹车失灵撞死了行人,则该公司将极有可能对公司的过失杀人负责。同样,如果公司组织体力劳动者在没有适当安全设备的危险条件下持续工作,导致工人死亡,则公司将作为法人承担过失杀人责任。[①]

显然,如果是各个层级的过失最终导致致命事故发生,则对重大过失的事实调查将变得更加复杂,但如果各种过失行为可以与公司管理或组 241
织方式相联系,该公司就应该承担责任。只有与公司管理或组织活动的方式有关的过失行为,才会被合并为公司过失杀人罪。因果关系较为疏远的过失行为,不应考虑在内。

9-015　有没有什么公司不能卷入的法律纠纷类型呢?

几乎没有,但公司不可能犯重婚、强奸[②]等罪行。由于公司不能被关进监狱,除了没收财产或吊销执照外,唯一可能的处罚是罚金,这是与定罪有关的法律允许的。但除了谋杀、叛国罪和某些形式的海盗行为之外,

---

① *State v. Far West Water & Sewer Inc.*, 224 Ariz. 173(2010).

② *Grace v. Thomason Nissan*, 76 F. Supp. 2d 1083(1999).

所有犯罪现在都可以适用罚金。①

公司不能从事伪证罪,或进行类似的虚假陈述,因为没有人试图使法人宣誓;但没有理由不将公司定为伪证罪的从犯。②

第3节 法人刑事责任政策

9-016 法人责任与严格责任一样,是刑法功利主义理论的例证。法人责任并非基于报应理论,而是基于威慑的需要。相关立法旨在鼓励企业确保其员工遵守行为标准,从而不至于使他人受到伤害。③ 正是因为任何个人可责性都不足以使法律对其归责,法律才不得不追究公司的责任。涉及法人责任的立法,将直接责任、严格责任和替代责任结合起来,试图影响由在任何特定时间控制公司实际行为的个人组成的集体的行为。

9-017 可以看出,对公司处以巨额罚金,可能会刺激其作出反应。但刑事责任当然应该是人的责任,因为在刑罚的最后一步,只有人才能受到惩罚。为什么不简单地判定董事或其他对公司内部的违法行为负责的人有罪呢?

这是重要的问题。主要因为,公司一般极力避免被定罪,即使只涉及轻微的罚金,④有时连轻微都算不上。⑤ 负责公司事务的人不喜欢定罪可能带来的负面宣传,因为他们可能一直试图在公众心目中树立公司的良
242 好形象。⑥ 如果在涉及严格责任罪时,有社会理由将公司名称公之于众,在其控制人员出现过失或故意不当行为的情况下,就应该存在更有力的理由将公司名称公之于众。鉴于许多现代公司的宏大规模和国际结构,不良口碑不太可能产生与惩罚性罚金同样的威慑作用。⑦ 如果负面报道事关产品安全,可能会产生重大影响,但如果仅仅涉及曝光灾难,或是个

---

① *R. v. Balfour*[2007]Bus. L. R. 77.

② Cf. *Re Odyssey*(*London*)*Ltd. v. OIC Run Off Ltd.* (2000) 150 *N. L. J.* 430.

③ Donald C. Langevoort,"Monitoring:The Behavioural Economics of Corporate Compliance with Law",(2002) 2002 *Colum. Bus. L. Rev.* 71;Carlos Gomez—Jara Diez,"Corporate Culpability as a Limit to the Overcriminalization of Corporate Criminal Liability:The Interplay between Self—Regulation, Corporate Compliance, and Corporate Citizenship",(2011) 14 *New Crim. L. Rev.* 78.

④ *HM Advocate v. Munro & Sons*(*Highland*)*Ltd.* (2009) S. L. T. 233.

⑤ Steven Greenhouse,"BP to Challenge Fine for Refinery Blast",(New York:*New York Times*, 30 October 2009).

⑥ David A. Skeel,"Shaming in Corporate Law",(2001) 149 *U. Pa. L. Rev.* 1811 at 1823 *et seq.*

⑦ Mary K. Ramirez,"The Science Fiction of Corporate Criminal Liability:Containing the Machine through the Corporate Death Penalty",(2005) 47 *Ariz. L. Rev.* 933 at 938 *et seq.*

别企业涉及的过失杀人案,[1]公众可能不会太在意。

然而,对石油泄漏和企业过失杀人的巨额罚金可能会鼓励企业格外小心。这样的罚金可能会以戏剧性的方式影响公司的股价,公司的业务是赚钱,而不是亏损。因此,按比例调整的罚金可能会对特定公司的财富产生影响,从而在促进公司遵守法律方面实现更大的社会效用。[2]

9-018　如上文所说,玷污公司形象可能不如处以适当的罚金有效。但是,对公司处以罚金的现实情况是,罚金的对象是持股股东(在政府实体是被告人的情况下,则是纳税人),而其资产将会因为罚金金额之大而宣告枯竭。或者,如果公司资不抵债,罚金将由债权人承担。也许员工会受到影响,因为如果公司陷入资金困境,员工可能失业。但股东、债权人和雇员在很大程度上可能是无罪的。惩罚他们的正当性,究竟在哪里?

必须把债权人排除在外。任何人被判处罚金,债权人就可能受到影响。

至于其他人,公司被判罚金对股东和雇员的影响与直接判处他们罚金对他们的影响不同。前者的情形,股东的身体或名誉,并没有受到惩罚。其遭受的仅仅是银行账户的损失,也许是不知不觉的。(股东通过 243
选择投资来自行承担资金风险;当公司偷工减料时,他们会从中受益,但当这些做法造成损害时,股东也会间接地为公司的劣迹做法付出代价。)除非罚金对公司造成严重影响,否则员工也不太可能受到影响。[3]

公司本身就是法律拟制。就注册公司而言,其实体现仅为一张纸,即公司章程。没有感情。很难说公司是被"公正"或"不公正"定罪的。一旦被定罪,也不会变得神经质,或用余生写信给大法官,抱怨自己受到了不公正的对待。因此,任何与人类的类比都是不恰当的。公司是否应该被定罪,完全取决于这是否有利于社会的整体利益。

9-019　说公司几乎可以犯下任何罪行,并不意味着起诉该公司总是有意义的。如果董事犯了要求犯意的违法行为,最好集中精力处理他们,若干检方人士也持这种观点。起诉的成功,通常取决于证明董事(1)实施了相关罪行,或(2)在明知事实的情况下,成为该罪的从犯,[4]或(3)犯

---

① Section 10(1) of the *Corporate Manslaughter and Corporate Homicide Act* 2007.

② Cf. Darryl K. Brown, "Street Crime, Corporate Crime, and the Contingency of Criminal Liability", (2001) 149 *U. Pa. L. Rev*. 1295; Jennifer Arlen, "Potentially Perverse Effects of Corporate Criminal Liability", (1994) 23 *J. Legal Stud*. 833; Einer Elhauge, "Sacrificing Corporate Profits in the Public Interest", (2005) 80 *N. Y. U. L. Rev*. 733; Samuel W. Buell, "The Blaming Function of Entity Criminal Liability", (2006) 81 *Ind. L. J*. 473.

③ *The Times*, 13 December 1983.

④ *R. v. Love* (1955) 39 Cr. App. R. 30.

了可以被称为“公司职员罪”(company officer's offence)的罪行。[①] 如前所述,在制定与贸易和许多其他活动有关的新罪行的法规中,通常会规定,当公司实施了该法所规定的罪行时,任何对其同意或纵容[②](甚至是由于其所存在的过失)的董事、经理或其他高级职员,[③]都与公司的犯罪有关。[④]

例如,2006年《公司法》第1255条规定:

(1)任何法人实体所犯本部分所定罪行,经证明是在该法人的管理人员或看来是以该身份行事的人的同意或容认下实施,或可归因于该人的过失,则该人及该法人均犯下了该罪行,可据此被起诉及惩罚。

(2)任何合伙组织犯本部分所定罪行,经证明是在合伙人的同意或纵容下所犯的,或可归因于合伙人的疏忽,则该合伙人及该合伙组织均犯下了该罪行,可据此而被起诉和惩罚。

(3)非法人组织(合伙除外)犯本部分所定罪行,经证明是在该组织的任何管理人员或其理事机构的任何成员的同意或纵容下所犯的,或可归因于该社团的任何管理人员或其理事机构的任何成员的过失,则该人及该组织均犯下了该罪行,可据此被起诉和惩罚。

将责任限制在自然人罪犯身上的难题是,无法确定公司内部有过错的个人。即使找到了这个人,他也可能公然“背锅”或受到上级压力的微

---

① *Companies Act* 2006.

② *Attorney—General's Reference*(*No.* 1 *of* 1995)[1996]1 W. L. R. 970.

③ Cf. *R. v. Chargot Ltd.* (*trading as Contract Services*)[2009]1 W. L. R. 1 at 16.

④ Section 50(2) of the *Children and Families*(*Wales*)*Measure* 2010; section 61 of the *Data Protection Act* 1998; section 65 of the *Charities Act* 2006; section 87 of the *Childcare Act* 2006; section 143 of the *Adoption and Children Act* 2002; section 39 of the *Bank of England Act* 1998; section 7 of the *City of Westminster Act* 1996; section 4(6) of the *Children and Young Persons*(*Protection from Tobacco*)*Act* 1991; section 52 of the *Clean Air Act* 1993; section 50 of the *Aviation and Maritime Security Act* 1990; section 195 of the *Broadcasting Act* 1990; section 78 of the *Airports Act* 1986; section 11(9) of the *Anatomy Act* 1984; section 11 of the *Animal Health and Welfare Act* 1984; section 14 of the *Atomic Energy Act* 1946; section 99 of the *Civil Aviation Act* 1982; section 2 of the *Agricultural Land*(*Removal of Surface Soil*)*Act* 1953; section 110 of the *Agriculture Act* 1970; section 19 of the *Agriculture and Horticulture Act* 1964; section 9(5) of the *Building Control Act* 1964; section 55 of the *Cable and Broadcasting Act* 1984; section 64 of the *Coal Industry Act* 1994; section 10 of the *Coinage Act* 1971; section 40(2) of the *Consumer Protection Act* 1987; section 87 of the *Control of Pollution Act* 1974; section 14 of the *Deer Act* 1991; section 108 of the *Electricity Act* 1989; section 45 of the *Gas Act* 1986; section 314 of the *Highways Act* 1980; section 432(2) of the *Insolvency Act* 1986; section 48 of the *London Local Authorities Act* 1995; sections 10(4) and 41(3) of the *Petroleum Act* 1998; section 36 of the *Plant Varieties Act* 1997; section 36 of the *Radioactive Substances Act* 1993; section 147 of the *Railways Act* 1993; section 177 of the *Water Act* 1989; section 210 of the *Water Industry Act* 1991; section 82 of the *Weights and Measures Act* 1985; reg. 23 of the *Merchant Shipping and Fishing Vessels*(*Health and Safety at Work*)(*Biological Agents*) *Regulations* 2010; reg. 15 of the *Wine Regulations* 2009; section 14 of the *Bribery Act* 2010.

妙影响，这使得将他视为唯一的责任人是不公平的。威廉·怀特（William Whyte）的《组织中的人》（*The Organisation Man*）①一书，展示了庞大的商业公司如何倾向于产生某种亚文化，即某种个性被湮没其中的环境，处在这一氛围中的个人被迫完全符从组织的规范，作为薪酬安全的代价。以及很多企业灾难都是管理层各个部门、各个层级的疏忽造成的，也是基层的疏忽造成的。② 如此一来，也许不仅有必要在可能的情况下惩罚犯罪的个人，也有必要惩罚整个组织，以迫使该集团改变行为。罚金可能使违法者的同级或上级对违法者不满，也可能导致公司管理人员改变他们的政策。

9-020　与其说处罚，不如说对公司处以罚金，即因其实施了违法行为而责令其对社会作出补偿，这难道不更合理吗？

有时可能是这样，例如航运公司因在海上非法排放石油而被处罚金。或者罚金可能会使公司吐出不义之财，就像在没有获得法律要求的许可证的情况下进行交易一样。但该公司一般只有在该罪行可公诉并根据公 245
诉审讯的情况下才可被处以非常巨额的罚金（治安法官科处罚金的权力有限，并且不能将公司交付刑事法院判刑）。此外，就刑法所关注的罪过问题而言，对于没有罪过而获得大量非法利益的案件来说，罚金是不适当的。自“乐购超市有限公司诉纳特拉斯案”③以来，问题变得尤为严重；如果类似于“乐购案”当事人的分公司经理实施了要求犯意的犯罪，从而为公司谋取了巨额利润，公司既然不能被定罪，就不能为了追回犯罪所得而被处其罚金。显然，除了改革之外，还需要民事赔偿程序来实现社会利益，其适用于有非法侵财的案件，而不考虑罪过存在与否。最后，可以提到，对从事欺诈性交易的公司，有效的民事制裁是将其清盘。

第4节　自然人雇主与识别原则

9-021　识别的概念不适用于自然人雇主，或者至少迄今为止从来没有。在“乐购超市有限公司诉纳特拉斯案”④中，里德法官不赞成帕克法官发表的司法意见，即如果他的经理是“真正意义上已经获得管理层授权的人”，自然人雇主将承担责任。然而，在具体谈到《商品说明法》第24条的“缺乏过失”的抗辩事由时，里德法官说：

---

① James Gobert and Maurice Punch, *Rethinking Corporate Crime* (London: Butterworths, 2003).

② Wells, *op. cit. supra*, note 25.

③ [1972] A. C. 153.

④ [1972] A. C. 153 at 173.

"第24条要求在雇主和任何其他人之间画一条分界线。被告不能否认其自身或其他自我的作为或不作为的责任。就作为个人的被告而言，他的自我只是他自己，但他可能有其他自我。例如，如果该人只有商店，并且任命了该商店的经理，并全权授权经理按认为合适的方式管理该商店，则经理正在做雇主通常会做的事情，并且可能被视为雇主的其他自我。但如果被告拥有数百家店铺，就不能指望他亲自管理每家商店，如果没有特殊情况，下属店铺的经理也不能被视为他的其他自我。"①

这种识别主义适用于自然人雇主的观点，并没有得到其他法官的支持，显然是皮尔逊法官代表的某种少数派观点。

9-022　但是，为什么不将身份识别原则推广到非法人雇主呢？如果公司的大人物都被认定为可以代表公司，为什么不应该将合伙企业雇佣的经理，等同于合伙人呢？

公司的授权规则是对上述困难的回应：否则，任何公司都不能被判定犯有要求犯意的罪行。这种困难不会出现在作为个体的商人或合伙企业的情况下，因为如此一来开展业务的人，就可以具有相关犯意。

246 如果史努比·哈德森（Snoopy Hudson）以"超级食品公司"（如果愿意，个人甚至也可以称自己为"公司"）的身份进行交易，并且由于他的疏忽，被曝出销售了不适合出售的食品，检控方不会将超级食品公司列为被告。如果史努比以合伙名义交易，公诉方也不会这么做。个人企业名称和合伙企业名号都不属于刑法打击的范畴。史努比（及他的任何合伙人）将面对针对其个人的指控，尽管公众当然可以从报道中得知，该过失与超级食品公司有关。

或许应该修改法律，允许以商业名称对企业加以指控，并使所有者对其经理承担责任，而且在程度上，应与有限公司对其经理人承担的责任等同。② 但这对连锁店尤为重要，很少有连锁企业属于非法人性质；此外，如前所述，法人责任对分支机构的活动，在相当程度上缺乏效能。对自然人被告来说，正义问题是最重要的。即使上述假设中的企业可以以其名义遭到指控，在法律上，判决仍然只能针对史努比·哈德森（及他的任何合伙人）个人的定罪；如果他们没有过错，认定其犯有需要罪过的罪行，就是错误的。

9-023　"商会"（a trade union）可以被起诉吗？

如果商会执行委员会成员授权犯罪，对他们个人可以提起检控，商会

---

① *Tesco Supermarkets Ltd. v. Nattrass*[1972] A. C. 153 at 192-193.

② Cf. section 1(2) of the *Corporate Manslaughter and Corporate Homicide Act* 2007.

也可以被提起公诉。[1]

第5节　无过失抗辩

9-024　现在必须回到严格责任的一般问题上来。英国法院(不同于澳大利亚高等法院和加拿大最高法院)未能对涉及严格责任的指控发展出无过失抗辩;政府在某种程度上通过议会介入该问题。究竟是什么促使他们重新将罪过问题纳入讨论,目前尚不清楚。例如1988年《道路交通法》规定的大多数罪行,仍然保留了完全的严格责任。[2] 该早已被时代甩在后面的立法的一般特点不是由特别检查人员执行的,而是由警察实施的;但这项事实没有明显的理由否定被告的无过失抗辩。

在提出无过失抗辩时,被告可以使用不同的语言表述。有时,对此类抗辩的表述较为宽泛,事例如下: 246

1963年《办公室、商店和铁路物业法》(Offices, Shops and Railway Premises Act 1963)第67条规定:"被指控违反本法本条或其规定的人,如证明已尽一切应尽的努力或谨慎义务,以确保遵守该规定,即为免责抗辩。"[3]

同时,1990年《食品安全法》第21条规定:"在就本节任何前述条文所定罪行而进行的任何法律程序中,被控方如证明已采取一切合理的预防措施,并已尽一切应尽的努力或已尽谨慎义务,以避免其本人或下属犯下该罪行,即为免责抗辩。"[4]

9-025　这些都是无过失的抗辩,因为法律上的"谨慎"与过失相反,

---

① Section 10 of the *Trade Union and Labour Relations(Consolidation)Act* 1992.

② Schedule 1, para. 1(2)(b) of the *Road Traffic Act* 1988.

③ Section 22(8)(b) of the *Petroleum Act* 1998; reg. 9 of the *Children(Protection at Work) Regulations* 1998; reg. 5 of the *Offshore Installations(Emergency Pollution Control) Regulations* 2002; section 12(5) of the *Outer Space Act* 1986; section 156 of the *Mines and Quarries Act* 1954; section 3(5) of the *Farm and Garden Chemicals Act* 1967; section 63(2)(b) of the *Building Act* 1984; section 16 of the *Agriculture(Safety, Health and Welfare Provisions) Act* 1956.

④ Reg. 17(1)(b) of the *Consumer Protection from Unfair Trading Regulations* 2008; section 11(3) of the *Anatomy Act* 1984; section 60(8) of the *Charities Act* 1992; section 1250 of the *Companies Act* 2006; section 2(6)(7) of the *Ancient Monuments and Archaeological Areas Act* 1979; section 112 of the *Building Societies Act* 1986; section 1(3) of the *Children and Young Persons(Protection from Tobacco) Act* 1991; section 12C of the *Children and Young Persons Act* 1933(as amended by section 143 of the *Criminal Justice and Immigration Act* 2008); section 33(7)(a) of the *Environmental Protection Act* 1990; section 23(3) of the *Financial Services and Markets Act* 2000, sections 139, 156(3)(b), of the *Licensing Act* 2003; section 109 of the *Marine and Coastal Access Act* 2009; section 16(4) of the *Legal Services Act* 2007; section 4(3) of the *Knives Act* 1997; section 109 of the *Friendly Societies Act* 1992.

相当于“注意”(care)。[①]

即使在依据这些泛泛的成文法进行抗辩时,分庭法院也不允许治安法官轻率地认为被告已经尽到合理注意义务而驳回指控。[②] 例如,危险货物的卖方说自己进口了这些货物,同时依赖外国卖方的证明,确信该货物符合英国法律,是不够的。[③] 关于过失的问题,始终都是:被告本可以采取哪些预防措施来遵守法律?指望他采取这些预防措施合理吗?如果是,是否采取了相关措施?如果过错是被告雇员的罪过,被告必须说明采取了哪些措施来培训、指导和控制其雇员,以否认自己的过失。

例如,在某判例中,负责商业标准的官员,将两名 15 岁的年轻人(作为测试购买者)派到商店购买刀具。[④] 两位年轻人选了两把刀,走到被告公司的员工所在的收银台。这名员工顺利进行了销售结算,没有质疑任何年轻人(当被告公司的雇员进行销售活动时,被告公司的总经理不在
248 场)。被告公司根据 1988 年《刑事司法法》第 141A 条被起诉,该条规定:

(1)任何人向不满 18 岁的人出售本条规定的物品,即属犯罪。

(2)除下文第(3)款另有规定外,本条适用于——

(a)任何刀、刀片或剃须刀片;(b)任何斧头,及(c)任何其他有刀片或尖头的物品,而该等物品是为造成人身伤害而制造或改装的。

(3)被控犯上文第(1)款所定罪行的人,如证明他已采取一切合理的预防措施,并已尽一切应尽的努力或尽了谨慎义务,以避免实施该罪行,即为免责抗辩。

9-026 法定抗辩的举证责任落在被告身上,证明标准为最大盖然性。被告在刑事法院获得了成功。在向分庭法院提出上诉后,法官认为被告并没有提出抗辩事由。罗德里克·埃文斯法官(Roderick Evans J.)表示:

“法定抗辩要求证明两个要素:(1)采取一切合理的预防措施,以及(2)尽到了适当谨慎义务。这些都是累积下来的需求,尽管毫无疑问,在相互重叠的地方会出现若干情况。例如,雇主在建立预防制度时,必须采取一切合理的预防措施,以避免其雇员的行为犯下该罪行。但是,雇主还必须更进一步,尽一切应尽的努力,确保他所规定的标准得到维持,得到雇员的遵守,并在法规所针对的风险和他自己业务的性质方面继续保持

---

① *Tesco Supermarkets Ltd. v. Nattrass* [1972] A. C. 153 at 199 *per* Lord Diplock.

② *Merton LBC v. Sinclair Collis Ltd.* (2010) 175 J. P. 11; *R. (on the application of Tesco Stores Ltd.) v. City of London Corp.* [2010] EWHC 2920; *Kilhey Court Hotels Ltd. v. Wigan MBC* (2005) 169 J. P. 1.

③ *Taylor v. Lawrence Fraser (Bristol) Ltd.* [1978] Crim. L. R. 43.

④ *Crydon L. B. C. v. Pinch a Pound (UK) Ltd*, [2010] EWHC 3283.

适当。”①

罗德里克·埃文斯接受了治安法官的事实调查结果，并得出结论，认为被告没有尽职尽责，没尽到合理谨慎义务。同样，皮里法官（Pill L. J.）指出，法官发现被告没有贯彻有效的制度来防止这种销售，只是登记了特定的拒绝销售的情况，并且没有安装足够的标志，也没有为其工作人员提供足够的培训。② 249

① *Croydon L. B. C. v. Pinch a Pound(UK) Ltd.* [2010] EWHC 3283 at para. 19.

② *Croydon L. B. C. v. Pinch a Pound(UK) Ltd.* [2010] EWHC 3283 at para. 49.

第10章　犯罪的客观要素

他梦到自己站在朦胧虚无的法庭上，
在那儿，他看到戴着眼镜，
穿着长袍、戴着假发的蛇鲨，正在为一只
被控告逃离了猪圈的猪而辩护……
我不会为逃亡的事实而争辩；
但是我的罪过，我相信，已经洗刷了
（目前为止牵扯到这个案子的诉讼成本）
因为那些不在场的证据。

刘易斯·卡罗尔（Lewis Carroll）①

汝等无法触碰我内心的自由。

约翰·弥尔顿（John Milton）②

---

① Lewis Carroll, *The Hunting of the Snark*, (Macmillan and Co., London, 1876) at 53. 中文版参见［英］刘易斯·卡罗尔著、［芬］托芙·扬松绘：《猎鲨记》，李珊珊译，人民文学出版社2018年版。——译者注

② John Milton, *Comus, A Mask Presented at Ludlow Castle*, 1634 (London: Printed by Augustine Mathewes for Humphrey Robinson, 1637).

第1节　广义的犯行

10-001　尽管精通法律者认为“犯行”这个词很方便，但在某个方面具有误导性。犯行，不仅意味着犯罪行为，而且可以指犯罪的所有客观要素。犯行概念涵盖了犯罪的所有客观方面，包括有义务采取行动时由于不作为而导致的客观事件。

一般来说，需要存在犯罪行为，才能使犯行概念得到普遍接受。但有些犯罪没有行为，因此也没有明显意义上的犯行。相较之下，“表现行为”(expression conduct)概念更为令人满意，因为其范围更广：不仅包括作为，还包括不作为，以及(法律拟制意义上的)身体姿势。[①] 这种行为有时只能在相关法律情况下才能够发生，可能包括强奸案中的同意。性交行为只有在被害人不同意的情况下才成为不法行为。其他犯罪则要求该行为产生法律禁止的后果。这种犯罪被称为“结果犯”。与结果犯不同，“行为犯”并不要求行为造成超出行为本身的特定后果。因此，有些行为是违禁后果的组成部分。强奸的后果是妇女被强奸，但性行为本身就是 250
遭到强奸的后果的组成部分。同样，“危险犯”(crimes of endangerment)并不要求危害本身以外的危害结果，但对于事实上处于危险之中的人来讲，危害行为成了危险结果的组成部分。但这种行为并不要求任何人受到威胁。如果在不危及或伤害任何行人的情况下，甲驾车快速通过学校区域，仍可能被指控危险驾驶。甲的行为(超速穿过学校区域)可能不会危及或杀死因为暴风雨即将来临而躲进室内的任何人，但其行为本身仍是被禁止的。

危险本身就是遭遇危险者所面临的后果。如果有人持不同意见，那就太荒谬了，毕竟当一辆车快速通过学校交叉路口时，在学校交叉路口一码范围内的孩子，与坐在500码外的教室里的学校老师所处的位置不同。孩子遭遇到老师没有面临的危险。孩子的安全受到了威胁，但老师的安全没有受到威胁。认为危险只是种状态，就是不承认某人实际上处于危险之中。当汽车疾驰而过时，未与十字路口保持安全距离的那个孩子受到了威胁，但处于安全距离的那个老师却没有受到威胁。危险是发生在孩子身上的事情。

10-002　甲在学校十字路口因危险驾驶而撞死儿童，可能被判危险

---

① *R. v. Larsonneur*(1933)24 Cr. App. R. 74; *Winzar v. Chief Constable of Kent* (*The Times*, May 1983); cf. *R. v. Robinson—Pierre* [2014] 1 W. L. R. 2638.

驾驶致人死亡。[①] 后者的罪行要求除危险行为以外的特殊后果——这种危险行为必须造成死亡后果。最复杂的问题是,过去法院认为有些罪行可以在被告没有任何行为的情况下实施。后者的犯罪称为“情节犯”(situational offences)。但如后者所述,即便存在若干异常判例,但情节犯(被告人未采取自愿作为或不作为行为的犯罪)其实并不真正存在。在拥有强有力的权利法的国家,情节犯是否符合宪法,都是值得怀疑的,但在英国和美国,反对不公平刑事定罪的宪法权利显然并不充分。[②]

可以笃定,无一例外,任何犯罪都需要若干可以归类为犯罪的客观状态。某人头脑中所发生的事情本身,即使可以通过主动供述证明完全是
251 真实的,也永远不足以构成犯罪。英国法律中并不存在奥威尔(Orwell)[③]笔下“思想犯”(thought-crime)的实例[④],也没有等同于《新约》中“心里”奸淫的行为。[⑤] 爱德华·库克爵士(Sir Edward Coke)曾言:[⑥]

“任何人……内心的私密思想或秘密见解,都不应遭到审查,而其言行,才应遭到检视。”

例如,“未遂罪”(crime of attempt)要求有某种行为指向犯罪,并不仅仅是犯罪预备。[⑦] 如果仅仅是惩罚犯罪思想,而被告可能缺乏实施相关行为的决心,就将是法律的过度延伸。

10-003 思想不应受到刑事谴责的主张,对“公民自由主义者”(civil libertarians)而言颇具吸引力,但本身是种相当空洞的自由,因为没有客观外在表现的个人决心,无法得到令人满意的证明,而这种外在表现也可能是种犯罪。如果认为盗窃首相府是好主意,最好不要把这个想法告诉“疯子”,在某些情况下,可能会构成教唆或共谋,或者如果其真的实施了夜盗行为,你可能会成为该犯罪的从犯。对自由主义者来说,重要的是,英国法一般不会惩罚政治观点的表达。

---

① Section 1 of the *Road Traffic Act* 1988.

② Dennis J. Baker, *The Right Not to be Criminalized: Demarcating Criminal Law's Authority* (Farnham: Ashgate, 2011).

③ 相关内容,参见[英]乔治·奥威尔:《动物农场》,傅惟慈、董乐山译,万卷出版公司 2010 年版。——译者注

④ *Jackson v. Thurmer* (2010) 748 F. Supp. 2d 990 at 995 *per* Crocker, J. *Ex parte Thompson* (2014) 442 S. W. 3d 325 at 343-344.

⑤ 《圣经·新约》第 5 章,“凡看见妇女就动淫念的,这人心里已经与他犯奸淫了”。——译者注

⑥ (1607) 12 Coke Reports 26.

⑦ *R. v. Shivpuri* [1987] A. C. 1; *U. S. v. Schell* (2013) 72 M. J. 339 at 344; *People v. Keister* (2011) 198 Cal. App. 4th 442; *U. S. v. Sanchez* (2010) 615 F. 3d 836 at 844; *U. S. v. Kaechele* (2006) 466 F. Supp. 2d 868 at 895. Stephen P. Garvey, “Are Attempts like Treason”, (2011) 14 *New Crim. L. Rev.* 173; Gideon Yaffe, “Criminal Attempts”, (2014) 124 *Yale L. J.* 92.

可以通过如下两种情况，对严重犯罪中犯行和犯意同时存在的必要性，加以说明：

1. 被告想偷被害人的伞，却误拿了自己的伞。

2. 被告想拿自己的伞，却误拿了被害人的伞。

在前者的情况中，被告人不犯有盗窃罪，因为其具有犯意，但缺乏这种犯罪所要求的不法行为。偷窃涉及不诚实地持有他人的财产，而被告人并没有从事此类行为。① 在第二种情况中，被告人也没有犯下偷窃罪，因为尽管其或许考虑过违反法律规定的情况，但在行为时缺乏犯意。 252

与犯行有着相同的含义的传统表达方式是“犯罪事实之具体证据”（*Corpus delicti*）以及“公然行为”（overt act），后者是指某种对世界公开的行为，即任何人都可以感知到这种行为。在先前版本的叛国和共谋判例中，通常援引“公然行为”概念。“犯行”②这个词从20世纪初才开始使用，因而在1900年以前决不会出现。

10-004 很久以前，1351年《叛国法》（Treason Act 1351）③（尽管有重大修正，现在仍然有效）宣布，“图谋或想象”（compassing or imagining）国王、女王或其长子的死亡，也属叛国。乔治·艾略特（George Eliot）写道：“将想象他人，哪怕已经时年83岁高龄的国王死去作为犯罪，对人来说实在难以接受。”④但这并不是法律被解释出来的意思⑤；法官们需要“公然行为”⑥的证据，证明有人打算杀死国王。⑦ 然而，如果可以事后证明（如被告主动供述）被告有罪，则秘密的行为也属于外在行为，或者说犯行。

尽管犯行这个词很方便，但在某个方面具有误导性。形容词 *reus* 并不意味着举动或行为本身（不考虑伴随的故意）必须明显是邪恶或有害的。即便并不存在任何对社会有害的客观后果，也可能会存在某种犯行。在共谋罪中，单纯约定这项事实，如果没有其他事实加功，本身对社会并没有害。只有当合意因其导致损害的危险倾向而值得受到惩罚时，才会

---

① *R. v. Deller*（1952）36 Cr. App. R. 184；*Detering v. R.* [1982] 2 S. C. R. 583；cf. *Stewart v. Wright*（1906）147 F. 321.

② Jerome Hall, *General Principles of Criminal Law*,（Indianapolis：Bobbs—Merrill，1960）at 222.

③ 25 Edw. Ⅲ St. 5 c. 2.

④ George Eliot, *Adam Bede*,（New York：Harper & Brothers，Publishers，1859）at 324. In *Powell v. State of Tex.*（1968）392 U. S. 514 at 543（1968）. Glanville Williams, *Criminal Law—The General Part*,（London：Stevens & Sons，1961）.

⑤ Cf. *Thomas's Case*（1553）1 Dyer 99.

⑥ James Fitzjames Stephen, *A History of the Criminal Law of England*,（London，Macmillan & Co. 1883）Vol. Ⅱ at 241 *et seq.*

⑦ *R. v. Casement*[1917]1 K. B. 98.

发生危害。这同样适用于未遂所必需的行为,也适用于成立"煽动罪"(crime of incitement)所必需的说服。

关于犯行概念的另一点是,当犯罪成立要求犯意时,除非存在犯意,否则行为或举动不能合法地(在涉及刑事责任的意义上)被认定为具有危害性。因此,说"有犯行,但没有犯意"似乎是自相矛盾的。解决这个难题的办法是,只要存在任何必要的犯意或其他罪过要素,就应在技术意义上将犯行定义为具有犯罪性的行为。换言之,犯行是在假定存在任何必要的罪过要素的前提下,刑法规定所禁止的行为。如果存在一部刑法典,人们可能会期望其中规定的是犯罪的客观要素,而不是所谓犯行;但
253 犯行,的确是讨论法律问题时,方便而简洁的表达方式。

第2节 作 为

10-005 某人只有在其"作为"(act)、[1]"不作为"(omission)[2]或"持有"(possession)[3]是自愿的情况下才面临刑事谴责,这是基本的正义原则。"自愿性"(voluntariness)要求包括在某些情况下才是犯罪的行为,例如性交,只有在他人不同意的情况下才是犯罪。因此,如果某人在无意识的情况下从事性交行为,很难说他的非合意性交行为是自愿的。[4] 非自愿性通常不仅否定主观要素,而且否定行为要素[5](在有些情况下,某人可能会对其非自愿的作为或不作为的结果具有故意的心态,但在身体上却无法做任何事情来改变结果)。假设一位母亲在车祸中被困在车的前排座位上,无法接触到5岁的女儿,后者在后座流血至死。假设母亲能接触到自己孩子,很容易制止流血(我们将在下文中看到,父母有合理救助的义务)。即使母亲希望女儿死,并高兴地看到她在车残骸的后座上流血至死,但她未能作为(不作为)是非自愿的,因此仅凭邪恶故意,不会使
254 这位母亲对任何罪行承担责任。[6]

如果不要求自愿,那就是在某人无法控制自己的作为或不作为时对

---

① *Sparks v. State*(2001)68 S. W. 3d 6.

② *State v. Barnes*(2013)747 S. E. 2d 912;*People v. Low*(2010)232 P. 3d 635.

③ *Ramirez—Memije v. State*(2013)397 S. W. 3d 293;*Fontaine v. State*(2000)762 A. 2d 1027;*R. v. Unah*[2012]1 W. L. R. 545.

④ *R. v. Luedecke*[2008]236 C. C. C. 3d 317;*State v. Cabrera*(2005)891 A. 2d 1066.

⑤ *People v. Sievert*(2013)162 Cal. Rptr. 3d 668;*D. P. P. v. Majewski*[1975]3 W. L. R. 401;*R. v. C*[2013]M. H. L. R. 171;*People v. O' Connell*(2005)134 P. 3d 460.

⑥ *People v. Costello*(2014)20 N. E. 3d 771 at 774;Glanville Williams,*Criminal Law:The General Part*,London:Stevens & Sons,1953 at 588;*People v. Likine*(2012)492 Mich. 367.

其加以惩罚。[①] 在普通用语和法律术语中,关于行为或自愿行为的含义,存在相当大的混乱。最可接受的说法是,行为意味着有意愿的身体运动,[②]因此如果甲将乙推向丙,从而导致丙倒下,则可将丙的倒下归因于甲,而不是乙。然而,在这样的情况下,真的没有必要去探究作为的含义。如果乙被指控在丙死亡的情况下,攻击丙或者谋杀丙,显而易见的抗辩事由是缺乏主观要素,也没有必要讨论乙是否"采取了行动"。

律师有时会提到自愿行为,也就是说行为是基于意愿的。因为根据犯罪定义,每个行为都是由意志决定的,所以没有必要称之为自愿。无意识的反射活动不是种行为。这只是肌肉的反应(有关详细讨论,请参阅下面的自动症一章)。甲强制乙将拳头压在被害人的脸上,这不属于乙的行为。

10-006 行为中的"意志"(volition)要素极大地锻炼了哲学家的思维。其中两位,赖尔(Ryle)和梅尔登(Melden)[③],试图驳斥意志的概念。他们的理由建立在识别伴随身体运动的"自觉"(conscious)[④]意志的困难之上。当然,假设每个行为都是深思熟虑的结果是错误的:我在思考时可能会挠鼻子,而不知道自己在做什么,也不记得自己做过什么。即使行为是有意识的,内省/自觉也不表示自觉地在行为之前行使意志。当移动手臂,比如写信的时候,在挥动之前,我并没有意识到自己要移动他们。的确,电脉冲从运动神经纤维传导到肌肉,而这些肌肉受大脑控制。但控制运动的心理功能不是有意识的决定,实际上与运动同时发生。意志是伴随着被称为行为的身体运动的精神活动。当然,坐着不动的时候,有意识地不采取举动,也是有可能的。

一般说来,身体的运动是基于意志的,如果行为人有这种意志的话,就本来可以不采取这种运动,也就是说,她本来可以采取其他行动或保持静止。例如,癫痫导致的身体运动,缺乏自愿性,或者说是非自愿的,因为有关人员无法通过任何精神努力避免此类运动。无论在解释意志的含义 255
时遭遇何种困难,所有人都意识到,做某事和让某事发生在某人身上之间

---

① *R. v. Bailey*[1983]1 W. L. R. 760;*Kin Yiu Cheung v. Com.* (2014) 753 S. E. 2d 854;*State v. Newman*(2013)302 P. 3d 435;*Whatley v. State*(2013)415 S. W. 3d 530;*Trujillo v. State*(2006)227 S. W. 3d 164;*People v. Rogers*(2005)141 P. 3d 135.

② Cf. Sameul Pufendorf, *De Jure Naturae et Gentium Libri Octo*, (Oxford: Clarendon Press, 1934) (The 1688 edition translated into English by C. H. Oldfather & William Abbott Oldfather) Vol. Ⅱ at 66.

③ Gilbert Ryle, *The Concept of Mind* (London: Hutcheson, 1949); A. I. Melden, *Free Action*, (London: Routledge and Kegan Paul, 1961). Daniel M. Wegner, *The Illusion of Conscious Will* (Cambridge MA: MIT Press, 2003). George P. Fletcher, "On the Moral Irrelevance of Bodily Movements", (1994) 142 *U. Penn. L. Rev.* 1443.

④ Cf. *State v. Case*(1996)672 A. 2d 586.

存在重要区别,这种界分是人类行为道德视角的基本假设。

犯罪一般不以从事抽象的行为加以定义。① 只能在某些情况下,通过侵占财产、损坏财物、驾驶车辆或杀害他人而实施犯罪。当然,在所有这些情况下,都能察觉到某种行为的共同要素,但有时人们依然不得不需要努力寻找其中所包括的自愿行为。非自愿性的层级众多,②但本章关注的是客观的非自愿性,即行为人能够进行身体运动,但却无法控制自己的机械动作。在大多数与自动症相关的案件中,行为人都是那些由于意识受损而无法控制身体运动的人。这些人像机器人一样在自动模式下举手投足。③ 在其他此类案件中,行为人无法控制外力,可能或无法发挥运动设置方面的动因作用。例如,当被告人因为刹车失灵而闯红灯时,受到超出自己身体控制范围的客观环境的控制——即使可以控制自己的刹车动作,但汽车也超出了掌控范围。身体动作缺乏自愿性,否定了犯罪中的犯行要件,除了存在先前过错,或者依据"自愿迷醉原则"(voluntary intoxication doctrine)可以推定存在自愿行为和推定成立轻率心态的情况。

10-007 缺乏生理自愿性,同样不同于缺乏道德意义上的自愿性。④ 后者通常涉及人们迫于心理压力而采取行动的情况。如果被人拿枪指着头,某人的行为可能会缺乏自愿性,但其显然仍可以控制自己有意的身体活动。⑤ 在后者的情况下,被告人的身体实施了犯行,因为其被迫在犯罪和遭受伤害之间作出了选择。因为背后被人用枪指着而抢劫商店的人,可以选择不这样做,但也会因此选择牺牲自己的生命。某人可能会因遭到威胁或胁迫而从事特定行为,但这样的人仍然会有意识地作出选择。当某人遭遇胁迫的时候,并不会因此成为自动装置,但他的选择自由并不
256 是完全不受约束。这种非自愿行为,⑥将在"作为抗辩事由的胁迫"一章中加以讨论。

---

① Donald Davidson, *Essays on Actions and Events* (New York: Oxford University Press, 1980); Michael S. Moore, *Act and Crime: A Theory of Action and Its Implications for Criminal Law* (Oxford: Clarendon, 1993); C. Arnold, "Conceptions of Action", (1977) 8 *Sydney L. Rev.* 86.

② Joel Feinberg, *The Moral Limits of the Criminal Law: Harm to Self*, (New York: Oxford University Press, 1986) at 98-171.

③ *Garcia v. State* (2014) 2014 WL 7140423.

④ *R. v. Bourne* (1952) 36 Cr. App. R. 125; *People v. Moore* (1994) 877 p. 2d 840.

⑤ *R. v. Pagett* (1983) 76 Cr. App. R. 279; *R. v. Z* [2005] 2 A. C. 467; *R. v. Ruzic* (2001) 153 C. C. C. (3d) 1 at para. 39 *per* Lebel J.; *Tofilau v. R.* (2007) 231 C. L. R. 396 at 516 *et seq.*

⑥ *R. v. Ruzic* [2001] S. C. C. 24 (Can.) *per* LeBel J..

第 3 节　不作为

10-008　犯罪可以通过“不作为”(omission)加以实施,[1]但在没有作为义务的情况下,不能成立不作为犯。原因显而易见。如果说到作为,就意味着存在人的举动;但是如果是不作为,则所有人(在某种意义上)都可能有所疏漏。我们没有去做世上一切没有被做的事情。只有没有履行积极作为义务的人,才能依法成立所谓不作为犯。

10-009　当被告人没有采取作为时,是否意味着可以根据缺乏自愿性,否定犯行要件?

对。不作为可以是非自愿的,但在某些情况下,非自愿的不作为者仍可能负有责任。假设甲买了若干危险的药物与乙分享,并且甲和乙摄入了相同剂量的药物,结果甲瘫倒在地,而乙药物中毒。乙因服药过量而奄奄一息,需要紧急治疗。甲负有为乙寻求帮助的责任,因为其协助乙制造了危险的局面。[2] 但甲服用了自己的那部分药物后身体动弹不得,没有寻求帮助。甲非常想叫救护车,但因为身体麻痹而无法打电话叫救护车。当甲恢复到可以使用电话的程度时,乙已经死于过量用药。如此一来,甲的不作为(未能采取行动)是非自愿的;而不是自愿不作为的情况。事先过错原则能否如此一来适用,是存疑的。但可以认为,甲的自愿迷醉行为导致其陷入自动症,从而阻止了其采取积极作为的行为,而清醒的人当时本能够如此行动。

相反,假设被告人的房子在夜间着火,被告人可以从卧室的窗户逃生,但由于火势太过严重,导致其不能进入任何其他房间。不幸的是,被告人的 5 岁儿子被困在屋里。被告人不可能拯救自己的孩子,因为如果其试图重新进入房子,也会被烧死。她打电话求助,但救助方来得太晚。“合理救助规则”(reasonable rescue rule)涵盖了这种情况。该规则认为,责任人只需采取合理措施,以试图营救有责任救援的人。[3] 同样的情况,也适用于被告人和她的孩子在海啸后被困在废墟下,或者被困在汽车残骸中。被告人的不作为不是自愿的,因为她无法采取行动,毕竟其所处的客观情况超出了她的控制范围。

---

① Michael Gorr,“Actus Reus Requirement:A Qualified Defence”,(1991) *Crim. Just. Ethics* 11 at 13.

② *R. v. Evans*[2009]1 W. L. R. 1999.

③ *R. v. Miller*[1983]2 W. L. R. 539;*R. v. Evans*[2009]1 W. L. R. 1999.

10-010 孕妇是否有义务不得服用危险药物,以防止对胎儿和最终的新生儿造成伤害?

如果孕妇具有针对其孩子的犯罪所必需的犯意,就没有理由不承认其需要承担这样的义务。[①] 检控方必须证明,在明知可能伤害胎儿或生下来的活婴的情况下母亲轻率地没有停止吸毒。[②] 这位母亲可能会辩称,将毒瘾传染给胎儿或最终的新生儿,并不是她自愿行为的结果。[③] 然而,她自愿服用危险药物会直接导致婴儿中毒。是作为还是不作为?这是种作为,因为母亲曾被告知停止从事有害的行为。我们要求她停止采取积极的作为,因为这会伤害她腹中的胎儿。所以这是种作为,且我们要求她停止这样做。她没有理由不为自己自愿自觉的让胎儿或新生儿陷入风险的药物滥用行为承担责任。[④]

10-011 诚然,母亲并不是自愿地给孩子注射毒品,但她吸毒的行为,具有这种效果。她难道不可以辩称自己吸毒的行为本身是非自愿的吗?

如果她能证明自己戒毒失败也是生理意义上非自愿行为的结果,就可能会成功提出此种抗辩。在英格兰和威尔士,这个问题很少出现在法庭之上,[⑤]但美国的判例对如何裁决这个问题有所了解。[⑥] 在"鲍威尔诉得克萨斯州案"(*Powell v. State of Tex*)[⑦]中,美国联邦最高法院认为,吸毒成瘾者必须对其(假定的)自主选择吸食毒品的行为承担个人责任。这似乎是基于先前过错理论,即吸毒者最初的消费是自愿的,但法院的判
258 决忽略了吸毒的累积(滚雪球)效应。解决办法是,应用精神错乱辩护,并对声称非自愿毒品滥用且具有人身危险性的成瘾者进行强制治疗。

10-012 吸毒者难道不可以辩称她吸毒是道德意义上的非自愿行为,因此援引"情境所迫"(duress of circumstances)抗辩事由吗?

正如本书随后章节所提到的那样,这种抗辩过于狭窄,因而无法涵盖这种行为。如果允许被告人提出胁迫抗辩,是因为法律对于遭遇不法的死亡或重伤威胁的人来说,难以产生威慑效果,基于该理由,当胁迫并非

---

① Section 59 of the *offences against the Person Act* 1861. *State v. McKnight*(2003)352 S. C. 635; *State v. Aiwohi*(2005)123 P. 3d 1210.

② Cf. *R. v. Dica*[2004]Q. B. 1257;*R. v. Konzani*[2005]2 Cr. App. R. 14.

③ *State v. Armstard*(2008)991 So. 2d 116 at 124.

④ *Whitner v. State*(1997)492 S. E. 2d 777.

⑤ Cf. *R. v. Tandy*[1989]1 W. L. R. 350.

⑥ *Farmer v. State*(2013)411 S. W. 3d 901. *State v. Cooper*(2003)845 P. 2d 631; *People v. Kellogg*(2004)119 Cal. App. 4th 593; *Ford v. State*(1982)164 Ga. App. 620; *People v. Rogers*(1988)123 Ill 2d 487; *People v. Starowicz*(1994)617 N. Y. S. 2d 100.

⑦ (1968)392 U. S. 514.

直接来自人类威胁,而是由环境压力引起的时候,胁迫的抗辩也应被接受。如果被告人开始向被害人开枪,导致被害人闯入一所房子避难,从而造成刑事损害,造成刑事损害的情况是人为的。但是,这不适用于有可能伤害使用者的药物滥用情况,因为危险的来源是药物本身,如果他停止吸毒,就没有导致危害结果的危险。相反,只有被告人吸食了毒品,才会产生导致这种危害结果的危险。

10-013　什么可以引发作为义务?

一般情况下,不需要承担救助或见义勇为义务,但该规则有许多例外。下列情况,可能存在救助义务:

1. 基于诸如父母子女等人身关系;
2. 依据法律规定;
3. 以合同或者医患、护患、①警民等合同关系②为基础;③
4. 公职人员接受的合同义务产生的注意义务;④
5. 基于强制性法律禁令;⑤
6. 基于自愿救助行为;⑥
7. 基于控制他人行为的责任; 259
8. 基于创制风险的行为;⑦
9. 基于协助他人为其制造危险的行为;⑧
10. 普通法上留存的模糊义务,例如协助警察履行职责的义务,拒绝协助便是犯罪。⑨(这项义务从未被废除,但鉴于21世纪警察部队所掌握的资源,必须符合合理的要求。未经训练的人,几乎总是可以合理地拒绝协助,因为随机要求未经训练的公民拿自己的生命安全冒险是不合理的。因此,在实践中,这项义务的不履行不太可能产生责任,除非事实是极端的,而且对义务持有人没有风险。⑩)

---

① *R. v. Nursing*[2013]1 W. L. R. 1031 at 1037. *R. v. Patel*[2013]Med. L. R. 507.

② *R. v. Pittwood*(1902)19 T. L. R. 37;*R. v. Smith*(1869)11 Cox C. C. 210;*R. v. Marriott*(1838) 173 E. R. 559;*R. v. Friend*(1802)Russ & Ry 20.

③ *R. v. Dytham*[1979]3 All E. R. 641.

④ *R. v. Curtis*(1885)15 Cox C. C. 746.

⑤ *R. v. Lemmon*[2014]EWCA Crim. 1386;*R. v. Chapam*[2013]1 Cr. App. R. (S.) 22;*R. v. Glasner* (1994)34 C. R. (4th)243. Stroud,*loc. cit. infra*,note 51.

⑥ *R. v. Stone and Dobinson*[1977]Q. B. 354.

⑦ *R. v. Miller*[1983]2 W. L. R. 539.

⑧ *R. v. Evans*[2009]1 W. L. R. 1999.

⑨ *R. v. Brown*(1841)C. & Mar. 314;*R. v. Sherlock*(1866)L. R. 1 CCR 20.

⑩ Douglas Aikenhead Stroud,*Mens Rea*,(London:Sweet & Maxwell,1924)at 154.

10-014 给父母强加针对孩子的义务,道德正当性为何?

这部分基于这种关系的性质。将义务强加给父母的核心原因是,当父母自愿决定要孩子或决定要抚养她或他意外生下的孩子时,就自愿承担了照顾义务。如果某人不愿意照顾未成年子女,必须依法作出适当的替代安排。因此,父母自愿承担照顾责任,此义务来源于其自愿生孩子或照顾孩子的选择,毕竟孩子易受伤害,完全依赖成年人。这就解释了为什么作为非亲生父母的监护人也有责任在其监护范围内照顾未成年人,甚至可以说这种义务要求也适用于继父母。[①]

10-015 契约关系产生注意义务的理由是什么?是否适用于所有合同关系?

合同关系创制注意义务,部分取决于义务持有人自愿承担注意义务的道德根据。这项义务只在下列情况中产生,即义务人的合同角色(从其性质上来说)意味着,通过订立特定合同,自愿对合同中约定的当事人承担照顾义务。可能是铁路使用者,如警卫承担合同义务,即关闭闸门以防止事故;也可能是游泳者,如值班救生员按照合同承担合理救援责任。
260 当某人签约担任救护人员、医生、护士等职务时,也会产生类似的义务。从本质上讲,这类合同角色包括合理救助义务。这就是义务人自愿加入这种合同关系时所签署的合意。如果救护人员到车祸现场,却发现学生时代的宿敌急需医疗救助,如果其拒绝提供救助,就可能要对自己的不作为承担刑事责任,因为他所缔结的雇佣合同要求提供救助。行为人自愿将自己置于救助者/护理者的契约地位,在其值班时,每个随机的被害人都依赖于其履行合同职责。

当成文法明示或默示地规定不作为犯罪时,会以相关措词指出责任人的范围。例如,交通事故发生后不停车、[②]未在工厂内设置危险机械围栏[③]以及未通知收入情况变化的罪行,都是如此。[④]

10-016 什么时候有责任控制他人的行为?[⑤]

"准许"他人做某事的各种罪行,不仅可以通过授权的方式来实施,

---

① *Cornell v. State*(1947)32 So. 2d 610; cf. *Pope v. State*(1979)284 Md. 309; *State v. Miranda*(1996)675 A. 2d 925.

② Section 170 of the *Road Traffic Offenders Act* 1988.

③ *R. v. EGS Ltd.* [2009] E. W. C. A. Crim. 1942.

④ *R. v. Tilley*[2009]2 Cr. App. R. 31. Section 111A(1B) of the *Social Security Administration Act* 1992 as inserted by *Social Security Administration*(*Fraud*)*Act* 1997; section 13 and the *Social Security Fraud Act* 2001.

⑤ *Rubie v. Faulkner*[1940]1 K. B. 571. section 5(1)(d)(ii) of the *Domestic Violence*, *Crime and Victims Act* 2004.

还能够通过在控制局势的情况下不阻止特定行为来实施,此类罪行中,不得给予准许的人的身份也非常明确。[①] “未能控制原则”(failure to control doctrine)是有争议的,往往难以与刑法面前人人平等以及罪刑相适应的基本原则相协调。至少可以说,这样的法律基础在道德和理论上都是站不住脚的。这是 20 世纪以某种特别的方式出现的法官立法的实例之一。控制原则主要与共犯法被援引,使人们对未能控制他人使用其财产实施刑事犯罪负有责任,但前提是,财产所有者本来有可能采取合理措施以阻遏犯罪者。

例如,如果被告甲让被告乙开车,自己则仅仅充当乘客,这个时候,被告乙开始加速,则被告甲有责任采取合理措施阻止乙超速。由于这些案件涉及实施犯罪行为的正犯,和因不作为而间接鼓励行为人的不作为犯,通常援引共犯责任来认定他们作为实行犯,都负有责任。使财产所有人成为从犯的理由在既有判例中没有得到解释,但共犯需要事实参与。或 261
许,可以说,车主在没有告诉实施者停止危险驾驶的情况下,实际上参与了实施者的危险驾驶,不作为鼓励了实施者:通过什么都不说,什么都不做,传递出对其驾驶行为认可的信息。[②] 或者可以援引“女王诉埃文斯案”(*R. v. Evans*)[③],该案认为,如果某人(无意中)协助他人造成危险情况,就有责任采取合理措施来应对这种危险。有争议的是,如果双方精神状态不同,并以不同的方式促成了犯罪行为,行为人通过积极的作为,他人通过不阻止这种行为,双方可以根据相同的事实被定不同的罪。然而,在大多数情况下,共犯相关法律规定会使这种分析变得多余。

持有或保留违禁物品的罪行意味着,一旦发现物品的性质,就有责任将其清除。[④] 除非是在决定设定犯罪的目的是要被告承担严格责任还是要求提供轻率行为的证据时,否则不会出现一般性的问题。

10-017　是否存在见义勇为的一般义务?

法律并没有赋予我们扮演善良的“撒玛利亚人”(Good Samaritan)[⑤]

---

① *Hensler v. City of Davenport*(2010)790 N. W. 2d 569. *Maple Hts. v. Ephraim*(2008)178 Ohio App. 3d 439.

② *Du Cros v. Lambourne*[1907]1 K. B. 40; *R. v. Webster*[2006]R. T. R. 19; *State v. Travis*(1993)497 N. W. 2d 905. Cf. *R. c. Rochon* (2011)357 D. L. R. (4th)391.

③ [2009]1 W. L. R. 1999.

④ R. *v. Russell*[1933]V. L. R. 59. Dennis J. Baker, *Reinterpreting Complicity and Facilitation offences*,(2015)at Chapter 1. *Palmer v. State*(1960)223 Md. 341.

⑤ “好撒马利亚人”,是基督教文化中 1 个很著名的成语和口头语,意为好心人、见义勇为者,源于《新约圣经》“路加福音”(10:25-37)中耶稣基督讲的寓言:一个犹太人被强盗打劫,受了重伤躺在路边。有祭司和利未人路过但不闻不问。唯有一个撒玛利亚人路过,不顾隔阂,动了慈心照应他,在需要离开时自己出钱把犹太人送进旅店的故事。——译者注

的一般责任。[①] 当犯罪的措辞主要是指积极行为时,就产生了困难,但政策考虑似乎表明,宜将犯罪扩大到不作为。如此一来,法院有时会把不阻止结果发生视为等同于促成结果的活动。

谋杀和过失杀人是最突出的事例。这些都是习惯法将之定义为"杀死"某人的罪行。法官这样解释:

"杀死"是指造成死亡。您是否同意?

好吧,你可以通过不去救某人而导致死亡,就像通过刺伤致其死亡一

262 样。因此,你可能因不作为而犯谋杀罪或过失杀人罪。[②]

10-018 但这是奇妙的概念:用没有装兔子的帽子变出一只兔子。如果我没有警告正在接近悬崖的盲人,可能会在道德上犯下"导致她死亡"的罪行,或者无论如何任由她摔死,如果她真的摔死了,在日常用语中,却不能说我"杀死"了她。另外,如果一大群人看到她走向死亡却不插手怎么办?他们会"杀死"她吗?

我还没有回答你的问题,我的答案是否定的。你和你假设中的其他冷酷的人不会在法律上杀死这个不幸的人,因为你对其并未承担任何关注与照顾义务。

10-019 让我反问一个问题。如果父母故意把孩子饿死,难道不能说他们杀了孩子吗?

这是极端的判例,甚至,将其称为忽视儿童的恶劣案件而不是杀人案件,可能更为真实。

10-020 假设父母没有为生病的孩子打电话叫医生,而其本该如此,孩子因此死亡。说父母杀了他们的孩子是很严苛的。疾病导致儿童死亡;父母任由孩子死去,在这个方面,其有可责性。他们应该犯忽视儿童罪,而不是杀人罪。

尽管如此,那些因缺乏治疗而导致孩子死亡的父母在法律上被视为杀害了孩子。[③]

既然法官们以前认为他们有权在任何其认为有必要的时候创设新的罪行,[④]由他们创设出某种忽视对无助者的责任的特殊罪行,再好不过

---

① Cf. Till Zimmermann, "Justification or Excuse? The Collision of Positive Duties in German Criminal Law", (2014) 78(3) *J. Crim. L.* 263.

② *R. v. Evans*[2009] 1 W. L. R. 1999; *R. v. Stone and Dobinson* [1977] Q. B. 354. *R. v. Smith* (1826) 172 E. R. 203.

③ *R. v. Lowe* [1973] Q. B. 702; *R. v. Sheppard* (1980) 70 Cr. App. R 210; *R. v. Gibbons and Proctor*(1918) 13 Cr. App. R. 134, *R. v. Senior*(1899) 1 Q. B. 283; *R. v. Conde*(1867) 10 Cox C. C. 547; *R. v. Russell*[1933] V. L. R. 59.

④ *R. v. Jones*[2007] 1 A. C. 136. Cf. *R. v. Manley*[1933] 1 K. B. 529.

了。但是,如果可能的话,他们更喜欢扩大犯罪成立范围[①],而不是制定犯罪;通过在词语上附加"推定"含义来扩展刑法,是法官"军械库"中的传统武器之一。所以他们把主要指积极的杀人行为的"杀死"这个词,包括了导致死亡的不作为。律师直截了当地接受了新的十诫中规定的下述禁令,而克劳(Clough)将之视为讽刺。

"汝不能杀戮;但不得为保命而无事生非。"[②]

其中例外是父母照顾子女的普通法义务[③],这可能导致谋杀和过失杀人的法律后果。如果父母(和其他对孩子负有责任的人)故意忽视孩子[④],那他们就是犯罪。在许多法律问题上,人们发现自己处于很容易被 263
波及入罪的危险境地。在本案中,法官将不作为杀人的概念扩展到使子女挨饿的父母以外(这可能被视为常识),还认为负责照顾无自理能力的成年主体的人是有责任的,或者在某些情况下可以被陪审团认定需要承担义务,即采取合理的措施保护这位成年人的生命(例如在需要时寻求医疗救助)[⑤]的义务,如果因未履行该种义务而导致该人死亡,就应被视为"杀死"了她。如果你没有给生病的房客叫医生,而房客因此死亡,你就杀死了她,这是种略带感情色彩的表述,用语并不精确,但这就是法官为了使杀人罪适用而使用的语言。

10-021　假设擅自入住者在床上抽烟,意外导致小火灾。他懒得把火扑灭,火势蔓延,把房子毁了。他能被判实施了纵火罪吗?

通过一次出色的想象力练习,你偶然发现了典型判例"女王诉米勒案"(*R. v. Miller*)[⑥]的主要事实。上议院确认了擅自入住者的纵火罪成立,因为他自己的行为造成了危险,然后故意或过失(或轻率)未能避免危险。

本案事实介于作为和不作为之间。被告有作为:米勒扔掉了导致火灾的香烟。他把房子烧了:没有假设,没有混淆概念,可以坚称其涉入其中。所以他肯定实施了纵火罪所需的行为。

本案有不作为的成分,但并非纯粹的不作为。在纯粹不作为的情况下,不能将残酷的事实归责于任何一位不作为者(尽管我们可能习惯性

---

① *R. v. Evans*[2009]1 W. L. R. 1999.

② Shirley Chew, *Arthur Hugh Clough: Selected Poems*, (New York: Routledge, 2003) at 51.

③ *R. v. Downes*(1875)13 Cox C. C. 111; *R. v. Gibbons and Proctor*(1918)13 Cr. App. R. 134, *R. v. Senior*(1899)1 Q. B. 283; *R. v. Conde*(1867)10 Cox C. C. 547; *R. v. Russell*[1933]V. L. R. 59.

④ *R. v. Lowe*[1973]Q. B. 702; *R. v. Sheppard*(1980)70 Cr. App. R 210.

⑤ *R. v. Evans*[2009]1 W. L. R. 1999; *R. v. Stone and Dobinson*[1977]Q. B. 354; *R. v. Instan*[1893]1 Q. B. 450; *R. v. Nichols*(1874)13 Cox C. C. 75.

⑥ [1983]2 W. L. R. 539. R. *v. Evans*[2009]1 W. L. R. 1999.

地认为有些人负有积极的责任,而不是其他人),而在这里,他们恰恰就是这样认定的。① 迪普洛克法官在代表上议院发表意见时说,如果被告的角色在任何时候都不超过被动旁观者的角色,就不会承担责任。被告早先的过失行为使损害开始产生,因此有责任抵销其引起的损害。不采取行动去避免损害将是轻率或过失承认较早导致危害结果产生的行为。

10-022　当然,仅仅说米勒烧了房子是不够给他定罪的:纵火还要求被告在烧房子时应该是故意的,或者是轻率的。在本案中,无论如何,
264 让这个地方在他眼前燃烧,米勒至少是轻率的。如果米勒被指控犯有严重过失杀人等重大过失罪,控方就不难证明米勒本应意识到不召集消防队来补救该情形,会导致自己所冒的高风险。所以,米勒满足了相关的犯行与犯意要求。

原则是,当某人意外地制造了危险时,就应承担任由危险发展而产生伤害的责任。更严格地说,规则是,如果法律禁止特定结果(无论我们是否称该犯罪为结果犯),在行为实施之后和结果发生之前(但要在被告仍然可以阻止结果的时候)产生的犯意(正如米勒案现在所设定的法律那样),足以导致责任,前提是被告的行为属于该犯罪的范围。在米勒案中,上议院仅对刑事损害规定了该规则,但其可以得到更一般的应用。

10-023　向被害人开枪而给其制造了危险呢?如果真的为了自卫而在必要时开枪打伤了被害人,需要承担救助义务吗?

如果被告人为了真正的自卫而故意向被害人开枪,如果被害人的攻击行为不再构成威胁,并且被告人能够采取合理的措施寻求帮助,而不使自己暴露在进一步的危险中,被告人就应承担救助义务。②

10-024　如果米勒只是让房子的其他住户,甲,使用自己的打火机呢?如果米勒和甲都懒得警告居住者乙发生火灾,导致乙被烧死,米勒会不会仅仅因为协助甲在床上意外点火而被判过失杀人?

在"女王诉埃文斯案"③中,24 岁的格玛·埃文斯(Gemma Evans)购买了海洛因,并将其提供给 16 岁的妹妹卡莉(Carly)。卡莉在其与埃文斯(被告)和埃文斯的母亲居住的房子里,为自己注射了毒品。注射毒品后,她出现症状并声称自己吸毒过量。埃文斯意识到卡莉的情况非常严重,很明显属于吸毒过量,她和也被判过失杀人罪的母亲安德里亚·汤森德(Andrea Townsend),认为母亲应该承担照顾卡莉的义务。"上诉人(埃

---

① *Commonwealth v. Cali*(1923)247 Mass. 20.

② *State ex rel. Kuntz v. Montana Thirteenth Judicial Dist. Court*(2010)995 P. 2d 951 at 959 *per* Nelson, J. .

③ [2009]1 W. L. R. 1999.

文斯)后来在接受警方调查时表示,她看到卡莉的嘴唇变紫,样子'一团糟',无法对试图和她说话的行为作出反应。上诉人和她的母亲因为担心自己和卡莉可能会因此遇到麻烦,决定不寻求医疗救助。"[①]相反,她们把卡莉放在床上,希望她能奇迹般地康复。被告和母亲偶尔去看卡莉,并与之睡在同一间房间里,但不幸的是,卡莉在夜里死了。医学证据表明死因是海洛因中毒。埃文斯和汤森德被控过失杀人。埃文斯和她的母亲也是海洛因成瘾者,知道吸毒过量的迹象,充分意识到其中的危险,而其所要做的就是拿起电话叫救护车。 265

埃文斯对自己获判的严重过失杀人罪提起上诉。辩护方认为,此案本不应提交至陪审团,因为检控方并未证明埃文斯需要对被害人承担照顾义务。上议院法官认为,格玛·埃文斯协助卡莉·埃文斯创造了危险的局面,并意识到了这种帮助将为妹妹带来的危险,这两个要素导致了合理救助[②]的义务。这名母亲因其承担的父母的责任而被定罪,这要求她采取合理措施寻求帮助。由于埃文斯是被害人同父异母的姐姐,她不受父母责任原则的规制。取而代之的是,必须制定某项新的法律来约束她的行为。新的法律认为单纯的帮助行为[③]就足以产生照顾义务。由于埃文斯通过提供药物来帮助她妹妹过量服药,所以有义务在意识到[④]妹妹有危险时寻求帮助。

这是全新的义务。可以说,法院不能再创造此类义务,以及违反相关义务将构成过失杀人[⑤]的更多情况(或宣布进一步的义务关系,如室友)[⑥]。因此,这些义务类别应被视为是封闭的。[⑦] 上述未涵盖的情况,不应产生照料义务。有争议的是,既然"女王诉埃文斯案"[⑧]的行为(协助他 266
人为自己造成危险情况)不在"女王诉米勒案"[⑨](实施直接造成危险情况的行为)的规则的覆盖范围内,也不在"女王诉斯通案"(*R. v. Stone*)[⑩]规定的义务范围内,上诉法院本应认定埃文斯没有照顾义务。将"女王诉米勒案"[⑪]适用于过失杀人案件没有错,但法院将米勒案的原则扩展到包

① *R. v. Evans*[2009]1 W. L. R. 1999 at 2002.

② *Green v. Cross*(1910)103 L. T. 279.

③ Cf. *Conley v. U. S.* (2013)79 A. 3d 270 at 273. *Burns v. The Queen*(2012)246 C. L. R. 334.

④ Cf. *Malaske v. State*(2004)89 P. 3d 1116.

⑤ *R. v. Rimmington*[2006]1 A. C. 459.

⑥ Cf. *R. v. Sinclair*[1998]E. W. C. A. Crim. 2590.

⑦ *Burns v. The Queen*(2012)246 C. L. R. 334.

⑧ [2009]1 W. L. R. 1999.

⑨ [1983]2 A. C. 161.

⑩ [1977]Q. B. 354.

⑪ [1983]2 A. C. 161.

括单纯的促使他人死亡，然后将这个新的原则应用于过失杀人。在“女王诉埃文斯案”中设定的责任类别似乎与“女王诉雷明顿案”（*R. v. Rimmington*）[1]中的裁决相抵触，后一案件认为法官不能将普通法上的罪行扩大到涵盖新的行为形式。将现有的理论应用于新的事实是一回事，而将其应用于概念上不同的行为，例如帮助犯而不是正犯，则是另一回事。

10-025　按照法律规定，如果被告帮助他人自己伤害自己，会追究被告杀人罪的刑事责任吗？埃文斯的妹妹做了自我注射的介入选择，正是她的独立自我注射才是造成这种危险情况的直接原因。

埃文斯采取行动的义务是基于其帮助行为，以及有机会制止或扭转妹妹自我注射造成的伤害的事实。她没有采取合理的措施来营救妹妹，所以违反了积极行动的义务。如果埃文斯提供了毒品并离开了现场，[2]就不属于未尽到义务，因为不会意识到已经引发的危险。如果理性人不可能知道危险，就不能采取合理的措施来拯救濒危的行为人。[3] 审理本案的法官表示：[4]

“在我们的判决中，与‘阿多马科案’和民事过失责任与刑事过失责任之间的联系一致，就重大过失杀人而言，当某人造成或加功于他知道或理应知道的危及生命的情况时，通常有责任采取合理措施挽救对方的生命。”

“女王诉埃文斯案”认为，如果某人提供危险药物，并意识到其特定的供应行为已使某一被害人处于危险之中，则提供者将有义务采取合理措施来消除这种危险。只需要在适当的时间内叫救护车即为合理。美国法院在类似于“女王诉埃文斯案”的情况中认定了责任。[5] 尽管如此，考虑所涉及的罪责程度以及埃文斯对该危险局势的间接加功，过失杀人的标签似乎完全不合适。[6] 给这类不法行为贴上标签的公平方法是，制造某种特殊的供应致死罪。这将允许所有供应者受到惩罚，无论他们是否
267 在场。[7] 如果他们在场而没有寻求帮助，这就应该反映在量刑的过程中。

单纯的供应行为并不等于重大过失杀人。如果某人向他人出售摩托

---

① [2006]1 A. C. 459.

② Cf. *R. v. Khan*[1998]Crim. L. R. 830.

③ *R. v. Evans*[2009]1 W. L. R. 1999 at 2003.

④ *R. v. Evans*[2009]1 W. L. R. 1999 at 2007.

⑤ *Re Z. A. K.*(2009)657 S. E. 2d 894; *State v. Wassil*(1995)658 A. 2d 548.

⑥ Dennis J. Baker, “Omissions Liability for Homicide offences: Reconciling *R. v. Kennedy* with *R. v. Evans*”, (2010) 74 *J. Crim. L.* 310.

⑦ *Burrage v. U. S.* (2014) 134 S. Ct. 881.

车、跳伞门票、轻型飞机、枪支或最常见的酒精，同时明知顾客正在冒着生命危险作出充分知情的选择，就不会因此成为顾客的保护人。像埃文斯这样愚蠢的人被判犯有杀人罪，似乎是不公平的，如此一来，冷酷顽固的毒贩就能够逃脱因对被害人的死亡进行加功而本应负有的责任。毕竟，被害人遇到不幸时，供应商通常不在场。①

10-026　相反，当某人向他人提供危险药物，并且当场看到其潜在危害不再是可能而是现实时，要求其采取叫救护车的简单措施并不过分。因此，某种形式的刑事定罪不会太严厉。同样，毒贩知道，自己正在帮助那些充分知情并作出独立选择的人冒生命危险，并应因这种不太遥远的不法行为受到相应惩罚和被贴上与其罪行相适应的标签。明知会帮助他人冒生命危险，仍故意向其供应危险药品，并不比供应商直接知道供应行为使药品的接受者处于危险境地但不为其寻求救助更糟糕。②

或许对此需要采取多个方面的应对措施。起点是将供应行为本身定为犯罪。此后，可能会有犯罪将所有导致人死亡的供应行为悉数囊括在内。随后，如果可以证明，在有合理的机会寻求帮助时，供应者没有寻求帮助，当他们的供应行为使某人处于危险之中时，就可以对在场的人处以更重的刑罚。例如，在美国，1970年《药物滥用预防和控制法》(Drug Abuse Prevention and Control Act of 1970)将被告人提供毒品，导致被害人自我注射，并最终死亡的行为定为犯罪。相关法律条文[Section 1A(viii) of 21 U. S. C. A. § 841]规定，供应商“应被判处10年以上终身监禁以下的刑罚，如果使用此类物质导致死亡或严重人身伤害，则相应的刑期应为20年以上终身监禁以下”。该条不仅将供应行为定为刑事犯罪，而且如果供应行为导致被害人自主地自己注射所供应的药物，而这种自行毒害的介入行为完全是用被告人供应的药物实现的，则会使受到额外的惩罚。③ 这意味着被害人只能利用供应商提供的药品导致自己的死亡。如 268
果自行注射毒品的被害人使用由不同被告人提供的药物组合最终死亡，则任何人都无须对此承担责任，因为被害人使用的是供应物质的组合，意外导致自己死亡(可将此对比下一章讨论的重要并发原因测试)。美国相关犯罪的问题在于其量刑过重。供应行为导致他人死亡的最高刑不应超过2年。毕竟，自行注射毒品的被害人作出了知情、自由和深思熟虑的

---

① Cf. *R. v. Khan*[1998]Crim. L. R. 830.

② Sanford H. Kadish, “Review, Foreword: The Criminal Law and the Luck of the Draw”, (1994) 84 J. *Crim. L. & Criminology* 679. cf. *R. v. Fretwell*(1862)Le. & Ca. 161; *People v. Duffy*(1992)79 N. Y. 2d 611.

③ *Burrage v. U. S.* (2014)134 S. Ct. 881.

自主选择。如果供应商在场且未能寻求帮助,则其刑期应略长于2年。

10-027　如果埃文斯的妹妹注射后立即死亡,她会承担责任吗?

如果埃文斯的妹妹当场死亡,则埃文斯不寻求帮助就不属于未履行义务(她有义务不造成死亡结果),因为任何努力都不会影响因果关系。[①]如此一来,不作为不属于不合理的行为(见下一章的讨论)。

10-028　如果埃文斯没有提供危险药物,她会有义务求助吗?

这将取决于是否可以对这种情况适用其他类别的责任。在“女王诉斯通与多宾森案”(*R. v. Stone and Dobinson*)[②]中,智力低下的夫妇收留了61岁且患有神经性厌食症的古怪亲戚。这位亲戚由于身体不好而卧床不起,并出现了褥疮和其他严重感染,显然需要医疗照顾。斯通和他的太太多宾森没有寻求帮助,最终这位亲属去世。被告被判犯有重大过失杀人罪,理由是他们通过把她带进自己的家,并在最低限度上照顾她,自愿承担了照顾被害人的责任。斯通和多宾森并没有给亲戚带来任何危险,相反,被害人面临的危险是其多年来拒绝适当饮食的自然后果,这使她卧床不起,需要训练有素的护理人员照料。多宾森的责任产生仅仅是因为她为被害人洗了几次澡,并且住在相同一所房子而已。

“女王诉斯通与多宾森案”中确立的原则,并不适用于像“女王诉埃文斯案”这样的案件,因为埃文斯的未能尽到照顾义务的不作为,仅仅持续数个小时,而不是数周、数月或数年。“女王诉斯通与多宾森案”似乎适用于范围有限的案件类型,即在相当长的一段时间内提供了实质性照顾的案件。如此一来,被告人应该掌握足够的信息,不仅知道被害人需要紧急医疗帮助,而且意识到被害人正在依靠他们寻求帮助。如果格玛·埃文斯没有给她妹妹提供危险药物,而是回家后发现卡莉自行注射了她自己买来的毒品,格玛在卡莉死前的几小时里对卡莉进行的几次检查,就不足以使法官认定格玛承担了尽力“解除”或抵销卡莉的自我注射造成
269 的伤害结果的作为义务。

卡莉·埃文斯决定自我注射毒品时非常健康。格玛·埃文斯并不是她的监护人。[③] 如果该责任仅仅源于具有人身自由的成人之间的血缘关系或“某种随意的试图帮助行为”,显然将成为非常宽泛的责任理论。[④]

---

① Cf. *R. v. Pace*(2008) 187 A. Crim. R. 205; *R. v. Cato*[1976]1 W. L. R. 110. *R. v. Cheshire*[1991]1 W. L. R. 844; *R. v. Dalloway*(1847) 2 Cox C. C. 273.

② [1977]Q. B. 354.

③ *R. v. Smith*(1826) 172 E. R. 203.

④ *R. v. Evans*[2009]1 W. L. R. 1999 at 2007 citing *R. v. Sinclair, Johnson and Smith*(1998) 148 *N. L. J.* 1353.

在“女王诉辛克莱、约翰逊和史密斯案”(*R. v. Sinclair, Johnson and Smith*)[①]中,约翰逊的定罪被撤销,因为他的帮助行为不足以构成自愿承担法律义务。辛克莱被认定负有责任,因为有证据表明他是成年被害人的好朋友,明知被害人不是瘾君子仍向其提供了毒品,并在被害人昏迷期间与其待在一起。辛克莱在叫救护车之前等了12小时,从而并未充分尽到其所承担的照顾义务。

10-029 辛克莱与被害人的友谊似乎不足以为确立重大过失杀人罪而设定注意义务。此外,还可以将这种判决通过以下方式加以延展,即指出他的在场以及随意的帮助吸毒企图,足以建构出某项照顾义务。即使在得知自己所提供的帮助出了问题后愚蠢地没有寻求帮助,但为他人的冒险行为提供便利[②]似乎还不足以构成杀人罪。入罪化并不是完全不公平的,但鉴于自行注射者在选择拿自己的生命来冒险时是意志独立、自由的,过失杀人罪的认定似乎有误。

责任似乎取决于精细的区分,因为如果“女王诉埃文斯案”的被害人自行获得了毒品,她的姐姐就没有求助义务。因此,她本可以坐在旁边看着自己的妹妹死去而不负责任。然而,在后一种情况下,她似乎同样应该受到某种形式的刑事定罪和惩罚。同样,假设被害人当时18岁,一直住在自己的公寓里,则如果被发现自行陷入吸毒过量状态,她的母亲就没有义务求助。[③]

在若干司法管辖区,法院采取了更为一般观点。在加拿大的“女王诉芬利案”中(*R. v. Finlay*),[④]男性在醉酒状态中回到自己的房间,发现他的室友遭受重伤,失血严重。被告无视室友的情况而上床睡觉。第二天早上,他继续无视室友的病情,出去吃早饭。被告被判犯有“过失致人身伤害罪”,被判处9个月监视居住,缓刑2年。这种做法符合罪刑相适应 272
以及刑法面前人人平等原则,因为不作为并没有被作为杀人的某种形式。此外,被告没有对室友造成伤害,只是在发现室友的情况后没有寻求帮助,因此受到了相应的惩罚。

10-030 斯通、多宾森、埃文斯、芬利和胡德(Hood)[⑤]等被告都是愚蠢的,而不是危险的,将他们定为杀人罪并不能实现报应的目的。如果如

---

① (1998) 148 *N. L. J.* 1353.

② Cf. *R. v. Russell* (1832) 1 Moo. C. C. 356.

③ *R. v. Shephard* (1862) 9 Cox C. C. 123; *R. v. Kennedy* (*No.* 2) [2008] 1 A. C. 269; *People v. Beardsley* (1907) 150 Mich. 206. Jennifer M. Collins *et al.*, “Punishing Family Status”, (2008) 88 *B. U. L. Rev.* 1327.

④ [1996] 17 O. T. C. 237.

⑤ *R. v. Hood* [2004] 1 Cr. App. R. 73.

此一来刑事定罪是适当的,罪刑相适应以及刑法面前人人平等原则就会要求不将其作为某种杀人来加以看待。[①] 在"女王诉胡德案"(*R. v. Hood*)[②]中,被害人的丈夫被判入狱 30 个月,尽管是妻子自己拒绝去医院。加之,他的过失并不是他妻子死亡的原因(相反,他未能消除其他事件已经形成的原因力)。他最终还是寻求了帮助,但没能及时挽救自己的妻子。将这类被告定为稍轻的过失犯罪会更公平。同样,埃文斯也没有直接给她妹妹制造危险。埃文斯的间接加功,与死亡只存在较为间接的因果关系,最好被贴上轻于过失杀人的犯罪标签。[③]

10-031 个人是否应该承担为需要帮助的陌生人寻求帮助的一般义务?

如果成年被告人在一条非常繁忙的道路附近的小径上,看到一辆卡车即将驶过,而两岁的孩子正朝着这条路跑去,即使孩子是别人家的,强加简单的营救义务似乎也没有什么不合理的。[④] 船长是否有义务营救因
271 自身轻率而落水的乘客?[⑤] 某人是否应该有义务举报虐待孩子的邻居?

如果法律只是对有限的情况要求援救,设定简单援救的一般义务似乎并非太不合理。[⑥] 在存在这样的法律的司法管辖区,一般的救助义务通常只要求救援人员帮助处于极大危险中的人,而且前提是救援者能够在提供协助的同时而不危及自身安全。[⑦] 此外,如果法律仅仅将不作为贴上某种独立形式的轻微违法行为的标签,就可能不会太严重。在实践中执行这样的法律可能很困难。如果有很多潜在的救援者,他们都应该承担义务吗?显然,如果有人已经在提供帮助,其他人的参与要求就会消失。拒绝对未能救援定罪的有力论据是,这在实践中可能毫无用处。毕竟,大多数人在紧急情况下都会试图提供基本帮助,或至少为他人寻求帮

---

① Glanville Williams,"Criminal Omissions—The Conventional View",(1991)107 *L. Q. R.* 86 at 90.

② [2004]1 Cr. App. R. 73.

③ Cf. *R. v. Johnson*(2009)2 Cr. App. R. 28.

④ Glanville Williams,"What Should the Code Do about Omissions",(1987)7 *Legal Stud.* 92; Joshua Dressler,"Some Brief Thoughts(Mostly Negative)About 'Bad Samaritan' Laws",(2000)40 *Santa Clara L. Rev.* 971; Alison McIntyre,"Guilty Bystanders? On the Legitimacy of Duty to Rescue Statutes",(1994)23 *Phil. & Pub. Aff.* 157; Stephen Mathis,"A Plea for Omissions",(2003)22 *Crim. Just. Ethics* 15; Ken Levy,"Killing, Letting Die, and the Cases for Mildly Punishing Bad Samaritanism",(2010)44 *Ga. L. Rev.* 607. Cf. Article 63(2)of the *French Penal Code*.

⑤ *Wright v. Dunlop Rubber Co. Ltd.* (1971)11 K. I. R. 311. *Vanvalkenberg v. N. Navigation Co.* [1913]30 O. L. R. 142.

⑥ Andrew Ashworth,"The Scope of Criminal Liability for Omissions",(1989)105 *L. Q. R.* 424.

⑦ Thomas Lateano *et al.*, "Does the Law Encourage or Hinder Bystander Intervention? An Analysis of Good Samaritan Laws",(2009)44(5)*Crim. L. Bulletin* ART 4.

助。鉴于个人自治的基本价值，该领域的任何立法都应针对极端情况作出有限的调整。

10-032　公民是否有义务报告或采取其他合理措施防止严重犯罪？

与简单的解救案件不同的是，在帮派犯罪中，旁观者可能是主要犯罪的准共犯，但不足以被共犯法规制。鉴于此类犯罪人与实质性犯罪人之间存在密接关系，为了强制执行不作为责任的目的，也许可以认定他们有罪。如果某人在公共酒吧看到女性在柜台上被强奸，要求那个人报警是不是太过分了？

"远期收益"(remote benefit)犯罪，将从他人犯罪行为中受益，但没有直接鼓励或协助[①]犯罪人实质性犯罪的人加以犯罪化。[②] 为将那些从他人犯罪行为中获益的人定为刑事犯罪而颁布的罪行包括：禁止人们购买或持有儿童色情制品或大象象牙的犯罪。制造儿童色情制品的人或猎杀濒危大象的偷猎者是主要的伤害者。这种购买是非法的，因为供应商在生产最终产品时对儿童和濒危物种造成了刑事伤害。比较常见的事例是禁止购买赃物。购买赃物的人不是小偷，但从小偷的偷窃行为中获益，因为这使她可以买到便宜货。如果某人通过向小偷购买赃物而大赚一笔，就会将自己的行为和小偷原来的偷窃行为复合起来。

没有理由不能将远期收益责任扩大到那些从他人严重犯罪中获得轻微福利的人身上。在加州最近发生的悲剧中，15 岁的女学生被多达 10 名年轻人反复强奸了 2 小时，另有 20 人要么观看、欢呼，要么袖手旁观。[③] 没有任何旁观者试图帮助这位年轻女子，也没有人试图报警。后 272
来，当市民发现赤身裸体、下身受重伤的被害人躺在公园的长椅时，才向警方报案。大多数消极旁观者的好处似乎是因看到女孩被公开虐待和强奸而产生的变态心理刺激。这是什么样的利益值得商榷，因为正常人看到这样可怕的罪行会受到心灵(伤害)创伤。但旁观者高兴地欢呼起来，并用智能手机拍摄了这起强奸案，以达到自己的变态目的。将观众的不作为定为犯罪的论据是，他们通过获取"强奸录像"并长时间观看而从犯罪中获益。这使他们与纯粹意义上的旁观者有所不同。[④]

10-033　这起强奸案涉及参加舞会的高中学生。毫无疑问，其中涉

---

① Sections 44-46 of the *Serious Crime Act* 2007.

② Dennis J. Baker, "Collective Criminalization and the Constitutional Right to Endanger Others", (2009) 28 (2) *Crim. Just. Ethics* 168; Dennis J. Baker, "The Moral Limits of Criminalizing Remote Harms", (2007) 10(3) *New Crim. L. Rev.* 370.

③ Michelle Quinn, "Richmond Gang Rape: Coping With the Shock" (New York: *New York Times*, 5 November 2009).

④ Cf. *R. v. Clarkson* [1971] 1 W. L. R. 1402.

及的帮派意识[①]是观众拍摄的部分原因。最接近的看热闹者从强奸犯的犯罪行为中获得好处,似乎以普通人可能欣赏歌剧的方式享受着该幕。为了打击这类不法行为,可以制定某项要求人们报告严重罪行的一般罪行。对其加以执法落实时,应牢记其中涉及的两层不法。首先,那些仅仅因为不想卷入而不报案的人应该处以罚金。[②] 其次,那些从犯罪行为中获益的人,即使在很抽象的因果意义上,也应该受到更严厉的刑罚,包括监禁,这样做才符合罪刑相适应原则。

共犯责任的范围不足以涵盖此类犯罪中的消极目击者。[③] 如果旁观者纯粹是喜欢观看强奸并为被害人的痛苦感到高兴,除非他们鼓励或以某种方式协助强奸,否则无法成为强奸的共谋。可以说,摄录行为可能是种鼓舞,但也可能是种挫败,这取决于拍摄方拍摄的原因。摄影者之所以拍摄,可能是打算向警方提供录像。欢呼属于参与形式,如此认定的目的是确立共犯责任。

在暴力攻击的紧迫性意味着旁观者可以防止强奸或进一步暴力的情况下,报告暴力犯罪的一般义务似乎并不太沉重。但如果不这样做,也不会使旁观者成为强奸犯;相反,其应该独立于强奸犯而被定罪,入罪依据
273 是没有报告目睹的暴力犯罪。罪刑相适应原则将要求将这类罪犯,作为从他人的犯罪行为中获益的人,或作为报告在自己面前发生的严重罪行不至于使自己陷入危险,而没有合理地履行报告义务的人,单独定罪并加以处罚,重要的是,不要将此扩展到所有严重的犯罪,如欺诈、盗窃等。

10-034 以前有习惯法意义上的"重罪包庇"(misprision of felony)罪,[④]要求人们报告重罪。但是,要求举报一般严重罪行是对刑事责任的极大延伸,也是对潜在被告人自由的极大限制。如果没有急迫性,不涉及暴力,就应该由警察负责寻找罪犯。正如威廉姆斯教授警告的那样:[⑤]

"重罪包庇……是1967年遭到废除的罪行,因为人们发现该犯罪产生了严重的问题,以致无法适用。这项犯罪要求无论所涉重罪的严重程度如何,人们都应揭发他们的同伴和熟人,甚至最好的朋友和家族近亲。这将是骇人听闻的方式,将犯罪的范围扩大到直接的作为犯、不作为犯及

---

① Paul O' Connell *et al.*, "Peer Involvement in Bullying: Insights and Challenges for Intervention", (1999) 22(4) *Journal of Adolescence* 437.

② *U. S. v. Davila*(1983) 698 F. 2d 715; *United States v. Johnson*(1977) 546 F. 2d 1225. Cf. *State v. Hann*(1878) 40 N. J. L. 228.

③ *R. v. Clarkson*(1971) 55 Cr. App. R. 445.

④ *Sykes v. Director of Public Prosecutions*[1963] A. C. 528. *R. v. Lucraft*(1966) 50 Cr. App. R. 296; *R. v. King*[1965] 1 W. L. R. 706. the *Criminal Law Act* 1967.

⑤ William, *loc. cit. supra*, note 106.

其同伙之外。”

将未报告暴力犯罪入罪化的犯罪,不要求现场证人加以干预。目击者只要报警就行了。当有许多旁观者时,责任变得更分散或集体化,个别旁观者更不愿意采取行动。[①] 在涉及帮派的情况下,若干成员也可能因为害怕报复而不愿积极行动。尽管如此,如果有足够的证据证明他们有能力报警,就没有理由不起诉所有在场目击者。执行起来可能并不总是容易的,但这样的法律将在涉及公开犯罪的情况下起到威慑作用。闭路电视录像和其他形式的录音也意味着,当这些犯罪发生在公共场所时,有可能辨认出旁观者。上面提到的轮奸发生在学校舞会上,所以即使不能追捕到所有,也有可能追查到很多在场的人。这种义务或许应限于报告如性犯罪、人身犯罪、杀人罪和恐怖主义行为。[②] 274

第4节 持 有

10-035 法官们最终拒绝承认普通法中存在任何涉及非法持有的犯罪,他们认为,持有不属于作为;[③]现在看到的类似犯罪,完全是法定的。一般来说,可以在不证明所有权的情况下认定持有,但通常应当证明持有人对违禁品具有一定的控制权。在大多数情况下,很明显,持有人拥有直接且排他的控制权。如果假定的持有人对违禁品有实际控制权,或者违禁品在其家中或在其机动车辆中,则可以得出故意持有的推论。无须证明单独和排他性持有,因为检控方证明共同持有或推定持有就足够了。在持有人对违禁品拥有所有权或控制权的情况下,已确立对违禁品的推定持有。如果持有人对藏匿违禁品的处所(或其他财产)拥有支配权,也可以成立推定持有。作为司法问题,持有罪的主观要件应始终要求证明被告知道有违禁品存在,且违禁品是由她直接实际控制或推定控制的。[④]

持有的取得通常涉及作为(如掌控物体的行为),如此一来不会出现

---

① Sidney Bennett *et al.*, “To Act or Not to Act, That Is the Question? Barriers and Facilitators of Bystander Intervention”, (2014) 29 (3) *Journal of Interpersonal Violence* 476; Ann L. Coker *et al.*, “Evaluation of Green Dot: An Active Bystander Intervention to Reduce Sexual Violence on College Campuses”, (2011) 17(6) *Violence Against Women* 777; Scott H. Decker and Frank M. Weerman (eds.), *European Street Gangs and Troublesome Youth Groups* (London: Altamira Press, 2005).

② Section 19 of the *Terrorism Act* 2000.

③ *Dugdale v. R.* (1853) 118 E. R. 717; P. R. Glazebrook, “Criminal Omissions: The Duty Requirement in offences against the Person”, (1960) 76 *L. Q. R.* 386.

④ *Contra*, *R. v. Deyemi* (2008) 1 Cr. App. R. 25. Cf. *State v. Anderson* (2012) 386 S. W. 3d 186; *State v. Thompson* (2009) 22 So. 3d 1105.

什么认定困难。即使有人把货物送到我的住处,而我根本没有碰过他们,通常也是我命令其这样做的。但是,可以举例说明没有相关积极行为的情况。以"明知持有爆炸物"[1]的法定犯为例,某人持有包裹,在首次收到时,并没有意识到其中含有爆炸物,但后来知道了。被告人在了解后没有"作为"。法院认为,如果被告保留爆炸物,即属犯罪,除非保管爆炸物是为了某种合法目的,[2]如通知警方。[3] 因此,在这方面,该罪行是种不履行义务的不作为。法律规定明确指出,负有行为义务的人是持有该财产的人。[4]

有时很难判断,当某人持有违禁品(本书中用以表示任何法律所禁止
275 物品的说法)时,在法律上是否会将这种持有视为与他人共享。答案有时可能取决于所指控的具体罪行,但一般原则是,如果打算事先对该物行使共同或唯一控制权,即使没有实际持有该物,也依然可以通过他人(特别是代理人或共犯)持有该物。[5]

10-036 法院一般不愿意认定雇员持有由其雇主所有但受自己掌管的货物,以据此判定该雇员犯有非法持有罪。持有通常被视为仅由雇主所为。例如,在持有不适合出售的食品方面就是这样。但法院的态度自然取决于指控的罪行、雇主对物品的控制程度以及给予雇员的自由裁量权。如果商店经理实际上独自全权负责这项业务,很容易被判持有不适合出售的食品,甚至更多的低级雇员有时也可能被判持有违禁品。[6]

犯行可能涉及获得违禁品的积极行为,或在意识到自己控制或拥有违禁品后未能使自己摆脱违禁品的不作为。主观要素渗透到犯行的要求中,因为持有者剥夺自己对违禁品的控制的义务,不仅取决于其对违禁品的控制或实际持有,而且还有赖于她对这种控制或持有的认识以及对所控制或持有的物质的潜在性质的了解。[7] 1971 年《滥用毒品法》第 5(3)条规定,持有海洛因等毒品构成犯罪。1971 年《滥用药物法》第 28 条允许拥有者在能够证明她不怀疑或不知道拥有非法物质的事实的情况下,被免除刑事责任。

---

① Section 4(1) of the *Explosive Substances Act* 1883.

② *R. v. Riding*[2009] EWCA Crim. 892.

③ *R. v. Brown*[1970] 1 Q. B. 105; *R. v. Pitchley*(1972) 57 Cr. App. R. 30; *R. v. Wuyts*[1969] 2 Q. B. 474; *R. v. Selby*[1972] A. C. 515.

④ Cf. *R. v. Deyemi*(2008) 1 Cr. App. R. 25.

⑤ *R. v. Stong*[1989] 86 10 L. S. G. 41; *R. v. Searle*[1971] Crim. L. R. 592; *R. v. Bland*[1988] Crim. L. R. 41. *U. S. v. Nelson*(1999) 165 F. 3d 1180. Cf. *R. v. Montague*[2013] EWCA Crim. 1781.

⑥ *D. D. P. v. Brooks*[1974] A. C. 862.

⑦ *R. v. Leeson*(2000) 1 Cr. App. R. 233; *R. v. Lambert*[2002] Q. B. 1112; *R. v. Choudhury*[2008] EWCA Crim. 3179.

在"华纳诉大都会警务处处长案"①中,法官认为,如果持有人在有机会检查自己所持有的违禁品的性质时,没有检查,就应认定对违禁品的性质有所了解。如果被告人在被害人不知情的情况下将一包海洛因塞进被害人的口袋,则被害人将处于对海洛因的物理控制状态下,但由于被害人不知道或有理由相信自己控制了毒品,因此没有犯罪。如果被害人发现了袋子,且有理由怀疑是违禁药品,就有法律责任把袋子扔掉。如果被害人没有足够的时间或机会切断自己对毒品的持有,则无须承担任何责任。行为人在了解到违禁品的潜在非法性质后,不采取积极措施将其移交给警方,这就是在此类案件构成犯罪的原因。同样,2000 年《恐怖主义法》 276
(Terrorism Act 2000)第 58 条规定,为恐怖主义目的拥有情报是犯罪行为。不仅必须证明被告掌握了这些信息,而且还必须证明掌控这些信息是为了恐怖主义目的。被告必须知道控制了可能对恐怖主义有用的情报。② 一旦被告意识到自己拥有这些材料,就有义务加以清除,除非有合法理由持有这些材料,如用于研究或新闻目的。

第 5 节　行为与故意的共时性

10-037　通常情况下,犯行与犯意必须在时间点上一致。善意获得货物的人,不会因为随后发现货物是盗赃物而成为收受赃物的罪犯。被给予赃物的人在获得赃物时,也不会因为后来发现自己没有获得对物品的正当所有权而犯盗窃罪。但这条规则并不像一开始看起来简单。在第二个假设中,货物的受赠人在知道货物不属于自己之后,通过不诚实地"保管"货物,可能会犯盗窃罪。③ 盗窃不是最初的获得,而是随后的有罪保留,对这种保留而言,犯罪行为与盗窃的犯意同时发生。

此外,有些犯罪行为被视为会持续一段时间。在此期间结束时形成的犯罪故意仍然可以使行为人犯罪。典型事例是非法监禁(非法拘禁),只要监禁持续下去,就犯下这种罪行。如果图书馆助理误把我锁在图书馆,她不会在那一刻犯下错误监禁。但如果她后来透过窗户看到我试图出去,并决定让我吃一夜的苦头,以便让我下次更小心,便犯下了监禁罪。④ 如果某人进行合意性交,但被要求马上停止,也同样适用上述规

---

① [1969]2 A. C. 256. Cf. *R. v. Lewis*(1988)87 Cr. App. R. 270.

② *R. v. G*[2010]1 A. C. 43.

③ Cf. *Jackson v. State*(2004)85 P. 3d 1042;*R. v. Miller*[1983]2 W. L. R. 539;*People v. Thoro Products Co.* (2001)45 P. 3d 737.

④ Sir Edward Coke,*The Institutes of the Laws of England*:*Second Part*,(London:Printed by M. Flesher and R. Young,1642) at 55.

则。在撤回同意的时候,除非被告停止,否则性交就变成强奸。持有罪也涉及持续行为,但最初的持有可能是无辜的。

这在“在警察脚上停车案”,即“法根诉大都会警察局长案”(*Fagan v. Metropolitan Police Commissioner*)①中,有所涉及,但并没有被清楚体现。法根不小心把车停在警察脚上,但在被要求挪车时拒绝将车移走。过了一会儿,他让步了,把车开走了。他本可以被以非法拘禁罪起诉,但这是纯粹的刑事起诉重罪,因此他因攻击正在执行公务的警员而被提起
277 检控。困难在于,攻击不能通过不作为实施,而当法根将车停在警官的脚上时,缺乏进行攻击的犯意。然而,他最终被定罪。

10-038 上诉时,分庭法院显然追求有罪判决,并不遗余力地寻找令人信服的理由。法院表示,法根把车停在原地,故实施了作为,因为其(1)留在车里,(2)关掉了引擎。但留在车里是作为吗?如果法根让发动机继续运转并下车,法庭会撤销有罪判决吗?如果不会,提供的理由就不令人信服。当然,警察控告的不是法根留在车里,关掉了发动机;警方控诉的是法根没有移动车,这本身更像是不作为。

正确的判决应该是,只要法根的行为直接导致对警察施加了作用力,攻击行为就会继续存在。这个力就是重力。这得到了民事判例的支持。② 基于这种观点,法根的故意和违法行为在时间上是一致的。另外的方法是适用“女王诉米勒”。法根可能无意中造成了危险,但一旦意识到危险,就有责任加以应对。③

10-039 如果被告人通过一系列相互关联的行为杀死某人,他的犯意是否必须与导致被害人死亡的实际行为存在共时性?

如果在单一的可责性行为当中,作为或不作为与其他作为相互关联,法院在要求该行为和故意相互吻合的方面,是较为灵活的。“整体过程规则”(single transaction rule)已经被应用于许多判例中,很多被告人因为试图杀死被害人,改变了自己在规范意义上的法律地位,结果后来发现,

---

① [1969]1 Q. B. 439.

② *R. v. Wesley*(1859)1 F. & F. 528 at 529 *per* Campbell, C. J.; cf. *Bauer v. D. P. P.* [2013]1 W. L. R. 3617. J. W. C. Turner, “Two Cases of Larceny”, in L. Radzinowicz and J. W. C. Turner, *The Modern Approach to Criminal Law*, (London: Macmillan & Co., 1945) at 379. *R. v. Bottineau*[2006] O. J. No. 1864.

③ Cf. *R. v. Taber*[2002]136 A. Crim. R. 478.

正是所谓抛尸的行为,才导致了被害人的最终死亡。[①] 在某些情况下,严 278
格适用共时性规则将导致被告合法逃避法律制裁。根据公平正义原则,只有可以合理设定在单独的犯罪事件中存在不具有可责性的"致命一击"(*coup de grâce*),而且被告人的可责性足以涵盖该事件及其后果的情况下,才允许偏离同时性要求。

在"梅利诉女王案"(*Meli v. R.*)[②]中,四个人被判谋杀罪。他们被指控把被害人带到一间小屋,给他灌啤酒,然后用工具打他的头。被告以为已经杀死了被害人,就把"尸体"拖出来扔掉。医学证据显示,被害人的死亡不是由于小屋内的打击,而是由于暴露在外。被告的辩护人争辩说,本案涉及两个不同的行为。首先,在小屋里发生了攻击;其次,后来尸体被扔到外面。其主张,被告人没有谋杀罪的犯意,因为他们在做第二个行为时并不打算杀害被害人。枢密院维持对谋杀罪的定罪,理由是被告已着手采取了作为计划的一部分的所有举动(包括处置尸体);而且被告人认为目的(被害人已被杀害)已在较早之前实现,并不重要。英国的判例也遵循了这,并采取了同样的立场。[③]

法院通过质询是否有事先的计划涵盖被告所做的事情,或是否存在一系列持续的行为,来作出判决;但这些质疑显然不能令人满意地取代基本的刑事司法政策。正确的观点是,这是种行为和意图不必同时出现的情况。在本案中,最初的攻击伴随必要的故意,随后的行为在时间顺序上和可责性上与先前的行为有关。"抛尸"并不涉及不同时间点的不同罪行,而是他们刚刚犯下的罪行。

10-040　但假设被告说,杀死被害人时,并没有计划处理尸体,而只是在他手上托着"尸体"时才决定这样做?该抗辩出现在南非最高法院
(上诉庭),而该法院认为,即使处置所谓的尸体不是谋杀攻击前设想的 279
计划的一部分,凶手也可以被判谋杀罪。[④]

"梅利诉女王案"的判决在原则上似乎是正确的,因为被告意图杀死被害人,并通过实施在时间上、可责性上相互交织的一系列行为达到了该

---

① *Meli v. R.* [1954] 1 W. L. R. 228; *R. v. Le Brun* [1992] Q. B. 61; Ribeiro, J. (Tang and Fok P. J. J., Chan and Lord Clarke of Stone—cum—Ebony, N. P. J. J. concurring) in *HKSAR v. Ma Kwok Fai* (2014) 17 H. K. C. F. A. R. 1 at 12. *Wan Kim Chung v. HKSAR* [2013] H. K. E. C. 1782; *R. v. Hui Yiu Fai* [1993] H. K. L. Y. 307; *R. v. Schmidt* [2001] B. C. W. L. D. 357; *People v. Crane* (1999) 721 N. E. 2d 657. In a New South Wales case, Barr, J. *R. v. Taber* (2002) 136 A. Crim. R. 47.

② [1954] 1 W. L. R. 228; *sub. nom.* Cf. *U. S. v. Acosta—Sierra* (2012) 690 F. 3d 1111; *United States v. Jacobs* (1980) 632 F. 2d 695 at 696-697.

③ *R. v. Moore* [1975] Crim. L. R. 229. *R. v. Church* [1966] 1 Q. B. 59.

④ *State. v. Masilela* (1968) 2 S. A. 558. *R. v. Hallett* [1969] S. A. S. R. 141.

目的。同样,在“女王诉丘吉”(*R. v. Church*)中,被告人无意导致死者死亡,但之前曾试图杀死被害人。在被害人被扔进河里之前,曾遭到残忍殴打和勒颈,直至失去知觉。正是被告试图掩盖自己刚刚犯下的可怕罪行的抛尸行为,才导致了被害人的死亡。在这些案件中,被告最初开始实施最终导致被害人死亡的行为过程时具有必要的故意。造成被害人死亡的实际行为与最初的行为有着非常密切的联系,因此孤立评价致死被害人的行为,在规范意义上来讲,也是不公正的。

10-041　如果被告人最初实施的行为并不是故意杀人,会有什么区别吗?

如果前者属于过失杀人,后来被告对其所认为的尸体的破坏也必须被认定为过失杀人。① 在“女王诉勒布伦案”(*V v. Le Brun*)②中,被告人在试图掩盖非法攻击妻子的事实时,意外杀害了妻子。勒布伦无意对自己的妻子造成严重的身体伤害,也不是故意要杀害她。他和妻子在街上发生争执,遂动手把她打得半死不活。妻子躺在人行道上,站不起来。勒布伦试图把妻子抱起来,并企图把她拖到附近的家里,因为他想在被路人发现之前必须带她回家。过程中,勒布伦不小心导致妻子摔倒,头骨骨折,因而最终死亡。

兰恩法官提出:③

“如果攻击造成死亡后果,伴随该打击的犯意,足以使上诉人犯下过失杀人罪,但不是谋杀罪。但上诉人的打击行为并没有造成死亡的结果。导致死亡的是,后来妻子头部与人行道的撞击。在撞击发生的那一刻,上诉人的意图是将她(可能是无意识的)移走,以避免被发现。在这种程度上,这种碰撞可能是偶然的。是否可以将先前的犯罪故意与后来的非犯罪撞击结合起来(后者导致该‘尸体’死亡),从而得出过失杀人的正确判决?

……

如前所述,如果非法使用武力和最终导致死亡的行为是同一事件序列、同一行为过程的组成部分,两者之间有明显的时间间隔这项事实并不
280 能免除被告的责任。当然,前提必须是上诉人在最初的非法攻击之后实施的造成死亡的后续行动,是为了掩盖最初的非法攻击。”④

---

① Glanville Williams, *Criminal Law: The General Part*, (London: Stevens & Sons, 2nd edn. 1961) at 174; *R. v. Le Brun*[1992] Q. B. 61 at 68 *per* Lord Lane, C. J.

② [1992] Q. B. 61.

③ *R. v. Le Brun*[1992] Q. B. 61 at 66.

④ *R. v. Le Brun*[1992] Q. B. 61 at 68.

兰恩法官还认为,如果被告一直试图营救他的妻子,而不是隐瞒他最初的非法行为,就不会承担责任。[1] 试图把某人抱起来送去医院等,并没有什么罪过或错误。这样的行为是为了补救最初的非法伤害行为,因此,不能说行为人冒着使情况恶化的危险,是罪有应得的,也不能说这样的被告是为了进一步达到犯罪目的。

10-042　“女王诉勒布伦案”[2]的判决似乎有点离谱。该案的事实使其有别于处理臆想尸体的抛尸致死案件。在这些抛尸致死案件中,可以说,被告在把一具假想的尸体扔到海里或河里时具有严重过失(如果理性人也相信被害人已经死亡,并且认为把假定的尸体扔进河里不会导致杀人的危险,就很难认定其存在重大过失)。勒布伦并不存在严重过失,也没有对妻子是死是活漠不关心。试图把妻子带回他们自己家,并不属于严重的过失行为。如果最初的一拳打坏了被害人的头骨,而且被告没有让医生对她进行检查,从而阻止了妻子接受救命治疗的机会,如此一来,就可以适用“女王诉米勒案”的判例。然而,该理论不适用,因为最初的一拳并不引发生命危险。最初的错误行为已经停止了,他只是想让妻子回家。这位丈夫在道德上应受谴责,并且相关定罪本应仅限于攻击罪的加重犯。两者很好区别。尽管如此,试图将攻击被害人带进自己的家中,大概是为了让她躺在床上自行康复,这与肆意处置一具假想的尸体(未经医学证实是死是活的人)是完全不同的。

第6节　缺乏相关行为的违法犯罪

10-043　英国议会有时会因某人自愿导致的身体状态而判其有罪,例如被发现基于非法目的出现在某些私人场所。有些行为是可以看见的,但犯罪行为是由行为引起的身体姿态,而不是行为本身所导致的。

至少有一次(我们之前已经注意到),法院通过“解释”确立了这种罪行。法律规定妓女在街道上拉客属于犯罪。某位妓女在临街的橱窗里挑逗性地展示自己,没有任何其他动作,希望通过展示来吸引顾客。有人认为该妓女犯了在街上拉客的罪。[3] 当然,她已经把自己推到了令人反感 281
的位置上,但其所处位置及附随情状才是属于拉客的范畴。

10-044　如果根本就没有行为,甚至连姿态都没有呢?

尽管最初看起来可能非同寻常,但英国议会将(或被视为将)刑事责

---

[1] *R. v. Le Brun*[1992]Q. B. 61 at 71.

[2] [1992]Q. B. 61.

[3] *Behrendt v. Burridge*[1977]1 W. L. R. 29.

任强加给那些在任何意义上都没有做过任何事情的人,或可能没有过错的人,其实并不罕见。有人提出了"情境责任"(situational liability)概念试图对其加以概括。[①] 情节犯,是指那些发现自己处于未实施任何相关行为的特定情境的人。[②] 最重要的事例,便是归因(替代)责任。在"罚单"类案件中,当惩罚较轻且未经司法程序而做出时,或当要求被告具有过失时,情境责任并不违反公民的正义直觉,但当既有情境责任又有严格责任时,就会令人产生严重的怀疑。这种罪行使人感到特别残暴。1798年以前,英国对包括死罪在内的严重罪行采用严格(集体)责任。[③] 通过《剥存公民权法》(Bill of Attainder)[④]的法律机制,立法机关可以不经审判就宣布某人或一群人犯有某些严重罪行。《剥存公民权法》被用来剥夺人们的财产,并在未经审判的情况下判处被告人死刑。在现代法律中,严格的情境责任问题产生于比《剥存公民权法》中所列罪名更轻的罪行,部分原因是某些立法的措辞,部分原因是法院未能发展出一套自由的解释原则。

进入到现代,一般认为系属严重失当的判决,系"女王诉拉森纳案",[⑤]爱尔兰警方逮捕了从英格兰前往爱尔兰的法国妇女,并将其递解至"霍利赫德"(Holyhead),交由威尔士警方拘留。警方根据《外国人令》(Aliens Order)指控这名妇女为"被发现"未经许可在联合王国逗留的外国人;当然,当他们从爱尔兰警方处接管提出抗议的被告人的"身体"时,

---

① P. R. Glazebrook, "Situational Liability", in P. R. Glazebrook (ed.), *Reshaping The Criminal Law* (London: Steven & Sons, 1978). A. P. Simester, "On the So—called Requirement for Voluntary Action", (1998) 1 *Buff. Crim. L. Rev*. 403. Meir Dan Cohen, "The *Actus Reus* and offences of Situation", (1972) 7(2) *Israel Law Review* 186.

② *State v. Deer* (2010) 244 P. 3d 965.

③ *Fardon v. Attorney—General for the State of Queensland* (2004) 223 C. L. R. 575 at 654. Michael P. Lehmann, *The Bill of Attainder Doctrine: A Survey of the Decisional Law*, (1978) 5 *Hastings Const. L. Q*. 767.

④ 《剥存公权法案》是一项为宣告剥夺某人的公权,即剥夺其公民权利及财产权和继承权的法案。原先适用于某人已被定为叛逆罪或其他重罪的场合。其通过的程序与普通公共法案相同,但受诉人可由律师审理,而且受诉人也可在两院要求传唤证人作证。采用这种议会审判制度最为著名的是 1641 年对温特沃思,斯特拉福德伯爵的审判。18 世纪以来它已不再被使用。参见[英]戴维·M. 沃克:《牛津法律大词典》,李双元等译,法律出版社 2003 年版,第 118 页。——译者注

⑤ (1933) 24 Cr. App. R. 74. Cf. *Chia Gee v. Martin* (1906) 3 C. L. R. 649. *Lim Chin Aik v. R.* [1963] A. C. 160.

“发现”她在英国警方的拘留所。“伦敦治安法庭”(London Sessions)[①]判处她 3 天监禁刑,并建议将其驱逐出境,刑事上诉法院维持原判。该判决 282
所产生的特殊压迫性并不在于其在没有任何作为或可责的不作为的情况下强加责任这项事实。在本书的其他章节中,研究了许多严格责任和可归责(替代)责任的罪行,这些罪行也可能导致不公正的定罪;但他们通常涉及经营行为,只会导致罚金刑,因此,尽管这些立法可能被视为不公正,但不公正的感觉也许并不强烈。然而,在“女王诉拉森纳案”中,涉案事件关系到被告的私生活,而刑罚居然是监禁,尽管只有很短的一段时间。

很难理解为什么这名不幸的妇女会被检控,因为她本来可以只是被遣送回自己的祖国而无须面对罚责。法院也没有任何必要在没有应受谴责的作为或不作为的情况下将《外国人令》解读为创制了某种犯罪:“被发现”概念本应被解释为“被发现自由活动”,而不是“被发现关押在拘留所里”。或者,法院可以将胁迫的抗辩范围扩大到包括法律上的强制。[②]

10-045　尽管“女王诉拉森纳案”的判决受到了大多数评论者的谴责,但在 1983 年,英国法院也采取了类似的态度。[③] 被告被担架抬进医院,医生发现他只是喝醉了,于是报警。他们把被告带到位于路上的车上,然后指控他被发现在高速公路上醉酒。该定罪判决得到了分庭法院的确认。

美国亚拉巴马州最高法院[④]在案件中举例说明了解释这种立法的适当方式。在该案中,警察把喝醉并坐在自己家里的被告带到街上,然后因他在公共场所醉酒和扰乱秩序而予以逮捕。被告被指控违反的成文法规定,“任何迷醉或醉酒的人出现在公共场所……并通过不端行为表现出酒醉状态”等。从字面上来讲,被告人的确“出现在”街上,但法院宣布,“根

---

① 这里应该是指“小治安法庭”(Pety sessions),是指两个或两个以上的郡治安法官或它的分庭举行开庭,行使简易审判权,该法庭现称为治安官法庭。特别法庭是指在特定情况下由两个或两个以上的治安法官行使其独有的部分权力而开设的法庭,特别是行使授予或变更出售应缴纳执照税的酒而作出许可证及类似职权。普通法庭或季审法庭是每季由两个或两个以上法官主持的开庭,审理可起诉的犯罪并受理小治安法庭或特别法庭的上诉。独任季审法庭法官主持自治市季审法庭。季审法庭在 1971 年被废止,并由巡回刑事法庭的开庭取代。参见[英]戴维·M. 沃克:《牛津法律大词典》,李双元等译,法律出版社 2003 年版,第 1028 页。——译者注

② Cf. *R. v. Leung Wing Cheung*[1958]H. K. L. R. 49 at 56-57.

③ *Winzar v. Chief Constable of Kent*, *The Times*, (May 1983). *Contra*, *McKenzie v. Police*[1956] N. Z. L. R. 1013. *Lehr v. City of Sacramento*(2009)624 F. Supp. 2d 1218; *Finger v. State*(2001)117 Nev. 548.

④ 在 *Martin v. State*(1944)31 Ala. App. 344. Cf. *Hearn v. McCann*(1982)29 S. A. S. R. 448; *R. v. “M. V. Allunga”*[1974]4 W. W. R. 435。

283 据这项法律的明确规定，应推定其要求自愿出现”。

现在的司法趋势是反对情境责任。在“美利坚合众国诉马西亚斯案”（*U. S. v. Macias*）[①]中，韦尔西法官（Welsey，J.）表示：“当‘被告人’被‘发现’并‘在美国’时，其既没有进入美国的愿望，也没有出现在美国的意愿，他是非自愿地返回美国。因此，被告人无须对违反移民法的犯罪负责。”在“女王诉罗宾逊—皮尔”（*R. v. Robinson—Pierre*）[②]案中，上诉法院认为被告的有罪判决并不成立，因为陪审团没有被指示考虑他是否做了任何导致他的狗在公共场所危险失控的事情。皮切福德法官（Pitchford，L. J.）似乎接受了有意识的作为或不作为，是确定刑事责任的基本要求，至少狗的主人必须有自愿的作为或不作为。[③]

10-046 可以说，原则上，如果某人是造成这种情况的罪魁祸首，将其定为情境罪并不会遭到反对。因此，如果某人偷偷溜进别人家，喝得烂醉，被业主发现，然后被赶到街头，则可能会被判在公共场所醉酒，因为她本可能合理地预见到自己最终会在公共场所醉酒。同样，“女王诉拉森纳案”的定罪也得到了支持，理由是被命令离开联合王国的被告，通过前往爱尔兰自由邦来执行此命令；她本应该预见到她可能会被从爱尔兰驱逐回联合王国。[④] 如果她被迫返回注定要面临迫害和酷刑的国家，情况将大不相同。然而，她可以选择返回法国（安全稳定的国家）。

在某些情况下，先前实施的可责行为，可以确保被告最终被公平归责，即使其并非有意导致了最终的伤害或错误行为。在21世纪，大多数人都知道需要签证才能进入其他国家，而且也会意识到，没有签证前往国家是危险的，肯定会导致被驱逐出境，而不一定是返回本国。但这对1933年的拉森纳来说，显然还太过超前。她当然有理由认为，即使事实证明她对爱尔兰人而言和对英国人而言一样不受欢迎，她也可以自己从爱尔兰返回法国。虽然如果需要某种罪责的话，情节犯可能是不可否认的，但在“女王诉拉森纳案”中，很难认定被告具有可责性；事实上，她也

284 根本不存在任何可责性。

---

① （2014）740 F. 3d 96（United States Court of Appeals，Second Circuit）. Cf. *U. S. v. Coleman*（1979）475 F. Supp. 422.

② ［2014］1 W. L. R. 2638.

③ *R. v. Robinson—Pierre*［2014］1 W. L. R. 2638 at 2646 *per* Pitchford，L. J.

④ D. J. Lanham，“Larsonneur Revisted”，［1976］*Crim. L. R.* 276.

第7节　缺失的要素

10-047　假设有人认为自己在实施犯罪,但却少了若干犯行要素。[①]不用说,这不是犯罪。例如,如果某人认为自己成功实施了欺诈,从而获得了利润或使他人面临损失的风险,如果事实证明其所说的恰好是真的,就不能以虚构事实为依据来认定其成立诈骗罪。[②] 如果与妻子关系冷淡的男人认为自己是在和其他女性重婚,但其妻子在婚礼前刚好去世,就不犯重婚罪。在其看来是重婚的婚姻完全合法。

然而,潜在的欺诈行为可能会被判虚假陈述以牟利或使他人遭受经济损失罪未遂。[③] 可能重婚的人可能会被判重婚罪未遂,就像某人向被其误认为是人的树桩开枪,也可能被判谋杀未遂罪。在实践中,不太可能出现未遂的问题,因为警察可能会仅仅对指控涉枪犯罪,或责令犯罪者具结,或只是口头警告的处理手段感到满意。但是,如果对已完成的罪行检控,并在审判期间才发现无法确定犯罪既遂,则可能会出现此类情况。在那种情况下,检控方可能会提出未遂指控。

10-048　但潜在欺诈者只是在心里实施欺诈,而潜在的重婚者只是在心里实施重婚。所作所为完全合法,那怎么可能是犯罪呢?您不是说,我们的法律不适用于思想犯吗?

这不仅仅是对思想的惩罚。这些人不仅仅是在想象。他们已经采取了措施。是的,如果不考虑未遂责任,他们的所作所为完全合法。

未遂行为如果不考虑未遂责任,不一定是非法的。如果有人把白糖当成老鼠药放进汤碗里,并把碗递给丈夫,意图将其谋杀,就犯了未遂罪,尽管除了未遂犯罪之外,她所做的一切都是合法的。这不仅仅是种思想犯罪:妻子实际上向丈夫提供了她认为是致命毒药的东西。

10-049　还是不明白您为什么要说那个有意重婚的人属于未遂。他经历了他想象中的重婚仪式,但事实并非如此。他为什么构成重婚未遂罪?对诈骗犯也是如此。他们实施了计划中的一切行为,却不构成犯罪。这里并不涉及未遂的问题。

类似的困难,很多杰出的法官也曾面对。因此,法院过去常常将普通法上的未遂,限制在完整犯罪的所有必要情况全都存在,或可能发生被禁止

---

① *R. v. Ruggiero*(1983)10 W. C. B. 461 at para. 26;*R. v. Devgan*(2007)226 C. C. C. (3d)312 at para. 45.

② *R. v. Deller*(1952)36 Cr. App. R. 184.

③ Section 2 of the *Fraud Act* 2006.

285 的后果的情况下。某人不能成立“不能犯未遂”(attempt the impossible),但这条规则起了不好的作用;例如,这意味着,试图从空口袋里偷东西的“掏兜”行为,不能被判为盗窃未遂,因为盗窃的要件之一(作为盗窃的标的属于他人的财产)并不存在。[①] 由于存在诸如此类的问题,1981年《刑事未遂法》(Criminal Attempts Act 1981)废除了未遂法中的“不能犯规则”。

回到开始的地方,当某人错误地认为有事实存在时,是否实施了既遂罪,当然取决于犯罪需要什么事实。如果一部刑法没有解释这种事实是指某种主观要素还是种客观要素,就会产生困难。1968年《盗窃法》第22(1)条阐明了这一点,其中规定:

“某人在明知或相信该物品是被盗赃物的情况下(在偷窃过程中除外),对其加以收受,属于处理赃物……”

在这里,“相信其所收受的物品是被盗赃物”意味着“几乎可以肯定他们是被偷的,而且这种认识是正确的,因为他们是被偷的”。所以该条要求货物是被偷的。这可能不是很明显。在某些情况下,“相信其所收受的物品是被盗赃物”可能意味着“正确或错误地相信他们是被偷的”。“明知”概念只指正确的认识;[②]不可以说某人“明知”某种情况,但事实却不是这样的。然而,相信可以包括错误的确信,即主观的确信,无论是对是错。但这并不是唯一的含义;“相信”可以指信念的程度(我不知道是这样,我不是百分之百肯定,但我认为情况是这样的——只不过无法完全确定)。这必然是该条立法的意思,因为其以“某人处理赃物”这种表述为开端。本罪的犯行,当然包括处理被盗物品,而其本身只与犯意有关。如果这批货物最终被证明并非被盗物,这位潜在的经手人就构成了未遂罪。[③]

10-050 犯罪规则是否同样适用于抗辩事由?十分清楚的是,某人不能仅仅因为她相信自己犯了罪就被定罪。如果该人不知道存在作为抗辩事由的事实,因而在事实上本可以提出抗辩的情况下,未进行辩护,是否可以被判有罪?

抗辩事由可以分为免责事由和正当化事由。在前者中,已经发生了危害社会的行为,但允许被告以其特殊理由进行辩护。免责事由的事例有胁迫,以及责任能力不足(适用于谋杀案)。这种辩护的实质是,行为时被告的思想被施加了某种压力,一定受到了胁迫的影响,或者“失去控

① *R. v. Collins*(1864) Le. & Ca. 471.
② Cf. *R. v. Saik*[2007] 1 A. C. 18.
③ *R. v. Shivpuri*[1987] A. C. 1 at 2.

制”，因此必须知道或相信这种情况存在。在正当化事由的情况下，根据 286
事实，被告的行为完全正确。原则上，即使被告错误地认为具备正当性的
事实存在，该抗辩事由也应适用。① 287

① *D. P. P v. Morgan*[1976] A. C. 182; *B(A Child) v. D. P. P.* [2000] 2 A. C. 428; *R. v. Williams* [1987] 3 All E. R. 411; cf. *R. v. Dadson*(1850 169 E. R. 407; Reid Griffith Fontaine, "An Attack on Self—defence", (2010) 47 *Am. Crim. L. Rev*. 57.

第 11 章　因果关系

我不过是顺其自然啊，夫人；就像那大夫给孩子放血使他死掉时对他母亲说的。[①]

查尔斯·狄更斯(Charles Dickens)

将某一行为归责于某人，可能与承认该行为是起因相一致，或相抵触。这将取决于如何界定可责性，特别是取决于归责是否涉及行为未曾触发的其他原因力。[②]

J. L. 麦凯(J. L. Mackie)

① 参见[英]狄更斯：《匹克威克外传》，蒋天佐译，上海译文出版社 2001 年版。——译者注

② J. L. Mackie, "Responsibility and Language", (1955) 33(3) *Australasian Journal of Philosophy* 143 at 158.

第 1 节　导致危害结果及危险状态

11-001　因果关系是结果犯的核心问题,将被告人与其行为导致的犯罪结果联系起来。这不是把罪过归责于被告,而是证明被告的行为可被归结为法律规定的危害结果的(足够接近的)原因。罪过问题只有在因果关系成立之后才能存在。因果关系在非凶杀案件中很少成为问题,在行为犯中更根本不是问题。当男性与女性发生非自愿性交时,就会导致自己实施了犯罪举动(行为),[①]他的这些举动构成了被法律所禁止的行为。行为的消极后果是妇女遭到强奸,但如果问起构成因果关系的举动是否导致了这种行为,则是无稽之谈。男性与女性从事非自愿性交的举动也是后果的构成部分。后果是行为在进行中造成的。强奸行为,留 288
下了遭到强奸的被害人,但一旦行为开始,后果就会产生。然而,当某人无罪过地实施了具有因果力的行为(例如无被害人同意的性交)时,得援引通常的抗辩事由。例如,某人可能会援引自动症、[②]"非自愿迷醉"(involuntary intoxication)或"性瘾症"(sexsomnia)的证据,让自己免于被认定实施了作为原因的非自愿性交行为。

存在某种中间地带,使得行为人可能对其所造成的危险事态负有责任。造成危险,本身就可以被视为是犯罪行为,[③]但危险状态可能会引发进一步的刑事后果。在下面的事例中,冯·赖特(von Wright)[④]用事例将行为与结果区分开来:如果某人打开了一扇窗户,动作就是打开了窗户,但是结果就是窗户被打开了。从这个意义上说,成为原因的打开窗户之举便构成了行为。更进一步的后果可能是房间变冷了,里面的人都在发抖。[⑤] 危险驾驶行为的后果是,造成了让其他人处于危险境地的状况。此类危险状况,可以被视为危险驾驶行为可能导致的结果。并非所有危险驾驶行为都会造成危害他人的后果。如果某人在放学时间以 100 英里的时速驾车穿过学校区域,就将危及学校十字路口附近的行人。然而,如果某人在没有其他人或汽车存在的沙漠中危险驾驶,只会危及自身的安全。

---

① Michael S. Moore, "Causing, Aiding, and the Superfluity of Accomplice Liability", (2008) 156 *U. Pa. L. Rev.* 395.

② *People v. Roberts*(1992) 826 P. 2d 274 at 299.

③ Section 1(2)(b) of the *Criminal Damage Act* 1971.

④ Georg Henrik von Wright, *Explanation and Understanding*, (Oxford: Routledge, 2011) at 67-68.

⑤ Id., at 90.

从概念上来讲,某人可以导致危险的情况或事态的存在,而即使这种危险不会引发进一步的犯罪后果,如人被杀死或伤害,造成这种状态仍可
289 以引发刑事责任。① 如果真的进一步导致了犯罪后果,刑罚可能要高得多。例如,危险驾驶致人死亡的罪行(死亡是种后果)所对应的刑罚,要比危险驾驶本身所受到的惩罚更为严厉(危险驾驶制造了某种危险状况)。②

11-002 在涉及不作为责任的情况下,被告可能不承担意外造成危险状况的刑事责任,但可能会因未能避免自己意外造成的危险状态引发特定的实害结果(造成财产损害以及导致他人受伤或死亡等有害后果),而承担刑事责任。③ 如果被告在酒店的床上吸烟,意外引发火灾,就有责任采取积极措施,防止火灾对酒店造成损害,以及造成酒店其他住户受伤或死亡。换言之,被告有责任采取合理措施,尽力阻止或改变其所发动的因果链条。

11-003 这是说因果关系会影响到犯罪者的处罚吗?

一般来说,行为犯的处罚不如结果犯罪严重。道德运气起作用,因而未造成实害结果往往是机会的问题。被告向被害人开火试图杀死被害人,但碰巧没击中目标,其可责性和成功杀死被害人一样,其人身危险性也和行为成功时一样,但至少在量刑方面,需要考虑没有发生危害结果。罪刑相适应原则对不公正刑罚的适度约束,意味着任何刑罚都必须与被告人的可责性和她所造成的伤害相称。④ 该被告人将获得较轻的刑罚,因为她没有造成死亡结果,而仅仅企图用枪杀死她,从而威胁到了被害人的生命。刑罚取决于行为人造成的实际危害。⑤

有许多法定犯罪明确提到了不应引起的危害后果。例如,1990 年《规划(法定建筑物和保护区)法》[Planning (Listed Buildings and Conservation Areas) Act 1990]第 59 条针对被列明的建筑物造成或可能造

---

① Sections 17,26,27,32-35 of the *offences against the Person Act* 1861;sections 161 and 161A of the *Highways Act* 1980;section 4 of the *Aviation Security Act* 1982.

② Sections 1 and 2 of the *Road Traffic Act* 1988.

③ *R. v. Miller*[1983] 2 A. C. 161. Cf. section 1 of the *Horses*(*Protective Headgear for Young Riders*)*Act* 1990.

④ Andrew von Hirsch, *Censure and Sanctions* (Oxford:Clarendon Press,1993);Dennis J. Baker, "Constitutionalizing the Harm Principle",(2008)27 *Crim. Just. Ethics* 3.

⑤ Andrew Ashworth,"Criminal Attempts and the Role of Resulting Harm under the Code,and in the Common Law",(1988)19 *Rutgers L. J.* 725 at 739-744;Joel Feinberg,"Criminal Attempts:Equal Punishment for Failed Attempts", in J. Feinberg, *Problems at the Roots of Law*, (New York:Oxford University Press, 2003) at 100. Cf. Lawrence Crocker, "Justice in Criminal Liability:Decriminalizing Harmless Attempts",(1992)53 *Ohio St. L. J.* 1057.

成损害的行为;2003 年《性犯罪法》第 4 条规制的是导致他人进行非自愿性活动的人;2002 年《警察改革法》(Police Reform Act 2002)第 59 条规范那些以引起他人警觉、痛苦或烦恼的方式使用车辆的人;《恶意通信法》(Malicious Communications Act 1988)第 1 条适用于那些发送信件等并意图借此引起痛苦或焦虑的人。其他条款明确提到某人可能促使/造 290
成他人采取行动的方式。例如,2014 年《反社会行为、犯罪和治安法》(Anti—social Behaviour,Crime and Policing Act 2014)第 121 条规定:

(1)任何人如——

(a)使用暴力、威胁或任何其他形式的胁迫手段,使他人结婚;并

(b)相信或理应相信,该行为可导致他人在没有自由和完全同意的情况下结婚。

(2)就没有缔结婚姻合意的能力的被害人而言,第(1)款所设定的罪行可由为使被害人结婚而进行的任何行为所犯(不论该行为是否构成暴力、威胁或任何其他形式的胁迫)。

(3)任何人如——

(a)意图使他人离开联合王国而进行任何形式的欺骗;并

(b)意图使他人在联合王国境外遭受第(1)款所设定的罪行,或使在英格兰或威尔士的被害人,遭受第(1)款所设定的罪行侵害,即构成英格兰及威尔士法律所规定的犯罪。

由于在凶杀案件中因果关系通常具有争议,因此为考察刑法中因果关系的基本学说和理论,提供了最好的范例。凶杀案件在实践中是最重要的,但如前所述,在其他犯罪,特别是针对人身或财产的犯罪中,也可能会出现因果问题。例如,1861 年《侵害人身权法》第 18 条规定的造成严重的人身伤害的罪行。[①] 第 20 条和第 47 条的措辞不同:前者提到造成严重身体伤害,后者涉及"引发"(occasioning)实际的身体伤害,但这些动词也默示了因果关系的要求。同样,1971 年《刑事损害法》规定的罪行意味着被告的行为导致了损害。因果关系的概念也可能出现在一般的刑事立法中,在这些法律中,上下文可能赋予表示因果关系的概念以特定的含义。[②] "导致"某事被做,有时有狭义的意思,即下达命令或指示去做某事。[③] 然而,本章余下部分围绕因果关系的讨论,将主要集中在凶杀案。

---

① Cf. section 5 of the *Domestic Violence, Crime and Victims Act* 2004.

② Section 175 of the *Equality Act* 2010; section 119 of the *Criminal Justice and Immigration Act* 2008; section 3 of the *Merchant Shipping Act* 1995.

③ *Shave v. Rosner*[1954]2 Q. B. 113(on the *Construction and Use Regulations*).

普通法对谋杀的定义,以及类似的过失杀人的定义,都要求被告应该"杀死了"被害人,并且死亡结果应该在行为实施完毕后1年零1天内发生。

11-004 为什么传统法律规定,死亡结果必须出现在1年零1天以内?

在起源上,1年零1天规则,可能出自限制因果关系难题的愿望。[①]设定一定时间的限制看似合理,因为让行为人长时间冒着被指控犯有杀
291 人罪的风险,显然是错误的。伤害者可能因严重伤害而被定罪和判刑;如果受害人随后死于上述伤害,重新对该被告加以审判并认定其犯下谋杀罪是不可取的。1年零1天规则是过去那个时代的历史遗迹,彼时,医学尚未得到足够的发展,医学家难以确定1年多之后死亡的确切原因。该规则还可以追溯到那个人们在被刺伤、枪击等之后,无法依靠医术维持数年生命的时代。

历史上存在的上述困难,其实就是英国司法部门面临在很长一段时间之后,无法确定作为犯罪结果起因的挑战。因此,提出假设,即如果死亡出现在犯罪行为实施完毕1年之后,就不能再将其视为死亡的原因。斯皮尔曼(Spelman)提出,在"亨利八世"(Henry Ⅷ)统治时期,若干法官开始怀疑在投毒案件中适用"1年零1天规则"是否明智,因为毒药(正如他们所认为的)可能很迟才会产生效应;事实上,他们担心,某人可能死于8年前服用的毒药。[②] 在这个时代,问题在于,脑死亡的被害人仅仅依赖生命维持设施便可存活多年。[③]

近年来医学科技取得巨大进步,故可以在保持公正的情况下,在若干年后追踪因果关系。[④] 如果1年零1天规则得以保留,就会造成不公正,如果事实证明行为人的行为造成被害人在1年多之后死亡,罪魁祸首就会逃避法律制裁。《1996年法律改革(1年零1天规则)法》[Law Reform (Year and a Day Rule) Act 1996]废除了1年零1天规则。如果"据称造成死亡的伤害发生在死亡结果出现前3年以上",只有在总检察长同意的情况下,才能对行为人启动谋杀或过失杀人诉讼。

---

① *R. v. Dyson*[1908]2 K. B. 454.

② J. H. Baker, (ed.) *The Reports of Sir John Spelman*, (London: Selden Society, 1978) Vol. Ⅱ at 308. Nick Corasaniti, "Coroner Is Said to Rule James Brady's Death a Homicide, 33 Years After a Shooting" (New York: *The New York Times*, 8 Aug. 2014).

③ *R. v. Malcherek and Steel*[1981]1 W. L. R. 690 at 697; *People v. Mitchell*(1982)132 Cal. App. 3d 389; *Clay v. State*(1987)256 Ga. 797; *Commonwealth v. Golston*(1977)366 NE2d 744.

④ Donald E. Walther, "Taming a Phoenix: The Year-and-a-Day Rule in Federal Prosecutions for Murder", (1992) 59 *U. Chi. L. Rev.* 1337.

11-005　加速受害死亡的话，该怎么办？

这也属于法律上的“杀人”。① 人命自有定数，所以每次杀人都是加速死亡的实例；即使只使死亡提前了 5 分钟，也仍然是杀人犯罪。② 因此，如果某人将他人刺死，同时其证明被害人已经病入膏肓，也不能成立 292
抗辩。③ 同样，如前所述，法院将会排除某些原因。

杀人可以通过任何方式发生。不需要直接的身体动作。如果在漆黑的夜晚，被害人向被告人问路，而被告人希望杀死被害人，遂指引其走上一条被告人明知前面就是悬崖的绝路，被害人跌落摔死，这显然是谋杀，尽管被告人只不过是说了几句话。所以可以说“杀人”，是指以法律认为充分的任何手段造成死亡结果的行为。④ 对于这些方法，必须加以考量。

第 2 节　事实的必要条件关系

11-006　“长期以来，法律上的因果关系是混合概念，由两个部分组成：‘实际原因’（actual cause）和‘法律原因’（legal cause）。”⑤本书对因果关系的考察，将从事实原因开始。必须在此方面作出重要的区分。刑法中普遍使用的因果关系，既涉及因果关系的“必要条件”（*sine qua non*）问题，又涉及归责性问题。与前者等价的英语术语便是“因果关系必要条件”（but-for causation）（准确来说，如果没有……则不存在因果关系）。要使某个要素成为条件要素，就必须确认，如果没有这个前因要素的发生，事情就不会发生。

11-007　当然，必要条件说意义上的因果关系概念宽泛到十分荒谬的程度，借此，可以将我们一路带回到亚当和夏娃时代。⑥ 罪犯的母亲，是其实施犯罪的必要条件，同理，被告人的祖母也是如此，以此类推到其所有的祖先，无穷无尽。

这是完全正确的，但有两个要素限制了因果关系的司法调查。首先，

---

① *R. v. Cox* (1992) 12 B. M. L. R. 38. *State v. Decello* (1974) 111 Ariz. 46; *Quill v. Koppell* (1994) 870 F. Supp. 78.

② *R. v. Dudley and Stephens* (1884) 14 Q. B. D. 273.

③ *R. v. Cox* (1992) 12 B. M. L. R. 38; *R. v. Dyson* [1908] 2 K. B. 454; *R. v. Pankotai* [1961] Crim. L. R. 546.

④ Dennis J. Baker, “The Moral Limits of Consent as a Defence in the Criminal Law”, (2009) 12 (1) *New Crim. L. Rev.* 93; Margo Kaplan, “Sex—Positive Law”, (2014) 89 *N. Y. U. L. Rev.* 89. Cf. *State v. Govan* (1987) 744 P. 2d 712.

⑤ *Burrage v. U. S.* (2014) 134 S. Ct. 881 at 887 *per* Scalia, J. .

⑥ Francis Bacon, *The Elements of the Common Laws of England*, (London: Printed by R. Young for the assignes of Iohn More Esquire. , 1639) at 1 *et seq.*

先从遭到指控的被告开始,其母亲并没有参与犯罪,更不用说亚当和夏娃了。其次,必要因果关系只是故事的组成部分,除非被告人的行为属于可被归责的法律原因,否则即便满足必要条件,被告人也无须负责,还得处理可归责的法律因果关系。

11-008 必要条件说有用吗?如果原因是被告人实施的积极行为,是不是太显而易见,根本无须专门说明?如果被告人向被害人开枪射击,被害人倒地死亡,肯定不需要证明子弹进入了被害人的心脏而导致了死亡,不是吗?

如果因果关系是显而易见的(通常如此),就无须讨论了。当然,对于最后问题的答案是否定的。但有时此类问题可能需要专家的协助。被告人可以给被害人下毒,后者不久后便死亡,但尸检可能显示被害人不是死于中毒,而是死于心脏病。然后在对被告人的审判过程中,可能会出现医学证据,大意是死亡并非中毒所致,这意味着无论如何,被害人都会在当时因心脏病死亡,毒药对此并未起到任何加功。如果陪审团相信该证据,或者,更确切地说,如果无法确定该抗辩是不真实的,就必须宣告对被告的谋杀指控不成立,尽管被告人可能会被认定成立犯罪未遂。[1]

因此,可以总结说,只有在相对罕见的情况下,必要条件因果关系才具有法律旨趣,尽管从表面上来看,必要条件并不存在;如果有人抗辩称不存在必要条件关系,就给陪审团提出了事实问题,陪审团可以根据一般经验作出认定,但可能必须得到专家证据的协助;检控方则需要承担排除合理怀疑地证明被告的作为(或不作为)是结果发生的必要条件的责任。[2]

最后一点在专家证据方面遇到了若干困难,因为专家可能不愿意让自己作出,如果没有被告的作为或不作为,结果"很可能/盖然性地"不会发生以外的其他任何陈述。尽管专家不会作出更多的承诺,陪审团(有些奇怪)有权从专家证据中推定因果关系成立。[3] 然而,应提醒他们自己必须有把握。专家的犹豫或保留,无疑应当是导致上诉法院仔细审查有
294 罪判决的要素。

11-009 如果不同被告总共实施了两个满足条件说的行为呢?上述定义是否默示了这样悖论:如果两个人各自独立地引起事件,则都不属于导致其发生的原因?[4]

为了对此加以应对,必须在定义中插入多重因果关系的例外情况。

---

① *R. v. White*[1910]2 K. B. 124. James Angell McLaughlin,"Proximate Cause",(1925)39 *Harv. L. Rev*. 149 at 155. Cf. *State v. Montoya*(2002)61 P. 3d 793.

② *R. v. Dyos*[1979]Crim. L. R. 660.

③ *R. v. Cato*[1976]1 W. L. R. 110;*R. v. Stone and Dobinson*[1977]2 W. L. R. 169 at 173.

④ *R. v. Maybin*(2008)79 W. C. B. (2d)641;cf. *R. v. Maybin*[2012]2 S. C. R. 30.

可能同时存在两个充分原因,原因甲和原因乙,随后出现了结果,尽管通常这种结果只会单独由原因甲或原因乙所导致。原因甲和原因乙都是导致结果发生的原因,即使在特定情况下,其中之一(视情况而定)不必出现。[①] 事例便是两名被告同时各自对被害人造成了致命的伤害。(这种“同时独立实施”的行为,在法益侵害性上,不亚于“共同实施”的行为——例如,被告甲和被告乙共同扣动枪的扳机,而不是单独扣动两支不同的枪的扳机。)如此一来,不同被告的行为同时导致结果,因此,很难利用对方同时作出的实质加功来掩盖自己的实质性加功。

在两个行为人的因果关系重叠的情况下,认为双方的行为可同时属于导致结果发生的重要原因,绝非妄言。毋庸置疑,如果 4 个人分别实施投毒行为,且 4 个行为总体构成了毒死被害人的原因,就可以认为 4 方的行为是并存的重要原因,因为每个人都对被害人的死亡实施了重要的因果关系加功行为。[②] 这与如果 4 个人都没有下毒,被害人就不会死没什么不同。事实上,只有在第 4 个人给被害人下毒后,他们才对被害人死亡的结果负责,因为这才是“致命打击”。如果投毒行为是同时发生的,很容易就可以确定其都是致死的原因。很多人在数年内连续给某人投毒,所有人各次的下毒量加起来是致死剂量,这个事例的问题要大得多。更显明的事例是,被害人死于严重的医疗过失。如果治疗失误是死亡结果发生的一半原因,而最初由被告人造成的伤害是另一半原因,则一旦两者的原因结合起来导致被法律所禁止的后果,两者就都将对杀人罪(根据各自犯意,被告人构成谋杀罪或推定过失杀人罪,而医生则构成重大过失杀人罪)承担责任(见下文讨论)。

可以假设,所有的情况完全相同,比如两名被告同时在近距离射击被害人的头部,可以认为,不管怎样,单独射击行为都会杀死被害人。然而, 295
如果被告人可以证明自己当时独立实施的行为,明显不足以导致危害结果,其行为将不被视为共同原因。同样地,假设被告人甲的子弹进入肺部,1 小时后会导致被害人死亡,但被告人乙射出的子弹正中被害人心脏,瞬间致命。当然,如此一来,只有乙构成了谋杀既遂。而甲仅仅成立未遂罪。[③]

---

① *State v. Christman*(2011)160 Wash. App. *Cox v. State*(1991)808 S. W. 2d 306 at 309-310; *Jones v. Com.*(1955)281 S. W. 2d 920; *State v. Batiste*(1982)410 So. 2d 1055. *People v. Jennings*(2010)237 P. 3d 474.

② *People v. Butler*(2010)114 C. R. 3d 696.

③ *Anderson v. State*(2011)385 S. W. 3d 214 at 218-219.

11-010 是否可以认为,因果不确定性的情况不能简单地解释为共同因果关系。如果没有办法证明是谁的子弹射死了被害人呢?[①]

这个问题好。举个事例。流氓团伙决定在居民区发动帮派争斗,这导致他们向对方发射了大量子弹,结果无辜的过路人被打死。被告故意刺激对方,进而假想自卫射击,而这实际上是在公共场所与敌对帮派见面进行相互枪战的必然结果。基于"阿尔斯顿诉马里兰州案"(*Alston v. State*)[②]中的类似事实,莫兰法官(Moylan,J.)表示:

"就这起丧心病狂的谋杀案而言,致命的不是子弹。这样的分析方法会使我们陷入细枝末节的愚蠢之中,即试图确定在一次疯狂的交火过程中,发射的几十发子弹中的每一枚的轨迹和出处。致死力量,更确切地说,来自枪林弹雨的整体,即一阵排枪,没有进一步深究的必要。哪颗子弹来自哪把枪,无关紧要。谁也不用为哪个成员击毙了被告而苦恼。"

但只有在共犯责任成立的情况下,才能规避因果关系的讨论。[③] "转移故意原则"(Transferred Intention Doctrine)使意外射杀无辜路人的行为人负有责任,而共犯原则使从犯对行为人杀害路人负有责任,因为行为人在故意杀害从犯时意外杀死了路人。只要能证明正犯或从犯(教唆犯)是被害人死亡的直接原因,谁是实行者,谁是从犯并不重要。[④] 因此,如果整个事件都被视频监控所捕捉,很清晰地显示了杀死被害人的子弹来自哪把枪,在这之后,枪战的参与者把枪带到废金属经销商那里加以熔
296 化,以防止弹道专家确定哪支枪打死了被害人,就变得无关紧要了。只要能证明,子弹如果不是来自被指控的正犯,就一定来自被指控的共犯,从共犯责任的角度出发,无论谁是正犯,谁是从犯,都无所谓了。[⑤] 教唆犯惹起了正犯的行为,是造成被害人死亡的直接原因,因为其轻率地或间接故意地打算通过向正犯射击,来鼓励正犯在公共场所随机射击(给了被告人在公共场所射击的理由)。[⑥]

11-011 两名刺客各自独立行动呢?共犯原理将会丧失相关性,因果关系的不确定性是否意味着两人都将逍遥法外?

同样,最好举例对此加以说明。以两名刺客,即被告甲和被告乙被派去杀害在公共广场发表演讲的某重要政治家为例。两名刺客都不知道对

---

① *State v. Rose*(1973)311 A. 2d 281;*State v. Voland*(1999)716 N. E. 2d 299.

② (1994)662 A. 2d 247.

③ Dennis J. Baker, "Liability for Encouraging One's Own Murder, Victims, and Other Exempt Parties", (2012)23(3)*King's L. J.* 257.

④ *Knutson v. State*(1987)736 P. 2d 775.

⑤ Dennis J. Baker, *Reinterpreting Complicity and Facilitation offences*, (2015) at Chap. 3.

⑥ *Id.* , at Chap. 1.

方也被派去暗杀那个政客。刺客甲潜伏在俯瞰公共广场的塔楼中，刺客乙则埋伏在公共广场边上的另一座塔楼中。两个刺客都不知道对方的存在，都使用消音器。两人几乎都在同一瞬间向这位政治家开火，并且都认为自己已经成功地杀死了她，因为被害人遭遇射击后便倒地身亡。此后，两人逃离现场，没有注意到他们的子弹实际上只有一颗击中了这位政治家，因此只有一颗是政客死亡的直接原因。杀手都利用废金属贩子熔化了他们的枪，以处理任何与刺杀有关的证据。无独有偶，这两起案件都是在被告人离开现场时被监视视频捕捉到，"军情五处"（MI5）[①]对此了如指掌，将两被告缉拿到案后，以谋杀罪名加以起诉。

问题是，只有其中某人事实上导致了这位政治家的死亡。[②] 另外一人只构成了杀害政治家的未遂，因为其发射的子弹没有击中目标。法医证明被害人死于一处枪击伤。一人可能被控谋杀未遂，他人可能被控谋杀，但哪个人可能被控哪项？因为他们在弹道测试之前就把枪熔化了，所以不知道谁是未遂犯，谁是正犯。若干主流评论者认为，对未遂犯的惩罚没有理由低于对既遂犯的惩罚；[③]根据这种理论，随机指控一人谋杀，他人谋杀未遂也算公正。如此一来，量刑法官可以运用她的自由裁量权来确保每行为人都得到相同的刑罚。虽然在定性标签方面仍会有若干差异，但不会造成任何巨大的不公正。但这在没有未遂法的情况下，显然并无太大帮助。也不允许进行完全应有的归责。此外，根据现有的因果关系规则，该理念，即如果不是行为人的子弹击中了被害人，从而导致了被害 297
人的死亡，该行为人也至少需要为试图杀害被害人负责，在法律上似乎不可能成为判定某人构成谋杀罪的理由。如果两个人都被控谋杀未遂，并且量刑法官对其均判处法定刑上限，这样的困难不会构成任何障碍。

11-012　在疑难案件中，是否应该放弃"必要条件"的审查？

幸运的是，因果关系不确定的判例，在司法实践中很少出现。当此类案件出现时，[④]应放弃"必要条件"标准的检验，因为更一般规范性调查更有助于确保责任人按照其过去的错误行为承担相应的刑事责任。在民事

---

① "军情五处"是世界上最具神秘色彩的谍报机构之一，1905 年成立，一直是在处于极度机密的情况，不受政府领导，业务上对英国外交部负责，为政府处理安全、防务、外事、经济方面的事物收集情报。作为情报机关，并无逮捕人民的权力，因此在行动时一般会与警察合作。——译者注

② Cf. *People v. Sanchez*(2001) 29 P. 3d 209.

③ Andrew Ashworth, "Criminal Attempts and the Role of Resulting Harm under the Code, and in the Common Law", (1988) 19 *Rutgers L. J.* 725 at 739-744.

④ Cf. *United States v. Kearney* (2012) 672 F. 3d 81 at 98. Jonathan Schaffer, "Overdetermining Causes", (2003) 114 *Phil. Stud.* 23.

案件“莱塞福斯公司诉汉克”（*Resurfice Corp. v. Hanke*）[1]中，加拿大最高法院裁定：

“然而，在特殊情况下，法律承认，对于基本的‘必要条件’审查，存在例外情况，并适用了‘实质加功’（material contribution）检验标准。广义地说，恰当地应用‘实质加功’测试的情况涉及两个要求。

……

首先，对于原告来说，必须证明无法凭借‘必要条件’检验标准认定被告的疏忽造成了自己的伤害。不可能的原因必须是原告无法控制的要素；例如，目前科学知识的限制。其次，必须明确的是，被告违反了对原告的注意义务，从而使原告面临不合理的伤害风险，因此遭受了这种形式的伤害。换言之，原告的实质损害必须在被告违反义务所造成的风险范围内。在满足这两项要求的例外情况下，即使‘必要条件’测试未得到满足，也可能会认定责任，因为采用‘必要条件’方法否认责任，会违反公平正义的基本概念。”

在涉及损害赔偿的“帕拉林诉美利坚合众国案”（*Paroline v. United States*）[2]中，美国联邦最高法院认为，并非所有案件都必须适用“必要条件”测试。在该案中，肯尼迪大法官（Kennedy，J.）援引了整体因果关系测试标准，因为必要条件测试并没有为那些与其他罪犯一样拥有虐待儿童形象的被告提供“数量意义上的安全性”（safety-in-numbers）的例外……“从根本上说，国会并不打算为那些众所周知的对被害人施以千刀万剐折磨的行为人建立安全的庇护所”。[3] 可以说，除非在相关法规中存在明确规定，否则无须考察必要条件因果关系。[4] 考虑到“必要条件说”因果关系检验标准是从民法中提炼出来的，似乎没有强有力的理由认为，就算有罪之人逃避司法，刑法也应持续对其坚持不放。

回到涉及刺客的事例：被告人甲与被告人乙都试图杀死该政治家，因此无法证明甲的行为而不是乙的行为才是造成政治家死亡的真正原因，
298 或反之，并不重要。遂行完毕刺杀政客的企图后，他们就改变了自己的规范地位，必须承担个人行为的事实因果关系不确定的后果，因为可以确定的因果关系是，其中一人在试图刺杀政客时将其杀害。更重要的是，他们都有谋杀罪的犯意，图谋已经实施完毕，尽管不知道哪个人成功了，但的确构成了既遂。

---

① [2007] 1 S. C. R. 333 at paras. 24-25. *Anderson v. State*(2011) 385 S. W. 3d 214 at 218-219.

② (2014) 134 S. Ct. 1710 at 1736.

③ Id. , at 1737.

④ *Burrage v. U. S.* (2014) 134 S. Ct. 881.

第 3 节　因果关系与巧合的过失

11-013　在存在过失(或轻率)问题的情况下,限制性规则跨越了条件因果关系和法律因果关系(规范上可归责)之间的鸿沟。该规则是证明被告在相关方面的过失必须具有因果力。适用的前提必须是,如果行为人没有过失的话,事故一定不会发生。换言之,被告对与其行为的不法特征没有因果关系的事件不负责任。这条规则对过失杀人和危险驾驶致人死亡有一定的适用性。[①]

报告中的事例是"女王诉达洛维案"(*R. v. Dalloway*)[②]。马车夫把缰绳松放在马背上。这当然是种过失的驾驭方式。孩子跑过马路,被马车撞死了。厄尔法官(Erle,J.)对陪审团作出法律指示意见:如果通过拉紧缰绳可以让孩子免于一死,车夫就犯了过失杀人罪,但如果勒好缰勒也不能救孩子,陪审团就必须宣告马车夫无罪。换句话说,这便是问题所在。假设被告小心驾驭,牵着缰绳,会不会发生死亡结果?如果被害人在没有任何人——甚至是从头到尾行为谨慎的人——能够及时停车的时候突然跑了出来,被告就不构成过失致人死亡罪。[③] 因此,因果责任并不简单地取决于被告人的行为符合条件说,以及被告的行为方式不正常和不适当,可能还有其他具有压倒性的要素,如第三方的重大过失。例如,学者强森提供了以下事例和分析:[④]

"醉酒者开车来到十字路口,在红灯亮时适当停车。当车辆处于静止状况时,由于后车驾驶员的过失操作,被该车从后面撞到。过失的后车司机在碰撞中受伤身亡。"[⑤]

……

"即使被告的行为并无错误,也有可能造成风险,在红灯处被追尾的风险就是其中之一。因此,这不属于使行为的总风险超过其总利益的风险;也不属于使驾驶人的行为不法的风险。最后,这意味着,可以认为,在若干酒驾案件中,被害人的伤害并非由使被告的行为不法的风 299

---

① *R. v. Hughes*[2013]1 W. L. R. 2461 at 2475.

② (1847)2 Cox C. C. 273. *State v. Kenny*(2013)116 So. 3d 992;*Pearson v. State*(1992)601 So. 2d 1119;*State v. Benoit*(1994)650 A. 2d 1230;*People v. Garner* (1989)781 P. 2d 87. Cf. *State v. Voland* (1999)716 N. E. 2d 299.

③ *State v. Kenny*(2013)116 So. 3d 992.

④ Cf. Eric A. Johnson, " Wrongful—Aspect Over—determination: The Scope—of—the—Risk, Requirement in Drunk Driving Homicide",(2013)46 *Conn. L. Rev*. 601 at 616.

⑤ *Magaw v. State*(1989)537 So. 2d 564 at 566-567 *per* Boyd,J..

险所造成的。”

在“达洛维案”中，被告的驾驭行为与孩子的死亡之间存在必要条件因果关系。如果达洛维当时没有驾车经过那个地方，就不会撞到孩子。[1]而且，他的驾驭行为存在过失，也许是严重过失。但也有必要(在指控过失杀人罪时)证明，死亡与过失未能拉住缰绳之间有因果关系。如果某人被指控危险驾驶致人死亡，则有必要证明，如果不是过失，死亡结果就不会发生。不管司机是否有过失都会发生这种情况，就可以援引“达洛维案”所设定的原则。在达洛维案中，即使达洛维“实现了正常的预期模式”，被害人也会被撞死。这个男孩自己的行为才是其死亡的主要的支配原因。[2]

11-014　行为人能对自己造成的后果承担严格责任吗？

是的，如果行为人真的引发了危害结果。严格责任是对犯意，而不是对犯行中的因果要素的替代。斯特劳德研究过的两个传统判例提供了可供讨论的事例：“因此，妇女带着感染天花的儿童通过公路前往共同危险区，在没有人指控或证明她在任何程度上有意让任何人染上这种疾病的情况下被判有罪。”宣判时，勒·布兰科法官(Le Blanc，J.)明确表示不会“将造成后果，即‘另两名受感染儿童的死亡’的意图归责于被告。”[3]尽管如此，如果这属于严格责任犯罪，而且被告确实导致其他人受到威胁，因果关系就得以证明。[4]

将这些传统案件与1988年《道路交通法》第3ZB条进行比较，该条规定了驾驶机动车致人死亡的罪行：无照驾驶、无资格驾驶或无保险驾
300 驶。第3ZB条规定：

“任何人如在道路上驾驶汽车致他人死亡，且在驾驶时存在下列情况，则构成犯罪——

(a)犯本法第87(1)条规定之罪(非按照执照类型驾驶)；

(b)犯本法第103(1)(b)条规定之罪(在丧失驾驶资格时驾驶)；

(c)犯本法第143条规定之罪(在未投保或未担保第三方风险的情况下使用机动车)。”

11-015　假设没有执照的司机，即被告人甲，在山路上拉了搭便车的人，当他和这个搭便车的人沿着山路开车下山时，石头从山间滚下来，

---

① *Zuchowicz v. U. S.* (1899) 140 F. 3d 381, Calabresi, J. referring to *Berry v. Sugar Notch Borough* (1899) 191 Pa. 345.

② Mackie, *op. cit. supra*, note 2 at 145.

③ Douglas Aikenhead Stroud, *Mens Rea*, (London: Sweet & Maxwell, 1924) at 154; *R. v. Vantandillo* (1815) 4 M. & S. 73.

④ *R. v. L* [2011] R. T. R. 19; *R. v. Jenkins* [2013] R. T. R. 288.

撞到了汽车的乘客一侧，砸死了搭顺风车的人。另外，假设被告人甲已经有 20 年的驾龄，且有着无可挑剔的驾驶记录，仅仅因为忘记更新驾照而变成了无照驾驶。被告人甲驾驶行为的错误特征，是否导致了被害人的死亡？

被告人开车的错误特征是无证驾驶。无照驾驶人无须承担责任，因为驾驶的错误特征（没有生效驾照）不会导致乘客死亡。[①] 被告人让被害人搭乘，其没有驾照，并没有增加被害人被山腰上滚落的岩石砸死的风险。毫无疑问，如果司机有驾驶执照的话，如果继续沿着山路开下去，被害人所面临的风险是一样的。第 3ZB 条所述的罪行是荒谬的，因为规定，无执照、无资格或无保险的状态，使得不良驾驶与危害结果具有因果关系。如果无证司机以规范的方式驾驶机动车，并撞死了自己过失走到车前面的醉酒者，很难认定司机的模范驾驶行为和其无证司机的身份会导致醉酒的行人死亡。[②] 相反，如果被告是不合格的司机，且缺乏技能，无法避开巨石，而合格的司机本可以轻松避开巨砾，因果关系可能与她驾驶的错误特征有关。

如第 3ZB 条所述的罪行，即使被解释为严格责任犯罪，也不起作用。在严格责任方面，可以认为，如果不是在公路上以标准状态驾驶，事故就不会发生。但还必须有法律上的因果关系，这意味着陪审团必须认定，将因果责任归责于被告人在规范上是公平的。[③] 因为如果行为的错误特征与被禁止的后果之间没有联系，将因果关系归责在他身上就是不公平的。这在很久以前就得到了哲学家、[④]美国法院[⑤]的认可，并在本书此前版本中得到了提倡，此后在“女王诉休斯案”（*R. v. Hughes*）[⑥]中得到了英国最高司法机关的赞同，休斯法官和图尔森法官（Toulson，J. J. S. C.）：

因此，应指示陪审团，检控方不必证明驾驶行为存在疏忽或不注意，但在被告的驾驶中，必须有若干可接受适当批评的地方，而不仅仅是在道路上驾驶机动车［有无照驾驶人在开车］，而且这些情况造成的影响超过了致人死亡的最低限度。在实践中，这种违法行为会增加多少其他驾驶

---

① *State v. Benoit*(1994)650 A. 2d 1230 *per* Murray, J..

② Cf. *State v. Kenny*(2013) 116 So. 3d 992.

③ Johnson, *op. cit. supra*, note 54 at 627-628.

④ J. L. Mackie, *The Cement of the Universe*, (Oxford: Clarendon Press, 1981) at 130; H. L. A. Hart and A. M. Honore, *Causation in the Law*, (Oxford: Oxford University Press, 1959) at 112-114.

⑤ *People v. Mulcahy* (1925) 149 N. E. 266; *Com. v. Williams* (1938) 1 A. 2d 812; *King v. Commonwealth*(1988) 6 Va. App. 351; *State v. Voland* (1999) 716 N. E. 2d 299. Cf. R. *v. Williams* [2011] 1 W. L. R. 588. Note, "Involuntary Manslaughter—Death Causes While Driving without a License", (1935) 10(1) *Temple Law Quarterly* 67 (1935-1936).

⑥ [2013] 1 W. L. R. 2461 at 2475.

致人死亡犯罪,必须根据事实情况拟定,可能会相对较少,但这是所用语言和上述解释原则的必然后果。

必要原因有时被称为实际原因,或事实原因,或科学原因。重要的是,要将其与另外意义上的原因,即"可归责的规范性"或"可归责的法律性"原因加以区分。法官和学者使用了许多标签来标定可归责的规范性原因,包括法律原因、有效原因和近因。下面,将详细地讨论法律原因和相关的限制理论。

第4节 法律归因

11-016 目前,已经出现了若干理论,来帮助指导确定事实因果关系加功的规范限度的过程。某人并不需要为自己对他人造成危害的所有事实助力承担刑事责任。只有当某人对因果关系的加功也是造成损害的可归责的规范原因时,才对其加功行为负有法律责任。在规范上,可以归责于被告的事实原因是法律原因。事实因果关系的规范限度问题,大多涉及介入性和多因一果的问题。澳大利亚高等法院的麦克休法官(McHugh,J.)说,[①]有两种(常见情况)援引因果关系的常识原则往往对陪审团没有什么帮助。第一种情况是,如果没有被害人或第三方随后的行为的干预,被告的行为不会导致事件或事件的发生。第二种情况是,尽管被告有作为或不作为,但如果被害人或第三人采取行动去避免该作为或不作为的后果,则事件本可以被阻止。在这些情况下,普通法法官试图使用更具体的测试,来确定被告的必要作为或不作为是否对事件或事件的发生负有"因果责任"。普通法法官为此至少使用了4种测试方法,分
301 别是:(1)实质原因测试;(2)自然结果测试;(3)结果合理预见性测试;(4)"全新介入行为测试"(*novus actus interveniens* test),有时与其他三项测试中的结合使用,有时独立使用。不幸的是,这两种常见情形在应用这些测试时没有显示出一致的模式。通常,测试被用来排除其他测试,但同时又没有明确地承认其他测试的存在。

如后所述,下面讨论的若干测试是彼此的变体。其中若干在实践应用中是累积产生的。本章讨论的主要因果关系问题,涉及介入性原因以及其何时打破因果链条。正如下面将要看到的,介入要素是否取代了被告行为形成的原因,通常是合理的可预见性问题。如果直接伤害被害人的介入原因(例如,被害人选择从汽车上跳下来以避免被告人意图实施

① *Royall v. The Queen*172 C. L. R. 378 at 441.

的性行为)不是实施错误行为的被告人可合理预见的结果,将被害人遭受的伤害归责于被告,在道德上就是不公平的。① 其他核心问题是,当被害人的死亡结果存在以上的重要原因时,如何分配因果责任。后一个问题要求陪审团对作出重大因果加功的行为进行评价性判断。例如,真正但有风险的医疗手术,可以成立紧急避险,因为该手术是为了使被害人不死于被告人对其造成的伤害而进行的,但也可能是被害人最终死亡的重要共同原因,但这与不法行为没有任何关系。外科医生的行为是正当的。如果外科医生的行为不合理或有重大过失,就需要对自己的重大加功行为承担独立责任。②

11-017 用来指示陪审团确定法律因果关系的学说理论是什么?

法官们随机地制定了若干指导规则。当然,一般来说,没有问题。在因果关系显而易见的情况下,即便是在凶杀案中,即便因果关系的举证责任应该由检控方承担,法官也可能不会对因果关系作出任何法律指示意见。"在凶杀案中",高夫法官(Goff L. J.)表示:"很少有必要对陪审团作出任何关于因果关系的指示。"③指示即使是在给出时,通常也非常笼统,甚至没有区别事实因果关系和法律因果关系。法官将使用此前已经提到的形容词,告诉陪审团被告的行为必须是结果的"重大的"、"接近的"或"实质性的"原因,或者结果不能太"遥远"。或者法官可以告诉陪审团,在法律上,被告的行为不必是造成这种后果的唯一原因,甚至不必是主要原因,只需要被告的行为对危害后果作出了"重大"加功。④

在没有确切规则的情况下,或如果被告的行为显然属于可归责的原因,法官上述的做法就已足够。但在本章将要讨论的若干案件中,这种做法显然无法令人满意,在这些案件中,所谓适当的判决结果,可能对外行 303
来说是可疑的,含混不清的指示可能会产生不一致的裁决,如果给予具体的法律指示,就可能避免上述情况。在必要的情况下,法官给陪审团的指示应区分事实与法律因果关系,并应准确地告知陪审团所涉及的任何法律规则。如果问题涉及条件性因果关系,询问陪审团被告的作为(或不作为)是否在任何情况下都属于导致事情发生的原因,便是足够的。没有必要谈论所谓原因的"实质性"问题,⑤但如果争议的问题是检控方所

---

① *People v. Goodman*(1943)182 Misc. 585;*R. v. Roberts*(1971)56 Cr. App. R. 95.

② *Palmer v. State*(1960)223 Md. 341;R. v. *Russell*[1933]V. L. R. 59. Baker, *op. cit. supra*, note 42 at Chapter 1. Colin Howard, *Australian Criminal Law*, (Melbourne: The Law Book Company Ltd., 1965) at 222.

③ *R. v. Pagett*(1983)76 Cr. App. R. 279 at 288 *per* Goff L. J.

④ *R. v. Pagett*(1983)76 Cr. App. R. 279.

⑤ *R. v. Cato*[1976]1 W. L. R. 110.

指控的原因是否是法律意义上(规范上可归责的)的原因,并且如果正确的观点是,出于某种考虑,检控方所指控的原因在法律上不是或可能不是可归责的原因,如果不充分涵盖这个点,对陪审团的法律指示意见,便具有了误导性。①

该原因必须能公平地归责于被追究责任的人。如后所述,在涉及介入行为和多因一果的复杂案件中,需要的不仅仅是必要条件原因分析。还必须证明,认定被告造成损害是公平的;而若损害是偶然事件或他人的介入行为造成的,则认定危害结果是被告引起的,就是不公平的。

11-018 就针对因果关系向陪审团作出的法律指示意见而言,如果区分在可归责因果关系问题上存在以及不存在相关法律规则的案件,理论问题可能会得到澄清。如果不能制定出令人满意的规则,而且这是"直觉反应"的问题,即对因果关系的适当裁决,可能受到合理怀疑,就可以告诉陪审团,他们必须决定是否可以公平地将结果归责于被告。② 如果损害显然是由被告造成的,则无须作出法律指示意见。如果可以制定某项规则,并使其能够适用于类似"女王诉帕格特安案"(*R. v. Pagett*)③的情况,法官应有权坚定地向陪审团加以宣布,并在必要时排除不相关的证据。

最后的观点,得到了"女王诉马尔切雷克案"(*R. v. Malcherek*)④的支持,在这个案件中,强调了初审法官对因果关系认定的控制。马尔切雷克刺伤了妻子的腹部;在医院被害人因为心脏停止跳动,被戴上了呼吸机,但是,由于大脑受到不可逆的损伤,最终被撤下了呼吸机。在针对马尔切雷克的谋杀指控中,初审法官拒绝将因果关系的问题交给陪审团处理,被
304 告人被判有罪。上诉时,辩护方试图提供证据,以表明医生过早地关掉了机器,但法院拒绝听取该证据。如此一来,法庭宣布,就算医生判定"患者实际已经死亡"并关闭呼吸机,这在法律上也并不阻止攻击者承担责任。

既然可归责因果关系是种法律规则,就必须考虑这些规则是什么。根据对新的介入行为/事件和多重重大原因的说明,当被告故意制造特定后果时,一般不会出现问题。主要困难与意外后果有关。⑤

11-019 为确定事实因果关系加功的规范限度而发展的理论和检

---

① R. *v*. *Cato*[1976]1 W. L. R. 110.

② *R*. *v*. *L*[2011]R. T. R. 237 at para. 241.

③ (1983)76 Cr. App. R. 279.

④ [1981]1 W. L. R. 690. Cf. the *obiter dictum* R. *v*. *Blaue*(1975)61 Cr. App. R. 271.

⑤ Cf. *R*. *v*. *Lewis*(1922) unreported.

验包括以下内容：

1. 发挥作用的实质原因测试；
2. 重大因果关系的抗辩；
3. 作为并存重要原因的医疗规范性评价；
4. 可归责的因果关系；
5. 新的介入行为（介入原因可能是人类行为或诸如雷击等事件）；
6. "意外扭曲原则"（Unexpected twist principle）；
7. 普通危害与自然后果；
8. 合理预见原则；
9. "诱发行为"因果关系说；①
10. 无责任介入原则；
11. 终止原因行为的责任；
12. 不作为；
13. 过失相抵原则；
14. 适用于惊吓致死案件的预见理论。

加州的判例中使用了"挑衅行为"（provocative act）概念，但也许"诱导性行为"是"女王诉帕格特安案"②所提出的理论的更恰当的标签[当被告人客观意义上可以预见，如果自己从事了甲行为，将导致（诱导或强迫）被害人实施乙伤害行为时，被告人应对导致/诱导被害人造成自身伤害，即被告人诱导/强迫被害人从建筑物跳下负责]。如此一来，介入行为不是自愿的，是客观意义上可预见的被害人反应，因此，不会打破因果链条。

第 5 节　发挥作用的实质原因：重大原因抗辩

11-020　与导致犯罪后果发生的所有其他因果要素进行比较时，有必要确定被告人行为的因果力影响。在"女王诉柴斯维尔案"（*R. v. Cheshire*）③中，拜尔德牧法官（Beldam L. J.）表示："被告的行为不一定是死亡的唯一原因，甚至不一定是主要原因，只要他的行为对该结果有显著的加功就足够了。"有必要确定被告的原因是否是造成最终伤害的"重要 303

---

① *R. v. Pagett*（1983）76 Cr. App. R. 279；*Reyes v. State*（2001）783 So. 2d 1129.

② （1983）76 Cr. App. R. 279. Baker, *op. cit. supra*, note 42 at Chapter 3.

③ *R. v. Cheshire*[1991]1 W. L. R. 844 at 851-852.

的"(significant)、[①]发挥作用(operating)[②]的原因。法院交替使用"实质的"(substantial)和"重大的"(significant)两个词,[③]但显然两者属于同种测试标准。实质性要求的因果关系程度与重大性要求的因果关系的程度相同,反之亦然。没有什么迹象表明两者的意义相反。法院还更替使用动词"持续"(continuing)和"发挥作用"。同样,没有任何迹象表情这两个动词的互换使用。持续的原因是发挥作用原因,反之亦然。[④] 在上面提到的各种形容词中,"重大的"概念,目前最受欢迎;如果这个词被用在对陪审团的法律指示意见中,相关有罪判决将会在很大程度上得以成立,不会在上诉时出现问题。

11-021 上诉法院的裁决[⑤]是,原因必须十分重大,这是不是对被告太有利了?最好的办法难道不是指示陪审团,如果被告的行为(如危险驾驶)是死亡的"原因",但不是微不足道的原因[⑥](超过最低限度的加功,虽然这样定义有些不符合语法要求),就可以判被告有罪吗?

这样就太苛刻了。如果被告对因果关系的加功是实质性的,但不是重大的,仅仅因为被告的因果力"是压倒骆驼的最后一根稻草"(tis the last feather that breaks the horse's back)[⑦]而让被告承担责任,显得太过残酷。这样做意味着,只要原因不是微不足道的,哪怕是无关紧要的,也会被计算在内。在"女王诉奈特案"(*R. v. Nette*)[⑧]中,加拿大最高法院认为,因果关系测试应是对"重要的加功原因"(significant contributing cause)的审查,并宣称低于此标准的原因,即使超出最低限度,也不能被视为法律原因。[⑨]

在"女王诉奈特案"[⑩]中,持异议的勒·胡莱克斯-杜拜(L'Heureux-Dubé, J.)法官表示:"我发现用'重要的加功原因'重塑'超出最低限度'[即超出最低限度的原因]测试是没有道理的,因为这样就提高了可以用

---

① *R. v. Hennigan*(1971)55 Cr. App. R. 262.

② *R. v. Smith*[1959]2 Q. B. 35 at 42 *per* Lord Parker, C. J.; applied R. *v. Cheshire*[1991]1 W. L. R. 844.

③ *R. v. Clarke*[2013]E. W. C. A. Crim. 162 at para. 61; *R. v. McKechnie*(1992)94 Cr. App. R. 51 at 56.

④ *R. v. Malcherekit*[1981]1 W. L. R. 690 at 696.

⑤ *R. v. Cheshire*[1991]1 W. L. R. 844 at 851-852 endorsed by the Supreme Court R. *v. Hughes*[2013]1 W. L. R. 2461 at 2471 *per* Lords Hughes and Toulson, J. J. S. C.

⑥ *R. v. Jenkins*[2013]R. T. R. 288.

⑦ Thomas Fuller, *Gnomologia: Adagies and Proverbs, Wise Sentences, and Witty Sayings, Ancient and Modern, Foreign and British*, (London: printed for B. Barker, 1732) at 223.

⑧ *R. v. Nette*[2001]3 S. C. R. 488 *per* Arbour, J. (Iacobucci, Major, Binnie, LeBel, J. J. 赞同).

⑨ *R. v. Maybin*[2012]2 S. C. R. 30.

⑩ [2001]3 S. C. R. 488.

来判杀人罪的因果关系的门槛。”尽管存在诸如勒·胡莱克斯-杜拜法官主张的不同意见，但英国法源依然支持“女王诉奈特案”中的多数派论断。在早期的英国法源中，没有提到“超出最低限度的原因”。这种测试只是对实质性进行判断的问题。例如，在“女王诉科菲案”（*R. v.* 306
Curphey）①中，法院提出：“陪审团……必须确信危险驾驶是造成摩托车手死亡的实质原因，尽管这不一定是唯一原因。”同样，在“女王诉史密斯案”②中，帕克法官简单地解释了这个测试标准：“如果在死亡时，最初的伤害仍然是正在发挥作用且实质性的原因，就可以非常恰当地认定，死亡是该创伤造成的，尽管其他若干致死原因也在发挥作用。”在英格兰和威尔士，“超出最低限度的原因”测试最初适用于民事案件，在这类案件中，这种测试与“重大”原因测试不同，也与“实质”原因测试相异。直到 20 世纪 70 年代，其才出现在刑法领域。③ 在“邦宁顿铸造有限公司诉沃德洛案”（*Bonnington Castings Ltd. v. Wardlaw*）④的民事诉讼中，里德法官表示：“属于‘对琐事法律不以为意’（*de minimis non curat lex*）例外的加功不是实质性的，但我认为任何不属于该例外的助力都必须是实质性的。不明白为什么会存在作用太大而不符合最小限度原则，但加功太小而不重要的原因。”

里德法官认为，任何超过最低限度原因的原因，都是确立民事过失因果关系的实质原因。⑤ 澳大利亚联邦政府在颁布 1988 年《安全、康复和康复法》（Safety, Rehabilitation and Rehabilitation Act 1988, Cth.）⑥时，对“实质加功”的概念持类似观点，因为第 5B(3)条试图区分实质性因果加功和同样重要的实质加功。第 5B(3)条规定：“‘重大程度’是指远超实质因果加功的程度。”在刑法中，仅仅依靠任何超出最低限度的重要加功来确定因果关系是不够的。⑦ 为了在刑法中确立因果关系，超出最低限度的原因本身也必须是重大原因。⑧

11-022　什么是重大原因，是应由陪审团认定的事实问题，但这不 307
是一件容易衡量的事情。美国联邦最高法院前大法官斯卡利亚（Scalia,

---

① (1957) 41 Cr. App. R. 78 at 80 *per* Finnemore, J. *R. v. Gould*[1964] 1 W. L. R. 145.

② [1959] 2 Q. B. 35 at 43.

③ *R. v. Hennigan*(1971) 55 Cr. App. R. 262 and thereafter R. *v. Cato*[1976] 1 W. L. R. 110.

④ [1956] A. C. 613 at 621.

⑤ *Zuchowicz v. U. S.* (1998) 140 F. 3d 381.

⑥ *Walshe v. Comcare*[2013] A. A. T. A. 812.

⑦ *R. v. Cheshire*[1991] 1 W. L. R. 844 at 851-852; *People v. Pike*(1984) 197 Cal. App. 3d 732 at 745; *Western Australia v. JR*[2014] W. A. C. C. 3.

⑧ *R. v. Nette* [2001] 3 S. C. R. 488; Don Stuart, *Canadian Criminal Law*, (Scarborough: Thompson/Carswell, 5th edn. 2007) at 144.

J.)曾说:“例如,本案的一位专家作证说,如果没有使用被告人提供的海洛因,被害人的死亡可能性会大大降低。使用毒品足以使被害人的死亡可能性增加 50%。感觉多吗? 15%呢? 5%呢? 谁知道呢。这种不确定性与适用于刑事审判的排除合理怀疑标准不相适应,并且与用普通人能够理解的术语来表述刑法的需要也不相一致。”[①]实质性或重大原因不能用简单的百分比来衡量,因为在某种情况下,对因果关系的加功等于 20%,可能就已经算是重要的原因,[②]但在另外的情况下,却可能不然。

提及“原因”几乎总是指条件说意义上的原因,而提及重大加功似乎表达了需要规范的可归责因果关系的观点。法官对陪审团的指示,即原因必须是“重要的和发挥作用的原因”,给了陪审员若干法律意义上的指导,[③]使他们有权在因果关系问题上适用常识[④]和道德直觉。[⑤] 在“女王诉柴斯维尔案”中,拜尔德牧法官表示:

“如果陪审团可以公平地确信,被告的行为对被害人的死亡作出了重大加功,则陪审团的职能就不再是评估相互冲突的原因,或选择哪个原因占据主导地位。”

第 6 节 作为重要共同原因的医疗处遇

11-023 一般来说,如果被告的过错行为是造成最终损害的重大且发挥作用的共同原因,即使有多个充分的原因,因果链条也不会被打破。对于重大医疗过失的介入行为,若干法院提出,只有当其是被害人死亡或受伤的唯一原因时,才会打破因果链条。[⑥] 总体而言,医疗过失的介入行为不会破坏因果关系链,除非其是导致被害人死亡[⑦]的唯一原因。[⑧] 如果
308 医疗过失是被害人死亡或受伤的唯一原因,则无论该医疗行为是单纯过失还是重大过失,都将打破因果链条,因为被告人的行为不再是同时发生

---

① *Burrage v. U. S.* (2014) 134 S. Ct. 881 at 892 *per* Scalia, J. .

② *R. v. Hennigan*(1971) 55 Cr. App. R. 262 at 264-265.

③ *R. v. L*[2011] R. T. R. 19.

④ *R. v. Hughes*[2013] 1 W. L. R. 2461 at 2465-2466.

⑤ *Burns v. The Queen*(2011) 217 A. Crim. R. 501 at para. 9 *per* French, C. J. citing) *Campbell v. R.* [1981] W. A. R. 286 at 290; *per* Burt, C. J. .

⑥ *People v. Griffin*(1993) 80 N. Y. 2d 723; *State v. Smith*(1986) 496 So. 2d. 195; *State v. Garcia* (2000) 616 N. W. 2d 594. Cf. W. T. S. Stallybrass, “A Comparison of Criminal Law in England with the ‘Progetto Definitivo Di Un Nuovo Codice Penale’ Of Alfredo Rocco”, in L. Radzinowicz and J. W. C. Turner(ed.), *The Modern Approach to Criminal Law*, (London: MacMillan & Co. , 1945) at 400.

⑦ *State v. Hanna*(2002) 95 Ohio St. 3d 285.

⑧ *State v. Soucy*(1995) 653 A. 2d 561.

的重大原因。此外,如果被告人的原始行为本身不再是重大(同时)原因,但仍然是超出最低限度范围的共同原因,则被告人不应承担责任。如果被害人主要死于医疗过失,仅仅因为被告人行为所具有的因果力相当于压倒骆驼的最后一根稻草,就让被告人承担过失杀人责任,是不公平的。

确实,重大过失无法合理预见,但如果被告人的行为在很大程度上也是持续的共同原因,则预见就不再成为问题。在"女王诉柴斯维尔案"①中,拜尔德牧法官表示:

"在陪审团必须考虑治疗被告人所造成的伤害时存在的过失是否是死因的情况下,我们认为法官在指示陪审团时提出,陪审员必须确信检控方已经证明被告人的行为导致了死者的死亡,并且被告的行为不必是唯一的死因,甚至也不需要是主要的死因,只要他的行为对该结果有重大加功就足够了。即使对被害人的医疗过失行为是其死亡的直接原因,陪审团也不应将其视为排除了被告的责任,除非这种医疗过失与被告人的行为之间存在独立性,本身在造成死亡方面非常有力,以致陪审员认为被告人所作的加功实属微不足道。"

如果没有医疗过失,被害人是否一定不会受到伤害(被杀死)?② 如果能够证明,没有重大过失,就不会造成死亡或伤害,就将是因果链条被切断的证据。③ 重大共同原因要求意味着,只有当被告人的加功将造成重大的因果差异时,才会承担因果责任。如果这种因果差异仅仅是微不足道的实质性差异,没有达到显著水平,仅仅一口咬定被告人的行为将会在最小限度范围之外造成某种因果差异,显然是不够的。这意味着,如果主治医生的重大过失行为是被害人死亡的主要原因,如果被告人的行为不再足以构成针对结果的重大共时因果关系的加功,则被告人将被免除一切刑事责任。④ 如果被告人造成的伤害和医生的严重过失行为都是重要的发挥作用的原因,两者都可能被指控犯有杀人罪,因为他们都是刑法意义上的过错行为人。⑤

11-024 一般来说,当某人伤害他人致死时,法院在允许攻击者提

---

① *R. v. Cheshire*[1991]1 W. L. R. 844 at 851-852.

② *Burrage v. U. S.*(2014)134 S. Ct. 881 at 892 *per* Scalia, J. .

③ *R. v. Jordan*(1956)40 Cr. App. R. 152; *People v. Calvaresi*(1975)188 Colo. 277; *People v. Scott*(1997)15 Cal. 4th 1188; *Davis v. State*(1994)520 N. W. 2d 319. Matthew Hale, *The History of the Pleas of the Crown*, (London: Printed by E. and R. Nutt et al. , 1736) Vol. I at 428.

④ Cf. *Lay v. State*(1994)110 Nev. 1189.

⑤ *Palmer v. State*(1960)223 Md. 341, *R. v. Russell* [1933] V. L. R. 59 at 82-83 *per* McArthur, J. .

出证据,证明医生在治疗被害人时存在某种程度过错以逃避造成死亡的责任时会非常谨慎。医生没有受审,也没有律师代表;即使有人指控医疗效果不尽如人意,无论是作为还是不作为,法院一般都会排除与此问题相关的证据,理由是这对结果没有影响。这方面的事例,可见"女王诉马尔切雷克和斯蒂尔案"(*R. v. Malcherek and Steel*)。①

在"女王诉马尔切雷克和斯蒂尔案"②中,事实清楚地表明,被害人的脑死亡是被告暴力行为的直接后果。马尔切雷克夫人最初遭受的伤害,导致了血栓,最终引发心肌梗死。医生用了30分钟才取出血栓,重新恢
309 复了心跳。但这导致了被害人罹患严重的脑部损伤,只能通过生命维持装置来保持生命体征。同样地,威尔金森女士(Ms. Wilkinson)也因为被人用石头猛砸头部而陷入脑死亡状态。两案中的医疗小组都进行了若干检查,认为没有必要继续维持生命。被告辩称,关闭生命支持设施是种介入行为,打破了因果关系链条。上诉法院驳回了这些论点,因为证据表明,被害人脑死亡的直接原因,是原来遭到的伤害。没有向陪审团提交证明医疗行为存在重大过失或不当的证据。在这个事实明确的案件中,陪审团没有必要考虑因果关系。③ 很明显,有良知的医生"尽最大努力挽救被送到医院的濒死病人的生命,娴熟地使用复杂的方法、药物和机械来达成该目标,但医生的努力失败,因此终断了治疗,不能说是医生造成了病人的死亡"。④

在被告造成的伤害明显不严重或几乎痊愈的情况下,法院允许陪审团采信存在重大医疗过失的证据。⑤ 一般的规则是,如果被告的过错行为不再是重要的共同原因,则介入性的医疗过失将打破因果链条。⑥ 在"女王诉乔顿案"(*R. v. Jordon*)⑦中,医疗过失足以打破因果关系链,因为这是导致被害人死亡的唯一原因。被告的加功不过是巧合,会使被害人在错误的时间出现在错误的地点。如果被害人没有在错误的时间住院(错误的地点),与其他原因相比,重大过失可能不会对他造成影响。即使被告的加功仍然同时算得上原因,但并不是重要的原因,因为其所造成

---

① [1981]1 W. L. R. 690.

② [1981]1 W. L. R. 690 at 692. *State v. Matthews*(1986)353 SE2d 444;*State v. Guess*(1997)692 A. 2d 849;*State v. Ulin*(1976)113 Ariz. 141.

③ *R. v. Malcherek and Steel*[1981]1 W. L. R. 690 at 696.

④ Id., at 697.

⑤ *R. v. Jordan*(1956)40 Cr. App. R. 152. Cf. *People v. Saavedra—Rodriguez*(1997)949 P. 2d 86.

⑥ *R. v. Cheshire*[1991]1 W. L. R. 844 at 850.

⑦ (1956)40 Cr. App. R. 152.

的伤害"在被害人死亡时几乎已经痊愈",不再构成生命威胁。[①] 直接的 310
死亡原因不是几乎已经治愈的伤害,而是抗生素(土霉素)的不当适用,在主治医生已经发现被害人对特定药物过敏后,仍好几次过失地使用了致敏药物。

11-025　在"女王诉史密斯案"[②]中,包括主治医生在内的第三方介入的过失行为并没有打破因果链条,因为最初的伤害仍然是被害人死亡的主要共同原因。"女王诉史密斯案"最好被描述为:如果不进行治疗,伤害很可能致命,因此糟糕的医疗救助不足以打破因果链条。有人认为,如果在"死亡时,最初的伤害仍然是发挥作用的实质性原因",因果链条就不会被打破。"发挥作用的"这个形容词是多余的,因为这只是考察在死亡时行为是否仍然是原因,如果仍然是原因,就是原因。"实质性"概念现在被解释为重要的原因力。

11-026　在被告人最初实施的行为仍然是导致被害人受伤或死亡的重要共同原因的情况下,即使只是 20% 的因果力,法院也不愿意允许利用医疗过失来确定因果关系链被打破,是可以理解的。[③] 在这种案件中,被告人最初的行为是被害人死亡或受伤的重要原因,被告人实际上依靠医疗团队来扭转其行为继续造成的伤害。[④] 实际上,被告人依靠医生实施若干行为来打破因果链条,这样自己的刑事过错行为就不会造成(导致)更严重的死亡等犯罪后果。被告人实际上是在坚称:如果不是医生的医疗过失,我最初实施的行为本来没有机会杀死被害人。换句话说,陪审团应该被允许推定,打破因果链条的适当的治疗,将挽救被害人的生命。因此,只有当过失医疗足以启动新的因果关系链,从而打破原来的因果关系链时,才可以将过失医疗加以区别对待。如果病人的生命没有危险,而被告人的行为本身不可能杀死被害人[⑤],医生的重大医疗过失不应成为让被告人承担杀人罪责任的原因。只有当过失造成新的因果关系时,只有医生才应该为严重过失杀人负责任。 311

① *R. v. Jordan*(1956)40 Cr. App. R. 152 at 157.

② [1959]2 Q. B. 35.

③ Cf. *R. v. Hennigan*(1971)55 Cr. App. R. 262 at 264-265.

④ *R. v. Holland*(1841)2 Mood. & R. 351; *State v. Soucy*(1995)139 N. H. 349; *People v. Griffin*(1993)80 N. Y. 2d 723.

⑤ *R. v. Haines*(1847)2 Car. & K. 368; *R. v. McKechnie*(1992)94 Cr. App. R. 51; *People v. Saavedra—Rodriguez*(1998)971 P. 2d 223; *People v. Davis*(1997)664 N. Y. S. 2d 130.

第7节 错误行为或正当行为所产生的共同重要原因

11-027 当因果关系存在争议时,必须证明被告的作为(或不作为)不仅是符合条件说的起因,而且是结果的可归责的或法定原因。可归责的原因是若干"如果不"原因。换言之,被告的行为不仅要满足条件关系,还必须与后果密切相关,从而使被告承担责任。法律专业人士关心的是事件对结果的加功率,而不是太过遥远的原因。《模范刑法典》表达了该原则:"实际结果中包括有与计划或预期的种类相同的伤害或损害,并且实际结果的发生并不是过于间接或过于偶然,以至于与刑事责任或犯罪的轻重无[正当]关系。"

11-028 我理解为什么当被告人的行为是伤害或死亡的重要的共时性原因时,需要承担刑事责任,但是如何确定重要的同时原因是否属于法律原因?

美国加州曾作出过判例,"加利福尼亚州诉奥克斯塔案"(*People v. Acosta*)[①]。首先,不希望发生的后果必须来自惹起行为的不法方面。实际上,如果甲的重大过失行为占原因力的50%,乙的故意非法行为占剩余的50%,检控方很可能只起诉乙。如此一来,陪审团将不必考虑所谓的双重评估问题,即甲是否是刑事过失而不仅仅是过失,以及甲的不法行为(刑事过失)是否是造成不良后果的重要共同原因的问题。相反,重点将放在更应受到谴责的不法分子身上。(如果乙的行为构成了50%的原因力,不会对乙的因果责任产生任何影响,因为这本身就是重要的原因。这只会对甲的刑事责任产生影响,因为其会因检控方行使自由裁量权而逃避责任。)

举个事例。在"加利福尼亚州诉奥克斯塔案"中,被告人坐在一辆被盗的汽车里,并在警察接近时,飞快逃离。这导致警方在加州街道和高速公路上继续追捕了48英里。在警方的追捕中,被告人以极其危险的方式驾驶,车速高达每小时90英里,闯"停车标志和红灯,在对向车道行驶,造成迎面而来的车辆不得不转向,以避免与该车相撞"。被告人还"横穿3条车道,撞上另一辆车,穿越高速公路和过渡车道之间的隔离带,超过一辆油罐车,为了避免撞车,后者被迫突然转向。"被告人在被其偷来的车爆胎后仍继续驾驶。

11-029 警方的直升飞机在橙郡的街道上空飞驰,他们被叫到那里

① (1991) 284 Cal. Rptr. 117.

追踪被盗的汽车。为此动用的两架警用直升机,可以被称为直升机甲和直升机乙。在追击过程中,打头的甲直升机在乙直升机的下方领导追击。[①] 当两架直升机飞向"纽波特海滩"(Newport Beach)时,飞行员们一致认为该轮到乙直升机领飞了。据判决书记载:"操作的正常程序是,领 312
航直升机在爬升到 1000 英尺的高度时向右移动,并在另一架直升机后面顺时针旋转。同时,尾随在后的直升机下降到 500 英尺,同时保持直线飞行。在甲直升机飞行员的指挥下,乙直升机向前移动并下降,而甲直升机向右侧飞。在该程序开始后不久,甲直升机的无线电通信终止,从右后方飞到乙直升机下面并与之相撞。两架直升机都坠落在地。甲直升机上的 3 名乘员因坠机身亡。"[②]

至于事实原因,很明显,被告人的行为属于远因,但依然构成了造成直升机事故的必要原因。要不是被告人当时从警察身边飞驰而去,在事故发生的时间段,直升机就不会在空中飞行了。至于法律原因,被告方的律师辩称,虽然可以合理预见其当事人的行为容易导致高速公路上的汽车之间的碰撞,但空中的直升机之间的碰撞却并非如此。因此,有人认为直升机飞行员违反联邦航空局规定的操作行为,接替被告行为成为"替代原因"(superseding cause)。

11-030　基于上述事实,是否可以将法律原因公平地归责于被告人?被告人的危险驾驶行为是唯一的法律(规范上可归责的)原因吗?直升机驾驶员是唯一的法律原因吗?他们都是法律原因吗?警察开始追捕的行为,算是同时存在的并发性(重要的)法律原因吗?

所有这些人的行为都满足必要条件关系,所以有必要确定谁的行为是法律意义上的原因。对此,要做规范性的考察。事关确定事实因果关系的公平公正的限度。事实的认定者所选择的答案,将取决于其对社会规范标准的解释,如此一来,各方应采取何种合理适当的行为方式。被告人是否偏离了如此一来理性人会选择的行为方式?其所实施的错误行为会增加空难的风险,是可以合理预见的吗?在过失案件中,事实的认定者还必须确定,被告对事实因果关系的加功是否是他从事的行为在当时的情况下不正常和不适当造成的。如果某人在特定的社会环境中未能遵循正常的期望模式,就会因此改变自己的规范性地位。[③] 如果导致不良结果发生的重要原因在于被告人未能遵守当代的规范标准,就要对此承担

---

① *People v. Acosta*(1991)284 Cal. Rptr. 117 at 119.

② *People v. Acosta*(1991)284 Cal. Rptr. 117 at 120.

③ Andrew Ashworth, *Positive Obligations in Criminal Law*, (Oxford: Hart Publishing, 2013) at 148.

313 因果责任。[①]

毫无疑问,某人开着偷来的车从警察身边逃走,是不合理且不正当的,这违反了当代的社会规范和刑法标准。这样的行为人不仅触犯了刑法,也违反了英国社会中既定的适当行为规范性标准。客观意义上也可以预见,这样的行为很可能会刺激警方追捕,而通过超速逃离警察,这样的人会给警察、其他驾驶人以及行人造成危险。[②] 而且,客观意义上可以预见,这种危险情况可能导致交通事故致人死亡。

11-031　那警察呢?是否也存在不合理、不正当的行为?空难与警察行为的错误方面存在因果关系吗?

就警方而言,只有在检控方也以危险驾驶罪对其提起公诉的情况下,该问题才会出现在法庭上。如果警官也被指控,陪审团将不得不确定该警官是否在很大程度上也负有因果责任。超速驾驶者的独立因果责任不必抵销警察的因果责任。他们都对因果关系有责任。哲学家麦基提供了类似的事例并得出结论:[③]

"答案将取决于我们如何界定所谓正常的、适当的或可预期的事件发展过程;我们认为超越该预期模式的人应当负责。因此,如果假设,像警察所做的那样,交通警察铁面无私、尽其所能地追查违反限速者是正常和适当的,而且……驾驶人(追捕罪犯的警察除外)超速驾驶是不正常、不适当的,就可以认定司机[是造成死亡的唯一可归责的规范原因]……

"另一方面,公众[④]倾向于不拘泥于法律,不会严格遵循法律和警察条例去判断什么是正常的和适当的行为。因此,他们可能认为,驾车者的行为虽然是非法的,但仍然是正常的和预料之中的,包括他被追赶时提高车速,而警察为了抓住超速者而不遗余力地追赶,则是不正常的,也不是'合理的'。根据这些假设,公众会得出结论,警方对事故负有责任(或同时负有责任)。"

简单地说,为了指控这位警官实施了 1988 年《道路交通法》第 1 条
314 所规定的罪行,是否要证明其行为存在严重过失?如果存在,检控方也应该对其提起公诉。第二个问题是考虑其严重的过失行为是否是导致事故发生的重要的共同原因。规范性标准发生了变化,因此在 21 世纪,如果事故发生在公路上而不是空中,陪审团很可能会认定,超速驾驶者和警察

① *R. v. Maybin*[2012]2 S. C. R. 30.

② *People v. Schmies*(1996)44 C. A. 4th 38.

③ Mackie, *op. cit. supra*, note 2 at 144.

④ Janice Nadler and Mary—Hunter McDonnell, "Moral Character, Motive, and the Psychology of Blame", (2012) 97 *Cornell L. Rev*. 255.

的行为不仅是事实原因,而且也是不可推卸的规范性原因。

但这名警官是否会被以重大过失罪起诉,将取决于案情。如果超速驾驶者,即被告人,刚刚在当地的一所大学实施了大规模谋杀行为,警察在追捕该被告人的过程中就有正当理由冒相当高的合理风险。然而,如果超速驾驶者只是为了避免因若干轻微的罪行或若干严重的但非暴力罪行①而被逮捕,从而对公众没有危险,警察高速追捕以致造成非常危险的局面,就是不合理、不正当的。合理的反应是让非暴力的罪犯加速逃跑,然后利用情报找到他。理性的警官会预见到,追捕坐在被盗汽车里的年轻流氓,自己将对非常危险的情况作出重大的因果关系加功。找回失窃的财产(失窃的汽车)并立即逮捕的重要性并没有(提供正当性)超过因警察追捕而处于危险之中的生命的价值。财产比人的生命价值更低。审判过程中,陪审团将考虑警官假设的对因果关系的助力,以确定是否有随后发生的"替代原因"。

11-032　飞行员的严重过失似乎是飞行事故的唯一原因。飞行员的重大过失不是"替代原因",因而不是唯一的法律原因吗?

在"加利福尼亚州诉奥克斯塔案"中,致命的后果是飞行员驾驶不善造成的,而不是由被告或警察在地面上所做的任何事情导致的。诚然,如果不是被告超速逃离,如果没有警察追击被告,直升机本来就不会在空中飞行,但巧合的道德厄运并非原因。发生道路交通事故是可以合理预见的,但导致空中交通事故是不可预见的,因为这将取决于若干灾难性的巧合性机械故障或飞行员失误。② 地面发生的事情并没有显著增加飞行员坠机的可能性。这些飞行员本来就会出于各种原因负责空中监视,并接受过这类工作的培训。这类工作的训练非常严格,安全程序也很严格。在"加利福尼亚州诉奥克斯塔案"中,法院指出:③ 315

"曼齐斯·特纳(Menzies Turner),一位退休的'联邦航空管理局'(FAA)调查员,作为专家作证,并得出结论,事故的发生是因为甲直升机,两架飞机中速度更快的一架,进行了 360 度转弯,过快靠近了乙直升机。他认为甲直升机的飞行员违反了联邦航空局禁止粗心大意和轻率地操作飞机的规定,因为其没有正确保持净空,没有与乙直升机保持通信,没有时刻将其他飞机保持在视线之中,也没有改变自己的高度。他还作证说,甲飞行员违反了联邦航空局的其他规定,即禁止一架飞机过于靠近另一架飞机,以致造成碰撞危险……特纳想不出甲直升机飞行轨迹异常

---

① *U. S. v. Main* (1997) 113 F. 3d 1046.

② *U. S. v. Hatfield*(2010) 591 F. 3d 945 at 948 *per* Posner, J..

③ (1991) 284 Cal. Rptr. 117 at 120.

的任何原因。这次操作并不困难,也不受当时地面活动的影响。他从未听说过两架参与追踪地面追捕的警用直升机在空中相撞,也从未调查过直升机在空中相撞的事件。"

飞行员的重大过失本应足以打破因果关系链,因为他的行为不仅不符合规范意义上的适当性要求与合理的预期(重大过失),而且也是坠机的唯一重大原因。[①] 奥克斯塔在地面上的危险驾驶只是事件的情况。他的驾驶只是历史的一部分,并不是空难的重要原因。飞行员的重大过失与奥克斯塔的可责行为之间缺乏因果关系,飞行员的介入行为是不正常的且无法被合理预见(警察或其他道路使用者的重大过失是可以预见的,但理性人必须有透视眼,才能预见空中发生的重大过失)。不应认为奥克斯塔的行为增加了发生空中事故的风险。专业飞行员的空中相撞极为罕见;涉及轻率和危险驾驶者的交通事故很常见。尽管飞行员存在重大过失,但大多数人认为驾驶者在地面上的危险驾驶是空中直升机事故的实质原因。因为检控方在是否提起公诉方面有自由裁量权,故肇事飞行员逃避了责任,没有被指控实施了任何违法犯罪行为。

11-033　是不是说,因为奥克斯塔和警察[②]都改变了自己的规范地位(触犯了刑法),所以如果他们的行为导致了地面上的交通事故,就都应该对此承担因果责任?

没错。但是,法院和检控方往往更倾向于纵容存在严重过失的警察,因为他们发生改变的规范性地位带有强烈的合法/正当行为的色彩。重大过失包括人们对警方所抱持的预期的某个方面,因期望警察为了逮捕罪犯而承担合理的风险。但对于嫌疑人为逃避抓捕而实施的危险驾驶的
316 行为,则不能这样说。

11-034　您似乎还曾告诉我,法院本应认定飞行员破坏了因果关系链条,因为他的重大过失显然不是奥克斯塔和警方的行为的可合理预见后果,以及奥克斯塔的不法行为没有显著增加空中相撞事故的发生率。是这样吗?

没错。在下文会提到,介入的行为和事件通常会打破因果链条,除非这种介入是可合理预见的。可以合理预见的是,如果某人像奥克斯塔那样开车,另一道路交通参与者可能因躲避行为人的过失驾驶或严重过失驾驶行为而死亡。但空中相撞事故不是道路交通事故,本案是前者。如果双方因对同一刑事案件作出重大因果关系加功而被指控犯有不同的刑

---

① *R. v. Jordan*(1956)40 Cr. App. R. 152;*R. v. Cheshire*[1991]1 W. L. R. 844. Cf. *R. v. McIntyre*(1847)2 Cox C. C. 379;and *People v. Brady*(2005)29 Cal. Rptr. 3d 286.

② *City of Sugarland v. Ballard*(2005)174 S. W. 3d 259.

事犯罪,则证明双方对因果关系有助力的证据,将在对方的审判中具有相关性,因为双方都可能试图证明对方对因果关系的加功是“替代原因”。

11-035　因果关系在分析上是过错要素的组成部分吗?

从理论上讲,因果关系属于行为要素,而不是过错要素。因果关系常常与犯意相混淆,[①]这是因为法律因果关系的归责过程,涉及对合理预期和客观可预见的事物的价值判断。哲学家麦基[②]在下面的表述中,解释了可预见性检验标准与确定法律因果关系的相关性。

在确定[因果]责任时,我们并不完全武断地选择因果关系领域;选择取决于我们的道德期望、对正常和适当的事物的看法。责任人是指实施了在道德决定领域可以构成相关原因行为的人。因此,如果(关于某一领域)某人的行为是某一危害结果的原因,但不属于道德上的正常领域,也就是说,如果实现了正常的预期模式,其行为就不会随附危害结果,就不能追究他的责任。这就是为什么不追究某人对其不能“合理地”预料到的结果的责任,但我们确实认为某人对其应该预料到的结果负有责任,无论其是否真的预料到了这种危害结果。

有些人可能认为过失标准是罪过的替代品,但事实并非如此。麦基的论文公正地评估了将原因与不法行为联系起来的必要性,但这并不能回答将原因公正地归责于被告人的目的所需的原因程度的问题。这仅仅是规范的合理性限制,这取决于对规范体系期待的行为的评估。相关的规范体系包括传统道德和刑法制度。规范性调查涉及事实审判者对改变规范性地位的被告在客观意义上可预见的后果方面作出客观的价值判断。

麦基所传达的信息,与其说是为检控方提供的,倒不如说更像是为事实认定者所提供的。他声称被告的因果加功来自行为的不法,因此,被告 317
应该受到指控。在过失犯罪中,陪审团必须评估被告人是否改变了自己的规范性地位,也就是说,其结果是否是由被告行为的刑事过失方面所造成的。然后陪审团必须确定被告对因果关系的助力,就其本身而言,是否属于重大加功。但是,如果检控方认为,警察在有正当理由逮捕嫌疑人时不改变其规范性地位,即使警察执法过程中出现的严重过失行为导致了某人死亡,检控方就可能在早期介入,拒绝起诉。如果某人被指控犯有重大过失杀人罪,事实认定者必须确定被害人的死亡是否由被告人的错误行为所造成,以及是否有任何介入事件或行为破坏了因果关系链条。合

---

① *People v. Acosta* (1991) 284 Cal. Rptr. 117. *People v. Dawson* (2009) 172 C. A. 4th 1073; cf. *State v. Kenny* (2013) 116 So. 3d 992.

② Mackie, *op. cit. supra*, note 2 at 145.

理的行为,例如专业地进行的真正医疗行为,不在考虑范围之内,因为如此一来不太可能提出起诉。如果存在重大过失,应提出指控,并将因果责任归于所有作出重大因果加功的行为人。陪审团仍有充分的自由裁量权。很多事情留给了自由裁量权,但是法院已经发展了若干理论和规则来指导陪审员评估被告人的因果加功的规范合理性。[①]

11-036　可归责原因的基本原则是什么?

为了找到合适的法律原因的名称,曾出现过若干尝试。将其称为“直接原因”或“近因”(如通常所做的)具有误导性,在所谓的直接原因和最终结果之间,可能会存在若干介入阶段。被告人可以把有毒的巧克力送给住在世界的另一边的被害人;如果被害人吃了巧克力死了,法律肯定会认为被告人应该为被害人的死亡结果负责,尽管其行为无论在空间上,还是在时间上,都已经和所产生的结果之间出现了较远的距离。把被告人的行为称为“有效”的原因,也没有任何裨益。根据定义,每个原因都必须是有效的——如果行为不能有效地产生给定的结果,就不是导致结果的原因。

有时(向后看而不是向前看)可归责原因是用“结果的遥远性”来表述的,说某一特定结果“太遥远”只是说被告的作为(或不作为)不属于可归责的原因的替代方式。但如上所述,从公正的角度而言,警察和超速驾驶者的行为与飞行员的严重过失,彼此孤立。

回想一下,美国法学会制定的《模范刑法典》第2.03(2)(b)节着重于“实际结果中包括有与计划或预期的种类相同的伤害或损害,并且实际结果的发生并不是过于间接或过于偶然,以至于与刑事责任或犯罪的
318 轻重无[正当]关系”。在制定《模范刑法典》的过程中,“正当”概念指出了问题的真正本质。当必要原因的问题已经解决时,为了使其获得法律承认,对必要条件的进一步检验不是对因果关系的检验,而是种道德判断。问题是,是否可以公平地将这个结果归责于被告。有时公平问题是由法律规则来解决的,有时则留给个案的印象式判决。如果必须使用“原因”概念,可以将其区分为“可归责的”(imputable)或“规范的”或“可谴责的”(blameable)或“法律”原因,以表明所涉及的价值判断。在这里“法律原因”概念被选为最能代表上述观点的术语。虽然,条件原因通常可以用科学的方法来证明,但却无法设计一套实验来证明,在一系列并存的条件结果中,比其他更实质、更错误或更重要,或者在因果链条中,某人

---

① Cynthia Lee, *Murder and the Reasonable Man: Passion and Fear in the Criminal Courtroom*, (New York: New York University Press, 2003) at 235; Jerome Atrens, "A Comparison of Canadian and American Constitutional Law Relating to Search and Seizure", (1994) 1 *Sw. J. L. & Trade Am.* 29 at 35.

与其他人相比更具错误性。

11-037　就所谓全新的介入原因而言，当被告故意产生结果时，一般不会出现问题。主要困难与意外后果有关。法官通常可以控制陪审团，因为如果法官认为并不存在可归责的因果关系的证据，就可以停止审判；如果有罪判决不成立或不能尽如人意，上诉法院可以撤销判决。法官必须牢记若干规则。得到有关法源支持的核心规则包括：

1. 意外扭曲原则；
2. 普通危险原则；
3. 合理预见原则；
4. 全新介入行为或事件原则。

上述规则，在司法适用过程中应该同时使用。

第8节　意外扭曲原则

11-038　因果关系的许多问题都与所谓的“意外扭曲”（unexpected twist）有关，后者将占据本节的剩余部分。根据稍后将要说的内容，行为结果中的意外扭曲，不一定将最终结果置于主观要件之外，或者意味着行为不是结果的规范意义上可归责的原因。[①] 这里的重点是因果关系，所以可以暂且把主观要件放在一边。首先，因果关系追问的出发点是，如果事件的发生恰好符合被告的意图，则意外扭曲原则对归责不起作用。假 319
设被告用步枪瞄准被害人，所有的专家都表示被害人在子弹的射程之外；但被告希望击中被害人，结果怪事发生了，被害人被子弹打死。被告显然对击中被害人负有责任。可预见的风险的问题，只有在现实情况与被告预期的事件略有不同时才会出现。

假设被告人攻击被害人，打算刺伤被害人的手臂，但被害人向后躲避，但摔倒并造成头骨骨折。假定被告人意图造成的，以及被害人实际遭受的，都是严重的人身伤害，无论从犯意的角度，还是因果关系的角度来看，都不难判定被告构成故意造成严重人身伤害的犯罪。被害人的反应，是对被告人行为的客观可预见的回应：被告人意图造成某种严重身体伤害结果，事实上引发了其他严重身体伤害的结果。根据1861年《侵害人身权法》第18条，法律类别是“严重身体伤害”，所以被告意图实现某种形式，而实际出现了另外的形式，这就变得并不重要。[②]

这类事实与所谓“转移故意”非常相似，只是意图在这里对行为人原

---

① MPC § 2.03(3)(a)and(b)(1985).

② *R. v. Kilpali—Ikarum*[1967-68]P. & N. G. L. R. 119.

本针对的行为对象生效了,唯一的变化是其生效的方式或伤害的具体种类。因果关系的可预见性理论并没有取代特定犯罪对主观要件的首要要求。在故意犯罪中,最终结果必须与被告人的故意一致;但造成故意结果的方式不一定与被告的计划完全相同。①

11-039 如在刑事损害案件中,犯罪的定义是宽泛的,涵盖了各种各样的因果关系,"意外扭曲原则"可能会产生不受欢迎的结果,特别是在使被告因其所造成的远大于预期的损害而被定罪的情况下。解决办法是,根据被告人的刑事损害行为的客观可预见的因果关系后果,对其加以量刑。如果被告仍处于着手实施犯罪的早期阶段,可以说,事件已经脱离了其控制,也会出现公正问题。史密斯教授(J. C. Smith)建议,如果被告达到了未遂阶段,就可以对结果承担责任,但在其他情况下不承担责任。② 史密斯教授提供了以下两个虚拟的事例。

被告人准备了毒酒,打算明天给妻子喝。结果这位妻子今天发现了有毒的饮料,喝了就死了。或者,被告人正在擦拭自己的枪支,打算明天开枪打死某个被害人。过程中,这把枪不小心掉在地上,枪支走火,恰巧打死了那位被害人。

很明显,在第二个案子中判被告人谋杀罪,显得太过严厉;如果非要归责,过失杀人便已足够。至于前者的情况,答案可能取决于更详细的事实。如果被告人把毒药放在妻子的床边,打算在妻子醒来时端给她喝,陪审团应该被允许认定被告人已经把自己的可怕计划推行到足以成立未遂的程度,因此(根据史密斯的建议),如果妻子意外醒来,自己喝了毒药,被告就应被判谋杀罪。③ 如此一来,他让妻子扮演无辜的媒介。然而,如果有毒的饮料还在厨房,结果可能会有所不同。尽管如此,这可能构成严
320 重的过失犯罪,他妻子的无辜介入不会打破因果关系链。

11-040 不管原理为何,法律并不总是严格适用的。对于谋杀罪的指控,负责案件审理的法官可以允许或鼓励陪审团作出过失杀人的裁决。或者法官可能会接受过失杀人的抗辩,即使在严格的法律意义上是谋杀。在较为显明的案件中,意外扭曲原则,可能会得到普遍接受。但是,在实际结果明显不同于预期/主观预见的结果,或客观意义上可预见的因果关系的结果时,刑法应尽可能避免让人负责。因此,重要的问题不仅是在法律适用时,法官应具有自由裁量权,还应确立规则,令人满意地说明结果

---

① *R. v. Michael*(1840)173 E. R. 867.

② J. C. Smith,"Commentary",[1983] Crim. L. R. 105.

③ *Cassell v. Commonwealth*(1933)248 Ky. 579.

中的哪些扭曲将被视为超出了被告应承担的“因果”[1]和“主观”责任的范围。

第 9 节　普通危险原则

11-041　普通危险原则处理的情况是：自然或巧合事件具有切断被告行为与最终危害之间因果链条的效果。被害人攻击被害人，意图将其刺死；被害人逃跑，在逃跑中被闪电击中而死。闪电是才是致命一击。有人会说被告人并不构成谋杀罪，尽管其构成了谋杀未遂。被害人的死亡不是被告人的行为所导致的，而是由巧合的雷击造成的？

在“被害人反应”判例中，结果会有所不同。如果被害人是为了逃跑而跳下悬崖或跳进河里，[2]或是绝望地自杀，[3]或是在逃跑过程中意外掉 321
到[4]悬崖下或河里，[5]被告需要对此类死亡负责，不应该说导致被害人死亡的是水或硬地，而不是行为人。同样，2001 年，恐怖分子驾驶飞机撞击纽约世贸中心，导致被困在大楼顶部燃烧的楼层的人跳楼身亡，跳楼者可以选择留下被烧死，也可以选择冒险从 80 层楼上纵身跃下。

如果被告人将被害人击晕，并将其留在远离水线的高地上，[6]结果被害人被海啸杀死，而海啸的发生纯属巧合，被告人不会犯杀人罪，但如果正常涨潮把被害人卷入海中，被告人就会犯下杀人罪，因为后果可以预见的。该原则的基本原理是，人们不应为纯粹的巧合和地震等反常自然事件承担因果责任。[7] 如果被告人将失去知觉的被害人留在雪中，那么可预见的后果就是死亡。

11-042　当某人为了逃离攻击者而被闪电击中时，行为人的攻击并不是该人死亡的并发原因。只要被害人当时在那个区域，就可能被闪电击中。闪电击中人类的情况极为罕见。攻击者并没有显著增加被害人遭

① *Royall v. The Queen*(1991)172 C. L. R. 378, at 379 *per* Mason C. J., Brennan, Deane, Dawson and McHugh, J. J. *R. v. Beech*(1912)23 Cox C. C. 181; *R. v. Valade*(1915)26 Can. Cr. Cas. 233.

② *People v. Armitage*(1987)194 C. A. 3d 405.

③ *R. v. Mackie*(1973)57 Cr. App. R. 453. *Royall v. The Queen*(1991)172 C. L. R. 378; *R. v. Demirian*[1989] V. R. 97 at 113; *Commonwealth v. Rementer*(1991)598 A. 2d 1300; *State v. Selby*(1981)443 A. 2d 1076; *State v. Casper*(1974)219 N. W. 2d 226.

④ *Commonwealth v. Dorazio*(1950)365 Pa 291.

⑤ *State v. Glenn*(1994)190 Wis. 2d 155.

⑥ *R. v. Hallett*[1969]S. A. S. R. 141 at 149.

⑦ Cf. *Enterprise Dairy Co. v. Industrial Acc. Commission of State of Cal.*(1927)202 Cal. 247.

受雷击的风险。[①] 普通危险原则的其他事例是,攻击的被害人在救护车送她去医院时死于交通事故[②],或因在医院中肆虐的流感而死亡。假设死亡不是由身体虚弱造成的[③],攻击者并不构成犯罪,因为攻击的效果仅仅是将被害人安置在其他行为人或事件能够导致其死亡的地理位置。这次攻击并没有显著增加发生致命后果的风险,因为任何人都可能死于交通事故或流行病。[④] 当然,理性人仔细考虑一次攻击可能产生的所有后
322 果时,会想到这些可能性;但这些可能性不会因为攻击的事实而变得更加可能。[⑤]

11-043　被害人在医院感染了致命疾病怎么办?

即使可以证明在医院死于发烧的风险比在其他地方稍高(也许是因为医院里有抗药性细菌),这也可能被认为是微不足道的,不足以影响判决。[⑥] 对比下面这种情况,即被害人死于医院发热,但促成要素是受伤造成的虚弱,如果不是因为体质虚弱,就不会死。[⑦] 在后者的情况下,很可能攻击者会犯下刑事杀人罪(谋杀或过失杀人),因为根据这些事实,伤害和死亡之间有医学上的(而不仅仅是偶然的)联系。[⑧] 这就好比伤害变成坏疽导致死亡,而伤害显然是死亡的原因。普通危险原则在大多数情况下,但不是所有法律适用过程中,都可以被视为合理预见测试的特殊应用,可以找到许多据此作出判决的判例。

第10节　合理预见测试

11-044　如果说,归责于被告的后果,必须在理性人所能意识到的风险的范围之内,这比普通危险原则要宽泛得多。以"风险原则"(risk

---

① Cf. *American Fuel & Clay Products Co. v. Gilbert*(1930)127 So. 540;*State v. District Court of Ramsey County*(1915)153 N. W. 119. *Adamson v. George Anderson & Co.* (1905)Ltd. (1913)2 S. L. T. 139 at 141 *per* Lord Johnston.

② Cf. *Francis v. People* 2012 WL 676657. *Atherton v. Devine*(1979)602 P. 2d 634.

③ *Gibson v. State*(1987)515 N. E. 2d 492 at 496;*Hall v. State*(2009)910 N. E. 2d 1290.

④ Cf. *Bush v. Commonwealth*,78 Ky. 268(1880).

⑤ R. v. *Carey*[2006]E. W. C. A. Crim. 17.

⑥ *Gibson v. State*(1987)515 N. E. 2d 492 at 496.

⑦ *R. v. Gowans*[2003]E. W. C. A. Crim. 3935;*Gibson v. State*(1987)515 N. E. 2d 492 at 496. Cf. *R. v. McIntyre*(1847)2 Cox C. C. 279.

⑧ *R. v. Gowans*[2003]E. W. C. A. Crim. 3935;*Gibson v. State*(1987)515 N. E. 2d 492 at 496.

principle)[1]为名,学者在过失侵权行为领域中对其进行了探讨[2],而其也在刑事案件中得到了承认。

一般来说,某人需要对其直接造成的伤害结果承担罪责。但根据预见原则,当某人的行为间接造成伤害,并且可以预见这种伤害将由其实施 323
的某种遥远的行为导致时,他将承担刑事责任。不需要直接施力。如果说,归责于被告的后果必须在理性人所能认识到的风险的范围之内,那就比普通危险原则要宽泛得多。对风险的"合理预见性"标准在过失侵权行为中得到了一般讨论,[3]并在众多刑事案件中逐步发展起来。[4]

"女王诉罗伯茨案"(*R. v. Roberts*)[5]对该原则作了相当充分的阐述。罗伯茨把女孩从派对中带了出来,并开车送她,根据(上诉法院认为)陪审团接受的事实,罗伯茨对该女性进行了性骚扰,抓住被害人的外套告诉她,胆敢拒绝自己的女孩,都遭到了殴打。女性被害人从行进中的汽车里跳出来,受了伤。季审法院法官指示陪审团,基于这些事实,根据 1861 年《侵害人身权法》第 47 条,可以认定罗伯茨成立导致实际身体伤害的攻击罪。罗伯茨被判有罪,上诉审维持了该判决,法院表示:[6]

"检验的标准是:伤害是被指控的攻击者所说所做的自然结果吗,即伤害是他所说所做的可以合理预见的后果吗。正如在很久之前作出的判例所说的那样,必须证明这是他的行为,如果用本案上诉人的话来说,被害人做了如此'疯狂'的事情或如此出乎意料的事情,不是这个特定的攻击者没有真正预见到,而是没有理性人能够预料到这种行为,危害后果只是被告的行为所导致的非常间接、非常不真实的结果,其实际上是由被害人的自愿行为引起的,而这种行为是不能合理预见的,它打破了攻击行为和伤害结果之间的因果关系。"

11-045　在以前的类似案件中,所规定的检验标准一般是被害人的

---

① Glanville Williams,"The Risk Principle",(1961)77 *Law Q. Rev*. 179.

② D. E. Buckner,"Foreability as an Element of Negligence and Proximate Cause",(2015)100 A. L. R. 2d 942. Sarah Green,*Causation in Negligence* (Oxford:Hart Publishing,2014);W. Jonathan Cardi,"Reconstructing Foreability",(2005)46 *B. C. L. Rev*. 921;Benjamin C. Zipursky,"Foreability in Breach, Duty and Proximate Cause",(2009)44 *Wake Forest L. Rev*. 1247;Jane Stapleton,"Choosing What we by Causation in the Law",(2008)73 *Mo. L. Rev*. 433.

③ *Paroline v. U. S.* (2014)134 S. Ct. 1710 at 1719.

④ *R. v. Pitts*(1842)Car. & M. 284;*R. v. Curley*(1909)2 Cr. App. R. 96;*R. v. Beech*(1912)7 Cr. App. R. 197;*R. v. Mackie*(1973)57 Cr. App. R. 453;*Director of Public Prosecutions v. Daley*[1980]A. C. 237;*R. v. Corbert*[1996]Crim. L. R. 594;*D. P. P. v. Santa—Bermudez*[2004]Crim. L. R. 471.

⑤ (1972)56 Cr. App. R. 95. In *Sanders v. Commonwealth*(1932)244 Ky. 77. Cf. *People v. Beard*(1980)74 A. D. 2d 926.

⑥ *R. v. Roberts*(1971)56 Cr. App. R. 95.

逃跑行为是否合理。"罗伯茨案"扩大了责任的范围,但最好将其理解为,要求被害人的反应是合乎比例原则的(而不是"疯狂"[①]的反应)。妇
323 女从快速行驶的汽车上跳下来以避免遭到强奸或性侵犯,是否明智,这是见仁见智问题,但无论如何,是完全可以理解的,而且这种可能性完全可以由理性的攻击者预见。

合理预见原则给了陪审团免除被告人责任的机会,前提是发生了特别不寻常的事件,并且追究不法分子的责任是不公平的。但故意实施不法行为的人很少会因此得利。虽然在理论上行为人有机会避免被害人不可预见的反应所带来的后果,但陪审团可能不愿意将逃跑行为描述为无法合理预见的行为。任何对他人进行严重而残忍的攻击的行为人都应该意识到,被害人可能会试图逃跑,在恐慌中可能会试图以非常危险的方式逃跑。[②] 然而,因果关系问题最后由陪审团决定,陪审团可能会采取从宽处理的观点。[③]

纽约州发生的案件[④]的事实似乎表明,本案的行为是无法合理预见的,但法院没有采纳该观点。本案被告让时年 18 岁的女孩搭便车,途中给了女孩 1 美元要求与其性交。惊慌失措的女孩从车上跳下,当时该车正以每小时 25 英里的速度行驶,女孩头骨骨折并最终死亡。被告人被判过失杀人罪,尽管他既没有攻击女孩也没有实施威胁,但法院认为被害人试图逃跑是被告人行为的"自然后果"。人们可能会严重怀疑这种行为是否可以被合理预见,而且根据英国法律,认定被告方最初的行为存在重大过失,将更加困难。

11-046 传统匿名判例,通常被称为"娼妓案"(*Harlot's case*),[⑤]提供了对因果链中意外(但不是不可预见)扭曲的进一步说明。

"某妓女生下了孩子。她把活生生的孩子放在果园里,用树叶盖住。1 只鸢用爪子猛击这个孩子。由于受到打击,孩子很快就死了。娼妓因谋杀罪被提起检控,并被处决……因为她是故意害死孩子的;意图即代表行为(*Voluntas reputatur pro facto*)。"

---

① *R. v. Roberts* (1971) 56 Cr. App. R. 95 at 102. *R. v. Lewis* [2010] EWCA Crim. 151; *R. v. Williams* [1992] 1 W. L. R. 380; *Blaize v. U. S.* (2011) 21 A. 3d 78; and *Com. v. Rementer* (1991) 410 Pa. Super. 9. Cf. *R. v. Girdler* [2010] R. T. R. 307 at 321.

② *R. v. Hickman* (1831) 5 Car. & P. 151; *R. v. Halliday* (1889) 61 L. T. R. (n. s.) 701 at 702; *Anderson v. State* (2011) 385 S. W. 3d 214.

③ As they did R. *v. Pitts* (1842) Car. & M. 284.

④ *People v. Goodman* (1943) 182 Misc. 585.

⑤ Richard Crompton's 1583 edition of Sir Anthony Fitzherbert's *L'Office et aucthoritie de Iustices de peace* (London: Imprinted by Richarde Tottill, 1583) at 24.

最后的那句话——视意愿为行为——并不 100%正确。应该说,既然妇女打算让(遗弃)孩子死亡,孩子以某种出乎其意料的方式死亡这项事实就无关紧要了。如果孩子是被流浪汉杀害的,这位母亲在原则上就不会被认定构成谋杀罪,这是因为,如后所述那样,自主的自然人主体的介入就足以打破因果链条。① 325

1560 年时,鸢很常见,并被视为伦敦城的"保洁员"。现在这种猛禽已经很少见了,但是如果娼妓的故事重演,婴儿被这种鸟或流浪狗杀死,结果肯定是一样的。② 被告故意不给予婴儿以所需的人身保护,致使自己的婴儿死亡。这就是婴儿的死亡方式,这种特殊的死亡方式(如果不太可能的话)的罕见性是无关紧要的。如果理性人将该事件视为该行为所涉及的一般风险的一部分,无论作为主要风险还是作为某种次要风险,都可以通过提出风险包含在被告的行为中和事件孕育在风险中来表达该原则。

11-047　另外的解释该规则的方式是说,虽然风险的检验标准通常被称为合理预见性标准,但在实践中,理性被告如果事先被问到她预见了什么,其是否会立即以后来发生的事情作为回复,并不是问题。所发生的事情可能只是无限可能性中的一种,但如果属于不会意外引起的事情,就可以在法律上认为是可以预见的。用事后的眼光而不是预见性眼光来看待,这就是所发生的事情的常态问题之一。

同样,被害人不必是具有合理预见的被告最初所设想的具体被害人:只要她属于人,这个一般类别就足够了,从更大的角度来看,真正的被害人处于这种合理的预想之中。事实上,如果行为人只想到特定的被害人(对澳大利亚进行了一次突如其来的访问的乔治大叔),而其出现的概率可能非常小,以至于如果这是唯一的风险,这种行为就根本无法被认为是可预见的。

11-048　假设被告在被害人驾车行驶时以谋杀的故意向其开枪,子弹并没有按预期进入被害人的身体,而是导致轮胎爆裂,被害人在随后的车辆碰撞中死亡。被告需要对死亡结果承担因果责任吗?

很可能法院会认定发生的事情是可以预见的,③被告人可能被判谋杀罪。被告人意图杀人,而法律会无视具体模式的不同。但法官可能会宽大处理,鼓励陪审团判定过失杀人或谋杀未遂。 326

---

① *R. v. Kennedy*(No. 2)[2008]1 A. C. 269.

② *People v. Burnett*(2003)110 Cal. App. 4th 868.

③ Cf. *People v. Zarazua*(2008)162 Cal. App. 4th 1348 at 1362.

11-049 假设被告准备了一杯有毒的柠檬水,意图给被害人喝;但被告离开房间一会儿,被害人不知道水有毒,自己拿起来喝了,然后死了。被告犯有谋杀罪吗?

没有此类判例,但被告人很可能会被定罪。因为其通过被害人意外的配合,部分假手于被害人,达到了自己的目的,被害人喝下欺骗性饮料的可能性,是被告人行为的可合理预见的后果。

本案不同于前判例(向汽车开枪),因为在后案中,被告人实际上做了自己想做的一切;在这里,被告人计划的行动被被害人的行为抢先一步。根据这些事实,让被告人对故意杀人负责,可能会被认为过于严苛,因此也许不能确定其是否会有恶意地去落实她的计划。某人可能会在早期阶段计划杀人,但随着事件的进展,可能无法下定决心。这个难题同样适用于未遂法。赞成认定责任的论点是,对此很难设计令人满意的限制规则。如果有人要求被告人应当做了其打算做的一切,就其自己的行为而言,在其预设的行为过程中,只要存在相当小的偏差,就可以借此免除被告人故意造成该事件的责任。此外,更为宽大的规则有时可能会使检控方在举证方面遇到困难。在上面的判例中,当被害人被发现已经因为喝了有毒的饮料死亡时,被告人很容易(虚假地)辩称,在他打算把毒药交给被害人之前,被害人自己意外地喝下了毒药。根据理论假设,被告人的意图是导致死亡或其他事件,并在追求这种意图实现的过程中,启动了可预见的因果链条。如果该事件是由因果链条的启动而引起的,被告已经达到了自己的最终目的,也完成了实现该目的所必需的大部分工作。被害人无意中选择配合实现被告的犯罪目的事实,可被较为正当地视为无关紧要。如果对被告在从事相关行为时目的固定性产生任何怀疑,就必须宣告其无罪。

11-050 当可预见性检验适用于需要主观过错的犯罪时,是否与该要求相矛盾?

反对意见忽视了这个事实,即因果关系规则不能使被告犯下需要主观罪过的罪行,除非其基于必要过错引发了法律规定的事件(如人的死亡)。与可归责因果关系有关的所有规则,都是为了解决以意外的方式引发事件时的因果关系问题。如前所述[①],犯意问题不能与因果关系问题混为一谈。在谋杀案中,被告的主观要件是通过审查其是否打算引起严重身体伤害或死亡而独立确定的。[②] 合理预见性的客观标准是用因果

327 关系来限制被告的责任。要求被害人或其他当事人的介入是可以合理预

① *R. v. Demirian*[1989]V. R. 97 at 113.

② *R. v. Donovan*(1850)4 Cox C. C. 401.

见的,或事件是以某种意想不到的方式被引起的,只是在消除那些在规范上过于遥远而不能归责于被告的原因。

第11节　合理预见与替代原因

11-051　对刑事责任的某种极端看法可能是,某人有义务采取不会导致他人造成伤害的行动,因此在某些情况下,即使没有对他人进行授权或鼓励,行为人也可能对他人直接造成的伤害负责。[①] 某人的行为给他人的某些随之而来的错误行为提供了情况[②],而且其本应预见到他人的上述错误行为,这并不会使某人为他人的错误行为负责。[③] 根据因果关系规则,作出独立、知情和深思熟虑的决定(不受错误或压力的影响)的责任人的"新介入行为"(*novus actus interveniens*),通常可以免除被告对进一步后果的责任,因为介入行为打破了因果链条。[④] 毫无疑问,这条规则背后有某种哲学态度。道德主义者和法律专业人士认为,个人的意志是其自主实施行为的主要原因。某人所做的事(如果已经成年,思想健全,没有受到错误、恐吓或其他类似的压力的影响)是她自己的责任,不被视为是别人造成的。因此,这种介入行为打破了先前行为与被禁止的后果之间本来可以理解的因果关系(介入性的不作为不会破坏这种因果链条)。[⑤]

可以从心理学角度对该规则进行合理化解释,即责任行为人的介入会转移对被告的报复性愤怒,被告是前行为人,可能看起来比后行为人的罪责要轻得多,而这种报复感的转换是用因果语言表达的。有时,我们也会觉得,仅仅因为行为人预见到了或本可以预见到他人的行为,就使其对他人随后的行为负责,对自由的限制太大。解释该规则的另一方式是,刑事审判的部分目的是将社会对该行为的否定戏剧化,而直接对最后参与创作这出戏剧的人员提起公诉,就已足够。没有紧迫的必要认为最初的作者应对损害本身负责,尽管他们很可能因其他罪行而受到起诉,如未遂,或在适当情况下作为从犯而受到检控。重要的是,法律不应让某人, 328
在不仅仅是其本人,乃至社会公众都会去责备他人的情况下对危害后果

---

① *Perez v. Cumba*(2012)51 A. 3d 1156.

② *City of Sugarland v. Ballard*(2005)174 S. W. 3d 259.

③ Dennis J. Baker,"The Moral Limits of Criminalizing Remote Harms",(2007)10(3)*New Crim. L. Rev.* 370; Dennis J. Baker,"Collective Criminalization and the Constitutional Right to Endanger Others",(2009)28(2)*Crim. Just. Ethics* 168.

④ *R. v. Kennedy*(No. 2)[2008]1 A. C. 269.

⑤ *R. v. Blaue*[1975]1 W. L. R. 1411.

承担责任。

以较为奇特的判例为例,假设被告人甲准备了一杯有毒的饮料,打算将其提供给被告乙喝,而被告乙与被害人存在个人过节,且发现了甲的犯罪预备活动,因而将有毒的饮品提供给了被害人,后者从乙处接受该饮料,喝掉并死亡。乙没有与甲合作。乙构成谋杀罪,甲不构成谋杀罪。如果被告甲留给被害人喝的毒饮料是由对此不知情的人端给被害人的,则甲将被判谋杀罪。事实上,被告乙的犯罪故意,使甲免于承担责任。①

11-052 这条规则的其他事例是,如果某人在不鼓励他人杀人的情况下刺激其杀人,即使其意识到或应该意识到自己的行为会产生什么样的影响,也不会构成谋杀罪或过失杀人罪。② 同样,无意中激怒他人破坏治安③或轻率驾车④,也不会使挑衅者承担刑事责任。一般来说,法院拒绝允许陪审团仅仅因为被告人是他人的犯罪伤害行为的必要原因(归因要素),就认定其需要承担责任。以街角商店的老板甲为例。甲向客户乙出售冰淇淋,乙随后走出甲的商店,将冰淇淋的包装扔在地上。甲应该为乙乱扔垃圾负责吗?这种危害取决于乙作出了介入性的选择,即把包装扔在地上,但如果不是甲把冰淇淋卖给乙,这种危害是不会发生的。然而,很明显,为什么甲在道德上不应该为这种遥远的伤害而受到谴责(刑事谴责)。适当的措施是,惩罚那些在街上乱扔东西的人。⑤

"全新介入行为"原则在普通法中具有非常基础的重要性,也是共犯原则的根基。如果被告乙鼓励被告甲杀死被害人,并且甲对此表示服从,乙就是"促使"(prompted)(在日常用语中,我们说乙间接地作出了因果加功)被告甲去犯罪,⑥并且乙构成相关犯罪的从犯,但是乙没有直接导致被害人的死亡。弗莱彻教授阐述了如下原则:"协助能承担责任的、自行其是的犯罪行为人犯罪,并不能'引起'、'控制'或'决定'后者的行为。
329 从犯对犯罪有加功,但其所实施的并不是杀人行为。"⑦从犯的责任

---

① *People v. Elder*(1894)100 Mich. 515. *R. v. Hilton*(1838)2 Lewin 214. *R. v. Bennett*(1858)169 E. R. 1143.

② Cf. *R. v. Dubois*(1959)32 C. R. 187(Quebec).

③ *Beatty v. Gillbanks*(1882)9 Q. B. D. 308;*Redmond—Bate v. D. P. P.* (1999)163 J. P. 789. 在 *R. (on the application of Laporte) v. Chief Constable of Gloucestershire*[2007]2 A. C. 105 at 155. *Austin v. Commissioner of Police of the Metropolis*[2008]Q. B. 660 at 680-681。

④ *R. v. Mastin*(1834)172 E. R. 1292.

⑤ *Schneider v. New Jersey*, 308 U. S. 147(1939). Dennis J. Baker, "A Critical Evaluation of the Historical and Contemporary Justifications for Criminalising Begging", (2009)73(3) *J. Crim. L.* 212.

⑥ Baker, *op. cit. supra*, note 42 at Chapter 1; John Gardner, "Moore on Complicity and Causality", (2008)156 *U. Pa. L. Rev. PENNumbra* 432 at 436.

⑦ George P. Fletcher, *Rethinking the Criminal Law*, (Boston: Little, Brown, 1978) at 582. Cf. John Gardner, "Complicity and Causality", (2007)1 *Crim. L. & Phil.* 127.

与行为人的责任有一定的重要区别。如果没有“全新介入行为”规则，成功的鼓励者将作为正犯承担责任，[①]这将要求改写关于共犯的法律规定。该观点也表明，“全新介入行为”原则有别于合理预见性的要求。如果被告乙付钱给刺客甲杀死被害人，当然乙会预见到甲要杀人，这样就满足了可预见性的要求；但乙仍然不是谋杀罪的正犯。

虽然只有行为人的行为产生了不正当的结果，但“全新介入行为”原则并没有排除共犯中对共同过失的责任。[②] 共犯法设定的就是因果关系的一般规则没有规定的责任。[③] “全新介入行为”原则在侵权责任法中得到承认，但与刑法的不同之处在于，如果甲教唆乙实施侵权行为，则甲和乙被视为造成危害结果的共同侵权人。侵权法没有像刑法那样区分共犯人的级别。

11-053　“全新介入行为”原则，甚至可以使被告免于承担严格责任。在“伊姆普斯（伍斯特）有限公司诉丽思案”[*Impress*（*Worcester*）*Ltd. v. Rees*][④]中，作为上诉方的公司，其燃料库的阀门被不明身份人士故意打开，因而石油泄漏到“塞文河”（Severn River）。通常（推定）漏油属于严格责任犯罪，但分庭法院认为公司不应承担责任，因为陌生人的介入行为是“强大的介入原因，以至于上诉人的行为根本不是原因，而只是周围环境的一部分”。[⑤] 当然，实际上，河流污染的部分原因在于公司在河边囤积了燃料。但这只是事情的情况，在法律上，唯一有效的原因是作恶者的行为。两者的区别仅在通过不法介入者间接发挥作用的事物之间。

尽管如此，上议院在“环境署诉皇后汽车有限公司（阿博特利）案”[*Environmental Agency v. Empress Car Co.*（*Abertillery*）*Ltd.*][⑥]中并没有采用这种推理方式。该案的事实几乎完全相同。不知名的第三方打开了龙 330
头，使得被告的大量柴油流入暴雨下水道，然后从那里流入附近的河流。皇后汽车公司存在过失，因为其在其经营场所储存了大量柴油，同时并未锁上起控制作用的龙头，将柴油储藏在公众可进入的区域，也未执行任何溢出控制程序。充其量，这些要素只是起了间接的促成作用，因为其使不法分子更容易犯下自己的独立罪行。这样的论点与如下声称没有区别，即某人应对她的笔记本电脑被盗负有责任，因为在她没有正确锁上窗户

---

① *Velazquez v. State*(1990)561 So. 2d 347.

② *R. v. Salmon*(1880)6 Q. B. D. 79 and *R. v. Reid*(1975)62 Cr. App. R. 109.

③ *R. v. Swindall*(1846)175 E. R. 95 with *R. v. Mastin*(1834)172 E. R. 1292.

④ [1971]2 All E. R. 357. *R. v. "M. V. Allunga"*[1974]4 W. W. R. 435.

⑤ [1971]2 All E. R. 357 at 359.

⑥ [1998]1 All E. R. 481. *DC Consolidated Investments Pty. Ltd. v. Maroondah City Council* [2011]V. S. C. 634.

的情况下,笔记本电脑被盗了。[①]

在“环境署诉皇后汽车有限公司(阿博特利)案”等判例中,还可以发现其他作为判决依据的原则。如果公司负有防止恶意介入的特殊责任,这种介入的发生自然不会免除该公司的相关责任。如果被告未能尽到应有的注意义务促进了恶意的介入[②],则这在某种程度上显得十分重要。然而,作为一般规则,法院不愿意将过失刑事责任扩大到显而易见的案件以外的其他范围。无论如何,某人通常没有义务(即使在侵权法中)预见他人故意实施的错误行为。[③]

11-054　这是否意味着,如果我给某人某种毒品/“娱乐性药物”(Recreation drug),而其自行误食该药物死亡,我无须承担谋杀这个人的责任?

服药者自主、知情、自愿地选择服用该危险药物的行为,将打破因果链条。上议院在“女王诉肯尼迪案(第 2 号)”(*R v. Kennedy*, *No*. 2)[④]中也予以承认。在本案中,被告人准备了一剂注射性海洛因,并将其交给乙。乙随即自己实施了注射行为,并在注射毒品后 1 小时内死亡。被告被控过失杀人,尽管其只是准备和供应了毒品。关键的问题是,考虑到乙是自己实施的注射行为,甲仅提供毒品和注射器的行为,是否属于导致乙死亡的原因。上议院认为,由于乙自由、自主和知情的选择打破了因果关
331 系链,故最终的损害不能归责于被告。宾厄姆法官表示:[⑤]

“……间接责任原则(doctrine of secondary liability)之所以发展,正是因为知情的自愿选择,通常被视为打破因果关系链的新的介入行为:主要原因、共犯鼓励(或以其他方式影响)或帮助。如果教唆者被认为是导致结果的原因,就将是主犯,主犯与从犯之间的概念划分将消失。事实上,正是因为教唆者没有被视为犯罪的原因,所以必须适用从犯的概念。这是承认‘全新介入行为’原则属于英国刑法基础之一的不可辩驳的论据。最后的行为是由犯罪者完成的,从概念上讲,正犯实施犯罪行为,从而将从犯推到了犯罪情况的讨论当中。”

---

① Cf. Vera Bergelson, “Conditional Rights and Comparative Wrongs: More on the Theory and Application of Comparative Criminal Liability”, (2005) 8(2) *Buff. Crim. L. Rev*. 567; Heidi M. Hurd, “Blaming the Victim: A Response to the Proposal That Criminal Law Recognise a General Defence of Contributory Responsibility”, (2005) 8(2) *Buff. Crim. L. Rev*. 503.

② Cf. *Merhi v. Becker* (1973) 164 Conn. 516; *Somma v. Gracey* (1988) 544 A. 2d 668; *Burns v. Gleason Plant Security, Inc*. (1987) 523 A. 2d 940; *Quinnett v. Newman* (1990) 568 A. 2d 786.

③ Cf. *R. v. Medley* (1834) 6 Car. & P. 292.

④ [2008] 1 A. C. 269.

⑤ *R. v. Kennedy* (*No*. 2) [2007] UKHL 38 at para. 17 citing Professor Glanville Williams, “Finis for Novus Actus?” (1989) 48 *Cambridge L. J*. 391 at 398.

被告人肯尼迪提供毒品的行为只是间接的条件原因。他没有用枪指着被害人的头,要求被害人自行注射毒品。被害人不是无辜的主体,因为他很清楚自己注射的是种危险的致幻性毒品。肯尼迪的间接协助可能足以在适当的情况下确定派生责任(在间接协助的目的是促进主犯的某些主要犯罪行为的情况下),但被害人不属于对自己犯下过失杀人罪的主犯,因为根本不存在此类罪行。① 他也没有企图自杀;他的死是意外的。他唯一的行为是自我注射,这不是犯罪。当面临自我伤害的风险时,有能力的成年人能够作出自己的决定。当某人在知情的情况下自愿作出自我伤害的决定时,惩罚协助他们的瘾君子似乎是没有意义的,因为在其他发生毒品提供行为的场合,协助者也可能是毒品的接受者。

11-055　什么时候可以预见,被害人可能会因为被告人所从事的事情成为介入原因,并造成自己的伤害?

如上文所述,"女王诉罗伯茨案"的判决认为,即使被告的行为不是造成伤害的直接原因,也可以将有害结果归责于被告,例如,被害人直接造成最终伤害是因为被告诱使其这样做。如果可以证明被害人的行为是"为了保护自己免受人身伤害,而被告的非法行为使被害人感到即将遭遇人身伤害的威胁,并且考虑到被告行为的性质和可能引起的恐惧(或者,如作者所倾向的那样,前提是该行为与其可能引起的恐惧相称),被害人在自我保护方面的努力是合理的,则不适用'全新介入行为'原则"。②

显然,当某人在不知情、③不独立、不自主的情况下介入时,就不能打破因果链条。④ 不仅可以预见,某人可能从移动的汽车上跳下来以躲避 332
性侵犯,或者从高楼上跳下来以逃离凶杀攻击,而且这种行为并非完全自愿。这些行为是介入的被害人遭遇被告所施加的压力后作出的决定的产物。这种行为是被告人的诱导行为的结晶。在美国,"挑衅性行为谋杀准则"(provocative act murder doctrine)建立在类似的因果关系理论之上。在若干州,煽动性行为谋杀理论被用来追究强迫他人杀人的人的责任。基本上,强迫者或惹起者被认为是被害人死亡的直接原因。

这也类似于提供胁迫抗辩(见下文关于胁迫的章节)的道德上的非自愿理论。挑衅行为谋杀原则在美国少数州实施,并已在英格兰和威尔

---

① Cf. *State v. Marti*(1980)290 N. W. 2d 570.

② *Royall v. The Queen*(1991)172 C. L. R. 378 at 398. *R. v. Pitts*(1842)Car. & M. 284;*R. v. Curley*(1909)2 Cr. App. R. 109;*Director of Public Prosecutions v. Daley*[1980]A. C. 237;*R. v. Hickman*(1831)5 Car. & P. 151,*R. v. Halliday*(1899)61 L. T. R. (n. s.)701 at 702.

③ Cf. *Gallimore v. Commonwealth*(1993)436 S. E. 2d 421.

④ *People v. Roberts*(1992)826 P. 2d 274 at 299.

士的普通法对谋杀罪的规定中得到有效承认。[①]“‘挑衅行为谋杀’不是独立的犯罪,其责任不是固定的。这只是一类谋杀行为。‘挑衅行为谋杀’概念仅仅是简写,用于介入行为因果关系案件中,在这些案件的犯罪过程中,中介方(警官或犯罪被害人)因为被告的行为而被激怒,作出导致某人死亡的反应。”[②]这只是谋杀的某种实施方式,却具有自己的犯意以及犯行要求。

11-056 在“女王诉帕格特安案”[③]中,有人认为警官杀害无辜的人肉盾牌的行为并没有破坏因果链条。在该案中,被告手持霰弹枪,向企图以其他严重罪行逮捕他的警察开枪。当时,16 岁的女孩和被告待在公寓里,被告人在逃跑的时候,向警察开枪,并违背女孩的意愿,用她的身体来保护自己免受警察的还击。警察实际上进行了反击,结果女孩被杀。事实表明,就因果关系而言,被告首先向警官开枪,从而引诱(导致)他们为了防卫而进行反抗,结果女孩被杀。法院认为,警察的独立行为不是一种全新的介入行为,因为“警察为了自卫或履行其作为警察的职责,采取了
333 合理的行动”。

帕格特安不是被害人死亡的直接原因,但他的诱导行为(向警方施压的行为)是重要原因,因为其迫使警察在当时以自己的方式作出反应。警察是在被告的压力下实施的行动,因此并没有全新介入行为所要求的自由意志。然而,同样重要的是,法院认为警察不应单独受到刑事惩罚。直接死因是警官开枪,但被告对因果关系的重大加功才是警官正当行为的法律原因。被告与最终结果有直接的罪责联系,也有重大的因果关系。因此,把最终的伤害结果归责于他是恰当的。

“帕格特安案”中的因果链条没有被打破,因为警察在行动时缺乏完全不受约束的意志。[④] 如果警察轻率行事,便毫无正当性可言,他们的行为可能被认为是重大原因。例如,如果被告只带着刀,并威胁要用刀杀死人质,而警察开枪杀死人质,就属于采取了不合理和不成比例的行动。如此一来,警察不必使用致命的武力。他们受过专门训练,如果警方利用其他具备可责性的不法分子来掩饰自己的轻率行为,那将是错误的,如此一来,他们也应该承担责任。

---

① *R. v. Pagett*(1983)76 Cr. App. R. 279. In *Com. v. Moyer*(1947)53 A. 2d 736 at 744-745. *Scott v. Shepherd*(1772)2 Wm. Bl. 892. *Madison v. State*(1955)130 N. E. 2d 35.

② *People v. Concha*(2009)47 Cal. 4th 653 at 663;*Jefferson v. State*(2008)276 S. W. 3d 214;cf. *State v. Wilson*(2009)912 N. E. 2d 133;*Taylor v. State*(1900)41 Tex. Crim. 564.

③ (1983)76 Cr. App. R. 279.

④ *Bloom v. Franklin*(1884)97 Ind. 478.

11-057　如果警方的行动是轻率的，[1]帕格特安的行为的后果难道不是并发原因吗？

如果两个独立的不法行为人各自的行为同时对结果作出重大加功，[2]并且这些助力源于其行为的不法方面，则可以称存在并发原因。[3] 事例是被告甲向被告乙开火，乙方抓住无辜的第三方（被害人丙）并将其用作盾牌。如果不是甲试图杀死乙，被害人就不会被杀死。此外，若不是乙将被害人拉入火线，以将其作为肉体盾牌，被害人本不会被射中；相反，乙会被射中。对于被告可以使用转移故意学说，因此甲要对谋杀结果负责。此外，由于被害人是无辜的旁观者，[4]乙将无法对她实施自卫，[5]并且正如将在本书后面看到的，紧急避险（假设利用旁观者作为盾牌是唯一的活命手段）不属于谋杀的抗辩事由。双方的行为是无辜旁观者死亡的并发 334
原因，并且不适用全新介入行为原则，因为根本不存在介入行为——双方都独立且同时采取行动。

再举个事例，假设被告甲和被告乙连续而独立地以谋杀的意图伤害被害人，而被害人的死因只有失血过多。先分析后来的攻击者乙，她犯了谋杀罪，因为在她发现被害人——在本案中，因遭到第一处伤害而开始变得虚弱并流血——后，必须带其去看医生。关于被告人甲的责任，还没有定论。一方面，可以辩称，如果甲所实施的伤害不会造成死亡后果，就不犯有谋杀罪，因为她无须对于新主体随后的行为承担责任。另外的说法是，这两种原因实际上都对死亡起作用。当甲的伤害行为是被害人死亡的重要并发原因时，全新介入行为原则，并不会使甲免于对死亡的责任。

11-058　如果被害人试图逃跑时行为不合理（或许还缺乏正当性），又该怎么办？假设被告人已经被逮捕并被送往警察局，途中被告人从移动的警车上跳下来逃跑。警察应该对该可以合理预见的介入行为负责吗？

可以合理预见，嫌疑人可能会试图从警车上逃跑，但警方不会强迫这样的人跳下去。相反，他们有责任确保嫌疑人不会跳下去，而且威胁要进一步追捕，就会发出这样的信息。因此，可预见性并不包含在内。警察没

---

① Cf. *U. S. v. Posada—Rios*（1998）158 F. 3d 832 at 881.

② *People v. Jennings*（2010）237 P. 3d 474；*Langham v. Crisp*［1975］Crim. L. R. 652.

③ *R. v. Dalloway*（1847）2 Cox C. C. 273；*R. v. Hughes*［2013］1 W. L. R. 2461 at 2475；*State v. Kenny*（2013）116 So. 3d 992；*Pearson v. State*（1992）601 So. 2d 1119；*State v. Benoit*（1994）650 A. 2d 1230.

④ Cf. *State v. Cooper*（1999）993 P. 2d 745.

⑤ *Com. v. Almeida*（1949）68 A. 2d 595 at 616.

有改变自己的规范性地位,①但跳车者已经改变了。跳车者的无理介入是自由的、故意的和知情的,从而打破了因果链条。②

更麻烦的判例是,被害人自杀是因为被告人做了若干对其产生影响的事情。一般来说,自杀的决定会打破因果链条,除非被告做了若干非同寻常的事情,迫使被害人自杀。令人怀疑的是,许多家庭暴力事件是否足以引起受害方自杀,毕竟被害人可以向警方报告这种暴力行为。③ 然而,有人可能会说,患受虐妇女综合征的妇女的头骨很薄,如果其中一次殴打最终将她推向濒死边缘,特别是如果丈夫的虐待使妻子出现了所谓"蛋皮脑壳"(Skull thin)现象,则施暴者必须在发现这种情况的时候带她去
335 看医生。④ 有人可能会坚称,妻子自杀的决定并不是完全自由和自愿的。
尽管如此,这是如此极端的选择,以至于陪审团很少会认定这不是自由、知情和独立的决定。⑤

11-059 如果被害人有机会接受治疗,从而阻止被告对其造成的伤害导致其死亡,但却不合理地拒绝接受医治怎么办?

很明显,如果被告人对被害人造成严重伤害,而被害人拒绝接受治疗,并因此而死亡,无论这种拒绝有多么不合理,被告人都应对死亡负责。在"女王诉布劳案"(*R. v. Blaue*)⑥中,被告刺伤了被害人的肺部。被害人被送到医院,但作为"耶和华见证人"(Jehovah's Witness)信徒,拒绝输血,不治身亡。输血本来可能挽救她的生命。法官指示陪审团,他们可能从律师在发言时提到的案件中得到帮助,并说他们很可能认为别无选择,只能得出结论,即刺伤是死因或重大死因。陪审团因被告责任减轻(当然,责任减轻与因果关系问题无关)而判其犯有过失杀人罪,该判决在上诉审中得到确认。

在"女王诉布劳案"⑦中,被害人不合理地不接受医疗救治,并不构成新的介入行为。值得注意的是,"布劳案"的被害人作出了知情、独立和
336 自由的拒绝治疗的决定,但这样做并不是没有正当性的。她没有改变本

---

① *City of Sugarland v. Ballard*(2005)174 S. W. 3d 259 at 266.

② *State v. Preslar*(1856)48 N. C. 421. Cf. *Commonwealth v. Bianco*(1984)388 Mass. 358.

③ *R. v. Dhaliwal*[2006]2 Cr. App. R. 348. Cf. *Corr v. I. B. C. Vehicles Ltd.* [2008]1 A. C. 884.

④ *Pigney v. Pointer's Transport Service*[1957]2 All E. R. 807. *Brackett v. Peters*(1993)11 F. 3d 78.

⑤ Cf. *People v. Lewis*(1899)124 Cal. 551. *People v. Duffy*(1992)79 N. Y. 2d 611. *State v. Lassiter*(1984)484 A. 2d 13. *Re S. v. Grotjohn*[1970]2 S. A. L. R. 355.

⑥ (1975)61 Cr. App. R. 271. B. L. Carlson, "Blood and Judgment: Inconsistencies Between Criminal and Civil Courts When Victims Refuse Blood Transfusions", (2004)33 *Stetson L. Rev.* 1067 at 1078-79.

⑦ [1975]1 W. L. R. 1411.

章前面讨论的更广泛意义上的规范性地位(对“女王诉布劳案”的判决更好的解释是,这只是拒绝接受医疗的案件)。[①]

“女王诉布劳案”通常被认为提供了“蛋皮脑壳规则”的典型事例,但本案的被害人,头骨并不单薄,身体完全正常。被害人并非年老,残疾,或虚弱,只是强烈坚信输血是错误的,从而对此表示拒绝。如果有人坚信[②]某种药物是不好的,或者宁愿去死也不接受某个种族的医生提供的治疗,从而拒绝必要的医疗,付出了生命的代价,不会打破既有的因果链条。即便上述确信缺乏理性、缺乏正当性、不合理,甚至客观来看有些怪异,结论也是如此。拒绝让某种族的医生提供治疗[③]的偏执狂也改变了自己的规范性地位,[④]但这并没有以与被告人的最初行为继续造成的伤害有任何因果关系的方式产生因果力。对该理论最好的解释是,就算医疗可以治愈伤害,阻止病情进一步恶化,被害人拒绝治疗的动机也是无关紧要的,但前提是她没有义务接受可以打破被告人导致的因果关系的治疗行为。被害人拒绝接受治疗的行为不是替代原因,这甚至根本不是原因,未能打破被告人业已启动的因果链条。

11-060　如前所述,法院认为,如果被害人在试图逃跑时受到伤害,[⑤]对可归责因果关系的检验应坚持所谓“合理预见说”。这是有用的测试,如果被害人实施了若干积极的行为,且行为在没有该测试的情况下可能被认为是破坏了因果关系链条,援引该规则似乎就是适当的。在“女王诉布劳案”中,法院认为,根据无可争议的证据,布劳造成的刺伤导致了被害人的死亡,并且法官本可以这样告诉陪审团。法院将被告的行为描述为“客观死亡原因”,并认为其具有决定性。作出该判决的最佳理由,不是判决书中列明的依据,是如果被害人没有机会获得医疗帮助,布劳就会犯下非法杀人的罪行,因此(可以说)如果被害人选择不获取这种救助,行凶者也应该承担同样的责任。布劳实施了可怕的暴力行为,只有 337

---

① *People v. Goodman*(1943) 182 Misc. 585;*People v. Webb*(1987)415 N. W. 2d 9. *People v. Velez*(1993)602 N. Y. S. 2d 798;*State v. Pelham*(1998)746 A. 2d 557.

② *R. v. John*[1974]1 W. L. R. 624;*R. v.* Senior[1899]1 Q. B. 283;*U. S. v. Manneh*(2008)645 F. Supp. 2d 98;*Hill v. State*(1956)88 So. 2d 880;*Leary v. United States*(1967),383 F. 2d 851. Dennis J. Baker & Lucy X. Zhao, “Responsibility Links, Fair Labeling and Proportionality in China: Comparing China's Criminal Law Theory and Doctrine”,(2009)14 *UCLA J. Int'l L. For. Aff.* 274.

③ Andrew Levy, “Mother Facing Prosecution ‘For Asking Ethic Hospital Staff to be Removed from Birthing Room’”,(London: *Daily Mail*,29 October 2009).

④ Dennis J. Baker and Lucy X. Zhao, “The Normativity of Using Prison to Control Hate Speech: The Hollowness of Waldron's Harm Theory”,(2013)16(4)*New Crim. L. Rev.* 621.

⑤ *R. v. Pitts*(1842)Car. & M. 284;*R. v. Curley*(1909)2 Cr. App. R. 96;*R. v. Beech*(1912)7 Cr. App. R. 197;*R. v. Mackie*(1973)57 Cr. App. R. 453;*Director of Public Prosecutions v. Daley*[1980]A. C. 237;*R. v. Corbert*[1996]Crim. L. R. 594;*DPP v. Santa—Bermudez*[2004]Crim. L. R. 471.

纯属偶然(道德运气),[①]才会有第三方(医疗团队)和被害人试图撤销(冒险打破布劳的因果链条,从而免除他对更严重的过失杀人结果犯的责任)他已启动的因果关系(在道德上布劳不走运,因为被害人不愿意采取合理的措施来扭转或阻止他引发的损害)。[②] 尽管如此,还是有区别的。但认为布劳应对被害人未能试图扭转其行为(刺伤)继续造成的伤害负责似乎是合理的,因为与"积极反应"案件不同,本案中布劳的行为造成了伤害。在积极应对的案件中,伤害的真正原因取决于被害人的积极行为(跳窗行为等),因此,如果被害人不合理地跳窗,启动新的原因,从而使自己处于危险之中,考察该新的原因是否是不合理和不可预见的,似乎是公平的。如果新的原因是重要的和压倒一切的,如被害人没有充分理由便从汽车上跳下来,新的原因便是替代原因。因此,如果被害人创设了新的理由,有必要询问介入是否合理地可预见且合乎比例。

11-061 如果被害人被认定实施了愚蠢的积极行为,加重了此前施动者给自己造成的伤害结果,该怎么处理?

因为这将启动新的原因,所以有必要评估这个新的原因是否是替代原因。如果新的原因具有压倒性,就将打破因果链条。是否会打破因果关系链,取决于其是否可以被合理预见,以及被告人最初的行为是否仍然是最终损害的重要共同原因。一般来说,如果被害人的行为在合理的预见范围内,而且事实上作为重要的共同原因持续起作用,积极的加重行为,就将因果责任置于被告身上。[③]

在"女王诉沃尔案"(*R. v. Wall*)[④]中,身为殖民地总督的被告人,非法判处对某士兵鞭打 800 下,后者死于鞭刑。有证据表明,死者在遭鞭笞后
338 喝了烈酒,这对他没有帮助[⑤];但根据证据,当时他正处于死亡状态。在对陪审团进行法律指示时,麦克唐纳法官(Macdonald, L. C. B.)表示:"如果某人对他人的对待使后者处于如此危险和危急的境地,以至于被害人自己实施的某种程度的笨拙和错误的疗伤行为极有可能加速了行凶者造成的致死的灾难,我想无须对行为人心生歉意。"因此,沃尔总督被判谋杀并被处决。在这里,死者显然是为了从鞭打给他带来的痛苦中获得若干解脱而喝下了烈酒(在发现更有效的药物之前,酒精经常被用作

① Bernard Williams, *Moral Luck: Philosophical Papers* 1973 - 1980, (Cambridge: Cambridge University Press, 1981); Thomas Nagel, "Moral Luck", in Daniel Statman (ed.), *Moral Luck*, (New York: State University of New York Press, 1993) at 57-71.

② *State v. Smith*(2013) 835 N. W. 2d 1.

③ *Anderson v. State*(2011) 385 S. W. 3d 214 at 218.

④ (1802) 28 St. Tr. 51 at 145.

⑤ *R. v. Wall*(1802) 28 St. Tr. 51 at 145 at 158.

麻醉剂)。烈酒是普通的军粮,每天放在遇害士兵床边;喝下烈酒时,死者可能没有条件作出正确的判断。这些考虑使本案有些特殊,在对法律加以诠释时要谨慎使用。

在其他的判例中,遭到攻击的被害人在康复期间执意骑马,因此可能通过阻止治疗导致自己死亡,攻击者仍然被判过失杀人罪。[①]

11-062　如果被害人实施了旨在使其病情恶化的积极行为,或者自己撕开了已经愈合的伤口,难道不会打破因果链条吗?

如果被害人故意撕裂几乎愈合、不再作为重要原因而起作用的创伤,因果链条将被打破。如果被害人已经痊愈并脱离危险,被告最初的行为就不再是造成最终伤害的并发原因。[②]

在"女王诉迪尔案"(*R. v. Dear*)[③]中,被告认为被害人性侵了年仅 12 岁的女儿,遂使用被称为"斯坦利刀"(Stanley knife)[④]的利刃反复猛砍被害人。被害人拒绝治疗,两天后死于出血过多。被告辩称,因果关系链被打破是因为被害人未能寻求本可防止其死亡的治疗手段。也有证据表明,被害人曾重新撕开自己的伤口,以此寻求自杀,因为尸体被发现时带着自杀遗书。法院认为:"如果法律要求陪审团在目前这样的案件中,基于对被害人是否对自己实施了过失或严重过失行为的分析,来确定案件中的因果链条(认为后者可以打破,而前者无法打破因果关系)那将对陪审团并没有帮助……"[⑤]经审理查明,被害人的死因是,被告人造成的原始伤害导致的流血过多。 339

在"女王诉迪尔案"中,被害人被发现时带着一张自杀遗书,有证据表明,被害人宁愿去死,也不愿面对被发现是恋童癖者的耻辱。相关证据并不确凿,判决也没有清楚地说明实际发生了什么。法院似乎认为,没有足够的证据表明被告造成的伤害不再是持续的重大原因。

11-063　这些法源表明,如果被害人采取了可以理解的措施来减轻其痛苦,或者在没有充分意识到伤害造成的危险的情况下,继续过着正常的生活,其行为并不一定切断伤害和死亡之间的法律因果关系。但这些判例并没有判定死者随后的轻率行为(非替代原因)是否会影响被告的责任。如果被害人的行为不能被合理预见,特别是如果伤害本身不太可

---

① *R. v. Flynn*(1867)16 W. R. 319(Ir.). Cf. *R. v. Mubila*(1956)(1)S. A.

② 在 *People v. Feezel*(2010)783 N. W. 2d 67 at 75。

③ [1996]Crim. L. R. 595.

④ "斯坦利刀"刀刃锋利,与刀柄整体呈三角形,可更换。——译者注

⑤ *R. v. Dear*[1996]Crim. L. R. 595 at 596. Cf. *Shirah v. State*(1989)555 So. 2d 807;*R. v. Wall*(1802)28 State Tr. 51;*R. v. Flynn*(1867)16 W. R. 319(Ir.). *R. v. Mubila*(1956)(1)S. A. 31. *State v. Perez—Cervantes*(1998)90 Wash. App. 566.

能导致死亡,而被害人由于极度愚蠢造成伤口感染,陪审团很可能会认定,而且事实上必须认定,被告的行为并没有对死亡结果造成重大加功。

11-064 预见性原则是否适用于转移故意原则?

显然不适用。没有判例能证明这种做法是正确的,而且有判例认为这样做是不妥当的。[1] 可以认为,在“女王诉戈尔案”(*R. v. Gore*)[2]中,被告无法合理预见药剂师会中毒,但其故意已经转移。[3] 在“菲利普诉美国联邦案”(*Philips v. Commonwealth*)[4]中,肯塔基州最高法院提出了“转移的放任”(transferred wantonness)原则。但主观轻率不必转移,因为涵盖了主观上预见为潜在被害人的所有被害人。这毋庸置疑是过失行为。转移轻率或过失的概念似乎不合逻辑。转移故意原则不适用于轻率或过失犯罪,因为这是一般故意犯罪,不存在转移故意。从轻率、重大过失犯罪的立法目的出发,被告人不必旨在打击特定的对象。因此,当被告人向一群人开枪,目的是射死其中特定人时,对于杀死的任何其他人,行为人可
340 以成立严重过失杀人罪,因为理性人会预见到该风险。

第12节 被害人方面的过失加功

11-065 原则是,被害人的过失加功,不能作为对检控或罪行的回应。[5] 换言之,被害人为被告人的行为大开方便之门,或被害人自己在促成该行为时过失大意,一般都不能作为被告人的抗辩事由。这条规则可能会产生奇怪的结果。假设有两个窃贼以极为过失的方式炸毁保险箱。如果一人被杀,即使被害人全程参与了过失行为,他人可能犯了过失杀人罪。[6] 有人可能认为,过失共同行为应当是抗辩事由,但法院迄今尚未被承认。[7] 在“女王诉威洛比案”(*R. v. Willoughby*)中,证据显示被告及其同伙轻率纵火,火灾导致同伙死亡。遇害的共犯可能对自己的安全存在过失,这项事实并不能免除幸存的被告人对同伙的刑事责任。如果共犯是无辜的被害人,并作出了过失的加功,被告的处遇就更没有什么

---

① *R. v. Latimer*(1886)17 Q. B. D. 359.

② (1611)9 Co. Rep. 81a.

③ *R. v. Lewis*(1833)6 Car. & P. 161; *Coston v. State*(1940)198 So. 467; and *State v. Gillette*(1985)699 P. 2d 626.

④ (2000)17 S. W. 3d 870.

⑤ *R. v. Hennigan*[1971]3 All E. R. 133.

⑥ Cf. *R. v. Willoughby*[2005]1 W. L. R. 1880; *R. v. Haines*(1847)2 Car. & K. 368; *People v. Wattier*(1996)51 C. A. 4th 948; *State v. Pellegrino*(1984)480 A. 2d 537.

⑦ Cf. *State v. McLaughlin*(1993)621 A. 2d 170.

不同了。[1]

有时被害人的过失加功程度可能很大，以至于被告的行为被认为不属于造成损害的可归责原因。适例是“危险耗尽”(exhaustion of danger)[2]原则，即被告所造成的危险在被害人作出粗心行为之前已经结束。在“女王诉沃特斯案”(*R. v. Waters*)[3]中，被告沃特斯在轮船上，而在这艘轮船旁边有一尾小船，被害人就在其上，围绕货物的付款问题双方发生了争执，且两人当时都喝醉了。关于后来发生的事，证据存在冲突，但据目击者说，为了摆脱被害人，沃特斯用脚把船推远；被害人伸出手来抓住沃特斯的这艘驳船，以防止自己的小船漂走，但其间失去平衡，掉进水里淹死。帕克法官(Park, J.)裁定，即使接受这些证据，也不能认定被告人犯有过失杀人罪。判决书中并没有给出裁决的理由，但可以很容易地确定原因。如果被害人在他的船被推后再立即掉进水里，如果沃特斯明知被害人站立不稳，并且喝得醉醺醺的，可能根本无法游泳，那沃特斯就可能构成过失杀人。但事实并非如此。推船行为发生后，被害人仍安然无恙地待在自己的小船里，推船唯一的影响就是给他带来不便，让船从他想要的地方漂走。那时，沃特斯的行为所造成的风险已经耗尽。

第 13 节　不作为与因果关系

11-066　某人不采取行动会导致结果吗？

是的，如果被告人用塞子塞紧油箱，油就不会流进河里。但是，除非被告人有义务将塞子插入油箱，否则将不承担任何罪责。当某人没有做若干能阻止结果发生的事情时，可能会被认为导致了危害结果的发生。同样，如果父母让孩子挨饿，则会因为没喂孩子而导致孩子死亡。[4] 如果不是因为父母没有喂饱孩子，孩子就不会挨饿。

无论背后的哲学根据[5]是什么，法院当然假定，而且必须假定，不作为可以成为原因(就像缺乏氧气或食物[6]通常被视为死亡的原因一样)。

---

① *Mutatis Mutandis*, *R. v. Evans*[2009]1 W. L. R. 1999.

② *R. v. Jordan*(1956)40 Cr. App. R. 152.

③ (1834)6 Car. & P. 328.

④ *R. v. Bubb*(1850)14 J. P. 562.

⑤ Judith Jarvis Thomson, “Causation: Omissions”, (2003) 66 (1) *Philosophy and Phenomenological Research* 81; Sarah McGrath, “Causation by Omission: A Dilemma”, (2005) 123 *Philosophical Studies* 125; Arthur Leavens, “A Causation Approach to Criminal Omissions”, (1988) 76 *Cal. L. Rev*. 547.

⑥ *State v. Buckley*(2010)792 N. W. 2d 518.

如果被告没盖上马葫芦盖子,导致被害人掉到100米深的下水道摔死,被告人的不作为(在因果关系上)加功了该死亡结果。[①] 如果不是被告人的轻率,盖子就会被盖上,被害人也不会摔死。[②] 被告人的不作为是被害人摔死的条件原因之一;其他原因是被害人走入了检查井,但如果盖子被盖上,被害人就不可能这样做。[③] 同样,如果被告人有义务关闭狮子笼的大门,也很难辩称,没有这样做并不是逃跑的狮子杀人的原因。

然而,法院可以而且应当认为,在没有明示或必要默示的情况下,在法规中提及的原因并不包括不作为。这不是因果关系规则,而是概念的法律含义问题。在不作为案件中,将通常的举证责任适用于因果关系问题具有相当重要的意义,有时也使法院有机会得出对被告人有利的结论。[④] 对于任何涉及不作为因果关系的指控,辩护方都有必要最仔细地研究因果关系的证据。

11-067 这是否意味着,如果某人有义务阻止被害人引发自己的死亡而没有阻止,就应该为此负责?如果被害人拒绝她这样做呢?

你会记得,介入行为准则意味着当某人作出独立、自由和知情的决定时,因果关系链就会被打破。然而,在"女王诉斯通及罗宾逊案"(*R. v. Stone and Dobinson*)[⑤]这样的过失杀人案件中,法院认为不作为可能成为危害结果的原因之一。但本案是有问题的,因为被害人拒绝吃饭。现在还不清楚她不吃东西的决定是知情的、独立的和自由的,因为可以说被害人缺乏足够的心智能力来作出知情的决定。也许可以将本案解释为,被告如此一来未能尽力扭转导致被害人死亡的原因,即拒绝进食。但这就意味着,被害人不吃东西的选择,缺乏充分知情、独立和自由性,因为她缺
342 乏足够的精神能力作出这样的抉择。[⑥] 但"女王诉斯通及罗宾逊案"的判决并没有讨论被害人的心理能力问题,所以我们只能假设。[⑦] 如果被害人具备正常的思维能力,斯通和多宾森叫救护车送她去医院,也许不会改变任何因果关系,因为完全精神能力的人不能被强迫进食,也不能被强制

---

① *R. v. Haines*(1847)2 Car. & K. 368.

② *State v. Powell*(1993)426 S. E. 2d 91.

③ *R. v. Pittwood*(1902) 19 T. L. R. 37; *State v. Shrout*(2013)415 S. W. 3d 123; *Com. v. Riley*(2013)84 Mass. App. Ct. 272; *State v. DiGennaro*(2000)3 A. 3d 1201.

④ *R. v. Morby*(1882)8 Q. B. D. 571. Graham Hughes, "Criminal Omissions", (1958)67 *Yale L. J.* 590.

⑤ [1977]Q. B. 354. Cf. *State v. Campbell*(2008)245 S. W. 3d 331.

⑥ *Aintree University Hospitals NHS Foundation Trust v. James* [2014] A. C. 591; *A NHS Foundation Trust v. X*(2014)140 B. M. L. R. 41. Cf. *Commonwealth v. Life Care Centers of America, Inc.*(2010)926 N. E. 2d 206; *R. v. Nursing*[2013]1 W. L. R. 1031 at 1037.

⑦ Cf. *People v. Sanford*(2004)777 N. Y. S. 2d 595.

接受治疗。[①] 如果她缺乏精神能力，因此无法作出明智的选择，进而没有为自己寻求帮助，被告未能寻求帮助便是她没有接受救命治疗的重要原因。这也是假设存在救生治疗的可获得性。

11-068　您在上面告诉我，当某人向他人提供毒品，而他人作出完全知情、自由和深思熟虑的自我注射决定并因此死亡时，供货者不承担因果责任。如果供货者在场，并且能够看到被害人过量使用了自己提供的毒品，但没有为其寻求帮助，算是作出了因果加功吗？

这取决于法院打算在多大程度上扩展法律的覆盖范围，以创建某种照顾义务。[②] 不可否认，如果被告人不小心射击了被害人，并看得出被害人正濒临死亡，被告人有义务寻求帮助。如此一来，被告人给被害人创造了危险境况，并且正是被告人（意外）造成的伤害导致被害人正走向死亡。[③] 因此，被告人有义务努力打破自己无意中启动的因果链条。如果被告人的攻击者对其不再构成威胁，并且被告能够采取合理措施寻求帮助，而不使自己面临进一步的危险，这甚至可以适用于被告人故意向被害人开枪以进行真正自卫的情况。[④] 米勒不小心点燃了房子，如果他看到 343
有人被困在着火的房子里，就有责任求助。然而，他不会被要求采取不合理的行动，因此如果亲自进入房子帮助被困者逃跑对他来说太危险，就不会被期待为此种行为。同样，不会游泳的父母也不会被期望用尽全力游进大海去救她的孩子，但法律希望父母及时呼喊救生员。[⑤]

11-069　像“女王诉埃文斯案”这样的案子呢？埃文斯只是提供了毒品，并没有把毒品注射进妹妹的身体并造成伤害结果。当埃文斯的妹妹自由选择将药物注射到自己的体内时，作出了自由、独立和知情的决定，为自己制造了危险的局面。

根据英国法律，即使吸毒者在自由、知情和独立的情况下作出自我注射决定，自己使自己陷入危险境地，但假设供货者在自己注射毒品的吸毒者因此身体不适时正好在场，则供货者有义务为其寻求帮助。[⑥] 供货者

---

① *Nottinghamshire Healthcare NHS Trust v. RC*[2014] Med. L. R. 260; *R.* (*on the application of Muaza*) *v. Secretary of State for the Home Department*[2013] E. W. H. C. 3764; *Secretary of State for the Home Department v. Robb*[1995] Fam. 127.

② *R. v. Rimmington*[2006] 1 A. C. 459; *R. v. Stone*[1977] Q. B. 354.

③ *R. v. Miller*[1983] 2 W. L. R. 539.

④ *State ex rel. Kuntz v. Montana Thirteenth Judicial Dist. Court*, (2010) 995 P. 2d 951 at 959.

⑤ *State v. Walden*(1982) 293 S. E. 2d 780 at 786 *per* Mitchell, J. .

⑥ *R. v. Evans*[2009] 1 W. L. R. 1999; *Re Z. A. K.* (2009) 657 S. E. 2d 894; *State v. Wassil*(1995) 658 A. 2d 548. Cf. Dennis J. Baker, "Omissions Liability for Homicide offences: Reconciling *R v Kennedy* with *R v Evans*", (2010) 74 *J. Crim. L.* 310. *Burrage v. U. S.* (2014) 134 S. Ct. 881.

不能作为从犯承担责任,因为不存在过失自杀罪。[1] 自己注射毒品的吸毒者也不是自杀未遂;因此供货者不承担协助自杀的责任。[2] 自我注射者只是试图寻求娱乐性的刺激,并不打算自杀,尽管其无疑意识到了内在的风险。

如果适用"女王诉肯尼迪案",[3]除非为他人注射毒品,否则供货者不负因果责任。在不作为的情况下,只需证明被告人有义务努力打破其他人或其他事件引起的因果关系链条。假设夫妇正在野营度假,一只流浪狗残害了他们的孩子,使其受了致命伤。孩子的父母没有采取任何措施使孩子走向死亡。然而,假设医学证据表明及时治疗可以防止孩子死亡,父母有责任尽力阻止并扭转狗所发动的致死因果链条。如此一来,可以说,如果不是父母没有采取合理的尝试排除造成他们孩子死亡的风险,孩
344 子会活着。类似地,在提供毒品的案件中,在提供毒品者能看出自行注射者用药过量且濒临死亡的情况下,如果能够证明,要是提供者当时打电话叫救护车,则医学治疗很有可能会挽救自行注射毒品的吸毒者,就可以说,如果不是供货者没有为被害人寻求帮助,被害人就可能接受救命治疗,这种治疗可能逆转导致其死亡的原因。

供货者只有在间接协助他人为自己造成危险情况,并意识到自己帮助造成的危险,并且在可能采取合理措施消除危险时未能如此行动的情况下,才会被追究严重过失杀人罪的刑事责任。因此,如果被害人故意的自我注射导致自己濒临死亡,被告(供货者)有义务设法阻止被害人自我注射造成的后果,因为她促进了被害人的冒险行为,并认识到被害人使用毒品已经使其陷入危险境地。被告因未能采取合理措施抵销其帮助造成的危险而被追究责任。在大多数情况下,供货者在某种程度上与吸毒者分离,因此不属于"女王诉埃文斯案"原则的适用范围。当被害人明显吸毒过量并处于危急之中时,供货者必须在场。[4] ("女王诉埃文斯案"的争论焦点,不是关于终止原因的义务,而是仅仅实施了供货行为,是否就产生了必须努力停止由他人在独立的、知情的、自由的情况下选择发动的因果关系的义务。)

11-070 如果埃文斯注射毒品后立即死亡呢?

现在回答你的这个问题:如果埃文斯的妹妹当场死亡,则埃文斯未能

---

① James Fitzjames Stephen, *A History of the Criminal Law of England*(London: Macmillan, 1883) Vol. Ⅲ, at 104.

② Section 2 of the *Suicide Act* 1961.

③ [2008] 1 A. C. 269.

④ Cf. *R. v. Khan*[1998] Crim. L. R. 830.

试图消除她妹妹自我注射已经造成的伤害(不再是正在造成),不会使她陷入责任之中。[①] (同样,如果埃文斯当时位于大湖区的某个偏远角落,并且能够证明她妹妹在救援到来之前就已经死了,埃文斯也不负责任。)“女王诉埃文斯案”只创造了这种义务,即行为人应通过积极作为,阻止仍在作为原因正在起作用的事物。如果最终结果当场发生,被告就没有机会试图阻止的发展。必须证明,如果被告人采取了行动,就可能对被害人或其他事件引起的结果造成某种因果差异。[②] 因此,即使在不作为的情况下,也不需要证明被告人的不作为造成了损害,但必须证实,如果没有不作为,此前的原因力就不会进一步发展。

第 14 节　无须承担责任的介入方

11-071　当某人别无选择,仅仅被当作工具使用时,因果链条就不会被打破。[③] 如果老鸨甲囚禁被害人,并强迫被害人与对此毫不知情的嫖客进行非自愿性交,甲实际上可能会导致被贩卖的女性被害人遭到强奸,但如此一来,甲是犯罪者,没有其他共犯。当妇女被绑架并被迫卖淫 345
时,可以认为,对妇女的自愿性毫不怀疑的顾客对其遭遇强奸的结果具有原因力加功,但其并没有对被害人遭受强奸作出可归责且应受谴责的加功。无辜的嫖客仅仅是工具,皮条客利用他们强奸被贩卖妇女,并因此获利。导致强奸结果的直接法律原因,是皮条客的可责性决定,即事实上迫使不同意的妇女与对此毫不知情的顾客发生性关系。

如果被告人导致无辜的中介方实施犯罪行为,而无辜的中介方的确这样做了,则被告人应被视为实施了犯罪。[④] 就因果关系而言,规则是,如果被告人实施了自己打算做的最后一件事(指示无辜的代理人),即使他人(无辜的代理人)的行为才是直接原因,但如果没有此人随后出现的犯罪意愿,则被告人应被认为造成了危害结果。正如“女王诉迈克尔案”(*R. v. Michael*)[⑤]所示,该原则比单纯的无罪代理原则更为宽泛。单身女子迈克尔有几个月大的私生子,她把这个孩子寄宿在养母那里。迈克尔

① Cf. *R. v. Cato*[1976]1 W. L. R. 110. *R. v. Cheshire*[1991]1 WLR 844;*R. v. Dalloway*(1847)2 Cox C. C. 273.

② *R. v. Morby*(1882)15 Cox C. C. 35;*R. v. Pace*(2008)187 A. Crim. R. 205.

③ *Gallimore v. Commonwealth*(1993)436 S. E. 2d 421.

④ *State v. Bauer*(2013)174 Wash. App. 59;Cf. *State v. Voland*(1999)716 N. E. 2d 299.

⑤ (1840)173 E. R. 867;*R. v Girdwood*(1776)1 Leach 142;*Com. v. Macloon*(1869)101 Mass. 1 at 7;*People v. Adams*(1846)3 Denio 190. Hale, *op. cit. supra*, note 111 at 430-431;Joseph Chitty, *A Practical Treatise on the Criminal Law*,(London:Brooke,1826)Vol. 1 at 177.

买了一瓶鸦片酊,打算谋害这个婴儿,告诉养母那是孩子的药,并指示每晚给婴儿一茶匙。但这名养母没给婴儿喂药,而是把药瓶放在壁炉架上,几天后,养母自己的大约5岁大的小男孩,独自被留在婴儿身边,把瓶子拿下来,给婴儿喂了半瓶毒药,婴儿因此死亡。迈克尔被判犯有谋杀罪,保留刑事案件法院维持了有罪判决。

法院没有为追究迈克尔的责任给出明确的理由,但可以合理地对其解释如下。迈克尔打算假借他人之手用鸦片酊给她的孩子下毒,事情就这样发生了。她计划的杀人过程应是徐徐进行的,这项事实无关紧要。主审法官在指示陪审团时认为,检控方有必要证明,迈克尔所要求的一茶匙液体足以杀死婴儿;但现在这被认为是过于宽大的指导。即使每晚一茶匙的剂量只会通过累积效应而致死,但一次性给药半瓶子的变化也不是实质性的。

11-072 与迈克尔的计划相比,更明显的偏差是无法预料的行为人
346 的介入。这个小男孩是无罪的,还未到刑事责任的年龄,迈克尔要为他的帮助所带来的结果负责,尽管他不是迈克尔想要的工具。迈克尔做了她打算做的最后一件事,之后出现的因果关系链条的变化是无关紧要的,这种主张并没有僭越正义感。

现在研究的消极规则实际上需要累积适用。仅仅证明承担责任的行为主体没有实施全新的介入行为是不够的;还必须证实所发生的事情是可以合理预见的。在迈克尔案中,有充分的证据表明后一条规则得到了满足。被告将毒药放在婴儿所在的房间里,并谎称这是给婴儿的药物。看来,给婴儿服药的5岁男孩,可能已经被告知或以其他方式相信,这是婴儿所需要的药物,尽管法官没有要求陪审团考虑这方面的内容。养母家庭的某位其他成员可能会实际给婴儿喂药,这项事实显然在被告人所造成的风险范围内,尽管这个问题当然应由陪审团认定。如果第三方在给药时完全知情,但与被告不是共同犯罪,其行为将受到因果关系一般原则的制约,即自由、故意和知情的介入将打破因果关系链条。[①]

第15节 惊吓致死与“蛋皮脑壳规则”

11-073 如果被告不知道血友病患者的敏感性,仅仅为了开玩笑而刺伤了血友病患者时,就产生了司法问题。[②] 对此,存在一般的侵权规

① *R. v. Latif*(1996)2 Cr. App. R. 92.

② *State v. Frazer*(1936)98 S. W. 2d 707;*Bidwell v. Briant* (1956) *The Times*;*Looney v. Davis* (1998)721 So. 2d 152.

则，通常被称为“蛋皮脑壳规则”，[1]根据该规则，某人对自己给被害人实际造成的结果承担责任。“蛋皮脑壳规则”是针对不可预见后果所规定的严格责任。[2] 侵权案件中，错误行为者需要对被害人因其先前存在的易受伤体质而遭受的意外伤害结果承担法律责任。因此，如果被害人因相对轻微的过失行为而遭受极端伤害，被告仍需对这些实害承担民事责任。根据所谓的“蛋皮脑壳规则”，因果链条不会仅仅因为被害人特别脆弱就发生断裂。该规则规定，一旦被告对原告的身体造成伤害，无论多么 347
不可预料，都要对其造成的任何身体损伤负责。

问题是，“蛋皮脑壳规则”是否可以与下列刑法理论相调和：(1) 为认定推定过失杀人罪而用于确定行为危险性的客观预见性检验标准；(2) 合理预见性因果检验标准。

11-074　“蛋皮脑壳规则”，是不是认定建构性过失杀人罪的犯行要素时所适用的客观危险性要求的例外？

鉴于具有一般推定性，“蛋皮脑壳规则”是否会给英国建构性过失杀人罪相关立法增添任何内容，值得怀疑。在“女王诉丘吉案”[3]中，埃德蒙·戴维斯法官（Edmund Davies，L. J.）表示：

“造成他人死亡的非法行为，不能仅仅因为是不法行为，就必然导致过失杀人的有罪判决。要使这种判决不可改变地遵循下去，非法行为必须是所有清醒和理性人都不可避免地能认识到的，必须使他人至少承受由此造成的某种损害的风险，尽管这种损害并不必须十分严重。”

在能找到的涉及“蛋皮脑壳规则”的普通法判例中，正如英格兰和威尔士对推定过失杀人罪的解释，本罪的所有构成要素都存在。[4] 在大多数提到该规则的情况下，被告人都是故意造成严重损害，而不仅仅是某种损害。这条规则，仅仅在“女王诉布劳案”的“法官附带意见”（*dictum*）中提到。幸运的是，这段附带意见仅仅是为了解释实际的判决，但在此方面，甚至也未成功。正如前面所看到的，这个判决基于下列事实，即被害人没有义务介入并打破被告人发动的因果关系链条。当被害人因被告人

---

① *Dulieu v. White & Sons* [1901] 2 K. B. 669 at 679 *per* Kennedy, J.; *Corr v. IBC Vehicles Ltd.* [2008] 1 A. C. 884 at 908. In *Gibson v. County of Washoe, Nev.* (2002) 290 F. 3d 1175 at 1193; W. Page Keeton *et al.*, *Prosser and Keeton on the Law of Torts* (West Pub. Co., 5th ed. 1984) at 291-292.

② Alan Brudner, "Owning Outcomes: On Intervening Causes, Thin Skulls, and Fault—undifferentiated Crimes", (1998) 11 *Can J. L. & Jur.* 89.

③ [1966] 1 Q. B. 59 at 70 *per* Edmund—Davies, J..

④ *R. v. Martin* (1832) 5 Car. & P. 128; *R. v. Plumer* (1844) 1 Car. & K. 600; *R. v. Blaue* [1975] 1 W. L. R. 1411; *U. S. v. Livoti* (1998) 22 F. Supp. 2d 235. *People v. Sims* (2007) 869 N. E. 2d 1115; *Oxendine v. State* (1987) 528 A. 2d 870; *Doe v. U. S.* (1990) 583 A. 2d 670; *State v. Chavers* (1974) 294 So. 2d 489. *R. v. Van Den Bemd* (1994) 179 C. L. R. 137 at 140.

行为而作出若干积极的反应时,被害人的行为就不能是草率或不成比例的,这是因为积极的行为将启动新的因果链,并有可能成为替代原因。

在英国刑法中,该规则是否能起到任何有意义的作用,值得怀疑。在推定过失杀人案件中,其将使被告人面临双重推定责任。一旦被告人证明自己的非法行为并不存在客观意义上的危险,根据"蛋皮脑壳规则",依然需要承担推定的严格责任。因此,即使被告人的行为在客观意义上
348 并不危险,但只要在特定情况下,即被害人具有特殊易受伤害体质,只要行为是危险的,也将对推定过失杀人负责。如果理性人知道被害人身体的特殊脆弱性(例如,被害人的头骨很薄,罹患血友病等),①相关行为在事后被评价为具有客观危险性是公平的。但如果行为人并非明知被害人的这种身体状况,认定其需要承担过失杀人罪的责任,有些太过严苛。

11-075　这种做法将使客观危险性要求变得多余。这不是基于理性人应该预见到的危险程度的客观测试,而是关于理性人如果能够获得关于被害人的特殊敏感性的信息,将会预见到的客观危险程度的客观测试。这个测试将基于理性人在事后发现的信息下会认为什么是危险的。因此,这不是对客观可预见性的检验,而是对客观的"事后诸葛亮"式的检验。② "如果导致伤害的一连串事件在回顾时显得非常不寻常",某人不可能被认定对实害结果有责任。③

关于"蛋皮脑壳规则"的稀少法源,似乎都涉及无杀人故意的过失杀人;但该规则适用于谋杀,似乎不容置疑。如果被告有意致人死亡,而事实上也是这样做的,伤害不会导致正常人死亡,这是无关紧要的。被告人的目的可能是刺穿被害人的心脏,但只成功地将其轻微割伤,然而被害人是血友病患者,流血致死。④ 这里有预期的因果链条的转变,尽管(也许可以说)只是轻微的转变。无论如何,如果被告基本上达到了自己的目的,法院拒绝关注被害人的危险健康状况,是十分明智的。

11-076　所以,如果被指控之罪的"犯意"和"犯行"两个要素被证明了,被告人轻轻打了一巴掌就造成了看上去很年轻的80岁老人的死亡,是否不要紧呢?

"如果死者受到拳头的打击,直接造成的伤害熄灭了生命的花火,无

---

① MPC § 2.03(2)(c)—(d)(1985).

② *R. v. Watson*[1989]1 W. L. R. 684.

③ *Wilkins v. District of Columbia* (2012) 879 F. Supp. 2d 35 at citing *Morgan v. District of Columbia*(1983)468 A. 2d 1306. *Blaize v. U. S.* (2011) 21 A. 3d 78 at 83.

④ *State v. Frazer*, 98 S. W. 2d 707(1936).

论生命之火本来有多么微弱，这一拳都应视为死亡原因。”[①]在英国的杀人罪中，拳头的痛击在客观意义上是危险的，因为可能带来若干实际伤害，尽管不一定是严重的伤害，也无论被害人的年龄。如此一来，无须诉 349
诸严厉的“蛋皮脑壳规则”，就可以确立推定过失杀人罪。

11-077　这是否意味着，如果由于被害人的特殊弱点，轻微伤害变得严重并导致死亡，则犯意仅限于造成轻微伤害的攻击者可能会成为过失杀人罪？

如果被告人过失致人轻伤，而因被害人的特殊身体素质，轻伤对其而言是致命的，行为人不构成过失杀人罪。严重过失杀人罪应要求行为人对死亡有重大过失，而不仅仅是对轻微伤害有重大过失。[②]

在刑事案件中，适用蛋皮脑壳规则的潜在严厉性，可通过要求被告应具有所指控罪行的必要犯意，以及要求应确立所有的罪行要件来减轻，在推定过失杀人案中（在危险行为的情况下），[③]要求某种人身伤害的风险必须是客观可预见的，尽管不一定是严重伤害。[④]

推定过失杀人罪是不正常的，因为严格适用，如果被害人因其特殊的身体状况而死亡，则本罪便将轻微攻击变成刑事杀人。但运用“蛋皮脑壳规则”排除客观危险行为的要件，将导致被告人构成新的严格责任杀人罪。即使理性人无法预见到自己的行为在客观意义上是危险的，被告人也将承担责任。非法行为过失杀人罪中的推定责任要件非常广泛：援引“蛋皮脑壳规则”来克服缺乏至少对轻微伤害的客观预见，[⑤]将在很大程度上扩展刑事责任的范围。如果理性人无法预见被告人的非法行为所造成的任何人身伤害，援引侵权法中的“蛋皮脑壳规则”追究被告人的过失杀人等严重罪行的责任是不公平的。[⑥] 假设被告人从 27 岁且身体健康的被害人身上偷了一部智能手机（非法行为）。被害人得知此事，十分生气。被告人和被害人都不知道，被害人罹患未经确诊的心脏病，被害人因为自己的智能手机被盗，十分愤怒，引发了致命的心脏病发作。用“蛋皮脑壳规则”把简单的盗窃变成杀人罪是极端的。同样，也不应将推定

---

① *Cunningham v. People*(1902) 63 N. E. 517 at 525. Hale, *loc. cit. supra*, note 111; *U. S. v. Velazquez*(2001) 246 F. 3d 204.

② *R. v. Adomako*[1995]1 A. C. 171.

③ *R. v. Dawson*(1985) 81 Cr. App. R. 150 *per* Watkins, L. J; *R. v. Creighton* [1993]3 S. C. R. 3 at 45.

④ *R. v. Church*[1966]1 Q. B. 59 at 70 *per* Edmund—Davies, J. Approved by the House of Lords in *D. P. P. v Newbury* [1977]A. C. 500.

⑤ *R. v. Church*[1966]1 Q. B. 59 at 70 *per* Edmund—Davies, J. .

⑥ *R. v. Dawson*(1985) 81 Cr. App. R. 150 *per* Watkins, L. J. *R. v. Creighton* [1993]3 S. C. R. 3 at 45. Cf. *R. v. Towers*(1874) 12 Cox C. C. 530; *R. v. Dugal*(1874) 4 Que. L. R. 350(Can.).

过失杀人和转移故意规则扩展到如此地步:哪怕被告攻击的是被害人甲,也犯了对被害人乙的过失杀人罪,即便乙仅仅是旁观者,死于因目睹甲遭
350 到攻击而感到的恐惧或震惊。[1]

11-078 推定过失杀人罪的适用范围足够广泛,不用以"蛋皮脑壳规则"中的推定责任的附加原则取而代之。在"女王诉克莱顿案"(*R. v. Creighton*)[2]中,麦克拉林法官(McLachlin J.)在杜培(L'Heureux—Dubé)、鼓瑟(Gonthier)、古利法官(Cory J.)的支持下,代表加拿大最高法院作出的判决,将推定过失杀人原则与侵权行为"蛋皮脑壳规则"中的推定责任主义混为一谈。法官们所援引的传统的英国法源的相关部分,并没有在刑法中确立"蛋皮脑壳规则"。法官们引用了艾伦堡法官(Ellenborough C. J.)在"女王诉迪克森案"(*R. v. Dixon*)[3]的判决中的一段话,但该案不是过失杀人案,被告人在该案中的责任在于作为食品供货者的过失。此后,法官引用了斯蒂芬法官在"女王诉舍内案"(*R. v. Serné*)[4]中的观点,但后者支持了基于规范性地位变化理论的推定过失杀人原则(以及前重罪谋杀原则)。[5] 这显然不是"蛋皮脑壳规则"案件。史蒂芬法官没有说任何可以支持这样的观点的话,即侵权法中的"蛋皮脑壳规则"可以作为过失杀人案件中推定责任的替代形式。然而,这并不意味着在实践中,被害人的头骨薄不会导致被告承担推定过失杀人的责任。如果被告的非法行为在客观意义上是危险的,[6]下列说辞就不能成为抗辩事由,即如果被害人不是因为头骨很薄,就本可以活下来。

由于上述原因,蛋皮脑壳规则在刑法领域几乎不适用。这在惊吓致死判例中已被明确表述。震惊或惊吓杀人案件中法官一般认为,人可能要对吓死他人负责。[7] 虽然直接的死亡原因总是被害人身体方面的,通常是心脏衰竭,但该死亡原因可以归因于被告吓唬被害人,即被告如此严重地吓唬被害人以至于其心脏衰竭。然而,某人不能合理地预见他人在没有危险的情况下会被吓死。[8]

---

① *Re Heigho*, 18 Idaho 566(1910);John Havard,"Reasonable Foresight of Nervous Shock",(1956)19 *Mod. L. Rev.* 478;*R. v. Towers*(1874)12 Cox C. C. 530.

② [1993]3 S. C. R. 3 at para. 26.

③ (1814)3 M. & S. 11 at 14.

④ (1887)16 Cox C. C. 311 at 313.

⑤ 进一步 Baker, *op. cit. supra*, note 42 at Chapter 2。

⑥ *Director of Public Prosecutions v. Daley*[1980]A. C. 237.

⑦ *R. v. Murton*(1862)3 F. & F. 492.

⑧ D. W. Elliot,"Frightening a Person into Injuring Himself",[1974]Crim. L. R. 15.

如果被告在预见到被害人可能心脏病发作①的情况下威胁和恐吓被害人,就将对由此造成的伤害或死亡负责。在“女王诉道森案”(*R. v. Dawson*)②中,某人试图抢劫由 60 岁的服务员负责的加油站。劫匪逃跑后,该工作人员心脏病发作死亡。上诉法院撤销了对过失杀人罪的定罪,因为被告人没有预见到,他们因实施抢劫而引起的情绪紊乱会导致被害人心脏病发作或遭受若干伤害,尽管伤害并不严重。劫匪对被害人的心脏状况一无所知(尽管抢劫事实上确实导致了被害人的心脏病发作,但被告不应承担推定过失杀人的责任,因为其行为不具备客观危险性)。因此,蛋皮脑壳规则不能用来规避犯行的要求。也不能用来绕开犯意需求。 351

11-079　在“女王诉沃森案”(*R. v. Watson*)③中,87 岁的男性在遭遇夜盗 90 分钟后死于心脏病发作。上诉法院认为,当某人吓唬年老体弱的被害人时,可能要对推定过失杀人负责,因为这种行为在客观意义上是危险的。理性人会预见到这种行为可能会造成若干伤害,即便不是严重伤害。④ 在“女王诉沃森案”中,被告在开始夜盗时并不知道被害人的脆弱性,但他们对老人实施虐待,留在他家中,并在得知老人的年龄和虚弱体质后继续对其加以威胁。被告得以逃避法律制裁,因为被害人在夜盗 90 分钟后心脏病发作。上诉法院认为,时间推迟意味着,无法明确这起夜盗是心脏病发作的必要原因,因为这也可能是警察和窗户修理工到达老人家时造成的额外干扰所致。证据不足以使陪审团推断夜盗事实上是心脏病发作的原因。尽管如此,推定过失杀人罪的客观危险要素还是被证明了。此外,如果条件因果关系得到证实,老人死亡的结果,在规范上就可归责于被告,因为恐吓 87 岁的老人会导致其心脏病发作,是可以合理预见的后果。在“女王诉 M 案”(*R. v. M*)⑤中,因为确定过失杀人,必须证明被告可以预见到会产生某种危害结果,但这场肢体冲突是否与被害人的动脉瘤破裂有因果关系存疑。动脉瘤是非同寻常的事件,可以说本应被认为已经打破了因果链条。 352

---

① Anthony Busuttil and Alexander McCall Smith, “Fright, Stress and Homicide”, (1990) 54 *J. Crim. L.* 257. Cf. *Graves v. Commonwealth* (1954) 273 S. W. 2d 380; *Commonwealth v. Couch* (1908) 32 Ky. L. R. 638.

② (1985) 81 Cr. App. R. 150. *R. v. Carey* [2006] EWCA Crim. 17; *R. v. Lewis* [2010] EWCA Crim. 151; *Todd v. State*, (1992) 594 So. 2d 802.

③ [1989] 1 W. L. R. 684. Cf. *R. v. M* [2013] 1 W. L. R. 1083; *People v. Aponte*, 369 N. Y. 2d 342 (1975).

④ *R. v. Watson* [1989] 1 W. L. R. 684 at 686; *R. v. Carey* [2006] EWCA Crim. 17; *R. v. Hayward* (1908) 21 Cox C. C 692.

⑤ [2013] 1 W. L. R. 1083.

在“安东尼 M 事件案”（*Matter of Anthony M*）[1]中，83 岁的妇女在被抢劫 10 天后死于心脏病发作。在该案中，被告因被害人高龄，特地将其作为目标，因此具有推定过失杀人的必要犯意。此外，陪审团还可以推断，对这位老太太的攻击，是导致其死亡的条件原因，也是法律上不可推卸的原因。

维多利亚时代的判例宣称，如果某人不友善地对待他人，此人因此死于悲伤，行为人无须负责。[2] 一般来说，没有足够的科学根据来支持悲伤会导致死亡的经验性说法，而且，在许多情况下，悲痛不会与造成悲伤的人的任何过错联系在一起。通奸者可能会引起被戴绿帽子者的悲伤，但肯定不必对悲伤造成的任何伤害承担刑事责任。美国法院认为，如果被告人折磨被害人，并使被害人认为只有通过自杀才能加以逃避，进而自杀，被告人将至少犯有过失杀人罪。[3] 在英国也是一样，如果被告人常年殴打妻子，导致妻子精神失常，[4]进而自杀时，丈夫也可能要负刑事责
353 任。[5]（后者的情况下的因果关系不仅是间接的，而且几乎被削弱到消失的程度，因为被害人在并非迫不得已的情况下伤害自己，而她的反应是对多年来累积释放的刺激的突然回应。）[6]

在大多数情况下，如果被害人自主且不必要地实施了自杀行为，即使被告的行为是残暴的，全新介入行为原则也将免除犯罪人的刑事责任。[7] 如果自杀是对被告暴力行为的必要、立即和相称的反应，因果链条就不会被打破。在“加州诉刘易斯案”[8]中，被害人被枪杀，1 小时左右就会死亡，但他通过割断自己的喉咙加速了自己的死亡。法院表示，如果被害人的伤情“仅仅是其他原因介入的后果，而不是原始伤害造成的，或者与之没有因果关系”（就好像死者在去医院的路上被碾过一样），那本案就不是被告人所实施的杀人案。也有人说，如果伤害虽然疼痛，但没有危险，而被害人知道没有危险，却为了逃避痛苦而牺牲了自己的生命，本案就不会成立。如果被告人的伤势不再导致被害人的死亡，随后的自杀将打破

---

① 63 N. Y. 2d 270. *Schlossman v. State*(1995) 105 Md. App. 277; *Baraka v. Com.* (2006) 194 S. W. 3d 313 at 317(2006); *Terry v. Associated Stone Co.* (1960) 334 S. W. 2d 926, 928; *State v. Shaw* (1996) 260 Kan. 396; *State v. Washington* (1990) 581 A. 2d 1031 (1990). *State v. Spates* (1978) 176 Conn. 227 at 235.

② *R. v. Murton*(1862) 3 F. & F. 492.

③ 正如 *Stephenson v. State*, (1932) 124 Cal. 551。

④ *Brackett v. Peters*(1993) 11 F. 3d 78 at 80-81.

⑤ *R. v. Dhaliwal*[2006] 2 Cr. App. R. 348; cf. *R. v. Horsey*(1862) 3 F. & F. 287 at 290-291.

⑥ *Lewis v. State*(1985) 474 So. 2d 766 at 771; Cf. *Bonhart v. U. S.* (1997) 691 A. 2d 160.

⑦ *R. v. Sawyer*(1887) 106 Sess. Pap. 301.

⑧ (1899) 124 Cal. 551.

因果链条。

11-080　“蛋皮脑壳规则”如何与因果关系的风险理论相协调呢？

如前所述，使“蛋皮脑壳规则”与推定过失杀人罪中的犯意和犯行要求和谐一致并不困难，因为这种罪行在很大程度上属于推定。在推定过失杀人案件中，当陪审团评估被告的行为的客观危险性时，法院[①]认为其必须查明：了解被害人敏感体质的理性人，是否能预见到被告人的行为会使特定的被害人受到某种伤害，尽管伤害并不严重。理性人能预见到非法恐吓 90 岁的老人，会导致其心脏病发作吗？理性人可能不会预见到遭遇夜盗犯罪会导致 20 岁的健康青年因恐惧而死，但理性人应该预见到这种行为会导致 90 岁的老人心脏病发作。

至于因果关系的风险理论，则显得更为宽泛。要求实际后果或介入 354
行为及其潜在结果是可合理预见的。因此，不能与“蛋皮脑壳规则”相调和。该规则似乎是例外，但鉴于特定犯罪在犯意和犯行方面存在的限制，就推定责任而言，其并不会为之增加太多内容。 355

---

① *R. v. Dawson*（1985）81 Cr. App. R. 150 *per* Watkins, L. J.；*R. v. Watson*［1989］1 W. L. R. 684.

第 12 章　共　犯

尔等犯下的恶,至少有其中一人来还。

约瑟夫·拉迪亚德·吉卜林(Joseph Rudyard Kipling)①

① *The Collected Poems of Rudyard Kipling*, (Chatham: Wordsworth Editions Ltd., 1994) (first published in 1891) at 375. 中译本参见[英]吉卜林:《东西谣曲:吉卜林诗选》,黎幺译,人民文学出版社 2018 年版。——译者注

第1节　共犯的层级:正犯

12-001　刑法中的共犯规定,在英国有着悠久的历史。① 刑事意义上的共犯将刑事责任从正犯,即实行犯扩大到从犯。② “正犯”(perpetrator)和“从犯”(accessories)都被法律视为犯罪的参与者,被称为“共犯”(accomplice)。正犯是从犯的共犯,正犯和从犯成为彼此的共犯。从犯(有时称为次要主体)可以是怂恿者,也可以是帮助者,即怂恿或帮助正犯实施犯罪的人。

虽然这种扩大的“从犯”概念是可以接受的,但开始出现严肃反对继续使用“主犯”(principal)来表示正犯。在民法(合同法和侵权法)中,当甲指示乙为他做某事时,甲,发号施令者,被称为主犯,乙,行为人,则是甲的代理人。当乙是民法意义上的代理人时,被称为刑法上的主犯似乎很不妥。因此,事先声明,本书采用了“正犯”的名称。“正犯”是指,并且 582
仅指法律上实施犯罪的人。更准确地说,正犯是直接受到刑事禁止性规范打击,以必要的故意或过失(如果需要的话)违反禁令的人。此类主体,通常就是法律规则的措词所指代的对象:在谋杀中,是指杀人的人;在夜盗中,是出于必要的故意而侵入被害人住宅的人;在伪造罪中,是制作或使用虚假文件的人。

行为人可以自己动手,也可以找无辜的代理人(或设立某个工具)③来实施犯罪。对“促致”(procurement)的现代解释,因为已经扩展到涵盖无辜的代理人的情况,意味着其不再被概念化为共犯形式。④ 无辜的代理人实施的不法行为是个人不法行为,而不是派生或参与性的不法行为。不涉及促致者参与他人犯罪的行为。这涉及促致者利用无辜者,实际上

---

① The *Principal and Accessory Act* 1275 [1275(3 Edw. 1) C A P. XIV]; Andrew Horne, *The Mirrour of Justices*, (London: Imprinted for Matthew Walbanke, 1646), (translated into English by W. H. of Gray's Inn) at at 56 [The Mirrour of Justices was first published in 1328 in old French: the original manuscript is in the Parker Library, Corpus Christi College, Cambridge (manuscript identifier CCCC MS 258)]; Sir William Staunford, *Les Plees del Coron*, (London: by Rychard Tottel, 1567) at 41; Bracton recognised the doctrine of complicity before the year 1268. Henrici de Bracton, *De Legibus et Consuetudinibus Angliae*, (Cambridge MA: Belknap Press of Harvard University Press, 1968) Vol. Ⅱ at 392.

② Glanville Williams, *Criminal Law: The General Part*, (London: Stevens & Sons, 2nd edn., 1961) at Chap. 9. Law Com., *General Principles, Parties, Complicity and Liability for the Acts of Another*, Working Paper 43 (London: H. M. S. O. 1972).

③ *R. v. Bannen* (1844) 1 Car. & K. 295; cf. *R. v. Tyler* (1838) 8 Car. & P. 616; *R. v. Bourne* (1952) 36 Cr. App. R. 125.

④ *R. v. Millward* (1994) 158 J. P. 1091.

属于其自己实施犯罪。尽管如此,如果促致者通过他人实施严格责任犯罪所规制的行为,也可能要承担严格责任。①

12-002 促致者假借他人之手火中取栗。例如,向受害人作虚假陈述,或隐瞒事实,或者(更接近神话传说)训练狗偷肉。当非无辜的代理人提供怂恿或帮助时,属于正常的从犯责任。② 此外,如果行为构成犯罪,则负有替代责任(对其雇员负责)的雇主是犯罪行为人,即正犯,因为其被视为通过其雇员实施该行为(本书第 8 章第 1 节)。因此,法律委员会编纂工作组提供的完整定义如下。本书作者在方括号内加上自己的一
583 句话:

(1)犯罪中[正犯]具有法律所要求的罪过要素,[并具有该犯罪所需的资格],而实施构成犯罪客观要素的行为。

(2)不仅通过本人,还可以在下列情况下实施上述行为——

(a)通过无辜的中介实施上述行为;或

(b)对实施犯罪客观要素的他人的行为负有其他责任。

无辜的代理人的相关问题,稍后会被研究。目前只需要关心第(1)款。编纂工作组制定的条款,并没有规定除非某人具备犯罪所需的主体资格,否则无法成为正犯,而其本应如此表述。例如,重婚只能由已婚人士实施("已婚者,另行结婚的……"),③因此,如果已婚男性与未婚女性举行重婚结婚仪式,未婚女性即便明知仪式的重婚性质,也无法构成重婚的正犯(如此一来,可以认定其构成重婚罪的从犯)。

两人可以构成共同正犯。④ 一部分犯罪行为可能由正犯甲实施,另一部分犯罪可能由正犯乙实施。因此,在涉及窃取财物和胁迫两个要素的抢劫中,某人可能实施偷窃行为,而他的同伙可能威胁使用武力,两人是共同正犯。⑤ 此外,从犯可以对促致者所犯罪行负责,例如故意帮助正犯实施盗窃行为,但不知道正犯持有武器并打算实施抢劫。根据这些事实,正犯将承担抢劫罪,以及盗窃罪的从犯责任。共同犯罪最常见的形式是两人共同犯罪,各自的加功无法区分。如果两个流氓敲打某人的头部,而被害人死于两人的共同打击,两人都是谋杀/过失杀人的正犯。同样,如果被告甲和被告乙共同实施犯行,同时他们也将是共同正犯。例如,如果

---

① *Attorney—General's Reference*(*No.* 1 *of* 1975)[1975]Q. B. 773.

② *Earl of Somerset's Case*(1616)14 Jac. 1;1 St. Tr. 334;*R. v. Cooper*(1835)5 Car. &P. 533;*State v. Ives*(1995)37 Conn. App. 40. section 66 of the *Serious Crime Act* 2007.

③ Section 57 of the *offences against the Person Act* 1861.

④ *R. v. Bingley*(1821)168 E. R. 890;*R. v. Kirkwood*(1831)168 E. R. 1281;*Tyler v. Whatmore*[1976]R. T. R. 83.

⑤ Cf. *R. v. Handlen*(2011)247 F. L. R. 261;*People v. McCoy*(2001)25 Cal. 4th 1111.

甲抓住被害人的脚,乙抓住被害人的手,这样他们就可以通过将被害人扔下悬崖的方式共同并同时导致被害人死亡,甲和乙就是谋杀/过失杀人的共同正犯。

12-003 假设德克(Dirk)刺伤了某人,而他的同伴达斯塔德(Dastard)握住这个人的手臂,以防被害人自卫。这两个人是刺杀的共同正犯吗?

除涉及无辜代理人的特殊案件外,正犯必须自己实施犯罪行为。在这个假设的案件中,犯罪行为是杀人行为,就是捅刺被害人的行为。达斯塔德是从犯。[①] 再举个事例,如果被告人给了被害人一颗致命的药丸来帮助被害人自杀,被害人吃了药丸就自杀了,但被告人并不因此承担谋杀 584
的正犯责任,理由是其并没有实施杀人的行为。被告人属于被害人自残(自杀)的从犯,构成了专门的法定犯。[②] 另外,如果被告人应自杀者的要求将其刺死,就实施了谋杀罪,因为被害人同意并无法为谋杀罪的抗辩事由。[③]

第2节 从 犯

12-004 法院历来将从犯责任作为普通法问题加以追究,1861年《从犯和教唆犯法》,则将其置于法定基础上:

帮助、教唆、怂恿或促致实施可检控之罪行,不论该罪行是普通法所订罪行,或是凭借已通过或将通过的法律而实施的罪行,均可作为主犯被起诉、受审及惩罚。

本条开头使用的4个动词代表从犯行为的传统方式,目前仍多见于检控方的起诉书中(尽管没有法律强制使用)。对4种行为中的都可以检控,[④]或者针对4种行为同时检控(通过连词"并且"连用)。对这4种 585

---

① George P. Fletcher, *Rethinking Criminal Law*, (Boston: Little, Brown, 1978) at 634 *et seq*. Cf. the discussion R. *v. Handlen*(2011) 247 F. L. R. 261 at 280; *R. v. Anderson*[1986] A. C. 27. further Dennis J. Baker, *Reinterpreting Complicity in English Law: Lessons from America*, (2014) at Chap. 2. Furthermore, many cases of standard complicity will not involve any prior conspiracy. *R. v. Kupferberg*(1919) 13 Cr. App. R. 166; *Mohan v. R.* [1967] 2 A. C. 187. David Lanham, "Complicity, Concert and Conspiracy", [1980] 4 *Crim. L. J.* 276 at 286-288.

② Section 2 of the *Suicide Act* 1961. *Baxter v. State*, 224 P. 3d 1211(2009).

③ *People v. Minor*, 898 N. Y. S. 2d 440(2010); Dennis J. Baker, "The Moral Limits of Consent as a Defence in the Criminal Law", (2009) 12 *New Crim. L. Rev*. 93.

④ *Attorney—General's Reference*(*No.* 1 *of* 1975) [1975] Q. B. 773 at 779; *D. P. P. for Northern Ireland v. Lynch*[1975] A. C. 653 at 678.

方式加以检控是最安全的,因为其间的差别相对较为明晰。[①]

12-005 如果我建议某人犯罪,而其却不这样做,我是否会作为从犯承担责任吗?

你不会是从犯,因为共犯法要求实施或企图实施预期的目标犯罪。[②] 然而,取决于具体罪过,你可能犯了未完成罪,即试图怂恿他人犯罪。[③]

12-006 从犯能否自己受审?

是的,但作为实际问题,极有必要对某项罪行的所有被指控的当事方尽可能起诉和审判。[④] 当他们被共同起诉时,很少有人建议法院同意单独审判的申请。尽管如此,如果只能指控从犯(如因为正犯逃跑了),法律也不反对这样做。[⑤] 当然,检控方必须确定犯罪行为,就像正犯在法庭上一样。[⑥]

12-007 考虑若干证据的细节。假设正犯已经被定罪。有罪判决不是指控从犯证明犯罪的证据,而属于是"他人的行为"(*res inter alias acta*)。[⑦]

如果被指控的正犯已经被无罪释放,还可以对从犯自己加以审判吗?

如果控方的无罪判决仅仅是由于缺乏对正犯不利的证据,或者其他若干在指控从犯时不适用的特殊理由,无罪判决可能不会禁止随后对从犯的审判。[⑧]

12-008 假设被告人乙建议被告人甲犯罪,甲服从。甲认罪,但乙不认罪。

---

① J. C. Smith, "Aid, Abet, Counsel or Procure", in P. R. Glazebrook (ed.), *Reshaping the Criminal Law: Essays in Honour of Glanville Williams*, (London: Stevens, 1978) at 120 *et seq*.

② *R. v. Dunnington* [1984] Q. B. 472.

③ sections 44-46 of the *Serious Crime Act* 2007.

④ *R. v. Sanghera* [2012] 2 Cr. App. R. 197 at 209. section 5 of the *Indictments Act* 1915.

⑤ *R. v. Gnango* [2012] 1 A. C. 827.

⑥ Cf. *Dick v. R.* [1958] 1 W. L. R. 1050.

⑦ *R. v. Gregory* (1846) 8 Q. B. 508 at 511; *Turner's Case* (1832) 1 Lewin 119; *Hui Chi—Ming v. R.* [1992] 1 A. C. 34; *R. v. Hassan* [1970] 1 Q. B. 423 at 426. *Commonwealth v. Shrope* (1919) 107 A. 729 at 730; *Blakeley v. Bradley* (1955) 281 S. W. 2d 835 at 839.

⑧ *R. v. Hughes* (1860) Bell 242; *R. v. Cooper* (1909) 1 Cr. App. R. 88; *R. v. Burke* [2006] E. W. C. A. Crim. 3122; *R. v. Humphreys* (1966) 130 J. P. 45; *R. v. Andrews Weatherfoil Ltd.* [1972] 1 W. L. R. 118; *R. v. Davis* [1977] Crim. L. R. 542; *Remillard v. R.* (1921) 62 S. C. R. 21; *Warren v. The Queen* [1987] W. A. R. 314; *R. v. Tyler* (1838) 8 Car. & P. 616; *R. v. Bourne* (1952) 36 Cr. App. R. 125; *R. v. Manley* (1844) 1 Cox C. C. 104; *People v. Hallett* (1979) 419 NYS2d 397; *State v. Lord* (1938) 42 N. M. 638, 84 P. 2d 80; *State v. McAllister* (1978) 366 So. 2d 1340. Sir Matthew Hale, *The History of the Pleas of the Crown*, (London: Printed by E. and R. Nutt *et al.*, 1736) Vol. I at 334; William Hawkins, *A Treatise of the Pleas of the Crown*, (London: Printed by E and R Nutt, *et al*, 1734) at Chap. 29, Sect. 11. Cf. *Eden v. Whally's Case* (1553) 1 Dyer 88.

甲的供词可作为对其自己不利的证据,但不可作为对乙不利的证据;因此,对甲不利的案件可能因缺乏证据而不成立,但这并不是乙不应因甲 586
的供词而被定罪的理由。① 同样,如果被告乙因某些程序理由被无罪释放,被告甲仍有可能被判有罪。②

在法律上,正犯和从犯之间的区别并不决定刑罚。从犯该当法律规定的正犯所适用的最高刑罚。一旦被判谋杀罪,从犯就将被判处终身监禁。除谋杀罪外,法庭当然可以在量刑时区分共犯。③ 从犯可能比正犯受到更多的惩罚,比如是犯罪背后的主谋;或者可能得到更少的惩罚,比如愚蠢的年轻人在他人发起的阴谋中扮演从属角色。④ 这是法官或治安法官的事。但量刑法官会受到特定罪行法定刑的限制,如果你帮助抢劫,你会被判为抢劫犯,因此法官的量刑自由裁量权不允许其将罪行贴上非抢劫罪的标签,或者判决低于抢劫罪法定最低刑的刑罚。⑤ (对谋杀罪的固定刑罚的反对意见之一是,法官不允许在本案的量刑作出区分。)

12-009 如果检察官在审判前无法确定,或者陪审团在审判时无法确定,在几个相互勾结的人中,谁是正犯,谁是从犯,怎么办?

如果检控方只能证明被告人甲或乙犯了罪,两者都必须被无罪释放。⑥ 如此一来,检控方无法证明被告人实际上得到了帮助或怂恿。但是,如果能够证明其中一定有人是正犯,有人是从犯,两者就都将承担责任。⑦ 考虑到法律,正犯和从犯都“犯”了罪,因此从犯可以被指控为正犯 587
并被定罪,反之亦然,因为法律认为他们都是实行犯。⑧

起诉书可能声称被告乙愚蠢地在某个无聊的日子谋杀了被害人,而不是指控(事实是)建议或促致被告甲实施谋杀,或帮助和唆使甲实施谋杀。这使得检控方和陪审团,在不清楚谁实施了犯罪,谁教唆或帮助的情

---

① Cf. *R. v. Fuller*[1998]Crim. L. R. 61.

② *D. P. P. v. Shannon*[1975]A. C. 717. *R. v. Zaman*[2010]1 W. L. R. 1304.

③ *R. v. Height*[2009]1 Cr. App. R. (S.)117.

④ *R. v. Fisher*[2012]E. W. C. A. Crim. 794.

⑤ *R. v. Roe*[2010]All E. R. (D)228.

⑥ *King v. The Queen*[1962]A. C. 199;*R. v. Abbott*[1955]3 W. L. R. 369;*R. v. Richardson*(1785)168 E. R. 296. *R. v. Hopkinson*[2014]1 Cr. App. R. 22. But *Marsh v. Hodgson*[1974]Crim. L. R. 35;Cf. section 5 of the *Domestic Violence, Crime and Victims Act* 2004. *R. v. Lane*(1986)82 Cr. App. R. 5;*R. v. Ikram*[2009]1 W. L. R. 1419;*Collins v. Chief Constable of Merseyside*[1988]Crim. L. R. 247.

⑦ *R. v. Montague*[2013]EWCA Crim. 1781;*R. v. Giannetto*[1997]1 Cr. App. R. 1;*Mohan v. R.*[1967]2 A. C. 187;*Smith v. Mellors*(1987)84 Cr. App. R. 279;*R. v. Swindall*(1864)175 E. R. 95;*R. v. Towle*(1816)Russ. & Ry. 314;*R. v. Moore*(1784)1 Leach 314;*Salisbury's Case*(1553)1 Plow. 97;Glanville Williams,“Which of You Did It”,(1989)52 *Mod. L. Rev.* 179.

⑧ Section 8 of the *Accessories and Abettors Act* 1861;section 44 of the *Magistrates' Courts Act* 1980.

况下,免于陷入尴尬的困境。[①]

12-010　所以正犯和从犯之间的法律区别已经消失了吗?

这种看法很吸引人,但并非完全正确。某人可以作为正犯"实施"犯罪或作为从犯"实施"犯罪,但这两种犯罪主体仍然是不同的。

主要区别在于,如下文所示,从犯的主观要素不一定与正犯相同。

必须证明某人是正犯;没有正犯就没有从犯。这条规则似乎被修改了(第17章第18节),但并没有完全废除。

该区别还与后文将要讨论的关于自我实施的"过失杀人"(self-manslaughter)[②]的问题有关。

12-011　您认为丈夫可以成为强奸妻子的从犯。[③] 女性可以作为男人强奸的从犯,实施强奸罪吗?

当然。[④] 某人虽然无法作为正犯,但可作为从犯实施犯罪。如果妇女利用男性"无辜代理人"强奸受害妇女(在强迫卖淫案件中)[⑤],将根据2003年《性犯罪法》第4条因未经同意而导致他人从事性活动而受到指控。

回到程序问题上,虽然措词一般不重要,但检控方在证据清楚的情况下,以适当的措词指控正犯和从犯是明智的习惯做法。[⑥] 检控方的陈述会列出罪行的名称,但如有可能,应述明被告被控帮助、教唆、怂恿或促致
588 该罪行(如事实如此)。例如,在重婚案中,已婚男性娶了明知结婚仪式带有重婚性质的未婚女子,该女子是从犯,可以被判"重婚罪",但如果罪名的具体内容指控她(这个首次结婚的女人)重婚,就太荒谬了。如此一来,应明确将其作为从犯被加以指控。[⑦]

尽管仍在使用上述4个传统动词,但相关表述已经过时了。可以将其简化为两个词。"帮助和教唆"可以解释为"帮助","怂恿和促致"可以解释为"怂恿"。该简化语言将在本书中使用。然而,"促致"的概念被赋予了扩展的含义;被用来追究"导致"他人实施犯罪行为的人的责任。

---

① Cf. *Alston v. State*(1994) 662 A. 2d 247.

② *Lady Margaret Hales v. Petit*(1561) 1 Plow. 253 at 258-260; *Foxley's Case*(1600) 5 Co. Rep. 109 at 110b; *Anonymous Case*(1397) Jenk. 65; *R. v. Russell*(1832) 1 Mood. 356.

③ *R. v. Lord Audley*(1631) 3 St. Tr. 401.

④ *R. v. Ram*(1893) 17 Cox C. C. 609; *Lord Baltimore*(1768) 98 E. R. 136; *D. P. P. v. K*[1997] 1 Cr. App. R. 36; cf. *R. v. Eldershaw*(1828) 172 E. R. 472.

⑤ Cf. *R. v. LM*[2011] 1 Cr. App. R. 136.

⑥ *D. P. P. of Northern Ireland v. Maxwell*[1978] 1 W. L. R. 1350.

⑦ *R. v. Cogan*[1976] Q. B. 217 at 224.

在需要罪过的案件中，"促致方"被认定为"实行犯或正犯"。[1]

12-012　对刑法的无知无法作为抗辩事由的规则是否可以适用于从犯？

适用。[2] 在这种适用中，规则是非常严格的。可以合理地期待实施与商业或其他若干专门活动（如驾驶）有关的大量罪行的正犯，熟悉与之有关的法律。但其也可能会利用许多其他人的服务：供应商、修理商、承运人、顾问、会计师等。值得注意的是，他们也应该学习所有客户相关的专门法律。

在开始研究共犯法中的实质性过错和行为要件之前，值得指出的是，法院已经形成了两种共犯理论。有共犯的标准情况，仅仅依靠事实上的怂恿和/或帮助。此外，还有共同目的/共同事业型共谋，这取决于默示或明示的怂恿。共同目的型共犯不同于标准共犯，因为只有当事实上的怂恿来自为了使潜在的共同犯罪事业成功而轻率或故意同意正犯的伴生犯罪的从犯时，共犯才会被证明。本章前半部分将对"标准共犯"共犯责任的一般原则进行探讨。本章的后半部分，将这些原则适用于共同目的型共犯。 589

第 3 节　标准共犯中作为行为要素的怂恿

12-013　"怂恿"的含义通常不言而喻，但包括明示的怂恿和建议、一般的煽动、默示或明示的同意[3]和威胁的劝说[4]（本书早期版本中所用

---

① *R. v. Millward*(1994) 158 J. P. 1091. Cf. *Attorney—General's Reference*(*No.* 1 *of* 1975) [1975] Q. B. 773.

② *Johnson v. Youden*[1950] 1 K. B. 544. *R. v. Sterecki*[2002] E. W. C. A. Crim. 1662.

③ *Derrick v. Cornhill*[1970] R. T. R. 341. *R. v. Macklin*(1838) 2 Lewin C. C. 225; *R. v. Betts and Ridley*(1931) 22 Cr. App. R. 148 at 153-156; *R. v. Appleby*(1943) 28 Cr. App. R. 1; *R. v. Grant*(1954) 38 Cr. App. R. 107; *The Three Soldiers Case*(1697) Fost. 353; *R. v. Short*(1932) 23 Cr. App. R. 170 *per* Lord Chief Justice Hewart, MacKinnon and Hawke, J. J.; *R. v. Spraggett*[1960] Crim. L. R. 840; *R. v. Smith* [1963] 1 W. L. R. 1200 at 1203 *per* Slade J. (Hilbery, Ashworth, Melford Stevenson and Veale, J. J. concurring); *R. v. Cramp*(1880) 14 Cox C. C. 390 at 393 *per* Denman, J.; *R. v. Surridge* (1942) 42 S. R. (N. S. W.) 278 at 282 *per* Jordan, C. J.; *R. v. Dunn*(1930) 30 S. R. (N. S. W.) 210 at 214 *per* Ferguson, J. (Street, C. J. concurred in a separate judgment) (James, J. also concurred); *R. v. Dorrey & Gage*[1970] 3 N. S. W. L. R. 351 at 353; *R. v. Adams*(1932) V. L. R. 222 at 223-224 *per* Mann, J.; *R. v. Kalinowski* (1930) 31 S. R. (N. S. W.) 377 at 380-381 *per* Davidson, J.; *R. v. Dowdle*(1901) 26 V. L. R. 637 at 639-641 *per* Williams, J.; *R. v. Surridge*(1942) 42 S. R. (N. S. W.) 278 at 282-283 *per* Jordan, C. J.; *R. v. Grand*(1903) 3 S. R. (N. S. W.) 216 *per* Stephen, A. C. J., Owen and Simpson, J. J..

④ *R. v. Gnango*[2012] 1 A. C. 827, *Race Relations Board v. Applin* [1973] Q. B. 815 at 825; Sir Edward Coke, *Second Part of the Institutes of the Laws of England*, (London: W. Rawlins, 1681) at 182.

的短语是"劝导、促致或命令")。① 怂恿可以是明示的或通过行为暗示。② 因此,如果一伙流氓沿着街道行进,其中若干人在行进中破坏了财产,其他人很可能会被认为通过留下与这部分暴徒待在一起并与之共同行动来对其加以怂恿。③ 因此,留下来的这部分人,将成为从犯,所有暴徒都可以被指控犯有该罪行,而无须检控方指认正犯。④

12-014 假设被告人丙怂恿被告人乙促致被告人甲犯罪,一切都按计划进行。丙是犯罪的主体吗?

当然。丙是通过第三方实施怂恿。让他人怂恿第三人犯罪也属于2007年《严重犯罪法》第66条的处罚范围。此外,即使第三方甚至连实施预期的目标犯罪的企图都没有,第66条仍然适用。⑤ 如果第三方至少试图⑥实施预期的目标犯罪,则可根据1861年《从犯和教唆犯法》或2007年《严重犯罪法》对其提起诉讼。

12-015 某人能怂恿一系列不确定的犯罪吗?

敦促他人犯下一系列罪行的人,在后者实施系列罪行时,将成为所有
590 罪行的从犯;但适用该规则需要运用常识。如果被告人乙说服被告人甲为政治目标犯下一系列谋杀罪,被告人乙将被判有罪。然而,如果乙仅仅在一般意义鼓励甲实施犯罪,情况肯定是不同的。如果认为这种一般的怂恿使乙参与了随后由甲实施的怂恿范围内的每项犯罪,就太严厉了。为了使怂恿者成为当事人,其怂恿的犯罪必须具有特殊性。⑦

12-016 在被怂恿的人身上需要存在特殊性要素吗?呼吁公众谋杀英国内阁所有成员怎么样?

想必假定的从犯一定是和某人(或一群特定的人)交流过。不会成为任意普通公众实施的犯罪的从犯。一般而言,煽动公众犯下谋杀等特

---

① Section 3 of the *Treason Felony Act* 1848; Michael Dalton, *The Country Justice*, (London: Printed by William Rawlins et al., 1697) at 396.

② *Drake v. Morgan*[1978] I. C. R. 56. Cf. *State v. Conde*, (2001) 787 A. 2d 571.

③ *R. v. Gnango*[2012] 1 A. C. 827; *R. v. Young*(1838) 8 Car. & P. 644; *R. v. Swindall*(1846) 2 Car. & K. 230 *per* Pollock, C. B. and the cases discussed in Dennis J. Baker, "Liability For Encouraging One's Own Murder, Victims, and Other Exempt Parties", (2012) 23(3) *King's L. J.* 256.

④ Cf. *Macklin and Murphy's Case*(1838) 168 E. R. 1136.

⑤ Cf. *R. v. Bodin*[1979] Crim. L. R. 176; *R. v. Sirat*(1986) 83 Cr. App. R. 41; *The King v. Macdaniel*(1755) 168 E. R. 60 at 62; *Earl of Somerset's Case*(1616) 14 Jac. 1; 1 St. Tr. 334; *State v. Ives*(1995) 37 Conn. App. 40.

⑥ *R. v. Dunnington*[1984] Q. B. 472.

⑦ Cf. *R. v. Bainbridge*[1960] 1 Q. B. 129; *Sadique v. R.* [2013] E. W. C. A. Crim. 1150; *D. P. P. of Northern Ireland v. Maxwell* [1978] 1 W. L. R. 1350; *R. v. Yanover*(*No.* 1)(1985) 20 C. C. C. (3d) 300.

定罪行的人,构成怂恿谋杀的未完成罪①,但没有判例判定,其是因其怂恿而可能或不可能实施的随机谋杀的从犯。在常识中,作为未完成罪的“怂恿”(怂恿一旦做出便构成犯罪,只要其能够怂恿目标受众中的某个人即可),②与在被怂恿之罪得到实施或未遂时导致怂恿者成为从犯的怂恿,存在区别。

12-017 被告的行为是否必须事实上怂恿正犯实施预期的目标犯罪?

必须有事实的怂恿,因为共犯责任是派生责任。从犯的责任不仅取决于与其有联系的人犯罪的事实,而且取决于其事实上参与了犯罪这个事实。从犯只有在事实上参与了正犯的犯罪行为时,才能承担派生意义上的责任。如果没有事实参与,从犯根据1861年《从犯和教唆犯法》不承担责任。③ 根据2007年《严重犯罪法》第44—46条,参与未遂被定为犯罪。根据1861年的法律,从犯可以对事实上参与犯罪的正犯的犯罪未遂承担责任④,但如果犯罪行为人甚至没有试图实施预期的目标犯罪,怂恿者就无法承担责任,因为没有责任来源。根据2007年《严重犯罪法》,如果行为人的行为能够怂恿他人实施预期的目标犯罪,则应承担责任。因此,如果某人利用社交媒体怂恿整个世界发生暴乱,⑤将根据2007年相关立法承担责任,因为这种怂恿“能够”怂恿普通民众中的志同道合者实施暴乱。⑥ 591

12-018 从犯仅仅出现在犯罪现场就足以让陪审团推定存在行为上的怂恿吗?

事实上的怂恿无法从假定的从犯仅仅在犯罪现场的存在来推定;而仅仅是存在连同假定的从犯与正犯的关系⑦以及假定的从犯在犯罪之前、期间和之后的行为来考虑,可能足以让陪审团推定存在事实上的怂恿。⑧ 此外,将在下文中看到,如果被动旁观者有义务采取行动,而其选

---

① Sections 44-46 of the *Serious Crime Act* 2007.

② Baker, *op. cit. supra*, note 15 at Chap. 4.

③ Baker, *op. cit. supra*, note 15 at Chap. 4.

④ *R. v. Dunnington*[1984] Q. B. 472; *R. v. Hapgood*(1870) L. R. 1 C. C. R. 221; *R. v. Clayton*(1843) 1 Car. & K. 128; *R. v. Williams*(1844) 1 Car. & K. 589.

⑤ *R. v. Blackshaw*[2012] 1 W. L. R. 1126.

⑥ Baker, *loc. cit. supra*, note 52.

⑦ *People v. Peterson* (1995) 652 N. E. 2d 1252 at 1260; *Carter v. United States*(2008) 957 A. 2d 9.

⑧ *The Queen v. Coney*(1881-82) L. R. 8 Q. B. D. 534; *R. v. Allen*[1965] 1 Q. B. 130; *R. v. Clarkson*[1971] 1 W. L. R. 1402. In *Diggs v. State*(2013) 213 Md. App. 28 at 83.

592 择不作为是为了怂恿行为人实施预期的目标犯罪,就可能承担责任。[①]

12-019 为特定非法表演提供需求的观众怎么处理?

很少有什么涉及观众的表演是违法的。最有可能的违法行为是淫秽表演,这主要是制作人和表演者的责任。问题是,如果观众事先知道演出的性质,他们是否有责任充当从犯。这并不是简单的不作为,因为观众是故意来的。如此一来,非法性也不会独立于观众而发生。如果没有观众(无论观众是否付费入场),就不会有表演。因此,认为旁观者属于共犯似乎是合乎逻辑的,正如明知货物属性仍从非法销售者那里购买的人可能是这种违法销售行为的共犯一样。[②] 在这种观点下,演出期间的怂恿行为的证据对责任来说是不必要的,因为就案件的性质而言,观众的在场不仅是怂恿,而且是决定要素。

但该结论包含了荒谬之处,并将违背对抽象危险犯罪化的限制。[③] 这将类似于将嫖娼定为犯罪,理由是其造成了人们对妓女的需求。[④] 法院认为,旁观者并非仅仅因为知道正在进行的行为过程而成为从犯;但是,该规则的明确性因司法上表示愿意将在场视为怂恿的"证据"而受到削弱。[⑤] 在判例中,有法官认为,如果观众鼓掌的话,就会受到非法斗殴的牵连。[⑥] 在"女王诉吉那托案"(*R. v. Giannetto*)[⑦]中,上诉法院提出:"只要怂恿就足够了。"然而,观众的掌声或笑声是否应被视为将刑事责任从演出者(不管表演内容有多令人作呕)扩展至正直市民,可能会引起强烈怀疑。[⑧]

如果某项法律似乎要求,或无论如何允许警察对某一事件的成百上千观众,或煽动性演讲的观众提出检控,显然是行不通的。[⑨] 而且,所有
593 观众都可能有相当合理的理由认为这场演出并不依赖于自己;如果自己不参加,其他许多人也会参加,表演还会继续下去。若干听众可能会保持全然否定的态度出席,以实现他们自己对表演者所作所为罪恶感的批判,或者仅仅是为了获得对表演者提出检控的证据。如果参加煽动性演讲

---

① *R. v. Russell*[1933]V. L. R. 59;cf. *State v. Conde*(2001)787 A. 2d 571.

② Cf. *Sayce v. Coupe*[1953]1 Q. B. 1 at 7-8.

③ Dennis J. Baker,"Collective Criminalization and the Constitutional Right to Endanger Others",(2009)28 *Crim. Just. Ethics* 168.

④ Michelle M. Dempsey,"Rethinking Wolfenden: Prostitute—use, Criminal Law, and Remote Harm",[2005] *Crim. L. R.* 444.

⑤ *Wilcox v. Jeffery*[1951]1 All E. R. 464.

⑥ *R. v. Coney*(1881-82)8 Q. B. D. 534 at 557.

⑦ [1997]1 Cr. App. R. 1 at 13. Cf. *R. v. Stringer*[2012]Q. B. 160.

⑧ Cf. *Jenks v. Turpin*(1884)13 Q. B. D. 505.

⑨ Cf. *Re A. C. S.* (1969)7 C. R. N. S. 42 at p. 59-60.

(例如煽动恐怖主义和迫害所谓异端邪说的演讲)便导致责任涉及听众,购买煽动性出版物将涉及购买者。结论是无法容忍的。因此,法院唯一明智的做法是,作为法律问题,旁听人员不因为在场而成为共犯,他们付出的金钱和掌声都无法使其成为共犯。如此一来,应援引本章末尾讨论的"附带当事人"("Incidental Party" defence)抗辩。应当表明,从犯的个人怂恿行为为正犯实施预期的目标犯罪提供了微不足道的理由。仅仅认定从犯是提供非法表演要求的集体的成员是不够的。这种较为间接的怂恿不应被定为犯罪。这样的法律对刑事责任的延伸太过,对个人自由的限制太大。①

12-020 这是否也意味着某人直接对他人提供的微不足道的怂恿,不足以满足共犯的行为要件?

如果在考虑所有情况下客观地判断这种怂恿过于微不足道,不足以影响正犯的犯罪决意,陪审团不应推定这种怂恿事实上,或能够影响正犯的犯罪决定。② 证据应使理性的陪审团能够推定,怂恿确实影响了行为人实施目标犯罪的决定。③ 肯尼迪法官(Kennedy, L. J.)在"女王诉吉那托案"中指出:"假如有人走到被告人面前说,'我要杀了你的妻子'。如果他在其中起了什么作用,或者是为了怂恿,或者只是拍他的背,点头,回答'哦,好的',那就足以使他参与谋杀,使其有罪,因为他是在怂恿谋杀。"这种微不足道的怂恿是否能够影响某人犯下谋杀这样的严重罪行, 594
是值得怀疑的。如果这种怂恿无法产生事实影响,理性的陪审团就无法推定确实产生了影响。

陪审团必须考虑案件情节。如果某人已经打算谋杀或自杀,微不足道的怂恿可能是引爆点。如果"哦,好的"是对已经打算实施谋杀的人说的,陪审团可能会推定确实打破平衡,因此确实在正犯的头脑中起了作用。陪审团可能会推定对正犯的最终决定的影响是微不足道的,但必须有确凿的证据证明这种推定是理性的陪审团可以推定的。④ 更合适的观点是,理性的陪审团可能会推定,对已经打算杀人的人所作的这种微不足道的评论,不太可能产生额外的事实影响。这也不太可能是怂恿行为,属

---

① Dennis J. Baker, *The Right Not to be Criminalized: Demarcating Criminal Law's Authority*, (Farnham: Ashgate, 2011) at Chap. 4.

② Glanville Williams, *Criminal Law: The General Part*, (London: Stevens & Sons, 2nd edn. 1961) at 382.

③ *R. v. Bryce* [2004] 2 Cr. App. R. 592 at 611 *per* Potter, L. J (Hooper and Astill, J. J. concurring.); *R. v. Anderson*[1966]2 Q. B. 110; *Benford v. Sims*[1898]2 Q. B. 641 at 642; *R. v. Fretwell* (1862) Le. & Ca. 161. *The Vryheid*(*Admiral De Winter*) (1799) 2 C. Rob. 16.

④ *Anonymous* (1829) 1 Lewin 17. *R. v. Couzins* 1849) 13 J. P. 254.

于2007年《严重犯罪法》所确立的参与未遂的立法目的所打击的范围。

12-021 从犯的事实怂恿是否是促使正犯实施预期目标犯罪的唯一考虑要素?

不,只需要为正犯提供可以忽略不计的理由来实施目标犯罪即可。例如,在"纽约州诉达菲案"(*People v. Duffy*)[①]中,怂恿者怂恿被害人自杀。正常人不会仅仅因为有人建议就被说服自杀。但在"纽约州诉达菲案"中,实施自杀的被害人所处的境遇是"喝得烂醉,处于极度沮丧和自杀的状态"。如此一来,怂恿者嘲弄正犯"把枪放在嘴里,轰掉自己的头"。孤立者明知行为人心情抑郁,处于自杀状态。陪审团不难推定,煽动自杀者自杀是行为,为自杀者自杀提供了超出可以忽略不计的杀害自己的理由。

在"纽约州诉达菲案"中,怂恿者的怂恿并不是实施者自杀的唯一原因,但这足以让实施者孤注一掷。因此,该行为为行为人提供了远非可以忽略不计的行为理由。自杀本身不是犯罪,但1961年《自杀法》(Suicide Act 1961)第2条规定:"(1)下列情况下,行为人的行为构成犯罪:(a)行为能够怂恿或帮助他人自杀或企图自杀,并且(b)被告人的行为旨在怂恿或帮助自杀或企图自杀。"值得一提的是,1961年《自杀法》第2条要
595 求的仅仅是直接故意。

第4节 帮 助

12-022 从犯的帮助可以在案发前或者案发期间给予。案发前提供的帮助的事例有:提供犯罪工具或物品、传授"诀窍"、驾驶逃离抢劫现场的汽车、望风、以假名开立银行账户以期伪造人将向该账户转入伪造支票的收益。[②]

帮助还包括合作。所以,如前所述,重婚仪式的他人参与者是从犯。[③] 如果法律禁止出售某物,购买该物的人可能作为从犯承担责任,因为没有买方就没有卖方。[④] 然而,根据附带当事人规则(本书第17章第

---

① (1992)79 N. Y. 2d 611. *State v. Melchert—Dinkel*(2012)816 N. W. 2d 703; cf. *Vaux's Case*(1592)4 Co. Rep. 44a.

② *Thambiah v. The Queen*[1966]A. C. 37. Contrast, *R. v. Scott*(1979)68 Cr. App. R. 164; *R. v. Farr*[1982]Crim. L. R. 745; *R. v. Brown*[2001]E. W. C. A Crim. 1771.

③ *R. v. Wheat*[1921]2 K. B. 119.

④ *Sayce v. Coupe*[1953]1 Q. B. 1 at 7-8.

17节),这类双边交易几乎肯定免责。法律委员会工作组①提出了部分定义,以便将"帮助"扩大到显然需要涵盖的案件(工作组立法建议的主要目的是形成立法的基础,但这些观点充分接近于现行法律,使之成为讨论的有用基础)。

这部分定义如下,帮助包括:

(a)在正犯不知情的情况下给予的帮助②;以及

(b)导致正犯在实施相关罪行时相信,正在或将在必要时得到该人对实施相关罪行的帮助。

(b)款(开始)在本法宣告时生效。

12-023 例如:

充当瞭望员。望风者系从犯,即使犯罪分子事实上没有受到干扰;望风者随时准备在必要时发出警告,而其在场对正犯提供了心理加功。③ 596

驾驶逃跑所用汽车。如此一来,司机再次给予正犯以怂恿和心理帮助,即使共犯都在汽车使用前被捕。

如果帮助事实上有助于正犯实施预期的目标犯罪,则没有必要证明正犯知道从犯的帮助行为。麦克莱伦法官(McClellan, J.)在"阿拉斯加州诉塔利案"(*State v. Tally*)④中默示,未使用的帮助就足以定罪,但他的观点是错误的。必须借助对实行犯利用了从犯的帮助的认定,才能判定后者事实上参与了犯罪。⑤ 诚然,正犯不必知道从犯事实上参与的帮助,但未使用的帮助属于根本未参与犯罪。在"阿拉斯加州诉塔利案"中,赫德法官(Head, J.)的不同意见是关于无效帮助的正确观点。必须根据2007年《严重犯罪法》第44—46条所述罪行之诉帮助未遂。无法将其视为1861年《从犯和教唆犯法》项下的充分参与,因为为了建立派生责任,并不需要事实上的参与。如果从犯在身体上帮助了正犯,事实上的参与将不成问题,重点将放在从犯是否有必要的犯意之上。

只有在从犯事实上帮助了正犯时,才有必要确定共犯责任的必要过错。当假定的从犯试图怂恿正犯时,情况就不同了,因为当正犯不知道事

---

① *Working Paper* 43, *supra*, note 3., Law Com., *Assisting and Encouraging Crime*, Consultation Paper No. 131(London: H. M. S. O., 1993).

② J. C. Smith, "Secondary Participation and Inchoate offences", in C. Tapper(ed.) *Crime, Proof and Punishment*, (London: Butterworths, 1981). *State v. Tally*, 15 So. 722(1894).

③ *S v. D. P. P.* [2003] E. W. H. C. 2717.

④ (1894) 102 Ala. 25 Cf. *R. v. Fred* [2001] Q. C. A. 561; *Way v. State* (1908) 46 So. 273; *Commonwealth v. Kern*(1867) 1 Brewst. 350.

⑤ *R. v. Bryce* [2004] 2 Cr. App. R. 592 at 611 *per* Potter, L. J. (Hooper and Astill, J. J. concurring).

实上的怂恿时,事实上的怂恿就不可能存在。[①] “必须有怂恿的意图;也必须有事实上的怂恿。”[②]怂恿行为无法是事实上的怂恿,除非行为人意识到它,并部分或完全受到其影响。某人不可能被其从未想到的怂恿所鼓舞。怂恿未遂不是怂恿既遂。

12-024 在什么情况下帮助属于微不足道?

共犯法通过超出合理范围的扩张造成威胁。其中原因是,法院倾向于机械地适用这些规则,而不考虑是否需要解决必要的社会保护与普通人在不受刑法骚扰的情况下自由生活之间的冲突。这发生在“国家煤炭
597 委员会诉盖博案”(*National Coal Board v. Gamble*)[③]中。如果货物卖方知道货物将导致买方打算开走的卡车超载时,卖方就成为买方驾驶超载卡车所构成犯罪的当事方。

共犯法的机械适用意味着,当顾客开车离开时,看到轮胎已磨损或其他不适合上路的情形的汽车加油站服务员,将成为使用不适合的汽车的犯罪行为的参与者。如果加油站工作人员知道司机没有执照或保险,就是无执照或保险驾驶罪的当事人。如果你帮忙把朋友的车从沟里拖出来,让其再次上路,在发现该车已经破到违法的地步后,也会因为你所实施的友好行为而成为罪犯。在顾客“超量”前为其提供酒水的酒保,如果明知顾客打算开车回家,就成了酒后驾车的从犯。但一切真的是这样吗?是不是,应不应该存在帮助程度太少,或者属于平时经常从事的普通商业或社会实践的问题,以至于法不责众?[④]

12-025 难道无法把所有这些帮助者都看作是怂恿者,因此也可以作为怂恿者加以处理,这样不就不需要帮助该类别了吗?

许多帮助者也可以被视为怂恿者,但有些则无法。如果被告甲找到被告乙,要求借他的枪抢劫,乙答应了,认为乙煽动或怂恿了甲显然是不现实的。乙没有以煽动或怂恿的方式表示什么,但却提供了帮助,属于从犯。此外,明知有人要被谋杀,却不顾一切地打消被害人的怀疑,将其带到凶手计划实施谋杀的地点的人,是共犯,尽管其没有与真正的凶手沟

---

① *Hall v. Com.* (1906) 29 Ky. L. Rep. 485, *per contra Bast v. Com.* (1907) 99 S. W. 978.

② *R. v. Clarkson* [1971] 1 W. L. R. 1402 at 1407 per Megaw, L. J. (Geoffrey Lane and Kilner Brown, J. J. concurring).

③ [1959] 1 Q. B. 11.

④ Baker, *op. cit. supra*, note 15 at Chap. 6. Cf. *R. v. Shaw* [1962] A. C. 220; *Bowry v. Bennet* (1808) 170 E. R. 981; *Lloyd v. Johnson* (1798) 126 E. R. 939. Joshua Dressler, “Reforming Complicity Law: Trivial Assistance as a Lesser Offense”, (2008) 5 *Ohio St. J. Crim. L.* 427; Robert Weisberg, “Reappraising Complicity”, (2001) 4 *Buff. Crim. L. Rev.* 217.

通①,但却故意为其提供帮助。

其他例证来自检控方的权威参考资料。司机因血液中酒精含量超标而被判有罪,为了说服法庭不取消其驾驶资格有“特殊原因”,他提供了证据,证明自己的酒被朋友偷偷地“掺入”了烈酒。这个故事很可能(尽管报告没有这么记载)得到了他的朋友的证实;无论如何,这个朋友后来因为帮助和教唆罪而被起诉,因为他明知司机很快就会开车回家(显而易见,起诉的目的是降低“烈酒”借口的受欢迎程度)。法官裁定案件不 598
成立,总检察长根据1972年《刑事司法法》第36条将问题提交上诉法院(虽然检控方无法就起诉书上的无罪释放提出上诉,但该程序使检控方能够获得上诉法院的裁决,即无罪释放在法律上是错误的,这样今后就不会再犯这个错误了)。② 上诉法院认为,裁决是错误的,这位朋友属于从犯,因为用起诉书的话表示,他通过导致他人犯罪,“促致”了犯罪的发生。③

从表面上看,该判决意味着,某人可以在对方不知道被人促致的情况下,导致被促致者犯罪;但这可能会受到质疑。1861年《从犯和教唆犯法》和起诉书中的“建议或促致”应被视为此处所称的怂恿,并应以“建议或促致”被正犯所知为前提。④ 本案的检控书以惯用的无所不包用语指控这位朋友帮助、教唆、怂恿和促致犯罪,而作出该决定的适当依据肯定是这位朋友帮助、教唆了犯罪,而不是他促致了犯罪。本罪属于严格责任犯罪,因此属于可以帮助的犯罪。如果这不是严格责任犯罪,就不应适用共犯法,因为行为人是无辜的代理人。相反,无罪代理原则本应被用来认定促致方是唯一的正犯。威杰里法官表示:⑤

“如果当事各方没有见面,也没有在以某种方式讨论他们所考虑的罪行的某些方面……很难认为这属于帮助、教唆或建议别人犯罪的案件。”

12-026 对于怂恿来说,这在一定程度上是正确的(尽管不需要真正的会面);但对帮助来说,还成立吗?被告人甲和被害人在打架;被告人乙在未经事先同意的情况下,抱住被害人,让甲对其加以踢打。这不是明确的帮助判例吗?根据相关检方参考资料,⑥本案被告是否亦提供犯“材料”以帮助该罪行的实施?对司机来说,所涉及的罪行是“严格责任”

① *People v. Delgado*(2013)56 Cal. 4th 480 at 487;*R. v. Deemal—Hall*[2005]Q. C. A. 206.

② *Attorney—General's Reference*(*No.* 1 *of* 1975).[1975]Q. B. 773.

③ Cf. *Blakely v. D. P. P.*[1991]R. T. R. 405;*R. v. Millward*(1994)158 J. P. 1091.

④ *R. v. Coney*(1881-82)8 Q. B. D. 534 at 557-558 *per* Hawkins J.;*R. v. Allan*[1965]1 Q. B. 130;*Hutt v. R.*[1989]T. A. S. S. C. 27 at para. 53.

⑤ *Attorney—General's Reference*(*No.* 1 *of* 1975)[1975]Q. B. 773 at 779.

⑥ *Attorney—General's Reference*(*No.* 1 *of* 1975)[1975]Q. B. 773.

犯罪,必须存在酒后驾驶的行为,而且是朋友提供的酒。提供犯罪工具或材料的人可以成为犯罪的行为人,这是既定的法律。

另外从行为人角度考察,怂恿是指对他人的思想起作用的表述或行为,旨在说服行为人采取特定的行为方式。怂恿必须为被怂恿者所知。在以怂恿形式进行促致的情况下,“促致”也应如此。如果某人把每种帮助都称为“促致”,就不必让正犯知道,但这种语言的使用是不正确的。

根据检控方的参考资料,被告提供了帮助,因此对犯罪行为作出了事实上的加功(本案的唯一特点是,帮助使被帮助者犯下了严格责任的罪
599 行,而正犯并不知道自己是无辜地实施了该罪规定的犯罪行为)。但没有法源认为,共犯法适用于在没有怂恿或帮助犯罪者实施的情况下导致他人实施犯罪的行为主体。检控方的参考资料认为,仅造成他人实施犯罪,就可以认为是促成这项罪行的原因而言,这种概括应被视为过于草率。这项判决是可以支持的,而且只有在提供了严格责任犯罪所需要的工具或材料,从而帮助其实施的基础上才可加以支持。

12-027 但是,在饮料中掺酒的家伙,不仅提供了犯罪所需要的材料。他隐瞒了自己所作所为会导致犯罪的事实。如果他没有隐瞒,就不会承担责任。如果我所做的是举办提供大量酒水的聚会,我就不是客人的监护人。我所做的就是开个派对。如果爱喝酒的朋友选择开车回家,我对此不负责任。

这是合理的观点,但很难看出你如何能够避免法律规定的责任。你的客人开车回家是犯法的,你故意提供了相关物质,你确信他们会犯法。① 在“伯克利诉检察长案”(*Blakely v. D. P. P.*)②中,麦克库洛法官(McCullough, J.)认为,促致犯罪的犯意,是在从犯“有意图作出事实上至少在很大程度上导致主犯犯罪的行为时确定的,我不理解有人提出的相反意见,即使实质性犯罪是绝对责任之一,正如这里所说的那样。”

根据检控方的参考资料,上诉法院在这个问题上颇为纠结,因为其感觉到将法律延伸得太广的危险。有人提出了普通东道主无法被定罪的原因,但这些理由有些晦涩难懂,难以令人信服。有人建议,如果主人不偷偷摸摸地行事,可以适当地由客人自己做决定。但是,如果主人知道客人变得“步履蹒跚”了,却没有像可以合法的那样夺下酒瓶,会怎么样呢?在“女王诉康尼案”(*Queen v. Coney*)③中,霍金斯法官(Hawkins, J.)表示:“怂恿并不一定等于帮助和教唆,怂恿可能是有意或无意的,某人可

---

① *Blakely v. D. P. P.* [1991] R. T. R. 405 at 415.

② [1991] R. T. R. 405 at 410.

③ (1881-82) L. R. 8 Q. B. D. 534 at 557.

能会无意中事实上怂恿他人,通过他在场,通过曲解的言语或手势,或通过沉默,不干涉,或可能会有意地怂恿他人,通过表示同意的手势或动作。在后者的情况下,行为人帮助和教唆他人,而在前者的情况下,他没有帮助和教唆他人。”但是,正如下文所示,消除作为共犯的主观要素的直接故意/间接故意,意味着如此一来,这种限制将不再防止过度犯罪化。上诉法院现在认为,轻率足以用来作为认定共犯所需要的罪过要素。[①] 600

12-028 如果单纯的行为不足以使某人成为从犯,除非某人促致正犯实施犯罪,否则无法成为从犯,这是真的吗?

从犯必须对正犯的犯罪行为作出事实上的加功。因此,正犯事实上必须使用从犯提供的帮助。如果甲给乙提供枪是为了帮助乙杀死被害人,而乙使用丙提供的枪,则甲不承担责任。甲只对乙方使用自己提供的枪杀死被害人负责。尽管如此,控方不需要证明如果没有利用提供的帮助,正犯不会犯罪被告。[②] 这样的要求将使检控方面临不可能完成的挑战。[③] 从犯声称即使其没有帮助和/或怂恿正犯,正犯也会成立犯罪,无法将其作为抗辩事由。如果甲给乙提供枪来帮助乙杀死被害人,乙本可以轻易从其他来源获得枪就无关紧要。事实上,乙并没有使用其他来源的枪,而是使用了甲提供的枪,因此甲事实上参与了乙的犯罪。

12-029 当正犯使用从犯的帮助是以正犯需要帮助为条件时,同样的论点是否适用?

适用,因为只有事实帮助的“程度”取决于正犯在实施预期的目标犯罪时可能发生的意外情况。假设甲提供给乙枪帮助乙抢劫银行。乙把枪放在口袋里,走近银行出纳员,告诉他自己口袋里有枪,如果他不交出1万英镑,就会开枪。假设威胁足以说服出纳员交出钱,乙不必使用枪,甚至不需要向出纳员展示自己有枪。如此一来,甲的帮助程度取决于抢劫过程中发生的意外情况。如果甲实际上向乙提供了枪,以帮助乙抢劫,并使用致命的暴力来逃避逮捕,甲就很难根据乙不需要出示枪就可以使抢劫成功,也很难依据乙在抢劫过程中没有遇到警卫或警察,因而没有靠开枪达到逃走的目的,坚称自己其实并没有帮助乙。甲应承担责任,因为甲实际上帮助了乙的抢劫行为。甲为乙配备了武器,因而使其得以实施抢劫。甲的帮助对乙产生了支持和怂恿的效果。

同样,当同伙夜盗时,充当瞭望员的人实际上可能不会发出警告,因为夜盗期间没有人靠近,但望风者提供帮助,因为其实际上使夜盗者更容

---

① *R. v. Bryce*[2004]2 Cr. App. R. 592;*O' Neil v. Gale*[2013]E. W. C. A Civ. 1554.

② *R. v. Luffman*[2008]EWCA Crim. 1739;*R. v. Calhaem*[1985]Q. B. 808.

③ *Attorney—General v. Able*[1984]Q. B. 795 at 812.

易夜盗。望风者的实际加功很简单,充当瞭望员,从而使窃贼在操作时内心充满安全感——如果有人接近,他们将得到提醒。更重要的是,在这些
601 情况下存在事实上的怂恿。① 夜盗者们因有瞭望而受到鼓舞。② 类似地,如果某人在日落前出发进行3小时的公路旅行,无疑会受到某种鼓舞,因为这个人知道自己的车灯好用。开始旅行时,司机可能不需要前照灯,但如果司机认为到了晚上大灯不好用,显然就不会开始旅行。

如上所述,怂恿必须是被怂恿者所知道的,而且必须证明具有某种影响,即使只为正犯提供了实施预期的目标犯罪的次要理由。如果正犯逃避了逮捕,陪审团可以通过考虑所有其他证据来推定从犯具备事实上(参与)的怂恿。③ 陪审团需要能够推定,怂恿是影响正犯思想的要素之一,因为如果要使法律与从犯责任是派生责任而不仅仅是未完成责任和连带责任的观点相一致,就必须事实参与正犯的罪行。④ 如果从犯没有作出事实上的加功,就没有事实上的参与,因为其行为与正犯的行为之间没有事实上的联系。如果无法确定从犯的怂恿为犯罪行为人提供了可以忽略不计的理由来实施预期的目标犯罪,应根据2007年《严重犯罪法》对推定从犯的未遂参与提起诉讼。根据2007年《严重犯罪法》第44—46条所述罪行,只要陪审团能够推定出被告的怂恿行为"能够"怂恿潜在目标受众中的某个人实施预期的目标犯罪,就可以让这位假定的从犯承担责任。

12-030 能提出不同的问题吗?为犯罪提供工具的人,例如盗窃用的撬棍,并且可能知道这种工具会大量被用于犯罪。同样可以举技术诀窍方面的事例。提供者是否与使用工具或信息的每项犯罪都有牵连?⑤

可能法庭认为,规则是,除非在提供帮助时(1)正犯心中存在某种特定罪行(或多种可能性之一)的想法,并且(2)帮助人对此明知,否则帮助人不构成从犯。帮助者将仅成为该罪行(或预期罪行组别内的罪行)的
602 当事方。⑥

---

① *Western Australia v. Dick*(2006)161 A. Crim. R. 271 at 274;*R. v. Khammash*[2004]89 S. A. S. R. 488 at 502.

② *R. v. Kirkness*[1990]3 S. C. R. 74 at para. 46;*People v. Smith*(2005)135 Cal. App. 4th 914;*People v. Swanson-Birabent*(2003)114 Cal. App. 4th 733 at 744;*R. v. Howe*[1987]A. C. 417 at 445;*Lowe v. The Queen*(1984)154 C. L. R. 606.

③ *R. v. Gnango*[2012]1 A. C. 827.

④ *R. v. Atkinson*(1869)11 Cox C. C. 330;*R. v. Allan*[1965]1 Q. B. 130;*R. v. Stally*[1959]3 All E. R. 814;*Hutt v. R.*[1989]T. A. S. S. C. 27 at para. 53;*D. P. P. v. Spriggs*(1993)157 J. P. 1143.

⑤ Baker, *op. cit. supra*, note 15 at Chap. 4.

⑥ *D. P. P. of Northern Ireland v. Maxwell*[1978]1 W. L. R. 1363 at 1375.

第5节　标准共犯的主观要素

12-031　"国家煤炭委员会诉盖博案"[①]的判决是共犯法的转折点。本案更充分的事实如下。国家煤炭委员会出售了大量煤炭。一辆运煤车被派去运走其中一部分;运煤车装载了一定数量的煤,然后,北卡罗来纳州运输委员会的地磅员(他的任务只是认定装载了多少煤以便收取费用)发现,装载量超过了公路上的运煤车被允许装载的量。那时,他本可以坚持让卡车卸下足够的煤,从而使之守法。但这位地磅员所做的只是提醒司机注意超载。司机表示他自担风险,店员递给他地磅票(该行为将煤的所有权转移给了买主),任由司机带着货物开车离开。法院认为,地磅操作员,同时,通过他作为其雇主的国家煤炭委员会,成了驾驶卡车超载违法犯罪行为的行为人。

这项判决的唯一依据,便是地磅员知道该故意犯罪的存在,并且本可以阻止该罪行。法院没有考虑与共犯法的适当范围有关的更一般影响。国家煤炭委员会没有反对如果地磅员负有责任,他们就负有责任,以及该判决完全是根据共犯法作出的。很明显,对委员会的定罪是错误的,因为其并不知道该犯罪行为的存在。[②] 但这不影响对地磅员刑事责任的认定。

赞成这项判决的理由是,地磅员在明知的情况下帮助他人实施犯罪。如果没有装载过多的货物,就不可能犯下这种罪行,地磅员明知故犯地允许司机运输过多的货物。他比借枪给别人供其抢劫的人对犯罪的加功更大,因为抢劫可以在没有枪的情况下进行,但卡车无法在没有超载的情况下超重行驶。但地磅员的工作是为雇主称重,只是做这项工作。他没有做异常或不寻常的事来帮助犯罪。他没有义务调查这辆卡车的允许载货量,而只是碰巧知道这个重量是多少,大概纯属偶然。作为好公民,地磅员提醒司机注意超载问题,把是否实施违法行为的决定权交给后者。如果某人仅仅是在履行自己正常和合法的职责,而没有采取特殊措施来帮助违法行为,仅仅是因为意识到客户会因为他自己所做的事情而犯下这种罪行,就成为客户所犯罪行的参与者,这似乎有些强人所难。

12-032　如果放松对简易程序犯罪的刑法控制,问题的难度就会降

---

① [1959]1 Q. B. 11. *Johnson v. Youden*[1950]1 K. B. 544 at 546;*D. P. P. of Northern Ireland v. Maxwell*[1978]1 W. L. R. 1350. Cf. *R. v. Antonelli*(1905)70 J. P. 4.

② *Henshall*(*Quarries*)*v. Harvey*[1965]2 Q. B. 233.

低。1981年，议会判决将简易程序犯罪排除在犯罪未遂法之外，[①]同样存在将其排除在共犯法之外的有力理由。对于那些出售他们认为会造成严重伤害的日常用品的人，例如制造炸弹炸毁夜总会的肥料，让这样的卖家对这种行为承担同样的责任是没有什么不公平的，但前提是出售者相信被告人几乎肯定会使用这种肥料。如下所示，现行法律只要求肥料销售商相信有“真正或实质性的可能性”将其用于该目的。如果根据2007年《严重犯罪法》第45条起诉，就必须建立更高的轻率程度。根据第45条，帮助者/怂恿者只有在相信自己的帮助将有助于恐怖分子并相信恐怖分子将实施爆炸的情况下才负有责任。最好根据2007年《重罪法》指控轻率的共犯，这不仅是因为该法赋予了量刑法官更大的自由裁量权，还因为避免了粗心的店主被贴上恐怖分子的标签。

“国家煤炭委员会诉盖博案”中，持不同意见的斯莱德法官(Slade J.)表明，截至审判之日，仍有可能持有这样的意见，即检控方必须证明从犯意图帮助或怂恿犯罪人实施预期的目标犯罪。[②] 斯莱德法官将此理解为教唆犯必须“以支持犯罪的动机”行事。戈达德法官持相反的观点，他引用法源的观点，认为“如果被告知道案件情节属于犯罪……就足以判定其构成教唆犯的帮助犯”。法院的第三位法官，德夫林法官，用极其优柔寡断的意见来平衡这两个对立的观点。他站在斯莱德法官一边，认为不仅要求教唆犯知道，而且要求有帮助或怂恿的意图，并明确表示“明知而提供物品的证据不是证明意图帮助的确凿证据”。但后来他又引用了经久不衰的法律格言：“可以表面推定某人对自己行为的自然和可能的后果具有故意心态。”由于提供犯罪必要素材的后果是向罪犯提供了帮助，地磅员没有提供证据证明他的真实意图，他认为推定成立，足以证明判决是正当的。无从得知如果地磅员提供证据的话，结果会怎样。在这个时代，根据“国家煤炭委员会诉盖博案”的事实，陪审团可能毫不费力地就会推定从犯对于帮助正犯实施的犯罪存在间接故意。

德夫林法官并没有建议地磅员应对他的“真实故意”解释些什么来反驳相关推定。从德夫林法官的陈述能够得到的唯一默示是，如果有证据表明地磅员对自己的法律地位感到困惑，并认为自己无权扣留重量地
604 磅票，就不必承担责任，因为这种情况下地磅员缺乏帮助的故意。实际上，这是在允许针对民法上的权利或错误主张提出抗辩事由。除此之外，

① Section 1 of the *Criminal Attempts Act* 1981.

② *Wilcox v. Jeffery*[1951]1 All E. R. 464 at 466 *per* Lord Goddard, C. J. (Humphreys and Devlin, J. J. concurring.) *Thomas v. Lindop*[1950]1 All E. R. 966 at 968; Lord Goddard, C. J. reiterated this in *Davies, Turner & Co. Ltd. v. Brodie* [1954]1 W. L. R. 1364 at 1368.

“国家煤炭委员会诉盖博案”在理论上是没有结论的，但一般认为，仅仅了解现有的或预期的事实足以使犯罪本身成为犯罪，这也得到了其他判决的证实。①

12-033 和“国家煤炭委员会诉盖博案”有点类似的是，在另一起案件中，发布出售要约广告的出版商，被认定教唆了提供待售违禁品的刑事犯罪。② 出版商对该犯罪没有兴趣，而只是刊登了广告，而这仅是其发布的成千上万条广告中的一条。但明知地为相关销售行为提供帮助，而且出版商的帮助比“国家煤炭委员会诉盖博案”中的地磅员给予的帮助要积极得多，后者只不过是未能阻止卡车超载驶离而已。

在这些案件中，至少可以认为被告与犯罪有直接关系。在“国家煤炭委员会诉盖博案”中，违规的货物将被直接从被告的工作场所运走。但假设某人在正常经营过程中提供商品或服务，认为在提供后会协助客户进行若干非法活动，但供应商没有根据特殊的犯罪需要对其进行调整，也没有收取额外的费用来补偿法律风险。供应商认为，如果拒绝供货，某些竞争对手可能会乘虚而入（他们可能不相信买方会利用这些材料犯罪）。英国法院没有权力免除供应商的责任，但美国的若干著名判例，恰恰就是这样做的。例如，在涉及糖类零售商的判例中，供应商将货物正常出售给明知会将其用于非法蒸馏烈性酒的客户。但美国的这些判例，免除了供应商的共谋和共犯责任。③

弗莱彻教授建议，被告要负起责任，“在某种意义上，必须自己推动这项事业，使之成为自己的事业，并与结果有利害关系”。④ 最后一句适用于英国法律，与最近司法界试图将共犯的主观要素解释为既包括故意又包括主观轻率的做法不一致。但毋庸置疑的是，英国判例在“国家煤炭委员会诉盖博案”的判决前，有分量的判例要求有实际的直接故意或间接故意。⑤ 共犯中的主观要素，过去只在从犯有意或间接故意推进犯罪人的非法活动时才被认定，但这似乎不再是英格兰和威尔士的法律。相反，根据英国现行法律，凶器供应商可能不在乎其是否用于谋杀，但如果 605
其相信自己销售的工具可能用于这种目的，就肯定会受到牵连。⑥

① *R. v. Bryce*[2004]2 Cr. App. R. 592 at 604；*D. P. P. v. Anderson*[1990]R. T. R. 269.

② *R. v. De Marny*[1907]1 K. B. 388；*Poultry World v. Conder*[1957]Crim. L. R. 803.

③ *U. S. v. Falcone*, 109 F. 2d 579（1940）；*Snell v. State*, 13 Ga. App. 158（1913）；*United States v. Gallishaw*, 428 F. 2d 760（2d Cir. 1970）. Cf. *State v. Maldonado*, 137 N. M. 699（2005）；*People v. Harsit*, 193 Misc. 2d 680（2002）.

④ Fletcher, *op. cit. supra*, note 15 at 675.

⑤ Cf. *R. v. Fretwell*（1862）Le. & Ca. 161.

⑥ *R. v. Bryce*[2004]2 Cr. App. R. 592.

12-034　既然从犯不是行为人,共犯的主观要件难道不应该是故意或间接故意吗?

有人可能会认为,指使他人杀人的策划者和实施杀的人一样邪恶,但如果法律仅仅要求轻率行事,这样的人因为存在有直接故意,因而不会逃避责任。策划者不杀人,而是依靠他人自主选择杀人。鉴于从犯不是正犯,而只是次要参与者,有充分理由将从犯责任限制在故意帮助和怂恿。这种规则认为,从犯只有在其确实采取了甲行为,故意或间接故意帮助正犯从事作为违法行为的乙行为时,才应作为从犯承担责任。[①] 伟大的法学家、博学的汉德法官(Hand,J.),借鉴了几个世纪以来布莱克顿、库克、黑尔、霍金斯、福斯特和布莱克斯通等人研习的英国法律,得出结论:[②]

"在麦克丹尼尔案(*Case of Macdaniel*)中,有人质疑,隔着中间人教唆的情况,是否可能构成从犯,有人认为,可能成立,因为'促致重罪者,尽管是通过第三人的介入,也是从犯。指挥、雇用、建议、帮助或教唆的概念中有什么是不可能通过第三人介入而实现的'。可以看出,所有这些定义都与随附从犯行为的禁止结果的可能性无关;都要求行为人在某种程度上把自己和这项事业联系在一起,要求其参与这项事业,如同参与其希望引发的事情一样,要求他通过自己的行动寻求成功。所用的所有词——即使是最浅显的'教唆'——都隐含着目的性态度。"

这种对共谋主观要素的解释在美国大多数州都被采纳,[③]最近被美国联邦最高法院重申属于合法。[④] 除此之外,其他普通法管辖区借鉴英国的判例,将共谋中的主观要素解释为需要故意,而不仅仅是轻率。[⑤] 现
606 在,认为共谋的主观要素是故意之一的观点在英格兰和威尔士受到质疑,但联合王国最高法院应当通过判例采取纠正措施,将共谋中的主观要素解释为不仅仅是轻率。[⑥]

12-035　这意味着从犯不需要和正犯有同样的主观要件吗?

知道正犯的故意就足够了(在讨论的范围内)。例如,如果被告乙明知或相信被告甲会将刀用于第 18 条[⑦]的犯罪行为而将刀交给甲,则甲必

---

① Section 45 of the *Serious Crime Act* 2007.

② *U. S. v. Peoni*(1938) 100 F. 2d 401 citing *The Case of Macdaniel*(1748) Fost. 125; *Parker's Case*(1559) 2 Dyer 186. *R. v. Passey*(1836) 7 Car. & P. 282. *Cornwallis's Case*(1678) 7 St. Tr. 143; *R. v. Manners*(1837) 7 Car. & P. 801; *R. v. Lockett* (1836) 7 Car. & P. 300.

③ *Wilson—Bey v. U. S.* (2006) 903 A. 2d 818 at 831-832.

④ *Rosemond v. U. S.* (2014) 134 S. Ct. 1240.

⑤ *Giorgianni v. The Queen*(1985) 156 C. L. R. 473; *R. v. Russell*[1933] V. L. R. 59 at 67 *per* Sir Leo Cussen, A. C. J..

⑥ *Clayton v. The Queen*(2006) 168 A. Crim. R. 174 at 225.

⑦ *offences against the Person Act* 1861.

须打算造成严重身体伤害,但如果甲有此故意,则乙无须同样具有该故意。即使对是否造成严重身体伤害的问题不感兴趣,也可以成为从犯。

这是有点不太可能的假设,但在报告中可以找到关于该原则的不太引人注目的说明。凡被告人乙明知或相信被告人甲故意使用汽车"闯入"而将汽车借给被告人甲,则被视为甲的罪行的参与者;[1]凡乙明知或相信甲丧失驾驶资格而将汽车借给甲驾驶,则成为甲的罪行参与者。[2]在这两起案件中,乙均与该罪行无关。

在"女王诉博睿思案"(*R. v. Bryce*)[3]中,上诉法院认为,在标准帮助或怂恿的情况下,控方必须证明:

(a)被告所从事的事实上帮助后来犯罪的行为;

(b)被告认识到自己的行为能够帮助犯罪行为,依然从事该行为;

(c)被告在作出该作为时,预期他人将实施该罪行,即预见存在犯罪的"真正的或重大的风险"或"实质的可能性";以及

(d)被告作出相关行为时旨在帮助他人实施其想做的事情。

12-036 上面的规定(c)显然要求轻率,但似乎被条款(d)所削弱,因为后者规定被告人做出相关行为时旨在帮助他人实施其想做的事情。(d)似乎只需要直接或间接的故意,因此很难与(c)相协调。该段规定(c)"和"(d)必须同时具备,而不是互为替代。如果是后者,则应使用"或"一词。条款(c)明确规定,只要共犯意识到正犯存在利用帮助实施犯罪的"真正"或"实质"的可能,就应承担共犯责任。[4]

帮助或怂恿应当是故意的,但根据(c),从犯不必故意帮助或怂恿正犯。条款(b)则需要最初的故意行为。因此,如果假定的从犯在自动症状态下自动帮助正犯,将不承担责任,因为这种帮助行为不是故意的。如果帮助/怂恿行为是无意的[5],无须考虑假定的从犯是否意识到其行为能 607
够帮助正犯实施预期的目标犯罪,或者帮助者是否认为存在正犯实施预期目标犯罪的"实际或实质风险"。在实践中,条款(d)中被告作出相关行为时旨在帮助他人实施其想做的事情的要求,似乎被解释为只要求被告打算帮助正犯从事特定的行为,并且要么希望,要么相信正犯的行为是犯罪。例如,被告打算帮助正犯与被害人发生性关系(性交本身不是犯

---

① *R. v. Bullock*[1955]1 W. L. R. 1.

② *Pope v. Minton*[1954]Crim. L. R. 711.

③ [2004]2 Cr. App. R. 592 at 611 *per* Potter, L. J. (Hooper and Astill, J. J. concurring).

④ *Giorgianni v. The Queen*(1985)156 C. L. R. 473.

⑤ *R. v. Fraser*(1984)13 C. C. C. (3d)292; *R. v. Chapin* (1978)41 C. C. C. (2d)300; *R. v. Cosgrove* (1975)29 C. C. C. (2d)169; *R. v.* Waterfield(1974)18 C. C. C. (2d)140. Cf. *R. v. Quick* [1973]Q. B. 910 at 923; *State v. Price*(1982)294 SE2d 426; *Sellers v. State*(1991)809 P. 2d 676.

罪行为)，同时确信或希望存在被害人不同意的情况。

在大多数情况下，帮助/怂恿行为都是故意的，因此重点将放在故意行为(如故意提供枪支)的行为是在相信枪支能够帮助正犯杀人的情况下进行的，并且相信正犯确实有可能会因谋杀或过失而杀人。

12-037　这是不是说，如果我做了若干自己认为可能会怂恿其他自主成年人犯罪的事情，即使我无意怂恿该人实施预期的犯罪，也能会作为从犯承担刑事责任？

这要视情况而定。如果我与某人合作，而这样做是在怂恿后者从事违法行为，就应认为我对其加以怂恿。但是，如果没有合作或者间接故意，就不应当援引共犯责任。[①] 可以根据 2007 年《严重犯罪法》第 45 条对相关行为提出指控，因为该条允许根据共犯的罪责程度对犯罪加以定罪处罚。尽管如此，轻率作为共谋的其他主观要件意味着 1861 年法第 8 条所规定的内容，与 2007 年法第 45 条所规定的内容大致相同。最好只在有怂恿故意的情况下援引共谋责任。[②] 但如前所述，最近的法源认为，
608 即使从犯轻率从事，共谋的主观要件也仍应为直接故意。[③]

当怂恿者以合法的正当方式行事时，轻率的怂恿是不够的。公司的下属商店的经理把商品放在人行道上，过路人可能会在那里捡到。这位经理知道有些人会不时地被诱惑去偷东西。所以知道自己(在某种意义上)怂恿人们偷窃(同时也让人们很容易偷窃，并在一定程度上帮助他们这样做)。但很明显，当盗窃发生时，经理并不是从其雇主盗窃的从犯，当然不想怂恿或助长盗窃行为。某人仅仅是在追求自己的合法机会，[④] 而不是为了犯罪或以该方式帮助他人犯罪，这项事实并无法使之成为他人所犯罪行的行为人，即使其认为自己所做的事情将给其他人创造犯罪机会。

该提议的主要法源是"比蒂诉吉班克斯案"(*Beatty v. Gillbanks*)[⑤]。救世军习惯于周日在旅游胜地"滨海威斯顿"(Weston-super-Mare)举行会议，而救世军的反对者成立了"骷髅军"，以对抗救世军。地区法院在

---

① *R. v. Swindall*(1846)175 E. R. 95；*R. v. Mastin*(1834)172 E. R. 1292.

② *People v. Terman*(1935)4 Cal. App. 2d 345 at 347；Glanville Williams，"Complicity, purpose and the draft code：Part 2"，[1990] *Crim. L. R.* 98 at 99.

③ *R. v. Bryce* [2004] 2 Cr. App. R. 592 at 611 *per* Potter, L. J. (Hooper and Astill, J. J. concurring).

④ *R. v. Mastin*(1834)172 E. R. 1292.

⑤ (1881-82) 9 Q. B. D. 308. Dennis J. Baker，"The Moral Limits of Criminalizing Remote Harms"，(2007)10 *New Crim. L. Rev.* 370；*Schneider v. New Jersey*(1939)308 U. S. 147；*Jews for Jesus, Inc. v. Massachusetts Bay Transp. Authority*(1993)984 F. 2d 1319；*Miller v. City of Laramie*(1994)880 P. 2d 594.

该案中表示，无法仅仅因为“骷髅军”的所作所为就判定救世军领导人构成破坏和平罪。菲尔德法官表示，如果某人知道自己这样做可能会导致他人做出非法行为，就可能会因实施合法的正当行为而被定罪，该主张没有法源支撑。

12-038　根据1861年的《从犯和教唆犯法》，那些轻率地怂恿他人因合理行使其合法权利而犯罪的人没有一般的抗辩事由。与此相反，2007年《严重犯罪法》第50条为那些因合理行使其合法权利而轻率怂恿他人犯罪的人提供了明确的抗辩事由。但是，如果明确怂恿者不是有意怂恿正犯犯罪，而是合理地行使其合法权利，则王室检控署不太可能根据1861年立法起诉。如果甲相信乙会用枪杀人，甲把枪卖给乙就是不合理的，但是甲把货物放在人行道上出售是合理的。

12-039　帮助正犯从犯必须知道正犯的故意。难道自己不能就是想帮忙吗？

根据检控方的权威参考资料，[1]在现实意义上，都不需要帮助的故意。这种故意，虽然有时由法官提出，但根据最近的法源，是不必要的。从犯必须知道自己在实施“帮助”；而不必因为希望怂恿犯罪而故意帮助。相关内容可见下一节。但是，有情况是，没有帮助的故意将否定从犯责任，即在没有与嫌疑人联系并意图获得嫌疑人犯罪证据的情况下帮助其实施了犯罪。 609
商店的经理怀疑雇员偷窃，把有标记的钱放进钱箱，把箱子锁上，然后等着。嫌疑犯进入并从盒子里偷走了东西。显然，经理不是从其雇主那里偷窃的从犯；但事实上其帮助了盗窃犯罪的实施。

12-040　您早些时候告诉我，帮助行为本身必须是故意的，即使我只需要预见到犯罪人有很大的可能利用我的故意帮助来实施预期的犯罪。这是否意味着过失和轻率的帮助行为无法成立刑事责任？

根据“女王诉博睿思案”的说法，尽管某人可能要为故意帮助或怂恿轻率或过失犯罪[2]承担责任，但无法为轻率或过失帮助他人犯罪承担责任。如果被告人在迅速进入商店取报纸时，不小心把车钥匙留在点火开关上，而逃跑的银行劫匪劫持了人质，偷走了汽车以逃走，就无法主张被告人是故意提供汽车帮助劫匪绑架/非法监禁银行职员。轻率或过失行为/不作为事实上确实有助于劫匪绑架人质，但这不足以使被告人作为绑架/非法监禁的从犯承担责任。必须存在故意不作为或基于提供汽车能

---

① Attorney—General's Reference (No. 1 of 1975). [1975] Q. B. 773.

② *R. v. Webster* [2006] 2 Cr. App. R. 6; *R. v. Cramp* (1999) 110 A. Crim R. 198.

够帮助正犯,而且正犯有可能实施或继续实施①绑架/非法监禁罪的确信而提供汽车的行为。类似地,故意把枪交给别人,和因为你相信有可能有人从枪柜里拿走把枪然后用于犯罪,但轻率地没有给枪柜上锁,是有区别的。

12-041 在"女王诉博睿思案"中,认为被告必须故意实施"意识到能够帮助犯罪行为"。"能够"的要求增加了什么内容?

没有增加太多。反而似乎提供了不必要的干扰。但实际上,这可能需要陪审团采取以下做法。如果被告故意作出帮助或怂恿正犯的行为,重点就转向其是否意识到自己的行为能够帮助或怂恿正犯实施预期的目标犯罪,以及其是否相信正犯确实或实质上有可能将实施预期的目标犯

610 罪。

假设被告甲买了本普通的物理教科书,同时对书店收银员乙说:"我要通过本书来研究如何制造炸弹炸毁地下室。"如果甲成功,收银员有责任吗?乙可能会辩称,不相信出售这种书是能够帮助甲制造炸弹的行为。如果本书对制造炸弹的用处微乎其微,陪审团可能会推定乙没有意识到本书能够帮助他人实施恐怖主义活动。此外,陪审团可以简单推定,乙不认为存在真实或实质的可能性,即甲将使用该书实施恐怖主义行为,而无须确定乙是否认为该书能够帮助恐怖主义行为。同样,评估从犯是否意识行为"能够"帮助或怂恿正犯犯罪似乎是危险的问题,因为如果认为正在帮助或怂恿正犯实施预期的目标犯罪,更确切地说,认为自己的行为能够怂恿或帮助正犯实施预期的目标犯罪。

第6节 针对情节的轻率

12-042 某人无法故意或轻率地帮助或怂恿他人犯罪,除非其对犯罪成立或会成立所需要的情节,具备明知或故意的心态。② 共犯责任受明知的约束;陪审团必须将从犯对使正犯的故意行为成为犯罪的相关情节具有明知或故意作为事实问题加以确定。如果某人不知道行为人的目标被害人是或将是未成年人,就无法故意或轻率地帮助正犯强奸儿童。对被害人年龄情况的过失或严格责任足以判定正犯有罪,但陪审团必须

---

① *United States v. Rodriguez-Moreno*(1999) 526 U. S. 275 at 281; *Turner v. Com.* (2009) 54 Va. App. 458 at 503; *Khalifa v. State*(2004) 382 Md. 400; *United States v. Wills*(2003) 346 F. 3d 476 at 488. *U. S. v. Shibin*(2012) Not Reported in F. Supp. 2d, 2012 WL 8231152. *R. v. Reid*[1973] Q. B. 299 at 302; *R. v. Hendy—Freegard* [2008] Q. B. 57 at 66.

② *People v Garner*(1993) 593 N. Y. S. 2d 620. *State v. Ainsworth*(1993) 426 S. E. 2d 410.

确定从犯对有关情况有实际了解,然后才能推定从犯故意帮助或怂恿这类犯罪。

如果甲认为自己在帮助行为人取得被其误认为属于行为人的财产,这种认识错误就阻止了甲的明知(更确切地说,故意)帮助行为人的盗窃行为。[①] 陪审团可以在证据推定,该从犯知道并打算帮助强奸,证据是,该从犯在被害人被其他几名男性强奸时一直手里持枪站在旁边。[②] 同样,陪审团可以推定,如果母亲不阻止其12岁的儿子与30岁的妇女发生 611
性关系,就属于打算帮助或怂恿对其12岁的儿子进行性侵犯,显然这位母亲在12年前生下了这个孩子,因而她现在明知自己的儿子未成年,并且无法对此行为表示同意。[③] 母亲无法对孩子现在的年龄存在认识错误。上议院在"女王诉赛克案"[④]中作出裁决后,很明显,只有当从犯(真正)知道[⑤]相关情况,或者故意让正犯在使其所实施的目标行为成为犯罪的情况下(非自愿性交)实施预期的目标行为(如性交)时,才成立明知。

因此,从犯无法故意帮助或怂恿某人犯罪,除非其明知或意图正犯的未来行为是非自愿性交行为,而不是自愿性交行为。某人除非知道或打算让正犯与被害人发生非自愿的性交,否则无法故意帮助或怂恿强奸。由于人类对未来无法明知,从犯无须对轻率帮助强奸负责。如果从犯对使正犯的行为成为犯罪的情节(当正犯与被害人性交时,从犯对被害人不同意存在故意心态),从犯可以承担责任。[⑥]

12-043 同样,如果从犯将自己的车借给正犯,而从犯和正犯都知道刹车失灵,借车者将作为正犯危险驾驶的从犯承担责任。但如果前者仅仅怀疑刹车有问题,就无法作为从犯承担责任。在后者的情况下,借车者可能是轻率的,但从犯不是故意帮助危险驾驶行为。如此一来,仅仅存在帮助危险驾驶行为的风险。

然而,在"卡特诉理查德森案"(*Carter v. Richardson*)[⑦]中,监督驾驶

---

① *People v. Molano*(1967) 253 Cal. App. 2d 841; cf. *R. v. Soares*(1802) Russ. & Ry. 25. *R. v. Palmer*(1804) 1 Bos. & P. N. R. 96 *per* Rooke, J..

② *People v. Garner*(1993) 593 N. Y. S. 2d 620.

③ *State v. Ainsworth*(1993) 426 S. E. 2d 410.

④ [2007] 1 A. C. 18.

⑤ *R. v. Saik*[2007] 1 A. C. 18 at 36.

⑥ *Parker's Case*(1559) 2 Dyer 186a; *Duffey's and Hunt's Case*(1830) 1 Lewin 194; *R. v. Cruse*(1838) 8 Car. & P. 541; *Johnson v. Youden* [1950] 1 All E. R. 300 endorsed by the House of Lords R. v. *Churchill*(*No.* 2) [1967] 2 A. C. 224 at 236 and again in *D. P. P. for Northern Ireland v. Maxwell*[1978] 1 W. L. R. 1350 at 1357; *R. v. Sterecki*[2002] EWCA Crim. 1662; *Attorney—General v. Able*[1984] Q. B. 795 at 809 *per* Woolf, J..

⑦ [1974] R. T. R. 314.

学员的教练,因为学员血液酒精含量超标(这对学习驾驶的人来说是严格责任犯罪)被认定为该罪的帮助和教唆犯,因为教练"明知主犯饮酒过量,或对他是否喝多了存在轻率心态"。教练并没有积极促成该罪行,但在继续与司机坐在,从而使驾驶行为合法化的过程中,将自己卷入其中。(为了保护学员,这位教练一开始声称自己是实际驾驶人,但不幸引起了
612 警方注意,并在被发现自己的血液酒精浓度也高于限值后才供认了事实。如果不是因为这个他会被起诉吗?)由于涉及的罪行,相对于正犯来说,属于严格责任罪,因此毋庸置疑,如果存在轻率心态,当然可以构成该犯罪。诚然,许多法源规定,除非某人确实知道事实,否则不构成严格责任罪的从犯,但对情节的轻率心态,是可以被上述规则所接受的。

第7节　对其他犯罪的轻率

12-044　从明知和预见中可以推定出故意和轻率,但从犯却往往无法确定未来。他们无法明知在提供帮助后会发生什么。威廉姆斯教授写道:[①]

"在'麦克斯韦案'之前,在几乎所有关于这个问题的判决中,从犯都是通过帮助了解事实,而不仅仅是了解事实的可能性,许多附带意见都认为这种积极的认识是必要的……这方面需要具有说服力的重要观点,因为很多法官和学者都表达了相反的意见……如果某人仅仅认识到被出借者可能从事的事情(包括盖然,但并非实质确定发生的事情),仅仅因为把车出借给他人,就成为后者酒后驾车,或者在汽车的帮助下纵火(这两种行为都不是出借者自己的目的一部分)等违法犯罪的参与者,是不可接受的……"

在"女王诉班布里奇案"(*R. v. Bainbridge*)[②]中,窃贼利用班布里奇提供的氧气切割设备侵入银行。法院认定,如果班布里奇知道有人故意破坏和进入他人物业(以前用来描述盗窃等罪行的名称)并盗窃物业内的财物,应作为从犯承担责任。他不必知道犯罪的时间和地点。如下所见,像班布里奇这样的人现在将承担责任,即使他只知道夜盗是自己所帮助的人所设想的罪行之一。其他事例是,在新西兰的某案件中,被告乙应被告甲的请求写了一封信,描述如何用爆炸物打开保险箱,同时明知相关犯罪迫在眉睫。法院判定,乙是甲在试图用其提供的信息打开保险箱时所

---

① Glanville Williams, "Complicity, Purpose and the Draft Code: Part 2", [1990] *Crim. L. R.* 98 at 100-101.

② [1960] 1 Q. B. 129.

犯下的罪行的参与者。[1]

然而,由于从犯的责任取决于正犯未来的犯罪选择,法院没有认识到对可能的有条件犯罪的设想或预见是共犯责任的特殊要求,因而出现了错误。在给予帮助或怂恿时,必须预见到犯罪的发生在未来会出现。预见或考虑的判断都是问题,因为陪审团必须确定从犯在作出帮助或怂恿行为时是否打算帮助或怂恿正犯在未来实施特定的犯罪行为。当从犯在充分了解正犯有条件地打算犯下的其他替代罪行的情况下提供帮助或怂恿时,陪审团可以推定,从犯有条件地打算帮助或怂恿在特定范围内犯下的罪行。 613

12-045 既然某人不可能知道未来,就足以排除合理怀疑地确定,即使从犯不确定正犯是否会犯下有条件的目标犯罪,其依然打算怂恿行为人在行为人选择实施该罪行而不是其他计划的替代罪行时实施该罪行。"北爱尔兰检察长诉麦克斯韦案"[2]中,麦克斯韦并不是不确定正犯是否会犯下预期目标罪行范围内的罪行,问题在于他不知道在所涉日期会犯下哪种罪行。他知道各种选择,同时打算帮助正犯实施当天选择的犯罪。

12-046 共犯是否必须预见到自己帮助或怂恿将促成的确切罪行?

如果某人帮助(或怂恿)他人犯罪,只需要证明其帮助或怂恿自己知道或有条件地打算帮助或怂恿的犯罪即可。[3] 在正犯实际实施的犯罪的范围内,从犯都承担责任。这得到了"北爱尔检察长诉麦克斯韦案"[4]的确认。麦克斯韦被告知开车去旅馆。作为恐怖组织的成员,他知道自己将成为其他人的向导,这些人将乘坐另一辆汽车尾随自己,攻击客栈或客栈内的人,或在附近发动其他恐怖攻击;他知道跟随自己的汽车里将装有武器。显然他并不知道这次攻击是用枪还是在客栈里安放炸弹。上议院认为,根据1883年《爆炸物法》(Explosive Substances Act 1883)所规定的犯罪,认定麦克斯韦的从犯责任,是正确的,该犯罪处罚意图造成可能危及生命或对财产造成严重伤害的爆炸[第3(a)条],以及出于相同目的持有炸弹[第3(b)条]的行为。

很难说麦克斯韦打算制造爆炸,因为他不确定这是他所帮助的人的计划。据他所知,计划可能是用几罐汽油点火。但他知道引起爆炸是他的同伙可能的计划之一,这足以使他被判为从犯。知道正犯有条件地打

① *The King v. Baker*(1909)28 N. Z. L. R. 536.

② [1978]1 W. L. R. 1350.

③ *R. v. Rahman*[2009]1 A. C. 129.

④ [1978]1 W. L. R. 1350.

算做什么就足够了,即便从犯自己并没有此类故意。麦克斯韦知道,正犯有条件地故意犯罪,而他本人也有条件地打算帮助他们犯罪。麦克斯韦的故意是以正犯的选择为条件的,但他打算帮助他们选择在所涉日期实施的罪行。他知道各种选择,并知道在具体的选择范围内会犯下罪行。

但是,麦克斯韦案并未扩大从犯责任的成立范围,除非从犯设想在一系列明确的备选方案中犯下某种"类型"的罪行。陪审团可以利用更一
614 般证据,例如从犯过去的经验和与正犯的联系,推定被告认为特定的罪行是计划中的选择之一。麦克斯韦案中,5位大法官中有3位,即埃德蒙·戴维斯、法拉瑟和斯卡曼,对此发表了明确的意见。3人一致认为,问题,也是唯一的问题,是被告附条件故意的范围。3人都同意原审法院的劳里法官(Lowry C. J.)的下列判决:

"这种情况与两人同意抢劫银行的情况有共同之处,两人的行为存在明示或默示的理解(如一人明知他人携带装有子弹的枪),可以诉诸暴力。共犯知道,不是主犯,而是自己可能会开枪打死收银员,如果主犯真的开枪打死了收银员,共犯也将被判谋杀罪。另外的情况是共犯只考虑实施甲犯罪,而主犯却实施了乙犯罪。如此一来,共犯……并不构成帮助和教唆乙犯罪……相关罪行必须在共犯的设想范围内,只有在例外情况下才能找到证据来支持共犯承诺主犯做什么自己都支持的指控。"①

12-047 同样,弗雷泽法官在谈到本案被告时表示:②

"被告人犯罪的可能程度,仅限于当晚其本来必须意识到的罪行的范围。使用爆炸物和持有爆炸物的行为都在该范围内,当爆炸物在当晚被证明是犯罪时,他就犯下了这些罪行。如果该团伙的其他成员犯了上诉人没有理由预料到的罪行,例如可能向客栈投掷毒气,上诉人就不会犯下使用毒气的罪行。"

"没有理由预见"的法官表述,显然意味着无法推定麦克斯韦相信正犯有条件地故意实施特定的替代犯罪。麦克斯韦知道,正犯打算在特定的选择范围内有条件地实施犯罪,但不确定具体是哪项犯罪。见下文关于共同目的共犯的条件故意的讨论。

12-048 如此一来,从犯不会照单全收、概括承受。其所设想的罪行在某种程度上应该是有限的。如果所谓的从犯认识到的仅仅是未来可能出现某种不正当的行为呢?

答案还不清楚。在"女王诉斯科特案"(*R. v. Scott*)③中,被告以假名

---

① *D. P. P. of Northern Ireland v. Maxwell*[1978]1 W. L. R. 1363 at 1374-75.

② *D. P. P. of Northern Ireland v. Maxwell*[1978]1 W. L. R. 1350 at 1361.

③ (1979)68 Cr. App. R. 164. *Per contra*, *Thambiah v. The Queen*[1966]A. C. 37.

为两名男性开立了银行账户。同时,被告知道即将发生某种非法的事情。615
事实上,这些人非法走私大麻。法院判定,被告不是走私大麻的当事人。

想必法庭也会认定其不是共犯。假设在交叉诘问过程中,被告承认“非法的东西”包括进口毒品,而这正是共犯可能做的事情范围内的目的。很难理解为什么不应该判定其有罪。[①] 如果是这样,陪审团能够从证据中得出结论,认为该罪行是可以被公平地视为在被告的设想范围内的违法行为,则被告应作为从犯承担责任,而无须其明确对预期行为表示承认。如果同伙们计划谋杀和抢劫,就很可能超出在被告看来可能的非法范围。

12-049 如果所犯的罪行与预期的罪行非常相似,共犯责任就无法也扩大到这种情况吗?被告乙给被告甲提供切割工具,认为甲将用其切割已经被别人偷走的保险箱。事实上,这些工具被用于其他夜盗行为。这两种罪行相似,都涉及不诚实地获取财产。难道乙不应该被视为共犯吗?

如果通过考虑犯罪甲是否与犯罪乙相同而扩展责任,显然对该规则缺乏明确的限制。波洛涅斯(Polonius)欣然同意几个连续的命题:同一朵云非常像骆驼、鼬鼠和鲸鱼。[②] 相似之处取决于旁观者的眼睛。因此,如果被告人乙借出切割设备给被告人甲,并且在交叉诘问中承认,认为该设备是为了不诚实地获取财产,即便被告没有和其他正犯坐下来解决相关计划,陪审团仍然可以认定,其对相关范围内的取财犯罪(盗窃、抢劫、夜盗、销赃)皆有考虑。[③]

第8节 正犯承担过失责任的情况

12-050 在过失犯罪中,如过失杀人和危险驾驶,如果行为人所做的事是在其考虑范围内,并且如果对使该行为成为过失的事实存在明知(或轻率),则该人将作为从犯承担责任。在“女王诉萨蒙案”(*R. v. Salmon*)[④]中,几个人练习枪法,此类枪射出的子弹,在1英里内可能致命。他们向100码外的目标射击;其中一枪杀死了400码外花园里的男

① *R. v. Sadique*[2014]1 W. L. R. 986. In *Tek v. The Queen*[1990]2 A. C. 333.

② William Shakespeare, *The Tragicall History of Hamlet*: *The Prince of Demark* (London, Printed for I. R., 1605), Act 3, Scene 2.

③ *D. P. P. of Northern Ireland v. Maxwell*[1978]1 W. L. R. 1350 overrules *R. v. Bainbridge*[1960]1 Q. B. 129 on this point.

④ (1880-81) L. R. 6 Q. B. D. 79. *People v. Flayhart* (1988) 72 N. Y. 2d 737; *People v. Abbott* (1981) 84 A. D. 2d 11.

616 孩。"刑事上诉法院"认为他们都可能因过失杀人而被定罪,尽管无法证明是谁开了致命的一枪。[①] 似乎被告没有意识到危险,也不知道男孩在射程内;然而,这种可能性并无法阻却罪责。可能的解释是,所有被告,被视为从犯,都知道使行为过失的事实,无论谁是正犯。他们都知道射击是用步枪进行的,而且可能有人在射程之内。

然而,当参与者只是过失时,不应允许陪审团推定其轻率参与。某人如果没有看到正犯的行为有伤害或杀害他人的危险,就无法主张其知道这可能发生。理性人可能意识到自己参与了个过失的行为,但相关测试是主观的,而不是客观的。[②] "女王诉萨蒙案"似乎认为某人可以因过失帮助或怂恿他人的过失行为而被定罪,因此不应得到遵循。轻率或故意怂恿他人从事过失行为是一回事[③],而过失怂恿他人从事过失行为则完全不同。

同样的规则也适用于公路上发生的过失竞速行为。两个人明确同意或通过相互理解同意在公路上追逐竞驶。两人开车都有重大过失,行人被其中一人杀害(不知道是谁)。两人都被判过失杀人罪,因为他们互相怂恿,谁是凶手并不重要。[④] 在现代,有明确的道路规则,这类案件将涉及主观轻率的怂恿,而不仅仅是过失的怂恿。过失的帮助或怂恿永远不足以使刑事定罪成立。共犯责任应限于从犯至少轻率地怂恿他人从事其清楚理解为过失的行为。在这些过失和轻率的案件中,共犯责任并不总是必要的,因为共犯自身的过失足以使其对后果承担责任。[⑤]

12-051 故意怂恿正犯过失或轻率行事是一回事[⑥],但过失或轻率
617 怂恿被告人过失或怂恿行事则是另一回事。[⑦] 在大多数竞速判例中,从犯会在主观上意识到,自己参赛很可能会怂恿正犯也参加比赛,因此,通过自己的故意超速行为,有可能怂恿正犯从事危险行为。[⑧]

---

① *R. v. Cramp*(1999)110 A. Crim R. 198.

② *State v. Etzweiler*(1984)125 NH 57;*Schultz v. Pettitt*(1980)25 S. A. S. R. 427.

③ *State v. Foster*(1987)202 Conn. 520;*State v. Harris*(1998)714 A. 2d 12. Cf. *State v. Travis*(1993)497 N. W. 2d 905. Cf. *Schultz v. Pettitt*(1980)25 S. A. S. R. 427.

④ *R. v. Swindall*(1846)2 C. & K. 230;cf. *R. v. Baldessare*(1931)22 Cr. App. R. 70;*R. v. Cramp*(1999)110 A. Crim R. 198.

⑤ *R. v. Cramp*(1999)110 A. Crim R. 198;*State v. Anthony*(2004)151 N. H. 492;*Freeman v. State*(1962)211 Tenn. 27(1962). Cf. *People v. Flayhart* (1988)72 NY2d 737.

⑥ *R. v. Turner*[1991]Crim. L. R. 57;cf. *R. v. Gnango*[2011]1 All E. R. 153.

⑦ *R. v. Mastin*(1834)6 Car. & P. 396;*R. v. Roberts*[1997]R. T. R. 462;*R. v. Lee*[2006]EWCA Crim 240;*Pineta v. State* (1993)98 Md. App. 614;*Goldring v. State*(1995)654 A. 2d 939;*People v. Canizalez*(2011)197 Cal. App. 4th 832.

⑧ Sanford H. Kadish,"Reckless Complicity",(1997)87 *J. Crim. L. & Criminology* 369.

第9节　正犯承担严格责任的情况

12-052　如果犯罪对正犯来说属于严格责任,这种责任不适用于从犯。从犯在没有犯罪事实的情况下是不负责任的,该原则从“卡洛诉蒂尔斯通案”(*Callow v. Tillstone*)[①]以来几乎没有中断过。这个在某些人被称为“强有力”的判决,却代表可疑的正义观。

兽医卡洛给了农民证明,证明他所提供的肉类适合人类食用。农场主知道这肉不合适人类食用,因为这头小母牛是中毒而死。卡洛知道另外两头用这只小母牛喂养的牛是因为吃了有毒植物而死的,他对这头死母牛的检查完全是敷衍。农场主把肉卖给了屠夫,屠夫把肉放在外面卖,肉被判不合格。据认为,尽管屠夫对暴露不适合出售的肉类负有严格责任,但无法将卡洛定为从犯,因为对他不利的一切都是过失。

这意味着,在行政犯中,关于犯罪情节的严格责任原则只适用于犯罪人。共犯需要犯意。“卡洛诉蒂尔斯通案”的显著结果是,完全没有过错的店主可以被定罪,而过失犯则无法被定罪。然而,如果法院确信卡洛不相信肉是合适的,他现在似乎可以基于轻率的行为被定罪。

12-053　在我看来这条法律不合逻辑。如果轻率罪对从犯来说同样适用,而过失罪对从犯来说同样适用,我不明白为什么严格责任罪中的从犯至少不应该成立过失罪。事实上,我不明白为什么从犯不应该对此犯罪负有严格责任。

虽然不愿意看到严格责任的扩大,但对于严格责任犯罪中从犯应承担过失责任的规定,还有很多话要说。然而,这并不是目前的法律。少数 618
认为严格责任延伸到配件的判例之一,便是“女王诉格里默案”(*R. v. Creamer*)。[②] 刑事上诉法院认为,推定过失杀人所必需的唯一主观要件是故意实施危险的非法行为。如果死亡接踵而至,那就是过失杀人。法院认为,如果某人明知行为危险和非法(即使其危险和非法的事实),其可以被判为过失杀人罪的从犯,不要求其比正犯更应该预见死亡。

回到“卡洛诉蒂尔斯通案”,虽然该判决在特定事实上看起来是不公正的,但在大多数情况下,该原则可以得到捍卫,理由是从犯通常比正犯

---

① (1900)64 J. P. 823. Cf. *Bowker v. Woodroffe*[1928]1 K. B. 217;*Dial Contracts v. Vickers*[1971]R. T. R. 386;*Ferguson v. Weaving*[1951]1 K. B. 814;*R. v. Tinsley*[1963]Crim. L. R. 520;*D Stanton & Son Ltd. v. Webber*[1973]R. T. R. 86;*D. P. P. v. Anderson*(1991)155 J. P. 157.

② [1966]1 Q. B. 72 at 82. *R. v. Chai*(2002)128 A. Crim. R. 101. *R. v. Trinneer*[1970]S. C. R. 638;*R. v. Jackson*[1993]4 S. C. R. 573;*R. v. Law*[1987]10 N. I. J. B. 72.

对局势的控制和了解更少。特别是,通常是正犯(厂主或卖主或其他人,直接受法律影响的企业)可能知道自己可以做什么,可能不做什么,并采取紧急预防措施遵守。

其理由是,对特定法律的无知应当成为被控从犯的人的抗辩事由;但事实并非如此。有人会认为,在有关法律高度专业化的情况下,给予被指控的共犯对事实无知的抗辩事由的同一推理也会使对法律无知的抗辩事由。无论如何,在卡洛诉蒂尔斯通案中,兽医一定知道法律,而且是为了确保法律得到遵守而得到报酬的;但他被允许为不了解事实抗辩事由;因此,法律立场在观点上都是站不住脚的。也许合理的规则是,如果被指控的共犯自己从事专门的业务或职业,或与之密切相关,以致其应该了解有关法律,就应以与正犯同样的方式承担严格责任,但在其他方面,其可以为不了解事实或法律为由加以抗辩。或者,这个问题可以留给有关立法来解决。[①]

12-054 事实上,议会在某些情况下接受了该责任,尽管不允许被告提出法律无知抗辩,也不允许对参与和不参与特定活动的人进行区分。现代法规通常包括某项条款,将严格责任扩展到从犯,并以"一揽子"的方式进行认定,因为其会把所有促成犯罪的人都带来,无论其是否从事相
619 关的业务或职业。[②] 如果"卡洛诉蒂尔斯通案"类似的事实再次发生,此类规定将不起作用。

12-055 假设被告是像"国家煤炭委员会诉盖博案"那样的公司,如何才能确定公司的明知或轻率心态?

公司受其负责管理的董事或经理的明知心态影响,但不受下属员工的明知心态影响(参见本书第 9 章)。[③] 因此,公司只有在其主管人员具备必要的主观要件时,才可以成为相应犯罪的从犯。[④] 这就是为什么无论负责地磅的职员是否被定罪,对国家煤炭委员会的定罪是错误的。

第 10 节 共同目的共犯的行为要件

12-056 成立共犯的行为要件,不只怂恿。如上所述,共犯的标准通常包括明示怂恿。甲可能会打电话给乙,答应支付 100 万英镑让其来

---

① *Barac v. Farnell*(1994)53 F. C. R. 193 at 204; *R. v. Buckett*(1995)126 F. L. R. 435 at 445; *Bogdanov v. People*(1997)941 P. 2d 247 at 251. *People v. Fisher*(2000)9 P. 3d 1189. *People v. Childress*(2012) P. 3d,2012 WL 2926636(unreported).

② A. P. Simester(ed.),*Appraising Strict Liability*(Oxford:O. U. P.,2005).

③ Cf. *R. v. Blair*(1992)7 O. R.(3d)693.

④ *Henshall*(*John*)(*Quarries*)*v. Harvey*[1965]2 Q. B. 233.

刺杀甲的竞争对手。如果乙杀了被害人,甲就要承担谋杀的责任,因为其怂恿乙杀了被害人。但也可能默示怂恿的行为,比如两个武装匪徒在枪战中相遇,双方都知道对方想杀自己。如此一来,他们会间接怂恿对方去杀人。他们希望自己不会被杀死,但他们意识到,几乎可以肯定,试图杀死武装对手的后果是,对方一定会还击。如此一来,他们互相怂恿,进行武装战斗(帮助永远不会构成共同目的共犯的行为要件,因为一旦共同正犯帮助其他共同正犯实施作为两者基础共同犯罪的附加犯罪,则适用通常的共犯规则)没有必要默示行为方面的帮助,因为帮助行为相对容易识别。然而,在共同目的共犯中,怂恿行为并不总是明示的,因此也不总是容易识别的。相反,陪审团将不得不考虑所有证据,以确定从犯是否通过参与潜在的联合犯罪计划而怂恿正犯实施伴生犯罪。

共同目的共犯的典型事例是抢劫。甲和乙同意共同抢劫银行。甲没有武器,但乙有枪。在抢劫过程中,警卫与他们对峙,乙用枪杀死了警卫。甲和乙都要对抢劫负责,因为他们是基于必要的犯意共同作案的。然而,仅乙实施了附带罪行,即只有乙杀了守卫。因此,共犯的问题只出现在附属犯罪,即凶杀案之中。由于甲不是附带杀人罪的正犯,只能在可以确定其确实参与了这起谋杀的情况下才承担责任。假设甲没有给乙提供枪支(直接帮助),假设甲没有大喊“杀了警卫”(明示怂恿),则不构成标准的 620
共犯。则案件焦点转移到共同目的/共同计划型共犯。这又被称为共同目的共犯或共同计划共犯,因为伴生犯罪(杀害警卫)是在共同实施潜在的共同犯罪计划(抢劫)的过程中发生的。此外,传统法源认为,伴生犯罪必须符合潜在共同事业当事方的共同目的。[①] 在本书中,只使用“共同目的共犯”概念。

12-057 如果从犯不提供事实上的怂恿或帮助,又是如何实际参与伴生犯罪的呢?

除非能够确定事实参与,否则将不承担责任。法院倾向于忽视该要求。[②] 从犯责任源于事实上参与了正犯的犯罪。根据派生原则,从犯只有在事实上参与了正犯犯罪行为时才负有责任。某人无法仅仅因为在预见到正犯可能犯下伴生犯罪的情况下与正犯有联系而派生性地卷入他人的犯罪。在共同目的共犯的情况下,必须确定的是,从犯通过参与潜在的共同犯罪计划的行为,实际上怂恿了正犯实施伴生犯罪。陪审团可能有足够的证据推定,从犯自愿同意参与潜在的共同犯罪计划,从而怂恿了正犯。如果还可以确定,双方都期望会实施某些有条件的伴生犯罪,以使潜

---

① Baker, *op. cit. supra*, note 15 at Chap. 2.

② Baker, *op. cit. supra*, note 15 at Chap. 2.

在的共同犯罪计划获得成功。或者,可以通过正犯知道该从犯赞同自己的(有条件的)伴生犯罪并愿意在明知相关犯罪是有条件追求的情况下加以参与的事实而加以证明。[1]

12-058 共同目的共谋是否总是出现在非法共同犯罪计划之前?

有时,加入方式不同于标准共犯,因为共同目的共犯通常发端于不法(犯罪)的共犯计划。但在此之前并不总是存在犯罪的共犯计划。在"米勒诉女王案"(*Miller v. The Queen*)[2]中,澳大利亚高等法院援引了共同目的共谋,尽管其中所涉及的共同计划是合法的。在本案下,从犯开车带正犯四处转悠,以便他可以接女孩与他们进行自愿的性交。开车去接女孩进行双方同意的性交是不违法的。但是,从犯知道正犯曾经杀过女孩,并
621 相信正犯会在产生杀人欲念时再次杀人。法院认为,在双方达成共识的情况下,如果正犯在共同开车活动中受到欲望的驱动,有条件地打算杀人,从犯就属于通过帮助正犯实施合法行动来怂恿正犯。杀人都是以正犯形成杀人欲望为条件的,但有足够的证据支持陪审团的结论,即从犯对正犯实施的杀人行为给予了赞成,因为在正犯不止一次杀人后,从犯继续开车拉着正犯。尽管如此,从犯因而很难被认定为通过继续开车构成了对正犯的怂恿。因此,这本来可被视为标准的共犯案件双方都明白,正犯有条件地想要杀人。[3]

12-059 这是否意味着事实上的怂恿取决于正犯相信从犯的同意和支持?

对。在判决行为要件是否成立时,陪审团必须审视正犯的思想。必须这样做,以确定是否有事实上的怂恿。陪审团必须能够推定出,正犯实际上是受到从犯参与潜在的共犯计划的怂恿。相反,在判决主观要件是否成立时,陪审团必须调查从犯的心理,通过从更一般的证据中得出推论来做到这。

12-060 似乎您也在坚称,如果正犯因为错误地认为从犯支持自己犯下的附带罪行而受到怂恿,而从犯"轻率"地发送信息,让正犯得出错误的结论,就将承担责任。是这样吗?

这就是上议院的判决立场。[4] 要想轻率行事,某人必须意识到自己的行为有可能传递出怂恿的信息。如果只有轻率的参与,就更难证明事实

---

① *Miller v. The Queen*(1980)32 A. L. R. 321.

② (1980)32 A. L. R. 321. *Gwin v. State* (1984)456 So. 2d 845;*State v. Goode*(1999)512 S. E. 2d 414;*State v. Gaines*(1997)345 N. C. 647.

③ Sir Michael Foster, *Crown Law*, (London: Printed by W. Strahan and M. Woodfall, 1776) at 354.

④ *R. v. English*[1999]1 A. C. 1.

上的怂恿。必须记住,正犯被其认为从犯支持的东西所鼓舞。如果正犯认为自己没有从犯的支持,陪审团就不应该推定正犯事实上受到了从犯参与潜在共犯计划的怂恿。

12-061 陪审团为推定事实怂恿而考虑的证据与他们为共同目的共犯推定犯罪原因而考虑的证据之间似乎有重叠。是这样吗?

出现的实际问题与证据有关。不法分子不太可能承认他们的故意或预见是什么;事实上,他们可能没有清楚地设想可能会做什么。在实践中,事实认定者(无论是陪审团还是治安法官)被迫从已证明的事件中得出常识性的推论。如果两个罪犯在犯罪时都使用武力,陪审团将很容易地推定,并允许推定,双方都同意使用武力,这样,双方将对对方使用的武力负责。如果两人在案发后都使用武力试图逃跑,同样的情况也会发生。 622
但是,只有当武力行为大致相当时,情况才会如此。如果被告乙使用温和的力量,而同伴被告甲意外地使用了更大的力量(因为甲使用了乙不知道甲携带的枪支),则被告甲的行为可能被视为超出了共同目的。事实上的怂恿是建立在证据的基础上的,相关证据应表明,从犯参与潜在的共犯计划,暗示了某种思想上的契合或某种支持的信息。

不必有公开的思想交流,证据只需足以让陪审团推定有默示的思想交流即可。换言之,陪审团需要从证据中推定出,所有参与人都预期会发生导致伴生犯罪的相同偶然事件,故意或预见到该伴生犯罪会因该偶然事件而发生,并且知道或相信其他参与人,包括伴生犯罪的行为人,都具有相同的预期和故意。这些考虑对于确立共同目的共犯的主观要件也很重要。

在"米勒诉女王案"①中,从犯知道事实,即正犯沃雷尔(Worrell)曾在早些时候谋杀过妇女,但他仍继续开车拉着正犯,以便他能接触更多的妇女。沃雷尔是性捕食者,米勒开车带他四处转悠,以便他可以接女性进行性接触。沃雷尔会去接这些女性,然后米勒会开车把他们送到偏僻的地方,这样沃雷尔就可以和她们进行双方自愿的性交。米勒在沃雷尔与妇女发生性关系时,会离开汽车。有一次,米勒回到车里,发现沃雷尔杀了他们搭载的那个女性。在最初的谋杀案发生后的几个月里,米勒继续开车带沃雷尔四处转悠,以便能接更多的女性,然后与之发生性关系。沃雷尔又杀了6名女性。在许多情况下,沃雷尔并没有伤害妇女,只是与她们进行了自愿的性交。尽管如此,米勒还是继续开车送他,尽管他知道沃雷尔已经开始随机杀害若干与他发生性关系的女性。米勒被控7项谋杀

---

① (1980) 32 A. L. R. 321 at 326.

罪,除第一项罪名外,其他罪名均成立,因为沃雷尔首次杀人时米勒并不知道沃雷尔有杀人故意,因此也无法通过允许他这样做,怂恿他杀人。澳大利亚高等法院裁定:

"陪审团可以得出结论,在首次谋杀发生后,共同目的范围已经改变。米勒现在知道沃雷尔不仅有意与这些女孩发生性关系,还可能谋杀她们,而沃雷尔知道,参加进一步的探险时,米勒充分意识到早期探险的致命后果。由于这些额外的要素,陪审团可能会得出结论,他们在随后的冒险中共同的目的已经改变。由于他们了解彼此的精神状态,在两人反复出现的共同目的中会出现新的要素:当米勒把沃雷尔和女孩留在一起时,不再仅仅为了他们可能发生性关系而离开他们,而且受到这种情绪的影响,沃雷尔可能在米勒不在的时候,杀了那个女孩。"

12-062 有足够的证据可以让陪审团推定米勒对后来的谋杀持赞
623 成态度,因此事实上怂恿了沃雷尔继续参与潜在的共犯计划,其中包括联合接送妇女并将其驱车带到偏远地区。沃雷尔和米勒知道彼此的思想状态,并根据对沃雷尔过去所犯(有条件的)附带罪行的共同明知形成了共同的故意。沃雷尔认为,米勒赞成他的谋杀,事实上,米勒的支持和参与被其视为对潜在共犯计划的怂恿。

12-063 告诉我有条件的伴生犯罪是什么意思吗?

在本书中,"伴生犯罪"指的是有条件的故意(有条件的目标犯罪)和那些根本没有故意(非目标犯罪)的伴生犯罪。非目标犯罪是从犯故意或者不可预见的伴生犯罪。有条件的犯罪是当事人希望他们不必实施的犯罪,但如果需要实施的话,是他们打算实施的犯罪。因此,双方可能希望在共同抢劫过程中不会遇到保安人员,但也可能打算如果遇到保安人员,应使用枪支杀死或伤害保安人员,以实现逃跑。伤害或杀害警卫是与潜在的共同抢劫有关的犯罪,因此只有在故意或轻率地怂恿伴生犯罪的行为人实施时,从犯才会对其承担责任。

这最好通过看真实的判例来理解。在"约翰诉皇后案"(*Johns v. The Queen*)[①]中,从犯约翰参与了共同抢劫案,他深知正犯脾气暴躁、暴力成性。此外,在去抢劫的路上,正犯告诉约翰,他"不会容忍抢劫被害人的胡说八道"。正犯告诉约翰,目标被害人"总是带着武器,如果出现摊牌,他不会容忍捣乱行为"。[②] 从犯还作证称,他相信正犯"不会让像被害人这样的家伙压到他头上"。当正犯试图抢劫目标被害人时,被害人进行了武装抵抗,被正犯杀害。在那起案件中,有充分的证据可以让陪审团推

---

① (1980)143 C. L. R. 108.

② *Johns v. The Queen*(1980)143 C. L. R. 108 at 111.

定，约翰明确表示，他认为这是有条件犯罪，从而怂恿了正犯的有条件犯罪。约翰斯知道，如果被害人抵制抢劫，正犯有条件地打算杀死被害人。伴生犯罪有共同的期待、共同的认识和共同的(有条件的)故意。如此一来，谋杀抢劫案被害人是有条件的，因为这是有条件的被害人提出抵抗。如果被害人没有反抗，他就不会被杀。在"女王诉约翰案"(*R. v. Johns*)[①]中，百格法官(Begg，J.)法官表示：

"因此，在任何情况下，都有必要确定当事人明示或默许的共同计划是什么，以实现某种共同目的。如果该计划的特点证明，在双方当事人的设想范围内，其中行为人可以在履行其职责时采取某种行动，则每一个行为人都应对该行为负责。

"承认这些人对彼此的行为或陈述的证据的基础是，犯罪的预先安排被视为意味着双方有权代表其他人行事。[②]

"这包括考虑约翰同意、获得或同意的内容，以及他预见、考虑或打算 624
参与实施的内容。"[③]

12-064　如果参加非法抗议，预见到我的朋友会造成刑事损害，我会对朋友的刑事损害行为负责吗？

除非从犯对行为人在其共同行为过程中可能犯下伴生犯罪的实际可能性具有某种超越单纯预见的认识，否则无法派生出共同目的共犯责任。[④] 某人仅仅想到其他自主的成年人可能会做错什么，不足以使他真正卷入这些过错行为当中。[⑤] 单纯的联想和预见不足以建立事实上的怂恿。[⑥] 这样的责任理论太宽泛了。例如，如果从犯知道的朋友正犯是盗窃狂，并预见到正犯每次在购物中心时都可能会偷东西，从犯如果在正犯偷东西的时候与其搅和在一起，就应对正犯的偷窃行为负责。更重要的是，如果从犯在其认为正犯可能会偷东西的情况下开车送其去购物中心，以此帮助正犯。这种责任理论对自由的限制太大，对刑法的延伸也太大。从犯只在做了若干额外的事情来怂恿正犯犯罪的时候，才应该对商店行

---

① [1978]1 N. S. W. L. R. 282 at 295.

② *R. v. Johns*[1978]1 N. S. W. L. R. 282 at 301 *per* Lusher，J. citing *Tripodi v. The Queen*(1961) 104 C. L. R. 1. the decision of the High Court of Australia in *Varley v. R.* (1976)12 A. L. R. 347 at 353.

③ *R. v. Johns*[1978]1 N. S. W. L. R. 282 at 302 *per* Lusher，J. .

④ *R. v. Taylor*(1872-75)L. R. 2 C. C. R. 147 at 149 *per* Cockburn，C. J. (Mellor and Brett，J. J. ，Bramwell and Pollock，B. B. concurring).

⑤ *R. v. Jones*(1977)65 Cr. App. R. 250 *per* Lawton，L. J. ；*R. v. Allen*[1965]1 Q. B. 130 *per* Edmund—Davies，J. . (as he then was.)

⑥ *R. v. Davis and Hall*(1806)Russ & Ry 113；*R. v. Reid*(1976)62 Cr. App. R. 109 at 112.

窃负责。[1]

回到你关于抗议的假设:一般来说,抗议不是非法行为。但这种抗议可能是非法的,因为涉及共同的公开猥亵行为,[2]其目的是使人们更加关注抗议者的原因,或者因为涉及对受保护土地[3]的共同犯罪侵入。[4] 如果存在潜在的非法共犯计划,共同目的的共犯可适用于潜在的共犯计划参与
625 者所犯的可预见的伴生犯罪。

但是,如果潜在的共犯计划是合法的,则仍然可以援引标准共犯。共犯的主观要件被认为仅仅包括轻率。共犯责任的轻率预见模式的核心缺陷是,即使人们不打算怂恿被告,即使他们做了若干使被告气馁的事情,也可以被牵扯进来。假设甲、乙、丙参加了合法的抗议活动。根据以往的经验,他们知道他们过去与朋友丁一起参加抗议活动时,丁通过在公共纪念碑上喷涂抗议信息而犯下了刑事损害罪。因此,甲、乙、丙明确指示丁,这次不得实施刑事损害。假设他们不仅告诉丁不要实施刑事损害行为,而且还告诉丁,如果从事这种行为,将和他们没有关系。尽管甲、乙、丙已明确表示反对,但如果他们知道丁的承诺不可靠,并因此预见到其确实或实质上有可能无视这些承诺,并且如果甲、乙、丙明白,与丁一同参加抗议活动,会向丁发出鼓励而非阻止的信息,则甲、乙、丙仍有可能对丁的刑事损害行为负责。也许陪审团不愿意在这样的案件中认定事实上的怂恿,但在这样的案件中,无法完全排除轻率的怂恿。如果他们没有事先采取措施来阻止丁实施刑事损害行为,就更是如此了。

12-065　这是否意味着,如果联合抗议是非法的,适用共同目的共犯原则,但如果抗议行为是合法的,适用标准共犯原则?

这就是问题的要点,因为这可能是法院处理此类案件的方式。然而,没有规则规定法院必须将其视为此或彼模式。如前所述,法院只需要确定存在事实上的鼓励,[5]而且从犯必须存在必要的犯意。[6] 如果某人参加了合法的抗议活动,同时相信通过参加抗议活动的行为,会鼓励朋友犯下附带的刑事损害罪,就可以援引标准共犯来作为刑事损害定罪的依据。因此,我认为,潜在的共犯计划的非法性没有起到额外作用。此概念是空洞的,仅仅具有证据价值。允许陪审团推断出什么可能被计划为伴生犯

---

① Trial of Lord Mohun(1692) Holt K. B. 479 at 479–480. 相关推理 *Mumford v. State*(1974) 313 A. 2d 563 at 566。

② Section 5 of the *Public Order Act* 1986 or section 66 of the *Sexual offences Act* 2003.

③ *People v. Bohmer*(1975) 46 Cal. App. 3d 185.

④ Section 14A(2) of the *Public Order Act* 1986.

⑤ *Miller v. The Queen*(1980) 143 C. L. R. 108.

⑥ Cf. *R. v. Cruise*[1970] 4 C. C. C. 338; *Savard v. R.* [1946] S. C. R. 20.

罪,也可以推断出共同目的延伸到伴生犯罪。例如,如果当事方参与了犯罪性的共犯计划,例如对珠宝店实施夜盗,陪审团就更容易推断出,所有当事方都有条件地故意让犯罪人的伴生犯罪,因为如果参与者在夜盗过程中偶然遇到抵抗的保安,他们一定相信他们的武装同伙会使用武力。当犯罪人的罪行与犯罪的共同计划没有联系,而只是源于若干无害的合法的共同计划,例如和平抗议,可能就不容易得出这样的推论。最后,如 626
此一来,派生责任将取决于事实上的怂恿和意图或轻率,而不是取决于相关共犯计划的合法性或非法性。

12-066　从您告诉我的情况来看,共同目的的共犯涉及事实上的鼓励,陪审团通过确定从犯的行为是否向犯罪人发出了模式的信息,即其同意或赞成犯罪人实施特定(有条件的)伴生犯罪。这是正确的吗?

对。如果某人明示或默示其共犯实施有条件的目标犯罪,则可以通过参与共同犯罪计划来提供鼓励。至少 500 年来,共同目的的共谋涉及犯罪双方直接故意从事非法共犯计划(如抢劫)和有条件地意图伴生犯罪(如在抢劫过程中与警卫对质,应杀死警卫)的情况。杀害警卫是双方的意图,但条件是在抢劫过程中有警卫与他们对峙。

12-067　您上面告诉我的实质是,共同目的的共犯和标准共犯具有相同的行为要素。是这样吗?

共同目的的共犯不作为独立的共犯形式存在。标准共犯和共同目的的共犯责任,都属于派生责任。同样,在这两种情况下,根据 1861 年《从犯和教唆犯法》第 8 条规定的程序机制,共犯对行为人的犯罪行为负有同等责任。这两种共犯形式都是需要事实参与的派生责任形式。重复梅高法官的话:“被告的在场事实上给予了怂恿是不够的。必须证明,被告人有意参与准备继承犯罪的行为,事实上怂恿了附属犯罪的正犯去实施该犯罪。”[①]从犯只有在预见到自己参与潜在的共同计划可能产生这种效果时才会承担责任。

但是,共同目的的共犯中的行为要件只包括怂恿行为,因为如果从犯协 627
助犯罪人实施附带目标犯罪,那将是标准共犯。因此,两者的核心区别在于,共同目的的共犯仅基于事实怂恿。如果从犯协助犯罪人实施附随犯罪,则是附随犯罪的标准共犯。在共同目的的共谋的情况下,参与方式是故意怂恿,根据上议院的说法,是明示或默示的轻率怂恿,[②]从证据中可以推断出,从犯默示或明确同意犯罪人的伴生犯罪,目的是使其潜在的共同犯罪成功,或为了达成某些其他目的,如肆意的帮派暴力。在轻率怂恿的情

---

① *R. v. Clarkson*[1971]1 W. L. R. 1402 at 1406;*R. v. Coney*(1881-82)L. R. 8 Q. B. D. 534.

② *R. v. English*[1999]A. C. 1.

况下,[①]这将取决于证据,证明从犯预见到在联合犯罪过程中确实或实质上有可能实施伴生犯罪。

在一长串具有同等效力的案件中,共同目的共犯规则,建立在当事人之间的共同故意之上。[②] 该规则依赖于从犯的事实怂恿,而从犯默许了正犯的伴生犯罪。如后所述,在最近的一段时间里,法院仅仅以轻率的预见取代了故意要求。这也影响了行为要素,因为很难从轻率中推定出同意。例如,在“女王诉拉赫曼案”[③]中,不清楚从犯是否怂恿正犯实施伴生犯罪。可以认为,他们意识到参与帮派暴力的正犯有可能使用致命暴力,但他们参与旨在造成严重人身伤害的潜在帮派联合暴力的行为,是不是一种轻率地向正犯传递使用致命暴力的信息的行为,仍值得怀疑(但似乎合理)。

12-068　某人可能会预见到,即使其本人并不打算发出这样的信息,但加入了潜在的犯罪集团,可能会冒着发出怂恿信息的风险。尽管如此,此类案件应根据 2007 年《严重犯罪法》第 45 条起诉,而不是根据
628 1861 年《从犯和教唆犯法》起诉。

第 11 节　共同目的共犯的主观要素:推定罪过

12-069　当某人加入潜在共同犯罪计划的行为具有怂恿潜在犯罪

---

① Baker, *op. cit. supra*, note 15 at Chap. 2; *R. v. Johns*[1978]1 N. S. W. L. R. 282 *per* Street, C. J., Begg and Lusher, J. J..

② *R. v. Borthwick*(1779)1 Douglas 207 at 212. *Le Seignior Dacre's Case* (1535) Moore K. B. 86. Hale, *op. cit. supra*, note 26 at 443-444. *R. v. Macklin*(1838)2 Lewin C. C. 225; *R. v. Betts and Ridley* (1931)22 Cr. App. R. 148 at 153-156; *R. v. Appleby*(1943)28 Cr. App. R. 1; *R. v. Grant*(1954)38 Cr. App. R. 107. *The Three Soldiers Case*(1697) Fost. 353; *R. v. Short*(1932)23 Cr. App. R. 170 *per* Lord Chief Justice Hewart, MacKinnon and Hawke, J. J.; *R. v. Spraggett*[1960] Crim. L. R. 840; *R. v. Smith* [1963]1 W. L. R. 1200 at 1203; *R. v. Plummer*(1706) Kelyng, J. 109; *R. v. Hawkins*(1828)3 Car. & P. 392; *R. v. Collison*(1831)4 Car. & P. 565; *R. v. Price*(1858)8 Cox C. C. 96; *R. v. Skeet*(1866)4 F. & F. 931; *R. v. Caton*(1874)12 Cox C. C. 624; *R. v. Short*(1932)23 Cr. App. R. 170 *per* Lord Chief Justice Hewart, MacKinnon and Hawke, J. J.; *R. v. Smith*[1963]1 W. L. R. 1200 at 1205-1207; *R. v. Anderson* [1966]2 Q. B. 110 at 118-119; 1980]143 C. L. R. 108 at 131-132 *per*(majority) Mason, Murphy, and Wilson, J. J. *R. v. Johns*[1978]1 N. S. W. L. R. 282. *R. v. Dunn*(1930)30 S. R. (N. S. W.) 210 at 214 *per* Ferguson, J.; *R. v. Dunn* was the grandfather of the Chief Justice Street R. *v. Johns*—three generations of Streets sat on the Supreme Court of N. S. W. }; *R. v. Dorrey & Gage*[1970]3 N. S. W. L. R. 351 at 353; *R. v. Adams*(1932) V. L. R. 222 at 223-224 *per* Mann, J.; *R. v. Kalinowski*(1930)31 S. R. (N. S. W.) 377 at 380-381 *per* Davidson, J.; *R. v. Dowdle*(1901)26 V. L. R. 637 at 639-641 *per* Williams, J.; *R. v. Surridge*(1942)42 S. R. (N. S. W.) 278 at 282-283 *per* Jordan, C. J.; *R. v. Grand*(1903)3 S. R. (N. S. W.) 216 *per* Stephen, A. C. J., Owen and Simpson, J. J..

③ [2009]1 A. C. 129.

的共同正犯继续实施伴生犯罪的效果时，只要其打算或预见到自己的行为（参与潜在的共同计划）确实或实质上有可能怂恿行为人实施伴生犯罪，就将承担责任。① 在“女王诉鲍威尔案”（*R. v. Powell*）②中，上议院认为共犯的实质性过错要件是：（1）“如果双方共同计划实施犯罪，并且行为人预见到他人在实施过程中可能以必要的犯意③实施构成另一犯罪的行为，则如果后者在共同计划实施过程中犯下了这种罪行，前者应承担责任。”（2）如果证明正犯的犯罪行为与从犯预期可能犯下的犯罪行为有根本不同，从犯将不对这些行为承担责任。此前在别处提出，直到“女王诉鲍威尔”④中上议院的判决改变了法律，可能性预见规则（从犯预见到原本计划可能导致伴生犯罪），就像自然的盖然性原则一样，仅仅是共同目的延伸到伴生犯罪的推定证据规则。⑤

篇幅所限，这里无法重新讨论这篇论文。相反，我将集中讨论已经制定的规则，即允许陪审团推定故意和轻率的预见，以认定共同目的共犯成立。这些规则传统上用于推定故意，⑥但近几十年来，也被用于在共同目的共犯案件中推定轻率的预见。自 1999 年以来，被称为共同犯罪的实质性的罪过要件，具有扩大共犯的主观要件范围，以涵盖轻率的作用。⑦ 传
统上，某人对其行为的可预见性后果具有故意的格言，被用于共同目的共 629
同犯罪，只是推定该从犯同意并因此有意或有条件地怂恿正犯犯下（有条件的）伴生犯罪。作为潜在的共同计划的可预见的伴生犯罪的犯罪，仅仅从中可以推定出从犯的故意或行为人实施伴生犯罪的条件故意的证据。预见不是实质性的过错要素，而只是条证据规则。

历史资料将有助于理解以前的判例法。共同故意的要求主要是由法院在“共同目的”规则中提出的，法院传统上认为从犯对超出“共同目的”的行为不负责任。这意味着从犯只对完全符合共同目的的行为负责。故意是由从犯知道正犯有条件地故意作为伴生犯罪而推定出来的。从犯不知道在共同经营过程中会发生什么，但其可能知道正犯有条件地打算做什么。⑧ 根据以前的法律，某人不能仅仅因为伴生犯罪碰巧促进了潜在的

---

① *R. v. Powell*[1999]1 A. C. 1.

② [1999]1 A. C. 1 at 18 *per* Lord Hutton.

③ *People v. Nguyen*(2003)26 Cal. Rptr. 2d. 323；cf. *R. v. Kalinowski*(1930)31 S. R.(N. S. W.) 377 at 380.

④ [1999]1 A. C. 1.

⑤ Baker, *op. cit. supra*, note 15 at Chap. 2.

⑥ *R. v. Wakely*[1990]Crim. L. R. 119 at 120.

⑦ Baker, *op. cit. supra*, note 15 at Chap. 2.

⑧ *Rosemond v. U. S.*(2014)134 S. Ct. 1240.

共同计划,就被判定需要承担从犯责任。过去的法律规定,如果正犯在抢劫过程中杀害了保安,抢劫的其他当事人不应仅仅因为正犯的行为使抢劫成功而承担责任,除非伴生犯罪在他们的共同目的之内。现在的法律是,他们需要预见到这样一种犯罪可能发生在抢劫过程中。

12-070 如果证据显示从犯知道正犯携带了致命武器,[①]几乎可以毫不犹豫地推定从犯使用该武器的故意或预见。[②] 然而,如此一来,从犯必须被认定有罪,并不是固定的法律规则。如果从犯能使陪审团相信(或使他们相信合理的可能性),虽然自己知道正犯带着枪,但认为这只是正犯的习惯问题,或是黑社会的威望问题,或是对敌对帮派的抗辩事由问题,而且不知道正犯在这个场合使用枪对付这个被害人的故意,将不会用于这样的用途。[③] 只有常识推定,携带武器的罪犯这样做是有目的。如果证据对此加以排除,就不应作出推定。

其结果似乎是,根据现行法律,如此一来,如果从犯意欲正犯使用这种武力,或相信被告人甲可能为了这个已知的目的使用这种武力,或如果情况似乎正犯需要使用这种武力的人,则从犯应对正犯使用的武力负责。如果从犯相信正犯不会使用这种武力,或者如果他们之间的合意明确排除使用这种武力,从犯不负责任,但如果在后者的情况下,从犯意识到正
630 犯不可靠,有可能使用这种武力。

12-071 "预见"的学说似乎非常笼统,因为紧张的罪犯在参与抢劫或暴力帮派斗争之前,可能会想到很多可能性。是否需要准确地预见未来,或者微小的变化都能免除其对他人伴生犯罪的责任?

如果正犯实施的伴生犯罪与被认为是共同计划可能发生的事件的行为存在根本性的不同,则从犯对行为人的伴生犯罪不承担责任。下面从明显的事例开始讨论该问题。

假设从犯同意用正犯抢劫珠宝店,一切顺利。假设漂亮的女售货员毫无抵抗地交出了钻石,但是当被告离开时,正犯决定亲吻女售货员,对其实施性骚扰。从犯和正犯都被判抢劫和性侵犯罪。[④] 如此一来,从犯可能会辩称,没有预见到正犯会性侵犯女售货员。性侵犯在正常抢劫过程中很难发生。除非从犯掌握了若干信息,使其在主观上意识到存在正犯会对售货员进行性侵犯的风险,否则陪审团很可能推定其没有预见到

---

① *R. v. Powell*[1999]1 A. C. 1.

② *R. v. Smith*[1963]1 W. L. R. 1200;*R. v. Matthew*[2010]EWCA Crim. 1859.

③ *R. v. Betty*(1964)48 Cr. App. R. 6;*R. v. Stewart*[1995]1 Cr. App. R. 441;*Three Soldiers' Case*(1697)Fost. 353.

④ Section 3 of the *Sexual offences Act* 2003.

性侵犯是实施抢劫的相关风险。[①] 同样,如果从犯没有预见到潜在的伴生犯罪,陪审团也很难推定正犯实际上是得到从犯参与潜在的共同抢劫怂恿,从而对售货员进行性侵犯的。

将此与明知同伙有枪并愿意使用枪而参与抢劫的从犯的情况进行比较。如果正犯用枪杀了女售货员,从犯可能会被判谋杀。同样,如果从犯知道正犯脾气不好,喜欢砸东西,从而预见到正犯可能会砸碎装有珠宝的玻璃陈列柜,而不是等待售货员交出珠宝,也可能要承担刑事损害赔偿责任。事实上,只要从犯预见到正犯有可能犯下这些罪行,就可能对一连串的附带罪行负责。但在所有这些情况下,还必须确立事实上的怂恿。正如上面指出的那样,在纯粹轻率的情况下,不容易确认成立事实上的怂恿。

12-072　就假设中的性侵犯而言,陪审团可能认为从犯没有考虑到正犯会对女售货员进行性骚扰。从犯应该能够证明性侵犯与其设想的正犯在抢劫过程中犯下的罪行存在根本不同。除此之外,从犯应该能够证明正犯不相信从犯赞成自己的性侵犯行为,因此从犯参与潜在的共同计划,实际上并没有怂恿正犯实施性侵犯。

12-073　这意味着陪审团用"根本不同的行为规则"来推定与伴生犯罪有关的故意还是轻率?

对。被告人可以否认自己有意怂恿或冒着怂恿正犯实施伴生犯罪的风险。被告可能辩称,自己没有预见到正犯会实施伴生犯罪。"根本不同的行为规则"与证据有关。如果证据表明正犯的行为与从犯所设想的 631
行为有根本的不同,陪审团就能够推定出从犯并非轻率,因为其并没有预见到共同计划可能引发相关的伴生犯罪。如果没有预见到这是潜在的共同计划可能发生的事件,从犯就不可能预见到自己参与潜在的共同计划有可能怂恿正犯实施伴生犯罪。更确切地说,从犯不可能打算怂恿正犯实施伴生犯罪。

12-074　什么是"根本不同的行为规则"?

"根本不同的行为规则"或"行为变更规则",主要是在凶杀案件中出现的问题。特别是,其被用来表明从犯不怂恿正犯的伴生犯罪,因为正犯实施的行为与当事各方同意应做的事情,或根据"女王诉鲍威尔案"所规

---

① *People v. Nguyen*(2003)26 Cal. Rptr. 2d. 323;*R. v. Kalinowski*(1930)31 S. R.(N. S. W.)377 at 380 per Davidson, J.;*Mumford v. State*(1974)313 A. 2d 563 at 566;*Watkins v. State*(1999)125 Md. App. 555 at 569-570 citing *R. v. Plummer*(1700)84 E. R. 1103;and*Commonwealth v. Waters*(1980)491 Pa. 85.

定的预见概念下将做的事情存在根本的不同。[1] 马修·黑尔爵士(Sir Matthew Hale)在其论文中的精彩论述,一直被认为是"根本不同的行为规则"的经典所在。"如果甲劝告或命令乙用一根小棒子或小棍子打丙,而这样做绝对打不死人,如果乙用大棒子或刀剑伤害丙,导致了丙的死亡,因为甲没有下令杀人,客观意义上也不会引发此类的结果,而乙的行为在实质上而非情节上出现了改变。"[2]在"女王诉哈泽尔案"(*R. v. Hazel*)中,法院参考黑尔关于根本不同行为的行为规则的相关事例时表示:"在这两个案件中,从犯都有明确的故意,但在第一起案件中,因为从犯的故意不是要杀死被杀的人,而在第二起案件中,从犯的故意只是殴打被杀的人(以几乎不构成死亡风险的方式),从犯不构成谋杀罪。"[3]如果乙用小棒子或小棍子殴打丙,而这导致了丙的死亡,[4]甲将承担推定过失
632 杀人的责任,因为甲命令的行为是导致丙死亡的原因。[5]

"根本不同的行为规则"不允许从犯作为推定犯罪的参与者免于被定罪,但检控方必须根据"女王诉鲍威尔案"的预见规则,证明其怂恿/同意正犯的"犯罪行为",而不是行为的后果,这是推定责任指控的基础。在共同目的的共犯中,危险武器规则是以根本不同的行为规则为基础的具体规则,被用来允许陪审团认定从犯是否有意怂恿正犯实施的伴生犯罪。根据相关判例(*Williams v. State*),[6]有法院认为:"如果……两人联合用拳头打第三人,其中一人故意击打造成死亡,他人也应对这起凶杀案负责。但是,如果行为人在未经他人知情或同意的情况下使用致命武器,他只会因此承担责任……这里的默示合意显然不是诉诸使用致命武器,因此使用这种武器与当事方的[故意]无关,也偏离了共同的计划。"

---

① *The Three Soldiers Case*(1697)Fost. 353;*R. v. Plummer*(1706)Kelyng, J. 109;*R. v. Hawkins*(1828)3 Car. & P. 392;*R. v. Collison*(1831)4 Car. & P. 565;*R. v. Skeet*(1866)4 F. & F. 931;*R. v. Caton*(1874)12 Cox C. C. 624;*R. v. Short*(1932)23 Cr. App. R. 170;*R. v. Spraggett*[1960]Crim. L. R. 840;*R. v. Smith*[1963]1 W. L. R. 1200 at 1205-1207;*R. v. Anderson*[1966]2 Q. B. 110 at 118-119;*R. v. Lovesey*[1970]1 Q. B. 352;*R. v. Wan*[1995]Crim. L. R. 296;*R. v. Dunbar*[1988]Crim. L. R. 693.

② Hale, *op. cit. supra*, note 26 at 436;454. *R. v. Saunders and Archer*(1577)2 Plow. 473.

③ *R. v. Hazel*(1785)1 Leach 368 at 375-376.

④ *R. v. Bristow*[2013]E. W. C. A. Crim. 1540;*R. v. Creamer*[1966]1 Q. B. 72;*R. v. Buck*(1960)44 Cr. App. R. 213;*R. v. Gaylor*(1857)Dears. & B. 288 at 291 *per* Bramwell B.;*R. v. Smith*(1847)2 Cox C. C. 233. *R. v. Blaue* [1975]1 W. L. R. 1411. *Johnson v. State*(1956)91 So. 2d 185;*Hammon v. U. S.*(1997)695 A. 2d 97;*Thomas v. State*(1987)510 N. E. 2d 651;*Stacy v. State*(1957)228 Ark. 260. *Mutatis mutandis*: compare the law as stated in *Bibithe's Case*(1598)4 Co. Rep. 43b;*Goff v. Byby*(1596)Cro. Eliz. 540;*Goose's Case*(1597)Moore K. B. 461;*Trial of Lord Mohun*(1692)Holt, K. B. 479;*Thody's Case*(1673)Freem. K. B. 514. *Moore v. Lowe*(1935)116 W. Va. 165.

⑤ *R. v. Anderson*[1966]2 Q. B. 110 at 120;*R. v. Gamble*[1989]N. I. 268.

⑥ (1887)9 Crim. L. Mag. & Rep. 480 at 483 citing *R. v. Caton*(1874)12 Cox C. C. 624.

在过去,当某人使用危险武器或过度暴力造成人身伤害,导致意外死亡时,法院一般认为正犯需要承担谋杀的推定责任。[①] 然而,在暴力程度温和或武器本身不危险的情况下,法院倾向于援引推定过失杀人罪。[②] 危险武器规则被用来确定被告人是否故意采取某种行为。如果这样做了,就必须为该行为的意外后果承担责任。特定行为的潜在后果将取决于该行为的性质。如果被告故意造成轻微伤害,考虑到这一点,在发生致死结果的情况下可以判过失杀人罪。[③] 但如果行为人用锤子打他人,就可以推定其一定是有意造成被害人重伤。

12-075 在许多情况下,武器的危险性不会增加多少。重点必须放在所涉故意行为的危险性上。武器的危险性取决于正犯打算如何对其加以使用。如果帮派想用踢打被害人的方式给其造成严重的伤害,正犯不知为何使用木棍打被害人的头部,因为用靴子踢到头和用木棍打击一样致命。造成双方达成默契的严重身体伤害的方法就变得不再重要。武器的危险性仅仅是证据,与所有其他证据一起被考虑,以对从犯的预见作出适当的推定。

在"达菲和亨特案"(*Duffey's and Hunt's Case*)[④]中,法庭认为:"行为人不知道其同伴故意杀人,不应承担违法行为的责任。"因此,除非从犯怂恿正犯参与潜在的共同计划,否则从犯对正犯实施的附带谋杀,至少, 633
对被害人造成严重的身体伤害不承担责任。[⑤] 在"达菲和亨特案"中,危险武器原则被用来确定"从犯在多大程度上认识到故意并同意该行为"。法庭认为:"如果三个人出去实施重罪,其中某人在其他人不知道的情况下,把手枪放在口袋里,并犯下另一重罪,例如谋杀,对此人犯下第二个重罪表示反对的两个同伙,不应被判成立谋杀罪,尽管这是在他们与正犯实施三人计划的重罪过程中发生的。"

12-076 这是否意味着,法院使用危险武器规则来推定从犯不是故意或轻率地怂恿正犯实施伴生犯罪,理由是其所使用的武器类型意味着犯罪行为与预期的正犯实施的行为是根本不同的行为?

对。根本不同的行为规则,仅仅可以推定出当事人的共同故意不适

---

① *The King v. Keat*(1701)5 Mod. 287;*R. v. Oneby*(1727)2 Ld. Raym. 1485 at 1488-1489;*Halloway's Case*(1628)Cro. Car. 131.

② *John Royley's Case*(1611)Cro. Jac. 296. Cf. the modern approach taken R. v. *Creamer*[1966]1 Q. B. 72;*D. P. P. v. Newbury*[1977]A. C. 500.

③ Walter E. Oberer,"The Deadly Weapon Doctrine—Common Law Origin",(1962)75 *Harv. L. Rev.* 1565;Julian P. Alexander,"Presumptions in Criminal Cases",(1945-1946)17 *Miss. L. J.* 45 at 49-55.

④ (1830)1 Lewin 194.

⑤ *R. v. Rahman*[2009]1 A. C. 129.

用于伴生犯罪的证据。这也证明了事实,即从犯没有预见到伴生犯罪是潜在的共同计划中可能发生的事件。如果从犯没有预见到这是潜在的共同计划可能导致的事件,就不会主观上冒着怂恿其参与潜在犯罪的风险。从犯对正犯携带致命武器这项事实的了解,是陪审团可以从中推定出所有参与者共同故意或冒着伴生犯罪行为人使用暴力程度的危险的证据。在“麦克林、墨菲等案”(*Macklin, Murphy, and Others' Case*)①中,艾尔德森(Alderson, B.)表示:

“如果所使用的是致命武器,则有理由推定正犯具有杀人故意;如果具有杀人故意,而行为又导致了死亡后果,则成立谋杀。如果没有使用武器,问题通常是,是否存在过度暴力?……同样,法律原则是,如果几个人为实施共同故意行为,在法律上,每个为促进这种故意所实施的每个行为,都被视为由所有人实施。然而,该行为必须符合共同的故意。因此,如果几个人打算并同意吓唬警员,而某人要射穿他的头,这样的行为只会影响到实施杀人行为的人。”

因此,武器的危险性被认为是为了确定正犯的伴生犯罪是否与已经预见或意图实施的犯罪具有完全不同的性质。在其他情况下,没有武器,因此调查将转向其他证据。以霍金的论著为例:“如果共同计划的故意虽然是非法的,但却是赤裸裸的非法侵入,而其中某人犯下盗窃罪,这仅仅是与故意性质完全不同的犯罪。”②“非因执行而引起”概念再次指推定
634 责任原则,当行为人和从犯都对具有非故意后果的犯罪行为存在必要的过错时,推定责任原则既包括行为人也包括从犯。③

如果有证据表明从犯知道正犯携带了致命武器,在这种武器被用来杀人的情况下,这将是相当有说服力的。此外,如果能证明从犯知道正犯脾气不好,属于暴力人格类型,陪审团很可能推定从犯不仅知道什么是潜在的伴生犯罪,而且还对其加以同意。④ 如果从犯认为正犯实施的伴生犯罪仅仅存在虚拟的确定性,并且基于这种信念参与,就很难否认其同意了伴生犯罪。这样的证据可以让陪审团推定正犯基于有条件的故意实施了伴生犯罪。如果从犯,在正犯为使他们的共同计划(如抢劫)成功而杀人的情况下,知道正犯带着刀或火器等武器,并且是暴力和脾气暴躁的人,陪审团可以毫不犹豫地推定,双方当事人都属于故意使用这些武器来

---

① (1838)2 Lewin 225 at 226.

② Hawkins, *op. cit. supra*, note 26 at Chap. 29, Sect. 9.

③ *R. v. Creamer*[1966]1 Q. B. 72; *R. v. Buck*(1960)44 Cr. App. R. 213; *R. v. Gaylor*(1857) Dears. & B. 288 at 291 *per* Bramwell B.; *R. v. Smith*(1847)2 Cox C. C. 233.

④ *Johns v. The Queen*(1980)143 C. L. R. 108 at 111.

制造事实导致的暴力。

12-077　“危险武器理论”也被用来推定从犯在主观上是轻率的，[①]这与特定的伴生犯罪有关。根据“女王诉鲍威尔案”中的预见规则，如果正犯的行为是从犯预见到正犯可能使用特定的危险武器所实施的，从犯就要对正犯的行为负责。如正犯拥有把枪，根据证据，从犯可以预见其将被用来杀死被害人，打断被害人的腿，或者仅仅是威胁被害人。陪审员可能必须在他们的头脑中想象某种规模，以便对特定武器可能产生的影响进行分类，如果以特定方式使用的话。陪审团可能会得出这样的结论：事实上，正犯拥有把小指甲钳，造成严重伤害的可能性很小。相反，陪审团会得出相反的结论：正犯拥有一支高威力的枪。此外，从犯对正犯（有条件）使用武器的故意以及正犯有条件地使用武器的了解，也被纳入考量范围之中。

12-078　陪审团是否可以推定，当伴生犯罪是在正犯实施潜在共同犯罪计划时对突然发生的意外事件的自发反应时，存在默示同意和事实怂恿（轻率或故意）？

自发反应也不会产生实质改变。[②] 通常，从犯对正犯的有条件故意，具有足够的事先了解，[③]以便能够对其加以同意。从犯不需要太多的告知。如果在帮派斗争中，正犯拿出了一把刀，从犯在知道已经带了把刀的 635
事实情况下继续参与，陪审团就足以推定从犯怂恿正犯使用这把刀来施加暴力，就像在激烈的进攻性帮派斗争中通常会使用刀来施加暴力一样。[④] 相互的故意可以在这种情况中形成，不需要明示表达。但正如下文所示，撤出，只有在及时且毫不含糊的情况下，才能为从犯提供抗辩事由。

帮派暴力的参与者通常掌握足够的情况信息，不仅可以预见对他人实施联合暴力的后果，同时还可以预见到可能发生的意外情况，如来自被害人的反抗和从这方面的了解能够形成相互的故意和期望，即每个参与者将如何应对被害人的预期抵抗。[⑤] 他们也能预料到某个帮派同伙可能会使用致命的武力。如此一来，他们实际上预见到帮派同伙可能犯下的行为，因此怂恿正犯轻率地参与潜在的共同计划。从犯的参与可能不是

---

①　*R. v. Powell*［1999］1 A. C. 1；*R. v. Uddin*［1999］Q. B. 431 at 440；*R. v. Rahman*［2009］1 A. C. 129. Cf. *R. v. Williams*（1973）21 W. I. R. 329 per Smith, J. A.（Henriques P., and Hercules, J. A. concurring）.

②　Cf. *Savard v. R.*［1946］S. C. R. 20.

③　*Rosemond v. U. S.*（2014）134 S. Ct. 1240.

④　*R. v. Rahman*［2009］1 A. C. 129.

⑤　*Miller v. The Queen*（1980）32 A. L. R. 321 at 326.

为了怂恿加害人实施附随犯罪,但这种不计后果的参与,事实上确实怂恿加害人实施附随犯罪。

12-079 如果某个路人发现被告人甲抢劫了珠宝店,并决定在经过珠宝店时为自己抢走若干珠宝该怎么处理?

随机利用他人抢劫,不足以使过路人成为抢劫的共同参与者。如果该路人不是抢劫案的共同参与人,就无法为抢劫引起的伴生犯罪承担责任。必须有事实上的怂恿。这位路人没有通过参与潜在的共同计划来怂恿劫匪。其也没有做其他事情来怂恿强盗抢劫。路人只不过是无意中发现了正在进行的抢劫案。如果路人只是抢走了几件散落的东西而没有构成威胁,就很可能会因个人实施的过错行为而被指控偷窃,但不会对抢劫承担派生责任。

不过,没有必要表明过路人事先同意参加。[①] 如果路人默许或明确地向强盗表明自己愿意帮助他完成抢劫,就会因此加入强盗的行列。路人必须做些什么才能清楚地说明这一点。在"女王诉帕特斯案"(*R. v. Petters*)[②]中,两人分别来到公园,开始对被害人拳打脚踢。其中的一拳杀死了被害人。上诉法院表示:"需要对陪审团指示的是,共同的目的或故
636 意不仅仅是他们两人各自想要伤害被害人。他们必须具备伤害被害人的共同的目的,并通过各自的行为向对方表明这是他们的共同目的。"

12-080 伴生犯罪的行为人是否有可能被判谋杀罪,而从犯是否只被认定过失杀人罪?

如果导致被害人被杀害的伴生犯罪,与从犯故意或预见的共同计划可能发生的事件存在根本不同,从犯将不承担谋杀或过失杀人的责任。[③] 但是,如果从犯和正犯同意,由正犯击打被害人直至给他造成严重的身体伤害,但正犯的击打杀死了被害人,双方都将承担谋杀责任。[④] 正犯负有推定责任,因为其打算造成被害人严重的身体伤害,并因此(意外)杀死被害人。从犯对其怂恿正犯实施的行为的后果负有推定责任。从犯怂恿正犯的严重攻击,因此对攻击的后果负有共同的推定责任。推定责任人包括从犯和正犯,因为两者都有责地参与了导致被害人死亡的行为。[⑤] 更重要的是,如果正犯能够成功地提出失去控制的部分抗辩事由,而从犯

---

① *R. v. Mohan v. The Queen*[1967]2 A. C. 187;*R. v. Gnango*[2011]1 All E. R. 153.

② *R. v. Petters*[1995]Crim. L. R. 501. *R. v. Uddin*[1999]Q. B. 431.

③ *R. v. Rahman*[2009]1 A. C. 129.

④ *Sir Charles Stanley's Case*(1662)Kel. 86 at 87. *R. v. Reid*(1976)62 Cr. App. R. 109 at 112 per Lawton, L. J.;Trial of Lord Mohun(1692)Holt K. B. 479. Similarly, R. *v. Murtagh*(1955)39 Cr. App. R. 72, Cf. *People v. McCoy*(2001)25 Cal. 4th 1111;*State v. Gaitan*(2002)42 P. 3d 1207.

⑤ *R. v. Rahman*[2009]1 A. C. 129.

却无法提出此类抗辩，从犯可能要承担谋杀责任，而正犯只需承担故意杀人的责任。[①]

但是，如果从犯和正犯都打算通过非致命手段造成被害人严重的身体伤害，但正犯脱离了该共同计划，通过使用致命手段导致被害人死亡，则正犯单独对其杀死被害人的行为负责。从犯对正犯偏离共同计划的部分不需要负责。假设从犯和正犯共谋盗窃某位富有的女性继承人，并使用酷刑迫使被害人透露保险箱的位置和密码。从犯同意，如果女性被害人不透露保险箱的位置和密码，正犯就会用枪打断她的腿。被害人拒绝透露，沮丧愤怒的正犯近距离向被害人头部开枪。被害人立刻死亡。即使双方都有条件地故意造成被害人严重的人身伤害，也只有正犯应对谋杀负责。[②] 从犯对谋杀或过失杀人不负责任，因为死亡不是由其所怂恿的严重身体伤害的特定行为造成的。从犯意图造成的严重身体伤害并不是天生致命的，它只会带来很高的死亡风险。正犯造成的严重身体伤害 637
具有根本不同的性质，因为该行为几乎肯定会导致被害人死亡。怂恿他人实施的行为必须是导致被害人死亡的行为，从犯才需要承担责任。

12-081　这是否意味着预见的行为和最终的犯罪后果之间一定有因果关系吗？

“导致”被害人死亡的行为必须受到从犯的怂恿，并且必须作为潜在的共同计划[③]的可能事件[④]来故意追求[⑤]或预见。在双方已经同意正犯只应赤手空拳的情况下，正犯使用锤子造成被害人严重伤害，这作为“压倒性的后续事件，具有进入历史事件并且被视为因果要素的特征”。[⑥] 正犯将对谋杀负责，但从犯将不对过失杀人负责。[⑦] 从犯对过失杀人不负责任，因为其怂恿正犯实施的犯罪行为并没有导致被害人的死亡。事实上怂恿的犯罪行为所产生的意外后果必须由从犯和正犯双方以推定方式和集体承担。相反，从犯没有轻率或故意怂恿的行为所产生的意外后果，只

---

① *People v. Nero*(2010)104 Cal. Rptr. 3d 616 at 625.

② *R. v. Gamble*[1989]N. I. 268. *R. v. Garforth*[1954]Crim. L. R. 936;*Cornwallis's Case*(1678)7 St. Tr. 143;*R. v. Stevenson*(1984)62 N. S. R. (2d)193.

③ Lord Toulson,"Sir Michael Foster, Professor Williams and Complicity in Murder", in Dennis J. Baker et al. (ed.), *The Sanctity of Life and the Criminal Law: The Legacy of Glanville Williams*, (Cambridge: Cambridge University Press, 2013) at 242 et passim.

④ *R. v. Powell*[1999]1 A. C. 1.

⑤ *R. v. Taylor*(1872-75)L. R. 2 C. C. R. 147 at 149 *per* Cockburn, C. J..

⑥ [1966]2 Q. B. 110 at 120.

⑦ *R. v. Lovesey*[1970]1 Q. B. 352 at 356 *per* Widgery, L. J.;*R. v. Reid*(1976)62 Cr. App. R. 109 at 112 *per* Lawton, L. J. Cf. *R. v. Cribbin*(1994)21 C. R. R. (2d)161;*R. v. Kerr*(1921)15 Cr. App. Rep. 165;*R. v. Harrington*(1851)5 Cox C. C. 231;*R. v. Skeet*(1866)4 F. & F. 931;*R. v. Caton*(1874)12 Cox C. C. 624;*R. v. Lumley*(1911)22 Cox C. C. 635;*R. v. Gross*(1913)23 Cox C. C. 455.

能与正犯的个人不法行为发生关联。

12-082 我认为推定责任的整个概念是让某人对意外后果负责。如果是,为什么要如此一来扩展到从犯?

这种理论是有缺陷的,即使谈论的是与第二个人的错误行为有因果关系的意外后果,更毋庸讳言当谈论的是独立的自主犯罪行为(是的,人类行为,而不仅仅是行为的后果)仅仅是巧合地和暂时地与假定从犯的不法行为有关。某人承担个人过错的后果和其将他人的自主罪过行为视为自己的行为是有很大区别的。某人的个人行为所产生的后果与其所实施的个人错误行为有直接的因果关系,即使这取决于道德上的坏运气。

例如,被告人对被害人拳打脚踢,但只想让被害人遭受实际的身体伤害。但,其中一拳让被害人摔倒,撞到了头,被害人头骨骨折,奄奄一息。
638 被告人只是故意伤害身体,但其所实施的个人行为造成了更大的伤害。让被告人对死亡负责是不公平的,因为其只想造成实际的身体伤害。尽管如此,现行法律允许推定责任,因此被告人将对过失杀人负责。[1]

当推定责任(或规范性地位理论的变体)[2]不取决于个人错误行为引发的后果,而是取决于他人的独立错误行为时,就变得更加严厉。他人的行为所产生的犯罪后果,取决于其在充分知情时的自主犯罪选择——如果没有从犯对这些独立选择的事实怂恿,就没有行为要件以确认派生责任。规范性地位责任的变更仅适用于这种共犯,即从犯怂恿或帮助正犯实施某种犯罪行为,且该行为的后果比双方预期的都更加严重。

12-083 如果某人的同伙自主选择使用致命手段造成严重的身体伤害,而其没有实际参与(怂恿)更危险的行为,追究其过失杀人的责任是不公平的。如此一来,从犯不参与"导致"被害人死亡的行为。在"女王诉安德森案"中,帕克法官(Lord Parker C. J.)表示:"在本法院看来,如果冒险者中有人完全背离共同设计的一致行动,突然形成杀人故意,使用武器,并以共同计划的行为人都无法怀疑的方式行事,冒险者就构成过失杀人罪。[3] 但是,如果从犯同意了最终的损害,正犯使用不同手段犯罪的事实并无法免除从犯的责任。如果从犯同意正犯用刀杀死保安以使他们的联合抢劫成功,从犯辩称正犯用枪杀死保安并无法作为抗辩事由。从犯不知道正犯带着枪也无所谓,因为从犯怂恿了最后的结果——谋杀

① *Id.* at 399 *et seq.*

② John Gardner, *offences and Defences*, (Oxford: Oxford University Press, 2007) at 41-42. Cf. Andrew Ashworth, "A Change of Normative Position: Determining the Contours of Culpability in Criminal Law" (2008) 11 *New Crim. L. Rev.* 232.

③ *R. v. Anderson*[1966]2 Q. B. 110 at 120.

警卫。” 639

12-084　在“女王诉威廉姆斯案”[①]中，史密斯法官（Smith J. A.）表示：“如果怂恿的目的或目标在实质上得到实现，则主犯用来实现的手段通常与从犯的责任问题无关……在认定怂恿所包括的共同目的范围方面，实施的行为本身并不具有太多的重要性。为了确定共同的目的，在怂恿中必须确定的是怂恿、诱致和命令的罪行，而不是被怂恿的手段……如果发现所期望和表达的是应该造成严重的身体伤害，布莱克伍德为达到所期望的目的而采取的手段，都将被认定为属于怂恿的范围。”这难道不是更合适的观点吗？

这种推理在推定犯罪的情况下是错误的，因为最终的犯罪取决于道德上的厄运。某人可以怂恿行为，这种行为在道德上不太可能像其他行为那样不幸。在该案中，被告（威廉姆斯）怂恿正犯（布莱克伍德）殴打被害人，结果造成被害人的重伤。

威廉姆斯没有要求布莱克伍德使用有可能杀死被害人的手段。布莱克伍德捅了被害人的脖子，这与赤手空拳打人有本质区别。怂恿伤人是一回事（刺伤颈部等敏感部位），怂恿赤手空拳殴打是另一回事。如果威廉姆斯怂恿布莱克伍德用刀伤了被害人，两人都应该对共同故意的行为的后果负责。此外，如果光是用拳头殴打就杀死了被害人，两人都应该对谋杀负责，因为根据案件事实，殴打是双方故意用来造成严重身体伤害的手段，威廉姆斯只应对伤害之前的严重攻击负责。[②]

12-085　如果威廉姆斯让布莱克伍德杀了被害人，布莱克伍德选择在该天使用什么手段有关系吗？

如果威廉姆斯要求布莱克伍德谋杀被害人，后者所使用的手段将是无关紧要的，因为威廉姆斯会怂恿布莱克伍德犯下特定的结果犯，并希望该结果发生。

12-086　因此，故意改变计划不会让从犯免责，如果这仍然是其怂恿或帮助的相同罪行。伊阿古（Iago）表示：“不要用毒药，在床上扼死。”奥赛罗就答应了。如果奥赛罗无视伊阿古的劝告，用毒药杀死苔丝狄蒙娜（Desdemona），也肯定不会免除伊阿古作为从犯的责任。

普通法理论认为，被指控的从犯有权界定其参与故意犯罪的范围。这是“预期目的”规则的基础。如果怂恿者或帮助者表示“你可以制服夜

---

① （1973）21 W. I. R. 329 at 338；340 *per* Smith，J. A.（Henriques，P.，and Hercules，J. A. concurring）.

② *R. v. Creamer*［1966］1 Q. B. 72；*R. v. Buck*（1960）44 Cr. App. R. 213；*R. v. Gaylor*（1857）Dears. & B. 288 at 291 *per* Bramwell B.；*R. v. Smith*（1847）2 Cox C. C. 233.

班警卫并将其绑起来,但不能使用武器或对其造成严重伤害",这意味着
640 从犯不是实施故意违反其指示的行为人。在你对《奥赛罗》故事的改编中,陪审团无疑会受到刺激,认定伊阿古所设想的目的(或奥赛罗所理解的伊阿古所设想的目的)仅仅是杀害苔丝狄蒙娜,而伊阿古对杀人手法的要求,仅仅是种策略,并没有动摇上述共同目的。[①]

12-087 从犯何时能被判轻的被包括罪?

典型的事例是,从犯和正犯打算实施简单的盗窃,但当他们在行动中被抓个正着时,正犯使用暴力抢劫了被害人。[②] 如果从犯能证明自己没有预见或不希望正犯实施抢劫,就将只对盗窃负责。

同样,即使无法以过失杀人罪判处从犯,如果死亡是由从犯没有怂恿的行为所造成的,[③]在某些情况下,事实将是其将因参与若干较轻的犯罪而受到惩罚。从犯不应仅仅因为若干较小的(预期或预见的)行为(故意人身伤害)属于较大的意外或不可预见伤害(故意杀人)的范围而承担责任。如果正犯开枪打死了被害人,而从犯只同意正犯用拳头造成严重的身体伤害,就只存在一个犯罪行为和一个犯罪后果。死亡毋庸置疑属于人身伤害,但由于从犯并没有事实上怂恿正犯故意杀死被害人,所以从犯无法对谋杀负责。正犯的故意杀人(偏离了从犯的同意)打破了从犯的事实怂恿和正犯的最终行为之间的因果链条。由于正犯只会被判谋杀罪,根据派生原则,从犯无法对故意严重伤害身体的独立伤害罪承担责任。[④]

如果严重的身体伤害行为与杀死被害人的行为是分开的,从犯可能
641 要对故意造成严重身体伤害的伤害负责。[⑤] 在"女王诉盖博案"(*R. v. Gamble*)[⑥]中,从犯道格拉斯(Douglas)和从犯麦基(McKee)因故意严重伤害身体而负有责任,因为他们参与了在正犯盖博和正犯博伊德(Boyd)故意杀害被害人之前造成严重身体伤害的行为。在本案中,道格拉斯和

---

① *R. v. Calhaem*[1985]Q. B. 808 at 813;*R. v. Mendez*[2011]1 Cr. App. R. 109 at 117.

② *Easton v. R.* (1961)38 C. R. 21 *per* Bissonnette, Rinfret, and Owen JJ. A. ;*R. v. Innes*(1972)7 C. C. C. (2d)544.

③ *R. v. Gamble*[1989]N. I. 268;*R. v. Rahman*[2009]1 A. C. 129. R. *v. Kirkness*[1990]3 S. C. R. 74 at para. 39, *R. v. Kent*(1986)40 Man. R. (2d) 160;*R. v. Hartford*(1980)51 C. C. C. (2d)462(B. C. C. A.), and *R. v. Trudeau* (1985)49 C. R. (3d)234. Other common law jurisdictions have adopted the same approach: Murray v. R. [1962] Tas. S. R. 170(C. C. A.). *R. v. Lange*(2011)276 C. C. C. (3d) 137;cf. *Sellers v. State*(2005)607 S. E. 2d 82.

④ Section 18 of the *offences against the Person Act* 1861.

⑤ James Fitzjames Stephen, *A History of the Criminal Law of England*. (London: Macmillan, 1883) Vol. Ⅱ, at 221.

⑥ [1989]N. I. 268. *R. v. Michaud*(2000)144 C. C. C. (3d)62.

麦基参与了共同犯罪计划,他们同意盖博和博伊德对被害人施加严重身体伤害,但双方同意,施加严重身体伤害的手段,只包括殴打和打断腿。他们一致认为,应该向被害人的下肢开枪,以便让其断腿。[①] 在被害人被杀之前,殴打和断腿行为已经完成,因此是被害人被杀之前的单独罪行。道格拉斯和麦基参与了之前的伤害,故意造成严重的身体伤害,因此他们作为从犯共同承担责任。

12-088 道格拉斯和麦基没有参与谋杀被害人,因为他们没有授权或预见导致被害人死亡的行为。正犯在开始惩罚之前,要么突然形成杀人的故意,要么暗藏这种故意。正犯用把刀割了被害人的喉咙,使其立刻死亡。正犯的行为与道格拉斯和麦基同意或预见的行为存在根本不同。被害人很可能不会死于惩罚行为,即使有可能该行为足以致命。[②] 因此,正犯故意下狠手用力割断被害人喉管的行为,打破了因果链条。[③] 如果 642
惩罚行动杀死了被害人,4 名参与者都将被判谋杀罪。由于正犯故意割断了被害人的喉咙,打破了因果链条,因此计划实施的惩罚行为没有机会导致被害人的死亡。正犯故意背离了双方都有条件的故意。宾厄姆法官解释道:"盖博和博伊德超越了作为共同犯罪计划一部分的各方明确或默示同意的行为,他们的行为超出了道格拉斯和麦基的预想和同意。"宾厄姆法官实际上用"预想"(contemplation)来推定从犯的故意怂恿,这与"女王诉鲍威尔案"的测试标准背道而驰,并支持了本书的主张,即共同目的共犯的主观要件是故意而不是轻率。[④]

12-089 这是不是说,正犯的秘密杀人故意总能免除从犯的责任?

正犯的秘密杀人故意并不总能免除从犯的责任。[⑤] 在"女王诉盖博案"(*R. v. Gamble*)[⑥]中,所有 4 名参与者都打算对被害人进行惩罚,包括打碎其膝盖。如果打碎膝盖导致了被害人死亡,实施该行为的正犯是否暗中希望通过打碎被害人膝盖的方式致其死亡,就不重要了。打碎被害人膝盖的行为,得到了所有参与者的故意支持和怂恿,因此这些参与者都具有杀人的故意,因为他们至少都对打碎膝盖所造成严重的人身伤害后果具有故意心态。如果被打碎膝盖是导致被害人死亡的原因,"要求[陪审团]考虑并判决主犯在杀害被害人时的故意是完全的杀人故意,还是

① L. E. Graham and R. C. Parke,"The Northern Ireland Troubles and Limb Loss: A Retrospective Study",(2004)28(3) *Prosthetics and Orthotics International* 225.

② *R. v. Rahman*[2009]1 A. C. 129 at 147;157 respectively.

③ *R. v. Rahman*[2009]1 A. C. 129 at 167;169H respectively.

④ *R. v. Rahman*[2009]1 A. C. 129 at 151.

⑤ *R. v. Rahman*[2009]1 A. C. 129 at 153 *per* Lord Bingham.

⑥ [1989]N. I. 268.

通常较小的造成严重身体伤害的故意,是没有道理的”。[①] 对于有些参与者而言,即便仅仅对造成严重的身体伤害具有故意心态也无关紧要,因为这足以使其承担推定谋杀的责任。[②] 如此一来,正犯的故意与事实上怂
643 恿(同意或预见)的行为及其因果后果无关。这也与其他有谋杀罪故意的参与者所表现出的可责性无关,因为他们意图让正犯造成严重的身体伤害。

12-090　一般来说,一伙强盗中只会有一人持枪,其他人则配备有护具、镐柄或氨水。假设持枪者使用武器杀人或造成伤害。其他人表示他们认为那只枪只是用来吓唬人的。假设陪审团选择相信辩护方,会采取何种观点?

如果持枪者故意使用枪,就显然超出了其同伴所知道的目的(通常所说的“共同目的”)。其他人既不构成谋杀罪,也不构成过失杀人罪。[③] 如果持枪歹徒只想吓唬被害人,但意外开走火,就要承担过失杀人的责任,其既有过失,也有推定过失杀人,因为用上膛的枪吓唬是违法行为(攻击罪),所有人都会意识到由此带来的若干伤害的风险。推定过失杀人罪的法律适用于从犯,正如适用于正犯一样,因此,如果他们知道枪是或可能子弹上膛,就可能构成过失杀人罪的从犯。[④]

同样,如果被告甲和被告乙共同抢劫商店,乙预见甲将对被害人进行殴打(非法的客观危险行为),但认为相关殴打行为只会导致被害人遭受实际的身体伤害,如果殴打行为导致被害人死亡,乙就可能需要承担过失杀人的刑事责任。[⑤] 但是如果被告甲在挥拳出击时意图杀死被害人,并且成功如愿(因为拳击足以使被害人失去平衡,头部撞在路边石上),甲就将承担谋杀的刑事责任。[⑥] 如此一来,乙不应承担谋杀责任,而应承担过失杀人责任,因为甲隐藏的杀人故意并没有改变导致被害人死亡的行为的性质,乙预见到该特定行为是他们共同非法危险计划中的事件。[⑦]

如果持枪歹徒故意恐吓,却意外造成伤害,显然,应根据1861年《侵害人身权法》第47条承担责任,因为该条规定了一定程度的严格责任,

① *R. v. Rahman*[2009]1 A. C. 129 at 164 *per* Lord Brown.

② *R. v. Rahman*[2009]1 A. C. 129 at 167G.

③ *Attorney—General's Reference*(*No.* 3 *of* 2004)[2005]EWCA Crim. 1882.

④ Cf. *R. v. Perman*[1996]1 Cr. App. R. 24 at 36. *Attorney—General's Reference*(*No.* 3 *of* 2004)[2005]EWCA Crim. 1882 at paras. 65-70;*R. v. Mahmood*[1995]R. T. R. 48.

⑤ *R. v. Yemoh*[2009]EWCA Crim. 930;*R. v. Parsons*[2009]EWCA Crim. 64.

⑥ *R. v. Yemoh*[2009]EWCA Crim. 930;*R. v. Parsons*[2009]EWCA Crim. 64.

⑦ *R. v. Reid*(1976)62 Cr. App. R. 109 at 112;*R. v. Roberts*[2001]EWCA Crim. 1594. *R. v. Stewart*[1995]1 Cr. App. R. 441;*R. v. Perman*[1996]1 Cr. App. R. 24 at 36-37;*R. v. Barlow*(1997)188 C. L. R. 1;*R. v. Jackson*[1993]4 S. C. R. 573 at 585.

但不应适用1861年《侵害人身权法》第20条，因为该条要求对造成伤害具有犯意。同样的主张也适用于该团伙的其他成员。如果使用枪支进行恐吓是在预期的目的范围内，则根据第47条而不是第20条（可能）[①]承担责任。 644

12-091 简言之，我的理解是，某人对其已知的行为人目的范围内的行为负有从犯责任，对已知目的范围内的行为后果负有严格责任。假设行为人，即正犯，以不同于预期的方式实施了预期的罪行呢？

如前所述，答案无疑是所谓的从犯对正犯故意改变计划不负责任，但需要对正犯在执行计划时出现的意外或错误负责。

关于执行犯罪计划中出现的错误问题，法律委员会工作组设定的规则如下：

即使主犯对被害人身份或受该罪行影响的财产产生了认识错误，或对被害人或其拟受影响的财产上产生了错误，从犯也仍须负法律责任。[②]

这在原则上是正确的，因为正犯正试图实施从犯所设想的罪行。但是，可以认为，如果行为人误解了相关指示，以致犯下了不同的罪行，例如谋杀而不是夜盗，教唆者将不负责任。[③]

12-092 标准共犯与共同目的共犯是否适用同样的规则？如果唐纳德告诉罗纳德去攻击某人，而罗纳德的所作所为超出了指示的范围，导致被害人因为伤势过重死亡，该如何处理？罗纳德被判谋杀罪，但唐纳德不是谋杀罪的从犯，是否可以判处其犯有攻击罪或过失杀人罪？

是的，应被判处攻击罪。罗纳德没有被判攻击罪这项事实无关紧要。[④] 杀人行为超出了已知的罗纳德的行为目的，因此，唐纳德将不构成过失杀人罪。[⑤] 他只同意进行非致命攻击。[⑥] 无论这条规则是否严格合乎逻辑，对被告人来说都是仁慈的。

12-093 转移故意呢？

法律委员会工作组提出了某项类似于此前提出过的有关认识错误的认定原则：

除非主犯有意识地错误执行犯罪计划，否则在计划的犯罪意外地给计划之外的受害人的人身或财产造成损害时，从犯仍需要承担与计划准确实现时相同的责任。

---

① *R. v. er*[1966]1 Q. B. 72. *R. v. Bristow*[2013]E. W. C. A. Crim. 1540.

② *Working Paper* 43, *supra* note 3.

③ David Lanham, “Accomplices and Transferred Malice”, (1980) 96 *L. Q. R.* 110 at 117-119.

④ *Trial of Lord Mohun*(1692) Holt, K. B. 479.

⑤ *R. v. Gamble*[1989]N. I. 268.

⑥ *R. v. Lovesey*[1970]1 Q. B. 352 at 356. *R. v. Betty*(1964) 48 Cr. App. R. 6.

最后一句话的意思是,如果行为人故意改变被害人,而行为超出了教
645 唆者的预谋范围,则教唆者不是该罪行的当事方。[1] 因此,如果教唆者给了实施者把枪,让他谋杀首相,而实施者却射杀了自己妻子的情人,教唆者不是这起谋杀案的当事人。[2]

12-094　为什么不是?怂恿者教唆了谋杀,用其所提供的武器实施的谋杀。

你基于谋杀的故意,向同伙提供把枪,这项事实并不意味着你参与了同伙选择用武器进行的每次谋杀。教唆者不会仅仅因为抽象地怂恿谋杀而卷入谋杀。他一定是怂恿了这起谋杀案的发生,尽管需要对计划的意外流产负责,而且如前所述,可能需要对实施者造成某种程度的误解负责。

12-095　这是否意味着,如果您怂恿他人夜盗,可以辩称这些家伙故意盗取了您指使的房子以外的某座房子,从而逃脱惩罚?

在侵财型犯罪中,法官可能会鼓励陪审团认定被告主要关心的是不诚实地获得金钱,并且在考虑改变计划以适应情况或机会。这个推论能否作为常识性的问题得出,取决于事实。或者可以认为,如果所犯罪行在抽象意义上与所设想的相同,并且正犯认为其是在怂恿者的故意范围内行事,应承担责任。[3]

12-096　如果正犯放任相关犯罪未按预期实施,但却并非有意为之,该如何处理?

这属于边缘案件。存在两种极端情况:一方面,正犯故意改变计划,教唆者(如前所述)无须在未经其同意的犯罪中承担罪责。另一方面,正犯极力避免计划的改变,如此一来,教唆者作为从犯负有责任。中间情况是,正犯认识到计划出现了变化,但对其放任自由。“桑德斯和阿切尔案”[4]就是一例。

阿切尔建议桑德斯给桑德斯太太毒苹果,以对其加以谋杀,桑德斯却任由自己的孩子吃了这个毒苹果。桑德斯先生没有勇气承认自己正在计划杀死妻子,也缺乏从孩子嘴边拿走苹果的智慧。根据这些事实,阿切尔被认定不需要作为谋杀儿童的同谋承担罪责。他曾为谋杀妻子提供过建
646 议,而桑德斯却完全知道是他自己造成了孩子的死亡。

为了了解该判决的适用范围,想象一下事实的若干细微变化。(a)假

---

① *R. v. Gnango*[2012]1 A. C. 827.

② *R. v. Leahy*[1985]Crim. L. R. 99.

③ Lanham, *op. cit. supra*, note 280 at 123-124.

④ *R. v. Saunders and Archer*(1577)2 Plow. 473.

设阿切尔曾建议桑德斯开枪杀死妻子,而桑德斯在试图执行该提议时,却意外地开枪打死了他的孩子。根据这些事实,阿切尔显然是有罪的。桑德斯和阿切尔的故意在法律上都可以加以转移。(b)现在假设案件的基本事实相同,但桑德斯的妻子将苹果递给孩子时,桑德斯不在场。看来,阿切尔又犯了罪。苹果就像一颗子弹,不小心在错误的对象身上留下了印记。

12-097　本案实际情况的难点在于,桑德斯意识到所发生的事情,并有意识地、故意地让自己的孩子,而不是自己的妻子成为被害人。这就好像桑德斯故意改变主意,决定杀死自己的孩子而不是妻子一样。这是计划的改变,意味着桑德斯不再执行阿切尔的计划。这样说来,决定听起来具有合理性,尽管已经触及底线。法院可能认为,计划的流产是非自愿的,而不是故意的,因为桑德斯被困在由其犯罪目的所造成的情况之中。除非承认自己有罪,否则无法(或认为自己无法)拯救孩子。尽管如此,这仍值得怀疑,是否足以成为对其从轻处理的抗辩事由。[①]

第12节　依据法定义务实施的行为

12-098　为履行法定义务而采取的行为不构成犯罪,乃是不证自明的结论。但对于被指控为从犯的人来说,这却可能变成了不可靠的抗辩事由,由于法院认为没有参与犯罪的法定义务,因此很容易使之无效。面临两个对立的论点,每种都存在循环论证的嫌疑:法律强制履行法定义务,因此,这样做不可能是犯罪;这样做将是犯罪,因此,这样做无法成为法定义务。

当某人归还一直为物主保管的物品,同时知道物主要利用其实施犯罪时,就产生了这个问题。类似的问题,也可能出现在其他情况下,如某人出售了某件物品,在出售后和交付前意识到买方有犯罪目的。这些案件的处理,明显处于疑难状态,但可以认为,如果某人(正确地或不正确地)相信自己受法律约束必须交付相关物品,或者对自己的法律地位不确定,就不会成为共犯。如果认为自己没有义务交付该物品,或对此并无自己的看法,但仍然交付该物品,就很可能由初审法院承担责任,尽管此事需要更高一级法院进行进一步审议。

关于这个问题的首个重要判例是所谓的撬棍案,即“女王诉洛马斯”(*R. v. Lomas*)[②]。洛马斯向窃贼借了根撬棍。他按要求把其还给了窃 647

---

① Lanham, *op. cit. supra*, note 280 at 110-117, 119-121.

② (1914) 9 Cr. App. R. 220. *R. v. Salford H. A. Ex p. Janaway* [1989] A. C. 537.

贼,从而物归原主。他被认为与随后发生的盗窃案没有牵连。

12-099 关于这项判决的依据一直存在疑问。德夫林法官在"国家煤炭委员会诉盖博案"①中对此表示支持,理由是:(a)所有者有权要求归还其物品;(b)洛马斯归还物品并没有起到积极的作用;他只是避免使用强力来保留该物品,因此只是"消极行为",即不作为。这是对事实的宽泛的解释,因为判决书上记载的是洛马斯把撬棍还给了物主,而不仅仅是允许物主自行取回自己的物品。至于货主要求归还物品的权利,德夫林法官承认洛马斯有权"在涉及重罪的情况下"强行扣留相关物品,但他显然没有注意到有关罪行——夜盗便是重罪。虽然重罪的特别规则现在已经废除,但1967年《刑法》第3(1)条允许在预防犯罪中使用暴力(参见本书第21章),这大概适用于洛马斯。从判决中不清楚德夫林法官是否将他对判决的认可建立在如下基础上,即认为洛马斯必须归还撬棍(法官自己的言论与此相矛盾),或认为归还撬棍实质上只是不作为。

无论民法上关于归还计划用于犯罪的财产的义务或其他方面有何规定,德夫林法官的直觉肯定是正确的,他支持"女王诉洛马斯案"的审判结果。如果某人没有采取怂恿犯罪的措施,唯一的帮助行为是将财产归还其所有人,将其视为从犯就太严厉了。② "女王诉洛马斯案"涉及有计划的夜盗(重罪)。即使基于洛马斯有权扣留盗窃工具,并且应该行使该权利,作出相反判决,人们也可能会怀疑,公民是否有义务行使扣留物品而不将其归还给所有者,以防止其犯下轻微罪行的权利(因为知道这位
648 车主开车时总是会超过限速若干英里,从而拒绝将车钥匙交给车主)。③

"加勒特诉亚瑟·丘吉尔(玻璃)有限公司案"[*Garrett v. Arthur Churchill*(*Glass*)*Ltd.*]④的判决使上述规则受到质疑。法院认为,当受托购买酒杯的代理人应委托人的要求,在其代理活动终止时,将酒杯交给委托人时,如果其知道委托人打算非法出口酒杯,就没有义务交出酒杯,以防止非法目的的实现。因此,如果归还,这位代理人就犯下了故意逃避禁令(法定犯)"明知与货物出口有关"的罪行,因为这意味他"同意在没有必要文件的情况下出口该货物"。这不涉及从犯的情况,但所涉及的原则似乎是相同的。审理本案的法院,明显没有考虑"女王诉洛马斯案"的判决。

① [1959]1 Q. B. 11 at 20.

② *Gollan v. Nugent*(1988)166 C. L. R. 18.

③ *Albert v. Lavin*[1982]A. C. 546 at 565;*Gollan v. Nugent*(1988)166 C. L. R. 18 at 32-33 *per* Brennan. J. .

④ [1970]1 Q. B. 92 cited in *Webb v. Chief Constable of Merseyside Police*[2000]Q. B. 427 at 431.

12-100 关于比喻性短语“借题发挥”的含义没有得到分析,可能会使法院对被告的动机进行微妙的调查。当酒杯的物主要求代理人把酒杯拿走时,似乎并没有犯法。如果代理人知道(或认为他知道)物主打算使用相关物品进行违法行为,便有权扣留物主的财产,他有权扣留多长时间?如果主人向他保证已经改变了主意,代理人是否可以安全地接受这个保证?当物品被扣留时,谁来支付保险费?代理人可以采取哪些措施来保护自己免受物主侵权行为的侵害?对于这些问题,法院都没有在“高脚杯案”中作出认定。

在本次讨论开始时提出的观点是,如果某人认为自己所做的事情是在履行法定义务,就不成立共犯。如前所示,德夫林法官在“国家煤炭委员会诉盖博案”中提出该观点。事实上,法官的话,可能意味着代理人对法律地位的怀疑,足以使其有理由不采取强有力的行动,这是常识。“加勒特诉亚瑟·丘吉尔(玻璃)有限公司案”也出现了同样的观点,在该案中,法官被要求按照以下条款判决故意问题:“他当时是因为觉得自己的代理行为终止而不得不交出,还是在那一阶段,他同意在没有必要文件的情况下出口该物品?”这个判断标准也许表明,除非被告相信归还酒杯是自己的责任,否则他将被视为“赞同”非法出口货物的行为。大多数人对法律的认识都模糊不清(法院本身对相关法律其实也并不清楚),假设作为买方的代理人面临指控时表示:“我对法律一无所知,但我交出酒杯是因为这是我的商业义务(或‘我的道德义务’)。”这不应该也属于抗辩事由吗?或者假设代理人表示:“我原以为可以把这些物品交给警察,或者 649
干脆加以扣留;但我对所有这些出口限制都表示反对。”如果某些抗辩事由是成立的,某些抗辩事由是不成立的,这难道不会使刑事法院开始仔细调查被告的动机吗?

12-101 假设你是持牌售酒者,你的顾客把他的摩托车交给你保管,让你来控制。如果顾客完全醉了,你有责任保管他的钥匙,这样他就无法在醉酒的时候使用摩托车呢?

在相关判例中,[①]澳大利亚高等法院采取的观点是,被持牌酒店没有权利阻止醉酒顾客使用顾客自己的财产实施犯罪,即在醉酒状态下使用摩托车。法院认为,持牌人没有刑事或民事义务阻止顾客如此使用自己的财产(当然,在道德上有义务试图阻止他,也有义务向警方通报顾客的危险计划)。但是,无法指望普通公民能够对整个世界实行警察般的管制。在联合作出的判决中,古莫(Gummow)、黑登(Heydon)和克伦南

① *CAL No.* 14 *Pty. Ltd. v. Motor Accidents Insurance Board*, (2009) 239 C. L. R. 390.

(Crennan)法官认为:

“持牌酒商需要承担法定义务,在斯科特先生看起来喝醉了的情况下,拒绝继续为其服务,不得向他提供酒品,并要求他离开酒店,并采取合理措施防止其犯罪,但上述义务范围,只能在持牌处所内。如果警务人员有合理理由怀疑斯科特先生在酒后驾驶车辆,以致无法对车辆进行适当控制,则有权逮捕斯科特先生。如果警官认为斯科特先生无法正确控制摩托车,他有权禁止斯科特先生驾驶摩托车,指示斯科特先生交出摩托车钥匙,并采取可能必要的措施使摩托车无法移动或将摩托车移到安全的地方。正如克劳福德法官(Crawford,C. J.)在下级法院中所指出的那样,立法没有赋予非警察的公民这种权力……这些规定不允许法庭认为,有关过失侵权行为的法律赋予被许可人逮捕斯科特先生或控制其使用其有权拥有的摩托车及其钥匙的自由的权力,而不考虑防止滥用警察权力的谨慎的法律保障。”①

简言之,合理的规则是,当某人依据法定义务(或如果不是共犯法意义上的法定义务,则为其他类型的法定义务)、道德义务或商业义务行事时,不应被视为共犯。② 如果该原则对重罪有例外,应通过明文立法加以
650 规定。

第 13 节 过失帮助行为

12-102 “国家煤炭委员会诉盖博案”中,地磅员作出了积极的举动:他交出了罚单,这张罚单(法院认为)给了卡车司机通关的机会。从判决书上看来,如果书记员什么也没做,就无须承担责任了。某人无法仅仅因为没有阻止犯罪而成为从犯;我不是我兄弟的监护人。不管被告的道德过错有多严重。“袖手旁观,仅仅是犯罪,甚至是谋杀犯罪的消极旁观者,不构成刑事犯罪。”③认定派生责任所需要的事实参与,要求从犯事实上怂恿或帮助正犯。正犯只是袖手旁观,一边暗中赞同自己所目睹的罪行,是不够的。某人看到自己的敌人受到攻击时可能会非常高兴,但除非怂恿或帮助了正犯,否则无法将其作为从犯定罪。④ 同样,如果某人允

---

① (2009)239 C. L. R. 390 at 407-408 *per* Gummow, Heydon and Crennan J. J. Hilary R. Weinert, “Social Hosts and Drunken Drivers: A Duty to Intervene”, (1985) 133 *U. Pa. L. Rev*. 867. Cf. *State v. Scott*, 285 Kan. 366(2007) *vis—à—vis* alcohol service and causation.

② Glanville Williams, “Obedience to Law as a Crime”, (1990) 53 *Mod. L. Rev*. 445.

③ *R. v. Coney*(1881-82) 8 Q. B. D. 534 at 557-558 *per* Hawkins J. R. *v. Allan*[1965] 1 Q. B. 130; Cf. *Smith v. Baker*[1971] R. T. R. 350.

④ *The Queen v. Coney*(1881-82) L. R. 8 Q. B. D. 534; *R. v. Clarkson*[1971] 1 W. L. R. 1402.

许或同意他人犯罪，除非有义务防止该人犯罪，否则不承担作为从犯的责任。不作为共犯取决于派生责任和被告违反防止正犯实施预期目标犯罪的义务的结合。

举个事例，从犯有责任阻止正犯危险驾驶，因为从犯把自己的车借给正犯，当正犯开始危险驾驶时，从犯就在车里。① 如果从犯不认为当自己把车交给正犯时，后者会危险地驾驶，就只是意外地对正犯提供了帮助。② 因此，这种帮助不属于刑事法所要打击的帮助。假设从犯让正犯开车后，后者开始超速驾驶，而从犯在车里。可以认为，如果从犯没有告诉正犯停止超速，在那个时候，就属于帮助并怂恿正犯危险驾驶。此外，从犯无意中造成了危险情况，就有义务设法阻止自己所引发的危险，以免造成进一步的刑事伤害。③ "帮助造成危险情况"理论的问题（这属于帮助，因为危险行为实际上是由完全自主的介入方，而不是由帮助/怂恿者造成的）④是，正犯的故意不良驾驶行为打破了从犯的意外帮助和正犯的故意不当行为之间的因果链条。⑤ 651

正犯所做的，是完全知情的独立决定。⑥ 某人无法仅仅因为不小心助长了他人的不法行为而对未能向警方报告相关犯罪活动承担不作为的责任。有人可能会认为，从犯故意不告诉正犯停止危险驾驶，属于同意型怂恿。在许多情况下，从犯的沉默将足以让陪审团推定其通过发出同意正犯危险驾驶行为的信号，并因此怂恿了正犯。⑦ 从这个意义上来说，从犯会因直接帮助和怂恿，而不是偶然或轻率帮助他人造成危险的情况而承担责任。更重要的是，如果某人仅仅是过失帮助或怂恿正犯制造危险情况，而仅仅是因为有助于他人制造危险情况而追究其责任，实属刑法的过度延伸。⑧

---

① Cf. *Du Cros v. Lambourne*[1907] 1 K. B. 40; *R. v. Webster*[2006] R. T. R. 19. Cf. *R. c. Rochon* (2011) 357 D. L. R. (4th) 391.

② Cf. *State v. Travis*(1993) 497 N. W. 2d 905.

③ *R. v. Miller*[1983] 2 A. C. 161; *D. P. P. v. Santa—Bermudez*(2004) 168 J. P. 373; *People v. Flayhart*(1988) 72 N. Y. 2d 737 Cf. *State v. Ainsworth*(1993) 426 S. E. 2d 410; *State v. Etzweiler* (1984) 125 N. H. 57.

④ *R. v. Evans*[2009] 1 W. L. R. 1999.

⑤ *R. v. Kennedy*(*No.* 2) [2008] 1 A. C. 269; cf. *R. v. Evans*[2009] 1 W. L. R. 1999.

⑥ H. L. A. Hart and Tony Honoré, *Causation in the Law*, (Oxford: Oxford University Press, 2nd edn. 1985) at 326.

⑦ *R. v. Webster*[2006] R. T. R. 19.

⑧ *R. v. Evans*[2009] 1 W. L. R. 1999; *Burns v. The Queen*(2012) 246 C. L. R. 334 at para. 46; Gummow, Hayne, Crennan, Kiefel and Bell, J. J. at paras. 106-109.

12-103 是否可以肯定,在不存在法定作为义务的情况下,某项不作为,事实上不具有怂恿或帮助正犯的效果,永远不可能成为认定共犯责任的基础?

没错。[①] 此外,法院无权界定新的作为义务来源。[②] 过失很少适用于严重刑事犯罪。核心例外是严重过失杀人。一般情况下,某人会实施若干过失行为,并对其过失行为引发的结果负责。例如,正犯可能会在已知
652 有步行者的区域开枪,结果可能会意外杀死漫步者。某人只对过失不作为导致了若干有义务防止发生的危害结果发生的情况负责。这种伤害通常是由被告个人发起的某个事件引起的,或者是其有义务去抵销的,而不是由他的自愿介入行为造成的。在"女王诉阿多马科案"[③]中,导致病人死亡的事件是在医疗手术期间气管导管断开,而气管导管为病人提供氧气。管子自己断开了,几小时前它是被其他麻醉师,而不是阿多马科插进去的。断线导致被害人死亡,因为被害人因此心脏骤停。在缺氧导致被害人死亡之前,阿多马科有足够的时间注意到断线并重新连接管子。他不仅有时间采取合理措施尽力纠正这种情况,而且没有对标准警报作出回应。警报警告他病人没有得到氧气,但他仍然没有注意到管路断了。

严格来说,阿多马科的不作为并没有导致被害人死亡。管子意外断开导致了被害人的死亡。阿多马科对重大过失杀人负有责任,因为他在有足够的时间试图扭转导致患者死亡的事件时,未能对其加以阻遏或扭转。阿多马科有责任采取行动,即重新连接导管。在因为没有采取措施扭转导致被害人死亡的事件中,他的不作为是被害人死亡的原因。此外,如果及时采取行动,他可能会避免结果发生,因为如果阿多马科的反应与理性的麻醉师的反应一样,病人很可能还活着。他的不作为,即没有采取行动试图扭转局面,是造成被害人死亡结果的直接原因。阿多马科对他人的介入过失不负责任,而是对他自己的过失负责任。对照"女王诉埃文斯案",[④]本案中,被告被认定承担过失杀人罪的责任,因为其帮助自己的妹妹为其制造了危险的局面。埃文斯给妹妹提供毒品。而埃文斯的妹妹自行注射,并死于吸毒过量。埃文斯帮助了妹妹的危险行为,但其本人

---

① *Howells v. Wynne*(1863)15 C. B. N. S. 3 at 15-16 *per* Byles, J.;*R. v. Coney*(1881-82)8 Q. B. D. 534. *Com. v. Raposo*(1992)595 N. E. 2d 773;*Com. v. Perry*(1970)357 Mass. 149;*United States v. Neverson*(1880)1 Mackey(D. C.)152;*State v. Hildreth*(1849)31 N. C.(9 Ired. L.)440;*Crosby v. People*(1901)189 Ill. 298;*Flanagan v. State*(1979)369 So. 2d 46.

② *R. v. Rimmington*[2006]1 A. C. 459.

③ [1995]1 A. C. 171.

④ [2009]1 W. L. R. 1999.

没有实施危险行为。这起死亡事件是妹妹自己自主和完全独立的自我注射行为造成的。[①] 妹妹的行为不是自残,也不是企图自杀。此外,自我注射本身并不是犯罪。[②] 由于埃文斯的妹妹没有犯罪,根据派生原则,埃文 653
斯无法为妹妹的死亡负责。从犯责任无法源于不存在的犯罪。

12-104 埃文斯也不应该为过失杀人承担责任。仅仅向某人提供毒品、枪支或其他危险设备,不是造成危险情况的行为。伤害人的不是毒品或枪支,而是伤害人的人。是人类完全自主地滥用毒品或枪支造成的伤害。如果某人的目的是故意怂恿或帮助自杀,他可能要为此承担责任,[③]但不应该仅仅因为为他人提供了可以让其采取冒生命危险的手段而对过失杀人承担责任。如果要追捕那些为他人提供存在致死危险手段的人,就必须将汽车销售人员、跳伞经营者和许多其他人定为犯罪。"女王诉埃文斯案"施加的唯一限制是,当用户生命受到威胁时,毒品提供者必须在场,因为这实现了行为人为他人创造了危险情况的事实,同时为自己带来了作为义务。

"女王诉米勒案"[④]中法官认为,如果本人造成了危险情况,则应承担采取合理的措施,以防止危险情况造成的伤害出现的义务。米勒不小心引燃火苗,因此有责任叫人帮忙把火扑灭。但因为其没有采取合理措施,试图扭转本来有合理机会阻止的意外引发的危害结果,因此需要承担责任。在"女王诉埃文斯案"中,罗德法官扩展了[⑤]"女王诉米勒案"的创造危险情境学说,认为那些仅仅帮助完全自主的他人创造危险情境的人,有义务在他人将自己置于危险境地时寻求帮助。根据"女王诉埃文斯案"的说法,在"女王诉米勒案"这样的案件中,如果被告人没有自己意外引发火灾,而是向他人提供火柴,同时目睹那个人意外引发火灾,其和在其帮助下意外引发火势的人,有责任采取合理的措施将火扑灭。根据"女 654
王诉埃文斯案"的规定,即使介入方故意纵火或故意自行注射毒品,火柴或毒品的提供者也有责任防止这些完全自主的介入行为造成的伤害,即使其因为缺乏犯意而无法根据派生原则承担责任。

12-105 所以这意味着可以从不作为中推定存在事实上的怂恿吗?

如果从犯是店里的保安,有责任确保顾客不会偷东西。如果这位保

---

① Cf. *R. v. Fretwell*(1862) Le. & Ca. 161; Martin, B., Channell, B., Blackburn, J. and Keating, J. concurring; *R. v. Kennedy*(*No.* 2)[2008]1 A. C. 269; *Burns v. The Queen*(2012)246 C. L. R. 334.

② Sections 4 and 5 of the *Misuse of Drugs Act* 1971.

③ Cf. *People v. Duffy*(1992)79 N. Y. 2d 611.

④ [1983]2 A. C. 161; *D. P. P. v. Santa—Bermudez*(2004)168 J. P. 373.

⑤ *R. v. Rimmington*[2006]1 A. C. 459. *R. v. Stone*[1977]Q. B. 354 category; *R. v. Rimmington*[2006]1 A. C. 459; *Burns v. The Queen*(2012)246 C. L. R. 334.

安偶然看到自己的妹妹在这家商店行窃,没有阻止其行窃,或者没有报告妹妹的行窃行为,而其妹妹又因为从犯的不作为而继续行窃,则这位保安会因为其故意的不作为怂恿妹妹盗窃。同样,假设正犯因为看到从犯没有采取行动,偷的货物比原本打算偷的还要多。基于这些事实,可以认为,这名扒手之所以被怂恿偷得比原来计划还多,不仅是因为值班保安恰好是自己哥哥的偶然事实,还因为其哥哥的故意不作为。从犯无法作为正犯承担责任,因为其不是盗窃的正犯。从犯有责任防止正犯偷窃,因此,其责任在于根据 1861 年《从犯和教唆犯法》第 8 条,这种不作为被视为正犯。

这是故意不作为的怂恿。之所以援引这项义务,只是因为不存在防止他人偷窃的一般义务。如果购物者没有报告正犯或者没有阻止正犯盗窃,并不会作为从犯承担责任。如果只是袖手旁观,眼睁睁地看着正犯偷东西,即使不作为(没有报告正犯犯罪)产生了怂恿正犯继续在商店行窃的附带效果,也不会承担责任。

同样,坐视妻子溺死自己孩子的父亲,也要为妻子的谋杀行为负责,因为他有义务采取合理的措施保护自己的孩子,并可以很容易就制服妻子,[①]从而拯救自己的孩子。[②] 尽管如此,在场的邻居不会为未能采取行动拯救儿童而承担责任,因为邻居没有义务拯救陌生人。共犯法起作用,因为涉及正犯参与其中。在"女王诉罗素案"(*R. v. Russell*)中,凶手是罗素的妻子,故意溺死自己的孩子。如果罗素的孩子偶然掉进了浅水坑里,共犯的法律就不相关了,因为没有导致孩子死亡的犯罪者。
655 相反,死因是孩子自己意外掉进了浅水坑。如此一来,父亲的责任将是过失杀人或谋杀,这取决于他的不作为是故意的还是仅仅是严重疏忽。在"女王诉罗素案"中,父亲故意不作为是为了促成谋杀,因此对他的定罪是适当的。

12-106 如果某一特定法律条款将某人的不作为定为犯罪,共犯法扮演什么角色?[③]

正如刚才所看到的,当存在正犯和因不作为而对其加以怂恿的当事人时,共犯法就会起作用。[④]

---

① *State v. Walden*(1982)293 S. E. 2d 780 at 786.

② *R. v. Russell*[1933]V. L. R. 59.

③ *R. v. Tilley*[2009]2 Cr. App. R. 31. *R. v. Lowe*[1973]Q. B. 702;*R. v. Sheppard*(1980)70 Cr. App. R. 210;*R. v. Gibbons and Proctor*(1918)13 Cr. App. R. 134;*The Queen v. Senior*(1899)1 Q. B. 283;*R. v. Conde*(1867)10 Cox C. C. 547;*R. v. Russell*[1933]V. L. R. 59. *R. v. Evans*[2009]1 W. L. R. 1999;*R. v. Stone and Dobinson*[1977]Q. B. 354.

④ Cf. *R. v. Johnson*(1841)Car. & M. 218;*R. v. Egginton*(1801)2 Bos. & Pul. 508 at 513.

12-107 假设罗素在他家楼上的房间里，注意到妻子在家后面把孩子淹死在河里。如果罗素的妻子没有注意到他正在观察的事实，陪审团怎么能通过不作为推定出事实上的怂恿呢？

根据这些事实，陪审团无法推定事实上的怂恿。这里的责任都必须基于罗素作为父母承担的救助义务。

12-108 如果罗素的妻子缺乏抗辩事由(如精神错乱)，如果不是自杀，带着孩子投河，就将被判谋杀罪，因为谋杀了自己的两个孩子。如果罗素没有因为他的故意不作为而对其加以怂恿(也就是说，如果没有注意到罗素没有试图对其加以阻止)，这种不作为，是否会使罗素成为谋杀的从犯，或者对过失杀人罪负有责任？

如此一来，不存在事实上的怂恿，因而也不存在确定共犯责任所需要的事实上参与行为人犯罪的情况。在“女王诉罗素案”[①]中，麦克阿瑟法官(McArthur J.)提出：“这本案中，两个不同的主体，各自犯下不同的罪行，但可能会因为杀害了相同的人而被判过失杀人罪……毋庸讳言，在本案中，[父亲]没有采取措施来拯救自己的孩子，并不是死亡结果的原因，但作为法律问题，可以将其作为导致孩子死亡的直接原因。”麦克阿瑟法官认为，父母的责任延伸到保护孩子免受“第三方的不法或犯罪行为”的伤害。[②] 如此一来，双方都对自己的个人不法行为负有独立责任，因为他们都对儿童的死亡作出了不容忽视的加功。本案的母亲通过自己实施的积极行为作出因果加功，父亲通过自己的不作为作出因果加功。这类案件涉及的是独立的个人责任，而不是涉及个人责任和派生责任。[③]（很想 656
知道法院如此一来会如何判决。他们很可能只会起诉正犯——如果这位母亲还活着的话。目前尚不清楚法院是否会将他们两人都视为正犯，一人是谋杀罪，另一人是过失杀人罪。）“女王诉拉塞尔案”的判决独具一格，因为在该案中，不作为是事实上的怂恿，因此派生责任是可行的选择。如此一来，妻子并没有察觉罗素的不作为；她知道罗素正在观察的事实，并能从他未能采取行动拯救他们的孩子中得到怂恿的信息。

12-109 某人出现在犯罪现场，在某些情况下，不会构成对犯罪的怂恿吗？

如果某人明知将要犯罪，却与有意犯罪的正犯沟通要求到场，这几乎

---

① [1933] V. L. R. 59 at 82-83.

② *R. v. Russell*[1933] V. L. R. 59 at 81. *Per contra*, *Com. v. Raposo*(1992) 413 Mass. 182. 然而，请 section 5 of the *Domestic Violence*, *Crime and Victims Act* 2004。

③ Glanville Williams, “Finis for Novus Actus?”, [1989] *Cambridge L. J.* 391 at 392. *R. v. Kennedy*(*No.* 2) [2008] 1 A. C. 269. Cf. *State v. McFadden*(1982) 320 N. W. 2d 608.

不可避免地会被解释为怂恿。陪审团的问题大概是,被告同意到场,是否怂恿了正犯的行为,让其知道自己是在怂恿其犯罪。① 在没有事先沟通安排的情况下,在场通常是不够的,即使被告是出于好奇或其他原因前往犯罪现场的,因为其不打算怂恿犯罪,而且一般没有理由认为仅仅在场就是怂恿犯罪。

在"女王诉克拉克森案"(*R. v. Clarkson*)②中,两名男性被指控为强奸的从犯。他们听到有迹象表明妇女在其他房间被强奸,他们进入房间,并在犯罪期间滞留在现场。军事上诉法院认为,如果被告只是作为偷窥者进入房间,就无法定罪。要有罪,他们一定是故意怂恿强奸行为,并给予了实际的怂恿。由于这方面的法律指示意见无法成立,有罪判决最终被撤销。到目前为止,该判决是值得欢迎的;但在判决结束时,该法院表示:"虽然我们毫不怀疑,(关于怂恿的)这些推论可以适当地针对每个被告作出,因此不可能宣告有罪判决。但我们不能断言,在适当的指导下,
657 初审军事法庭必然会得出该结论。根据所报告的事实,很难看出在法庭上有什么证据可以适当地支持存在怂恿的结论。"③

12-110　但如果某人故意去看犯罪的实施过程,难道不属于怂恿的证据吗?

很容易从"A 是 B 的证据"的命题滑到"你只需要证明 A 就可以证明 B"的命题。这只会产生法律上的虚构,即 A=B。如此一来,为了共犯的目的,构成怂恿,法院应当确信,被告故意怂恿犯罪,而正犯意识到有认可的听众。在此情况下,人们都可能怀疑,是否应该将犯罪责任扩大到仅是旁观者,而不管他们是否表示赞同。

12-111　如果本应控制局势的人忽视了防止某个在其职权范围内的人犯罪怎么办?该控制者是否成为共犯?

是的,至少有时候是这样。这条规则特别适用于允许雇员或其他人以非法方式驾驶出租汽车的车主:假定车辆所有者给予其足够的控制权以承担责任。在"杜克罗斯诉拉姆博恩案"(*Du Cros v. Lambourne*)④中,坐在司机旁边的车主被判教唆他人以危险速度驾驶,尽管没有证据表明他受到了积极的怂恿。同样,驾驶学员的主管由于其职位的原因被认为有权控制学员,如果主管明知没有采取措施控制学员,则可以被判为学员

---

① *C. v. Hume*[1979]Crim. L. R. 328.

② [1971]1 W. L. R. 1402. Cf. *Smith v. Reynolds*[1986]Crim. L. R. 559, *R. v. Ellis*[2008]E. W. C. A. Crim. 886.

③ *R. v. McCarry*[2009]E. W. C. A. Crim. 1718 at para. 21. Cf. *R. v. Atkinson*(1869)11 Cox C. C. 330.

④ [1907]1 K. B. 40. *R. v. Webster*[2006]2 Cr. App. R. 6.

交通违法行为的从犯。①

12-112 所以，如果您开的车碰巧属于坐在后座无法开车的岳母所有，这位老人就有责任试图控制您的驾驶行为？

在"杜克罗斯诉拉姆博恩案"中，车主坐在前座，但问题不是车主坐在哪里，而是其是否知道构成犯罪的事实正在发生或即将发生。

12-113 看起来这是在鼓励"后座乘车"。

车上的乘客，甚至是作为乘客的车主，通常都有理由让司机来作决定。提议似乎是，如果危险驾驶或其他违法行为被作为乘客的车主所知，车主就必须提出抗议。② 658

12-114 不是车主的乘客呢？

如果是汽车的持有者（如租车人），则需要与车主处于相同的位置。如果只是普通乘客，显然无权控制司机，也不承担责任。开车的责任在于司机，惩罚乘客不符合社会目的（可以认为，基于社会目的论点同样适用于乘客碰巧是所有者的情况）。③ 但是，如果可以推定乘客和司机出发的目的是以危险的方式或以其他非法方式进行的，则可以判定乘客有罪。④

12-115 这是不是说，即便危险局面是由独立自主的成年人的介入行为创制，车主仍然需要承担责任？

本来不应该。但的确出现了判例，认定在独立的个体通过自身的介入行为创制危险举面的情况下，认定其他人的不作为责任。

12-116 这意味着这不是共犯责任，而是不作为责任？

如果司机通过不表示反对鼓舞危险驾驶的行为，其他乘客也是如此。如果没有事实上的鼓励，责任就必须取决于这个事实：车主通过让实施者使用自己的车，意外地造成了危险情况，现在有责任设法扭转所造成的伤害。⑤ 根据麦克阿瑟法官在"女王诉罗素案"⑥中提出的共同因果关系理论，可以认为，实施者的危险驾驶行为和车主未能阻止实施者的危险驾驶行为，都会导致危险驾驶行为的发生，因此双方都有责任。然而，这种理论更难适用于持续犯。此外，这种理论并不依赖于派生责任原理。这将是建立在他人行为基础上的全新责任理论，通知也是似乎没有什么必要的理论。

---

① *R. v. Harris* [1964] Crim. L. R. 54; *D. P. P. v. Anderson* [1990] R. T. R. 269; *Carter v. Richardson*[1974]R. T. R. 314.

② *Lewis v. State*(1952)251 SW2d 490;*Flippen v. State*(1963,Tenn)365 SW2d 895.

③ *Du Cros v. Lambourne* in *Dennis v. Plight*(1968)11 F. L. R. 458.

④ Cf. *R. v. Baldessare*(1931)22 Cr. App. R. 70:*Ross v. Rivenall*[1959]1 W. L. R. 713.

⑤ *R. v. Evans*[2009]1 W. L. R. 1999.

⑥ [1933]V. L. R. 59 at 82-83.

12-117 假设您发现自己坐上了喝得烂醉的家伙开的车呢？

同样的原则也适用。[①] 在某些情况下，你可能会逃避责任，但如果你
659 是车主，或者你和司机喝酒，因此鼓励他在开车前过度饮酒，通常也会承担责任。[②] 如果你允许醉酒的人开你的车，就属于轻率行事。

在"女王诉韦伯斯特案"(*R. v. Webster*)[③]中，被告乙让被告甲和其他若干人搭车。在旅途中的某个时刻，乙允许甲驾驶。但甲开车不稳定，速度过快，最终失去对车辆的控制，结果，一位乘客丧生。证据表明，甲由于醉酒而失去了对车辆的控制。甲承认危险驾驶致人死亡的罪行，乙被控协助及教唆该罪行。检方指控乙协助甲，因为乙：允许甲在醉酒后开车；或在甲明显以危险方式驾驶时，未能采取措施阻止其继续驾驶。

上诉法院认为，为证明乙协助及教唆甲危险驾驶，有必要证明乙准许甲驾驶时预见到甲可能以危险方式驾驶。如果明知有人处于醉酒状态，还让其持有你的车，对后者有害的行为负有同等的责任就不违反公平正义。[④] 在"女王诉韦伯斯特案"中，乙尽管知道甲危险驾驶，依然在存在合理的机会介入的情况下未能介入。陪审团推断，正是韦伯斯特"未能抓住这个机会，行使他作为车主的权利"，鼓励了司机。因此，本案最好被视为事实上的鼓励。

12-118 普通法的发展经常偏离正道，在上述案件中适用的严格规则可由"加斯比·卡萨帝诉莫里斯(运输有限公司)案"[*Cassady v. Morris*(*Reg*)(*Transport*) *Ltd.*][⑤]的判决加以限定；在该案中，雇主未能禁止雇员从事特定行为，被作为雇主鼓励的证据，但只是证据。因此，如果法官在某项简易指控中发现没有鼓励或帮助，雇主必须被无罪释放；尽管主要罪行是不作为，该规则仍然适用。这当然是正确的规则，但上诉法院没有就不可控制的构成鼓励的要求提供明确的法律指示。"加斯比·卡萨帝诉莫里斯(运输有限公司)案"中并不涉及危险行为。

涉及机动车驾驶的判例，并不意味着车主的责任仅仅取决于不采取控制措施导致的拟制鼓励。在此情况下，可以假定拥有控制权的人的需要都不超过合理的范围。作为乘客的车主必须对驾驶的违法性提出抗
660 议，但估计不需要其对司机采取客观意义上的强制措施，因为那样会加剧危险。

---

① Cf. *Smith v. Baker*[1971]R. T. R. 350; *D(an infant) v. Parsons*[1960]1 W. L. R. 797.

② *R. v. Lachance*[1962]132 C. C. C. 202. *Smith v. Mellors*(1987)84 Cr. App. R. 279.

③ [2006]2 Cr. App. R. 6.

④ R. *v. Webster*[2006]2 Cr. App. R. 6.

⑤ [1975]R. T. R. 470. *R. v. J. F. Alford Transport Ltd.* [1997]2 Cr. App. R. 326.

对制止犯罪负有特殊法律责任的人,如果不采取合理措施制止犯罪,则以真实或拟制鼓励为理由而成为从犯的规则,适用于在关门时间没有驱逐顾客的酒馆老板。由于立法起草的怪癖,只有拖拖拉拉的顾客才犯了不在规定时间喝酒的罪行,但法院利用共犯法,把酒馆老板作为从犯,因为酒馆是老板(或控制者)的。①

12-119 如果物业持有者没有试图驱逐作为非法侵入者的潜在的杀人犯,会成为谋杀的从犯吗?如果克拉克森拥有他人实施强奸的场所,会被判强奸罪吗?② 如果老板发现客人持有大麻,但没有努力说服其把大麻冲进厕所,会成为他的从犯吗?

如物业持有人容许其处所用作吸食大麻,即属法定罪行,③但这是某项特别罪行,并不使之成为非法共犯。④

"加斯比·卡萨帝诉莫里斯(运输有限公司)案"的判决,使该法获得了较之以前更好的基础,但人们怀疑该判决是否能与其他判例相协调,以及在多大程度上得到遵守。同时,该决定在政策上也值得欢迎。法律委员会工作组认为,应当把其放在下列成文法表述的基础上:

如因控制财产或其他理由而能防止罪行发生,则不得仅因他未能防止罪行发生而将该人视为从犯。⑤

如果这是法律,议会在希望使某人因未能防止犯罪而承担责任时,必须作出特别规定。

12-120 这难道不是理想的状态吗?事实上,议会已经对某些罪行设定了此类责任,规定了已经研究过的"容认"做某事,或"准许"或"忍受"其他罪行(第6章第4节)。因容认等而被定罪的人不会成为被容认犯罪的当事方,而其所应承担的是某项独特的责任。

法院对在立法中列入准许类犯罪是否默示地排除了与准许人有关的共犯责任该问题持开放态度。⑥ 换言之,如果唯一可能的指控是准许,还 661
是在适当的情况下,许可人也可以作为从犯被加以指控?合理的答案是,准许犯罪只是将责任扩大到不活跃不作为的主体,并不排除与共同犯罪相关的普通法适用于积极作为的主体。

---

① *Tuck v. Robson*[1970]1 W. L. R. 741;*Duxley v. Gilmore*[1959]Crim. L. R. 454.

② Cf. *R. v. McCarry*[2009]EWCA Crim. 1718.

③ Section 8 of the *Misuse of Drugs Act* 1971.

④ *R. v. Bland*[1988]Crim. L. R. 41;*R. v. Searle*(1971)115 S. J. 739;*R. v. Kousar*[2009]2 Cr. App. R. 5.

⑤ *Working Paper No.* 43,*op. cit. supra*,note 3.

⑥ *Carmichael & Sons Ltd. v. Cottle*[1971]R. T. R. 11;*Crawford v. Haughton*[1972]1 W. L. R. 572.

第14节 公平定罪与刑罚适当

12-121 当从犯的过错小于正犯的过错时,给予其和正犯相同的处遇措施,这难道不是不公平吗?

这将是更公平的,因为这将意味着其将不承担谋杀的责任,该犯罪只需要间接故意即能成立,而从犯只是在轻率地帮助正犯。正犯自己实施了杀人行为,除非是直接或间接故意杀人或者造成人身严重伤害,否则不应使其承担谋杀责任,因此,对于其他人实施的帮助或鼓励行为,会使其因轻率的鼓励或帮助而承担谋杀责任,显然十分奇怪。"罪责刑相适应,乃是不变的法律箴言。"[①]因轻率而判处从犯终身监禁是违反正义的。只有当个人故意致人死亡或真正严重的人身伤害,或当从犯协助并鼓励意图谋杀的正犯最终实现时,才应确定谋杀罪。[②]

可以认为,只能用明知而不仅仅是轻率,来推定故意的存在。鉴于2007年《严重犯罪法》第45条将轻率参与和轻率参与未遂定为犯罪,最好将1861年《从犯和教唆犯法》解释为要求共谋责任的犯意要求不低于间接故意。不存在从犯这种独立的犯罪,只是按照机制将从犯视为他人所犯罪行的等价行为人。因此,在追究事实实施犯罪的正犯和推定的从犯所要求的过错之间应当存在某种等价性。在"伊利诺伊州诉克林尔案"(*People v. Kliner*)[③]中,法官认为:"对情节相同的同案被告,不得任意地不合理量刑。"但是,没有要求所有共犯接受完全相同的量刑。如果从犯提供给精神错乱的正犯枪,以便其可以杀死他人,判处从犯最高终身监
662 禁不会显失公平,即使正犯的处遇仅仅是被送往精神病院治疗。从犯的个人过错及其派生的伤害行为足以使其因故意协助和希望正犯实施的谋杀被判处无期徒刑。[④] 同样,如果共同被告表现出几乎相同程度的可责性,则从犯仅与最终损害有派生联系并不重要。[⑤]《欧洲联盟基本权利宪

---

① *Atkins v. Virginia*(2002)536 U. S. 304 at 311-12 *per* Stevens, J. (with O'Connor, Kennedy, Souter, Ginsburg and Breyer, J. J. concurring.)

② *Rosemond v. U. S.* (2014) 134 S. Ct. 1240; *United States v. Peoni*(2d Cir. 1938) 100 F. 2d 401 at 402.

③ (1998)705 N. E. 2d 850 at 897.

④ *Zant v. Stephens* (1983) 462 U. S. 862 at 879; *Atkins v. Virginia* (2002) 536 U. S. 304 *per* Stevens, J. (with O'Connor, Kennedy, Souter, Ginsburg and Breyer, J. J. concurring.); *State v. Gamble* (2010) 63 So. 3d 707 at 724. *Graham v. Florida*(2010) 130 S. Ct. 2011 at 2022 *per* Kennedy, J. delivering the opinion for the Supreme Court.

⑤ *Atkins v. Virginia*(2002)536 U. S. 304 at 319 *per* Stevens J. (with O'Connor, Kennedy, Souter, Ginsburg and Breyer, J. J. concurring).

章》第49条规定："刑罚应符合比例原则。"同样，2003年《刑事司法法》第143条规定："（1）在认定犯罪的严重性时，法院必须考虑到正犯在犯罪过程中的罪责以及犯罪所造成、意图或可能预见到的伤害。"

谋杀罪需要强制适用无期徒刑，其实质性罪过要件是直接或间接故意，而不仅仅是轻率。允许从犯对故意犯罪承担责任是不公平的，因为其仅仅相信正犯可能会利用其帮助来实施直接故意犯罪。[①] 显然，在行为人实施了故意犯罪时，将轻率作为共犯的主观要件是违宪的。如果从犯轻率地协助或鼓励行为人实施轻率犯罪，[②]按公平定罪可以与受到公平惩罚的权利相协调。[③]

12-122　英国最高法院有义务根据《欧洲联盟基本权利宪章》第49（3）条对法律进行司法审查。此外，虽然最高法院的职责不是废除不公正的法律，除非这些法律违反公认的人权，但却有义务解释现行法律，使之符合支持这些法律的法源。最高法院不仅有权驳回其先前关于共同目的共犯的裁决，而且在该事项提交最高法院审理时，也有宪法义务这样做。[④] 最高法院可以驳回其先前的裁决，要么是鉴于上溯900年前的法 663
源，这些裁决在法律上显然是错误的，要么是因为其在与当代司法标准相比较时造成了"不公正并违背了是非对错的概念"。当代的司法标准要求最高审查法院确保英格兰和威尔士的刑法符合罪刑法定及罪刑相适应的基本权利。[⑤] 议会不应将其制定法律的卸责给联合王国最高法院，但最高法院也不应将其法律解释和司法审查责任推卸给议会。结合这一点，加之2007年《严重犯罪法》第45条和第46条的颁布，可以消除法律上的空白。

第15节　警方线人

12-123　想想警察线人假装帮忙，但真正想挫败犯罪的情况。从常识上讲，线人不应该是从犯，即使其提供了严格意义上的帮助，即使其未

---

① Baker, *op. cit. supra*, note 15 at Chap. 2.

② *R. v. Gilmour* [2000] 2 Cr. App. R. 407 at 408; Sanford H. Kadish, "Reckless Complicity", (1997) 87 *J. Crim. L. & Criminology* 369.

③ Baker, *op. cit. supra*, note 75.

④ *Practice Statement* (*Judicial Precedent*) [1966] 1 W. L. R. 1234. *Miliangos v. George Frank* (*Textiles*) *Ltd.* [1976] A. C. 443; *A v. Hoare* [2008] 1 A. C. 844 at 871.

⑤ Article 49 of the *Charter of Fundamental Rights of the European Union*; 143 of the *Criminal Justice Act* 2003.

能挫败罪行。[1] 法律委员会对此表达了观点,提议为以防止犯罪为目的人提供专门的抗辩事由:

"如果被告人能够证明如下情况,就可以作为对从犯责任的抗辩事由:

(1)其行为的目的是:

(a)防止其鼓励或协助的罪行或其他罪行的发生;

(b)防止或减少危害的发生;并且

(2)被告人在当时的情况下的行为具有合理性。"[2]

很明显,某人可以通过协助并逮捕攻击者来阻止攻击。在营业时间外违反法律规定喝酒时,逮捕喝酒的人并无法消除"影响"。因此,在很大程度上,警方及其线人无法辩称如此一来喝酒是合理的。然而,常识表明,盗窃所产生的损害可以通过允许其发生,但随后立即逮捕犯罪方,被减少或防止,以使财产不受损害地归还给其所有人。如此一来,告密者并
664 不打算永久剥夺房主的财产,这就是盗窃法的目的。[3] 这同样不适用于暴力犯罪。这种罪行涉及不可逆转的损害,应在完成之前予以挫败。然而,如果警方线人打算看到犯罪分子在实施犯罪后被抓获,这种抗辩(如果法院愿意,可以作为普通法的事项加以执行)可以允许警方线人教唆(但不实施)侵财型犯罪。

第16节 犯罪中止

12-124 加入犯罪计划或以其他方式协助或鼓励他人犯罪的人,对该人所犯罪行不负不可撤销的责任。从犯可以终止作为共犯参与他人犯罪。如果从犯采取合理措施,试图使其协助和鼓励行为中性化,可以提出"犯罪中止"(Withdrawal)抗辩,以避免共犯责任。

12-125 为什么要设立"犯罪中止"的抗辩事由。

支持犯罪中止抗辩事由的理由包括愿意采取合理措施试图抵销最初的帮助/鼓励的人,比没有改变主意的人危险性小。如果某人在发生犯罪伤害结果之前,试图抵销过去的帮助或鼓励,比起不愿意采取这种措施的人,可责性显然更低。同样,如果某人采取合理的措施试图阻止其参与的犯罪升级为更严重的犯罪,也不像愿意让犯罪升级的人那么邪恶。[4] 如

① Cf. *U. S. v. Washington*(1997)106 F. 3d 983.

② Law Commission, *Participating in Crime*, No. 305(London: Cm. 7084, 2007) at para. 5. 23.

③ *The Case of Macdaniel*(1748) Fost. 121.

④ Cf. the facts R. *v. Mitchell*(1998)163 J. P. 75; *R. v. O' Flaherty*[2004]2 Cr. App. R. 20.

果该罪行是某项持续的罪行，而从犯与该罪行有全部的罪责联系，就无法利用在罪行开始后撤出的事实来逃避责任，因为其已经参与了该罪行。[①] 中止抗辩鼓励从犯采取合理措施，试图使其参与中立化，因为这可能也会说服犯罪人停止参与。辩护方的目的不仅是鼓励从犯撤回其参与，而且还旨在产生鼓励犯罪人撤回其计划的犯罪行为的间接效果。 665

中止抗辩的存在理由，在一定程度上是提供威慑，目的是为从犯提供停止行动的动力，并努力防止预期的目标犯罪的发生。其所传递的信息是，值得采取合理措施，设法抵销已提供的鼓励和帮助。如果鼓励者等到太晚才中止参与，或者只是在犯罪事实上不可阻挡之后才中止参与，[②]就像在自发暴力案件中经常发生的情况一样，[③]这种抗辩的正当性依据，即阻遏犯罪和罪责减轻就约等于无，[④]因为这样的中止犯似乎同样罪责重大，和根本没有中止犯罪的人同样危险。与采取适当措施试图抵销自己此前的帮助或鼓励所产生的效果的人相比，如果某人没有以有可能抵销或严重抑制先前参与的方式中止，就将承担更高的责任。这种人在决定中止时的态度，比在仍有合理可能防止最终伤害发生的时候坚定地划清界限的人更为动摇。

12-126 什么是合理的中止措施?

从犯必须及时中止其协助或鼓励，并证明犯罪人知道其已中止。有效和及时地中止参与，可以免除从犯对其他人在他从预期的目标犯罪中撤出后所犯罪行的责任。众所周知，中止必须及时。在“女王诉桑德斯和阿切尔案”[⑤]中，法官表示：

“但在某些情况下，时间可能是很重要的，因为如果我命令某人去杀被害人，而在事实发生之前，我去找他，告诉他我已经悔过了，并且明确地要求他不要杀被害人，而该人后来还是杀了被害人，我就不算参与了这次谋杀，因为我已经推翻了自己的第一个命令。无论如何，这都将解除我的犯罪人身份，因为从犯的恶意应持续到正犯实施完犯罪行为之时，否则从犯将不受起诉；但如果正犯在我解除相关命令，或作出相反表述之前杀死

---

① *People v. Lykins*(1978)65 Ill. a P P. 3d 808 a T 813; *People v. De La Sancha*(2012) IL App (2d) 101262—U; *R. v. Perman*[1996] 1 Cr. App. R. 24; *R. v. Campbell*[2009] E. W. C. A. Crim. 50; cf. *Smith v. U. S.* (2013) 133 S. Ct. 714.

② *R. v. Becerra*(1976)62 Cr. App. R. 212; *R. v. Phillips*(1848) 3 Cox. C. C. 133; *People v. Brown* (1962)26 Ill. 2d 308. *People v. Jones*(2007)876 N. E. 2d 15.

③ *R. v. Becerra*(1976)62 Cr. App. R. 212; *R. v. O' Flaherty*[2004] 2 Cr. App. R. 20; *R. v. Mitchell* (1998)163 J. P. 75; R. *c. Gauthier*[2013] 2 S. C. R. 403.

④ Cf. *R. v. Sully*(2012)112 S. A. S. R. 157.

⑤ (1577)2 Plow. 473 at 476. *State v. Banks*(2009)771 N. W. 2d 75 at 94.

了被害人,尽管我私下悔过,但还是应当成为杀人行为的从犯。”

众所周知,要想成立中止,从犯必须采取合理措施,试图抵销其之前提供的帮助或鼓励,但不必试图阻止目标犯罪的发生。从犯只需要做若
666 干“合理且可能”使其帮助或鼓励无效的行为。[①]

从犯不必成功地抵销自己的帮助或鼓励,但当客观判断中止行为时,陪审团必须有足够的理由认为他们可以合理预见到从犯的中止抵销了过去的参与。[②] 陪审团应确定从犯是否采取了合理的措施试图中和或抑制过去的帮助或鼓励,这是事实问题。在“怀特诉里德利案”(*White v. Ridley*)[③]中,吉布斯法官(Gibbs J.)表示:

“格兰维尔·威廉姆斯教授引用了‘艾尔德雷奇诉美利坚合众国案’(*Eldredge v. United States*)[④]的判决‘如果导火索已经安装好,宣布退出炸毁建筑物阴谋的意图是不够的;他必须踩灭导火索。’坚持认为曾为他人提供过建议或诱使他人犯罪的人,或者与他人合谋犯罪的,应当与其抗诉或者撤诉同时采取合理的行动,以消除其先前的鼓励或者参与所产生的影响。”

12-127 在“女王诉奥芙拉合缇案”(*R. v. O' Flaherty*)[⑤]中,曼特尔法官(Mantell L. J.)表示:

“要从某事中脱离出来,必须做出足够的努力,证明其正在退出该共犯计划。对陪审团来说,这最终是事实和程度的问题。除此之外,将考虑到已经给予的帮助和鼓励的性质、造成致命伤害或伤害的迫在眉睫的程度,以及据称构成中止的行动的性质。在提供帮助的情况下,有时有人建议,为了有效地中止,必须采取合理措施防止犯罪。不过,很明显,这是没有必要的。”

美国的法律规定要求被告作出“合理的努力”[⑥]或“实质的努力”[⑦]以
667 防止此前的参与协助或鼓励正犯。英国法源似乎采取了类似于合理措施的做法。英国法律对中止的抗辩有赖于被告采取合理的措施,试图阻止

① *R. v. Young*(1838)8 Car. & P. 644.

② *R. v. O' Flaherty*[2004]2 Cr. App. R. 20. In *Croxford v. The Queen* (2011)215 A. Crim. R. 297 at paras. 5*Croxford v. The Queen* (2011)215 A. Crim. R. 297 at paras. 52-53.

③ *White v. Ridley*(1978)140 C. L. R. 342 at 350. Cf. *R. v. Rook*[1993]1 W. L. R. 1005 at 1012.

④ (1932)62 F. (2d)449 at 451.

⑤ [2004]2 Cr. App. R. 20 at para. 60.

⑥ Cf. M. S. A. § 609. 05(Minnesota Statutes Annotated)[Emphasis added.] *Guevara v. State* (2003)103 S. W. 3d 549;*State v. Evans*(1984)347 N. W. 2d 813;*State v. Lemacks*(1999)996 S. W. 2d 166;and *State v. Dorantes* (2011)331 S. W. 3d 370 applying T. C. A. § 39-11-402(3)(West's Tennes Code Annotated). A. R. S. § 13-1005(Arizona Revised Statutes Annotated).

⑦ Cf. N. M. S. A. 1978, § 30-28-3B(2)(West's New Mexico Statutes Annotated).

其参与,使其不产生效果,这存在争议。[1] 关键字是“试图”,因为如果阻止了犯罪,就没有所谓参与犯罪的问题了。

12-128 中止帮助的标准是否高于中止鼓励的标准?

不,两种情况下的标准都是一样的。实际上,能够合理抵销帮助的行为将更加繁重。假定的从犯更容易证明自己的“鼓励”被抵销了。道尔顿[2]写道:

“甲劝告或命令乙去杀丙。在乙去杀丙之前,甲反悔,并撤销了此前的命令,要求乙不要杀丙。但乙还是将丙杀死。甲不应被认定为杀人犯乙的从犯。因为根据法律,在事实发生之前,没有人能够被认定为重罪的从犯,从犯应当是指在重罪实施完毕之前一直存在相关犯意的帮助者。”

当假定的从犯以明确的措辞告诉正犯不再希望犯罪时,陪审团很可能认为从犯的中止行为能够抵销此前的参与。[3] 陪审团可能会接受,如果从犯告诉犯罪者不要继续犯罪,这种行为能够阻止先前的鼓励继续影响正犯。

相反,如果从犯给了正犯把枪,之后反复打电话请求正犯不要用枪杀死被害人,并无法合理地抵销其已经给正犯提供的帮助。如果正犯在从犯给自己枪时就打算用枪杀死被害人,就很可能不愿意仅仅因为从犯要求自己不要用枪杀死被害人而改变主意。如果从犯采取了积极的行动来协助犯罪,必须采取合理的行动来抵销自己提供的协助,例如计划警告被害人或通知警察犯罪。不要求从犯向警方或被害人报案,[4]但向警方报案可以成为证明已退出犯罪活动的有力证据。[5]

如果从犯向正犯提供枪是为了帮助正犯杀死被害人,合理地能够抵销这种帮助的行为可能包括找回枪、警告警察和被害人正犯所计划谋杀等。如果尽管从犯向警察和被害人发出了警告,[6]但正犯还是设法用从 668
犯提供的枪杀死了被害人,还是应该能够确定从犯的中止成立,因为客观判断,从犯对被害人和警察的及时警告是试图使过去的帮助无效的合理尝试。在正常情况下,从犯的行为(对被害人和警察的及时警告)将合理

---

① *Croxford v. The Queen* (2011) 215 A. Crim. R. 297; *R. v. Duong* (2011) 110 S. A. S. R. 296 at 318. Cf. *R. v. Sully* (2012) 112 S. A. S. R. 157; *Miller v. Miller* (2011) 242 C. L. R. 446 at 489; 500; 510; *R. v. LK* (2010) 241 C. L. R. 177 at 240; *R. v. Evans* [2009] 1 W. L. R. 1999 at 2004.

② Dalton, *op. cit. supra*, note 48 at 369.

③ *R. v. Rook* [1993] 1 W. L. R. 1005.

④ David Lanham, “Accomplices and Withdrawal”, (1981) 97 *L. Q. R.* 575 at 579-585; *R. v. Grundy* [1977] Crim. L. R. 543; *R. v. Whitefield* (1983) 79 Cr. App. R. 36. *R. v. O' Flaherty* [2004] 2 Cr. App. R. 20 at para. 61-62.

⑤ *R. v. O' Flaherty* [2004] 2 Cr. App. R. 20.

⑥ *R. v. Becerra* (1976) 62 Cr. App. R. 212; *R. v. Bryce* [2004] 2 Cr. App. R. 35.

地抵销过去的参与。这样的中止行动(及时的警告)不仅能够合理地阻止从犯过去的参与(提供枪支)对正犯的协助,而且也有合理的可能抵销过去的参与。

12-129 从犯通常能够通过向警方及时通知犯罪故意或及时向被害人发出警告来避免共犯责任。如果有证据表明从犯打算通知警察或被害人,这将有力地证明从犯不希望被告使用从犯在早些时候提供的建议、鼓励或信息。[①] 同样,如果电话或电子邮件一遍又一遍地告诉正犯,现在自己不想让正犯实施犯罪过程,或者使用自己之前提供的信息或建议,这应该足以证明该从犯已经中止。[②] 在预先计划好的联合犯罪计划中,从犯可以简单地告诉共同犯罪者自己无意继续执行该计划,并且他们也应该放弃该计划。当天不到场是不够的,从犯必须在犯罪行为开始前明确告知自己中止。

如果某人在提供了能够让夜盗者实施夜盗的信息后,悔过并试图在同伴实施犯罪前两周阻止同伴继续进行该犯罪计划,这就足以让他免除犯罪责任(尽管仍应对共谋负责)。当窃贼把刀交给他的同伴用来对付可能打断他们的人,但有人走近他时,他说:"算了吧,走吧。"该行动加上这种表述,这被认为不足以避免他的同伴用刀刺伤被害人;上诉法院似乎表明被告人只有通过身体干预的方式防止同伙用刀,才可以据此脱离犯罪。[③]

12-130 如果假定的从犯有效地抵销了自己此前提供的帮助或鼓励,当在其取消了自己的参与时,怎么可能对参与他人的犯罪承担责任呢?

事实上,这个从犯并不需要抵销自己提供的帮助或鼓励。共犯责任的行为是事实参与。必须有事实上的鼓励或帮助。如果从犯在正犯杀死被害人之前成功地拿回了其给正犯枪来帮助其杀死被害人,从犯实际上
669 并没有帮助正犯杀死被害人。同样地,如果从犯在正犯对其起作用之前抵销了自己的鼓励,那么事实上从犯并没有鼓励正犯。根据 2007 年《严重犯罪法》,仅试图参与犯罪行为人犯罪的假定从犯可能会对未完成罪承担责任,但不会作为从犯承担责任。[④] 怂恿犯罪的人,如果在犯罪发生前,明确地、毫不含糊地反对犯罪,或在适当的时候撤回同意,仍然可以

---

① *R. v. Grundy*[1977]Crim. L. R. 543.

② *R. v. Grundy*[1977]Crim. L. R. 543.

③ *R. v. Becerra*(1976)62 Cr. App. R. 212.

④ *R. v. Croft*[1944]K. B. 295;Cf. *State v. Webb*(1909)216 Mo. 378.

(一般地)避免共犯责任,[1]但仍将对作为未完成罪以前的企图、怂恿或共谋承担责任。

12-131 犯罪人的共犯计划,如果已经在进行中,可以中止吗?

在存在共同犯罪计划的情况下,必须注意,中止不同于不参与意外或不可预见的随附犯罪。假设从犯和正犯达成夜盗的合意。他们还同意,如果受到干扰,不会使用枪支或武器,也不会使用暴力逃跑。假设当他们开始夜盗时,在从犯不知道的情况下,正犯携带了手枪。当他们到达房子时,他们听到有人在楼上的房间里走。从犯对正犯表示:“现在需要离开这里,我能听到楼上有人说话。”随后,从犯逃跑了,但正犯留下来,等待住客下楼。当主人出现时,正犯发现那个女性在几年前和自己的前夫有染,所以出于报复,枪杀死被害人。

如此一来,假定从犯对随附的谋杀不负责任,因为其事实上并没有通过授权或通过相互预见(如所见,事实上的鼓励可以从从犯和正犯的相互预见中默示)将其作为有条件的目标犯罪来加以鼓励。正犯出于个人原因放弃了共同的目标。假定从犯不鼓励正犯携带枪支或使用暴力,更毋庸讳言致命的暴力。如此一来,假定从犯不会提出中止的抗辩事由,因为事实上从犯没有参与附带犯罪。从犯的抗辩事由是,无法确定共犯责任所需要的行为要件,因为自己没有对随附犯罪提供事实上的鼓励。[2]

将本案与从犯参与附随犯罪的情况进行比较,因为如果必须实施附随犯罪才能使潜在犯罪计划成功,这也属于其打算有条件实施的犯罪。[3]在这类案件中,中止可以作为抗辩事由,因为从犯事实上通过故意授权而鼓励其参与了预期的目标犯罪。如此一来,只有在采取了能够合理地通 670
过事先的故意授权抵销从犯的鼓励的措施时,中止抗辩才可使用。正如下文所示,在最后一刻,当正犯处于高度情绪紧张状态并且意图完成预期的目标犯罪时,从犯逃离犯罪现场,不太可能合理预见会抵销或抑制从犯先前的鼓励。[4]

12-132 如果帮派成员因为被捕而被迫退出犯罪,这是否允许其提出退出辩护?

如此一来,从犯的中止是非自愿的。中止抗辩的合理性在于,从犯自愿选择退出计划中的犯罪行为,使其人身危险性降低,可责性随之降低。

---

① *R. v. Richardson*(1795)1 Leach 387;*R. v. Croft*[1944]K. B. 295;*R. v. Barnard*(1980)70 Cr. App. R. 28;*R. v. Baker*[1994]Crim. L. R. 444;*R. v. Rook*[1993]1 W. L. R. 1005;*R. v. Whitefield*(1984)79 Cr. App. R. 36.

② *R. v. Rafferty*[2007]E. W. C. A. Crim. 1846;*R. v. Perman*[1996]1 Cr. App. R. 24.

③ *R. v. Becerra*(1976)62 Cr. App. R. 212. *People v. Williams*(2001)324 Ill. App. 3d 419.

④ *R. v. Becerra*(1976)62 Cr. App. R. 212.

非自愿中止,并无法证明从犯比拒绝中止的共犯危险性更小。在"女王诉翰逊案"(*R. v. Johnson*)[1]中,正犯和从犯进入一所房子,意图偷窃;从犯被逮捕,正犯没有意识到这项事实,随后在房子里偷走了一件物品。原审法官莫勒(Maule J.)裁定被逮捕者可以作为从犯定罪。如果其他参与者知道逮捕,似乎应该将逮捕视为非自愿退出犯罪计划,这样就不应允许被逮捕的行为人提出自愿中止的抗辩。[2]

如果若干罪犯强行反抗逮捕,其中一人被捕,并停止对同伴的抵抗和鼓励,似乎通常不会卷入其他帮派随后实施的武力行为。[3] 但这并不是因为其已经中止,而是因为他实际上并没有参与随后的犯罪。当同伙看到该罪犯被捕时,其通过加入同伴们的强力抵抗而给予他们的鼓励就结束了。但是,如果该罪犯向同伴提供了用于抵抗的武器,逮捕将不会结束其帮助使用武器的责任,除非提出试图说服同伴不要使用武器的证据这与自愿中止的情况一样。在美国,就未完成罪的共谋罪而言,有人认为:
671 "被监禁并不构成可反驳的中止推定。"[4]

12-133　这是不是意味着,如果从犯在犯罪无法阻止之前没有中止,陪审团很可能会推断其没有做出合理或及时的努力来中和自己的参与?[5]

如果鼓励者已经通过行为表明自己改变了心意,如通过退出帮派,就不必明确地撤回建议和同意。[6] 退出者必须明确表示,不再参与这项运动,也不想参与其中。[7] 对于已经通过承诺在未来某个日期参与犯罪来实施鼓励的行为人,在相关犯罪实施时并不出现是不够的。[8] 仅仅因为看起来风险太大而逃跑是不够的。[9] 在自发的帮派暴力中,被告的撤出

---

① (1841) Car. & M. 218.

② *Chennault v. State*(1984) 667 S. W. 2d 299.

③ *R. v. Jackson*(1673) 1 Hale P. C. 464.

④ *U. S. v. Leslie*(2011) 658 F. 3d 140 at 143-144 *per curiam*; *United States v. Massino*(2008) 546 F. 3d 123 at 136 *per curiam*.

⑤ Cf. *People v. Brown*(1962) 26 Ill. 2d 308. *People v. Jones*(2007) 876 N. E. 2d 15; *State v. Pratt* (1994) 255 Kan. 767 at 772 per McFarland, J. ; *State v. Bowen* (1993) 505 N. W. 2d 682 at 691 per Caporale, J. ; *Galan v. State* (1932) 44 Ohio App. 192 per Washburn, J. ; *People v. Nichols*(1921) 129 N. E. 883 at 886 per Hiscock, C. J. .

⑥ Hale, *op. cit. supra*, note 26 at 436; 537; 618; *R. v. Mitchell*(1998) 163 J. P. 75 *per* Otton, L. J. , Kay, and Moses, J. J. ; *R. v. Sully*[2012] 112 S. A. S. R. 157 at 176-178. sections 44-46 of the *Serious Crime Act* 2007.

⑦ Foster, *op. cit. supra*, note 185 at 354. *R. v. Mitchell*(1998) 163 J. P. 75; *R. v. O' Flaherty* [2004] 2 Cr. App. R. 20.

⑧ *R. v. Goodspeed*(1911) 6 Cr. App. R. 133; *R. v. Emelio*(2012) 222 A. Crim. R. 566; *Croxford v. The Queen*(2011) 215 A. Crim. R. 297.

⑨ *R. v. Perman*[1996] 1 Cr. App. R. 24 at 34.

往往只涉及在向被害人施以致命一击之前逃跑。如果参与野蛮的帮派暴力，当暴力变得不可阻挡时，将很难脱离邦联的独立行为。[①]

12-134 有些共同犯罪存在问题，被分成两个事件或两个罪行。当暴力暂停时，如何中止？

此类案件为假定的从犯提出了两种可能的脱罪途径：(1)如果假定的从犯事实上没有参与第二次犯罪，例如没有采取鼓励随附犯罪的措施，则假定的从犯将不承担共犯责任；[②](2)从犯在随附犯罪发生前已实际中止的，不负责任。

在"女王诉米切尔案"(*R. v. Mitchell*)，当时的托马斯法官(Thomas, L. J.)观察初审法官的判决时指出：

"如果一伙人在自发的联合暴力行动中追捕其他手持武器、瓶子和棍棒的人穿过城镇的街道，当被追赶的人和其余的追赶者在攻击者视线之外转过拐角时，他停下来，放下武器，走了回到来的路上，他不再拐弯，也不再参加那次攻击，那次攻击后来在两条街外达到高潮，被追赶的被害人被殴打而死。如此一来，陪审团很可能会得出这样的结论：某人通过停止 672
行动，像放弃追击者那样行事，退出了在某一阶段是自愿加入成员的共同犯罪。这都是事实和程度的问题。"[③]

托马斯法官给出的事例是不参与，而不是中止。[④] 如果某人没有参与附带犯罪，就无法提出中止的抗辩。在"女王诉米切尔案"中，米切尔和同案犯在停车场发生了出租车纠纷后，联合攻击了3名被害人。暴力事件分为两起，因为若干同案被告到附近的一所房子去拿武器。米切尔在两次暴力冲突中都呆在停车场。米切尔的辩护律师争辩称，有两起单独的暴力事件导致被害人死亡，而他的当事人没有参与第二起致命事件中。暴力开始后，曾暂时停止，因为米切尔一伙的某些成员到附近的一所房子去找来了把指节掸子、喷雾罐和中世纪的狼牙棒(值得注意的是，造成被害人死亡的并不是使用这些武器。相反，米切尔团伙的某位成员用脚踢被害人的头部并将其头部踩在地上的方式杀死了被害人)。米切尔的律师争辩称，只是在第二次暴力爆发时在场，因为想找到在暴力中丢失的鞋子。米切尔否认鼓励犯罪者踢被害人的头，但曾在暴力的早期阶段对被害人施加了类似的暴力。

12-135 证据表明，米切尔是单一的共同犯罪的当事方，在被害人

---

① *R. v. Mitchell*(1998)163 J. P. 75.

② *R. v. Rafferty*[2007]E. W. C. A. Crim. 1846.

③ *R. v. Mitchell*[2009]1 Cr. App. R. 438 at 448.

④ *U. S. v. Guevara*(2013)706 F. 3d 38 citing *Smith v. United States*(2013)133 S. Ct. 714.

被杀时,没有退出该共同犯罪。米切尔在攻击的两个阶段都在场,煽动了攻击,并在攻击的早期阶段踢了被害人的头。陪审团有充分的证据可以推断,米切尔鼓励并授权了实施者的致命行为,因为发起了殴斗,并已经对被害人施加了类似的暴力。

如果米切尔想撤回此前发出的鼓励的信号,应该采取合理的措施。在停车场附近闲逛寻找的鞋子,而附近有人因发起的暴力被踩死,这几乎不是中止的行为。[①] 米切尔应该报警,试图干预,或者至少恳求同伙停止暴力。待在停车场里,有充分的机会这样做。当某人没有合理的可能因其特定的中止行为而抵销此前的鼓励时,将很难取得效果。当暴力的帮
673 派斗争正在进行时,这场斗争几乎是不可阻挡的,要阻止,不仅需要语言。[②] 仅仅是言语不太可能被认为是行为,在帮派暴力的热浪中,这种行为有理由撤回鼓励。此外,一旦暴力开始,撤军就不及时。过早退出是不合理的退出。米切尔没有试图退出,即使退出,也不足以及时地有合理的预期消除自己的参与。在美国大多数州,中止抗辩被视为正向抗辩事由[③],这意味着证明撤回的责任由被告承担。[④] 被告必须以压倒性证明标准来证明自己的主张。[⑤] 在许多州,一旦被告提出证据支持关于中止的主张,检控方就必须排除合理怀疑地证明被告的抗辩事由不成立。[⑥] 有学者观察到:肯塔基州采取了中间立场。新《肯塔基州刑法典》规定,只有当"倾向于支持辩护的证据具有证明力,在没有反证的情况下,被告有权获得直接的无罪判决"时,检控方才有责任反驳辩护。[⑦]

12-136 对中止权的上述限制,是对通常要求犯意与犯行必须同时存在的例外规定。实际上,被告因未能防止犯罪结果发生而负有过失责任。

---

① *R. v. Mitchell*[2009]1 Cr. App. R. 438 at 452.

② *People v. Jones* (2007) 876 N. E. 2d 15. *State v. Pratt* (1994) 255 Kan. 767 at 772 *per* McFarland, J. ; *State v. Bowen*(1993)505 N. W. 2d 682 at 691 *per* Caporale, J. ; *Galan v. State*(1932)44 Ohio App. 192 *per* Washburn, J. ; *People v. Nichols*(1921)129 N. E. 883 at 886 *per* Hiscock, C. J. .

③ Section 1. 12 of the American Law Institute's Model Penal Code. *State v. Lynch*(2013)309 P. 3d 482 at 490.

④ Peter Buscemi, "Conspiracy: Statutory Reform Since the Model Penal Code", (1975) 75 *Colum. L. Rev*. 1122 at 1172.

⑤ *Smith v. U. S.* (2013) 133 S. Ct. 714 at 718 *per* Scalia, J. *United States v. Ward*(1995)68 F. 3d 146.

⑥ Buscemi, *loc. cit. supra*, note 413.

⑦ *Id.* at 1173.

第17节 立法排除:附带当事人与被害人规则

12-137 共犯的法律涵摄范围很广,但众所周知,通常可以公平地推定立法机关打算将其适用于其新制定的法令。

然而,法院有时可能觉得可以从法规中找到背后的专门立法政策,免除不具名当事人的责任。例如,立法的目的是保护某一类人,这些人不是立法的直接打击对象,而且由于未成年、贫穷、社会孤立等原因,法院认为 674
他们无法充分保护自己免受剥削。[①] 这些人不因同意而成为对他们犯下的罪行的从犯。[②]

报告中唯一明确的事例,是关于与16岁以下女孩非法性交的罪行。[③] 这项法令的目的是保护年轻女孩,使其免受伤害。因此,同意或自行勾引的女孩,不是该男性所犯上述罪行的从犯。[④]

12-138 共犯中存在共犯责任的两种一般豁免。(1)犯罪人如果是犯罪的被害人,就无法成为共犯。[⑤] 例如,如果儿童同意与成年人发生性关系,这名女童就无法作为强奸儿童的共犯承担责任。(2)如果行为人的行为是犯罪"不可避免的附带行为",[⑥]则该方不得成为共犯。[⑦] 例如,妓女无法成为招嫖[⑧]罪的共犯。[⑨] 攻击被害人也无法成为攻击的同谋。同样,仅仅接收赃物并无法使被告人成为卖方盗窃的共犯。[⑩] 结合上述

---

① Section 50 of the *Serious Crime Act* 2007.

② Glanville Williams, "Victims as Parties to Crime—A Further Comment", [1964] Crim. L. R. 686.

③ *R. v. Tyrrell*[1894]1 Q. B. 710.

④ *R. v. Whitehouse* [1977] Q. B. 868. For another possible instance of the rule *Grace Rymer Investments Ltd. v. Waite*[1958]Ch. 831 at 845-846. *R. v. Morris*[1923]1 K. B. 166 at 169,171-172.

⑤ Glanville Williams, "Victims and Other Exempt Parties in Crime", (1990) 10 *Legal Studies* 245. *R. v. Tyrrell*[1894]1 QB 710. Baker, *op. cit. supra*, note 15 at Chap. 3.

⑥ *R. v. Titley*(1880)14 Cox C. C. 502; Ex parte Barker(1891)30 N. B. R. 406.

⑦ *R. v. Congdon*[1990]N. L. J. R. 1221Baker, *op. cit. supra*, note 15 at Chap. 3. Model Penal Code § 2.06(6)(b).

⑧ Section 51A of the *Sexual offences Act* 2003.

⑨ *R. v. Congdon*[1990]N. L. J. R. 1221. In the United States, *R. v. Tyrrell*[1894]1 Q. B. 710 also has been raised in support of the inevitably incident rule. *Williams v. Superior Court*(1973)30 Cal. App. 3d 8 at 13.

⑩ *R. v. Ready*[1942]V. L. R. 85; *State v. Lee*(2004)683 N. W. 2d 309 at 314-315; *Scott v. Killian*(1984)36 S. A. S. R. 438 at 447.

675 规则,立法可明确排除某些当事人因其他原因作为共犯承担责任。[①]

12-139 这是否意味着,被告只有在法律认定其为被害人或法律出于其他原因明确豁免时,才免除共犯责任?

下文认为,如果法规对被害人或不可避免的附带当事人是否应作为从犯承担责任没有规定,则可以推定没有共犯责任。[②]

12-140 如果被害人不属于某一特殊类别,如无法给予有效同意的儿童,是否可以成为导致自己受害的犯罪的从犯?

值得注意的是,传统判例"女王诉赖特案"(*R. v. Wright*)[③]并没有解决英国判例法的问题,大意是没有对被害人附加责任的一般豁免。在"女王诉赖特案"[④]中,法官认为:"……残害自己,或促使他人残害自己,使自己有更多的资本去乞讨;或使自己残废,以防止被迫服役,根据普通法,都将受到罚款和监禁。"700 年前,霍恩曾说过:"残害会导致社会成员的缺乏,或导致某人的骨头被折断,或是被砍断,使其衰弱,从而使他无法战斗。"[⑤]

12-141 对 1861 年《侵害人身权法》第 18 条、第 20 条、第 47 条所述罪行,被害人同意不提供抗辩事由。[⑥] 这是否会影响到其他的问题,即同意的被害人是否可以成为导致其自己受害的犯罪的从犯?

即使在被害人同意攻击的情况下,第三方也可以作为从犯承担责任,但在普通法世界中,没有判例[⑦]认为某人可以作为攻击自我的从犯承担责任。残害罪的目的在于防止潜在的有能力的士兵的死亡对国王造成的
676 伤害。[⑧] 这并不是为了保护主体的尊严和人格,而是为了主体自身的利益。国家并不担心同意人可能遭受的伤害,而是担心他的残疾可能给国家造成的负担。同时,该罪行还担心同意者如何利用自己的伤害来实施若干像"女王诉赖特案"那样不可告人的罪行。

---

① Cf. section 47(8)(c) of the Serious Crime Act 2007; *Giorgianni v. R.* (1985) 156 C. L. R. 473 at 491; *Maroney v. R.* (2004) 216 C. L. R. 31 at 42-43; and *Mallan v. Lee* (1949) 80 C. L. R. 198 at 216 *per* Dixon, J. (as he then was).

② *R. v. Tyrrell* [1894] 1 Q. B. 710.

③ *R. v. Wright* (1603) Co. Lit. 127b.

④ Edward Hyde East, *A Treatise of the Pleas of the Crown*, (London: printed by A. Strahan, 1803) at 396; Hale, *op. cit. supra*, note 26 at 412.

⑤ Andrew Horne, *The Mirrour of Justices*, (Washington: John Byrne & Co., translated into English by W. H. of Gray's Inn, 1903) at 45. Cf. *R. v. Tickner* (1778) 1 Leach 187; *R. v. Lee* (1763) 1 Leach 51; *R. v. Mills* (1783) 1 Leach 259; *R. v. Hunt* (1825) 1 Mood. C. C. 93.

⑥ *R. v. Brown* [1994] 1 A. C. 212.

⑦ R. v. *Gnango* [2012] 1 A. C. 827 *per* Lords Phillips and Judge, C. J..

⑧ Sir Edward Coke, *The first part of the Institutes of the laws of England*, (London: Printed for the Society of Stationers, Anno Domini, 1670.) at 127a; 288a; *R. v. Russell* (1832) 1 Mood. C. C. 356 at 367.

在像“女王诉布朗案”①这样的案件中,施虐狂对同意的施虐狂施以严重的身体伤害。而其与那些同意伤害的人别有用心地利用所造成的伤害实施某种别有用心的欺诈或犯罪的案件是有区别的。“女王诉布朗案”是被害人同意接受特定损害,而其目的是接受这种损害本身,并没有进一步的犯罪或欺诈想法。“女王诉布朗案”中被告人的唯一不可告人的目的是获得性快感,这本身并不是错误或犯罪。“女王诉赖特案”只涉及被害人同意对施加特定伤害的情况,因为这种伤害会帮助实施若干不可告人的罪行。同样,在“佐治亚州诉巴斯案”(*State v. Bass*)②中,布赖森(Bryson)告诉巴斯(医生),他要割下手指以获得保险金。医生拒绝切断布赖森的手指,但接受了前者的付款,向其手指注射了麻醉剂,这样当布赖森试图切断自己的手指时,就不会感到疼痛。巴斯还给布赖森橡皮止血带,以阻止可能的出血,并告诉他使用的方法。此后,第三方特雷森(Tryson)应布赖森的要求,使用电锯切断了他的4个手指。摩尔法官(Moore J.)认为巴斯作为从犯负有刑事责任,因为他协助了残害行为的煽动者。由于所造成的伤害程度,被害人同意不构成抗辩事由。摩尔法官不仅担心巴斯故意促成的不可告人的欺诈企图,还担心某人使其丧失能力对社会造成的伤害。他提出:③

“政府在财政方面和其他方面对公民的健康深感关切,并希望他们不要成为公共负担。同样,政府需要公民的服务,正如英国国王需要公民的服务一样。”④

12-142 自杀或自残曾经是犯罪,但这已不再是生效的法律。1861年《侵害人身权法》取代了传统的致残罪,并没有以将自残定为犯罪的罪行取而代之。自残需要医疗处遇,而不是刑法应对。如果自残行为是为了便于保险诈骗等其他犯罪,适当的刑法应对措施是仅对实施了其他犯罪行为的自残者定罪。同样,某人不应因允许他人伤害自己而作为从犯承担责任。

12-143 当事人责任豁免的范围是什么?

当事人豁免规则免除某些当事人的共犯责任。特别是,免除了被害人和不可避免的附带当事人⑤的责任,如与重婚者结婚的非已婚方、同意 677

① [1994]1 A. C. 212.

② (1961)120 SE2d 580.

③ *Bass v. State*(1961)120 SE2d 580 at 586.

④ Baker, *op. cit. supra*, note 139.

⑤ *Ex parte Barker*(1891)30 N. B. R. 406.

的受虐待者、仅将零售定为犯罪时的毒品购买者、被招嫖的妓女、[1]勒索被害人、[2]立法仅处罚行贿者时的受贿者；名单还在继续。沃顿教授坚称："因此，从零售商处购买白酒的人不会成为交易行为的共犯，尽管该零售商的卖酒行为使他自己该当法定刑罚。"[3]在"俄勒冈州诉莫利达·梅迪那案"(*State v. Merida—Medina*)[4]中，法院认为，豁免当事方规则：

"将同样的概念扩展到可能无法完全被定性为'被害人'的情况……排除这类被害人并无法完全解决出现的问题。对妇女进行堕胎时，是否应将该孕妇视为共犯？与妓女发生性关系的男性是否应被视为卖淫行为的共犯，买主是否应被视为非法销售的共犯，重婚婚姻中的未婚者是否应被视为重婚者的共犯，行贿者是否应被视为受贿者的共犯？

……

无法在没有意识到行为双方必然会参与的情况下起草禁止通奸的法律。因此，有人提议，如此一来，关于共犯的一般性章节不适用，而将必须作出的选择性判断留给犯罪定义本身。如果立法者知道，除非法令表明这种行为已列入禁令，否则买方不会被视为销售方的共犯，他们将在界定犯罪时集中注意该问题。而且，由于例外仅限于犯罪行为的'不可避免的附随行为'，在界定犯罪时不可避免地出现了这个问题。"

12-144　这是否，在法律对共犯责任没有规定的情况下，就应该对被害人和不可避免的附带当事人适用豁免规则？

如果法令对共犯责任没有规定，那就应视为没有共犯责任。仅仅指出议会在某些法规中不辞辛劳地规定刑事处罚以保护特定类别的被害人[5]，还不足以反驳在其他法规对该事项没有作出规定的情况下，对被害人和不可避免的附带当事方不构成共犯的推定。

如果议会想将双方入罪，就应该界定实质性犯罪，使交易双方都负有直接责任。例如，2010 年《贿赂法》第 1 条和第 2 条分别禁止行贿和受

---

① *Rodriguez v. State*(2003) 104 S. W. 3d 87; *Robinson v. State*(1991) 815 S. W. 2d 361 at 363-364 and the cases cited therein.

② *U. S. v. Castle*(1991) 925 F. 2d 831; *U. S. v. Spitler*(1986) 800 F. 2d 1267 at 1276; *U. S. v. Nelson*(1980) 486 F. Supp. 464 at 490.

③ Francis Wharton, *Treatise of the Criminal Law of the United States*, (Philadelphia: Kay & Brother, 3rd edn., 1855) at 873.

④ (2008) 221 Or. App. 614 at 618-619; sections 2 and 3 of the *Female Genital Mutilation Act* 2003.

⑤ Section 51 of the *Serious Crime Act* 2007.

贿,使贿赂双方负有直接责任。[1] 同样,由于 1861 年《侵害人身权法》第 678
57 条并没有规定重婚婚姻的已婚和未婚双方都负有直接责任,因此必须假定议会不打算将未婚行为人定为重婚犯或重婚共犯。[2] 该解释得到了经验统计的支持,即英格兰和威尔士从来没有将重婚的非已婚方作为共犯加以起诉。

菲利普斯法官在附带意见中毫无帮助地暗示,豁免当事方/被害人规则远比看起来要受限得多。英国上议院认为,2007 年《严重犯罪法》第 51 条"有力地表明,没有普通法规则可以排除既是犯罪参与方,又是该犯罪实际或预期被害人的被告的刑事责任"。"我们对没有这样的规则感到满意。根据普通法,自杀未遂是犯罪,协助和教唆自杀也是犯罪。"[3]上议院似乎忽视了这个事实,因为其认为自残并不是犯罪的正当理由,导致英国议会陷入了自杀合法化的麻烦。雪上加霜的是,自杀从来没有仅仅因为家长导致的原因而被定为犯罪。[4] 某人怂恿他人杀死自己不是犯罪。1961 年的自杀法以伤害他人为打击目标;试图防止人们利用自杀者的同意来帮助其伤害自己。[5] 如果甲帮助乙伤害自己,甲就是在伤害乙,即使乙是在利用甲自残。如此一来,被定罪的是伤害行为人,而不是同意的伤害接受者。 679

12-145　在 2007 年《严重犯罪法》中没有纳入更为有力的普遍且不可避免的附带行为规则,是否有何深意?

这无法归因于对豁免规则的研究有点草率的法律委员会。2007 年《严重犯罪法》第 51 条规定:

(1)实施了保护性违法行为者,如存在下列情况,不构成本部分所规定的犯罪:

(a)属于受保护的类别;以及

(b)是实施保护性犯罪者所指向的,或者如果实施了保护性犯罪本应指向的对象。

---

① *U. S. v. Blondek*(1990)741 F Supp. 116 at 118. *R. v. Congdon*[1990]N. L. J. R. 1221;*R. v. Titley* (1880)14 Cox C. C. 502. Ex parte *Barker*(1891)30 N. B. R. 406 at para. 22,Cf. *Fairburn v. Evans* [1916]1 K. B. 218;*Sayce v. Coupe*[1953]1 Q. B. 1;*R. v. MacKenzie*(1911)6 Cr. App. R. 64.

② *Ex parte Cooper*(1912)162 Cal. 81.

③ *R. v. Gnango*[2012]2 W. L. R. 17 at 33G.

④ Richard R. Cherry,*Lectures on the Growth of Criminal Law in Ancient Communities*,(London:MacMillan & Co. ,1890)at 106;Sir William Blackstone,*Commentaries on the Laws of England*,(Oxford:Clarendon Press,1769)Vol. Ⅳ at 190-191;Glanville Williams,*The Sanctity of Life and the Criminal Law*,(London:Faber and Faber Ltd. ,1958)at 224-264. *Felo de se* has a long history:*Harleston's Case* (1354)Cro. Eliz. 371.

⑤ *R. v. Brown*[1994]1 A. C. 212 at 235D.

(2)“保护性罪行”是指(完全或部分地)保护特定类别的人(“受保护类别”)的犯罪。

制定刑法的政客们通常对他们正在处理的法律几乎一无所知。因此,很难说英国议会将在近期审议一般意义上的被害人/当事人豁免规则,并决定在普通法上废除该规则。显然不是这样。如果这样,为什么王室检控署没有起诉不可避免的附带当事人并将其作为共犯呢?这项规则没有得到一般性的考虑。英国议会盲目地采纳了“女王诉提瑞尔案”(*R. v. Tyrrell*)设定的规则,没有认真考虑这件事,因为法律委员会没有对该问题进行适当的研究。尽管如此,美国的判例表明,“提瑞尔案”的适用范围比仅排除共犯责任(共犯属于被害人类别)要广得多。

英格兰和威尔士的法院可以采纳美国对“提瑞尔案”(英国判例)的更广泛解释,而不需要发明新的抗辩事由,他们无权这样做。[①] 菲利普斯法官也表示:

“在‘女王诉布朗案’中,正确地认定,施虐狂应被认为是对那些自愿接受伤害的人造成伤害的罪犯。至于后者协助和教唆他人给自己造成这些伤害,对上述定罪没有障碍。”[②]

12-146　从概念上讲,受虐狂属于受保护类别,因为他们属于受1861年《侵害人身权法》保护的人群,不是吗?

在“女王诉提瑞尔案”[③]中,法院指出:“在普通法中,任何人无法因为对自己犯下轻罪而被定罪,但自残使自己不适合服兵役的罪行除外。因此,被害人无法被判构成协助和教唆这种轻罪。”受虐狂不仅不可避免地是他人对其实施的攻击罪的附带当事人,而且也是被害人。受虐者是这件事的附带当事人,因为没有这类被害人就不会有此类人身攻击。而其也是对其攻击的被害人,因为1861年《侵害人身权法》第18条、第20条、第47条所设立的罪行(无论是全部还是部分)都旨在保护人类,而不
680 管他们的年龄、性别如何。

1861年法令中的罪行的措辞清楚地表明,这些罪行并不以假借他人之手自残为目标。这就是让被害人成为从犯的效果。2007年《严重犯罪法》或“女王诉提瑞尔案”中没有内容表明1861年《侵害人身权法》第18条、第20条、第47条仅适用于某些类别的人(儿童、妇女等)。相反,被害人规则涵盖了特定立法旨在保护的保护类别内的对象。在人身攻击的情况下,其类型是人,无论是儿童还是成人,无论是女性还是男性。1861

---

① *R. v. Rimmington*[2006]1 A. C. 459.

② *R. v. Gnango*[2012]2 W. L. R. 17 at 33G.

③ [1894]1 Q. B. 710.

年的《侵害人身权法》中没有将未成年人单独列为特别保护对象。因此，如果14岁的孩子鼓励并同意成年人以性攻击以外的方式对其进行人身攻击①，被害人规则将适用，因为其属于1861年《侵害人身权法》第18条、第20条、第47条保护的一般人群。因此，如果被害人规则没有免除成年受虐狂对其接受的涉及实际身体伤害和更大伤害的非性攻击的共犯责任，就无法免除15岁儿童的共犯责任（为此目的，受虐狂指同意非性伤害的16岁以下儿童），因为与2003年《性犯罪法》所规定的具体未成年人犯罪不同，《侵害人身权法》的目的并不是为儿童提供比成年人更多的保护。将在受虐狂的同意下实施的伤害定为犯罪，将违反不受不公正刑事定罪的一般权利，因为"受害"并无法为刑事定罪提供合法的理由。这或许可以解释为什么"女王诉布朗案"中的受虐狂作为伤害自己的从犯被加以起诉。不可忽视的是，强硬的刑事政策，却始终没有把那些怂恿他人伤害他们的人当作从犯。这就解释了为什么在法律报告中不可能找到单独的判例，即某人因鼓励自己受害而被定罪。即使是"女王诉迦南戈案"（*R. v. Gnango*）也建立在无辜的第三方受害的事实基础上。

12-147 如果试图排除对非被害人的附带当事人的责任豁免，就会产生进一步的荒谬结果。例如，如果某人对2010年《贿赂法》第2条规定的罪行负有直接责任，追究其鼓励被告人实施2010年《贿赂法》第1条规定的罪行的派生责任也没有障碍，只要能证明其要求贿赂的行为，或同意接受或接受经济或其他利益，构成鼓励行为。同样，根据2010年《贿赂法》第1条，因行贿诱使某人"不当履行相关职能或活动"而负有直接责任的人："如果可以证明贿赂行为鼓励他人实施本法第2条所规定 681
的罪行，也可以对第2条的罪行追究派生责任。如果最高法院提出没有普通法规则禁止某人在作为该罪行的附带当事方或被害人时被定罪的观点是正确的，便将导致这个结果。"②

12-148 如果某人同意被伤害者伤害，伤害错失了目标，伤害无辜的第三方，该怎么处理？

在"女王诉迦南戈案"中，被害人规则引发了疑问，因为人们认为，犯罪的被害人不可能因为鼓励他人伤害自己而被追究责任。最高法院提出了下列问题：③

"（i）被害人规则是否排除了被告因协助和教唆其为被害人的犯罪而

---

① Section 1 of the *Tattooing of Minors Act* 1969, applied in *Harvie v. Stewart*(2010) G. W. D. 27-533; *Gillick v. West Norfolk and Wisbech AHA*[1986] A. C. 112. *Reed v. State*(1999) 991 S. W. 2d 354.

② *R. v. Gnango*[2012] 2 W. L. R. 17 at 33G.

③ *R. v. Gnango*[2012] 2 W. L. R. 17 at 32C.

被定罪,即使该犯罪并非旨在保护被害人所属的特定类别对象的犯罪?如果是,那么(ii)被害人规则是否排除了被告因协助和教唆其为预期被害人,但实际被害人是第三方的犯罪?"

在本案中,迦南戈和对手在公共场所发生了枪战。对手的枪射出的一颗子弹,没有击中迦南戈,杀死了无辜的路人。迦南戈的辩护人辩称,他的当事人不应作为对手谋杀无辜第三方的从犯(通过转移故意原则)承担责任,因为迦南戈不应为杀害自己未遂承担共犯责任。这条规则的字面应用意味着,迦南戈不可能对怂恿他人谋杀自己承担刑事责任。[①]一般来说,某人无法帮助、教唆、劝告或促成对自己的谋杀未遂。也无法帮助、教唆、劝告或促成涉及实际身体伤害的对自己的攻击。

然而,这是无辜的第三方因为鼓励者的鼓励而受害的判例。在"女王诉迦南戈案"中,如果迦南戈是他所鼓励的唯一被害人,被害人规则将适用。例如,如果迦南戈在被对手射中腿部后幸免于难,将不承担鼓励或促成针对自己的谋杀未遂的责任;也不承担鼓励或促成自己受伤的责任。他之所以要承担责任,只是因为其鼓励导致了无辜的第三方被杀。一旦转移故意规则适用,豁免方/被害人豁免规则就不再适用。在转移故意的情况下,某人无法代表不同意的被害人同意。这不是迦南戈同意冒着被杀的风险的判例,而是他鼓励对手冒着路人生命危险实施伤害的判例。因此,如果某人在见到他人可能因其所鼓励的行为而受到伤害的情况下
682 同意对其加以伤害,在其不同意的第三方受到伤害的情况下,被害人规则被排除适用。此外,很明显,迦南戈本人并不同意成为被害人;他只是冒着成为被害人的风险。如果他同意被杀,就会站着不动,这样对手就能成功。

第 18 节 刑法中的共犯及其限制

12-149 传统上,被指控从犯的责任取决于犯罪人的责任。普通法根据是,从犯的责任是从行为人的责任派生出来的。这条规则似乎是最明显的常识,除非有正犯者不可能实施的犯罪行为,而且"没有随附犯罪可以休息的基础"(大法官丹曼法官)。[②] 丹曼法官的话并不完全准确,因为在普通法中,没有"从犯"这种犯罪,只存在若干当事人实施的同一犯罪。一般规则不仅仅是墨守成规。共犯法无法将非犯罪转化为犯罪。男人抛弃他的妻子不是犯罪,所以,显然,他人帮助他抛弃妻子也不应该是

---

① Baker, *op. cit. supra*, note 50.

② *R. v. Tyler*(1838) 8 Car. & P. 616 at 618.

犯罪。

12-150 是的，但如此一来，这种行为是不被禁止的。假设某人犯了可以被称为犯罪的行为但不需要为其负责任，为什么不让从犯承担责任？

如此一来，法院通常能够通过已经提到的方法来克服困难：物理行为人被视为傀儡，这样，激活他进行恶行的有罪行为人就不再是从犯，而是通过无辜的代理人作为犯罪人而承担责任。法律委员会工作组对无辜代理人的定义如下：

"某人故意使犯罪的客观要素由（或部分由）本人因缺乏必要的过错要素或能力不足而对所指控的无罪的人实施时，即属于通过无辜的代理人实施犯罪行为。"

例如，某人可以通过无辜的代理人，如不具备责任能力的精神障碍者，实施谋杀或伤害。① 不仅普通法上，法定犯也可以由代理人来实施，正如刚才关于伤害的事例所示。当费金（Fagin）打发不满10岁的忒斯特（Twist）②去偷手帕时，就在忒斯特拿走手帕的那一刻，根据1968年《盗窃法》，他属于"盗用"了这枚手帕。费金是犯罪者，尽管案发时他不在现场，因为10岁以下的孩子不能犯罪。③ 如果道奇（Dodge）让杜莆（Dupe）写了虚假文件（或伪造法所称的"文书"），而如果是他自己写的，就将构成伪造罪，则如果杜莆不知道相关虚假属性，就可以追究道奇通过被骗者"伪造"文件的责任。 683

这件事的始作俑者是"无辜的代理人"，这无关紧要。④ 无须指示无辜的代理人犯下该罪行；使其犯下该罪行（因为其被告知可以这样做，从而使代理人相信该行为是合法的）就已足够。⑤ 如果某人以这些方式操纵无辜的代理人，那就如同其是通过机器人或动物实施行动一样：在法律上，这种行为被认为是其自己实施的。

如上所述，即使犯罪者的目的偶然间在错误的被害人身上实现，或以非故意的方式被达成，正犯仍被认为构成犯罪。这条规则同样适用于通过无辜代理人实施的行为。⑥

---

① *State v. Bauer*(2013) 295 P. 3d 1227 at 1240.

② *D. P. P. v. K*[1997] 1 Cr. App. R. 36.

③ *R. v. J. T. B.* [2009] 1 A. C. 1310; *Walters v. Lunt*(1951) 35 Cr. App. R. 94; *People v. Adams*(1846) 3 Denio 190; *State v. Barnett*(1887) 15 Or 77, 14 P 737.

④ *R. v. Tyler*(1838) 8 Car. & P. 616.

⑤ *R. v. Walkley*(1833) 6 Car. & P. 175; *People v. Austin*(1980) 111 Cal. App. 3d 110; *People v. Meacham*(1984) 152 Cal. App. 3d 142.

⑥ *R. v. Saunders and Archer*(1577) 2 Plow. 473，以及 *R. v. Michael*(1840) 9 Car. & P. 356.

12-151 因此,无辜代理人原则避免了可能会因为没有正犯就没有从犯所导致的司法不公?

在很大程度上是这样的,[①]但并不绝对。

无罪代理人原则只适用于犯罪人故意实施犯罪的情况,而不适用于其只是对是否会实施犯罪具有过失的情况。[②]

还有进一步的限制,即只有在有理由认为被告在被禁止的情况下实施了被禁止的行为时,才可以适用该原则。法律委员会工作组这样表示:

如法律明示或默示,只有符合特定描述的人才能实施该罪行,或法律明确相关犯罪必须由犯罪人亲自实施,则该犯罪无法通过无辜代理人加以实施。[③]

以下是限制的事例(法律做出了具体的描述)。根据现已废除的1872年《执照法》第2条,持有大法官下发执照的人明知警察还在执勤,却向警官出售酒类,即属犯罪。[④] 为警官点酒的人,无法因为错误地告诉
684 公众该官员没有值班而被定罪。其本人并不是法官下发执照的持有人,也没有出售这种酒精类饮料,因此没有资格成为犯罪者。酒馆老板也没有犯罪,因为他不知道警官在值班。因此,如果采用传统原则,撒谎者不可能成为从犯。

12-152 "桑顿诉米切尔案"(*Thornton v. Mitchell*)[⑤]是第二种限制(法律意味着犯罪主体个人实施的行为)的事例。在本案中,一辆公共汽车正在倒车,售票员按照惯例协助司机发出信号,表示后面一切正常。如此一来,当公共汽车后面有行人时,售票员疏忽地发出了全无障碍的信号;司机倒车,行人受伤。司机被指控在没有得到应有的注意和照顾的情况下驾驶,售票员被指控为教唆犯。对司机的指控被驳回,因为他合理地依赖售票员发出的信号,因此没有疏忽大意。这意味着售票员也必须被无罪释放,因为对于没有发生的犯罪,不可能有教唆犯。

12-153 售票员可能因过失指挥而被定罪吗?

没有这种违法犯罪。大多数疏忽大意的人不受刑法的制裁。如前所述,只有在特殊情况下,如危险驾驶罪,过失才会受到惩罚。过失侵权是一般侵权行为,但不是一般过失犯罪。

---

① Glanville Williams, "Innocent Agency and Causation", (1992) 3(2) *Crim. L. F.* 289.

② Cf. *R. v. Loukes*[1996] 1 Cr. App. R. 444.

③ *Working paper* 43, *supra*, note 3. Law Commission, *Participating in Crime*, No. 305 (London: Cm 7084, 2007) at 99-106.

④ Cf. *Sherras v. De Rutzen*[1895] 1 Q. B. 918.

⑤ [1940] 1 All E. R. 339.

12-154 售票员是否可能因实际司机的无辜代理而被判过失驾驶犯罪?

法院没有考虑该论点,但原则上不应成立。首先,售票员并不打算犯罪;最近对那些过失导致(或者造成)无辜的代理人实施犯罪行为要件的人适用无辜代理原则的做法,在理论上和概念上都有缺陷。1988 年《道路交通法》中的驾驶概念无法扩大到不实际驾驶的人,因为这会造成类推适用。① 车辆驾驶员必须通过驾驶考试并持有驾驶执照。如果公共汽车的售票员或汽车上的乘客在向司机发出指示时被视为驾驶,这样的售票员或乘客将被要求自己参加考试并持有执照。这是不合理的。必须将"驾驶"概念理解为具有如此强烈的身体内涵,以至于只有实际驾驶人才能成为驾驶罪的实施者。

"桑顿诉米切尔案"的判决并不意味着故事的结束。出现了两个涉及性犯罪的案件,法院决定维持定罪;为此,他们发明了全新的卓越学说。首先是"女王诉伯恩案"。② 685

伯恩强迫他的妻子与狗进行兽交(当时兽交是犯罪行为,但现在让他人进行兽交是犯罪行为)。③ 这位妻子提出了胁迫抗辩,但没有受到指控。伯恩因教唆妻子而被单独审判,并被定罪。在上诉时,有人提出明显的反对意见,认为伯恩无法教唆未犯下的罪行,在此方面,可以认为法源是完全可靠的。上诉法院迫不得已,为了维持定罪,提出了"事实犯罪"(*de facto* crime)的概念。法院认为,妻子是在考虑法律的情况下犯下该罪行的,尽管无法因此受到惩罚。

12-155 似乎没有人想到伯恩会被判犯有兽交罪。有明显的原因。性犯罪主要与个人的身体行为密切相关。只有通过曲解兽交的含义,才能认为伯恩犯下了兽奸罪行。

相反,有人认为他可能是从犯。戈达德法官认为,妻子的胁迫辩护仅仅是"为了免于惩罚而作的祈祷",以使自己不被定罪。这并无法真正代表胁迫的效果,胁迫不仅仅是减轻的问题:辩护方的成功会导致无罪判决,这意味着妻子没有违反传统原则。根据普通法的理论,为了认定丈夫为从犯,而认定妻子犯下了若干幽灵般的罪行,在概念上是不恰当的。④

在第二个案件,即"女王诉寇干案"⑤中,上诉法院采取了将无罪代理

① *Schultz v. Pettitt*(1980) 25 S. A. S. R. 427. Cf. *R. v. Loukes*[1996] 1 Cr. App. R. 444; *R. v. Millward*(1994) 158 J. P. 1091.

② (1952) 36 Cr. App. R. 125.

③ The *Sexual offences Act* 1956. Cf. section 69(2) of the *Sexual offences Act* 2003.

④ *D. P. P. v. Lynch*[1975] A. C. 653 at 710.

⑤ [1976] Q. B. 217.

原则适用于性行为的措施。丈夫强迫妻子与寇干发生性关系,寇干认为妻子是同意的。寇干的强奸罪在上诉审过程中被推翻,于是产生了问题:丈夫作为帮助犯和教唆犯的定罪是否成立。上诉法院认为,可以这样做,因为被告作为正犯负有责任,至于其是否定罪的形式无关紧要。

12-156 该判决虽然让法律避免了遭受公开质疑,但其法律基础显然是不健全的。劳顿法官(Lawton L. J.)在作出判决时提出了两个理由。其中是最主要的是,丈夫本可以作为主要被告被起诉,"不应仅仅因为技
686 术性的申辩而推翻有罪判决"。对于丈夫无法强奸自己妻子的论点,法院的答复是,作出该裁决的原因是,法律通过举行过结婚仪式推定这种同意,[①]而本案的事实显然不支持这种推定。

尽管这听起来像是强有力的常识,但事实仍然是,这是首次有人因为通过无辜的代理人做了若干如果他自己做了就不可能被定罪的事情而被判有罪。此外,法院专门针对被告是丈夫的难题加以解决,没有考虑强奸概念所引起的完全不同的困难。由于被告碰巧是男性,所以作出该决定是可能的。强奸只能由男人实施,法律规定如此。如果英国议会接受了利用他人生殖器进行强奸的非同寻常的概念,就不会将这种罪行局限于男性。[②] 正因如此,现在的立场是,如果女性施加了胁迫,那就需要比法院在"女王诉寇干案"中表现出的更强硬的态度,才能将其称为推定意义上的男人。然而,如果女性无法通过无辜的代理人实施强奸,而男人可以通过无辜的代理人实施强奸,这是完全不合逻辑的,因为如果无辜的代理人的概念被认为是适用的,无辜的代理人的身体行为就归于煽动者,而实施煽动的教唆犯的性别(教唆犯缺乏无辜代理人所具备的性器官的事实)变得无关紧要。

12-157 法院采取的第二个理由,虽然显然只是以附带意见的方式,而不是作为最终意见,是丈夫因促成犯罪(作为从犯)而被正确定罪,因为这名妇女被强奸了:"法院外的人都不会认为她没被强奸。"在尊重女王的正义的前提下,这根本无法让人接受。用通俗的或社会学的语言,就"强奸"事实是否已经发生的问题,而不是法律语言,就强奸罪是否已经发生的问题。实际上,与"女王诉伯恩案"中的理论相同,为"犯罪人"开脱的犯罪仍然是法律意义上的犯罪,因而可以存在从犯。

12-158 某人能轻率地使无辜的代理人犯下罪行的行为要件吗?如果这是法律,那就是法院新制定的法律。

---

① *R. v. R*[1992]1 A. C. 599.

② Section 2 and 4 of the *Sexual offences Act* 2003;section 47(6)of the *Serious Crime Act* 2007.

在“女王诉米瓦德案”（*R. v. Millward*）①中，被告乙指示被告甲（其雇员）将拖拉机和拖车开到公共道路上，尽管他知道连接拖车的挂接装置有故障。果然，挂钩断了，失控的拖车撞上了汽车，把司机撞死了。甲和乙均被指控犯有此前存在的轻率驾驶致人死亡罪。由于甲不知道拖车钩有问题，因此缺乏犯意，不承担责任。乙无法作为从犯被起诉，因为没有什么犯罪派生出他的责任。为了解决该问题，法院援引了无辜代理人原则，这使得米瓦德被定罪，理由是他致使甲实施该罪的犯行。米瓦德并没 687
有让他的雇员杀人，而是让他“轻率”驾驶，而轻率驾驶行为导致了死亡。如果米瓦德是自己开拖拉机的，他就要对后果负责，所以他不想让甲造成死亡是无关紧要的。驾驶不安全车辆（或超速）的行为被定为刑事犯罪，并不是因为该行为本身有害，而是因为可能造成伤害。如果这种危害结果发生，犯罪将属于更严重的犯罪标签的范围。如果某人选择做危险的事情，并且主观上意识到自己所做的事情的危险性，其就是选择了冒着做那件事的有害后果的风险。

在“女王诉米瓦德案”中，在道路上驾驶不合格车辆的行为客观意义上是危险的。该危险行为造成了实际的伤害，即一人死亡。但目前尚不清楚米瓦德是否打算让他的员工做出这种轻率的行为。米瓦德当然是想鼓励他的雇员把车开到公路上，但他是否鼓励危险的车被开到公路上？鉴于米瓦德知道这辆车处于危险状态，他一定是间接故意地让他的雇员实施了犯罪的行为要件。轻率驾驶（无辜的代理人把车开到路上就造成的危害）是该车在公共道路上行驶的不可分割的后果（事实状态）。米瓦德知道“危险”实际上是导致车辆上路的必然和不可分割的后果（事实状态），尽管他没有预见到“这种危险”实际上会导致被害人被杀的后果。②

12-159　如果米瓦德不知道这辆车的不安全状况呢？当行为人过失导致他人实施（不具有可责性的）危险驾驶行为时，促致原则是否适用？

法院认为过失是不够的。③ 在“女王诉卢卡斯案”（*R. v. Loukes*）④，乙，运输公司的合伙人，负责监督公司车队的维护。乙派他的雇员甲开着一辆处于危险状态的卡车上了高速公路。卡车的一部分货物掉下来，砸死了路过的司机。由于甲不知道车辆的危险状态，所以他的危险驾驶行为是无罪的。然而，乙被判违反 1988 年《道路交通法》第 1 条，协助、教

---

① (1994) 158 J. P. N. 715.

② *Attorney—General's Reference*(*No.* 1 *of* 1975) [1975] Q. B. 773 at 779.

③ *R. v. Roberts*[1997] R. T. R. 462; *R. v. J. F. Alford Transport Ltd.* [1997] 2 Cr. App. R. 326.

④ [1996] 1 Cr. App. R. 444.

唆、怂恿或促致危险驾驶致人死亡罪。他上诉,而其有罪判决被撤销。上
688 诉法院表示:①

"因此,在第2A(2)条所界定的危险驾驶尚未成立的情况下,米瓦德案所设立的原则无法被作为对被指控促致危险驾驶致人死亡的被告定罪的根据。本案应沿用'桑顿诉米切尔案'的规则。在没有证明犯罪行为成立的情况下,被告无法以促成犯罪而被定罪。"②

12-160 过失导致无辜的代理人实施危险驾驶行为,没有责任?

是的,但不是因为法庭在"女王诉卢卡斯案"中给出的所有理由。在该案中,上诉法院认为甲实际上并没有实施危险驾驶致人死亡的犯行,但这种分析似乎是错误的。甲显然(即使是无辜地)实施了完整的犯罪行为。他通过驾驶(故意行为)处于危险状态(相关情况)的车辆上高速公路来做到这。犯本罪有两种方式。首先,如果某人小心驾驶,但驾驶的车辆处于危险状态,就可能犯本罪。其次,当被告以危险的方式驾驶时(例如,如果被告驾驶完全安全的汽车穿过学校区域,但时速高达100迈)。陪审团通过调查驾驶"方式"是否符合称职且谨慎的驾驶员被期望达到的标准来确定该方式是否危险。

无辜代理人驾驶处于危险状态的车辆的情况可能更常见。在这些类型的案件中,犯行是由司机实施的,即使其对此并不存在轻率或过失。在"女王诉卢卡斯案"中,无辜的代理人实施了犯行,因为其在高速公路上驾驶车辆(故意行为),而且车辆处于不安全的状态(相关情况)。③ 甲不了解车辆的危险状态,无法改变其无辜行为的客观危险性。他并没有充当自动装置;相反,他没有过失,因为他没有疏忽,没有发现车辆的危险性。

无辜的代理人通常不会以危险的"方式"开车。银行劫匪可能会跳上陌生人的车,持枪强迫司机以危险的速度驾驶,帮助他逃离抢劫现场,但司机不仅仅是工具,而其知道自己在犯罪。④ 代理人的危险驾驶行为可以免责,因为其是在胁迫下行事的,但那是另一回事。可以将其和"桑顿诉米切尔案"区分开来。在"女王诉卢卡斯案"中,卡车宛如一枚等待爆炸的定时炸弹,驾驶的行为实际上危及了其他人。事实上,存在行为,危及他人,正如导致死亡的事实所证明的那样。如果某人驾驶一辆刹车
689 失灵的卡车,即使他没有疏忽,没有发现卡车的危险性,也属于危险驾驶。

① *R. v. Loukes*[1996]1 Cr. App. R. 444 at 453.

② *R. v. Loukes*[1996]1 Cr. App. R. 444 at 450.

③ Cf. *R. v. Marchant*[2004]1 W. L. R. 442.

④ *Schultz v. Pettitt*(1980)25 S. A. S. R. 427.

12-161 很难想象会出现这样的情况：某人如何才能促使别人轻率驾驶。[①] 怎么能让别人不注意？

分心是可以的，但肯定的是司机有责任注意。尽管如此，某人可以小心驾驶，仍然可以杀死行人。以谨慎的司机为例，他撞死了酒鬼，酒鬼愚蠢地撞上了司机正在行驶的汽车。如此一来，是行人不小心，所以没有轻率驾驶的行为。有“粗心的行人主义”的行为。这就是“桑顿诉米切尔案”没有作出有罪认定的原因。在该案中下，唯一不小心行事的人是售票员。正是他的粗心行为造成了伤害，他的粗心行为丝毫没有改变司机的驾驶方式或性质。如果某人不慎跌倒在火车轨道上，认为他的不慎意味着谨慎的火车司机的行为不慎，这是荒谬的。在“桑顿诉米切尔案”中，列车长疏忽大意，没有注意到行人，但这完全是独立的疏忽行为。售票员没有注意行人的事实并没有改变司机小心驾驶的性质（估计这并没有改变行人小心步行的性质）司机正在注意，但不幸的是他仔细注意了售票员的粗心指示。行人也许也有点粗心。

因此，无罪释放卢克斯更好的理由是他缺乏犯意。卢克斯故意促致了驾驶行为，但他并没有故意促致危险驾驶行为。他也没有轻率地促成危险驾驶行为，因为他没有轻率地没有发现卡车处于危险状态。这与持有危险驾驶的行为从未发生过，或者卡车的错误实际上并不存在，因为显然是存在的。客观判断，存在危险（无辜）的驾驶行为。卡车实际上处于危险状态。

换言之，如果他自己驾驶卡车，就不会轻率，因为车辆的危险状态对“称职而谨慎”的司机来说并不“明显”，所以他没有使用无辜的工具实施犯罪。在“女王诉罗伯茨案”（*R. v. Roberts*）[②]中，法院认为必须“清楚地证明，乙一定知道，对于称职且谨慎的驾驶员来说，这或者应该是显而易见的，因为甲（驾驶员）知道在当前状态下驾驶卡车是危险的”。如果乙故意使甲驾驶其知道处于危险状态的车辆，就将对促成危险驾驶行为负责。[③] 但应该证明的是，乙要么知道，要么相信这辆车处于危险状态。[④] 690

12-162 所以这让人不安。如何陈述现行法律？

无论“女王诉伯恩案”、“女王诉寇干案”和“女王诉米瓦德案”在技术上有什么缺陷，这些判决无疑都取得了令人满意的结果。提出新规则

---

① Section 20(1)(2B) of the *Road Safety Act* 2006.

② *R. v. Roberts*[1997]R. T. R. 462 at 473.

③ *R. v. Millward*(1994)158 J. P. 1091.

④ Cf. *R. v. Webster*[2006]2 Cr. App. R. 103 at 111; *R. v. J. F. Alford Transport Ltd.* [1997]2 Cr. App. R. 326; *Blakely v. D. P. P.* [1991]R. T. R. 405; *Carter v. Richardson*[1974]R. T. R. 314; *Poultry World v. Conder*[1957]Crim. L. R. 803.

的最好方法是规定,当某人犯下了可能被称为犯罪行为的罪行,但因为缺乏犯意或其他必要的罪过要素,或者存在其他免责事由,无须对该罪行负责时,如果他人确实对该行为负有责任(也就是说,如果满足了必要的过错要素,并且没有免责事由,将承担法律责任),该他人就可被判定为该罪的正犯。[①] 这条规则的困难在于定罪对象存在问题,错误地将“犯罪者”标记为“正犯”。例如,米瓦德被判协助和教唆司机轻率驾驶,而后者没有轻率驾驶。解决这些问题的唯一完全令人满意的办法是立法。

对如此延伸共犯法的反对意见是,利用无辜代理人原则将这种直接轻率行为定为犯罪是严重的歪曲。[②] 需要更多专门设计的犯罪来处理这些案件暴露出的难题。最近一段时间,英国出现了某项旨在设定犯罪的行动,以对付那些使无辜的代理人[③]执行某些犯罪行为的人。有组织卖淫涉及利用许多简直就是性奴隶的妇女。[④] 由于这些妇女被迫与没有怀疑的顾客发生性活动,实际上是被无辜的代理人所强奸。皮条客和人贩子,导致这些女性被无辜且没有怀疑的顾客所强奸。[⑤] 英国议会颁布了打击性侵犯他人的男性或妇女的法定犯罪,以及打击未经他人同意而导致他人从事性活动的人的法定犯罪。[⑥] 这些针对性很强的犯罪行为,[⑦]比将理论和语言延伸到超出明智的限度要好得多。

此外,法律委员会提出的一般性改革,似乎可以突破若干虚构的情况,因此可能会产生明确的结果。委员会特别建议:

691 1. 将普通法中的无辜代理原则法定化。

2. 制定某项新的罪行,直接将造成“某人无罪过犯罪”的人定罪。[⑧]

12-163 法律委员会全面建议如下:

(1)如被告人使用无辜代理人实施某罪行(“主罪”),则被告人犯有主罪。

(2)正犯是无辜的代理人,如果:

---

① Cf. *R. v. Kemp*[1964]2 Q. B. 341.

② Cf. *Giorgianni v. The Queen*(1985)156 C. L. R. 473.

③ Section 53A of the *Sexual offences Act* 2003.

④ *R. v. Tang*(2008)237 C. L. R. 1. Michelle M. Dempsey, “Sex Trafficking and Criminalization in Defence of Feminist Abolitionism”, (2010) 158 *U. Pa. L. Rev.* 1729 at 1758 *et passim*.

⑤ Section 53A of the *Sexual offences Act* 2003.

⑥ Sanford H. Kadish, *Blame and Punishment*, (New York: Macmillan Publishing Co., 1987) at 135 *et seq.*; Michael S. Moore, “Causing, Aiding, and the Superfluity of Accomplice Liability”, (2008) 156 *U. Pa. L. Rev.* 395.

⑦ Sections 2 and 4 of the *Sexual offences Act* 2003.

⑧ Law Commission, *Participating in Crime*, Report 305 (London: H. M. S. O., 2007) paras. 427 and 4.37.

(a)其实施了主罪的行为要素;以及

(b)没有犯主罪仅仅是因为:

(i)未满10岁;[①]

(ii)有精神错乱的抗辩事由;或

(iii)没有成立主罪所需的罪过。

(3)如果:

(a)被告人打算使某人(不论是否为共犯)实施主罪的行为要素;

(b)被告人导致正犯实施了主罪的行为要素;

(c)被告人在主罪方面有过错,则被告属于利用正犯实施主罪。

(4)在以下情况下,被告具备主罪的罪过要素:

(a)如果主罪的定罪需要证明过错,被告人的主观状态是,如果其将实施主罪的行为要素,其就会在具备成立主罪所必要的主观状态下实施;或

(b)如果主罪定罪不需要罪过证明,而被告知道或相信如有人将实施主罪的行为要件,则该人——

(i)会在存在成立主罪所需要证明的法定情节的情况下(如有的话)实施;以及

(ii)行为会产生成立主罪所需要证明的法定后果(如有的话)。

(5)被告可通过利用正犯实施主罪罪行而犯主罪:

(a)即使该主罪只可由特定类别的人犯;以及

(b)被告不属于该类别。

导致某人犯无过错罪:

(1)如果被告人导致他人犯无过错罪,则应构成导致被告人犯无过错罪的罪行;并且

(a)被告人打算实施该罪行;或

(b)被告人知道或相信其行为将导致1人实施该罪行;

(2)如果被认定构成了无罪过犯罪,则被定罪的人该当承担刑事责任所对应的刑罚。 692

第19节 作为无辜代理人的无辜代理人

12-164 无辜代理人原则的另一例外,是以正义的概念为基础的,类似于已经为从犯规定的规则。法律委员会工作组再次发表意见如下:

---

① Cf. *Re*:*Jamie*(*Special Medical Procedure*)[2011]FamCA 248 at paras 89-106.

“当无辜代理人的行为是为了防止犯罪或使犯罪的效果无效时,不犯有通过无辜代理人实施犯罪的罪行。”[①]

如果被告甲要求乙帮助犯罪,而乙仅仅是为了促成被告的定罪而同意,并获得了目标被害人的同意,乙所做的一切都不归属于被告。被告所做的事情,当然都会使其受到惩罚;将犯下作为未完成罪的“鼓励罪”(Offence of encouragement)(在第20章中处理)。但是如此一来,允许乙以自己的行为导致被构成既遂罪,是不公正的。[②] 这最早见于“女王诉艾金顿案”(*R. v. Egginton*)[③]该陈年传统案。埃金顿试图说服大楼看守帮他从里面偷东西。看守人通知了他的雇主,雇主让他假装合作。他为埃金顿打开了院子的门,他们从一扇开着的门进了楼(很明显,后一扇门也被看守人打开了)。法院认为,艾金顿无法被判夜盗罪,因为在普通法中(在技术上要求“破门而入”),他没有“破门而入”。如果埃金顿打开门,就会满足“破门而入”的要求;但是,当看守者只打算让他因其入罪时,他不可能对看守者的“破门而入”负责。[④]

在“平克斯通诉女王案”(*Pinkstone v. The Queen*)[⑤]中,被告人从悉尼机场将装有毒品的包裹送到了西澳大利亚州的珀斯。当箱子到达珀斯机场时,便衣警察将截获并交给了预定的收件人。被告被裁定违反《滥用药物法》(the Misuse of Drugs Act)第6(1)(c)条供应违禁药物。被告人
693 的上诉依据是,他没有完成供应行为,因为警察通过干预并随后将毒品交付给预期的接受者来完成该行为。问题是,控方是否证明被告人“提供了物品”,或者“提供物品”的行为是否由警官执行。澳大利亚高等法院认为,只要被告人“故意将药物放入邮件递送系统,意图由他人在某一特定地点接收,而不论药物是否最终到达预定收件人”,供应行为即告完成。

12-165 多数派法官的推理不太令人信服。这不过是供应的未遂。[⑥] “供应”行动接近完成,但由于警方介入,行动从未完成。被告人既

---

① *Working Paper* 43, *supra*, note 3 at 8-12.

② Cf. *Pinkstone v. The Queen*(2004)219 C. L. R. 444.

③ (1801)2 Bos. & P. 508. Cf. George P. Fletcher,“The Metamorphosis of Larceny”,(1976)89 *Harv. L. Rev.* 469 at 496.

④ *U. S. v. Washington*(1997)106 F. 3d 983 at 1004; *United States v. Meinster*(1980)619 F. 2d 1041,1046; *United States v. Gould*(1969)419 F. 2d 825,826(*per curiam*); *Com. v. Flowers*(1975)236 Pa. Super. 590.

⑤ (2004)219 C. L. R. 444.

⑥ *R. v. Robinson*[1915]2 K. B. 342; *R. v. Gullefer*[1990]1 W. L. R. 1063; *Comer v. Bloomfield*(1971)55 Cr. App. R. 305; *R. v. Murray*[1982]1 W. L. R. 475; *Kyprianou v. Reynolds*(1990)91 Cr. App. R. 356; *R. v. Widdowson*(1986)82 Cr. App. R. 314; *R. v. Ilyas*(1984)78 Cr. App. R. 17.

不想提供给机场，也不想提供给警察。相反，他试图提供给特定的毒贩，但却未能如愿，因为警察在运输途中截获了包裹。如果警察允许航空公司在另一端完成交货，供应就已经完成，因为接受者将得到供应。如果被告人在开车去悉尼机场时被发现带着了藏有毒品的包裹，是否也构成了供应呢？如果接受多数派法官的分析，被告将试图通过开车到机场或邮局提供这样的包裹，并通过将包裹交给航空公司或邮政服务进行运输来完成该尝试。

就目前的目的而言，有趣的是所谓无辜代理人和警察圈套的问题。[①] 本案中的无辜代理人是航空公司，因为航空公司不知道盒子里有违禁毒品。[②] 显然，警察不是无辜代理人，因为"他们不是为被告人'供应'毒品，而是仅仅为了预先安排好的完成犯罪的警察计划，如果货物中含有违禁药物（如警察所认为的），以确保上诉人被定罪"。所以，如果警察在被告去悉尼机场的路上拦截了他，并随后安排将包裹运到珀斯，大多数人都会愿意接受警察而不是被告人完成了供应行为。但是，如果警察在他与航空公司签完包裹后，在悉尼机场抓住他，然后安排将包裹运到珀斯，就没有完成被告人的供货行为，因为当警察控制包裹时，包裹已经在邮件系统中。该发现似乎是对该条款中的特殊措辞的否定。在这个国家，"供 694
应"[③]被赋予了更为有限的含义，所以将适用"女王诉艾金顿案"的相关司法解释。[④]

第20节　准无辜代理人

12-166　教唆犯与行为人之间可能存在不同程度的犯意，教唆犯有可能具有较高的犯意程度，当然也有可能具有较低的犯意程度。[⑤] 甲煽动乙攻击被害人，知道被害人心脏虚弱，希望被害人会死。而乙在攻击被害人时认为仅此而已，并无其他，最终被害人死亡。假设乙没有犯谋杀罪，问题是甲是否仍然可以通过无辜的代理人犯下谋杀罪。事实上乙仅是半无辜的代理人。[⑥] 类似地，甲煽动乙在被害人的食物中放毒药时，告诉乙毒药是温和的，并不足以致命，只会造成实际身体伤害，而甲知道毒

---

① The dissenting judgment of Kirby J. is to be preferred. *Pinkstone v. The Queen*(2004) 219 C. L. R. 444 at 477 *et seq*. *R. v. Maginnis*[1987] A. C. 303.

② *White v. Ridley*(1978) 140 C. L. R. 342 at 346 *per* Gibbs C. J. .

③ *R. v. Maginnis*[1987] A. C. 303 at 309 *per* Lord Kinkel.

④ *R. v. Latif*[1996] 1 W. L. R. 104 .

⑤ Williams, *op. cit. supra*, note 3 at 390 n. 1. *R. v. Lovesey*[1970] 1 Q. B. 352 at 356.

⑥ Cf. *State v. Jim*(2014) P. 3d.

药是致命的并且会立即杀死被害人。如此一来,乙是半无辜的代理人,打算实施违反1861年《侵害人身权法》第24条或第47条的犯罪,但与甲不同的是,其不打算杀死被害人。通过援引半无辜的代理人原则,次要被告方成为更大犯罪的促动者(被视为正犯)。这使得立法者能够规避派生责任原则,即要求附属责任都来自实行犯的较轻犯罪。

现在很明显,教唆犯可能犯下比实际犯罪人意图犯下的罪行更为严
695 重的罪行。该规则是由墨守成规的学者们所提出的,[①]在逻辑上遵循了无罪代理原则。例如,这意味着,虽然在"失去控制"[②]下杀人的人只犯过失杀人罪,但协助他杀人且不受"失去控制"[③]影响的人原则上可以被判谋杀罪。

12-167 所以当只有实行犯存在法律上的免责事由时,从犯仍然可能需要为该不法行为承担责任,因为即使其对于正犯而言是可以免责的,但仍然属于法律上的错误行为?[④]

一语中的。[⑤]

12-168 您刚才所说的推论是,法律上正当的(而不是法律上可以免责的罪行)行为,例如紧急避险和自卫行为,根本就不是犯罪,因此,在从犯协助他人进行自卫杀人的情况下,行为人和从犯都不负责任?

如果假定的从犯的目的是协助或鼓励真正[⑥]的自卫行为,则不适用。[⑦] 如果其意图是协助或鼓励其认为在法律上缺乏正当性的谋杀,就应根据2007年《严重犯罪法》第44条因企图鼓励或协助和谋杀而受到起诉。若其只是试图协助或鼓励谋杀,因为犯罪者实际上并没有犯谋杀罪。行为人出于自卫杀人,因而没有犯罪;因此,不存在可追究派生责任的主要犯罪。这是未完成罪开始发挥作用的时候。

然而,"女王诉理查兹案"(*R. v. Richards*)[⑧]涉及复杂的法律问题,被

---

① Particularly, E. H. East, *A Treatise of the Pleas of the Crown* (London: J. Butterworth, 1801), i 350. *Salisbury Case*(1553) 1 Plow. 97.

② Section 54 of the *Coroners and Justice Act* 2009. Cf. *Osland v. The Queen*(1998) 197 C. L. R. 316.

③ Cf. *State v. Burbank*(1960) 156 Me 269; *Commonwealth v. Rosario—Hernandez* (1995) 666 A. 2d 292.

④ *R. v. Howe*[1987] A. C. 417.

⑤ *R. v. Bourne*(1952) 36 Cr. App. R. 125; *Matusevich v. R.* (1977) 137 C. L. R. 633 at 637-638 *per* Gibbs, J.; *R. v. Hewitt*[1997] 1 V. R. 301. Cf. *R. v. Tyler* (1838) 8 Car. & P. 616.

⑥ *Harper v. State*(1980) 155 Ga. App. 76. Cf. *R. v. Selvaratnam*[2006] E. W. C. A. Crim. 1321.

⑦ *State v. Burton*(1995) 119 N. C. App. 625; *State v. Winsett*(1964) 205 A2d 510; *Kelley v. State* (1920) 83 So 909; *Hudgens v. State*(1933) 60 SW2d 153.

⑧ [1974] Q. B. 776 overruled by *R. v. Howe* [1987] A. C. 417. *Hui Chi—ming v. The Queen* [1992] 1 AC 34 at 41-45.

告理查兹夫人要求两个同伙痛打她的丈夫,最好让其入院治疗几个月。她拿着一盏灯站在窗口,提示同伙丈夫什么时候离家,然后同伙攻击了这位被害人,但只是为了造成相对轻微的伤害。① 共犯被判非法伤害罪,违反了1861年《侵害人身权法》第20条的规定,但理查兹被判故意伤害他人,造成严重身体伤害,违反了第18条的规定。在上诉中,理查兹的定罪 696
被减为非法伤害,理由是理查兹不在场,也无法因为煽动而被判比实际犯罪的人更严重的罪行。②

这项判决在法律中引入了不必要的技术性,难怪上议院后来对其加以否决。③ 没有理由区分在场的从犯和缺席的从犯。核心的批评是,在判决中没有提到无罪代理原则,该原则既适用于重罪,也适用于轻罪。如果某人可以通过完全无辜的代理人来采取行动,就没有理由不能通过半无辜的代理人来采取行动。将代理人的部分罪责作为对教唆犯的辩护是完全不合理的。如果根据2007年《严重犯罪法》第44条起诉这类案件,鼓励者可能因企图鼓励更严重的罪行而被定罪,量刑法官可以作出适当的判决。

第21节　公司管理人员实施的法定犯罪

12-169　对于公司职员来说,普通法中的从犯条款是由法律规定补充的。许多成文法,特别是与贸易有关的法规规定了专门的犯罪,如果法人公司的董事或其他高级管理人员犯了相关法律所规定的罪行,而其对该罪行表示同意或纵容,或仅仅是由自己的过失促成的,则该董事或其他高级管理人员应被认定犯有该罪。若干较为传统的法规更进一步,转移了举证责任:这些法律要求公司官员证明自己不知道或纵容该罪行,但这

---

① Cf. *People v. Garcia*(2002)52 P. 3d 648.

② *People v. Jennings*(2010)237 P. 3d 474 at 495. *State v. McGee*(2009)676 S. E. 2d 662;*Oaks v. Patterson*(1968)278 F. Supp. 703;*State ex rel. Muldrew v. Boles* (1967)151 W. Va. 1033;*United States v. De Coster*(1973)487 F2d 1197;*Thigpen v. State*(1979)374 So 2d 401;*Pendry v. State*(1976)367 A2d 627;*Sobel v. State*(1983)437 So 2d 144;*State v. Walker*(1992)252 Kan 117.

③ *R. v. Howe*[1987]A. C. 417 at 456 *per* Lord Mackay.

697 不再是最新法律起草时的做法。①

第22节 刑法中的事后帮助

12-170 一般情况下，共犯法仅限于在有关罪行发生之前或发生时所作的行为。在犯罪后协助罪犯以避免被逮捕或定罪的人，虽然本人也可能因此而犯下各种罪行，但并不成为犯罪的行为人。唯一的例外便是叛国罪。② 以前，帮助重罪犯逃跑的人是"事后从犯"。现在这样的法律已经不复存在了，但是那些帮助叛国者逃脱的人仍然是叛国的"幕后主使"，迄今为止，似乎还没有足够的紧迫性让议会相信在该过时的法律分支方面进行立法改革存在正当性，议会也不会把时间花在这上面。

试图协助朋友逃避法律制裁者，可犯伪证罪（如经宣誓而撒谎），或藐视法庭罪，或犯1967年《刑法》③第4条所制定的妨碍拘捕或检控犯了"有关罪行"④的人的罪行。但最常见的，无论是在有关罪行发生之前还是之后，都可能犯下妨碍警察和妨碍司法公正的罪行。仅仅在他人犯罪

① Section 50(2) of the *Children and Families (Wales) Measure* 2010; section 61 of the *Data Protection Act* 1998; section 65 of the *Charities Act* 2006; section 87 of the *Childcare Act* 2006; section 143 of the *Adoption and Children Act* 2002; section 39 of the *Bank of England Act* 1998; section 7 of the *City of Westminster Act* 1996; section 4(6) of the *Children and Young Persons (Protection from Tobacco) Act* 1991; section 52 of the *Clean Air Act* 1993; section 50 of the *Aviation and Maritime Security Act* 1990; section 195 of the *Broadcasting Act* 1990; section 78 of the *Airports Act* 1986; section 11(9) of the *Anatomy Act* 1984; section 11 of the *Animal Health and Welfare Act* 1984; section 14 of the *Atomic Energy Act* 1946; section 99 of the *Civil Aviation Act* 1982; section 2 of the *Agricultural Land (Removal of Surface Soil) Act* 1953; section 110 of the *Agriculture Act* 1970; section 19 of the *Agriculture and Horticulture Act* 1964; section 9(5) of the *Building Control Act* 1964; section 55 of the *Cable and Broadcasting Act* 1984; section 64 of the *Coal Industry Act* 1994; section 10 of the *Coinage Act* 1971; section 40(2) of the *Consumer Protection Act* 1987; section 87 of the *Control of Pollution Act* 1974; section 14 of the *Deer Act* 1991; section 108 of the *Electricity Act* 1989; section 45 of the *Gas Act* 1986; section 314 of the *Highways Act* 1980; section 432(2) of the *Insolvency Act* 1986; section 48 of the *London Local Authorities Act* 1995; sections 10(4) and 41(3) of the *Petroleum Act* 1998; section 36 of the *Plant Varieties Act* 1997; section 36 of the *Radioactive Substances Act* 1993; section 147 of the *Railways Act* 1993; section 177 of the *Water Act* 1989; section 210 of the *Water Industry Act* 1991; section 82 of the *Weights and Measures Act* 1985; reg. 23 of the *Merchant Shipping and Fishing Vessels (Health and Safety at Work) (Biological Agents) Regulations* 2010; reg. 15 of the *Wine Regulations* 2009; section 14 of the *Bribery Act* 2010, among others.

② Section 5(5) of the *Criminal Law Act* 1967. *R. v. Rafique* [1993] Q. B. 843 at 851; *R. v. Panayiotou* [1973] 1 W. L. R. 1032 at 1037.

③ *R. v. Spinks* [1982] 1 All E. R. 587.

④ *Serious Organised Crime and Police Act* 2005 c. 15 Sch. 7(3) para. 40(2)(a)(ii).

后直接与其交往,不是积极的鼓励,因为此前犯罪已经成了过去式。[①] 即使甲在乙犯罪后几秒钟内与乙发生关联,也不会成为从犯,因为犯罪已经结束。[②] 这些传统的免诉交易罪(compounding offences),现在可能会被起诉妨碍公共司法。[③] 698

① *R. v. Rose*[2004]EWCA Crim. 764 at para. 18.

② *Michaels v. Highbury Corner Magistrates Court*[2010]Crim. L. R. 506;*R. v. Brown*[2004] EWCA Crim. 744;*R. v. Rowell*[1978]1 All E. R. 665;*R. v. Machin*(1980)71 Cr. App. Rep. 166;*R. v. Selvage*[1982]Q. B. 372;*R. v. Ali*[1993]2 All E. R. 409;*R. v. Stally*[1960]1 W. L. R. 79;*R. v. Vreones*[1891]1 Q. B. 360. Glanville Williams,"Evading Justice",[1975]Crim. L. R. 430.

③ Baker,*op. cit. supra*,note 15 at Chap. 1.

699

第13章　未　遂

让我们狼狈失措的不是我们的行为，而是我们的图谋。①

威廉·莎士比亚(William Shakespeare)

① Macbeth Ⅱ ii. 中译本可参见[英]威廉·莎士比亚:《麦克白》,朱生豪译,译林出版社 2013 年版相关部分。——译者注

第1节　未完成罪

13-001　只要罪行仍存在于人们的头脑中，就不应受到惩罚，因为人们往往会产生犯罪思想，而无意将其付诸实施：

"除我之外，其他人也一样，

有贼心，没贼胆。"①

但如果采取了某种措施来实现内心欲望，判断的立场就完全不同了。如果某人开始走上犯罪道路，但在达到目的之前受到了制约，就可能会实施本身就是犯罪的行为，也就是所谓的"未完成罪"。这可被定义为，为了实现某些其他犯罪（被称为"实质性犯罪"或"既遂犯罪"或"完成犯罪"）而实施的行为所构成的犯罪。

过去的法律与此相反，没有规定对没有完成犯罪目标的行为人的处罚。当时，刑法与侵权法并没有明确区分，而侵权法只在实际发生损害时才提供赔偿。"惩罚的观念与补偿的观念渐行渐远，没有伤害结果，就没有什么好弥补的。"②法律的修改主要是王座法庭的工作。从17世纪下半叶开始，其发展了"未遂"、"共谋"（conspiracy）和"煽动"（incitement）3种未完成罪。③ 700

第2节　未遂犯的适用范围

13-002　根据1981年《刑事未遂法》对普通法上的未遂罪所作修正，使之成为法定犯。除非另有说明，本章所指均为该法。

可处罚的未遂包括：

试图从空空如也的口袋里偷钱包；

试图在建筑物上浇汽油纵火；

试图用手枪指着被害人进行谋杀。

有时，罪行的未遂，同时又构成其他犯罪的既遂。除了若干无关紧要的法定例外情况外，企图犯下"罪行——如果该罪行完成，将在英格兰和威尔士作为可公诉罪审讯"——的行为，都可成立未遂罪。④ 这意味着，

① A. E. Housman, *A Shropshire Lad*, (London: Richards, 1896).

② S. F. C. Milsom, *Historical Foundations of the Common Law*, (London: Butterworths, 1969) at 373; Thomas G. Barnes "Star Chamber and the Sophistication of the Criminal Law", [1977] *Crim. L. R.* 316at 325-326).

③ Sections 44-46 of the *Serious Crimes Act* 2007.

④ Section 1(1) of the *Criminal Attempts Act* 1981.

即使是非法持有罪也可以存在未遂,[1]并且从某种角度来看,自身就可以被视为“未完成罪”(如精神攻击)的犯罪也存在未遂。不被作为犯罪处理的未遂,稍后将作简要介绍。最重要的限制是,除非法律存在特别规定,否则简易犯的未遂不构成犯罪。

13-003 如果是两可审理犯罪呢?

此类罪行的未遂,同样是两可审。[2] 需要指出公诉审判和简易审判之间的区别。在循公诉程序进行的审讯中,如陪审团裁定实质罪行不成立,则可依法认定企图实施该罪行的人成立本罪的犯罪未遂,这样做不以检控方在起诉书中就企图或未遂作出明示指控为前提。[3] 不幸的是,这无法适用于地方法院,在这类法院中,因为若干难以简单阐明的原因,检控方需要提出明确的指控。[4]

如果这两项指控同时适用于犯罪既遂和未遂,则可以避免由此带来的不便,因为这两项指控被联系在一起了。[5] 如果控方忘记提供指控未遂的信息,可以在法院对犯罪既遂做出无罪开释后,立即提交指控未遂的
701 起诉书,但随后必须再次听取证人的证词!

13-004 如果法庭确定,被告从事了恶搞行为,并且事实上构成犯罪未遂,但不确定是哪个犯罪的未遂,该怎么处理呢?

被告无法被判犯罪未遂,因为控方只能指控他企图实施某一特定罪行未果。在司法实践中,明目张胆的嫌疑犯往往会被判犯有某些罪行。例如,实施夜盗可以有多种故意,而控方不需要证明被告是其中哪种故意。[6] 同样,被告可能会被判犯有持有枪支或其他攻击性武器等持有罪,或“携带工具”盗窃或诈骗罪[7]或侵入车辆罪。[8] 这些罪行要么不要求提供故意犯某种其他罪行的证据,要么允许在被告明显具有特定范围内的故意,但可能无法确定是哪种故意的情况下定罪。

13-005 未遂经常被起诉吗?

尽管罪行范围很广,但警察和其他检察机关一般不希望通过对未遂加以起诉来增加负担。起诉所需的故意往往很难证明,无论如何,警方可

---

① *R. v. Foo*[1976]Crim. L. R. 456.

② *Magistrates Court Act* 1980Sched. 1 para. 4.

③ Section 6(4) of the *Criminal Law Act* 1967.

④ *Pender v. Smith*[1959]2 Q. B. 84;*Re Crown Court at Manchester*, *ex p Hill*(1985)149 J. P. N. 29.

⑤ Section 4(2);section 6(4) of the *Criminal Law Act* 1967;*Webley v. Buxton*[1977]Q. B. 481.

⑥ Section 9 of the *Theft Act* 1968.

⑦ Section 25(1) of the *Theft Act* 1968;section 6 of the *Fraud Act* 2006.

⑧ Section 9 of the *Criminal Attempts Act* 1981.

能认为警告就足够了。如果提出指控,他们很可能更倾向于以携带枪支等特定罪行提出指控。尽管如此,严重罪行的犯罪未遂还是会受到起诉,而且未遂法经常为逮捕可能的罪犯提供理由。

第3节 未遂之处罚

13-006 未遂犯一经定罪,法院可(除少数例外情况外)对其处以其权力范围内可对本罪的既遂犯判处的刑罚。① 在实践中,对未遂犯的惩罚通常轻于对既遂犯的惩罚。如果行为人向他人开枪,意图杀死他,并成功,这样的行为人将被判"终身监禁"。如果没有射中,尽管可以被判终身监禁,但实际上行为人将得到更为宽大的处遇。② 未遂者通常会得到50%的刑罚减免,或者更多。

13-007 为什么法律惩罚单纯的未遂?尝试者认为他会成功。如果所有成功的人都受到惩罚,人们就会投鼠忌器。难道就无法放过那个未遂者吗?

这个论点具有一定吸引力,但前提是子弹刚刚没有命中的不是你的脑袋。刑法,不仅要以实害,还要以危险为目标。刑事定罪作为机制,当某人的可责行为伤害了他人或使他人受到伤害的风险时,对其进行谴责和惩罚。否则,就不会规定危险驾驶罪了。仅仅在危险司机的驾驶造成实害结果时对其加以惩处是不够的。假设甲向乙开了一枪,但没有击中乙。 702
由于甲没有击中目标乙,只是给乙造成了危险。③ 如果乙不知道该企图,就无法主张其在生理上或心理上受到了伤害。但不管他是否意识到狙击手向他开枪的事实,乙都已经濒临危险。如果他知道该企图,可能也会受到心理伤害。"产生损害风险本身并不一定是损害。但事实上,只有会造成损害风险的行为才会造成实害。向某人挥拳可能不会像其所希望的那样伤害对方,但可能会引起被害人对伤害的恐惧,而这种恐惧认知本身就是伤害的结果。"④伤害原则得到了满足,因为立法者可以证明被禁止的活动有伤害他人的危险。同样值得注意的是,未遂者和既遂者

---

① Section 4 of the *Criminal Attempts Act* 1981.

② *Roy Jones*, *The Times*, 3 March 1976; *R. v. Taylor* [1978] Crim. L. R. 236 and *R. v. Townsend* (1980) 144 J. P. N. 12.

③ Dennis J. Baker, "Collective Criminalization and the Constitutional Right to Endanger Others", (2009) 28 *Crim. Just. Ethics* 168; Jerome Hall, "Science and Reform in Criminal Law", (1952) 100 *U. Pa. L. Rev*. 787 at 801.

④ Robinson, "A Theory of Justification: Societal Harm as a Prerequisite for Criminal Liability", (1975) *UCLA L. Rev.* 266 at 268.

具有同样程度的可责性。

很明显,警察如果发现有人企图犯罪,就必须有权对其加以挫败。通常只能通过拘留来加以实现,而拘留通常是以提出指控为前提的。因此,需要以犯罪为先决条件。这本身并不是强有力的理由,但得到了其他论点的支持,即有必要惩罚失败的未遂者,以实现特殊预防。否则,未遂者可能只是下定决心以后要更加小心。在某种程度上,放过企图者也会削弱一般的威慑力,这取决于社会能否成功地让犯罪分子感到不快。此外,由于未遂者使被害人面临伤害的危险,被害人有权让罪犯得到某种报应。被害人受到了委屈,面临着伤害的危险,即使他没有受到更充分意义上的伤害。

我认为,这些论点是有说服力的,因为犯罪未遂彰显出犯罪分子的主观犯意。就轻罪而言,这并不具有说服力,这也是简易程序犯罪一般没有犯罪未遂的原因之一。

13-008 让我改变先前的立场,因为我也被相反的怀疑所困扰。如果你惩罚那些未遂,宽大处理肯定是不合理的。为什么不把他们当作既遂犯来惩罚呢?未遂犯和那些完成了该犯罪的人一样邪恶,也常常具有同样的危险性——前提是未遂犯不感到后悔,仅仅是美梦幻灭。谋杀和谋杀未遂之间的区别,可能不是由于攻击者在执行其目的行为时所表现出的技能缺乏,而是由于医生在治疗被害人时所展现出的医术不精,或者被害人被送往医院的速度过慢。

惩罚未遂的主观根据是,那些成立未遂[①]的行为人,在道德可谴责性方面不比本罪的既遂者轻,因此应该像惩处成功者一样对其加以惩罚。主观主义者认为,道德上的运气,并无法证明给予犯罪未遂者刑罚减免是
703 合理的。范伯格(Feinberg)坚称:“比例原则毕竟并没有规定惩罚的严重程度应与罪犯的运气好坏成正比,而是规定应与罪犯的可责性成正比。”[②]但是,如果“运气不好”对犯罪的标签和惩罚方式有影响,为什么“好运”不起作用?道德上的厄运足以构成谋杀、过失杀人等罪的推定责任的基础。[③] 就公正的该当性(罪刑相适应)而言,对于未遂,似乎的确应当减轻刑罚。一般预防,是通过让个人犯罪者为其特定的犯罪行为付出

---

① Andrew Ashworth,“Criminal Attempts and the Role of Resulting Harm under the Code, and in the Common Law”, (1988) 19 *Rutgers L. J.* 725 at 739-744.

② Joel Feinberg, “Criminal Attempts: Equal Punishment for Failed Attempts”, in J. Feinberg, *Problems at the Roots of Law*, (New York: Oxford University Press, 2003) at 100. Cf. Lawrence Crocker, “Justice in Criminal Liability: Decriminalizing Harmless Attempts”, (1992) 53 *Ohio St. L. J.* 1057. Stephen P. Garvey, “Are Attempts Like Treason”, (2011) 14 *New Crim. L. Rev.* 173.

③ *R. v. Mitchell*[1983] Q. B. 741.

代价来实现的。行为人只应为自己的错误行为受到惩罚,而且刑罚只应与其个人的罪责和行为危害性成比例。[①] 罪刑相适应的基本公式是:危害×罪责=刑罚。[②] 既然未遂有可能造成伤害,就不应将其视为纯粹无害,而应视为危害较小。

在确定未遂行为的严重性时,不应完全忽视既遂损害的缺失。报应,就是针对那些对他人实施错误行为者施以严厉的处遇。比例原则,意味着负责对罪行进行分级并设定相应刑罚的人,需要考虑危害性和罪责性。适当且公正的量刑,应反映出对被害人的伤害的严重性。未完成的损害(风险)没有完成的损害严重;因此,应提供判处更轻的刑罚,以反映较低的损害程度。此外,这样做还将为被告人提供激励,使其在损害实际达成之前停止犯罪。很明显,只暴露于伤害风险之中的被害人,没有权利让被告人得到过多的报应,因为所谓的危险,不如实际伤害严重。如果接受,报应刑不仅仅与寻求报复有关,而且还是对被害人的心理补偿(或者当被害人被杀害时——是对被害人的家人、朋友、族群和更普遍的社会的安抚),"结果"就很重要。

这种报应性的心理安全感和满足感[③]无法用金钱补偿来代替,尽管金钱补偿也可以为犯罪被害人提供进一步的安慰。这对社会其他人也很重 704
要,因为确保那些试图造成严重伤害的人因过去的错误而被相应地褫夺能力、威慑和惩罚,与所有人都有重大利害关系。虽然在未完成罪中缺乏既遂罪中的伤害结果,但这并无法减少犯罪者的罪责,尽管确实减少了被害人(如果活着)的痛苦。如果失败的犯罪尝试意味着被害人躲过了盗窃或伤害,这位被害人将比失去财产或受伤的被害人感到更幸福(其生活也将受到更少的影响)。在该层面上,结果很重要,因此为从轻判决提供了理由。如果故意造成的伤害属于"不可弥补的"伤害,在这种情况(例如谋杀未遂)下,未遂者不应该得到很大的刑罚优惠。

13-009 如果不考虑不法行为对被害人的整体规范性影响,将使被害人从道德运气(免于遭到伤害)中受益,并像受到伤害一样有权让罪犯得到充分的报应。这种扭曲不仅会使犯罪者享受不到道德上的好运,而且会迫使其因为没有变成现实的后果而受到惩罚。

法官从不解释为什么因犯罪未遂而从轻处罚,可能是因为他们用报

---

① Andrew von Hirsch, *Censure and Sanctions* (Oxford: Clarendon Press, 1993).

② Dennis J. Baker, "Constitutionalizing the Harm Principle", (2008) 27 *Crim. Just. Ethics* 3.

③ J. R. Lucas, *Responsibility* (Oxford: Clarendon, 1993), 104. Theodore Y. Blumoff, "A Jurisprudence for Punishing Attempts Asymmetrically", (2003) 6 *Buff. Crim. L. Rev.* 951; Michael Davis, "Why Attempts Deserve Less Punishment than Complete Crimes", (1986) *Law and Phil.* 1; Nils Jareborg, "Criminal Attempts and Moral Luck", (1993) 27 *Isr. L. Rev.* 213.

应主义的方式思考。不会对那些犯罪未遂的,事实上并没有造成伤害的人,产生类似于对犯罪既遂者的愤怒。但是,如果不是简单地站在复仇的角度而是基于道德可责性维度,乍一看,似乎很难反驳这样的论点:未遂者与既遂者具有同样的道德罪过。

然而,在未遂者的情况下,对其进行宽大处理也有较为充分的功利层面的理由。其中两点,特别值得一提:

当受到惩罚的人认为惩罚是自己应得时,刑罚制度才最为有效。对他人造成实质伤害的犯罪人常常会感到内疚,并心悦诚服地接受惩罚,认为给自己的处遇是公正的。如果没有发生伤害结果,行为人就不太可能感到愧疚,或者与造成实害的人一样感到羞愧。如果对该当性的传统理解表明,从轻处罚就足够了,将未遂者视为既遂者,可能会适得其反。①

即使是拒绝将报应作为刑罚基础的功利主义者,也可以按照刚才建议的方式对其加以考虑,并将其作为对普通公众态度的表述。在民主国
705 家,适用法律必须在某种程度上将民意纳入考量范围。如果行为没有引起公正警觉,可以对行为人宽大处罚,同时并不会因此产生法院变得软弱的普遍感觉;严厉的惩罚可能被认为是不公正的。至于未遂,由于许多人采取了简单粗暴的报应立场,要求对其加以惩罚以平衡实际造成的伤害,所以一部对未遂和既遂作相同处罚的法律,会显得过分严厉;并往往会因此失去公众的支持。如果给被告人留下在犯罪完成前中止犯罪的动机,就会实现功利性的目标。

就功利性而言,完成的未遂与未完成的未遂之间的区别十分重要,因为如果尝试已实施完毕,消极中止就是不可能的。当被告人做了所有需要做的事情,但仍未完成犯罪时,就属于实施终了的未遂。例如,如果被告人向被害人开了枪,但由于枪法不好而未命中,就成立实施终了的未遂。然而,如果被告人还在瞄准目标时被警察逮捕,或者在某个更早的时间点被逮捕,就属于未实施终了的未遂,因为他并未开枪。取决于离尝试完成的远近,未遂者可能仍然有足够的机会消极中止犯罪。②

法院对未遂的态度相对温和,表明转移故意原则的现实重要性。如果被告人朝着被害人甲开枪,但击中了被害人乙,就可能会被判伤害被害人甲未遂或实际伤害被害人乙既遂;但对后者的惩罚可能比前者严重得

---

① Paul H. Robinson and John M. Darley, "Objectivist Versus Subjectivist Views of Criminality: A Study in the Role of Social Science in Criminal Law Theory," (1998) 18 *Oxford J. Legal Stud.* 409; Paul H. Robinson, *Distributive Principles of Criminal Law: Who Should be Punished How Much?* (New York: Oxford University Press, 2008) at 175 *et seq.* Sanford Kadish, "The Criminal Law and the Luck of the Draw", (1994) 84 *J. Crim. L. & Criminology* 679 at 689.

② Ashworth, *op. cit. supra*, note 18 at 739-744.

多。对未遂的宽大处理取决于没有出现邪恶结果这项事实。如果恶害已经发生,即使发生在故意以外的人或财产之上,普通公众也会认为单纯将其作为未遂处理的法律是不够充分的。①

第4节 主观要素

13-010 根据1981年《犯罪未遂法》第1(1)条,犯罪未遂的定义如下:

基于实施本条所适用的罪行的故意,作出不只是为实施该罪行做准备的行为,即构成该罪行的企行犯/未遂犯。

未遂通常需要有犯罪故意。故意的要求(至少在后果方面)重申了普通法的一贯做法。谋杀未遂规则,有力地证明了这种要求的效力所 706
在。② 谋杀可以由只想造成严重人身伤害的人实施;但对于谋杀未遂,起诉方必须证明有人企图杀人;仅仅有造成严重人身伤害的故意是不够的。③

13-011 如果恐怖分子在内阁大臣的前门放置炸弹,造成了破坏,但幸运的是没有造成人死亡,这属于谋杀未遂吗?

如果有证据表明恐怖分子故意杀人,那就构成谋杀未遂。但是,如果没有证据表明存在杀人故意,而且根据证据推断,恐怖分子完全不顾后果地杀人,其具体目的是引爆炸弹,制造不安全感,以引发社会关注其实施暴行的理由,这就不是谋杀未遂。恐怖分子可能会因实施了与爆炸物有关的罪行,根据1883年《爆炸物法》(Explosives Act 1883)被加以处理。④

13-012 坚持犯罪故意岂不是很狭隘吗?某人无法轻率地尝试犯罪吗?

针对后果的轻率当然是不够的。上诉法院在"女王所莫汗案"(*R. v.*

---

① Andrew Ashworth, "The Elasticity of Mens Rea", in C. Tapper (e. d.), *Crime Proof and Punishment: Essays in Memory of Sir Rupert Cross* (London: Butterworths, 1981); Andrew Ashworth, "Transferred Malice and Punishment for Unforen Consequences", in P. R. Glazebrook (ed.), *Reshaping Criminal Law: Essays in Honour of Glanville Williams* (London: Sweet & Maxwell, 1978). Andrew Ashworth, "Taking the Consequences", in S. Shute *et al* (ed.), *Action and Value in Criminal Law* (Oxford: Clarendon Press, 1993).

② Michael T. Cahill, "Attempt, Reckless Homicide, and The Design of Criminal Law", (2007) 78 *U. Colo. L. Rev.* 879; Arnold N. Enker, "*Mens Rea* and Criminal Attempt", (1977) 1977 *Am. B. Found. Res. J.* 845.

③ *R. v. Walker* (1990) 90 Cr. App. R. 226; *R. v. Grimwood* [1962] 2 Q. B. 621; *R. v. Whybrow* (1951) 35 Cr. App. R. 141; *R. v. Donovan* (1850) 4 Cox C. C. 401.

④ *R. v. G.* [2010] 1 A. C. 43 at 48, 64.

Mohan)[①]案中认为,普通法上的未遂需要真正意义上的故意,仅仅了解结果发生的盖然性(高概率)或可能性是不够的。该罪行要求"证明具体故意,即被告人在自己的能力范围内,决定实施检控方起诉称被告人企图实施的罪行"。

13-013 这是否意味着,如果恐怖分子引爆炸弹,杀死伦敦地铁一满员车厢里的一半乘客,如果他只是"故意"引起人们对其行为原因的注意,就将不承担谋杀幸存者未遂的责任?

不。对于这样的恐怖分子,可以适用"间接故意"理论。如果恐怖分子故意在一列火车上引发炸弹,预见到乘客的死亡,实际上是炸毁火车的必然后果,需要对谋杀死亡者既遂和谋杀幸存者未遂承担责任。[②] 没有理由将"间接故意"原则局限于既遂犯。很明显,恐怖分子间接故意杀死
707 受伤的幸存者,就像他用炸弹间接故意杀死那些死去的被害人那样。

故意的要求在一定程度上源于"未遂/企图"这个词的一般含义。如果某人偶然地从事了某种具有危险性的行为,就无法主张他是在追求邪恶的结果而未遂。假设被告人扔石头,希望打碎窗户。他非常清楚有人站在附近,自己这样做有可能打到其中某人。因此,其对打到他人的危害结果,具有轻率的心态,但无法主张他是在企图打人。他的目的是要打破窗户。企图/未遂是有目的、目标或故意的,而不是造成附带的风险。法律反映了人们对该问题加以表述时的普遍做法,或起码试图这样做。然而,没有理由认为"间接故意"是不充分的。[③]

13-014 因此,对犯罪的"后果要素"的"轻率",不足以成为认定犯罪未遂的基础,是吗?

是的,但也存在观点相反的判例。在检控方权威参考资料[④]中,上诉法院错误地将"危险后果"视为"情节"。在本案中,被告人坐在一辆移动的车辆上,从这辆车里向另外一辆满载乘客的汽车投掷了一枚汽油弹。炸弹没有击中目标汽车,砸中了花园的墙壁,但没有造成损坏。被告被控违反了 1971 年《刑事损害法》第 1(2)条,犯有加重故意纵火罪未遂,该条规定:

---

① [1976] QB 1 at 10-11. *R. v. Pearman*(1984) 80 Cr. App. R. 259; *R. v. Saik*[2007] 1 A. C. 18 at 24.

② *R. v. Walker*(1990) 90 Cr. App. R. 226; *R. v. Pearman* (1984) 80 Cr. App. R. 259. *R. v. MD* [2004] EWCA Crim. 1391; *R. v. Woollin*[1999] 1 A. C. 82. Cf. *Commonwealth v. Maloney*, 399 Mass 785 (1987).

③ *R. v. Mohan*[1976] QB 1.

④ Attorney—General's Reference(No. 3 of 1992), [1994] 1 W. L. R. 409.

“无合法辩解而毁坏或损坏财产者，不论该财产归属于其本人或他人——

(a)故意毁坏或损坏财产，或对是否会毁坏或损坏财产持轻率心态；

(b)故意通过破坏或损害财产的行为，使他人的生命处于危险状态，或对他人的生命是否会因此受到威胁持轻率心态……”

该罪行类似于1971年《刑事损害法》第1(1)条中的简单刑事损害罪，不过该罪行适用于损害自己的财产以及损害他人财产的情况，而第1(1)条只适用于毁坏他人财产、故意或轻率地危及生命的情况。而该要素被认为是将法定最高刑增加到终身监禁的正当性所在。应该指出的是，尽管事实上没有人受到威胁(因为事实上没有人在这栋楼里)，但依然构成本罪。只要被告人故意或鲁莽地造成被禁止的后果(财产损害的后果和危害状态的附带后果)，即构成既遂。如果被告人故意或轻率地毁坏财物，并且因此导致某人处于危险状态，就成立犯罪既遂。或者，如果被告人破坏财产，故意借此伤害他人，即使没有人受到威胁(就像事实上在建筑物中没有人一样)，也会构成既遂犯罪。造成危险是后果：如果 708
被告人向被害人发射一颗子弹，但其又险些击中被害人，后果就是被害人已经受到了危险，即使没有受到实际伤害。[①]

因此，某人只有在既想损害财产又想危害他人的情况下，才可以被认定企图犯《刑事损害法》第1(2)条规定之罪。[②] 如果某人只打算造成刑事损害，就不希望危害他人。既然他不打算危害他人，为什么要对企图实施“加重”形式的刑事损害罪承担责任？只有在其有意造成财产损失的后果和危害他人生命的附带后果的情况下，才能构成企图犯这种罪行的未遂罪。在上面提到的检方参考资料中，初审法官正确地认为，“针对损害他人生命的(附带)后果的轻率，不足以使陪审团认定未遂罪”，尽管这对于既遂罪的认定来说已是足够。原审法官认为，在被告因企图实施犯罪而被定未遂罪之前，必须证明他“希望使他人的生命受到其故意造成的损害的危害”。[③] 上诉法院驳回了这样的论点：

“除了证明被告具有通过放火对第一处财产造成损害的直接故意外，证明被告对第二处财产是否会受到损害存在轻率心态，以及对第二处财

① Georg Henrik von Wright, *The Varieties of Goodness*, (London: Routledge & Kegan Paul, 1963) at 116 *et seq*.

② Glanville Williams, "Intents in the Alternative", (1991) 50 *Cambridge L. J.* 120; R. A. Duff, *Criminal Attempts*, (Oxford: Clarendon Press, 1996) at 10 *et passim*; Jeremy Horder, "Varieties of Intention, Criminal Attempts and Endangerment", (1994) 14 *Legal Stud.* 335. Cf. John E. Stannard, "Making Up for the Missing Element-A Sideways Look at Attempts", (1987) 7 *Legal Stud.* 194 at 199.

③ *Attorney—General's Reference* (*No.* 3 *of* 1992) [1994] 1 W. L. R. 409 at 418.

产的损害是否会危及他人生命存在轻率心态,便已足够。”①

13-015 如果不存在造成危险的明确目标,就无法存在什么造成危险状态未遂。“制造危险”的随附后果,被用来证明将该罪行界定为比简单的刑事损害罪更严重的罪行是正当的,因此,不要求被告人企图实现该附带后果是错误的。事实上,上诉法院认为,只要制造了危险,就足以构成普通的刑事损害未遂!这种曲解体现在如下两个方面。(1)被告人不是危害他人未遂,因为他实际上完成了犯罪的客观要件。因此,如果被告人事实上制造了某种风险,就无法主张是制造风险未遂。(2)被告人不打算造成危害他人生命的附带后果,因此无法主张其构成危害他人生命
709 未遂。某人不会偶然未遂。被告人确实打算对财产造成损害,但未能如愿。很明显,因为打算对财产造成损害,他本可以被判刑事损害罪未遂。因为只实现了“制造危险”要素,他不可能被判构成了加重刑事损害罪的既遂。导致他人面临危险,本身并不是犯罪。② 这或许可以解释为什么法院为了维持对行为人的有罪判决,热衷于将未遂原则扩展到超出明智的限度。

希曼法官认为,既然被告人完成了制造危险的行为,犯罪既遂形式所要求的犯意,对于“制造危险”要素也就足够了。犯罪的既遂形式只要求被告对危险状态存在轻率心态即可。此外,希曼法官还认为,由于被告人故意造成“未完成要件”(“遗失要件”——财产损害),所以其可以与完成要件相结合,作为以刑事损害结果加重犯未遂定罪的基础。③

13-016 刑事损害结果加重犯未遂的构成要件又是什么呢?

假设被告人试图炸毁地下铁,但由于炸弹威力太弱而失败了。如果他不仅是为了摧毁地铁,而且还是为了杀死乘客,就构成了对于火车的刑事损害结果加重犯未遂。④ 如果他在故意毁坏财产时,没有危害他人生命的不可告人的故意(或没有预见到对他人生命造成危险几乎是损害目标财产的必然后果),其就不会构成刑事损害结果加重犯未遂。上述相关法源的检控方资料,无法与“女王诉莫汉案”⑤中关于禁止后果的故意

---

① *Attorney—General's Reference*(*No.* 3 *of* 1992)[1994]1 W. L. R. 409 at 420.

② D. W. Elliott,“Endangering Life by Damaging Property”,[1997]Crim. LR 382 at 393-394.

③ *Attorney—General's Reference*(*No.* 3 *of* 1992)[1994]1 W. L. R. 409 at 417. *R. v. Khan*[1990]1 W. L. R. 813.

④ *R. v. Dudley*[1989]Crim. L. R. 57;*R. v. Webster*[1995]1 Cr. App. R. 492;*R. v. Millard*[1987]Crim. L. R. 393.

⑤ [1976]QB 1 at 10-11. *R. v. Ancio*[1984]1 S. C. R. 225;*Braxton v. U. S.*,500 U. S. 344 at 350-351(1991);*Alister v. The Queen*(1984)154 C. L. R. 404 at 422;*R. v. LK*(2010)4 A. L. J. R. 395.

要求相协调,因此,希望更高位阶的法院能够纠正而不是遵循该判例。[①]

13-017 针对严格责任犯罪,能够成立未遂?

是的,如果该严格责任犯罪是可公诉的,但未遂需要存在犯罪故意,即使行为人故意实施的犯罪本身并不要求存在故意。"加德纳诉阿克罗伊德案"(*Gardner v. Akeroyd*)[②]涉及战时法规,根据这些法规,以高于固定价格的价格出售肉类,或试图这样做,或为这样做做准备的行为都是犯罪行为。检查员在阿克罗伊德的肉铺里发现了几包肉,上面写着各个买 710
主的名字,标明的价格超过了最高价。这些票据是阿卡罗伊德的助手在阿卡罗伊德不在的时候,并且在他不知情的情况下准备好的。如果这些肉被卖了,全部罪行都会算到阿克罗伊德头上,因为他需要为自己助手的行为承担替代责任,而且相关法规也不要求有犯意。由于这些肉尚未出售,阿克罗伊德被指控为预备犯。法院认为,对于事实的明知,对未遂来说就已经足够,也是成立作为法定犯罪的犯罪预备的必要条件,因此阿克罗伊德不负责任。

虽然严格来讲,法院关于未遂法的意见可以认为是附带意见,但已成为判决的基础,因为法院认为,对于未遂犯来说成立的,对于法定预备犯来说也一定成立。因此,讨论法院对未遂法的意见,是案件判决推理过程中的措施。

13-018 参照形容某一犯罪所属类型的词语具备的一般含义来确定该犯罪的界限,是不明智的。缺乏某种主观要件就无法成立未遂的严格责任犯罪,其实质原因是什么?轻率或过失犯罪呢?有些人可能是危险的,尽管他们没有完成犯罪,也不打算这样做。拆除建筑物的工人可能会轻率地或不小心地这样做,结果导致其他人侥幸逃脱死亡的厄运。如果没有人被杀,那就不是过失杀人罪,但为什么这不应该成立过失杀人的未完成罪呢?

我只能回答说,如果认为过失的行为人可以成立犯罪未遂,那就太过分了。[③] 如果某人没有真正造成法律所禁止的状况,似乎就没有充分的理由利用刑法来惩罚未完成的过失犯罪(在缺乏具体的法律规定的情况下),更没有充分的理由惩罚那些完全没有罪过的行为人。大多数人会认为在这些案件中适用刑法过于严厉。当然,可能会有特定的法定罪行(如危险驾驶)不需要发生危害结果。

---

① Cf. Lord Nicholls R. *v. Saik*[2007]1 A. C. 18 at 31.

② [1952]2 Q. B. 743. Cf. *R. v. Lau Sai—wai*[1985]H. K. L. R. 423;*HKSAR v. Kan Chung Hung*[2001]3 H. K. L. R. D. 834;*HKSAR v. Kwok Chu Ho*[2007]H. K. E. C. 178.

③ *R. v. Pace*[2014]1 W. L. R. 2867. *R. v. Ferriter*[2012]EWCA Crim. 2211 at paragraph 6.

在“女王诉佩斯案”(*R. v. Pace*)[1]中,戴维斯法官(Davis,L. J.)认为对情节的主观鲁莽不足以确定未遂责任。戴维斯法官根据2002年《犯罪所得法》(Proceeds of Crime Act 2002)第327(1)条作出了有关判决,但此判决无法与先前的法源达成一致。先前的法源认为,成立未遂责任,行为人必须对危害结果具有故意,但针对情节仅需轻率。从哲学上讲,某人
711 只能对自己故意实现的目标存在未遂,但某人可以故意冒某种风险。某人可能会故意冒的风险包括花钱赌马,或者试图和陌生人发生性关系。他没有理由相信随机的陌生人会自动同意与其发生性关系,经过法官适当指示的陪审团可以推断出他故意冒强奸被害人的风险。

就造成后果未遂而言,轻率通常应被视为并不足够。首先,说某人不是故意,而是轻率地未遂/企图,听起来十分奇怪。比语言问题更重要的是政策问题。未遂法是法律责任的极大延伸。将未遂责任仅限于故意是可以容忍的;但陪审团或地方法官不应在没有不好结果发生的情况下,获得以轻率为基础去定罪的一般许可。如果要设立基于轻率的未完成罪,则应通过特别立法,并且立法者必须为设定此类犯罪提供令人信服的理由。

但是,可以对未遂的故意要求作出例外规定。可以接受的说法是,尽管未遂需要对后果的故意,但针对情节轻率就足以成立未遂犯罪。

13-019 如果重视“未遂”的一般含义,对情节(与结果不同)轻率就足够了。如果男人在不知道或不关心女性是否同意的情况下,试图与之进行性交,而事实上这位女性并不同意,所有人都会认为这个男的试图强奸这个女的。

事实上,就在《犯罪未遂法》生效之前,“女王诉皮格案”(*R. v. Pigg*)[2]认定,如此一来被告人构成了普通法上的未遂罪。换言之,如果某人针对情节存在轻率,根据普通法,就可以认定其成立犯罪未遂,只要这种轻率足以构成相关犯罪既遂的主观条件,并且行为人针对成立该罪既遂所需的危害结果或危害行为存在故意。已经证实,这仍然是该法规定的立场。[3] 从技术上来讲,只有在被告知道被害人不同意但仍试图与其发生性关系的时候,才构成强奸未遂。但当被告人试图与他认为可能不同意与自己性交的女性发生性关系时,至少是试图冒险强奸。

法院认为《刑事未遂法》对未遂要求故意的做法,只是重申了“女王

---

① [2014]1 W. L. R. 2867.

② [1982]1 W. L. R. 762.

③ *R. v. Khan*[1990]1 W. L. R. 813;*Attorney—General's Reference*(*No.* 3 *of* 1992)[1994]1 W. L. R. 409.

诉莫汉案"中所述的普通法规定,法院也不认为"女王诉莫汉案"[1]中的规则排除了针对情节的轻率所导致的未遂责任。同样的规则也适用于该法的解释,以此追求公共利益。因此,如果既遂罪仅要求对情节的轻率,根据该法,那么成立犯罪未遂,对情节有轻率心态就足够了。一般情况下(如"女王诉莫汉案"在普通法中所做的那样),要求对犯罪存在故意,即对身体行为及成立犯罪既遂所需的后果(如果有的话)的故意,与要求对 712
情节存在轻率之间没有矛盾。如果是这样的话,法律规定的如果是故意犯罪,要求也必须是相同的。

13-020 如果,对仅要求对情节存在轻率就能成立既遂的犯罪来说,对情节的轻率足以使行为人被认定犯罪未遂,为什么对于仅要求对情节存在过失就能成立既遂的犯罪而言,对情节的过失不能成为认定犯罪未遂的基础呢?毕竟,现行的强奸法仅仅要求针对情节的"过失"。[2]

人们会希望法院不要将未遂法的主观要件置于主观轻率之外,但法院在"女王诉莫汉案"中认为,对于成立既遂仅仅需要对情节有过失的犯罪而言,无法排除对于情节存在过失时的未遂责任。法律委员会认为,未遂责任不应建立在对情节的主观轻率以下层级的犯意基础之上。[3] 如果男性被告不合理地认为自己认识多年的女性是同意的,并因此脱光了她的衣服呢?他是否能够仅仅因为没有完成强奸,并且对女性是否同意只存在过失而完全逃避法律制裁?[4] 这难道不会让像摩根和他的同伙(参见"检察长诉摩根案"[5])这样的人无理地试图强奸妇女,并且仅仅因为他们对被害人是否同意存在过失而逃避未遂责任吗?也许不会,因为如此一来,陪审团很可能推断被告主观上对当时的情况是轻率的。法院很可能认为,对情节的过失不足以使行为人承担未遂责任,因为过失的行为人仅仅是企图实施无害的做爱行为,等等。他们主观上不知道他们正在试图犯罪,因为他们没有意识到情况可能不像他们相信的那样。

13-021 关于未遂,能否存在针对情节的严格责任?

在"女王诉科里尔案"(*R. v. Collier*)[6]中,被告人被控试图与不满16

---

① *R. v. Pearman*(1984)80 Cr. App. R. 259.

② Section 1(2) of the *Sexual offences Act* 2003.

③ Law Commission, *Conspiracy and Attempts*, L. C. C. P. 183 (London: H. M. S. O., 2007) at 194-97.

④ *Attorney—General's Reference*(*No.* 1 *of* 1992)[1993] 1 W. L. R. 274.

⑤ [1976] A. C. 182.

⑥ [1960] Crim. L. R. 204. *Gardner v. Akeroyd*[1952] 2 Q. B. 743. Cf. *R. v. Lau Sai—wai*[1985] H. K. L. R. 423; *HKSAR v. Kan Chung Hung*[2001] 3 H. K. L. R. D. 834; *HKSAR v. Kwok Chu Ho*[2007] H. K. E. C. 178.

岁的女孩发生性关系。行为人当时不满 24 岁,并试图提出法定抗辩事由,即试图证明他有理由相信女孩已超过 16 岁。[①] 初审法官裁定被告人可以使用该抗辩事由。这意味着,该未遂变成了某项严格责任的罪行。这位博学的法官没有注意到,对未遂罪的指控本应要求检控方证明犯意,即使该罪的既遂一般属于严格责任犯罪也是如此。

最合适的犯意,应该是对情节的明知或轻率。法院很可能认为,即使
713 严格责任对于犯罪既遂来说是足够的,但对于未遂责任来说,针对情节的严格责任是不够的。因此,如果某人试图对 13 岁以下的女孩进行性爱抚,他很可能不会因试图对 13 岁以下的儿童进行性侵犯而承担责任。[②] 他可能相信女孩已经 16 岁以上,这项事实并无法为犯罪既遂提供抗辩,但可以为未遂提供抗辩。[③] 美国法学会制定的《模范刑法典》规定,对情节的过失(甚至严格责任)足以构成未遂责任的基础,如果这是犯罪既遂所需要的全部主观条件的话。[④] 但如前所述,法律委员会建议,应将主观轻率作为最低限度的犯意要求。

13-022 "行为犯"是否有可能出现未遂?

是的,但行为人必须是故意实施了违法行为。某人可以故意从事因本身具备危险性而被定为犯罪的行为,即使他不打算通过实施该行为造成具体伤害。如果被告人打算驾驶一辆其知道存在刹车问题的汽车,并试图这样做,就属于危害他人未遂,即使他不打算伤害人。[⑤] 如果他在试图启动刹车失灵的车辆时被发现,就可能会被判危险驾驶罪未遂。就未遂责任而言,仅证明行为人本应知道该车辆处于危险状态是不够的,而有必要证实行为人知道(或正确地确信)该车辆处于危险状态,但仍故意选择在该状态下驾驶。检控方没有必要证明被告人故意危害他人,但必须证明行为人是有意从事犯罪"行为"——危险驾驶。如果被告人打算实施"行为犯",这样的尝试就应该受到惩罚。同样,如果明知自己彻底喝
714 醉的行为人想开车,就属于企图从事犯罪行为,即使其不打算伤害人。因

① Section 6(3) of the *Sexual offences Act* 1956.

② Section 7 of the *Sexual offences Act* 2003.

③ *Maxwell v. State*, 168 Md. App. 1(2006); *State v. Chhom*, 128 Wash. 2d 739(1996); *Matter of Brion H*, 555 N. Y. S. 2d 881(1990). Cf. Law Commission, *Conspiracy and Attempts*, L. C. C. P. 183 (London: 2007) at 196, Audrey Rogers, "New Technology, Old Defences: Internet Sting Operations and Attempt Liability", (2004) 38 *U. Rich. L. Rev*. 477.

④ Larry Alexander and Kimberly D. Kessler, "Mens Rea and Inchoate Crimes", (1997) 87 *J. Crim. L. & Criminology* 1138 at 1159-63; Paul H. Robinson and Jane A. Grall, "Element Analysis in Defining Criminal Liability: The Model Penal Code and Beyond", (1983) 35 *Stan. L. Rev*. 681 at 740-743.

⑤ Glanville Williams, *Criminal Law: The General Part*, (London: Stevens & Sons, 1961) at 619.

此，如果警察抓到醉汉试图发动汽车，就可以指控其酒驾未遂。[①]

13-023　这是否意味着某人可以成立危险驾驶致人“死亡”未遂？[②]

不。某人可能会试图从事危险的“行为”，即危险驾驶，但无法对这样做所带来意外的“后果”存在未遂。对于意外的后果是不可能存在故意的！正如被告无法因为过失或轻率行为而被判过失杀人未遂罪一样，也不存在危险驾驶致人“死亡”罪未遂，除非行为人对造成被禁止的结果——“死亡”——存在故意。如果被告人在快速穿过学校区域时意外撞倒了孩子，他就是造成了他不希望发生的后果。被告人是故意行事的（超速），但对于超速驾驶引发的后果，行为人不是故意的（对儿童的伤害）。认为这位司机企图杀害该孩子是荒谬的，因为这不是其本意，即司机只是想从事超速的犯罪“行为”。否则，就可以认为他企图杀害学校区域内的所有人。如果他想撞死行人，那他就是企图谋杀。因此，如果被告人驾驶自己的车试图撞死对手，不仅他的危险驾驶行为是故意的，而且杀死对手的尝试也是故意的。[③] 行为人需要对故意试图造成法律禁止的结果或故意企图从事法律禁止的“行为”承担责任。

第5节　未遂行为

13-024　根据1981年《刑事未遂法》第1(1)条的规定，未遂被定义为从事特定的行为，因此，毫无疑问，不可能存在不作为未遂（无论是积极作为犯罪还是不作为犯罪）。[④] 如果法律规则不应被简化为《爱丽丝梦游仙境》里的槌球游戏——在游戏中，木槌变成了四处游荡的火烈鸟—— 715
就必须对基本法律术语加以固定。因此，该法中的“行为”概念不应包括不作为，然而在这个问题上没有清晰的法律表述。[⑤] 不幸的是，法院在具体案件中对于是否采用上述这种解释，也是不确定的。[⑥]

一旦故意犯罪的人去实施了未遂行为，不管后来发生了什么，针对该罪行的责任都固定下来了：

---

① Section 5 of the *Road Traffic Act* 1988; *Mason v. D. P. P.* [2010] R. T. R. 11. *Moore v. D. P. P.* [2010] EWHC 1822.

② Section 2 and 2A of the *Road Traffic Act* 198.

③ *State v. Frohlich*, 729 N. W. 2d 148 (N. D. 2007).

④ Law Commission, *Conspiracy and Attempts*, Report 318 (London: H. M. S. O., 2009) at 151. *R. v. Stone and Dobinson* [1977] Q. B. 354; Michael T. Cahill, "Attempt by Omission", (2009) 94 *Iowa L. Rev.* 1207.

⑤ *R. v. Ahmad* (1987) 84 Cr. App. R. 64.

⑥ Ian Dennis "The Criminal Attempts Act 1981", [1982] Crim. L. R. 5. *R. v. Arthur* (*The Times*, November 5, 1981).

未遂者随后放弃犯罪的努力并不重要——例如,因为发现有人在监视,[①]或者改变了主意(但如果改变主意,法庭可能会认定这表明行为人从未拥有过坚定的犯罪目的)。[②]

行为人继续实施犯罪直到既遂也无所谓:此前的犯罪企图/未遂,并不会“合并”在犯罪既遂当中。[③] 当然,如果警方掌握既遂罪的证据,就会据此提起公诉。但如果他们指控被告人犯罪未遂,而被告厚颜无耻抗辩称自己已经既遂,将不会对其产生帮助。共谋的情况也是如此。

13-025 第1(1)条所说的行为必须“不仅仅是犯罪预备行为”是什么意思?假设我举手要打某人的头,显然是准备打他,也是试图打他,因为我一放下手,就会打到他。在我看来,为了犯罪而做的每一件事都是犯罪预备行为。

确实如此。但“不仅仅是犯罪预备行为”规则对法律专业人士有着特殊的意义。这意味着必须划清界限。在普通法中,法院区分无法成立未遂的犯罪预备行为,以及与之近似的,但可以成立未遂的行为。[④] 在某种程度上,这个判断,取决于可以被礼貌地称为本能反应的东西。法官们
716 经常把“不仅仅是犯罪预备行为”的概念解释得非常狭隘,以至于那些明显的混蛋,虽然在实施目标犯罪方面走得很远,却被宣告无罪。这也许是因为法官倾向于认为,除非行为实际上涉及被告“试图”实施所涉犯罪,否则行为都“仅仅是犯罪预备行为”;[⑤]或者至少是涉及非常接近犯罪实施的事情[⑥](这确实是这个词的经典含义)。因此,1981年《犯罪未遂法》放弃了接近的表述,而留下了规则的另一半,或者硬币的另一面(该行为必须不仅仅是犯罪预备行为)。

这种变化有明显的效果:剥夺了常用的语言含义。不再有词来形容不仅仅是准备的行为,而是必须使用这种蹩脚措辞的全部内容,才能表达上述含义。如后所述,该表述对该法通过之后的判决,几乎没有影响。

13-026 当然,存在若干原则,法院一般会据此判断某项行为是否不仅仅是犯罪预备行为,是吗?

法官和评论者提出了各种各样的观点,但没有哪个能够给予太大的

---

① *R. v. Taylor*(1859) 1 F. & F. 511.

② Stuart, “*Actus Reus* in Attempts”, [1970] Crim. L. R. 505 at 519-541.

③ Section 6(4) of the *Criminal Law Act* 1967; *Webley v. Buxton*[1977] Q. B. 481.

④ P. R. Glazebrook, “Should we have a Law of Attempted Crime?”, (1969) 85 *L. Q. R.* 28 at 29-35, esp. at 33 n. 26.

⑤ *R. v. Geddes*[1996] Crim. L. R. 894 at 895 *per* Lord Bingham L. C. J..

⑥ *R. v. Tosti*[1997] Crim. L. R. 746.

帮助,其中甚至有一两个观点还确实具有误导性。①

13-027 为什么要在犯罪的实行和预备之间划清界限?

“不仅仅是犯罪预备行为”规则,可以被视为源于一句格言,即必须在某个地方划清界限。而其在一定程度上还取决于这个事实,即某种犯罪行为恰好被称为“未遂”。如果某人只是坐在大英图书馆学习雕刻作品的话,不能认为他正在企图伪造钞票。纯粹预备规则旨在将纯粹预备犯的相对无害活动,与已经完成充分准备的犯罪者的活动区分开来。②如果被告仍处于早期准备阶段,就无法确定其是否有能力或有决心继续自己的行为计划。如果行为人只是在准备工作中迈出了第一步,比如为了成为伪造犯而研究关于雕刻的书,可能与仅仅有犯罪幻想的人几乎没有区别。由于大多数人都对犯罪行为存在抑制情绪,所以不知道这样的预备者是否会走得更远,然而走得越远,就越不可能悔改。除非已经在某项犯罪的道路上走得很远,表明已经突破了犯罪的心理障碍,否则惩罚行为人的预备是不合理的。 717

13-028 如果某人的行为模棱两可,就不应该被判成立未遂罪,这可以用来解释不仅仅是犯罪预备行为规则吗?

有些法院过去曾考虑过这个想法,③但现在已经放弃了。这也有充分的理由。这个想法就是,当且仅当被告人的行为能够明确表明犯罪故意时,才不应仅仅被视为预备性的。但这项测试过于局限,无法提供指导。诚然,非常普遍的行为,例如携带火柴,可能被认为不是未遂,理由是这样做的被告与仅仅有犯罪决心的人差别不大,而法律并不惩罚头脑中的犯罪决意。但如果说被告所做的合理的模棱两可的行为,都仅仅涉及犯罪预备而不是未遂,那就太狭隘了。

简言之,对上面提到的建议的反对意见就是,其混淆了用来证明故意的证据与接近未遂的行为。人们可能承认,被告行为的模糊性可能使仅凭行为的证据无法断定其具有犯罪故意。但犯罪故意可以通过被告所实施的行为以外的其他证据来证明:正如将会看到的那样,可以通过行为人随后的供词来对此加以证明。一旦陪审团确信被告具有犯罪故意,其行为客观意义上能够解释为无罪的事实,对其是否仅仅处于预备阶段的判

---

① Glanville Williams, *Textbook of Criminal Law*, (London: Stevens & Sons, 1978) at 379-382. Hamish Stewart, “The Centrality of the Act Requirement for Criminal Attempts”, (2001) 51 *U. Toronto L. J.* 399; Barbara Baum Levenbook, “Prohibiting Attempts and Preparations”, (1981) 49 *UMKC L. Rev.* 41.

② *R. v. Geddes* [1996] Crim. L. R. 894 at 895.

③ *Davey v. Lee* [1968] 1 Q. B. 366; *Jones v. Brookes* (1968) 52 Cr. App. R. 614; Wayne R. LaFave, *Substantive Criminal Law*, (West Publishing, Vol. Ⅱ, 2003) at 225 n. 58.

断,就不具有决定性意义。

下面这个事例可以突出“含糊不清”或“明确行为”规则的不连贯性。假设在特定的地方有许多干草堆被烧了:某天晚上,被告走进农夫的田地,走向干草垛,嘴里叼着烟,点燃了一根火柴。警察从藏身的草垛深处出来,当场逮捕了被告人。如果被告被控刑事损害未遂,而这些就是全部的证据,案件很可能因缺乏令人满意的犯罪故意证据而最终无法成立。然而,被告在点燃香烟之前的划火柴行为,可能就是要点着干草堆的行为,也可能被告只想点燃香烟。这个难题在于犯意的证明,而不在于被告是否已经度过了预备阶段。假设在被逮捕后,被告供认是想烧掉这堆干草。如果供词被相信,被告的犯罪故意就被证明了;毫无疑问,他已经达到了未遂的阶段,因为在点燃火柴时,他开始了试图烧掉柴火的行为。

13-029 如果被告做了实施了成立未遂所需的“最后的行为”呢?

法院曾一度使用“最后行为”原则,来确定被告人是否做了不仅仅有预备性的行为,但该原则的用途非常有限。[①] 如果被告做了犯罪所需的最后一件事,就不可避免地超越了单纯的犯罪预备阶段。因此,如果被告
718 鼓励甲作为无辜的代理人实施犯罪,并期望甲在没有进一步指示的情况下犯罪,被告原则上可以被认定为犯罪未遂(如果甲确实犯罪,被告就将成为犯罪人)。[②] 然而,如果被告人鼓励有罪的代理人犯罪,尽管构成了专门的鼓励罪,[③]而且尽管如果被鼓励者犯罪,被告人将成为从犯,但被告不会因其所实施的鼓励行为而犯未遂罪。否则每次鼓励都是一次未遂。《刑事未遂法》中的某项明确规定证实了该规则。简言之,未遂法只适用于准正犯,而不适用于准从犯。稍后将再回到这里。

什么是犯罪所必需的“最后行为”,部分取决于因果关系法,而因果关系法又可能部分取决于未遂法。此前已经提到过,在案件中,有人打算给妻子下毒,并且准备了毒药,而妻子竟在没有人协助的情况下自行喝下了这份毒药,并死亡。可以认为,根据“意外扭曲”原则,可以认定该男性犯有谋杀罪,因此,如果其在准备毒药后立即被捕,基于最后行为原则,他将犯下谋杀未遂罪。但与此相反的观点是,他的行为仅仅是预备行为,因此他还没有达到实行的阶段,由此可以得出结论,如果妻子意外地喝下毒药,这个男人就没有犯下谋杀罪。以前有人建议,解决办法应该取决于这个人离投毒的远近程度。

---

① *D. P. P. v. Stonehouse*[1978]A. C. 55;*R. v. Eagleton*(1855)Dears. C. C. 515.

② Cf. *R. v. R.* [2009]1 W. L. R. 713.

③ Section 44 of the *Serious Crime Act* 2007;Vol. Ⅱ,(2003)at 225 n. 58. *D. P. P. v. Stonehouse*[1978]A. C. 55;*R. v. Eagleton*(1855)Dears. C. C. 515.

不仅仅是预备行为标准显然比“最后行动”标准更广泛。如果还有其他行为要做，就可以成立未遂。

13-030　某人从口袋里掏出把左轮手枪，想杀死他人，但他的手臂在瞄准前被抓住了。显然他犯了谋杀未遂罪，但他还没有到该实施最后行动（扣动扳机）的时候。[①]

同样，在《刑事未遂法》颁布之前，有人认为，当某人进入他人的汽车，并坐到驾驶座时，就构成了盗窃未遂的罪行，即使他还没有启动发动机或使汽车挂挡。[②]

甚至有人认为，旨在累积并最终导致犯罪的一系列类似行为中的第一步，即可构成充分的未遂。[③] 主要案件涉及肤色黝黑的坏蛋，名字叫怀特（White）[④]。怀特在他母亲的花蜜里放了两粒氰化钾，打算杀死他自己 719
的妈妈。该剂量不足以致死，这位母亲甚至没有喝过这瓶花蜜，但巧合的是，其不久后死于自然原因。有人认为，怀特犯有谋杀罪未遂，无论其认为该剂量本身足以杀死人，还是他打算再放几次氰化钾，通过累积效应来杀人；在后者的情况下，事实上氰化钾没有累积效应，这并不重要。显然，怀特是想杀人，而且他已经开始着手杀人了。

13-031　所以这些传统检验手段毫无用处。现在到底该适用什么测试标准？罪犯是否真的必须“着手以完成”他的罪行，或者证明他处于“既遂边缘”是否足够？

权威法源表明罪犯必须着手以完成罪行。在“女王诉琼斯案”[⑤]中，被告所做的行为不仅仅是为谋杀罪做准备，因为其上了被害人的车，用把装有子弹的枪指着被害人，并意图杀死被害人。他没有机会真正去实施杀死被害人所必需的行为，也就是扣动扳机。在被害人解除他的武装之前，他没有机会完成自己的企图。被害人在被告拿掉保险扣并试图扣动扳机之前，夺过了行为人的武器，但他显然处于扣动扳机的边缘。

然而，一系列案件认为，仅仅处于实施犯罪的边缘是不够的。但有些判决却相反。[⑥] 对未遂法采取限制性解释的滑稽事例，便是“女王诉格达斯案”（*R. v. Geddes*）。[⑦] 该判例似乎表明，要犯下未遂罪，被告必须实际

---

① *R. v. Linneker*[1906]2 K. B. 99；*R. v. Jones*[1990]1 W. L. R. 1057.

② *R. v. Cook*(1964)48 Cr. App. R. 98；*R. v. Hussein*[1967]Crim. L. R. 219；*Shaw v. Knill*[1974] R. T. R. 142. Cf. *D. P. P. v. Mason*[2010]R. T. R. 11.

③ *Moore v. D. P. P.* [2010]EWHC 1822.

④ [1910]2 K. B. 124.

⑤ [1990]1 W. L. R. 1057. *Attorney—General's Reference*(*No.* 1 *of* 1992)[1993]1 W. L. R. 274.

⑥ Cf. *R. v. Tosti*[1997]Crim. L. R. 746.

⑦ *R. v. Geddes*[1996]Crim. L. R. 894 at 895.

上实施了实行"行为",或者换言之,必须实际开始他的尝试(试图完成有关罪行)。这通常被称为"被告人是否已着手实施整个犯罪;但就整个犯罪而言,不必达到'已经无法回头'的程度"的问题。[①]

"女王诉格达斯案"中,被告人被控非法监禁的未遂。格达斯被发现闯入一所学校的男厕所。当时警察正在学校视察,但未能阻止其逃跑。被告人的背包在附近被找到了。背包里有把大菜刀、几根绳子和一卷胶带。控方诉称,被告人的犯罪工具十分齐全,这使其有能力抓捕和约束随机进入厕所的男孩。被告只是在等男孩进来,以便他能扑过去捉住他。
720 尽管被告是非法闯入者,当时处于蓄势待发的状态,已做好充分准备,濒临试图抓住男孩的边缘,但上诉法院认为,他没有试图非法囚禁男孩。上诉法院裁定:[②]

"没有经验法则的检验标准,必须始终根据案件的具体事实作出判断。这是对法定检验标准的准确解释,即询问现有证据(如果被接受),是否能够证明被告的行为表明他确实试图犯下有关罪行,或者询问他是否只是做好犯下有关罪行的准备或使自己处于能够实施有关罪行的位置或使自己有能力这样做……被告确实进入了学校,但从未与学校的学生有过接触或交流,也从未与学生发生过冲突。整个案件使法院感到极为不安,但根据案件的事实,法院认为应该得出这样的结论,即法律上的证据不足以证明上诉人所实施的行为不仅仅是非法监禁不知名的人的预备行为。"

13-032 基本上,只有在格达斯试图抓住男孩,或至少试图和其中男孩交流的时候,才会有罪。[③] 由于其实际上并没有试图突袭男同学(抓住男孩或试图说服男孩和他走),所以他不成立非法监禁男孩未遂。

"女王诉坎贝尔案"(*R. v. Campbell*)[④]强化了对未遂法的限制性解释。坎贝尔被判抢劫未遂。警方获悉,在某个邮局将要发生抢劫案,所以对其进行了监视。坎贝尔被看到在邮局附近闲逛。于是警方对坎贝尔加以搜查,找出了一副太阳镜、一把枪和一张要钱的纸条。他承认自己想抢劫邮局,但声称已经改变主意了,不打算继续干下去。沃特金斯法官(Watkins L. J.)表示[⑤]:

"如果,某人甚至没有(进入)他能够实施犯罪的地方,就绝不可能认

---

① *R. v. G*[2010]1 A. C. 43 at 48 citing *R. v. Gullefer*[1990]1 W. L. R. 1063 at 1066.

② *R. v. Geddes*[1996]Crim. L. R. 894 at 895 *per* Lord Bingham L. C. J. .

③ *R. v. Dagnall*(2003)147 S. J. L. B. 995.

④ (1991)93 Cr. App. R. 350.

⑤ *R. v. Campbell*(1991)93 Cr. App. R. 350 at 355.

为，他已经实施了可以恰当称之为未遂的行为。”

13-033　如果坎贝尔进了邮局，就足够认定未遂吗？在“女王诉格达斯案”中，法院认为格达斯出现在厕所里是不够的。但是如果有男孩在格迪斯在场的时候进了厕所，怎么办？如果遵循限制性的解释，这在逻辑上不应该有区别。如果男孩进了厕所，格迪斯也许会扑上去抓住他，但男孩进厕所的行为无法改变被告行为的性质。（而如果他一看到男孩进来，就跑了呢？）

如果坎贝尔在进入邮局后，看到了武装警卫，于是决定放弃抢劫，他在邮局的短暂出现会有什么影响吗？法院继续倾向于限制性做法。在“梅森诉检察长案”（*Mason v. D. P. P.*）①中，法院认为醉汉仅仅是打开车门，并进入驾驶座，这并无法证明其试图驾驶自己的汽车。梅森承认， 721
他打算开这辆车，但他的企图失败了，因为他在打开车门时被人抢了车。看来，他只有坐在驾驶座上，并试图发动引擎，才有责任；但如果引擎发动了，就肯定会达成该犯罪的既遂。如果他在把钥匙插入点火开关时被抓住，就足够成立犯罪未遂。法院在《刑事未遂法》通过前的若干判决中，也采取了类似的限制性做法，但先前的判例与刚才提到的案件相比没有那么暧昧不清。例如，在“女王诉罗宾逊案”（*R. v. Robinson*）②中，缺钱的珠宝商企图欺骗他的保险公司。大幕拉开时，罗宾逊被发现在他的店里，被捆着腿和手。这个商人喊道：“我被绑住了，被堵住了嘴，开门。”路过的警察听到喊声，吹了警笛（不知道罗宾逊是怎么在被堵住嘴的情况下，向外面大街上的人喊话的，但这确实是法律报告中讲的故事）。增援部队到达，警察冲进商店，释放了罗宾逊。罗宾逊称，他保险箱里的珠宝被抢了。思维敏捷的警察在保险箱后面寻找，在那里找到了珠宝。罗宾逊当然为珠宝买了防盗保险。

基于上述事实，罗宾逊被陪审团判定以虚假的借口从保险公司获得金钱未遂（该罪现在已被诈骗罪所取代）。但刑事上诉法院撤销了该判决，其认为警方行动太快。他们本应该等罗宾逊写信给保险公司索赔。事实上，罗宾逊只是为这起欺诈案制造条件，并没有构成未遂。

13-034　但罗宾逊上演这场戏的故意是非常明确的。

行为不会仅仅因为有明显的犯意就变成未遂。尽管该判决受到了批

---

① ［2010］R. T. R. 11. Cf. *Moore v. D. P. P.*［2010］EWHC 1822. ection 5(1)(b)(2) of the *Road Traffic Act* 1988; *Drake v. D. P. P.*［1994］R. T. R. 411; *D. P. P. v. Watkins*［1989］Q. B. 821.

② ［1915］2 K. B. 342. *Comer v. Bloomfield*(1971) 55 Cr. App. R. 305; *R. v. Murray*［1982］1 W. L. R. 475.

评,[①]但从传统未遂法来看,其绝不是明显错误的。如果罗宾逊买了绳子,把自己绑起来,目的是完成自己策划的欺诈,这就显然只是犯罪预备行为。法院认定,表演被抢劫只是为向保险公司提出索赔做准备的行为,该判断并没有明显的错误。然而,罗宾逊的欺诈行为确实在犯罪道路上走得更远,并不是买条绳子那么简单。

法院在《刑事未遂法》通过后的案件中也持同样的观点。例如,在
722 “女王诉顾乐夫案”(*R. v. Gullefer*)[②]中,被告押注并希望赢得比赛,但比赛开始后,他发现自己显然支持了失败者。被告跑到赛道上分散赛犬的注意力,想借此让主办方宣布比赛“无效”,因为他知道这意味着博彩公司必须归还赌注。他被控盗窃自己的赌注未遂。上诉法院认为,此人的行为不足以构成未遂。根据法庭的说法,只有当他向庄家出示自己购买的彩票时,才会构成偷走自己的投注未遂。换言之,利用此前的犯罪预备行为去试图拿回自己的赌注。

不管理论上的争论是什么,罗宾逊这类案子的判决让警察“进退维谷”了。一旦罗宾逊意识到自己被发现,就会放弃此前的犯罪计划:向保险公司索赔已经没有意义。但是,如果警察在其写好索赔信件并寄出之后才进行搜查,可能就找不到珠宝了,因为到那时,罗宾逊可能已经把其藏得更好。良好的警察行为要求迅速采取行动,但未遂法使其陷入僵局。(然而,近代的罗宾逊可能会被判犯有虚假报警和浪费警察时间的即决罪行。)[③]

13-035 其他有趣的轶事,同样让警察颇为头疼,便是“基普里亚诺诉雷诺兹案”(*Kyprianou v. Reynolds*)[④]。基普里亚诺走近毒品贩子说,或者也许是喃喃低语:“你们今晚销售的是大麻还是海洛因? 我楼上有钱。”这时,基普里亚诺首次注意到警察在听。法院判定,被告企图获得大麻或海洛因的行为是无罪的,因为他改为只是发出了“要约邀请”。由此可以推测,购买要约才能算作未遂。

13-036 还有哪些行为被认为不是未遂?

踩点儿,或寻找犯罪的机会,从来都被认为仅仅是犯罪预备行为。下面的实例并不是判决的主题,但很明显,只是侦察,并没有超出犯罪预备行为的范围。

---

① *D. P. P. v. Stonehouse*[1978]A. C. 55 at 75.

② (1990)91 Cr. App. R. 356. 见 *R. v. Widdowson*(1986)82 Cr. App. R. 314;*R. v. Ilyas*(1984)78 Cr. App. R. 17.

③ Section 5 of the *Criminal Law Act* 1967.

④ (1969)113 S. J. 563.

有人被发现沿着一排房屋走来走去，在每座房屋前停下来，似乎在检查房屋是否安全；只要有人经过，他就藏起来。他被判夜盗罪。 723

在繁忙的市场里，年轻人成功地跟踪了许多女性，他看到这些人的钱包都被放在购物车或婴儿车的最上面；一有人跟他说话，他就会跑掉。

某人在路上乱逛，敲着房门看有没有人在家。当受到质疑时，他未能对自己的行为作出令人信服的解释。

13-037　如果两个人这样做，理论上，他们可能会被判共谋偷窃罪。但在小案件中，共谋指控对警方没有多大用处，因为这种行为显然是可以被提起公诉的。在《刑事未遂法》通过之前，警察可以以"涉嫌游荡，故意实施可逮捕的罪行"的简易犯对其加以起诉；但是，这项"怀疑型"罪名受到了攻击，因为有人批判称，该罪名被用于压迫少数族裔。因此该法废除了这项罪行。这段历史使得未遂法不太可能适用于为实施犯罪而踩点摸底类的案件。其他可以较为稳妥地被认为不构成未遂的行为，是为拟实施的犯罪准备工具或收集信息的行为。在《刑事未遂法》颁布之前，有判例曾认为，为某些罪行获取材料要么是未遂，要么是普通法上的特殊罪行，但该法［第6(1)条］明确废除了这些特殊罪行。显然，其用意是，除非有明确的法律规定，否则不应对这些行为予以惩罚。[1]

在案件中，即使是对毫无戒心的被害人的长期跟踪，也被裁定不构成未遂。这起案件便是"女王诉科马罗尼案"(*R. v. Komaroni*)[2]。两名被告承认，他们在夜间驾车追赶一辆卡车，打算趁司机下车去吃饭，卡车无人看管之际，钻入车里偷东西。在旅途中，当卡车被困在一座路上结冰的山上时，憎恶暴力的被告人帮助司机重新发动汽车。司机对这几位的陪伴感到怀疑，连夜不停地开车。斯泰特菲尔德法官(Streatfield J.)裁定被告的行为仅仅是犯罪预备。

13-038　本案中，密谋者不仅仅是在寻找他们的被害人；他们实际上已经找到了被害人。如果被告携带武器，打算在司机停车时谋杀他怎么办？直到他们将其带到枪口之下的那一刻，法院才会判定被告犯下未遂罪吗？如果是这样的话，未遂法的适用范围就会变得非常狭窄。这两名被告人并非没有受到惩罚，因为他们承认犯有共谋罪，但在只有未遂者的情况下，未遂问题仍然具有实际重要性。

有些不一致的情况是，有些判决认为，如果被告诱使他人前往预期的犯罪地点，则可能是企图实施双方同意的性犯罪（如与幼女的非法性交），但被告人须事先将计划加以告知。相关标准的逻辑关联性是模糊

① Section 25 of the *Theft Act* 1968.

② (1953) 103 L. Jo. 97.

724 的,似乎已不再适用。[①]

13-039 该法律存在改进的可能吗?

法律委员会任命的工作组建议,应通过颁布法律,规定朝犯罪迈进实质一步的行为是犯罪未遂,[②]来解决这些问题。在"格达斯案"、"坎贝尔案"以及"梅森案"中,被告人显然都迈出了实质性的一步。不是从犯罪开始,以及回头看看什么是最接近的,而是应该首先考察被告的故意,然后向前看,以确定什么是追求犯罪实现的实质性的措施。这将使未遂法的适用范围更广。工作组还提议,该成文法应载有说明性的事例,以便立法机关能够就实际上属于政治问题的未遂法的适用范围问题,制定自己的"判例法";这些事例可以说明什么是未遂,以及什么不是未遂。而这正是美国法律学会《模范刑法典》第5.01(c)条中提出的规则。

13-040 但即使存在"实质性措施"检验标准,判例依然显得有点杂乱无章,各说各话,而且判决往往是不可预测的,就像现在一样。

是的。但是,唯一的选择,便是立法规定如果伴随着成立犯罪所要求的故意,即使是犯罪预备行为的措施,也都足以成为未遂行为。更重要的是,实质性的措施往往只不过是犯罪预备行为而已。而这在政治上是"不灵光"的。[③] 国会立法者们会指出,如果失业者仅仅是踏进停车场,这样的法律将使有疑心的治安法官能够判定他企图犯盗窃罪。事实上,如果理论上警方提供证据证明他在接受审讯时承认有犯罪故意,只要他一踏出自己的门,就可能被判盗窃罪未遂。此外,尚不清楚一套详尽的事例如何比在判例中发现的大量事例能够更好地指导法院。

13-041 有标准来涵盖那些濒临"真正试图犯下"所涉罪行的人,难道不是更好吗?

这样的检验标准必须集中在被告未遂涉及的时间和空间方面。在"女王诉托茨案"(*R. v. Tosti*)[④]中,即使被告没有实施"表明其确实试图犯下所涉罪行的行为",仍然被判有罪。[⑤] 在本案中,被告人被判夜盗未遂。午夜前,有人看见被告和同伙在检查谷仓门上的挂锁。当他们意识到有人监视他们时,他们就走了。在谷仓附近的树篱里发现了藏起来的氧乙炔设备。上诉法院适用"女王诉格达斯案"的标准,并认为"证据证

---

① *R. v. Nash*[1999]Crim. L. R. 308;*R. v. R.*[2009]1 W. L. R. 713. *R. v. Gammon*(1959)43 Cr. App. R. 155;*R. v. Cope*(1922)16 Cr. App. R. 77. Glanville Williams, *Criminal Law*:*The General Part*, (London:Stevens & Sons, 2nd edn. 1961) at 628 n. 26.

② Law Commission, *Published Working Paper* No. 50.

③ Section 14 of the *Sexual offences Act* 2003;*R. v. R.*[2009]1 W. L. R. 713.

④ [1997]Crim. L. R. 746.

⑤ *R. v. Geddes*[1996]Crim. L. R. 894 at 895.

明的事实足以让法官将‘被告是否做了表明他确实试图犯罪的行为’的问题留给陪审团”。

法庭作出了正确的判决，但根据的是错误的理由。被告并没有“实 725
际”试图犯罪。他们准备充分，准备好了切割门锁，但还没有实际切割。换句话说，他们正处于试图犯罪的“边缘”。如果某人已经做好了充分的准备，而且有能力实施打击，显然他不再仅仅是为进攻做准备。上诉法院错误地指出，被告人实际上是想在大楼内实施夜盗：但他没有尝试进入，没有试图切断门锁，甚至没有把氧乙炔设备放在门附近，自己能够得着的地方——仍在附近的树篱里。但他也不再是“仅仅”在做准备。他已经准备好了，几乎就在实施夜盗的边缘，后者足以使他被判犯罪未遂。“女王诉托茨案”需要得到适当的解释，以便法院能够制定原则来指导今后的案件。该判决最好解释为被告不再仅仅是在准备，即使他也没有开始实施。他有能力在几分钟内达成犯罪既遂。

法院应关注被告是否做好充分准备，是否即将利用这种准备进行打击。“格达斯案”和“坎贝尔案”不再是犯罪预备，两者都在发动打击的边缘，应该被定罪。在这些案件中采取的限制性做法是不可接受的，因为该款不要求被告实际着手实施，只要求被告像“格达斯案”、“坎贝尔案”和“托茨案”中的被告那样，越过了单纯的犯罪预备阶段。尽管如此，关于被告是否准备充分并有能力完成其犯罪计划的证据，是需要与具体情境和所有其他证据被考虑的。在酒精的影响下，梅森①做好了开车的准备（他喝醉了，拿着车钥匙，并试图打开自己的车门），但他可能只是试图睡在他的车里，而不是开车。

13-042　如果证据显示被告人已经做好充分准备，即将达成犯罪既遂，他企图犯罪的推断，几乎是不可避免的。然而，如此一来，必须认定被告人有罪，并不是固定的法律规则。如果被告人能使陪审团相信（或使他们相信合理的可能性），尽管其已经做好充分的准备并有能力完成特定的罪行，但对于这种准备和能力，只要能够提供合理的替代解释，就可能会被释放。显然，在“托茨案”、“格达斯案”和“坎贝尔案”中，很难让陪审团相信被告人是在企图做若干合法的事情。既然他们已经跨过了只是为犯罪做准备的门槛，就应该被定罪。

13-043　好吧，假设法官现在希望给陪审团关于现行法律的真正指示，而不仅仅是胡乱指手画脚，到底该怎么阐述？

法官不应提及正式的审查标准，尤其是那些在未遂法通过前出现的

---

① *Mason v. D. P. P.* [2010] R. T. R. 11.

判断标准。他通常能做的最好的事情就是告诉陪审团:“在你,陪审团,能够判定被告有罪之前,必须足够确信如下两件事:第一,被告人打算实施[犯罪];第二,出于这个故意,他所做的行为不仅仅是为犯下罪行做准
726 备的行为。由各位陪审员来决定检控所依据的行为是否不仅仅是犯罪预备行为。”[①]这是每个案件都要决定的事实问题。

13-044 在陪审团审判中,谁来决定该行为是否不仅仅是犯罪预备行为:法官还是陪审团?

《刑事未遂法》第4(3)条规定:

凡在就上文第1条所定罪行而提起的法律诉讼中,有足够的法律证据支持法院的裁断,证明被告曾作出该条第(1)款所指的行为,则该人的行为是否属该款所指行为的问题,即为事实问题。

这就把上议院在“检察长诉斯通豪斯案”(*D. P. P. v. Stonehouse*)[②]中宣布(或者说是修改)的普通法变成了法定形式。其结果是:

1. 初审法官可以依法裁定证据是否足以支持某项裁决(此为法律问题),即该行为确实超出了纯粹的犯罪预备阶段;如果其断定没有足够的法律证据支持这样某项裁决,就可以将案件从陪审团处撤回。

2. 如果法官认为该行为可以合理地被视为超出了单纯的犯罪预备阶段,就应该把该问题留给陪审团认定;但法官可以对其加以总结概括,用司法术语来说就是,“以表明他认为被告有罪并应被定罪的方式”来加以总结。[③] 他不得将超出了单纯犯罪预备阶段的行为作为法律问题裁定,[④]即使其明显不仅仅是犯罪预备行为。在理论上,他必须让陪审团考虑这个问题,告诉他们这件事应当由陪审团认定。

这条规则真的很愚蠢。这意味着,法官必须给陪审团作出不正当的或愚蠢的无罪判决的机会,即便从无可争议的事实来看,行为人明显成立犯罪未遂,即便陪审团可能根本不理解法官的指示意见。这是上诉法院能够撤销有罪判决的原因。由于“检察长诉斯通豪斯案”和《刑事未遂法》第4(3)条,之前的判决,如“女王诉罗宾逊案”,只有通过对其“重新解释”,才能重新赋予其法律效力,因此在这些判例中,应该由法官负责裁决的法律问题不是未遂罪是否成立,而是是否有足够证据支持陪审团作出的行为人构成犯罪未遂的认定。从表面上看,未遂法似乎给陪审团留下了很大的空间自行作出决定;但并没有绝对迫使法院改变以往否认

---

① *R. v. Campbell*[1991]93 Cr. App. R. 350 at 354.

② [1978]A. C. 55. *United States v. Dynar*[1997]2 S. C. R. 462 at para. 17.

③ *D. P. P. v. Stonehouse*[1978]A. C. 55 at 80 *per* Lord Salmon.

④ *R. v. Griffin*[1993]Crim. L. R. 515;*R. v. Wang*[2005]1 W. L. R. 661.

未遂责任的做法。[①] 727

第6节 不能犯

13-045 根据1981年《刑事未遂法》,以前的规定遭到废除,即无法尝试不可能的事情/不能犯无未遂。该法在第1条的以下各款中处理了该问题:

(2)行为人可构成本条适用的罪行的未遂,即使事实情况导致该罪属于不能犯。

(3)在案件中——

(a)除本款外,行为人的故意不得视为构成犯罪故意;但

(b)如果案件的事实是行为人所相信的那样,就会认定其具有此类故意,则就上文第(1)款而言,该行为人须被视为具有实施该罪行的故意。

这条相当粗制滥造的规定可以归结为:在未遂的认定过程中,你需要像被告那样看待相关事实。如果根据假定的事实,其行为本来应当构成了未遂,被告应被判犯罪未遂。不能犯分为三类:

1. 法律不能犯(被告试图从事的是合法的,而不是非法的行为)。[②]

2. 事实不能犯。犯罪事实上是不可能完成的犯罪行为,因为使用的“手段”不足以造成危害结果(超出枪支射程距离等);或者因为事实或情况不像被告人所相信的那样,例如货物没有被盗,试图扒窃的口袋里没有钱包,捅的人原来是个枕头,进口的毒品结果是滑石粉,有意强奸的被害人其实是同意的,等等。

3. 其他类型的事实不能犯,涉及“固有的事实不能”。其通常涉及被告由于使用的手段根本没有杀伤力,从而绝对不可能实现其犯罪故意的情况。例如,被告人试图用水枪击落客机(犯罪目的),即属于工具不能。

法律不能犯和“固有的”事实不能犯,通常会导致被告被免除责任,但“标准的”事实不能则不会导致免责。

13-046 假设有人认为自己在向英国走私白糖。他错误地认为,白糖短缺,以及进口白糖是违法的。能否构成未遂?

不构成,因为其以为自己所犯下的“罪行”,本身并不是犯罪。纯粹意义上的法律不能,将导致其免于被起诉,因为被提起公诉的犯罪并不存

---

① Glanville Williams, *Textbook of Criminal Law*, (London: Stevens & Sons, 2nd edn. 1983) at 416–417.

② *Eaton v. Allen* (1598) 4 Co. Rep. 16). *R. v. Langley* (1702) 2 Ld. Raym. 790.

在。行为人企图犯假想的罪行,所以不成立犯罪未遂。在考虑不能犯未
728 遂时,所说的情况只包括事实认识错误,而不包括法律认识错误。7 岁的男孩无法被判企图盗窃罪,因为他在法律上不可能犯盗窃罪。[①]

关于故意的规则是双向的。借此,可以根据行为人的故意认定未遂,并且如果行为人并不打算犯罪(也就是说,实施构成犯罪的行为——行为人不需要了解法律的相关规定),该规则就会阻却未遂的刑事责任。[②]

13-047　假设有人认为自己在向英国走私可卡因。其误以为那是可卡因,但实际是白糖。如此一来实际上不可能进口可卡因的事实,是否能为其提供抗辩事由?

无法。[③] 1981 年《刑事未遂法》废除了"豪顿诉史密斯案"(*Haughton v. Smith*)[④]中提出的"事实不能"的抗辩事由。[⑤] 如果事实不能被认定为抗辩事由,则那些在道德上应受到谴责的被告将逃避法律制裁。如果行为人试图进口毒品,为什么仅仅因为上家实施了欺骗行为,就应该让该行为人享有完整的抗辩事由?被告进口的是糖而不是可卡因,纯属偶然。如果事实如被告所认为的那样,进口的就会是可卡因。被告人没有拿到毒品是不幸的,但没有进口毒品,对其而言又是幸运的,但也无法借此减轻被告人的罪责。对这类罪犯认定刑事责任的理由是,被告人是完全有罪的,完成了进口其所认为的毒品企图。如果事实如他所认为的那样,他的犯罪目的就可以实现。尽管在本案中,被告人不可能完成预期的犯罪目标,但其所实施的错误行为理应受到谴责。

13-048　假设这不是不能犯的问题,而是缺乏犯罪要素的问题?某人误以为货物是偷来的而收购了所谓的赃物。他会因收受盗赃物未遂而被定罪吗?法律规定的完整犯罪的成立条件之一缺失,[⑥]即盗赃物。

适用相关第(3)款的直白措词:如物品如同被告所相信的那样,属于
729 盗赃物,则"须视为被告具有实施该罪行的故意"(立法如此措词的理由是,在该法实施前,法官已借明显的谬误推理,使自己相信,被告并没有接受盗赃物的故意。)[⑦]显然,如果被告相信货物确属被盗物品,就一定是故

---

① *R. v. J. T. B.* [2009] 1 A. C. 1310; *Walters v. Lunt* (1951) 35 Cr. App. R. 94.

② *R. v. Taaffe* [1984] A. C. 539.

③ *R. v. Shivpuri* [1987] A. C. 1 at 22-23 *per* Lord Bridge. *Onuorah v. The Queen* (2009) 234 F. L. R. 377.

④ [1975] A. C. 476.

⑤ *R. v. Shivpuri* [1987] A. C. 1. *Anderton v. Ryan* [1985] A. C. 560.

⑥ Joshua Dressler, *Understanding Criminal Law*, (Neward, N. J.: LexisNexis, 2006) at 437.

⑦ *Anderton v. Ryan* [1985] A. C. 560, Glanville Williams, "The Lords and Impossible Attempts, or *Quis Custodiet Ipsos Custodes*", (1986) 45 *Cambridge L. J.* 33. *R. v. Shivpuri* [1987] A. C. 1 at 23. H. L. A. Hart, *Essays in Jurisprudence and Philosophy*, (Oxford: Clarendon Press, 1983) at 367-391.

意接收盗赃物。由于货物不是被盗物品,被告将被判收受盗赃物未遂,而不是收受盗赃物。如果他真的收到了盗赃物,他的罪行就达成了既遂。成立未遂的理由是,对那些试图实现某种犯罪目的的行为人应认定刑事责任:如果成功了,这些行为人将被指控犯罪既遂。

这类案件涉及的是事实错误,而不是法律错误;被告对货物是否是盗赃物而不是对于收受盗赃物是否构成犯罪产生了认识错误。收受赃物犯罪存在——不是虚构的犯罪,而被告努力达成该罪的既遂。上议院曾经认为,当完整犯罪的基本要素缺失时,该犯罪就变成了法律上的不能犯。但正如威廉姆斯教授敏锐地指出的那样:

接受以下论点:

完整犯罪的部分要素缺失;

因此,该行为是合法的;

最终,并不是会导致未遂法失效的未遂。

"不能犯的问题"和"犯罪要素缺失"之间没有分析上的区别。在误以为尸体是人对其加以杀害,或者从空口袋里偷窃未遂的情况下,所有人都会同意这属于不能犯,但同时如此一来,完整犯罪的要素或条件之一也出现了缺失(活着的可以被杀害的人;属于他人的财产),但显然,未遂法的立法意图,是可以成立不能犯未遂。误认为货品是赃物而加以收受的情况,也是如此。

13-049 起草收受盗赃物未遂的指控是没有问题的,因为这项检控可能遵循犯罪的立法表述,并提出:"试图收受盗赃物,并相信收受的物品是盗赃物。"这确实涉及文字游戏。关于既遂罪行的指控,"相信"是指接近确定和正确的认知(见本书第6章第3节)。但对于试图处理事实上并非被盗物品的所谓赃物的指控,相信概念具有不同含义,即积极但错误的信念。法院可能会拒绝对这种微妙的意义变化赋予意义。这只是幸运的意外,即收受赃物犯罪的立法用语,避免了对不能犯未遂加以指控时所面临的困难。 730

如果实质性指控是故意或明知持有爆炸物(本案中的实质性指控不允许对明知提出确信的替代解释),试图持有被误认为是爆炸物的物品的指控,可能会存在若干小问题。如果检控方在指控未遂时表示"企图持有明知是爆炸物的物品",基于严格解释,这项指控就无法被证明,因为你不可能明知实际不是爆炸物的物品是爆炸物。如果指控称"企图持有其确信是爆炸物的物品",则可能会遭遇反对意见,因为持有相信是爆炸物的物品(而不是知道是爆炸物)并不构成犯罪,因此检控方无法主张行为人企图犯下法律没有明文规定的犯罪。然而,应当认为,在未遂的情况下,“明知”概念可以适当地转换为“确信”,因为“明知”概念无法用于错误的确信,是英语的习惯用法。

13-050 如果男人试图与他错误地认为不同意的女性发生性关系,会被判强奸未遂吗?

是的,如果该人的目的是未经被害人的同意进行性交。[①] 这似乎很奇怪,因为如果真的发生过性交,就不构成强奸。你是对的,但这就是被告被控强奸未遂的原因。既然他想强奸女性,那么此种情况下,强奸属于不能犯,因为被害人会同意的,就变得不再重要。如果被告与同意的被害人发生了性关系,但是在性交时认为被害人不同意,也同样适用该规则。既遂是不可能的,而不是未遂是不可能的。如此一来,他不可能完成自己的犯罪行为,因为被害人是同意的;但如果事实和其所相信的一样,强奸罪是可以达到既遂的。

13-051 所以如果“蓝胡子”(Bluebeard)[②]给他的助手一杯水喝,相信这是致命的毒药,他会犯谋杀罪吗?

对。给他人足够剂量的正确的毒药,就有可能犯谋杀罪。如果事实如蓝胡子所相信的那样,他就会完成自己的谋杀行为。事实错误意味着他只可能构成谋杀未遂。[③]

13-052 假设被告人认为自己真的犯了罪呢?他捅了一具尸体,但以为人还活着,还以为是自己杀死了这个人。

被告人仍然构成未遂。再强调一次,如果事实如被告所相信的那样,
731 就有可能达成其所意图犯下的谋杀罪的既遂。

13-053 能犯未遂和“固有”不能犯未遂,有区别吗?

需要仔细区分“能犯”(如果事实和被告人认为的一样,犯罪既遂被认为是可能的)和“固有不能犯”。如果口袋里有钱,就有可能被偷;如果人活着,就有可能被杀;如果进口的是毒品,就有可能成立走私毒品罪。这些罪行并非自始不能犯,因为并非在任何情况下都不能犯这些罪,只有在某些情况下才不可能犯这些罪。相反,如果使用“本身就没有破坏力的工具”来实施特定犯罪,无论情况如何,被告人或其他人都不可能用这些手段来完成该犯罪。

假设被告人因为自己的行李被航空公司弄丢,于是想报复这家航空

---

① *Police Service for Northern Ireland v. MacRitchie*[2009]N. I. 84.

② “蓝胡子”,是法国诗人夏尔·佩罗(Charles Perrault)创作的童话故事的同名主角,他连续杀害了自己的妻子们,本名不明,因为胡须的颜色而得称,后人用其指代花花公子、乱娶妻妾或是虐待老婆的男人。——译者注

③ *R. v. White*[1910]2 K. B. 124.

公司。为了做到这,他试图击落这家公司的一架大型喷气式客机,目的是摧毁飞机并杀死机上所有人员。假设被告用气步枪试图击落35,000英尺高空中的飞机,此举构成谋杀和刑事损害罪未遂吗?被告用他所选择的方法达到自己的犯罪目的是不可能的。气枪无法击中35,000英尺外的目标,即使可以,弹丸也不会有足够的速度击落大型喷气式飞机。(如果你想要更无懈可击的事例,假设他用同样的方法试图击落国际空间站,意图杀死远征的宇航员。)

再举个事例。被告是心怀不满的选民,对英国执政的工党感到厌烦:工党让英国陷入财务危机,卖掉了黄金储备。因此,他试图用巫毒娃娃刺杀所有内阁成员。被告认为,如果他在巫毒娃娃的心脏位置插上别针,这将导致英国工党全体成员遭受心脏衰竭。同样,这种方法也是徒劳的。仅仅钉巫毒娃娃是不可能杀死他人的。①

13-054 在上述假设中,的确有人尝试实施犯罪,如果使用正确的手段,将有可能达成这些罪行(谋杀、刑事损害等)的既遂。虽然可能构成谋杀罪和刑事损害罪,但无法使用上述被告人的手段达成既遂。被告人无法通过其所实施的"行为"(发射气步枪和在巫毒娃娃身上扎针)而达成所愿。 732

13-055 这意味着如果被告用射程只有1英里的枪,试图射杀两英里外的某人,就可以据此免除责任吗?

不,因为他的目标具有实现的微弱可能性。"固有不能"的抗辩只应适用于特殊情况。固有不能是指绝对不可能。如果被告人所使用的手段存在实现犯罪目标的微弱可能性,其就应为未遂负责。如果连微弱可能性都不具备,就可能让罪大恶极的并且有人身危险性的罪犯逃避法律制裁。枪手可能只有千分之一的机会杀死他的目标(如果他的枪只有1英里的射程),但他选择的手段并没有使他的犯罪目的绝对无法实现。

13-056 女巫什么时候才需要因施放死亡咒语而承担刑事责任呢?

假设女巫没有精神病,其被免责的原因就只有一个,即其行为没有远远超过"思想犯罪"阶段,因为该行为(施咒)甚至连犯罪预备行为都算不上。女巫的行为与自己试图完成的犯罪之间没有关系;还不如去烧水泡茶,因为那样对达到目的有同样的效果,也就是说,完全无效!同样,如果女巫相信自己可以用水枪击落国际空间站,其也没有实施超出单纯的思想犯罪或预备阶段的行为。(这些行为甚至都不是犯罪预备行为,因为这样做没有为自己达到犯罪目的提供帮助。)

---

① Glanville Williams, *Criminal Law*: *The General Part*, (London: Stevens & Sons, 1953) at 502.

法院早就予以承认。在“总检察长诉西林案”(*Attorney—General v. Sillem*)中,波洛克(Pollock C. B.)[①]在法官附带意见中提出:

“如果某项法令仅仅将企图杀害他人或共谋杀害他人定为重罪,则以巫术为手段的未遂或以咒语和诅咒为手段的共谋杀人,在该法令范围内将不构成犯罪。语言的贫乏迫使人们说‘企图用巫术杀人’,但这种企图实际上根本不是杀人的企图。诚然,原罪或邪恶可能与通过有能力造成伤害的手段实施的未遂和共谋一样严重;但人类制定法律,不是为了惩罚原罪,而是为了防止犯罪和恶行。”

固有的不能犯提供了抗辩事由,或者至少否定了犯行的要求,因为未遂成立需要的行为不仅仅是犯罪预备行为。如果站在邮局门口等待进入的劫匪“并没有站在抢劫犯的应有位置上”,[②]用水枪试图击落国际空间
733 站的人也肯定不是犯罪未遂。

13-057 然而,当某人试图从空口袋里偷东西的时候,考虑到假定事实,其把手伸进口袋的行为就不仅仅是犯罪预备行为[③]:这是彻底的着手尝试。同样,如果男人强奸一具尸体,但错误地认为这是活着的女性,也完成了尝试,他所做的行为不仅仅成立犯罪预备。如果事实如行为人所相信的那样,他的行为就足以使罪行达成既遂。[④](被告人应承担责任,因为其所实施的行为超越了单纯的犯罪预备阶段,而且如果事实如他所相信的那样,他本可能“达成犯罪既遂”。)相反,在固有不能犯的情况下,被告相信的是不可能的事情,而不是假定可能的事情。没有理性人会相信他所选择的手段对实现其犯罪是有用的。[⑤] 尝试如果事实如同被告人所相信的那样就可能达成既遂的行为,与尝试不管行为人的内心确信如何,都不可能达成既遂的行为,存在区别。在固有不能的情况下,被告人相信的,是永远不会以他认为可能的方式发生的某些事情。

还有个问题是,惩罚这种无害的未遂是否合适。在这个问题上着墨

---

① (1863)159 E. R. 178 at 222.

② *R. v. Campbell*(1991)93 Cr. App. R. 350;*Mason v. D. P. P.* [2010]R. T. R. 11.

③ *The King v. Cundick*(1822)Dowl. & Ry. N. P. 13;*R. v. Stephenson*(1884)13 Q. B. D. 331;*State v. Vestal*(1981)611 S. W. 2d 819;*State v. Sapp*(2004)105 Ohio St. 3d 104);*Taylor v. State*(2011)28 A. 3d 399;*Dougan v. State*(1995)322 Ark. 384);*R. v. Van Beelen*(1973)4 S. A. S. R. 353;*R. v. Best* [2012]N. S. W. S. C. 924;*R. v. Perini*(*No* 2)[2011]QCA 384;*People v. Jones*(2012)54 Cal. 4th 1.

④ *United States v. Thomas*,32 C. M. R. 278(1962).

⑤ Jerome Hall,*General Principles of Criminal Law*,(Indianapolis:Bobbs—Merrill,2nd edn. 1960) at 598.

颇多。[1] 评论者们一直在争论,惩罚是否能阻止[2]理性人使用这种奇特方法。显然,如果神志清醒的魔女相信自己是在用巫毒娃娃作案,就可能会像其他罪犯一样被惩罚的威胁震慑到。从报应的角度来说,惩罚那些试图使用本身不具危险性和有用性的方法的人不会有好处。如果这项法律将被扩展到如此遥远和奇特的未遂,就也可以被用来将思想犯定为刑事犯罪。若干评论者认为,如果对这类异想天开的犯罪尝试不予阻止,未遂者下次可能会尝试更有效的手段,比如毒药、枪支或高功率导弹,而不是巫毒娃娃或水枪。然而,更好的论点是,如果某人的实际错误行为(在巫毒娃娃身上扎针)本身是无害的,因其将来可能做的事情而对其加以惩罚就没有意义。[3] 如果魔女下次决定用枪杀人,当其这样做的时候,才能对其所实施的独立错误行为加以惩罚。 734

第7节　未遂与从犯

13-058　行为人可能构成未遂犯的从犯。[4]

以被告人鼓励甲犯罪为例:

1. 被告人在鼓励甲犯罪的时候构成犯罪。[5](如果被告人和甲像通常情况一样,达成行动的合意,则两人都犯有共谋罪。)

2. 当甲构成犯罪未遂时,被告人可以被作为该未遂罪的从犯。

3. 当甲的犯罪尝试最终既遂时,被告人成为该罪的从犯。

在情况2中认定被告作为从犯的责任,存在3个前提:

(1)有人实施了未遂行为;

---

① Peter Westen,"Impossibility Attempts: A Speculative Thesis",(2008) 5 *Ohio St. J. Crim. L.* 523 at 544; Kevin Cole,"The Voodoo We Do: Harm, Impossibility, and the Reductionist Impulse",(1994) 5 *J. Contemp. Legal Issues* 31; John Hasnas,"Once More unto the Breach: The Inherent Liberalism of the Criminal Law and Liability for Attempting the Impossible",(2003) 54 *Hastings L. J.* 1; Kenneth W. Simons,"Mistake and Impossibility, Law and Fact, and Culpability: A Speculative Essay",(1991) 81 *J. Crim. L. & Criminology* 447(1991); Bebhinn Donnelly,"Possibility, Impossibility and Extraordinariness in Attempts",(2010) 23 *Can. J. L. & Jurisprudence* 47.

② Steven Shavell,"Deterrence and the Punishment of Attempts",(1990) 19 *J. Legal Stud.* 435; David D Friedman,"Impossibility, Subjective Probability, and Punishment for Attempts",(1991) 20 *J. Legal Stud.* 179.

③ Dennis J. Baker,"Punishment Without a Crime: Is Preventive Detention Reconcilable with Justice?",(2009) 34 *Austl. J. Leg. Phil.* 120.

④ *R. v. Dunnington* [1984] 1 Q. B. 472. John C. Smith,"Secondary Participation and Inchoate offences", in C. Tapper(ed.) *Crime, Proof and Punishment*,(London: Butterworths, 1981); J. C. Smith,"Criminal Liability of Accessories: Law and Law Reform"(1997) 113 *L. Q. R.* 453.

⑤ Section 44 of the *Serious Crime Act* 2007.

735 (2)被告人鼓励(或协助)了未遂;

(3)被告人希望该罪被犯,或至少知道该犯罪的实施是“真正可能的”。[①]

至于情况1,如果甲还没有达到实行阶段,被告人的鼓励或协助并无法使其成为犯罪未遂的行为人,因为预期的犯罪人还没有达成犯罪未遂。[②]

一言以蔽之,1861年《从犯与教唆犯法》第8条规定,当存在未遂时,某人可以成为未遂的从犯,但无法作为从犯成立未遂——不存在教唆未遂的情况。未遂就是企图实施犯罪,而不是企图教唆他人实施犯罪。如果有人企图实施犯罪,其他人就可能会犯下教唆他人产生犯罪企图的罪行,但这是另一回事。但是,根据2007年《严重犯罪法》第44—46条,可以以“独立罪行”对其加以起诉,因为这些条款将企图协助和鼓励以及实际协助和鼓励,均定为犯罪。

13-059 如果某人可以作为从犯构成共谋犯罪,为何不能作为从犯构成未遂犯罪。

究其原因,共谋作为犯罪,并不像未遂那样受到超越预备阶段的限制。如果某人作为从犯构成犯罪未遂,而故意犯罪的正犯还没有达到未遂阶段,那将是很奇怪的。假设甲向被告人借了把刀,称他想杀死被害人。被告人把刀借给了他,但是甲并没有使用,或者试图使用这把刀。甲并没有构成谋杀未遂,免除甲的未遂责任的同一原则(未达到未遂阶段)也保护被告人。

回到上文第3条,这对警方告密者很重要。如果这样的告密者渗透到帮派并协助他们企图犯罪,意图借此让警察对其进行出其不意的打击,告密者不是犯罪未遂的从犯,而其只有在这个帮派实施(与他的计划相反)了完整犯罪时,才会成为既遂犯罪的从犯。正如未遂的实行犯必须故意实施犯罪行为,而不能仅通过犯罪意图引发犯罪结果,帮助犯也是如此。

从逻辑上讲,如果被告人乙递给被告人甲若干被其错误地表述为是毒药的液体,并鼓励甲把液体放进被害人的咖啡中以杀死(在甲的心目中)被害人,而甲的确这样做了,甲作为实行犯,成立谋杀未遂,但乙并不是从犯。谋杀的故意仅限于被告甲一人。如果乙是未遂的从犯,前段讨论的警方线人也将被认定为从犯,这将是荒谬的。警察告密者和恶作剧者的区别在于,告密者是为了公共利益而为鼓励或帮助行为,而恶作剧者就是事端制造者,但这只是他们之间动机的不同,而不是两者在故意方面
736 的不同。

---

① *R. v. Bryce*[2004]2 Cr. App. R. 35.

② Dennis J. Baker, “Complicity, Proportionality and the Serious Crime Act”, (2011) 14(3) *New Crim. L. Rev.* 403.

第14章 共 谋

眼睛睁得大大的“阴谋”,正在施展着毒手。①

威廉·莎士比亚

① The Tempest Ⅱ. i. 中译本可参见[英]威廉·莎士比亚:《暴风雨》,朱生豪译,大众文艺出版社2010年版。——译者注

第1节 共谋及其目标

14-001 共谋是普通法中最复杂的未完成犯罪,相关认定似乎颇有些武断恣意。共谋使得警察在共谋者设法完成其计划的犯罪之前便进行干预,但也允许警察在共谋者采取实际措施将其犯罪计划付诸实行之前发起打击。如果说某人的单纯犯罪故意不是犯罪,为什么要让两个人的犯罪合意成为犯罪呢?[1] 唯一可能的回答是,法律(或者,如果你愿意的话,统治者)害怕人多滋事,而合意从事违法犯罪的行为被视为决定性的措施,从而为其所导致的刑事制裁提供正当性。[2]

的确,如果涉及多个行为人,那么某些犯罪更有可能得逞。例如,一组劫匪可能扮演不同的角色(有人扮演枪手的角色,有人扮演载凶手逃离现场的司机的角色,还有人扮演望风者的角色等),以增加成功的机会。独行大盗的抢劫成功率较低,不仅因为缺乏团伙的精神支持[3],还因
738 为缺乏望风者、载其逃跑的司机等。显然,有组织犯罪依赖于许多不同身份的参与者来实现某种犯罪目标。单独的罪犯要有效地实施大规模的恐怖攻击、1000美元及以上的诈骗、洗钱、逃税、毒品交易等,即使不是不可能,也是很困难的。惩罚集体"合意"本身有什么好处吗?[4] 针对共谋除了"人数危险"的论点,替代选择,便是对那些完成犯罪计划的集体犯罪人应给予重罚。如果对共同犯罪人处刑更高,就可能会对计划作为共犯人完成抢劫的人产生威慑作用,进而促使其改弦更张。

在普通法中,可能存在犯罪共谋,共谋者计划实施的是各种非犯罪行为,例如侵权行为,甚至有若干行为在法律上完全没有错,但法官认为这些行为是不适当的,足以受到共谋法的压制。因此,即使单个人从事特定的行为在法律上没有错,但两个人合意做这件事就可能构成犯罪。经过长时间的争论后,1977年《刑法》(Criminal Law Act 1977)将该原则从法

---

① *R. v. Cambridge Journeymen—Tailors*(1721)8 Mod. 11.

② Francis B. Sayre, "Criminal Conspiracy", (1922) 35 *Harv. L. Rev.* 393; Percy Winfield, "Early History of Criminal Conspiracy", (1920) 36 *L. Q. Rev.* 240; Benjamin F. Pollack, "Common Law Conspiracy", (1947) 35 *Geo. L. J.* 328; Robert S. Wright, *The Law of Criminal Conspiracies and Agreements*, (London: Butterworths, 1873); James W. Bryan, *The Development of the English Law of Conspiracy* (Baltimore: The Johns Hopkins Press, 1909); Ian H. Dennis, "The Rationale of Criminal Conspiracy", (1977) 93 *L. Q. R.* 39.

③ *U. S. v. Jimenez Recio*, 537 U. S. 270 (2003). Dennis J. Baker, "The Moral Limits of Criminalizing Remote Harms", (2007) 10 *New Crim. L. Rev.* 370.

④ Phillip E. Johnson, "The Unnecessary Crime of Conspiracy", (1973) 61 *Cal. L. Rev.* 1137. Abraham S. Goldstein, "Conspiracy to Defraud the United States", (1959) 68 *Yale L. J.* 405.

律中删除；除了下列两项原本是暂时性保留的、但现在依传统残存的立法遗迹：

1. 普通法上的诈骗共谋得以保留。该罪本应随着2006年《欺诈法》的颁布而废除，但现在仍然有效（共谋诈骗，本书第34章第9节）。

2. 普通法中存在着模糊的、倾向于败坏公共道德或侮辱公共行为规范的行为犯。这种行为即使是单个人犯下的，也可能受到惩罚，[①]如此一来，合意实施此类行为，现在已成为法定共谋。如果只能作为共谋罪受到惩罚，就应将其排除在该法之外，以便此类共谋仍受普通法的管辖；但再次建议在适当时候以更具体的法定犯罪取代这些普通法犯罪（也许，最需要成文法化的犯罪是严重侵犯隐私的犯罪，因为数字时代使坏人特别 739
容易在更衣室等处偷拍）。[②] 他们是否会以这种方式被取代，考虑到法律委员会的有限权力以及通常在法律改革方面缺乏努力，这仍有待观察。无论如何，这些事项不属于其当前工作的范围。

第2节　法律定义

14-002　除刚才所述外，普通法中的共谋已被1977年《刑法》取代。本章其余部分涉及该法所规定的共谋。由于篇幅所限，这里一般不涉及普通法部分的内容，除非其与法定共谋内容相同。

1977年《刑法》第1(1)条规定了法定共谋犯罪的中心定义：

(1)如行为人与某人或多人合意进行某项或多项行为，而该项行为如果按照其故意进行，则——

(a)必然构成或涉及合意行为人或多方所犯的某项或多项罪行；或

(b)将会构成或涉及合意行为人或多方所犯的某项或多项罪行，但由于事实的存在，使该罪行不可能实现，即犯有共谋实施相关犯罪。

该定义实质上重复了普通法，但：

在要求共谋的目标是犯罪方面，上述法律规定比普通法作出了更多限制。

不要求共谋的目标是可能的目标，因此比普通法更宽泛。

对普通法共谋中不存在的主观要素提出了质疑。

---

① *R. v. Gibson*[1990]2 Q. B. 619; *R. v. Hamilton*[2008]Q. B. 224; *HKSAR v. Chan Sek Ming*[2006]H. K. E. C. 1769. Cf. *Knuller(Publishing, Printing and Promotions) Ltd. v. D. P. P.*[1973]A. C. 435. *Popow v. Samuels*(1973)4 S. A. S. R. 594 at 609. further Dennis J. Baker "The Impossibility of a Critically Objective Criminal Law", (2011)56(2) *McGill L. J.* 349.

② Dennis J. Baker, "The Sense and Nonsense of Criminalising Transfers of Obscene Material", (2008)26 *Sing. L. Rev.* 126. *R. v. Hamilton*[2008]Q. B. 224.

共谋可能仅仅被作为简易程序罪,尽管如此一来,起诉需要得到检察
740 长的同意。[1] 审判必须由陪审团进行,因为共谋指控被认为在实质和程序上给地方法官的审判活动带来了太多的困难。(更为坚实的理由是,共谋可能更多地存在于人们的头脑当中,几乎不存在于表现在外的违法行为中,因此,陪审团审判的制度保障被认为是必不可少的。)

第3节 合 意

14-003 必须存在所有被指控的共谋者都知情的合意。与另一当事方或多个当事方[2]达成的犯罪合意,均构成共谋。共谋犯罪的本质是约定。重点必须放在存在多人合意,而不仅仅是不止一个罪犯的事实上。[3] 有两个或两个以上的罪犯这项事实与共谋的认定完全不相关,除非这些罪犯有共同的犯罪目标,并且他们都打算实现这个目标。

达成合意不仅仅需要知道他人的犯罪计划。假设甲在自己的枪械店卖货,两个潜在顾客(被告人乙和被告人丙)走进来要买把大猎枪。假设甲询问"你们要去打猎吗?"但被告知,"不,要抢劫银行"。如果甲相信乙和丙真可能抢劫银行,仍然将猎枪卖给两人,就可能成为抢劫的从犯,但前提是抢劫已经达成既遂或未遂,或者如果抢劫没有达到既遂或未遂,就可能被指控犯有 2007 年《严重犯罪法》第 44 条或第 45 条所规定的罪行,但甲知道被告乙和被告丙的犯罪计划,并不意味着他打算加入后者的共谋。只有当甲决定加入乙和丙的共谋,与其达成抢劫的合意,才会成为共谋者。甲必须与乙和丙具有共同的犯罪目标,并打算对其加以执行。由于甲是对抢劫不感兴趣的第三方,很难说是共谋的一部分。甲因此并没有和劫匪共同犯罪。乙和丙的共同目标是抢劫银行,他们都打算实施抢劫,而甲的唯一目标是通过出售枪支牟利。

同样,某人不是仅仅通过与犯罪人交往,就成为共谋的当事方,必须存在心灵互通。如果甲和其他帮派成员出城,而后者(甲不知道)事先同意抢劫便利店,甲不会仅仅因为是帮派成员,并且在抢劫便利店时在场,
741 就成为该共谋的行为人。他必须同意这个计划并打算实施抢劫。

14-004 难道不存在共谋法被用来惩罚共谋者可能从来没有勇气或能力去执行的某些模糊不清的愚蠢合意的危险吗?

对于暧昧不明的合意,可以通过检察官行使自由裁量权的方式予以

---

① Section 4(1) of the *Criminal Law Act* 1977.

② *R. v. Scott*(1979) 68 Cr. App. R. 164.

③ *D. P. P. v. Nock*[1978] 3 W. L. R. 57 at 66.

核定。但对相关法律的唯一限制是，必须已缔结实施错误行为的合意，而非仅仅是为了达成这样合意而进行谈判。① 在满足特定条件时实施错误行为的合意，即机会存在，就已经足够使法院认定共谋成立。②

14-005 如果甲认为与乙达成了实施某种具体犯罪的合意，而乙认为自己同意和甲实施其他性质完全不同的犯罪呢？

在“女王诉巴纳德案”（*R. v. Barnard*）③中，甲和乙同意实施财产犯罪，但甲认为他同意实施的是抢劫，而乙认为自己同意实施的是盗窃。通常，这意味着没有合意。④ 然而，在较轻罪行明显被包含在较重罪行中的情况下，法院可能会认为存在实施较轻罪行的合意。在“女王诉巴纳德案”中，被告只同意实施盗窃，因此无法因共谋实施更为严重的抢劫罪而被追究责任。如果他同意实施抢劫，就可能会因共谋实施盗窃而被追究责任，即使其他当事人只想到了抢劫。这不会造成不公正，因为不同意偷窃就无法同意抢劫。由于抢劫是带有使用或威胁使用武力的附加成分的盗窃，因此“根据法定定义，被判抢劫罪的人也一定犯有盗窃罪”。⑤ 如果所有当事方都打算实施较轻的犯罪，则较重者涵盖较轻者。⑥ 轻罪无法覆盖重罪。某人无法仅仅因为同谋者考虑要实施更重的罪行，就被认定需要对共谋实施其同意实施的重罪承担严格责任。抢劫不是盗窃，所以必须证明被告和共谋者一样，意图实施抢劫。

14-006 共谋是私下策划的。如何证明？

事实上，只有极少数的情况下才有可能通过直接证据来确定存在共谋。通常，共谋的事实和目的，都必须从行为中推断出来。 742

共谋指控可能会使辩护方感到尴尬，因为其含糊不清，但如果检察官在起诉书中列入指控每一被告的行为（“外在行为”）的细节，充分地使其尽可能准确地知道指控的是什么，就可以避免尴尬。从行为推断出阴谋时，细节很重要。⑦ 如果共谋指控模糊不清，很不幸有可能事实就是这样，被告将不得不从为审判目的所作的陈述中甄选出针对自己的实质性指控，而相关陈述的篇幅可能十分庞大。

---

① *R. v. Walker*[1962]Crim. L. R. 458；*R. v Mills*[1963]1 Q. B. 522；*R. v. O' Brien*(1974)59 Cr. App. R. 222；*R. v. El—Ghazal*[1986]Crim. L. R. 52.

② *R. v. King*[1966]Crim. L. R. 280.

③ (1980)70 Cr. App. R. 28.

④ *R. v. Siracusa*(1990)90 Cr. App. R. 340.

⑤ *R. v. Guy*(1990)93 Cr. App. R. 108.

⑥ *R. v. Taylor*[2001]EWCA Crim. 1044. *R. v. Broad*[1997]Crim. L. R. 666.

⑦ *R. v. Hancock*[1996]2 Cr. App. R. 554；*R. v. Cushnie*[2005]EWCA Crim. 962；*R. v. Landy*[1981]1 W. L. R. 355.

共谋指控中的外在行为可以是表示同意的行为、犯罪预备行为或者犯罪本身。当然,这种行为只是存在合意的证据。所以,如果甲、乙、丙共谋盗窃,甲只同意非暴力盗窃,而乙和丙暗中同意使用暴力,而事实上实施的是暴力抢劫,乙和丙实施该抢劫,并不会导致甲构成抢劫罪共谋犯。①

14-007 如果一帮骗子犯罪,能在同起诉书中同时指控他们为实行犯和共谋犯吗?

可以。

14-008 陪审团能同时判定被告人构成主要罪行和共谋罪吗?

能。共谋不会被犯罪既遂吸收。②

14-009 如何解决共谋的成立范围?如果恐怖分子凑到一起并计划要引起爆炸,随后又有实施特定爆炸的更详细计划,对其指控一项还是多项共谋?

检控方不得以一项指控起诉两项共谋。但他们可能会控告被告存在一项概括共谋,并为支持该项指控援引具体犯罪的证据,例如(在本案中)曼彻斯特爆炸案和伦敦爆炸案。本来检控方可以对这两次爆炸分别加以指控,即一次爆炸对应一项共谋指控③,但这并不影响概括共谋指控的有效性。④

不过,如果控方能证明的只是被告甲和乙就在曼彻斯特实施爆炸达成合意,而丙和丁就在伦敦实施炸弹攻击合谋,就无法通过一项指控,对这两项共谋加以起诉,更无法按照此种指控,对这4名被告加以定罪。一项指控只能针对一项罪行,尽管该指控可能针对两名被告。如果检控方仅仅提起的是概括指控,控方所能做的最好的事情,就是要求对,丙和丁
743 根据概括指控定罪,同时接受对甲和乙的无罪判决。或者相反。这是奇怪的结果,因为实际上这会允许控方选择哪些被告被定罪,即使所有被告都被证明有罪。⑤

14-010 共谋者能在不同的时间加入共谋吗?

当然。任何数量的主体都可以加入阴谋,并且可以在不同的时间加入。⑥

---

① [1980] Crim. L. R. 236 对 *R. v. Barnard*(1980)70 Cr. App. R. 28;*R. v. Crothers*[2001]N. I. 55。

② *D. P. P. v. Stewart*[1983]2 A. C. 91.

③ *R. v. Coughlan*(1976)63 Cr. App. R. 33;*R. v. Cooke*[1986]A. C. 909 at 931;*R. v. Hobbs*[2002]2 Cr. App. R. 324 at 330-331.

④ *R. v. Greenfield*[1973]1 W. L. R. 1151;*R. v. Mintern*(2004)148 S. J. L. B. 146;*R. v. Mirza*[2007]EWCA Crim 1125;*R. v. Marchese*[2009]1 W. L. R. 992.

⑤ *Per curiam* R. v. *Greenfield*[1973]1 W. L. R. 1151 at 1156.

⑥ *R. v. Murphy*(1837)173 E. R. 502;*R. v. Sweetland*(1958)42 Cr. App. R. 62 at 67;cf. *D. P. P. v. Doot*[1973]A. C. 807.

共谋者可以被定罪，即使密谋的不法行为，在遥远的将来才会被实施，即使共谋刚一达成便宣告破裂。[①] 共谋行为本身被视为在执行应予惩罚的计划方面迈出的充分一步。[②] 例如，共谋者可以依次排列在犯罪链条之上，甲拉乙入伙，乙拉丙入伙，等等。如果他们这样做，所有人都将是依次排列在犯罪链条之上同一共谋的参与者，即使每个成员只知道拉自己入伙的，以及自己拉入伙的人。同样，也可能有中央辐射式共谋，[③]某人在中心，拉其他人入伙，成员不知道彼此的名字，然而知道存在其他同伙。

因此，只要各方存在共同的合意，即使所有人都不知道其他共谋者的身份，也可能构成同一共谋罪的共犯。但是，如果甲打算单独与乙共谋，而丙也打算单独与乙共谋，则不可能存在涉及甲和丙的共同共谋，因为除了乙之外，双方都不打算与人合谋。共谋的链条发生了中断。这两起涉及不同人士的共谋，无法在同起诉书中起诉。

此外，两个共谋即便存在共同的成员丙，并无法因此让两起共谋合并为一个共谋。

14-011　作为事例，假设会计师向许多客户提出了偷漏税的特定方法，而每个客户都接受了这个建议。会计师和每个客户之间都存在共谋，但客户之间没有共谋；而且在所有案件中欺诈手段都是相似的这也没有影响。即使客户知道其他人也在进行同样的欺诈，这也不会使他们成为彼此的共谋者。各方的目的不仅必须相似，而且必须达成一致。[④]

只有在每个成员都希望看到对方的欺诈成功的情况下，才存在共同的犯罪故意。在"女王诉格里菲斯案"（*R. v. Griffiths*）中，情况显然不是这样，因为每位成员都只打算为了自己的利益而欺诈，而不关心其他成员是否也成功地骗取到补贴。欺诈者们没有共同目标，而是有自己的个人目标。在单独观察每个人时，每个人可能都有相同类型的目标，但这些人之间没有共同利益。被告与不同个人之间的合意是独立形成的。 744

14-012　如果便衣警察或卧底，知道若干罪恶的计划正在进行，但假装加入，以确保其他当事人的定罪呢？卧底有罪吗？

如果他的意图是挫败共谋，就属于无罪。在讨论共犯问题时，有人建议，如果某人只是为了防止犯罪而参加，就不应成为从犯。1977年《刑法法》中的共谋规则没有纳入这种限制。但是，如果警方的线人从未打算

---

① Martin Wasik, "Abandoning Criminal Intent", [1980] Crim. L. R. 785 at 788 n. 21.

② *R. v. Hobbs* [2002] 2 Cr. App. R. 22; *R. v. Bolton* (1992) 94 Cr. App. R. 74.

③ *R. v. Ardalan* [1972] 1 W. L. R. 463 at 470.

④ *R. v. Griffiths* [1966] 1 Q. B. 589. *R. v. Barnes* [2003] EWCA Crim. 2138; *R. v. Barratt* [1996] Crim. L. R. 495. *R. v. Meyrick* (1930) 21 Cr. App. R. 94.

实施共谋的目标,就无法成为共谋者。[①] 如果警方线人是共谋的唯一其他当事人,则共谋不成立,因为(他与他人之间)没有实现共谋目标的共同故意。如果警方打算实施共谋的目标,正如如果他正努力诱捕潜在的罪犯,他可能会做的那样,无法得出上述结论。如果他打算实施共谋的目标,就将被视为共谋者之一,[②]除非法院认为其在主观方面的保留态度,意味着他没有"真正"同意。在"张超诉女王案"(*Chiu-Cheung v. The Queen*)中,格里菲斯法官表示:[③]

"如此一来,有人争辩称,将特情工作人员视为具有犯罪故意是错误的,而这种观点所依据的,是布里奇法官在'女王诉安德森案'(*R. v. Anderson*)中发表的意见……在许多案件中,便衣警察或其他执法人员可能会假装加入共谋,以获取有关罪犯计划的信息,他们无意参与计划中的犯罪,而是打算提供能挫败计划的信息。布里奇法官在'女王诉安德森案'的判决中提到的正是这种情况。共谋罪要求两人或两人以上达成合意,以故意实施非法行为。正是故意实施犯罪的意图构成共谋罪的必要犯意。正如布里奇法官指出的那样,无意犯罪的卧底特工缺乏成为共谋者所必需的犯意。"

预计王室检控署在决定是否起诉这类罪犯时,会适当运用其自由裁量的酌处权。法律委员会建议,"2007 年《严重犯罪法》第 50 条规定的
745 合理行为抗辩应全部适用于共谋罪"。[④] 有观点认为,重要的是需要建构更一般的抗辩事由,不仅涵盖警察,而且还包括为挫败犯罪而采取行动的普通公民。这样的改革是值得欢迎的。

第 4 节　与其他未完成罪相关的共谋

14-013　根据法规,无法以共谋未遂(无论是共谋实施法定共谋还是诈骗)将被告定罪。[⑤] 理由是,这将把责任的范围推得太远,甚至波及没有达成犯罪合意的阶段。这种推理很值得怀疑,并且似乎几乎所有鼓励(或共谋未遂)案件,都可以根据 2007 年《严重犯罪法》第 44—46 条被

---

① *R. v. Anderson*[1986]A. C. 27,38-39. *United States v. Dynar*[1997]2 S. C. R. 462 at paras. 86-88.

② *Chiu-Cheung v. The Queen*[1995]1 A. C. 111.

③ [1995]1 A. C. 111 at 117-119. Cf. *R. v. Edwards*[1991]Crim. L. R. 45.

④ Law Commission, *Conspiracy and Attempts*, Report 318(London: H. M. S. O., 2009) at 93-104. Cf. the discussion R. v. *McPhillips*[1989]N. I. 360. *U. S. v. Strickland*, 245 F. 3d 368(2001); *U. S. v. Hayes*, 775 F. 2d 1279, 1283(1985).

⑤ Section 1(4) of the *Criminal Attempts Act* 1981.

指控为鼓励他人犯罪。后者无疑会含摄大多数共谋未遂。如果被告试图鼓励便衣警察与他销售毒品，便构成了共谋未遂，同时也违反了《严重犯罪法》第44条之规定，即故意试图鼓励他人犯罪。[①]

如果共犯之间对于实现共谋的目标具有共同犯罪故意，故意的从犯也可以是共谋的当事方。如果被告人甲、乙、丙合谋，由乙和丙将梯子靠在建筑物上，以便甲随后使用梯子进入建筑物并盗窃，则3人均构成盗窃罪的共谋犯（共谋由甲实施盗窃）。如果他们只是共谋成为从犯的话，情况就不同了。

假设甲和乙在酒吧里无意中听到丙说他要进入某个房子实施夜盗。假设这间房子属于甲和乙的宿敌丁。尽管他们不认识丙，也从未与其交流，但他们认为让丙更容易地进入丁的房子实施夜盗是个不错的主意，所以他们在丁的家门口留了梯子。当丙到了丁家时，失去了信心，决定不再实施夜盗。由于甲、乙与丙之间没有合意，所以甲、乙不属于夜盗的共谋。他们至多是共谋协助丙的犯罪。但是，由于鼓励和协助本身不是犯罪（至少不是1861年中的《从犯和教唆犯法》的犯罪），[②]因此甲、乙两人并不构成共谋实现共同的目标犯罪，也不构成法定共谋罪。共犯责任（根据1861年《从犯和教唆犯法》第8条）是派生责任，因为只在实体犯罪未遂[③]或既遂时才会出现。

14-014 然而，显然，鼓励或协助某人犯罪（这种鼓励或协助须得违反2007年《严重犯罪法》第44条之规定）的共谋将构成法定共谋罪。鼓励本身就是犯罪[④]，共谋鼓励也是犯罪。因此，如果甲和乙同意鼓励刺客丙杀死甲的主要竞争对手，他们就属于共谋实施违反2007年《严重犯罪法》第44条的罪行。鼓励他人犯罪的共谋，无论是鼓励其作为正犯还是 746
作为从犯去犯罪，都是犯罪。这种罪行不是"派生"的，因此无论鼓励是否未能影响暗杀者实施暗杀，都属犯罪。

第5节 共谋指控的赞否两面

14-015 共谋的指控，过去是政治左派的大忌，因为该罪名会被用

---

① Ira P. Robbins, "Double Inchoate Crimes", (1989) 26 *Harv. J. on Legis*. 1. the *Serious Crime Act* 2007.

② *R. v. Kenning*[2009] Q. B. 221.

③ *R. v. Dunnington*[1984] Q. B. 472.

④ Section 44 of the *Serious Crime Act* 2007.

来对付参与工业和政治动乱的人。[①] 但是,现在的法律已经做了相当大的修改,目前的共谋指控既不像批评者担心的那样具有压迫性,也不像检察官认为的那样有效。考虑到这种指控倾向于增加审判的复杂性,事实上,问题的症结在于这种做法是否值得。

虽然共谋通常被认为,并且在书中被视为是未完成罪,但在实践中,共谋很少在纯粹的早期阶段被起诉。几乎总是会出现若干根据共谋实施的实质犯罪,所有或大多数共谋者都可以作为该实质犯罪的共犯被起诉。因此,作为未完成罪,共谋几乎没有什么社会价值。

14-016 如果对作为未完成罪的共谋加以指控意义不大,在犯罪实施后的共谋指控岂不更是如此?为什么对实施的实质犯罪不加以起诉?

如前所述,检控方可以同时起诉两项犯罪。通过在既遂犯罪的指控外补充共谋罪名可以获得两个小优势:

1. 在理论上,以及在实践中,一定程度上,增加共谋罪名是为了防范检控方在能够证明共谋的同时,可能无法证明既遂犯罪的风险。如果没有共谋罪名,可能会给检控方造成困难。在团伙成员被宣判不构成实质犯罪后,以共谋罪起诉他们,这将增加成本,而且看起来像是骚扰。但事实上,这个问题很少出现:某项犯罪的发生通常是相当清楚的,唯一的问题是被告是否是某项犯罪合意的当事方。或者,如果无法证明实质犯罪(如欺诈案件),共谋指控通常也会失败。

2. 在普通法中,与所有其他普通法中的轻罪一样,对共谋者的量刑,不受最高刑的限制。这条规则是改革者的目标,他们主张,没有理由认
747 为,共犯人,如果加上共谋罪名,应比单独实施犯罪的人受到更重的刑罚。1977 年《刑法》在一定程度上承认了该批评的公正性,因为其规定,共谋与既遂罪该当同样的最高刑期。但是,传统反常情况可以在某个方面得到保留:共谋实施简易犯(当然,在被起诉时)可被处以无上限的罚金,而如果事实上实施了简易犯,则治安法院可判处的罚金将受到法规的限制。

在普通法中,共谋指控给检控方提供了不公平的王牌,因为检控方通过指控共谋,使自己摆脱了起诉的时效限制[②]或获得检察长或其他人同意的必要性。就法定共谋而言,这些规则现在已经被 1977 年《刑法》修

① Robert Spicer, *Conspiracy: Law, Class and Society*, (London: Lawrence and Wishart, 1981), Wes Wilson, "Political Use of Criminal Conspiracy", (1984) 42 *U. Toronto Fac. L. Rev.* 60; Jeffrey S. Kahana, "*Imperium in Imperio* and the Political Origins of the American Labour Conspiracy Doctrine", (2008) 30 *Law & Pol'y* 364.

② *R. v. Simmonds*[1969] 1 Q. B. 685.

改,[①]因此在这些方面,增加共谋指控的好处消失了。共谋罪有时被认为有助于陪审团了解被告所做的"总体犯罪行为"。[②] 但在这方面,共谋是否能比具体罪名(如有必要,包括代表性罪名)做的更多,可能会受到怀疑。共谋指控有时被认为允许皇家监控署提出在其他情况下不可能被采纳的证据,但这可能再次导致强烈质疑。[③]

14-017 抗衡检控方在检控中包括共谋罪名所产生的两个优势的,是如下两个缺点:

1. 如证据显示两种犯罪是同时犯下的,而陪审团裁定实质罪名成立,但共谋罪不成立,或相反,则该项定罪可因与无罪判决不一致而被撤销。[④]

2. 增加了不必要的罪名,也就增加了在审判中犯错误的可能性。

除上述事项外,长期以来一直有这种印象,即在所涉罪行据称已达成既遂的情况下,增加共谋罪名,在程序上对被告不公平。因此,(根据实务指南)[⑤]法官必须要求控方为合并诉讼提供理由,如果检控方无法提供 748
这样做的合理性,他们将不得不选择是继续进行实质犯罪还是共谋罪的指控。无论如何,既然共谋罪不再能够使法院无视法定最高刑期,对控方的吸引力自然大为降低。

共谋罪中是否存在真正的不公平,即根本无法通过合理的审判行为加以纠正的不公平,可能会受到质疑。[⑥] 显然,无论是否增加共谋指控,最好将审判局限于相对较少的被告(主犯)和合理狭窄的行为类别,否则陪审团可能会感到困惑。

现行程序的缺陷是,当陪审团作出有罪裁决时,没有被问及是否认定所有被告都参与了检控方所指控的所有外在行为。法官们似乎认为判决意味着这样,但显然可能并不是这样,因而可能导致相当大的不公正。可能只有真正严重的外在行为遭到指控(在拥挤的商店里放置炸弹,但没有爆炸),而如果陪审团对证明特定被告存在合意的证据并不满意,该认定应被公开。

---

① Section 4(3),(4). *R. v. Pearce*(1981)72 Cr. App. R. 295;*R. v. Keyes*[2000]2 Cr. App. R. 181. *R. v. Cuthbertson*[1981]A. C. 470.

② *Per*James L. J. R. *v. Jones*(1974)59 Cr. App. R. 120 at 124.

③ Glanville Williams,*Criminal Law:The General Part*,(London:Stevens & Sons,2nd edn. 1961)at §218.

④ *R. v. Sweetland*(1958)42 Cr. App. R. 62.

⑤ *Practice Direction*(*Crime:Conspiracy*)[1977]1 W. L. R. 537;*R. v. Watts*(1995),*The Times*,(April 14).

⑥ 128 N. L. J. 24.

第6节　犯罪目的

14-018　如前所述,1977 年《刑法法》第 1(1) 条规定了共谋的目的,即实施行为的过程,如该项行为按照其故意进行,则——

(a)必然构成或涉及合意行为人或多方所犯的某项或多项罪行;或

(b)将构成或涉及合意行为人或多方所犯的某项或多项罪行,但由于事实的存在,使该罪行不可能实现。

"必然"的含义一直是众说纷纭的猜测话题。这个概念是不可取的,因为给人以错误印象,即唯一可以构成法定共谋的计划,是那些要么绝对不可能失败,要么绝对不可能成功的计划。事实上,在这两个极端之间可以找到许多等级,毕竟"无论人和鼠,最好的计划和安排,也经常节外生枝出意外",[①]但在适当的情况下,其作为共谋该当惩罚。下面的假设将说明这一点。

被告人甲和被告人乙同意从楼顶狙击被害人,希望将其杀死。他们认为被害人在或可能在射程之内,但事实上被害人身处在他们使用的枪的射程之外。甲、乙犯有共谋谋杀罪,"事实(被害人身处射程范围之外的正向事实,或被害人不在射程范围内的反向事实,无论使用何种措辞)使犯罪成为不能犯,然而这并不重要"。(法规中的单数包括复数,而除
749 非存在相反的立法目的,复数包括单数。)[②]

14-019　尽管针对这些事实,(b)款项下都存在明确的说明,但两者可能略有不同。可能无法确定被害人是否超出了射程范围,如此一来,是否可以根据(a)款项下的规定认定共谋还没有定论。即使被害人真在射程内,也无法确定刺客会既遂。他们可能会朝被害人开枪,而没有打中。因此(可能有人认为)他们"不必然"会杀了被害人。所以根据第 1(1)条之规定,这不是共谋。

这个论点有一定的吸引力,但结果当然是荒谬的。对此的回答是,合意所设想的"行为过程",不仅意味着共谋者的实际行为,而且意味着预期的结果。我们假设,预期的"行为过程"不仅包括向被害人开枪,而且包括杀死他。当这种"行为过程"被"按照他们的意图进行"时,就必然是谋杀。(这是该法措辞有缺陷的标志,因为其产生于议会的立法程序,为了得出常识性结论,必须提出这种冗长的推理。评论者们立即指出了立

---

① Robert Burns, *To A Mouse*.

② Section 6(c) of the *Interpretation Act* 1978.

法措辞上的缺陷，[①]但除了不能犯的表述有所变化之外，当1977年《刑法》中的这一条款被1981年《刑事未遂法》的新版本所取代之时，没有作出相关的修改。）

14-020　这难道不意味着“必然”这个概念是多余的吗？

不一定！唐纳森法官（Donaldson L. J.）举例说明了这个概念是如何发挥实际效果的：[②]

“甲和乙同意在一定时间之内，从伦敦开车到爱丁堡。他们可以在不超速的情况下在约定的时间之内赶到，但前提是交通异常顺畅。他们的合意不一定涉及犯罪行为，即使是按照他们的意图进行的……因此，本合意不构成法定共谋罪。”

14-021　好吧，假设甲和乙同意出口铝。同时假设某项当时适用的紧急立法将此类出口定为犯罪，但很有可能在甲、乙实际实施出口行为时该法律已遭到废除。唐纳森法官还会认为那不是共谋吗？

法院很可能会对当事人预期法律会做出变更的案件，比如你所举的案件进行区分。法院可能会要求相关方面证明上述合意能够被合法执行的实质可能性很高。[③] 750

14-022　假设甲和乙同意非法进入一栋大楼，以便偷印秘密文件，并同意向试图阻止他们的人开枪。他们希望能够在没有干扰的情况下完成这项勾当，但很有可能将不得不开枪。这还不是伤害的共谋罪吗？

看来是这样。[④] 但很难将你的假设与唐纳森大法官的假设区分开来。也许可以认为，如果合意是按照他们的意图执行的，伤害罪将在某些可预见的情况下发生。如果受到干扰，行为人存在射击的故意（通常被称为附条件的故意）。

14-023　有附条件的故意这码事吗？

附条件的故意的整个概念似乎是矛盾的，因为某人要么有故意，要么没有故意。在这些案件中，坚称故意已经形成并缔结了合意是完全合理的。被告人已经同意实施犯罪行为，他们是否采取行动并不取决于他们的故意，而是取决于他们无法控制的情况和未来条件。被告人的罪责水平并不仅仅因为他们可能不想冒险犯罪而降低。一旦形成犯罪故意，被

---

① Glanville Williams, *Textbook of Criminal Law*, (London: Stevens & Sons, 1st edn. 1978) at 355-356.

② *R. v. Reed*[1982] Crim. L. R. 819.

③ *R. v. Buckingham* (1976) 63 Cr. App. R. 159; *Attorney—General's Reference* (*Nos.* 1 *and* 2 *of* 1979) [1980] Q. B. 180. *R. v. Saik*[2007] 1 A. C. 18 at 32.

④ *R. v. Saik*[2007] 1 A. C. 18 at 61-62, *R. v. O' Hadhmaill*[1996] Crim. L. R. 509. Cf. *R. v. Buckingham* (1976) 63 Cr. App. R. 159.

告人是否会感到可以安全地实施犯罪，或者是否需要实施某种附带或其他犯罪计划，都是纯粹的运气问题。他们的故意只是附条件的，因为计划的犯罪行为取决于可能出现的情况。犯罪意志是坚定的，但合意的启动取决于可能出现的情况。

如果甲和乙同意在一小时内从剑桥开车到伦敦，并且同意不会在斑马线上为行人停车，因为这会使车辆减速，当他们经过斑马线时，碰巧没有行人，这也不重要。

“视情况而定”的犯罪的概念，不应被广泛应用，这样会抹杀故意与轻率之间的区别，但没有理由不将其用于将共谋罪的犯意范围扩大到罪
750 犯打算在必要时为达到其不道德目的而采取行动的案件。[①] 如果违法者同意为了准时到达目的地而在必要时超速通过学区，他们就属于合谋实施危险驾驶行为。但是，他们不可能因为合谋杀人而被追究责任，因为他们没有达成在必要时杀人的合意。

14-024 但是，在唐纳森法官的事例中，甲和乙有超速的“故意”，即如果交通拥挤的话，就超速行驶的故意。

是的，大法官表示，“如果到了银行，看起来下手似乎是安全的，就动手”，这种抢劫银行的合意属于共谋。这必定是法律的本意，因为每个共谋，都取决于动手时情况看起来安全的前提。唐纳森法官在上诉法院审理的案件中的实际判决是，如果经调查，这似乎是在当时情况下的最佳做法，则双方同意协助某人自杀构成协助和教唆自杀的共谋。如果当事方不同意超速，他们就不应仅仅因为在不违法的情况下就无法实现目标，对共谋实施合法行为承担责任。如果必须这样做才能达到该目的，他们就必须同意违法以实现他们本来合法的目标。

14-025 如果共谋者同意在条件 A 存在的情况下实施盗窃，作为替代，在条件 B 存在的情况下实施夜盗，作为进一步的替代，在条件 C 存在的情况下实施抢劫，他们是否需要承担共谋实施盗窃、夜盗和抢劫罪的责任？或者只对所犯的实际罪行负责？

只需证明被告不仅同意盗窃，而且同意在必要时夜盗或抢劫。[②] 共谋是向前看的，所以共谋者对他们同意在未来做的事负责，而不是对过去做过的事负责。一旦达成合意，他们就需要对此承担责任。证据可能足以表明被告同意实施一系列替代性犯罪，如果是，他们将对共谋实施他们同

---

① *R. v. Saik*[2007]1 A. C. 18 at 32.

② *Attorney—General's Reference*(*No* 4 *of* 2003)[2005]1 W. L. R. 1574 at 1579. *R. v. El—Kurd* [2001]Crim. L. R. 234.

意并打算相互替代实施的所有犯罪承担责任。[①] 被告人甲和被告人乙可能同意偷一幅珍贵油画，并同意在必要时实施夜盗或抢劫，而不是盗窃。仅仅因为他们不知道为了得到财产而可能不得不犯下哪种罪行，就认为他们没有达成犯侵财犯罪的共谋是荒谬的。他们愿意做这几件事。他们可能被指控犯下了共谋罪。在某些情况下，指控被告犯下多重共谋也是适当的。[②] 752

针对相互包含的犯罪，在“女王诉罗伯茨案”[③]中，菲利普法官表示：

“如果某项罪名指控涉及一项以上罪行的共谋，则每项罪行可能构成该共谋的基本要素，因此，除非检控方证明该共谋延伸至所指控的所有罪行，否则指控的罪行不成立。显而易见，因为共谋罪的最高刑罚是由潜在犯罪的法定最高刑决定的，所以陪审团必须确信共谋至少包含了这种罪行。”

第7节　主观要素

14-026　法定共谋需要共同的故意，即犯罪应被实施，此处仍一如既往地使用“故意”概念，来包括对情节的明知。如上所述，在“张超诉女王案”中，格里菲斯法官表示：“共谋罪要求两个或两个以上犯罪人达成合意，即同意故意实施计划中的非法行为。实施犯罪的故意，构成共谋罪的必要犯意。”[④]

因此，被告必须：

1. 意图达成合意；[⑤]

2. 希望合意的目的得以实现；[⑥]

3. 针对相关情节存在故意或明知。[⑦]

第1项要求通常不会引起问题。如果共谋者是完全自主的成年人（精神健全，神志清醒），确定其是否自愿达成合意就不太困难。第2项 753
要求是，当事各方打算实施共谋的目标。只有那些意图实施合意犯罪的

---

① *R. v. Hussain*[2002]2 Cr. App. R. 363 at 372.

② *R. v. Lavercombe*[1988]Crim. L. R. 435.

③ [1998]1 Cr. App. R. 441 at 449. *D. P. P. v. Stewart*[1983]2 A. C. 91.

④ [1995]1 A. C. 111 at 117–119.

⑤ *Churchill v. Walton*[1967]2 A. C. 224.

⑥ *R. v. Anderson*[1986]A. C. 27 at 39E. *R. v. Siracusa*(1990) 90 Cr. App. R. 340; *R. v. Harvey*[1999]Crim. L. R. 70; *R. v. Ashton*[1992]Crim. L. R. 667; *R. v. Edwards*[1991]Crim. L. R. 45; *R. v. McPhillips*[1989]N. I. 360; *R. v. Crothers*[2001]N. I. 55. *U. S. v. Lopez*, 443 F. 3d 1026(2006).

⑦ *R. v. Saik*[2007]1 A. C. 18.

人才是共谋的当事方。

在“女王诉赛克案”中,尼科尔斯法官表示:

“因此,根据本款,共谋罪的主观要素,除与订立合意有关的主观要素外,还包括实施行为过程的故意,而该行为过程应必然涉及共谋者中的一人或多人犯下有关罪行。共谋者必须打算从事实质犯罪所禁止的行为。”①

14-027 (1)不承担针对意外和未预见其必然发生的后果的责任。

从表面上看,1977年《刑法》第1(1)条似乎将共谋责任,强加给了不打算造成他被指控共谋引发的犯罪后果的人。这似乎意味着,如果被告甲和被告乙就行为过程达成一致,被告甲具有犯罪故意,乙不具有犯罪故意,并且如果合意在执行时涉及被告甲对某项罪行的责任,则双方都将构成共谋犯罪,易言之,甲的罪行将导致乙承担责任。显然必须努力避免该结果。考虑以下假设:

被告人甲欺骗被告人乙称,被害人请求自己为他烧掉传统棚子。乙同意帮忙,他们把汽油运到现场,在那里他们被逮捕。甲和乙被控共谋纵火。

在这里,确实可以认为,在某种意义上,乙已同意,采取行为过程,而该行为过程一旦实施,将相当于(由甲)犯下纵火罪;由此,也许可以得出结论,双方都犯有共谋实施纵火的罪行。但这将是对相关法条的误读,原因如下。首先,纵火是指在没有合法理由的情况下烧毁建筑物。乙认为自己有合法的免责事由。因此,他没有同意涉及犯罪的行为过程;他已经同意了行为过程,并且行为过程将构成犯罪,但是他没有同意构成犯罪的行为要素之一,因为他不知道该案件的这个特定的事实要素。

14-028 其次,“按照他们的意图”执行合意不涉及犯罪,因为乙的意图仅限于以合法理由焚烧棚屋。导致犯罪的不是烧毁棚子,而是在没有合法免责事由的情况下焚烧棚子;乙不知道没有合法免责事由,这不是他内心的故意。简言之,本款中的“故意”概念,必须解释为当事人的共
754 同意图,并且仅包括双方已知的非法性部分。②

14-029 如果两名恐怖分子同意炸毁一架坐满乘客的客机,但仅仅是为了吸引人们注意其如此行事的原因呢?他们是否可以辩称,他们无意杀害乘客,因此不应为共谋谋杀负责?

不,对恐怖分子应该适用“间接故意”理论。如果恐怖分子同意炸毁一架客机,并且在预见到乘客死亡几乎是炸毁这架客机的必然后果的情

---

① [2007]1 A. C. 18 at 31.

② *R. v. Saik*[2007]1 A. C. 18. In *United States v. Dynar*[1997]2 S. C. R. 462 at paras. 86-88.

况下,仍打算对其加以轰炸就应承担共谋杀害乘客的责任。① 没有理由将"间接故意"原则局限于既遂犯。很明显,恐怖分子企图进行轰炸,并间接地企图杀死乘客。

针对后果的轻率并不足够。第1条的措辞显然意在将这种形式的犯意排除在法定共谋之外,因为故意或明知的要求,与轻率不符。②

唯一的限定条件是,如果"故意"被理解为包括意识到结果的实际确定性,则该认识将足以构成第1(1)条项下的共谋的主观要素。但1977年法第1(1)条的明确含义表明,主观轻率及以下层级的犯意是不够的。这使得共谋罪(以及其他未完成罪)和从犯有所不同。在上文中可以看到,如果某人针对行为后果具有与成立正犯所要求的罪过要素相同的罪过要素,他可以是过失犯罪或需要犯意的犯罪的从犯。但共谋是不同的:针对后果的轻率或过失是不够的,即使这种犯意对于正犯来说已然足够。 755

14-030　再考虑一下"女王诉萨蒙案"③的事实。如果被告乙鼓励被告甲过失开枪,甲开枪致人死亡,则乙成立过失杀人罪的从犯。但如果甲并没有致任何人死亡,则其和乙就无法被判共谋过失杀人罪。

存在这种区别的原因是,在犯罪既遂的情况下,法院希望避免由于过于精细地区分实行犯和从犯而造成的举证困难,因此法院认为有可能认定乙的过失杀人的鼓励罪。而如果犯罪仍处于未完成阶段,则鼓励的故意就变得非常重要。④

在"女王诉赛克案"⑤中,尼科尔斯法官表示:

"共谋者的精神状态还必须满足实质犯罪的犯意要求。如果实质犯罪的构成要件之一是对于行为有特定故意,则共谋者必须对实施禁止行为具有故意,并且必须对实施法律所禁止行为具有法律规定的故意。在意图给他人造成严重身体伤害的心态的支配下伤害他人,违反了1861年《侵害人身权法》第18条之规定,要成立这种共谋,需要证明被告人故意伴随着给他人造成严重身体伤害的意图而实施伤害行为。如果对违禁行为的后果所规定的主观心态是轻率,则立场相同。损害财产,同时对是否因此导致他人生命受到威胁存在轻率心态,是刑事犯罪:1971年《刑事损害法》第1(2)条。共谋犯下上述罪行,则需要检控方证明被告人具有损

---

① *R. v. Walker*(1990) 90 Cr. App. R. 226; *R. v. Pearman* (1984) 80 Cr. App. R. 259. *R. v. MD* [2004] EWCA Crim. 1391; *R. v. Woollin* [1999] 1 A. C. 82. *Commonwealth v. Maloney*, 399 Mass 785 (1987).

② J. C. Smith, "Conspiracy under the *Criminal Law Act*", [1977] Crim. L. R. 638-639.

③ (1880-81) L. R. 6 Q. B. D. 79.

④ G. Orchard, "Agreement in Conspiracy", [1974] Crim. L. R. 297 at 335.

⑤ [2007] 1 A. C. 18 at 31.

害财产的故意,而且不管这是否会危及生命,仍然不顾后果地这样做。”

14-031 尼科尔斯法官的首个事例似乎与他的第二个事例相反。[①]当然,如果某人只打算损害财产,而对这种损害是否会对他人造成危害漠不关心,他就无法承担实施加重刑事损害的共谋责任。[②] 危及生命是后果,而不是情节,因此,仅仅表明合谋者明知如果他们导致刑事损害,就将危及生命的情节是不够的。相反,检控方应当证明,被告意图破坏财产,并有危及他人生命的潜在故意。如果被告人甲和被告人乙同意炸毁“有人居住”的建筑物,则该建筑物有人居住是情节,而爆炸将危及居住者的生命安全则是后果。这是会发生在住户身上的事情。从事后追溯的角度来看,居住者即使没有受到伤害,也会受到威胁。这是爆炸所导致的结果。被告不得被判密谋危害他人的生命,除非他故意(或间接故意地)使
756 他人的生命处于危险状态。

被告人本可以在不危及他人的情况下完成加重型刑事损害罪,这项事实也不重要。只要他们的行为被认为危及生命,就要对该实质犯罪负责。例如,被告人可能会摧毁一栋其认为有人居住的建筑,但事实证明他们错了。尽管他们实际上没有危及生命,但这种冒险行为是轻率的。在共谋或未遂的情况下,他们的犯意应超过轻率,即他们必须是故意危及生命。如果被告人甲和被告人乙合意摧毁一幢他们认为在摧毁时“将”有人居住的建筑物,即使他们不知道该建筑物因正在翻新而不再有人居住(这并不为他们所知),也应承担共谋实施严重刑事损害的责任。他们可能不会危及人的生命,因为爆炸发生时,大楼实际上是空的,但他们仍需承担责任,因为如果事实是他们认为的那样,他们就有可能危及居住者的生命。(易言之,他们希望在故意摧毁建筑的时候,存在建筑物里有人居住的情节。)

14-032 在“女王诉赛克案”[③]中,霍普法官表示:

“第1(2)条……旨在明确,虽然法律无知不免责,但必须对合意的后果有充分了解。该款也是为了排除针对结果的轻率心态。”

由于刑事损害罪的加重犯被规定为比单纯的刑事损害罪更为严重的犯罪,[④]因此必须确保共谋者故意实施这种形式的刑事损害。共谋实施刑事损害的人,只有在他们故意损害财产和故意(或间接故意)在该过程中危害生命的情况下,才可能被追究共谋实施加重形式刑事损害犯罪的

---

① *Attorney—General's Reference*(*No.* 3 *of* 1992)[1994]1 W. L. R. 409.

② *R. v. Roberts*[1998]1 Cr. App. R. 441. *State v. Beccia*,505 A. 2d 683(1986).

③ [2007]1 A. C. 18 at 44.

④ *R. v. Roberts*[1998]1 Cr. App. R. 441 at 448.

责任。对后果的轻率可能足以使被告对已既遂的罪行承担罪责，但其无法用来给共谋者定罪，因为他们对意外的危害结果缺乏合意，也缺乏故意。① 757

14-033　您之前已经提到，对“情节”的轻率，不足以使共谋罪成立。但之前您告诉我，对情节的轻率足以构成“未遂”②，为什么不足以构成“共谋”？

就这而言，1977年《刑法》的起草同样十分糟糕。其对法律进行了一次不受欢迎的修改，而且至于其他内容，本法只是成功地使以前几乎完全清楚的东西变得模糊不清。③

共谋的主观要素与未遂的主观要素的区别缺乏根据，也许根本就没有区别，除了已经提到的法律的变化。换言之，共谋的主观要素基本上应该是故意，但这会延伸出两点疑问：对确定性的预见（间接故意）和对情节的轻率。该法通过给出错误的答案，消除了针对轻率的问号。对情节的鲁莽现在还不足以构成共谋的主观要素，因为该法直言不讳将其排除在外。④ 这便是该法第1(2)条。该立法规定令人费解：

“凡犯在行为人不知道成立该罪行所需的特定事实或情节的情况下可能招致对该罪行的法律责任的犯罪者，不得根据上文第(1)款认定其构成该罪的共谋罪，除非该行为人及至少他人合意当事人希望或知道，在构成犯罪的行为发生时，这项事实或情况会存在或将存在。”

换言之，如果成立犯罪无须行为人明知作为该罪构成要件要素的情节（如需要因为存在对情节的轻率或过失而承担责任），就不可能成立共谋，除非该行为人和其他共谋者希望或知道在该罪的实行行为发生时，情节将或会存在。在“女王诉赛克案”⑤中，尼科尔斯法官表示：“第1(2)条限定了第1(1)条规定的犯罪范围。该部分规定更难理解。其根本目的是确保严格责任和轻率心态在共谋罪中没有立足之地。”

14-034　因此，如果货币兑换所的经营者同意兑换他强烈怀疑是犯罪所得的钞票，而当时他并不确定这些钞票就是犯罪所得，如果对情节的

---

① *R. v. Siracusa* (1990) 90 Cr. App. R. 340. further, *Com. v. Weimer*, 977 A. 2d 1103 (2009); *State v. Almeda*, 189 Conn. 303 (1983); *Conley v. State*, 247 S. E. 2d 562, 565 (1978). *State v. Wilson*, 43 P. 3d 851 (2002).

② *R. v. Khan* [1990] 1 W. L. R. 813; *Attorney—General's Reference* (*No.* 3 *of* 1992) [1994] 1 W. L. R. 409.

③ *Churchill v. Walton* [1967] 2 A. C. 224 at 237 *per* Viscount Dilhorne. Glanville Williams, "The New Statutory Offence of Conspiracy—I", (1977) 127 *New L. J.* 1164.

④ *R. v. Saik* [2007] 1 A. C. 18. *R. v. Mawbey* (1796) 6 Term Rep. 619. Glanville Williams, *Textbook of Criminal Law*, (London: Stevens & Sons, 1st edn 1978) at 359.

⑤ [2007] 1 A. C. 18 at 32.

轻率足以使其犯下这种罪行,这位经营者就可能构成实质犯罪,[①]但他不
758 构成 1977 年《刑法法》第 1(1)条的共谋罪。

第 1(2)条可能不是为了达到该结果而起草的,但确实是这种措辞的结果。如果你能够跟得上我的思路,就会问如果成立犯罪需要犯罪者的明知,该持有什么观点?[②] 以故意持有爆炸物罪为例。被告人甲和被告人乙同意从某人处接收袋子并为他保管。被告人甲明知袋子里会装炸药。乙认为里面可能有炸药,但并不确定。乙并不构成共谋罪。某人无法因为轻率地实施故意犯罪而因此构成共谋,因为其所导致的未遂或共谋,不可能构成相关犯罪既遂。既然如此,被告人甲可能也不犯合谋罪。[③]

回到关于洗钱的假设判例,如果被告被发现"有意无视"钞票是犯罪所得的可能性,其将被判定为明知钞票是犯罪所得,但是,有意无视的学说不应该被用来将明知的要求扩展到仅仅是轻率的案件(参见本书第 6 章第 3 节)。[④]

14-035 这造成了立法上的空白,因为某人可以同意做他怀疑是犯罪的事情(与他怀疑年龄是 15 岁的女孩发生性关系),但如果行为人不确定在他计划与被害人发生性关系时对方是或将是这个年龄,就可以逃避法律制裁。法律委员会建议修订法律,以纠正这种情况:[⑤]

"在实质犯罪不要求检控方就某一情节要素提供罪过证明,或仅要求提供过失证明(或同等的、客观确定的、精神状态的证明,例如不合理的确信)的情况下,应当要求检控方证明,被指控的同谋在可能存在或不存在情节要素方面存在轻率心态。"[⑥]

拟议的修正案意味着,即使过失足以构成实质性犯罪的罪过要素,那些共谋强奸妇女的人在主观上也必须对被害人是否同意(情节)存在轻率心态。如果被告人甲和被告人乙各自与同一妇女发生性关系,并且都
759 对是否同意存在过失心态,就将独立承担强奸责任。但如果他们彼此达成合意,约定其中一人(或两人)将与该女子发生性关系,检控方就必须

① *R. v. Saik*[2007]1 A. C. 18 at 32. *R. v. LK*(2010)84 A. L. J. R. 395 at para. 77 *per* French C. J.

② *R. v. Saik*[2007]1 A. C. 18 at 33-34 *per* Lord Nicholls.

③ *R. v. Saik*[2007]1 A. C. 18 at 51.

④ *R. v. Saik*[2007]1 A. C. 18.

⑤ Clause 1(3) of the *Conspiracy and Attempts Draft Bill*; Law Commission, *Conspiracy and Attempts*, Report 318(London:H. M. S. O. ,2009) at 10.

⑥ *S. v. Feola*,420 U. S. 671(1975);*U. S. v. Rosa*,17 F. 3d 1531(1994). *U. S. v. Mack*,112 F. 2d 290(1940). Herbert Wechsler *et al.* ,"The Treatment of Inchoate Crimes in the Model Penal Code of the American Law Institute: Attempt, Solicitation, and Conspiracy", (1961) 61 *Colum. L. Rev.* 957 at 941 citing *Wilkerson v. United States*,41 F. 2d 654(1930).

表明他们"认识到"了被害人可能不同意这项事实。同样,如果被告甲决定与13岁以下的儿童发生性关系,就犯了法定强奸罪,尽管他可能真的相信该儿童已经是16岁。然而,如果被告甲同意被告乙的意见,即他们应该与刚好13岁以下的人发生性关系,除非他们"认识到"孩子可能在13岁以下,否则就不承担责任。根据现行法律,即使他们主观上对有关情节存在轻率,也不承担责任。因此,法律委员会的建议将扩大法律打击范围,但不至于要求共谋者具备与实质性犯罪所要求的相同的罪过心态。

如果过失或严格责任足以使被告人构成犯罪既遂,为什么要求对有关情节采取主观轻率的态度?在共谋案件中,对相关情节要求主观过错的正当性,似乎取决于这个事实,即犯罪人的有罪合意与其潜在的危害只存在很小的联系。当某项罪行既遂时,这种损害非但不是某种微弱的可能性,而是已经成为了属于过去的事实。共谋属于非常初级的未完成罪,因为不像未遂,共谋罪不需要形式的外在行为①——没有必要证明被告开始着手行动。只要达成了实施实质性犯罪的合意,就可以利用共谋在这些犯罪企图达到法律上的未遂阶段之前将其定为犯罪。② 合意本身就足以使犯罪成立。共谋中蕴含潜在危害的可能性极低,是维持当前"实际明知"(actual knowledge)标准的理由。③ 鉴于共谋的高度早期性质以及共谋指控为起诉提供的程序和证据优势,似乎有理由要求被告人应对情节有轻率心态。

14-036 (1)如果行为人相信在实施预期行为时法律要求的情节不存在,则不承担共谋责任。该结论是在先前关于与情节有关的轻率的结论的基础上自然而然地得出的。如果某人因对情节轻率而不构成共谋, 760
顺理成章,如果他认为成立实质性犯罪所要求的情节不存在,就更不需要负责任。但在故意犯罪案件中,不一定会得出该结论。虽然起草第1(1)条的目的,并不是处理对情节的明知问题,但是,如果提及当事方的"故意"是为了排除当事方在其认为使行为成为犯罪所必需的情节不存在时的责任,则可以得出正确的结论。第(2)款明确规定,即使所策划的是轻率、过失或严格责任的罪行,也适用类似规则。因此,如果被告被指控犯有法定共谋罪,证明被告存在误解,以致如果事实是其所认为的那样,其

① Wayne R. LaFave, *Substantive Criminal Law*, (West Publishing, Vol. II, 2nd edn. 2003) at 271 *et seq*.

② *Board of Trade v. Owen*[1957]A. C. 602 at 626 *per* Lord Tucker.

③ Law Commission, *Report on Conspiracy and Criminal Law Reform* (London: H. M. S. O. Law Com. No. 76, 1976), para. 1. 41; Criminal Law Officers Committee of the Standing Committee of Attorney—Generals, Model Criminal Code, Chapter 2: *General Principles of Criminal Responsibility*, Final Report, (December 1992) at 99-101. *R. v. Saik*[2007]1 A. C. 18 at 37.

所实施的行为就不会是犯罪行为，构成抗辩事由。

14-037　对于情节的间接故意是否足够定罪？

上议院对此没有给出明确的答复。[①] 一般认为，共谋者必须明知希望相关情节存在。如果被告人甲和被告人乙就与他们明知刚满 12 岁的女孩发生性关系达成合意，就将被判共谋实施强奸儿童的实质犯罪。如果某人知道孩子刚满 12 岁，他一定也知道，如果在即将来临的未来与其发生性行为，这种情节就会存在。但如果行为人并不确定被害人的年龄，只有在能证明他们打算与 12 岁的女孩发生性关系时，他们才会被打击。

可以认为，这足以说明共谋者在实施实质犯罪时对相关情节的存在具有间接故意。如果这还不足以定罪，那么相信当其实施计划的犯罪时，某种情节几乎肯定会存在的共谋者们，也将不构成犯罪。例如，如果被告人甲和被告人乙就与他们在夜总会遇到的女性发生性关系达成合意，就可能不需要负责任，因为他们可能会争辩称，起码存在该女性同意的某种可能性。然而，如果证据特别有力，陪审团应该被允许推断被告明知这个情节（被害人不同意）存在。如果被告人甲和被告人乙认为事实上可以确定妇女不会同意与自己发生性关系，他们就只能被认为是在妇女不同意的情况下意图与其发生性关系。

在“女王诉赛克案”[②]中，霍普法官表示：“也许可以允许检控方证明被告人非常清楚合意的目的是［洗钱］。如果要求证明被告在处理这笔钱时明知其是［犯罪所得］，那就太过分了。但可以推断，他有意将现金作为［犯罪所得］，因为他知道这是交易的唯一目的。”换言之，如果有客观证据表明被告人同意处理犯罪所得，如相关的电话记录，或监控录像的视频，显示被告人被告知这笔钱是犯罪所得，这就足以说明他对未来情况的意图。被告人无需确切地知道出现在自己面前的一捆现金是犯罪所得，因为其打算处理自己认为（在构成犯罪的行为发生时）会是犯罪所得的东西。

761

14-038　某人怎么能对于情节存在故意呢？我打算明天去海滩晒日光浴，但前提是天气晴朗。阳光灿烂的日子是我无法故意达成的情节，尽管我可能渴望或希望这种情节存在。

你的话有些道理。“故意”概念不是描述某人对未来事实的心理状态的最恰当的词，因为该概念指的是某人的主观目的。太阳出来不是你的目的或目标，因为对此你无法控制。当然，某人对某些情况的控制是有限的。假设被告人引诱被害人来到偏僻的地方，这样他就可以杀了被害

① *R. v. Saik*［2007］1 A. C. 18.

② ［2007］1 A. C. 18 at 51.

人。进一步假设被告人打电话给被害人,让他相信他们需要在偏僻的地方为了某种正当的目的见面。假设被害人盲目相信了被告人编造的不可思议的故事并且去见他。通过精心策划的行动,被告人成功地引发了自己希望发生的情况(被害人在特定时间出现在特定地点)。尽管如此,在大多数情况下,被告将无法为自己提供自己所希望存在的情节,即使他可能能够计划某些事情,以便他可以利用现有的情况。

以恐怖分子为例,他想炸毁伦敦地铁的地铁车厢。如果车厢里全是乘客,可以认为车厢已经满员是现在的事实。恐怖分子可能计划在高峰时间发动攻击,以保证在地铁车厢被人完全占满的情况下进行攻击。但乘客恰好在事发当天的那个时间点乘坐地铁这项事实,是他根本无法控制的情况。他可能希望这种情况出现,或者相信这种情况一定会存在,但他无法有意制造或引发这种情况。恐怖分子只是想利用他认为在他计划发动攻击的时候几乎肯定会存在的情况。

强奸犯能故意造成妇女不同意等情况吗?恋童癖者能故意使对方处于儿童的年龄吗?强奸犯怎么能故意让女性不同意呢?他并不是故意让对方不同意,而是选择在被害人不同意的情况下性交。同样,恋童癖者可能会意图性侵犯儿童,但他无法控制他们的年龄。不管恋童癖者想要干什么,孩子的年龄都是客观存在的。但是,他可以有意骚扰其明知(或相信)年龄在13岁以下的儿童。他故意利用已经存在的情节。他故意对儿童进行性侵犯(行为),并故意选择不满13周岁的儿童。他可以故意以未成年儿童为目标,从而故意利用这种情节,但从技术上讲,他无法对这个情节本身具有故意心态。同样的,如果两个男人合谋强奸女性,而且他们的共同目的只是进行非自愿的性交。因此,他们只能在下列意义上对这种情节存在故意心态,即他们的目的是利用他们认为在犯罪行为发生时将存在的情节。 762

14-039 如果某人同意帮助自己并不知道细节的非法计划,他会成为共谋者吗?

前面已经提到,“女王诉斯科特案”[①]给出了否定的答案,但该判例也许不是关于这个问题的最后定论。

与从犯一样,被控共谋罪的人不必知道所达成的合意是违反法律的,因为对法律的无知无法成为既遂犯罪的免罪事由。

14-040 某人是否可以通过故意提供物品而成为共谋者?一伙人计划抢劫。他们需要枪,遂接触了被告,被告知道了他们的目的,就给他

---

① (1979)68 Cr. App. R. 164. Cf. *R. v. Brown*[2001]EWCA Crim. 1771.

们提供了一件武器,以备不时之需。警察一直在追踪,并在抢劫发生前进行干预。被告人犯有共谋罪吗?

答案显然是否定的。如果被告发起了这项犯罪计划,或者与其他帮派成员存在共同犯罪的意图,就可能被认定为共谋者。如果他只是同意在犯罪行为发生时提供某项收取固定报酬的服务,比如把劫匪送到银行,把他视为共谋者之一也是合理的。但是,如果某人仅仅提供犯罪工具并意识到该工具可能被用于犯罪,认为他存在犯罪合意,就太过分了。如果他不打算参与该阴谋,也不打算实施该共谋,对该共谋的明知,就不足以将他与共谋联系起来。

证据必须表明,被告人不仅打算协助计划中的犯罪行为,而且还与共谋者有着共同的犯罪故意。假设被告人甲和被告人乙同意将某人从监狱中解救出来,但被告人甲只同意提供切割设备,因为他想赚点钱。如果被告甲与被告乙具有共同的犯罪故意,被告人甲就将承担共谋罪的责任。如果他同意摧毁监狱并打算实施的话,他只提供切割线/手锯的事实就不要紧了。但是,如果他只是同意提供切割线,而不关心其是否会被用来将某人从监狱中解救出来,并且无意参与整个犯罪计划,就不会是共谋者。如果共谋的目标未遂或既遂,被告人甲就可能被指控为从犯。如果相关实质犯罪没有达到未遂或既遂,根据 2007 年《严重犯罪法》第 44 条或第 45 条,他可能被判协助实施实质犯罪。

14-041　如果以上这些对你来说有意义的话,你最好还是要为听到某些胡说八道做好准备。

共谋所需要的自然主观要素,基本上是故意,但上议院的令人憎恶的判决扭曲了该要求。尽管 1977 年《刑法》第 1 条的措辞清楚表明,被告必须对共谋的目的及其后果存在故意,但上议院认为,被告不必对实施的
763 犯罪存在故意。[①]

在"女王诉安德森案"(*R. v. Anderson*)[②]中,被告人甲和被告人乙被押回监狱,在同一间牢房里度过了一晚。在甲被保释前,他同意参与乙的某项计划,以实现丙的越狱。计划中还有另外两个参与者。甲将获得 20,000 英镑,以购买可用于切割金属栅栏的金刚砂切割线,他将把切割线交给一位参与者。随后,他可以得到 2000 英镑的报酬,但在提供金刚砂切割线之前甲受伤了,因而没有进一步参与这项计划。他被控共谋使囚犯逃跑。被告甲声称,他缺乏犯意,因为他从未打算实施逃跑计划,也不相信可能成功。

---

① *R. v. Anderson*[1986]A. C. 27. Cf. *R. v. McPhillips*[1989]N. I. 360.

② [1986]A. C. 27.

其辩护人称，该款"要求被指控的行为人不仅应同意进行必然等于或涉及他本人或该合意的一个或多个其他当事方犯下该罪行的行为过程，而且也必须被证明他自己故意犯下这种罪行"。布里奇法官批驳了这种论调：①

"议会不可能因为控方无法证明这些被告人故意实施某项或多项相关罪行，而让这些当事方逃脱共谋罪的定罪。"

14-042　您是不是想告诉我，被告人必须对某种情节存在故意或者明知，但不需要对所实施的犯罪存在故意？

这是布里奇法官的建议。该判决不仅与 1977 年《刑法》颁布之前的司法立场无法调和，②而且与主要普通法司法管辖区的法律相抵触。③ 这项判决对下级法院具有约束力，但没有得到遵守。④ 这项判例也不太可能被遵循，因为其内容太空洞，无法在实践中得到应用。如果共谋罪的关键是犯罪的共同故意，所有共谋者都必须具备该故意。那些不具有该故意的人无法成为共谋的一部分。只有所有共谋者都具备共同故意，即共谋的目标必须实现，才能构成法定共谋。那些不具备这种故意的人，不会成为共谋的成员，因为正是这种共同意图才把他们带进共谋。共谋者的共同故意，只能是达到合意目标的意图。"共谋"这个词来自两个拉丁语单词"*con*"和"*spirare*"，这两个词可以翻译成"同呼吸"。⑤ 如果其中某位 764
同谋者不与其他同谋者同呼吸，或者换种说法，不同意其他人确保目标犯罪被实施的目的，他就无法成为共谋的行为人。

14-043　有可能这样理解布里奇法官的判决吗？

不！他当然不是在默示，如果没有共谋者对于共谋的犯罪具有故意，仍有可能形成共谋。他似乎是想表明，如果至少有两个共谋者打算实施犯罪，就形成了共谋，因此，只要其他人知道并打算促成该实质犯罪，就可以与之联系起来（布里奇法官将共谋法延伸到涵盖从犯，因为从犯责任仅是实质犯罪未遂⑥或既遂时存在的选择）。但在这样做时，他认为共谋对不同的参与者有不同的犯意要求，而事实显然并非如此。共谋罪有固

---

① [1986] A. C. 27 at 38.

② *R. v. Thomson*(1966) 50 Cr. App. R. 1; *Mulcahy v. R.* (1868) L. R. 3 H. L. 306 at 317.

③ *Chiu-Cheung v. The Queen*[1995] 1 A. C. 111 at 117–119; *People v. Cortez*, 960 P. 2d 537 (1998); *United States v. Dynar*[1997] 2 S. C. R. 462; *Gerakiteys v. The Queen*(1984) 153 C. L. R. 317.

④ *R. v. Siracusa* (1990) 90 Cr. App. R. 340; *R. v. Harvey* [1999] Crim. L. R. 70; *R. v. Ashton* [1992] Crim. L. R. 667; *R. v. Edwards*[1991] Crim. L. R. 45; *R. v. McPhillips*[1989] N. I. 360; *R. v. Crothers*[2001] N. I. 55.

⑤ *R. v. Cotroni*[1979] 2 S. C. R. 256 at 276 *per* Dickson J.

⑥ *R. v. Dunnington*[1984] Q. B. 472.

定的主观要素,必须以同样的方式适用于所有罪犯。因此,或者所有成员都不需要对实现共谋的目标存在故意,或者所有成员都需要对共谋目标被实现存在故意。最近的重要法源清楚地表明,共谋的所有当事方都必须对实现共谋的目标存在故意。① 因此,如果该事项提交最高法院审理,则其很可能认为,被告必须(1)故意达成合意;(2)与其他共谋者具有实现共谋目标的共同故意;以及(3)对相关情节具有故意或明知的心态。

第8节 必须存在两名以上共谋者

14-044 必须存在至少两个共谋者②的规则被用来得出结论,即在没有第三方的情况下,丈夫和妻子无法共谋,因为他们在法律上属于一体。③ 这种推理是错误的,而这项规则的政策效果令人怀疑;但该结论明确地受到1977年《刑法》第2(2)(a)条的保护。该法中的这项规定来自法律委员会工作组,其中大多数成员都为该规则辩护,理由是该规则防止警察对罪犯施加不当压力。否则,警方可以通过胁迫丈夫称,否则他的妻
765 子将被指控与其共谋,从而迫使丈夫认罪。该论点的弱点是,没有采取措施来否定妻子可能对犯罪负有责任的其他方式。④ 妻子当然可能被判为丈夫犯罪的从犯,⑤或者可能会被判鼓励丈夫犯罪。丈夫、妻子和第三人可能犯有共谋罪。⑥ 找不到足够的理由将共谋单独列为夫妻无法共同实施的某项罪行。⑦

14-045 假设被告与他人合谋,而这是警察永远都无法抓获的神秘人物。被告还能被定罪吗?

他可以因与不知名的人共谋而被起诉。⑧ 显然,证据必须是有力的。

---

① *R. v. Siracusa* (1990) 90 Cr. App. R. 340; *R. v. Harvey* [1999] Crim. L. R. 70; *R. v. Ashton* [1992] Crim. L. R. 667; *R. v. Edwards* [1991] Crim. L. R. 45; *R. v. McPhillips* [1989] N. I. 360.

② *R. v. McDonnell* [1966] 1 Q. B. 233; *Stone & Rolls Ltd. (In Liquidation) v. Moore Stephens* [2009] 1 A. C. 1391 at 1491.

③ *Midland Bank Trust Co. Ltd. v. Green (No. 3)* [1979] Ch. 496 at 510 *et seq.*, affd. *Midland Bank Trust Co. Ltd. v. Green (No. 3)* [1982] 2 W. L. R. 1. Glanville Williams, "The Legal Unity of Husband and Wife", (1947) 10 *Mod. L. Rev.* 16.

④ Sections 44-45 of the *Serious Crime Act* 2007.

⑤ *R. v. Manning* (1849) 2 Car. & K. 887 at 904; *Browning v. Floyd* [1946] K. B. 597; Williams, *op. cit. supra*, note 45 *at* § 123 n. 14.

⑥ *R. v. Lovick* [1993] Crim. L. R. 890; *R. v. Chrastny* [1991] 1 W. L. R. 1381.

⑦ Law Commission, *Conspiracy and Attempts*, Report 318 (London: H. M. S. O. 2009) at para. 5. 16.

⑧ *R. v. Niccolls* (1944) 93 E. R. 1148; *R. v. Kenrick* (1843) 5 Q. B. 49; *The King v. Plummer* [1902] 2 K. B. 339; *R. v. Phillips* (1988) 86 Cr. App. R. 18.

如果被告人甲和被告人乙被监控录像拍到，合意实施若干可恶的罪行，被告人乙像中国人的孔明灯一样消失在夜空中，也就不重要了。

14-046　被告人甲和被告人乙共谋犯罪，结果被发现了，但乙逃走了。被告甲被审判并被判共谋罪。然后乙被抓获并接受审判。对被告甲的定罪可以作为对乙不利的证据吗？

现在，这受 1984 年《警察和刑事证据法》第 74 条和第 78 条的管辖。从技术上讲，定罪作为证据是可以接受的，但乙有权在不受甲的定罪的不当影响的情况下，为自己进行无罪辩护。①

14-047　如果被告人甲和被告人乙因共谋而受审(没有其他当事人)，会怎么样？陪审团能判甲有罪并宣告乙无罪吗？

普通法在这方面很混乱，但现在 1977 年的《刑法》澄清了该立场。②答案是，在适当的情况下，可以。例如，被告人甲可能已经供认有罪，他的供认可以作为针对他自己而不是针对乙的证据而被采纳。然而，如果对两名被告不利的证据实质上是相同的，法官应指示陪审团，他们不应该判定其中一人犯共谋罪，而判他人无罪。如果对一人的案子有疑问，他们应该两人都无罪。③ 766

14-048　我不明白为什么被告甲的供认，即自己与被告乙合谋，不是对被告乙不利的证据。

如果是在联合审判的证人席上作出供认的话，的确不可以作为对其他共谋者不利的证据。但如是向警方进行坦白，即为有关被告人乙的传闻证据，但其作为甲的供词可被作为对甲不利的证据加以采信。即使被告甲认罪，这也不是甲对被告乙不利的证据，因为这不是经宣誓的陈述，而只是不反对指控的表态。

14-049　但是如果被告人甲认罪，因而无须对针对他的案件加以审判，并且被告人乙被宣告无罪，被告人甲将会感觉到愤愤不平。

如果被告乙被无罪释放，法官可允许被告甲撤回其供认并接受审判，前提是证据显示，否则可能会有误判。④ 但当证据解释了这种情况时，被告人甲的定罪无疑将被允许成立。这些规则和证据并不影响这样主张，即在对某人的共谋指控中，控方必须证明他和他人是在具备了法律所要求的犯罪主观心态的情况下，进行了共谋活动。

---

① *R. v. Robertson*[1987]Q. B. 920.

② Sections 5(8) and(9). *R. v. Testouri*[2004]2 Cr. App. R. 26 at 29.

③ *R. v. Longman*(1981)72 Cr. App. R. 121; *R. v. Holmes*[1980]1 W. L. R. 1055; *R. v. Roberts*(1984)78 Cr. App. R. 41; *R. v. Testouri*[2004]2 Cr. App. R. 26.

④ *R. v. Drew*[1985]1 W. L. R. 914.

第9节 共谋者的免责

14-050 接下来的问题是,某人是否可以因与他人共谋实施其本人无法实施的犯罪而承担责任。不应该,而且一般来说也不需要因此而承担责任,但也有若干反常的例外。[①] 首先,关于一般规则:如果某人由于缺乏主观要素而对已既遂的犯罪不承担责任,也不必为共谋承担责任。[即使已既遂的犯罪不要求主观要件,除非某人明知事实,否则也不可能对共谋负责:具体见已经讨论过的该法第1(2)条。]

如果某人由于某种特殊的免责事由,无法依法作为正犯构成犯罪,如果他能成为该犯罪的从犯,显然仍然可以成立该犯罪的共谋。因此,如果一般无法对妇女实施强奸的妇女甲,[②]同意帮助自己的朋友乙(男性)强奸被害人,被告甲就可以和乙构成共谋罪。这在普通法中是如此,[③]在第1(1)条的宽泛措辞下仍然如此。

异常案件是由第1(1)条的措辞引起的,该条规定,如果被告甲同意
767 被告乙实施对乙来说是犯罪的行为,尽管他本人无法亲自实施该犯罪,也仍应与被告乙构成共谋罪。只要被告人甲存在必要的主观要素,就会成为共谋者。

14-051 以普通法为例。在普通法中,孩子的父母或监护人(如母亲)不可能犯从父母或监护人(如父亲)处带走孩子的罪行;[④]而且很可能(尽管这尚未被确定)事例中的母亲不构成教唆第三方(如其兄弟)诱拐孩子的罪行。然而如此一来,这位母亲虽然没有犯实质性罪行,但根据1977年《刑法法》其行为似乎应被定为共谋罪。母亲的兄弟将犯诱拐儿童罪(假设他知道母亲被剥夺了对孩子的监护权,因此他没有权利要求)。因此,本案属第1(1)条的范围:[⑤]这位母亲及其兄弟已就实施某种行为达成合意,而后者一旦实施该行为,即构成犯罪。母亲不是犯罪的被害人,所以犯有共谋罪。

把这些人作为共谋犯似乎没有太大的不公平,但毫无疑问,议会并不打算将该结果全面适用。该法对一点作了特别规定。假设无法参与诱拐自己的犯罪的16岁以下的女孩,被指控与诱拐自己的人共谋。在本案

---

① *R. v. Duguid*(1906)70 J. P. 294.

② *D. P. P. v. K &B*[1997]1 Cr. App. R. 36.

③ *R. v. Whitchurch*(1890)24 Q. B. D. 420.

④ *R. v. Duguid*(1906)70 J. P. 294. section 1 of the *Child Abduction Act* 1984;*R. v. Taylor*[1997]1 Cr. App. R. 329.

⑤ *R. v. Sherry*[1993]Crim. L. R. 536.

中,被告因是故意犯罪的被害人而获豁免。该法第2(1)条规定:

“行为人如是某罪行的拟被害人,则不适用第1条之规定,即不构成共谋实施该罪行的犯罪。”

虽然该规定切中要点,但起草得却很蹩脚,因为其可能被解释得太广泛,但在某个方面,又太狭隘。然而,问题不太可能经常发生。该规定的范围更广,因为可以解释为适用于被视为受到犯罪不利影响的人。“被害人”概念传统上被解释为无法实施该犯罪,并且也无法被判定为该犯罪的从犯的人,因为作为犯罪的被害人,他被认为不属于犯罪人的范围。[1]

14-052 相反,受虐狂与施虐狂共谋让后者对他造成实际的身体伤害,此时,前者无法被免除1861年《侵害人身权法》第47条所规定的罪行,[2]如果援引“女王诉提瑞尔案”,[3]作为法律问题,前者就无法被视为该罪行的“被害人”,即使从道德的角度来看他可以被视为被害人。既然他 768
可以作为犯罪人被定罪,他就可以作为从犯被定罪;因此他应该为共谋承担责任,而且没有理由适用第2(1)条。[4]

如上所述,“关于协助和教唆的条文的适用,可因实质犯罪的性质或创设该罪名的条文的一般要旨或政策而被排除在外。”[5]1861年《侵害人身权法》第18、20、47条的一般宗旨是保护人们不受人身暴力的侵害。这些罪行旨在阻止人们对他人施加暴力。该法并不旨在将实际上是自残的行为定为刑事犯罪,尽管被害人也可能在不同的一天成为犯罪者。1977年《刑法》第2条的措辞使法院能够更广泛地将其适用于被害人。[6]只要受虐狂没有“同意”对他们共谋给自己造成的伤害进行“报复”,法院就可以顺理成章地将其扩大到涉及受虐狂的案件。[7] 如果他们打算通过殴打伤害者来对其加以报复,反之亦然,他们就是打算既作为实行者又作为被害人而行动,并且不受《刑法》第2条的保护。

如果两个人同意决斗,他们将打算互相伤害,从而构成犯罪,即使他们有可能成为被害人。但如果被害人去安乐死诊所,情况就不同了。在这里,被害人无意伤害医生:只是想让自己受到伤害。不应该被指控共谋

---

① *The Queen v. Tyrrell*[1894]1 Q. B. 710;*R. v. Whitehouse*[1977]Q. B. 868.

② *R. v. Brown*[1994]1 A. C. 212.

③ *The Queen v. Tyrrell*[1894]1 Q. B. 710.

④ *R. v. Wright*(1603)Co. Lit. f. 127 a-b. ;(1613)1 East P. C. 396.

⑤ *Mallan v. Lee*(1949)80 C. L. R. 198 *per* Sir Owen Dixon J.

⑥ Dennis J. Baker,“The Moral Limits of Consent as a Defence in the Criminal Law”,12 *New Crim. L. Rev.* 93.

⑦ Section 44 of the *Serious Crime Act* 2007.

谋杀自己。(对比1961年《自杀法》第2条)

14-053 如果被告人与他人共谋向自己供应毒品，是否可以适用“被害人”豁免？

不。他和寻求堕胎的女士一样，都得到了非法的好处。[1] 如果非法吸毒出了问题，他将是自己愚蠢行为的被害人，[2]但仅仅从供应商那里收到
769 毒品，并不意味着供应商已经伤害了他。[3]

14-054 但是，如果两个人仅仅是某项犯罪交易的供求双方(可以这样表示)，将他们的合意定为刑事犯罪是否太过分了呢？

在美国若干州，法院援引“沃顿规则”(Wharton Rule)[4]来解决该问题，但沃顿规则的适用受到了限制：[5]

“从历史上看，沃顿规则只是狭义的普通法例外，规定如果实质犯罪本身需要两人参与，被告人无法因共谋罪和实质性犯罪而受到惩罚。沃顿规则的基本思想是，如果某项(实质)犯罪需要多个行为人来执行，就无法适用共谋罪来判处更重的刑罚……沃顿规则反映了共谋法仍在发展的时代，传统上适用于通奸、乱伦、重婚和决斗等罪行，这些罪行的特点包括合意的总体一致性以及实质罪行的既遂……”

沃顿规则并没有免除双边交易的刑事定罪，而只是为了防止此类交易的当事人受到的刑罚显失公平。对那些共谋让其他人为自己供应毒品，或密谋在伦敦街头进行决斗或帮派斗争的人给予责任豁免，没有好处。[6] 为什么要等决斗者或歹徒来打斗，从而使其要么杀了对方，要么杀了无辜的过路人？[7] 共谋罪的目的，是在犯罪行为尚未完成甚至实行之前将其扼杀在萌芽状态。这些案件中的大多数，现在将被2007年《严重犯罪法》第44—46条所规定的犯罪所覆盖。被害人规则并无法免除那些参与双边犯罪的人的刑事责任。决斗者不仅仅是被害人，因为他既是潜在的被害人又是潜在的犯罪者。因此，决斗者不受被害人豁免的保护。那些试图贿赂政府官员的人不是被害人，那些寻求吸毒非法利益的人也

---

① *R. v. Whitchurch*(1890)24 Q. B. D. 420.

② *R. v. Kennedy*(*No* 2)[2008]1 A. C. 269.

③ *R. v. Drew*[2000]1 Cr. App. R. 91; *R. v. Jackson*[2000]1 Cr. App. R. 97. *Maroney v. The Queen*(2003)216 C. L. R. 31.

④ Francis Wharton, *Criminal Law*, (Rochester, New York: Lawyers Co—operative Publishing Co., Vol. Ⅱ, 12th edn. 1932) at 1862.

⑤ *U. S. v. McNair*, 605 F. 3d 1152 at 1215(2010). the United States Court of Appeals(11th Circuit).

⑥ *U. S. v. McNair*, 605 F. 3d 1152 at 1215(2010). *Iannelli v. U. S.*, 420 U. S. 770(1975).

⑦ *R. v. Drew*[2000]1 Cr. App. R. 91; *R. v. Jackson*[2000]1 Cr. App. R. 97. *Sayce v. Coupe*[1953]1 Q. B. 1 at 7-8. *R. v. Gnango*[2011]1 All E. R. 153.

不是，因此他们也不会受到被害人豁免的保护。

与他人合谋让他人对自己实施安乐死的人，应被免除共谋谋杀自己的定罪。同样，把只想让自己遭受伤害，而又无意对加害者进行报复的受虐狂定为犯罪，也没什么好处。行为人无法因违反1861年《侵害人身权法》第47条的实质罪行而受到惩罚，因为如果只是任由自己被鞭打，他就无法满足该罪行的犯意和犯行要求。如果造成伤害的人被定为犯罪，社会就得到充分保护。将损害的接收者定为刑事犯罪，几乎没有什么好处，前提是接收者无意对该伤害进行报复或从事其他形式的实质犯罪。然而，这类罪犯可能属于2007年《严重犯罪法》第44—45条所述罪行的打击范围，因为这部分立法只对狭义意义上的被害人加以免责。在实践中，检控方通常不起诉这些被害人。 770

14-055　在另一方面，1977年《刑法法》的规定对被害人来说过于狭隘。罪行的预期被害人并非该罪行的从犯，这项规则仅仅是应被视为更广泛命题的实例，即某人如果显然受到了立法机关的有意豁免，就不属于法定罪行的从犯。该法没有基于这个更一般的理由规定对于共谋的免责，因此，如果某人在相关犯罪被实施时无法被认定为相关犯罪的从犯，其有可能被判相关犯罪的共谋罪。

“女王诉怀特豪斯案”（*R. v. Whitehouse*）[①]已从当事人角度做出过审议。法院认为，如果某人玷污了自己16岁以下的女儿，这位被害人无法被判乱伦罪——不是乱伦罪的正犯，因为法律不允许对其使用该犯罪的措辞，毕竟本罪的犯罪主体只限于成年人，同时，这个女孩也无法被视为从犯，因为她是本罪的被害人。毫无疑问，未来的法院将接受该理由，并因此认定，这种女孩是上文第2(1)条所述罪行的“被害人”，所以无法构成共谋实施该罪行的犯罪。但已经有人认为，法院在“女王诉怀特豪斯案”中适用“被害人”规则是错误的，而且应该把责任豁免放在更一般基础上，即立法机关表明了不将女儿纳入乱伦罪的意图。如果豁免建立在该更一般理由，而不是“被害人”规则的基础之上，则第2(1)条将不再适用。第1(1)条会使这位女孩承担法律责任，因为其是合意的行为人，而该合意是父亲所犯的罪行。如果女儿在乱伦行为发生时，由于立法的明显意图而被判不是乱伦罪的从犯，但由于1977年《刑法法》措辞不当而被判共谋犯下乱伦，这倒算是相当反常的现象。

如果法院不加批判地接受“女王诉怀特豪斯案”的判决理由，尽管乱伦问题可以避免（因为现在该行为可能仅仅被指控为对未成年人的性犯

---

① ［1977］Q. B. 868.

罪),但也有其他可能的情况无法这样处理。被害人规则只是事例,表明法院可能会认定,某人被默示排除在某一法定犯罪的从犯责任之外。可
771 能会有其他事例。在英国的法律中,有由来已久的、众所周知的传统,即卖淫本身并不是犯罪。但是妓女受到了各种控制,很难在法律的范围内继续自己的生活方式,法律也把矛头瞄准那些为妓女的身体交易提供帮助的人。例如,房舍占用人允许房舍用于常态化的卖淫,属于某项法定罪行。[①] 假设有女房客的男人允许使用自己的房间进行日常性卖淫。该男性触犯了法定犯罪,但将该女子定罪为该罪行的从犯是错误的,因为这违反了所有立法所依据的政策,即让按照限制从事其职业的妓女免受骚扰。[②]

第10节　与豁免责任的当事方的合意

14-056　先前的讨论涉及豁免方的共谋责任,其与可以称为责任方的行为人达成了合意。如此一来,现在必须考虑责任方的共谋责任。既然他在犯罪时会对既遂罪负责,那么如果与其达成犯罪合意的是责任豁免方而非他人,是否需要对共谋负责?

法律委员会就此问题作出了明确和令人满意的决定。他们认为,如此一来,负有责任的行为人不应为共谋负责。对其责任的认定,应适用煽动、企图和共犯等相关法律。[③] 委员会提出的法案本来会使这项提案生效,但上议院对其进行了修正,使之有些晦涩难懂。对由此产生的条款进行简要总结,(1)如果他人(或所有其他方)缺乏犯意,则责任方不承担共谋责任,但(2)如果他人因某些特殊法律规则而获得豁免,则责任方承担责任,但有两种情况除外:他人是小孩或被害人:

首先是他人因缺乏犯意而获得豁免的案件。已经有人认为,第1条要求犯罪共谋的所有当事方都知道事实[注意第1(1)条中的“他们的故
772 意”和第1(2)条中的附加规定]。如果其他当事人因为不知道事实而不成立共谋罪,被告也不构成共谋罪。[④]

适例是被告甲使被告乙(无辜代理人)参与处理盗赃物的活动。被告人乙不犯有共谋处理盗赃物的犯罪,因为其缺乏故意,因此被告人甲也

---

① Section 36 of the *Sexual offences Act* 1956.

② *R. v. King*(1914)10 Cr. App. R. 117. *R. v. Pickford*(1914)10 Cr. App. R. 269.

③ Law Commission,*Report on Conspiracy and Criminal Law Reform* (London:H. M. S. O. Law Com. No. 76,1976),paras. 1. 50-1. 58.

④ *R. v. Curr*[1968]2 Q. B. 944.

不构成这种共谋罪,因为第1(1)条要求共同故意。1977年《刑法》的这种解读符合普通法之规定。

警察和他们的线人遇到了问题。假设被告人甲想偷被害人的家具,正在找助手。他拉乙来帮忙,不幸的是乙是警察。乙假装同意,以挫败甲的犯罪计划。甲是否犯有共谋罪?

已经有人提出,乙可能被判不成立共谋,因为他并未真正同意犯罪,而只是假装同意。如果是这样,甲也不成立共谋罪。第1(1)条不适用,原因与之前相同:没有两个或多个"故意",这里只有一个故意。甲认为乙同意的事实并不重要。并不存在该款规定的合谋。豁免甲可能不符合一般常识,但1977年《刑法法》并不支持定罪。然而,如果被告乙被判有罪,被告甲当然可以被判共谋罪。[1]

14-057 其次,对豁免方因某些特殊的法律规则而获得豁免的案件的修改规则。目前应注意该法的效力,因为其推翻了法律委员会的提议。因此,该法保留了涉及诱拐儿童的"女王诉杜吉德案"(*R. v. Duguid*)[2]的影响。

判例表明,根据普通法,杜吉德可以被判与被害人母亲合谋,从监护人那里诱拐该受害儿童;但母亲本人似乎不可能被判共谋罪,因为不在诱拐儿童罪既遂的处罚范围之内。[3]

如前所述,由于该法措辞不当,母亲本人现在将对共谋负责,尽管1861年《侵害人身权法》第56条的用意是免除其对已既遂罪行的责任,但1977年《刑法法》中没有内容可以免除她的共谋责任。因此,在该特殊情况下,正在讨论的问题将不再构成困难。

1977年《刑法法》规定了一般原则的某些例外。第2(2)条:

如与某人共谋犯某项或数项罪行的一人或多人(最初及在合意存续期内的时间)属以下一种或多种类别,则该人不受本法第1条的规制: 773

(a)配偶[或民法意义上的同居人];

(b)未满刑事责任年龄的人;以及

(c)该项罪行或数项罪行中每项罪行的预期被害人。

14-058 (a)款已经处理。(b)款意味着成年人与10岁以下儿童之间的合意无法构成共谋。这主要对性犯罪很重要。儿童可以鼓励成年人犯罪,成年人也可以与其达成合意;如果该阶段的问题仍然存在,对成年人定罪将是严厉的。另一方面,如果成年人鼓励儿童,这可能被认为是该

① *Chiu-Cheung v. The Queen*[1995]1 A. C. 111.

② (1906)70 J. P. 294.

③ *R. v. Duguid*(1906)70 J. P. 294.

成年人企图犯罪。[1] 因此,没有必要把这起案件当作共谋,并且有确凿的理由反对这样做。

(c)款对男性同意与16岁以下女孩性交具有同等效力。女方将被法律视为犯罪的被害人,即使性交是女方唆使的,并且男方也可以借此摆脱共谋指控。

第11节　不能犯

14-059　已经考虑到在未遂语境下的不能犯。一般认为,不能犯包括如下3种形式:(1)法律不能;(2)事实不能;(3)固有的事实不能。还有人指出,只有法律不能和固有的事实不能才可以作为抗辩事由。在共谋的语境下,情况是否相同?1977年《刑法》第1(1)条规定,即使事实"使该罪行不可能实现",合意也应受规制。

如果合意构成法定共谋,事实不能将无法为被告人提供抗辩。然而,在共谋是"普通法"意义上的共谋的情况下,事实不能确实提供了抗辩事由。[2] 如果王室检控署能迅速抓住2006年《欺诈法》的抓手,普通法上的共谋将会与司法实践渐行渐远。当然,法律不能,将排除潜在共谋者被判法定共谋罪的可能,因为合意必须是从事特定犯罪的合意。

假设两个外国游客同意去公共海滩游泳,只穿比基尼泳裤。他们认为在英格兰和威尔士的公共海滩上穿得这么少是刑事犯罪,但无论如何都同意这样做。

14-060　**这是手段不能,还是法律不能?**

如果他们真的打算进行不雅露体,这将属于手段不能的情况,因为他们没有脱得足够彻底。[3] 但如果仅仅认为在海滩上穿比基尼是犯罪行
774 为,他们就是合谋采取合法行动。如果坚信涂红唇膏是不道德的,他们从事的就不是法定共谋,因为这只是在密谋实施无害、合法的行为。如果被告人甲和被告人乙同意带一瓶威士忌去海德公园野餐,并相信在公园里喝酒是违法的,结果也是一样的。既然这样做不是犯罪,就不会是合谋犯罪。

尽管如此,无论共谋者在事实上是否不可能达到他们的目的,对法定共谋的定罪都将继续有效。毕竟,如果事实如他们所相信的那样,他们的目的是可以实现的(如果他们密谋扒窃的口袋里有钱包,盗窃是可以实

---

① The *Sexual offences Act* 2003.

② *D. P. P. v. Nock*[1978]A. C. 979.

③ *People v. Santorelli*,80 N. Y. 2d 875(1992).

现的)。

14-061 如果被告人甲和被告人乙合谋谋杀被害人,但同意使用(固有不能)的手段,将使这样的犯罪无法实现呢?

假设他们打算在巫毒娃娃上插别针,来谋杀被害人。上文指出,在未遂的语境下,这无法被视为超出了纯粹预备阶段的行为,因为客观地判断,这与某人在使用枪支杀人前几个月学习使用枪支没有区别。每次练习用枪的时候,他都可能会设想目标是被害人,但他只是在做若干练习或预演——没有在实施谋杀被害人的行为。因为他没有瞄准真正的目标。那些钉巫毒娃娃的人与其处在相同的位置——被告人实施了动作,但没有实施正确的实行行为。后者没有超出单纯思想犯的阶段。然而,在共谋的情况下,这不应成为定罪的障碍。

上文假设的共谋者同意犯谋杀罪。仅此一项就足以使其负有责任。他们被定罪的依据不是同意使用有效手段,而是同意实施犯罪行为。他们应该承担责任,因为他们已经同意杀害他人:该行为甚至不构成未遂法的纯粹预备,是无关紧要的,因为共谋法的追溯范围更远。正如塔克(Tucker)法官很久以前所言:"在我看来,使这种合意受到惩罚的整个目的,似乎是在实质性罪行尚未达到未遂阶段之前防止其发生,而这是维护王国内社会平和的重要组成部分。"①

因此,法定共谋的抗辩事由,固有的事实不能很可能不在其列。法院可以通过认定在巫毒娃娃身上插针不是"必然构成或涉及犯罪的"行为过程,来区分固有的事实不能犯,因为这种不可能不取决于存在"使该项犯罪或数项犯罪的某项成为不可能的事实"。其在本质上是不可能的:
不是作案那天的事实使其不可能,而是任何时候任何人都是不可能完成。 775
尽管如此,基于已经给出的理由,法院不太可能对事实不能和固有的事实
不能作出区分。② 776

---

① *Board of Trade v. Owen*[1957]A. C. 602 at 626 *per* Lord Tucker.

② *D. P. P. v. Nock*[1978]A. C. 979.

777

第 15 章　其他未完成罪

"你一旦说了一句话，你得负责到底，并且要承担后果。"

红后对爱丽丝说道：①

"你无法触及我心灵的自由。"

约翰·弥尔顿②

① Lewis Carroll, *Through the Looking—Glass, and What Alice Found There*, (London: Macmillan and Co., 1872). 中译本参见[英]L. 卡罗尔、J. 巴西特改写：《爱丽丝漫游奇境记》，夏青译，外语教学与研究出版社 1997 年版。——译者注

② John Milton, *Comus: A Mask Presented at Ludlow Castle*, 1634 (London: Bensley, 1799).

第1节　煽　动

15-001　肮脏的想法不会被定罪，但这些想法在某些情况下的表达，将被定罪。良心的自由是绝对的，但言论的自由却是相对的。[1] 在普通法中，"煽动"（incitement）（或教唆）罪，是指某人"劝导、诱使或命令"他人犯罪，无论是让其作为正犯还是从犯，无论被煽动者是否做了被敦促从事的行为。如果被煽动者这样做了，煽动者当然会成立共犯，而且通常会被指控为共犯；但如果被指控煽动，被告人就无法通过证明犯罪确实没有发生来抗辩。煽动只包括劝说或怂恿行为，因此不包括帮助他人犯罪的未遂/企图。

在普通法上，如果没有犯罪的话，帮助犯罪的帮助犯就没有实施犯罪。在提供帮助后，共犯可以作出相当大的努力来防止这种努力被正犯使用，从而可能因此免责，但根据 2007 年《严重犯罪法》，即使帮助犯防止自己的帮助被使用，也将为此承担责任（除非另有明示或明确默示，本章中的所有引用均指该法）。正是该法律空白，除其他外，推动了 2007 年《严重犯罪法》第 44—46 条所述犯罪的颁布。2007 年《严重犯罪法》 778
将"怂恿"或"帮助"他人实施实质性犯罪的人定为刑事犯罪，而不论其他人是否实际企图实施预期的犯罪。

普通法中不存在帮助未遂/企图，这意味着存在某种漏洞。法律委员会认为，该法律空白的性质是严重的：

"议会颁布了相当多的法定犯罪，将特定的未完成帮助情况定为犯罪。[2] 然而，在帮助实施若干最严重的犯罪，包括谋杀、抢劫、勒索或夜盗方面，并不存在法律上的未完成罪……同意斯宾塞教授的观点，即存在普遍的问题，需要系统的解决办法。"[3]

15-002　法律委员会的建议导致了重大改革。废除了独立的煽动罪，取而代之的是 3 项相当烦琐的犯罪：

1. 故意怂恿、帮助犯罪。

2. 怂恿或帮助相信会实施的正犯行为。

---

① Dennis J. Baker and Lucy X. Zhao, "The Normativity of Using Prison to Control Hate Speech: The Hollowness of Waldron's Harm Theory", (2013) 16(4) *New Crim. L. R.* 621.

② Citing the *Treason Act* 1351; section 39 of the *Prison Act* 1952; section 17(1) of the *Forgery and Counterfeiting Act* 1981; section 2(1)(b) of the *Computer Misuse Act* 1990; sections 12(2) and 17 of the *Terrorism Act* 2000; section 4(2) of the *Asylum and Immigration (Treatment of Claimants) Act* 2004.

③ Law Commission, *Inchoate Liability for Assisting and Encouraging Crime*, Report 300, (London: H. M. S. O., 2006) at para. 3.7.

3. 怂恿或帮助相信会实施的某项或多项犯罪。

正如法律委员会最初设想的那样,这些犯罪将取代共犯结构。不幸的是,政府在颁布这些新犯罪时决定不改革共犯。所以两者是并列的,但又是分开的。这使检察官能够选择:如果受到怂恿或帮助的犯罪人构成预期的实质犯罪的未遂/企图或既遂,检察官将能够根据 1861 年《从犯和教唆犯法》提出指控,该法实际上允许被告人作为正犯被定罪量刑。如果行为人没有实施(或企图实施)预期的实质犯罪,检察官可以适用 2007 年《严重犯罪法》第 44—46 条中的未完成罪中的某项罪名进行指控。

15-003　怂恿者被称为预期实质犯罪的正犯?

不是。如果被告人试图帮助实施谋杀,将不会被贴上谋杀犯的标签。怂恿者/帮助者不会被认定成立未完成犯罪外的其他罪名。

15-004　怂恿者/帮助者是否会受到与预期犯罪的实行者相同的惩罚?

第 58(1)条规定:

(1)第(2)款和第(3)款适用于——

779 (a)被裁定犯第 44 条或第 45 条所定犯罪者;或

(b)因只参照某项犯罪(参照犯罪)而被裁定犯第 46 条所定犯罪者。

(2)如预期或参照的犯罪是谋杀,可处终身监禁。

(3)在其他情况下,该人可处在其被裁定犯有预期的或参照的犯罪时,该当该犯罪的刑罚。

(4)第(5)款至第(7)款适用于因参照多于某项犯罪而被裁定犯第 46 条所定犯罪(参照犯罪)者。

(5)如其中某项参照犯罪是谋杀,可处终身监禁。

(6)如所参照犯罪并非谋杀,但其中某项或多项可判处监禁,则该当下列刑罚——

(a)不超过这些犯罪的最高刑期的刑期(以这些犯罪中的较长或最长的监禁期限为准);或

(b)罚金。

(7)任何其他情况,均适用罚金刑。

第 58 条允许适用与参照犯罪相同的处罚,但这并不意味着法院必须施加最高刑罚。帮助者/怂恿者可接受 2007 年《严重犯罪法》所规定的怂恿或帮助的犯罪的最高刑罚,但这是由法院自行决定的。因此,在帮助或怂恿的犯罪是谋杀的情况下,被告人可以被判处与杀人犯一样的刑罚,即终身监禁,但前提是,潜在帮助是实质性的,而且帮助者与犯罪人有共同的目的。尽管如此，如果被告人的帮助不是实质性的，而且缺乏与犯罪人的共同目的，就可能会被判较轻的刑罚。如果被告人被指控为1861年《从犯和教唆犯法》中谋杀犯罪人的共犯，则形成对比。如此一来，帮助犯将被贴上谋杀罪的正犯标签并受到惩罚。

然而，2007年《严重犯罪法》第58(3)条规定，在除谋杀以外的情况下，间接参与者“一旦被定罪，将被判处预期或参照犯罪的刑罚。”该规定似乎为不公正的定罪量刑大开方便之门。第44—46条中所述犯罪的犯罪标签有些不对称，因为在第44—46条中，为犯罪者提供用于杀人的枪支的非犯罪人与为犯罪者提供或试图提供不用于杀人的枪支的非犯罪人的标签相同。因此，根据《严重犯罪法》，既遂共犯和未遂/企图共犯被做了同等对待。同样，对于无效的帮助或怂恿，似乎没有量刑减免，但量刑法官有正常的自由裁量权。因此，如果行为人没有使用帮助或忽视怂恿，或者行为人已经接受怂恿或已经利用帮助来完成预期的目标犯罪，则可以援引新设的犯罪。损害都取决于第三方的选择，但在其他领域的法律结果很重要。例如，未遂/企图的处罚，以及危害性，都被贴上比既遂罪危害性更小的标签。[1] 在帮助和怂恿有效的情况下，贴上与无效时相同的 780
犯罪标签，似乎并不公平。如果预期的目标犯罪已经进入未遂/企图或既遂阶段，控方很可能会援引1861年《从犯和教唆犯法》第8条。如果怂恿者和行为人同意正犯应实施犯罪，检控方很可能以共谋对其加以起诉。

15-005 根据共犯法，轻率[2]且微不足道的帮助，足以使被告人被贴上罪犯的标签并被量刑。作为谋杀的共犯，被告人将被判谋杀罪，并被判处终身监禁。因此，如果被告人出售他相信可能用于杀人的枪，将被视为与提供“意图”用于杀人的枪的被告人没有区别。新罪名的优点是，为量刑法官在量刑时考虑被告人的怂恿和帮助行为的程度提供了机会。

15-006 这两种犯罪都可以审判吗？

第55(1)条规定“第44或45条所定犯罪可按与预期犯罪相同的方式审讯”。第55(2)条规定“第46条所定犯罪可循公诉程序审讯”。

---

① Andrew Ashworth, “Criminal Attempts and the Role of Resulting Harm under the Code, and in the Common Law”, (1987—1988) 19 *Rutgers L. J.* 725 at 739-744; Joel Feinberg, “Criminal Attempts: Equal Punishment for Failed Attempts”, in J. Feinberg, *Problems at the Roots of Law* (New York: O. U. P., 2003) at 100. Lawrence Crocker, “Justice in Criminal Liability: Decriminalizing Harmless Attempts”, (1992) 53 *Ohio St. L. J.* 1057. For an interesting account of the wrongness of attempts, Stephen P. Garvey, “Are Attempts Like Treason”, (2011) 14 *New Crim. L. R.* 173.

② *R. v. Bryce* [2004] 2 Cr. App. R. 592.

第2节 故意怂恿与帮助

15-007 根据2007年《严重犯罪法》第44条,故意怂恿或帮助他人犯罪的人属于犯罪。无论预期的犯罪是未遂/企图的还是既遂的,都会被认定犯罪成立。第44条规定:

(1)如——

(a)作出了能够怂恿或帮助犯罪的行为;以及

(b)故意怂恿或帮助犯罪的实施,即属犯罪;

(2)但无法仅仅因为这种怂恿或帮助是其行为的可预见后果,就认为其故意怂恿或帮助犯罪。

第44条的犯罪取代了普通法上的煽动罪。普通法上的煽动(或教唆)罪是指某人"劝导、诱使或命令"他人犯罪,不论是作为正犯或从犯,也不论被煽动者是否实施了被敦促实施的行为。第44条犯罪的运作方式相同,因为怂恿,实际上不需要真的促使潜在犯罪者采取行动。但更为一般的是,其还包括意图提供的帮助,或者以另外的方式提供但没有被使
781 用的帮助。就第44条而言,劝说或怂恿(包括威胁)[1]均已足够定罪。

15-008 第44条中规定的犯罪的主观要素是什么?

新设立的犯罪的罪过要件,已通过一套错综复杂的条文被阐明。第44条所订犯罪的主观要素载于第44条及第47条。如果帮助/怂恿者故意怂恿或帮助犯罪者实施预期的目标犯罪,则应根据第44条承担责任。这里故意不包括间接故意。仅仅根据假定的帮助者/怂恿者预见到预期的犯罪人将利用自己的帮助实施预期的目标犯罪,不足以认定帮助/怂恿预期的犯罪人的故意。

15-009 这是不是说,帮助者/怂恿者只有在与犯罪者存在共同的目的,即实施"预期或参照"犯罪时,才会根据第44条被打击?

帮助者/怂恿者必须直接故意地帮助/怂恿犯罪者实施预期的犯罪。实际上,这意味着帮助者/怂恿者必须通过自己的帮助或怂恿来寻求导致犯罪者实施犯罪。明显的事例便是,被告人因为讨厌被害人,给正犯提供枪支来帮助正犯杀死被害人,想借此看到正犯成功地杀死被害人。由于被告人给正犯枪,而且正犯利用这种帮助来非法[2]杀死被害人符合其进

---

① Section 65 of the *Serious Crime Act* 2007.

② Joshua Dressler, "Reflections on *Dudley and Stephens* and Killing the Innocent: Taking a Wrong Conceptual Path", in Dennis J. Baker and Jeremy Horder, *The Sanctity of Life and the Criminal Law: The Legacy of Glanville Williams*, (Cambridge: Cambridge University Press, 2013) at 126 *et seq*.

一步的目的，故可以利用第 44 条加以打击。这是直截了当的事例。

第 44(2)条认为，被告人不应仅仅因为此类怂恿或帮助是其"行为"的可预见后果而被视为故意怂恿或帮助犯罪。议会的立法目的，是将"间接故意"排除在第 44 条之外。① 这应该意味着，证明怂恿者或帮助者有意间接帮助或怂恿正犯的犯罪行为，不足以认定其犯罪。对该条的字面解释表明，检控方必须排除合理怀疑地证明帮助者/怂恿者故意帮助或怂恿正犯实施预期目标犯罪的行为要件。某人不一定仅仅因为认为犯罪 782
是自己有意帮助/怂恿的结果而故意帮助或怂恿犯罪。帮助者/怂恿者必须故意进行某种帮助或怂恿行为，其进一步的直接故意是正犯会利用帮助实施预期的目标犯罪，或者怂恿正犯这样做。

如前所述，根据 1861 年《从犯和教唆犯法》的共犯结构，就预期的目标犯罪而言，不再需要进一步的直接故意。② 在"女王诉洛马斯案"③的上诉审过程中，法官认为："从犯是明知要犯罪而给予帮助的人。"很明显，2007 年《严重犯罪法》第 44 条与第 47 条分开解读，不仅要求对所犯罪行，而且要求对该行为的后果和/或发生的情况具有进一步的直接故意。[在下文中将看到，第 47 条起着补充作用。其适用意味着，即使某人打算帮助或怂恿罪犯实施预期目标犯罪的行为要件，并且对该行为的后果和(或)行为发生的情况存在轻率心态，也可以根据第 44 条认定责任。]

15-010　这是不是说，对第 44 条的字面解释意味着犯罪只需要来帮助或怂恿犯罪者的预期目标犯罪的直接故意？

是的，就行为要素而言(性交或造成严重身体伤害的行为)是这样，但对于需要过失的犯罪(几乎所有严重犯罪)而言被告人只需轻率心态即可，就如同正犯是否会以必要的过失行事，以及帮助和怂恿的行为是否会导致某些后果，或是否会在使其成为犯罪的情况下发生一样。

在英国法律中，检控方在指控强奸罪时，需要证明被告故意用阴茎插入被害人的阴道、肛门或口腔，而被害人对此并不同意，而这是在被告不合理地认为被害人同意的情况下作出的。④ 行为人只需对妇女是否同意的情节存在过失即可成立犯罪。当被告人打算帮助或怂恿犯罪人进行非自愿性交而不是自愿性交时，不需要适用第 47 条。例如在"女王诉巴尔的摩案"(*R. v. Baltimore*)⑤中，哈维和格里芬堡被指控为强奸的从犯。被

---

① Hansard, HC Public Bill Committee, 6th Sitting, 3 July 2007, col. 211.) *Pepper v. Hart*[1993] A. C. 593.

② *R. v. Bryce*[2004]2 Cr. App. R. 35.

③ (1914)9 Cr. App. R. 220 at 221-222.

④ Section 1 of the *Sexual offences Act* 2003.

⑤ (1768)1 Wm. Bl. 648.

害人被诱骗进入巴尔的摩的家中,在这里被囚禁了5天,在这期间不吃不喝,始终拒绝服从巴尔的摩的意愿……两名妇女强行将其抬到被告人对其实施强奸的床上。在该案中,证据显示,这些从犯的目的是帮助巴尔的
783 摩进行非自愿性交。从犯们知道,在被外力迫使与正犯上床时,这名年轻女子在过去的5天一直拒绝与巴尔的摩发生性关系。同样,也有许多案件,帮派成员轮流强奸妇女,通过轮流按住被害人来互相帮助。[①] 如果被告人强奸了被害人,并在之后压制了受害人,使同伙也能和被害人发生性关系,陪审团将不难推断被告人对被害人不同意存在故意。被告人当时在场,掌握了足够的信息,能够确切地知道相关情节。

15-011　因此,如果被告人了解目前的相关情况,第44条中的直接故意要求是否就得到了满足?

在被告人帮助正犯与被害人发生性关系的情况下,陪审团可以从证据中推断,被告人目前知道被害人不同意,因此打算帮助或怂恿正犯强奸被害人。[②] 如果被告人在场,并且看到被害人正在反抗,正在为逃避性接触而进行挣扎,很明显陪审团可以推断被告人完全知道被害人不同意的事实,陪审团可以推断被告人一定是故意帮助强奸。在"检察长诉K案"[③]中,当从犯怂恿男孩强奸被害人时,该从犯清楚被害人并不同意这项事实。同样,如果被告人怂恿正犯与12岁的儿子发生性关系(因为自己在12年前生下了儿子,所以知道儿子已经12岁了),被告人几乎无法主张现在不知道儿子只有12岁。如此一来,被告人故意怂恿正犯对儿童实施性犯罪。[④] 在这些情况下,问题不是确定从犯或怂恿者是否希望或明知事实或情节存在,因为他们在知道相关情节存在的情况下给予了帮
784 助或怂恿。陪审团可以通过证明他们对相关情况的明知来推断故意。[⑤]

15-012　如果被告人希望在预期的目标行动实施时存在特定的情节呢?

证据可能表明被告人希望正犯将在使其行为成为犯罪的情节下实施犯罪。如此一来,被告人的罪责取决于其对相关情节的故意心态。因此,如果被告人打算帮助正犯与被害人发生性关系,并打算在被害人不同意的情节下帮助两者发生性关系,则无须援引第47条。当被告人故意帮助非自愿性交时,即使在发生性交时,被害人偶然间表示同意,被告人也将

---

① *R. v. Dunlop*[1979]2 S. C. R. 881; *Com. v. Medeiros*(2009)899 N. E. 2d 905; *State v. Adams*(2008)958 A. 2d 295.

② *Sanders v. State*(1976)348 N. E. 2d 642 at 644.

③ [1997]1 Cr. App. R. 36.

④ *State v. Ainsworth*(1993)426 S. E. 2d 410.

⑤ *Rosemond v. U. S.* (2014)134 S. Ct. 1240.

承担责任。对未来情节的错误看法并不否定被告人帮助强奸的故意。被告故意帮助/怂恿强奸,而其对第 44 条所述的未完成犯罪的故意,自其形成帮助/怂恿强奸的意图并作出能够帮助或怂恿强奸的行为之时起即已确定。诚然,对于未来的行动,帮助者/怂恿者只猜测情况将如何,但如果希望在正犯实施性交的行为时存在这些情节,就是有责任的。①

15-013　这是否意味着如果被告人对其帮助或怂恿正犯实施的行为的相关情节或后果存在故意,就没有必要适用第 47 条?

对的。当被告人对其帮助或怂恿正犯所从事的行为的后果或情节存在轻率心态时,需要适用第 47 条。推定责任有助于说明这一点。如果某人故意造成被害人的严重身体伤害,而非致命伤害意外导致被害人的死亡,则可以让其对谋杀承担推定责任。尽管如此,不考量第 47 条,单纯根据第 44 条,这样的从犯将不承担责任,因为无法主张其对意外致死的后果存在故意心态。因此,如果被告人给正犯一只板球拍,意图帮助正犯对被害人造成严重的身体伤害,但伤势最终造成被害人的死亡,被告人将不承担帮助正犯的推定谋杀的责任,因为其不打算帮助正犯实施谋杀。尽管如此,由于被告人打算帮助正犯实施违反 1861 年《侵害人身权法》第 20 条的犯罪,因此仍将对 2007 年《严重犯罪法》第 44 条所述的未完成罪负责。

15-014　如果被告人认为自己在怂恿或帮助正犯与存在合意的成年人进行自愿性交,而事实上被害人的年龄为 15 岁,因为被告人只是怀疑被害人的年龄可能不满 16 岁,很难说被告人的意图是怂恿正犯与孩子进行性交。②

毋庸置疑,被告人对被害人的年龄存在过失。因此,由第 47 条补充的第 44 条,并不要求被告人必须与正犯存在相同的目的。第 47 条意味 785
着被告人不必希望正犯杀死被害人,只需要其故意帮助正犯造成严重的身体伤害,并且对于该犯罪是否会杀死被害人存在轻率就足够了。同样,因第 47 条,如果其故意帮助正犯进行性交,但对于被害人是否同意存在轻率心态,被告人也应根据第 44 条承担责任。就意外造成的危害后果而言,被告人比正犯处于更有利的地位,因为在推定谋杀案中,正犯需要对严重身体伤害行为给被害人造成的意外后果负有严格责任。因此,没有必要要求正犯主观上意识到,自己的攻击对被害人的生命构成了危险。同样,对于非故意的情况,如果正犯对自己是否在被害人不同意的情况下与其发生性关系存在过失,则需要承担责任,但只有在其明知可能存在不

① *R. v. Saik*[2007]1 A. C. 18. section 2 of the *Conspiracy Act* 1977.

② *R. v. Skaf* (2004) 60 N. S. W. L. R. 86. *R. v. Chishimba*[2010]N. S. W. C. C. A. 228.

同意的风险的情况下,被告人才需要对帮助正犯进行性行为的帮助行为承担责任。

15-015 帮助或怂恿行为必须是自愿行动的结果吗?

在某些情况下,被告人可以提出自卫症作为抗辩事由。同样,在某些情况下,也可能适用胁迫的抗辩事由。然而,很难想象这样的情况:如果帮助者/怂恿者的最初帮助或怂恿行为是非自愿或非故意的,将形成进一步的直接故意,即利用帮助来促进正犯的预期目标犯罪。如果帮助者/怂恿者打算帮助正犯实施自卫杀人,将不承担责任。在对正犯实施的道德上可免责/正当的行为缺乏合法抗辩,例如被告人帮助正犯在紧急避险或胁迫的情况下杀人的存在问题的双重效果案件中,可能会产生司法不公。

假设正犯持刀抱着被告人的孩子,要求被告人将其雇主保险箱的钥匙交给自己,而正犯打算用钥匙来实施盗窃。既然正犯强迫被告人向自己提供钥匙,就无法主张被告人是故意帮助正犯,而正犯却利用了被告人的帮助进行偷窃。被告人受到胁迫,因此被迫帮助正犯。被告人确实故意提供了钥匙,但并不打算提供钥匙以帮助正犯从自己雇主的保险箱中偷盗财物。被告人的目的是救自己的孩子。此外,被告人提供钥匙的主要行为是在胁迫下完成的。在被控第 44 条相关犯罪的情况下,被告人可提供胁迫辩护。纯粹的非故意帮助,是指被告人错误地帮助了正犯。如此一来,法院的参考范围不需要超出第 44—45 条。[1]

15-016 如果落水者被困在冰水中超载的救生艇上,其中一位乘客,即被害人,体重 150 公斤。甲让被害人自动投河,借此挽救 5 个体重 30 公斤的孩子。被害人拒绝了,所以正犯甲向被告人乙要了枪,以强迫被害人下船。正犯用枪迫使被害人从船上跳到冰水中淹死。

这里的压力不是来自正犯,而是来自环境。被告人帮助正犯在紧急
786 避险和胁迫的情况下杀死被害人,而这种情况无法作为谋杀的抗辩事由。根据第 44 条,紧急避险和胁迫的情况可以为被告人提供抗辩事由,因为这是某项独立的犯罪。[2] 不过,如果检控方指控被告人为从犯,其将被判谋杀罪。[3] 由于 1861 年《从犯和教唆犯法》第 8 条规定的从犯责任,是认定从犯也是目标犯罪的犯罪人的机制,因此,如果指控是谋杀罪,被告人将无法将胁迫作为自己的抗辩事由。

第 45 条涵盖了间接故意的未完成罪共犯;第 47 条同样适用于推定犯罪,以及具有情节要素的犯罪。[第 45 条的不足之处在于,没有涵盖

---

① *People v. Molano*(1967)253 Cal. App. 2d 841.

② *Miller v. Com.* (2013)391 S. W. 3d 801 at 804.

③ *R. v. Howe*[1987]A. C. 417.

轻率的帮助和怂恿。如果存在将轻率的帮助或怂恿定为犯罪的情况(第47 条),就可以达成公平定罪量刑的效果。]

15-017　能更详细地解释下第 47 条吗?

为了确定帮助者/怂恿者是否对意外造成,或在意外情况下发生的后果涉及的犯罪承担帮助或怂恿责任,就需要参考 2007 年《严重犯罪法》第 47(5)、47(6)、47(7)条,而第 47(5)条规定:

为本条的目的证明某项行为如果发生,是否构成犯罪——

(a)如果犯罪需要证明罪过,则必须证明——

(i)被告人相信,如果要采取行动,就将基于特定罪过来实施;

(ii)被告人在是否会基于特定罪过而作出该项作为方面存在轻率心态;或

(iii)被告人的主观状态是,如果自己是实行犯,就会基于特定罪过从事该项行为;

(b)如果相关犯罪需要证明特定情节或后果(或两者兼有),则必须证明——

(i)被告人相信,如从事该作为,则将在该等情节下实施或将产生该等后果;或

(ii)被告人对该行为是否将在该等情节下实施或是否将产生该等结果,存在轻率心态。

15-018　请进一步释明。

第 44 条(以及第 45 条)必须与这些烦琐的条款一起阅读。这是官样文章,[①]但仔细思考会从中获得若干意义。第 47 条补充了第 44 条。因此,在被告人的帮助或怂恿行为产生意外后果或在意外情况下发生时,适用第 44 条,还不是故事的全貌。如前所述,在纯粹的故意帮助和怂恿的
情况下,不需要考虑第 47 条,例如因为都存在造成法律所禁止的后果的 787
故意,所以被告人以帮助正犯杀死被害人为行为目的。如果被告人和正犯都对正犯的行为发生在法律所禁止的情节下存在故意,结论也是同样。如果没有第 47 条,被告人将不对帮助或怂恿推定犯罪承担责任,也不对帮助或怂恿非故意犯罪承担责任。第 47(2)条规定:"如根据第 44(1)(b)条指控被告拟怂恿或帮助实施某项犯罪,则证明其故意怂恿或帮助他人作出相当于实施该犯罪的行为就已足够。"[②]

如果检控方指控被告人故意帮助或怂恿正犯实施预期的目标犯罪,其只需证明被告人故意帮助/怂恿某项行为(如性交),而该行为因实施

① David Ibbetson, "Encouraging or Assisting an Attempt", (2009) *Arch. News* 8.

② *Serious Crime Act* 2007.

时存在的情节而属于犯罪。

15-019 这难道不是将第 44 条定为轻率参与型犯罪吗?

不,因为被告人仍然需要帮助或怂恿构成犯罪的行为。在实施推定谋杀等推定犯罪的情况下,需要证明被告人故意帮助或怂恿正犯对被害人造成严重的身体伤害;轻率心态只与意外后果有关。同样,在强奸案中,被告人必须打算帮助或怂恿正犯进行性交;只有在涉及被告人是否意识到自己帮助或怂恿的性交可能在被害人不同意的情况下发生时,轻率才成为问题。轻率参与型犯罪甚至不要求被告人对正犯进行性交或实施严重身体伤害存在故意。因此,该犯罪既有直接故意要素(第 44 条),也有适用于情节和后果的轻率要素(第 47 条)。

15-020 这是否意味着在不涉及意外后果和情节的犯罪中,第 47 条将不起作用?

正确。如果被告人打算给正犯一把枪,而被告人的其他直接故意是希望正犯用枪杀死被害人,就没第 47 条什么事了。如果被告人打算帮助正犯杀人,毋庸置疑,其打算承担正犯行为的后果。如果被告人希望正犯利用其所提供的帮助非法杀害被害人,就对正犯以谋杀罪的必要罪过行事存在故意,毋庸置疑,满足第 47 条的相关规定。如果被告人打算帮助正犯实施强奸,很难看出第 47 条还有应用的空间。某人无法过失或轻率地故意帮助他人实施强奸犯罪。某人可能会故意帮助正犯与被害人发生性关系,并对正犯与被害人发生性关系时被害人是否自愿存在轻率心态,但这种轻率意味着其缺乏帮助正犯实施强奸犯罪的故意。

15-021 第 45 条的要求是什么?

2007 年《严重犯罪法》第 45 条主要针对的是轻率类的共犯结构。第 45 条规定:

如——

788 (a)作出了能够怂恿或帮助犯罪的行为;并且

(b)相信——

(i)犯罪将会被实施;以及

(ii)行为将怂恿或帮助犯罪实施即属犯罪。

根据第 45 条遭受惩罚的被告人,缺乏帮助或怂恿犯罪人实施犯罪行为的故意。只需要证明被告人"相信"自己的怂恿或帮助"会"帮助或怂恿犯罪人,而犯罪人"会"实施预期的犯罪,就足够了。该条要求间接故意,第 44 条和第 45 条的犯罪几乎具有类似的外延。被告人必须"相信"行为人"将"而不是"或许"或"可能"实施预期的犯罪,这项事实意味着,这不足以表明被告人预见到行为人的犯罪是一种真正可能性。[①] 很明显，有一点使预见(轻率)变成了对实质确定(间接故意)的预见，但显然，预见“将”而不是“或许”或“可能”成为现实，是为了确保其发生的实质确定性。因此，针对犯罪的行为要件，至少需要存在间接故意，才能适用第 45 条和第 46 条。

有必要证明被告人故意实施了行为，且对该行为将怂恿或帮助正犯实施预期目标犯罪有进一步的间接故意。在这方面，第 47(5)(b)(ii)条还补充了第 45 条中所要求的罪过要素。第 47(5)(b)(ii)条规定，就被告人对正犯对预期目标犯罪的罪过的预见而言，以及就正犯的预期行为的情节和后果而言，仅仅需要轻率即可。另外，该规定是为了确保那些对帮助或怂恿正犯实施某一行为具有间接故意的人，在因此产生意外后果或在出现意外情节的情况下，无法通过声称其对正犯被控的特定犯罪缺乏故意来逃避责任。

在“女王诉福莱特维尔案”(*R. v. Fretwell*)[②]中，被告人让正犯怀孕，受正犯的唆使，在充分了解其用途的情况下，购得了用于堕胎的物质。正犯在被告人不在场的情况下违背他的意愿服用了堕胎药。陪审团有充分的证据推断被告相信正犯会使用堕胎药，但证据也显示被告要求正犯不要使用，也希望正犯不要使用。问题是被告人是否通过给正犯提供堕胎药来帮助自杀(当时这是犯罪)。

15-022　厄尔法官[③]认为，即使正犯实施的是重罪，被告也无法被判谋杀罪，无论是作为主犯还是从犯，因为他没有给正犯投毒，也没有让正犯服毒。因此，在该案中，认为只有进一步的间接故意才足以使被告人承担附带责任，是妥当的。福莱特维尔的帮助行为是故意的；他打算提供堕胎药。[④] 他并不是故意用这种药来实现流产，而是存在用这种药来导致流产的进一步的间接故意。根据这些事实，陪审团可以推定被告人相信 789
正犯实际上肯定会使用堕胎药。如果某人通过以自杀相威胁获取堕胎药，看起来其肯定会使用这种堕胎药。福莱特维尔并不打算帮助正犯实施自杀，但他一定已经预见到，事实上，自己确实是在帮助正犯实施违反 1861 年《侵害人身权法》第 58 条的犯罪。[⑤]

---

① *R. v. Bryce*[2004]2 Cr. App. R. 592.

② (1862)Le. & Ca. 161.

③ Martin, B. Channell, B., Blackburn J. and Keating J. concurring.

④ *Louth v. Diprose*(1991)175 C. L. R. 621; *R. v. Steane*[1947]K. B. 997.

⑤ *R. v. Buck* (1960)44 Cr. App. R. 213 *per* Edmund-Davies J..

15-023 为什么需要第 47 条?

首先,被告人的量刑,将受到其间接或直接故意帮助或怂恿的犯罪的严重性的影响。因此,量刑法官可能会考虑到,被告人不仅直接故意(第 44 条)或间接故意(第 45 条)帮助或怂恿正犯对被害人施加严重身体伤害,而且知道该行为具有导致被害人死亡的意外效果的风险。其次,在某些情况下,如无第 47 条的补充,被告人将不负犯罪的法律责任。例如,被告人可能直接或间接故意帮助或怂恿正犯与被害人发生性关系,但可能不是直接或间接地故意在被害人不同意的情况下让正犯与被害人发生性关系,而是对于这个情节存在轻率心态。由于犯罪人只因对被害人不同意的事实存在过失而负有法律责任,因此,如果帮助者/怂恿者直接或间接故意帮助正犯进行性交,同时怀疑被害人可能不同意[第 47(5)(b)(ii)条],则使其对第 44 条犯罪或第 45 条犯罪负有法律责任似乎并非不合理。

15-024 第 45 条也不是轻率参与(参与未遂/企图)罪吗?

对的。假设正犯进入被告人经营的枪械店,让被告人卖给其一把枪。被告人刚刚看到学校发生大规模谋杀的新闻片段,认出正犯就是攻击者,而其现在正在逃离警方缉捕。被告人还是选择卖给正犯一把枪,同时相信如果正犯被警察逼到墙角走投无路,很可能会用这把枪杀人。被告人还认为正犯被警察逼到穷途末路只是时间问题。被告人有责任吗?被告人不打算帮助正犯杀人,但打算赚些钱来支付自己枪店的抵押贷款。把枪卖给在其看来很有可能用它来杀人的家伙,被告存在轻率。目前尚不清楚被告人是否故意打算把枪卖给正犯,而其进一步的间接故意是帮助正犯杀人。本案事实非常边缘化,但看起来被告人似乎故意把枪卖给正犯,而在其是否会用枪来杀人方面极度轻率。被告人似乎缺乏第 45 条所要求的进一步的间接故意,但陪审团可能会找到足够的证据来推断这种情况下存在进一步的间接故意。然而,陪审团更有可能推断被告人从事
790 了故意行为(提供枪支的行为是故意的,不是自动症、胁迫等的结果),在帮助正犯实施谋杀方面具有可责性,但被告人在将其帮助用于此类目的时缺乏间接故意。[①]

15-025 第 47 条和第 45 条中的间接故意要素的应用,是否意味着第 44 条和第 45 条中的犯意要素几乎是完全重合的?

间接故意与直接故意存在轻微的区别,但鉴于预见实质确定性原则

---

① *R. v. Fretwell*(1864)Le. & Ca. 443.

既用作证据规则，又作为实体罪过原则，司法实践中的区分变得非常微妙。[①] 所以如果第 45 条被定为轻率参与罪，第 44 条同时被定为故意和间接故意罪，情况会更好。

15-026　那轻率的帮助和怂恿呢？

轻率的帮助和怂恿行为，似乎不受第 44、45、46 条的约束。例如，如果被告人知道自己十几岁的儿子曾多次因无照驾驶和危险驾驶而被捕，并不会因忘记保管或隐藏汽车钥匙这种轻率或过失地帮助儿子的行为而承担责任。被告人的帮助或怂恿行为必须是故意的。因此，其必须故意将钥匙交给儿子（或故意让他使用），并直接（或间接）故意地帮助儿子实施驾驶行为。

在许多情况下，不需要考虑第 47 条，在其他情况下，该条的适用将是直截了当的，因为很明显，被告人在实施帮助或怂恿的行为方面是轻率的，被告人会在具有必要的罪过时，并在法条要求的相关情节下做出这种行为。然而，第 47 条在犯罪人对推定犯罪负有责任的情况下可能有更为有限的适用范围，因为在大多数案件的推定中，犯罪人本人并没有预见其较轻犯罪导致的意外后果。如果行为人没有预见到意外后果，帮助者/怂恿者就不可能预见到这些后果。除此之外，无论意外导致的更为严重后果为何，帮助者或怂恿者都将对帮助、怂恿用于构成更严重犯罪（谋杀/过失杀人）的基本犯罪（攻击的加重犯）承担责任。

第 3 节　间接故意参与多项或替代犯罪

15-027　根据 2007 年《严重犯罪法》第 46 条的规定：

（1）如——　791

（a）作出的行为能够怂恿或帮助他人实施某项或多项犯罪；并且

（b）相信——

（i）其中某项或多项犯罪将会发生（但不确定究竟会发生哪项犯罪）；以及

（ii）其行为将怂恿或帮助其中的某项或多项犯罪的实施，即属犯罪。

（2）就第（1）（b）（ii）款而言，该人相信会怂恿或帮助哪项犯罪并不重要。

（3）如人被控犯第（1）款所定犯罪——

（a）起诉书必须指明所指控的犯罪符合"该款（a）段所述的犯罪数

---

① Dennis J. Baker, *Reinterpreting Criminal Complicity and Inchoate Participation offences*, (2016) at Chap. 2.

量”;但

(b)(a)项并未规定须指明可能包括的所有犯罪。

15-028　就犯行而言,第44条及第45条所定犯罪的要求是否相同?

被告必须在一定的范围内作出能够怂恿或者帮助他人实施某项或者多项犯罪的行为。例如,如果被告人给正犯一把枪,就实施了能够帮助许多犯罪行为的行为。正犯可以用枪来实施杀人、抢劫、强奸、拐骗儿童、刑事伤害等犯罪。

根据第46条,被告人无须帮助或怂恿犯罪人的犯罪行为。被告人认为自己的故意怂恿或帮助行为将有助于或怂恿犯罪人实施某项或多项罪行,而且认为正犯将实施某项或多项预期罪行,就足够了。第46条要求被告人不仅相信犯罪人将实施预期的罪行之一,而且相信自己的帮助/怂恿将帮助或怂恿犯罪人这样做。就这些要素而言,本节要求被告人具有间接故意。

15-029　这项犯罪何时适用?

该犯罪可被用于处理3种情况。首先,在有些情况下,被告人认为自己将帮助或怂恿正犯实施一项以上的罪行。被告人可能会向正犯提供撬棍,以便正犯分别盗窃被害人甲、乙、丙的房子。如果被告人相信正犯会进入这些房子盗窃,并且自己提供的撬棍会给这样做的正犯提供帮助,就要承担责任。但如果正犯用撬棍盗窃了第四栋房子,被告人就不应该承担责任,除非被告人相信正犯也会盗窃那栋房子(如此一来,根据第45条对被告人提出3项指控似乎更好)。[①]

其次,被告人可能向犯罪者提供氧乙炔切割设备,同时怀疑这些设备将用于实施某种财产犯罪,如熔化赃物或盗窃等。[②] 如此一来,正犯的犯罪不是以偶然事件为条件的,而是正犯确切地知道自己的犯罪计划是什么,并且被告人在其认为正犯将要犯的罪行的范围内间接故意地帮助或怂恿正犯实施罪行。只要能证明正犯实施的犯罪在被告人认为正犯在其
792 帮助或怂恿下会实施的犯罪的范围内,就可以援引第46条。[③] 在“萨迪克诉女王案”(*Sadique v. R.*)[④]中,罗德大法官很好地对相关法律进行了总结:

“在本案的上诉人被定罪之前,陪审团必须确信(a)其参与了有关化

---

① Sections 49(2) and 57 of the *Serious Crime Act* 2007.

② *R. v. Bainbridge*[1960]1 Q. B. 129.

③ *Sadique v. R.* [2013]EWCA Crim. 1150. *R. v. Sadique*[2012]1 W. L. R. 1700.

④ [2013]EWCA Crim. 1150 at para. 34.

学品的供应，以及(b)如果被滥用于刑事犯罪，这些化学品有可能被其他人滥用，从而用于实施供应或参与供应或意图持有用于制造 A 或 B 类毒品的化学品的罪行。除非证明(c)在供应有关化学品时，上诉人相信自己所实施的行为会怂恿或帮助他人实施某项或多项与毒品有关的罪行，以及(d)他亦相信这是被提供者使用这些化学品的目的或目的之一，否则不属于上述犯罪。如果确定了这些要件，又因为这些化学品可用作 A 类或 B 类毒品，或两者兼而有之的稀释剂，检控方就没有必要证明上诉人对其所怂恿或帮助的人将会或一定会实施的与毒品有关的特定罪行具有特定的确信。”

在“萨迪克诉女王案”中，第 46 条可能非常适用。第 46 条还旨在处理类似于“北爱尔兰检察长诉麦克斯韦案”[1]这样的案件，麦克斯韦是恐怖组织的成员，该组织使用武器和炸弹对罗马天主教徒及其财产进行攻击。该组织的成员命令麦克斯韦为另一辆载有多人的汽车充当护卫。麦克斯韦被要求带他们去某家特定旅馆。麦克斯韦到达这家旅馆后，便开车离开了。但被他带到旅馆的某人企图炸毁这家旅馆。麦克斯韦因违反 1883 年《爆炸物法》第 3(a)条，恶意地从事可能危及生命的非法的爆炸行为，以及违反该法第 3(b)条，持有爆炸物，而被指控和定罪。麦克斯韦的抗辩事由是，他不知道在自己所认为的恐怖分子会实施的罪行范围之外，还会实施哪些犯罪。

15-030　根据第 46 条，麦克斯韦将承担责任，因为其故意实施帮助行为(作为护送人员)，而且其进一步的间接故意是帮助恐怖分子实施犯罪甲，或者犯罪乙，或者犯罪丙。麦克斯韦认为，如果其他人不犯甲罪，也会实施乙罪或丙罪。

15-031　如果被告人认为可能的罪行包括谋杀、攻击加重犯、绑架、抢劫等，该怎么处理？

根据共犯法，被告人只对未遂/企图或既遂罪负责。根据第 46 条，有必要证明被告人相信正犯会实施上述这些犯罪。没有必要证明其认为某个选择比其他选择更可能，但必须证明被告人相信，因试图帮助或怂恿而被追究责任的罪行，都会作为其所认为的会被允许的其他罪行的选择而被实施。仅仅证明被告人相信犯罪甲会被实施，而犯罪乙和丙可能会被 793
实施，还不足够。还必须证明被告人相信犯罪甲、乙、丙会被实施；或者相信犯罪甲会被实施，或者犯罪乙会被实施，或者犯罪丙会被实施；或者被告人相信犯罪甲和乙，或犯罪丙会被实施；等等。

---

① [1978] 1 W. L. R. 1350. *R. v. Yanover*(*No.* 1)(1985) 20 C. C. C. (3d) 300.

怂恿者/帮助者只对认为自己会怂恿他人实施的犯罪负责。问题永远是:被告人是否相信正犯会实施自己现在因对其加以怂恿和帮助而被追究责任的特定罪行?因此,如果被告人认为自己正在帮助正犯生产A类和B类毒品,只要被告人认为正犯将同时生产A类和B类毒品,或者生产其中毒品即可,至于被告人不相信正犯将生产A类毒品而不是B类毒品并不重要。如果被告人认为正犯只会生产A级毒品,就应该根据第45条而不是第46条被起诉。只有在被告人认为正犯会实施甲罪和/或乙罪的情况下,才可适用第46条。

最后,在有些情况下,正犯有条件地故意根据某日发生的意外情况,选择性地实施犯罪。第46条所述罪行,非常适合处理附条件故意案件。假设被告人的故意帮助或怂恿行为是间接故意地帮助正犯实施替代性犯罪。正犯可能会有条件地间接故意地实施相互替代的犯罪,而这取决于当天发生的意外事件。当被告人帮助或怂恿正犯时,正犯将来实施的潜在犯罪尚未发生,但正犯可能已经在自己的头脑中形成了故意,即根据偶然事件实施一种以上的犯罪,或者根据偶然事件实施此犯罪,而不是实施彼犯罪。在该阶段,正犯不确定自己会实施什么罪行,所以帮助者/怂恿者不确信正犯会实施什么犯罪,并不重要。

15-032 天哪,对有条件犯罪适用间接故意检验标准难道不难吗?如果帮助者/怂恿者认为正犯会实施甲犯罪具有实质确定性,是否真的可以认为正犯会实施乙犯罪呢?

这位虚幻的朋友,必须在评价公式中加入条件意图的概念。[①] 某人可以具有有条件的间接故意,如果这样做了,就是概括承受有条件地间接故意帮助或怂恿的罪行的实施。假设被告人帮助正犯,让正犯利用被告人的车和枪实施盗窃。正犯告诉被告人,自己要盗窃前女友(被害人甲)及其新情人(被害人乙)的财物,因为甲背叛了自己,而乙还曾经是正犯最好的哥们儿。正犯还告诉被告人,如果甲、乙在自己实施夜盗时意外回家,就会杀死乙并强奸甲。被告人认为正犯寻求报复是正确的,并相信正犯将实施夜盗犯罪,以及如果在夜盗过程中被打断,就将实施强奸和谋杀。被告人把车和枪交给正犯,间接故意地帮助正犯实施上述3项罪行,
794 尽管其中两项罪行取决于正犯在夜盗时是否会被被害人撞见。同样的推理,也适用于其他有条件犯罪。被告人对计划于所涉日期实施的犯罪的范围外实施的罪行具有间接故意,所涉日期的条件既不要求实施某项罪行,也不要求实施其他罪行。被告人有条件地和间接故意地帮助、怂恿他

① Baker, *loc. cit. supra*, note 42.

人实施犯罪，这足以满足第 46 条的规定。

15-033　第 46 条所定犯罪是否受第 47 条的规制？

如预期的目标罪行是需要证明罪过的犯罪，则适用第 47(5)(a)(i)/(ii)条。怂恿者/帮助者只有在其相信或怀疑正犯对预期的罪行有必要的罪过时，才会承担责任。如果没有，则如果被告人亲自实施犯罪，将具有预期犯罪的必要罪过也已足够：第 47(5)(a)(iii)条（后一条规定适用于利用无辜代理人实施犯罪的情况）。与第 44 条及第 45 条一样，如预期犯罪是需要证明特定情节或后果（或两者兼而有之）的犯罪，则第 46 条受第 47(5)(b)(i)/(ii)条规制。必须证明被告人相信犯罪人会实施预期的罪行之一，并相信或怀疑"如此一来，犯罪人会实施该行为或实施该行为会产生这种后果。"

15-034　某人如何因怂恿替代犯罪而被定罪量刑？

2007 年《严重犯罪法》第 58(6)条规定："如果所指罪行不是谋杀，但其中某项或多项可判处监禁，则需承担下列责任——(a)监禁期限不得超过任何一项罪行所规定的最高刑期（如果这些罪行的法定最高刑不同，则为了本款之目的，以法定最高刑之较长或最长者为上限）；或(b)罚金。"

15-035　与第 46 条所述罪行类似的轻率参与和/或轻率参与未遂/企图罪行，难道不能更好地解决有条件的替代犯罪吗？

应该可以，但立法似乎需要修改，因为间接故意的要求会使许多案件变得无法可依。

第 4 节　试图怂恿或帮助无辜代理人

15-036　这需要讨论第 47(5)(a)(iii)条中所述替代性主观要件的理由。该款认为，如"被告人的主观要件是，如果自己这样做了，就是基于该罪过"，则需要承担怂恿或帮助正犯实施预期的目标罪行的责任。该款须连同第 47(6)条一并阅读，该条规定：就第(5)(a)(iii)条而言，被 795
告人被认为能够自行从事该行为。根据 2007 年《严重犯罪法》，被怂恿的行为人因为缺乏犯罪故意或因其他原因被免除责任，与被告人的责任认定无关。

15-037　如果被告人怂恿最终被免责的行为人（10 岁以下的儿童）[①]从商店偷手表，会被第 47(5)(a)(iii)条所处罚吗？

是的，因为被告人故意永久剥夺这家商店的财产。被告人在明知儿

---

① *D. P. P. v. K & B*[1997]1 Cr. App. R. 36；*Walters v. Lunt*[1951]2 All E. R. 645；*McGregor v. Benyon*[1957]Crim. L. R. 608.

童(无责的代理人)无法被以盗窃罪定罪的情况下怂恿其偷窃,因为后者将被免除刑事责任。被告人利用无责的代理人来实施犯罪行为。被告人的主观状态是,如果自己将亲自去偷手表,其行动时的罪过心态将是永久剥夺商店对于手表的财产权利。被告人知道其所怂恿或帮助的行为人无法在法律成立犯罪,这无关紧要。

15-038 这是不是说,第47(5)(a)(iii)条不仅可以被用于涉及被怂恿方"免除"刑事责任的案件,而且还适用于牵涉纯粹意义上的"无罪代理人"的案件?

对。在"女王诉A案"[①]中,被告人带着不会讲英语的妻子去堕胎诊所,并要求医疗团队为其做堕胎手术。被告人则充当了妻子的翻译,明知妻子不想堕胎,仍错误地告诉医疗小组妻子想堕胎。被告人告诉他的妻子,她将接受小手术来治疗血液疾病。被告人的虚假陈述在堕胎前被发现。如果进行了堕胎,医生并不会承担刑事责任,因为他们错误地认为妇女同意堕胎。被告人实际上是在利用医生作为无辜的代理人。由于孕妇并不同意堕胎,因此医生们被诱骗进行(非法)堕胎。如果被告人自己对妻子实施堕胎行为,将构成1861年《侵害人身权法》第58条规定的罪行。此外,被告人的主观心态是,如果自己亲手致使妻子流产,那将是根据1861年《侵害人身权法》第58条规定的罪过所实施的。

15-039 被告人不可能自己实施预期的目标犯罪,这有关系吗?

帮助者/怂恿者不可能亲自执行预期目标犯罪的行为,这并不重要。如果帮助者/怂恿者使用无辜的代理人实施强奸行为,就很可能需要对强奸负责。在"女王诉寇干案"[②]中,上诉法院采取了将无责代理原则应用
796 于性行为的做法。丈夫强迫妻子与寇干发生性关系,寇干认为这位妻子是同意的。寇干的强奸罪在上诉中被撤销,于是产生了问题:丈夫作为帮助犯和教唆犯的定罪是否还成立。上诉法院认为,丈夫的定罪应被维持,因为被告人作为正犯负有责任,定罪的形式无关紧要。由于被告人碰巧是个男的,所以作出该决定是可能的。只有男人才能犯强奸罪,法律规定如此。英国议会现在接受了利用他人生殖器进行强奸的非同寻常的概念,因此采取了上述措施,确保那些造成他人遭受性侵犯的人进入刑法打击的范围。[③] 因此,在性犯罪方面,全新的未完成犯罪可能不会增加多少。

---

① [2010]EWCA Crim. 1949.

② [1976]Q. B. 217.

③ Section 4 of the *Sexual offences Act* 2003.

15-040　您是不是想告诉我，被怂恿的犯罪者的行为无责与否，并不重要？

在普通法上，被告人怂恿无辜代理人不是煽动，因为煽动的前提是被煽动者有罪。假设被告人一直在给无辜的代理人"作工作"，试图让其同意做这件事，即便代理人真的同意，被告人也还有很多事情要做。怂恿可能不够接近于未遂/企图。普通法的问题是，这也不构成煽动。有人认为，只能煽动有罪的代理人，无法煽动无责的代理人。例如，如果某人试图怂恿他人实施要求犯意的犯罪行为，向其隐瞒该行为会构成犯罪的事实，就无法构成煽动罪。[①] 根据 2007 年《严重犯罪法》，只需证明这种怂恿在怂恿者亲自实施预期目标犯罪时具有可责性即可。

第 5 节　企图之未遂/企图与 2007 年《严重犯罪法》

15-041　如果被告人试图帮助正犯但失败，例如，试图给正犯提供的枪支，在送交过程中丢失，根据 2007 年《严重犯罪法》，因为被告人的无效帮助未遂/企图，无法给正犯提供帮助，因此无须对此负责。是否正确？

当被告人试图给正犯发送枪支以帮助正犯杀死被害人时，被告人只能对试图实施 2007 年《严重犯罪法》第 44—46 条所述罪行的行为负责［除该法第 47(8)(c)条中的例外情况（将讨论）外，对于指控被告人企图实施第 44—46 条中的罪行没有限制］。如果怂恿的话语没有达到预期受众，就无法对其加以激励或影响。在普通法中，控方过去常常指控煽动者在此类案件中煽动未遂/企图煽动。[②] 例如，在"女王诉克劳斯案"（*R.* 797
v. Krause）[③]中，被告人寄出了一封信，请求正犯谋杀被害人。这封信被送到约翰内斯堡，但被请求方从未收到这封信。克劳斯事实上并没有怂恿正犯，因为他的信息从未传到正犯那里。尽管如此，有人仍然认为被告人可以被判犯有煽动罪。

15-042　事实不能可以作为抗辩事由吗？

如果帮助者/怂恿者无法坚称自己的行为无法帮助和怂恿正犯，事实并非其所认为的那样，就无法作为抗辩事由。[④] 假设被告人给正犯提供

---

① *R. v. Curr*［1968］2 Q. B. 944. *Contra*, *D. P. P. v. Armstrong*［2000］Crim. L. R. 379; *R. v. C*［2006］1 Cr. App. R. 20. Section 47(5)(iii) and 47(6) of the *Serious Crime Act* 2007.

② *R. v. Banks*(1873) 12 Cox C. C. 393.

③ (1902) 66 J. P. 121.

④ *State v. Jovanovic*(1980) 174 N. J. Super. 435.

在其看来是一茶匙氰化盐的物质，以帮助正犯杀死被害人。但被告人不知道的是，其交给正犯的，只是普通的食用盐。被告人错误地认为食用盐是氰化物。在食物中放一茶匙正常的食盐，实际上是不可能杀死人的。被告人试图帮助的行为，实际上无法帮助正犯实施杀人。尽管如此，事实不能，无法为这种未遂/企图提供抗辩。因为如果事实是被告人所相信的那样，被告人的行为就能够帮助正犯杀死被害人。在食物里放一茶匙氰化物是有可能杀死人的。被告人的行为，不仅仅是为实施 2007 年《严重犯罪法》第 44—46 条所述的某项罪行做准备。被告人已经着手实施第 44—46 条中的某项犯罪的实行行为，但未遂。

15-043　固有的事实不能可以提供抗辩吗？

可以，因为固有的事实不能指的是不仅仅是为未遂/企图行为做准备的行为。当被告人使用使犯罪行为本身（事实上）不可能实现的手段时，就是在实施无害的合法行为，除非这些手段本身已被定为犯罪。可以举个事例来简要说明一下。假设被告人试图使用心灵感应来怂恿正犯（职业刺客）杀死被害人。[①] 由于通过心灵感应与他人交流本身是不可能的，因此被告人没有做过能够怂恿正犯杀人的行为。被告人的行为也不是一次失败的尝试：甚至都算不上是为实施 2007 年《严重犯罪法》第 44—46 节所述罪行做准备的行为。[②] 因为心灵感应本身不是犯罪，所以无法对
798 被告人做出犯罪指控。

15-044　在刚才提到的假设中，被告人本人在企图参与他人的犯罪时使用了本身无效的手段，但如果被告人怂恿正犯使用固有不能的手段实施预期的目标犯罪，是否还能适用固有的事实不能抗辩？

当然。例如，被告人怂恿正犯，巫医，通过给被害人施死亡咒语来杀死被害人。[③] 基于这些事实，被告人怂恿正犯通过诅咒来杀人，但其所怂恿正犯所使用的，是本身无法杀人的手段。如果被告人的行为仅限于怂恿正犯诅咒杀人，其所怂恿正犯所实施的行为，甚至连谋杀预备都算不上。因此不应根据 2007 年《严重犯罪法》让被告人承担责任。

如果怂恿是更概括的，比如"用咒语或者用你能想到的其他方法杀死被害人"，情况就不同了。[④] 被告人所怂恿的，应该是让正犯做在正常情

---

① *State v. Jones*（1994）873 P. 2d 122 at 142，*People v. Anderson*（2001）25 Cal. 4th 543 at 597.

② *Attorney General v. Sillem*（1863）2 Hurl. & C. 431 at 526-527 *per* Pollock，C. B. *U. S. v. Lundy*（2012）676 F. 3d 444 at 449 *per* Clement J. Model Penal Code § 5. 01（1985）.

③ *U. S. v. Francis*（1997）131 F. 3d 1452；*Bradshaw v. U. S.*［2012］55 A. 3d 394；*Conaway v. State*（1983）663 S. W. 2d 53；*Genius v. Pepe*（1998）147 F. 3d 64；*Outler v. State*（1975）322 So. 2d 623；*Humber College v. O. P. S. E. U.*（1987）31 L. A. C.（3d）266.

④ Section 4 of the *offences against the Person Act* 1861.

况下会导致犯罪的行为。当被告人甲和乙怂恿正犯对被害人施以死亡咒语时，他们的认为固有的无效手段可以用来杀人的信念，应该与标准的事实不能的情况区别开来，在前者的情况下，被告人只是对相关事实存在误解。可能很少有被害人因恐惧[①]而死亡或因咒语而自杀的情况，[②]但这种情况是极端的。事实不能与"固有的事实不能"相反，无法在未遂/企图法中作为抗辩事由。[③]

将此与被告人试图催眠正犯以让其实施刑事犯罪的情况进行比较。既然可以对人进行催眠，[④]后者在事实上就是可能的，因此构成 2007 年《严重犯罪法》中所设立的相关罪行的实行未遂/企图（正犯将充当自动装置，因此应该能提出自动症的抗辩事由）。美国若干司法管辖区的立法机构和法院已经承认固有事实不能可以作为抗辩事由。例如，在堪萨斯州最高法院审理的"堪萨斯州诉罗干案"（*State v. Logan*）[⑤]中，麦克法兰法官（McFarland J.）表示：

"明尼苏达州成文法中包含的固有的不能犯事例，便是试图'用把气枪击沉一艘战列舰'……相关立法［Minn. Stat. § 609. 17（1978）］第 2 款 799
规定，某项行为，除非这种不可能对有正常理解力的人是显而易见的，否则'无论其实施的环境或实施的手段如何，抑或行为本身是不可能完成犯罪的'都可构成未遂/企图。"

15-045　同样的抗辩事由也适用于本来就无效的帮助。假设被告人给正犯一把水枪来帮助正犯击落一架大型喷气式飞机。显然，被告的帮助行为根本无法帮助正犯击落客机，因为用水枪击落客机是无稽之谈。同样地，如果被告人卖给正犯巫毒娃娃，以便正犯能用它对被害人施放死亡咒语，就无需对试图帮助正犯杀人负责。行为人在他人给予帮助的情况下所能达到的效果，是有物理限制的。

怂恿行为也有其局限性。"我的孝顺的孩子，你不学你哥哥的坏样，我一定想法子使你能够承继我的土地。"[⑥]被告人不应根据 2007 年《严重

---

① *R. v. Hayward*(1908) 21 Cox C. C. 692.

② Glanville Williams, *Criminal Law: The General Part*, (London: Stevens & Sons, 1953) at 502.

③ Section 1 of the *Criminal Attempts Act* 1981; *R. v. Brown* (1899) 63 J. P. 790.

④ *People v. Poplaski*(1994) 616 N. Y. S. 2d 434 at 439. Gary Elkins *et al.*, "Hypnotherapy for the Management of Chronic Pain", (2007) 55 (3) *Int. J. Clin. Exp. Hypn.* 275; The British Psychological Society, *The Nature of Hypnosis* (Leicester: A report prepared by a Working Party at the request of The Professional Affairs Board of The British Psychological Society: March 2001).

⑤ (1983) 656 P. 2d 777 at 780. In *State v. Bird*(1979) 285 N. W. 2d 481; *People v. Elmore*(1970) 261 N. E. 2d 736; *Commonwealth v. Johnson*(1933) 167 A. 344 at 348.

⑥ M. William Shake—speare, *His true chronicle historie of the life and death of King Lear and his three daughters*, (London: Printed by Nicholas Okes for Nathaniel Butter, 1608) Act Ⅱ, Scene 1.

犯罪法》被打击,因为其试图提供的帮助或怂恿(向正犯提供犯罪手段)本来就无法帮助或怂恿正犯实施预期的目标犯罪。如果帮助或怂恿的行为在任何情况下都可能无效,被告人的错误信念,即可以帮助或怂恿,不应足以使其对2007年《严重犯罪法》第44—46条中规定的罪行之一承担责任。

15-046 法律不能犯,能作为抗辩事由吗?

可以。其中正犯的预期目标犯罪事实上是合法活动。必须指出,由于参与未遂/企图是未遂/企图责任的形式,因此适用法律不能、事实不能和固有的事实不能规则。某人无法为试图帮助或怂恿不存在的犯罪而承担责任,因为不可能试图怂恿或帮助他人实施不存在的犯罪。

根据2007年《严重犯罪法》,只有在试图或成功地怂恿他人实施刑事犯罪时,假定帮助者/怂恿者才应承担责任。假设被告人和正犯去海滩,被告人试图怂恿正犯脱下比基尼上衣;被告人和正犯都认为,在英格兰和威尔士,女性在公共海滩赤裸上身是犯罪行为。同时假设正犯忽略了被告人的怂恿,始终没有脱下胸罩。被告人的无效未遂/企图不是2007年《严重犯罪法》所规定的行为,因为被告人没有试图怂恿正犯犯罪。相反,被告人怂恿正犯实施的是合法和无害的行为。美国的若干法院把法律不能误认为事实不能,因此提出可以对不存在的犯罪的未遂/企图
800 认定责任。[1]

15-047 为什么在《严重犯罪法》中没有明确提到不能犯?

该法对不能犯保持沉默。新法中没有内容表明不能犯的普通法解释不应适用。在普通法中,某人无法构成共谋未遂/企图或成立不能犯,除非这种不能只与手段有关,而与目的无关。[2] 该规则因设计未遂/企图和共谋的成文法而被修改,[3]但该成文法中没有关于煽动的条款,"女王诉菲茨莫里斯案"(*R. v. Fitzmaurice*)[4]认为不能犯规则适用于普通法上的煽动罪。几十年前,法律委员会在建议改变未遂/企图和共谋罪时,没有提出有关煽动的立法建议,主要是因为委员会[5]认为,法院可以宣布,在没有法定帮助的情况下,煽动罪与其他罪行的法律是一致的。该建议受

---

① *Re Sealed Case*(2000)223 F. 3d 775 at 779;*U. S. v. Fernandez*(2013)722 F. 3d 1 at 31 *per* Lipez J.;*U. S. v. Hsu*(1998)155 F. 3d 189 at 199-203 *per* Rendell J.

② *R. v. Harris*(1979)69 Cr. App. R. 122.

③ Section 1(2) and section 5(1) of the *Criminal Attempts Act* 1981. *R. v. Hollinshead*[1985] A. C. 975.

④ [1983] 2 W. L. R. 227.

⑤ Law Commission, *Criminal Law: Attempt and Impossibility Relation to Attempt, Conspiracy and Incitement*, Report 102, (London: H. M. S. O., 1980), Part Ⅳ.

到了若干怀疑,现在被“女王诉菲茨莫里斯案”的判决所推翻。然而,法院明确表示,只有最完全的不能犯才能排除责任。如果怂恿预期的犯罪虽然当时不可能,但在预期的犯罪发生之前成为可能,就是犯罪。[①]

法律委员会[②]在 2006 年重新审议该问题时,认为没有必要“在该法中列入明确处理[不能犯]问题的条款”。原因是,犯罪的未完成性质,也就是说,未完成罪会规制若干标准案件,这些案件属于事实不能犯,比如试图从空口袋里偷东西,试图杀死已经死了的人,试图进口毒品等。如果被告人怂恿正犯从被害人的口袋里偷东西,只要说出怂恿的内容,就要承担责任,口袋里是否有钱包并不重要。同样,如果被告人付钱给正犯杀死被害人,则在正犯有机会实施暗杀之前,被害人就死于车祸,这并不重要。[③] 被告人的责任取决于其行为是否能够怂恿正犯杀人,以及其对未完成犯罪的罪责。但这些都没有涉及被告人用来帮助(如被告人给正犯一把水枪供其击沉一艘游轮)或怂恿正犯(如正犯用心灵感应来怂恿正犯杀死被害人)的手段存在固有事实不能的问题。

除此之外,可以肯定的是,固有的事实不能和法律不能,可以为未遂/企图的帮助或怂恿提供抗辩事由,但标准的事实不能却无法提供抗辩事由。 801

15-048　请注意 2007 年《严重犯罪法》第 47 条,其中规定:“(8)在本节中,提及实施行为包括提及企图实施行为(除了相当于实施另一罪行的未遂/企图行为)。”该规定排除了哪种未遂/企图?这样规定的立法目的是什么?

由于行为人对企图之未遂/企图不承担责任,因此不清楚为什么第47(8)(c)条被列入新法。如果正犯无法对犯罪未遂/企图行为负责,被告人就无法对帮助或怂恿正犯实施未遂/企图犯罪的行为负责。第 47(8)(c)条的重点是被告人试图怂恿或帮助正犯实施的行为。该规定不排除正犯未能达成既遂时,被告的帮助或怂恿犯罪的责任。如果被告人给被害人枪,意图帮助正犯谋杀被害人,正犯向被害人开火但没打中,被告人将承担帮助正犯谋杀被害人未遂/企图的责任。该条款似乎仅限于排除被告人帮助或怂恿正犯(或试图帮助或怂恿正犯)实施犯罪未遂/企图的责任。

---

① *R. v. Shepherd*[1919]2 K. B. 125.

② Law Commission, *Inchoate Liability for Assisting and Encouraging Crime*, Report 300, (London:H. M. S. O. ,2006) at para. 6. 62.

③ *D. P. P. v. Armstrong*[2000]Crim. L. R. 379.

15-049 该条款的立法目的是排除双重未完成罪责任或潜在的三重未完成罪责任吗?

该规定在帮助与怂恿未遂/企图和帮助与怂恿既遂之间没作区分,因此不存在针对潜在的三重未完成罪责任。其所关注的是被告人的帮助或怂恿(或试图帮助或怂恿)行为的未完成性,而不是受被告人所帮助或怂恿的行为的未完成性。此外,令人怀疑的是,无论是议会还是法律委员会制定的法律都存在三重的早期责任,因为这种形式的潜在责任可能在概念上过于混乱,以至于没有达到立法者的目的。该规定明确排除了第44、45、46条所要求的犯意及犯行,帮助或怂恿(或试图帮助或怂恿)正犯相当于犯罪未遂/企图行为的责任。

15-050 这是否排除了第44条、第45条或第46条对不能犯未遂/企图[1]所认定的责任,还是仅仅侧重于怂恿和帮助未遂/企图犯罪的行为?

802 第47(8)(c)条不涉及不能犯未遂/企图的犯罪。[2] 其内在合理性在于,除非两个未完成罪足以让正犯对目标犯罪承担责任,否则应当避免对帮助或教唆行为认定责任。

值得注意的是,1981年《刑事未遂/企图法》第1(4)条规定:企图实施"罪行,如果该罪既遂,将在英格兰和威尔士作为可公诉罪行进行审判,但除了——(a)共谋(根据普通法或根据1977年《刑法法》第1条或其他成文法);(b)帮助、教唆、怂恿、促致或唆使他人犯罪;(ba)1961年《自杀法》第2(1)条(怂恿或帮助自杀……)项下的犯罪。"1981年《刑事未遂/企图法》第1(4)条未经修订,将2007年《严重犯罪法》的犯罪包括在内,因为其目的是将参与未遂/企图定为犯罪。2007年法案将1981年的《刑事未遂/企图法》中的未遂/企图参与排除在外,或者按照你所愿意的表达,排除共谋未遂/企图。

与2007年《严重犯罪法》中规制的犯罪一样,许多法律将未遂/企图和既遂定为犯罪。无法以企图实施本身被定义为犯罪的未遂/企图,或者将未遂/企图和既遂犯罪本身都定为犯罪的罪名,来对某人做出指控。因此,某人无法因怂恿或帮助他人实施企图未遂/企图罪的行为而被定罪。

---

① Sir James Fitzjames Stephen, *A History of the Criminal Law of England*, (London: MacMillan, 1883) Vol. Ⅱ at 227.

② Courtney Stanhope Kenny, *Outlines of Criminal Law*, (London: MacMillan, 1907) at 75, citing *R. v. Meredith*(1838) 8 Car. & P. 589.

许多法定犯将从事特定行为或“企图”从事特定行为未遂/企图定为犯罪。[①] 同样，其他成文法也将某些教唆行为，如收买陪审员或唆使作伪证本身定为犯罪。行贿本身就是犯罪，但同时也是怂恿他人实施受贿罪的企图。[②]

15-051 就这些在其定义范围内包括未遂/企图的法定犯而言，其包括未遂/企图和既遂。1981 年《刑事未遂/企图法》不适用于将未遂/企图本身定为犯罪的法定犯的情况。1981 年《刑事未遂/企图法》无法适用于此类犯罪的理由是，该法防止因未遂/企图而被定罪。这种双重的未完成罪责任会把责任范围推得太远；某人不应为其在本质上是未遂/企图犯罪行为中的共犯结构承担责任。在“新罕布什维尔州诉戴维斯案”（*State v. Davis*）[③]中，兰普朗法官（Lampron J.）表示：如果某一犯罪的本质是企图做某一行为，因为无论［犯罪行为是否已完成］，其都已经被实施，所以不可能存在犯罪未遂/企图。涉案罪行，是试图诱使卖淫。收买陪审员是另外企图腐蚀或影响陪审团的行为。至于这类罪行，正如被告人所言，“不可能成立企图犯罪的未遂/企图”。 803

在“鲁克斯诉佐治亚州案”（*Rooks v. State*）[④]中，麦克默里（McMurray J.）法官表示：

“没有法律授权对未遂/企图犯罪的定罪，而这种犯罪本身就是特定的犯罪尝试。从立法表述中可以看到具体的想法，试图采取行动的精妙和形而上学的敏锐性，对于实际应用来说过犹不及。这就像想象永恒的开始或无限的开始。”

约翰·斯宾塞（John Spencer）教授和格雷厄姆·沃高（Graham

---

① Section 120(4) of the *Fair Trading Act* 1973; sections 9(b) and 14 of the *Theft Act* 1968; section 5 of the *Farriers(Registration) Act* 1975; section 6 of the *Perjury Act* 1911; section 3(3) of the *Road Safety Act* 2006; section 47(1) of the *Wireless Telegraphy Act* 2006; section 49 of the *Courts Act* 2003; sections 136; 141–143; 149 and 157 of the *Licensing Act* 2003; section 95(3)(c) of the *Adoption and Children Act* 2002; section 246 of the *Merchant Shipping Act* 1995; section 11 of the *Official Secrets Act* 1989; section 5 of the *Road Traffic Act* 1988; section 3A of the *Crossbows Act* 1987; section 6 of the *Ministry of Defence Police Act* 1987; sections 208(2) and 356(2)(b) of the *Insolvency Act* 1986; section 92 of the *County Courts Act* 1984; section 3(2) of the *Submarine Telegraph Act* 1885; section 35A of the *Road Traffic Regulation Act* 1984; section 4(1)(b) of the *British Fishing Boats Act* 1983; section 65(1)(g) and 2(c) of the *Representation of the People Act* 1983; section 18 of the *Wildlife and Countryside Act* 1981; section 26 of the *Town Police Clauses Act* 1847; sections 68(b) and 71(b) of the *Animal Health Act* 1981; sections 26A(d) and(e) of the *Immigration Act* 1971. section 40C(3) of the *Prison Act* 1952; section 7 of the *Official Secrets Act* 1920.

② Sections 1 and 2 of the *Bribery Act* 2010.

③ (1967) 108 N. H. 158 at 162.

④ (1995) 217 Ga. App. 643 at 669.

Virgo)教授在提到 2007 年《严重犯罪法》第 48(8)(c)条时质问："本文的读者都能理解第 48(8)(c)条的措辞吗?"①该条款的作者自己无法理解,也无法认为所有人都可理解,他们真应该为此赢得奖项。这个条款是荒谬的,因为其毫无用处。由于企图犯罪本身不是犯罪,因此某人不可能对怂恿他人实施企图犯罪的行为承担责任。不需要第 47(8)(c)条在这里作为保障,因为无法对怂恿或帮助(或试图怂恿或帮助)不存在的犯罪承担责任,这就是企图犯罪的未遂/企图。

15-052 诚然,某人可能会因试图怂恿他人实施已遭立法废除的收买陪审员罪等罪行而承担责任,但某人不会因怂恿或帮助他人企图实施被废除的收买陪审员罪等罪行②而承担责任。如果 2007 年法第 44—46 条中的罪行属于未完成罪,其实际上将企图参与他人犯罪的行为定为犯
804 罪③,但该法的目的并不是防止人们因参与未遂/企图而被定罪。一般认为,立法者所要做的就是确保人们只因怂恿或帮助他人的犯罪未遂/企图,而不是试图参与他人的犯罪未遂/企图受到惩罚。

15-053 这在实践中是如何运作的?

可以用已经遭到废除的普通法上的收买陪审员罪来阐明这个问题。④"收买是企图腐化陪审员的行为,借此影响陪审团的裁决,虽然其并没有作出裁决。"⑤如果未遂/企图犯罪的定义涵盖了正犯的预期目标犯罪行为,第 47(8)(c)条意味着被告人将为怂恿或帮助正犯收买陪审员而承担责任。⑥ 然而,如果被告人只打算怂恿正犯企图去实施收买陪审员的行为,被告人将无法根据 2007 年《严重犯罪法》第 47(8)(c)条承担责任。被告人不负责任,是因为其并没有怂恿正犯做本身就是犯罪的行为。企图实施企图/未遂的行为,不是犯罪。

假设被告人给正犯甲发了一封信,建议正犯甲请求刑事审判中的陪审员,也就是正犯乙,不管证据如何,在审判中认定被告人无罪。被告人试图怂恿正犯甲去怂恿正犯乙犯藐视法庭罪(行为犯,现在涵盖了曾经

---

① John Spencer and Graham Virgo, "Encouraging and Assisting Crime: Legislate in Haste, Repent at Leisure", (2008) *Arch. News*, 7-9.

② *Attorney—General v. Fraill* [2011] 2 Cr. App. R. 21; *Attorney General v. Dallas* [2012] 1 W. L. R. 991.

③ *State v. Eames* (1978) 365 So. 2d 1361. *Per contra*, the *Serious Crime Act* 2007; *Stewart v. Wright* (1906) 147 F. 321; *Stewart v. Wright* (1906) 147 F. 321 at 333.

④ Section 17 of the *Bribery Act* 2010. *R. v. Roderick* (1837) 7 Car. & P. 795.

⑤ William Hawkins, *A Treatise of the Pleas of the Crown*, (London: Printed by E and R Nutt, *et al*, 1734), Vol. I at 773. *R. v. Owen* [1976] 1 W. L. R. 840; *Pomfreit v. Brownsal* (1599) Cro. Eliz. 735; *The King v. T. Mein* (1791) 4 Term Reports 480 at 483.

⑥ *Patterson v. State* (1989) 192 Ga. App. 449.

收买陪审员罪所打击的范围)。被告人实施了正犯甲藐视法庭罪的共谋罪,即使甲未能怂恿乙做出错误的裁决。由于2007年法第44—46条涵盖了参与犯罪未遂/企图的行为①,甲所实施未遂/企图的犯罪行为将被视为犯罪(当提出犯罪请求时,怂恿他人收买陪审员或藐视法庭的行为就已经完成,不管所请求的犯罪是否曾经实施或未遂/企图实施)。由于普通法中的收买陪审员罪遭废除,被告人的行为很可能被认定为怂恿甲藐视法庭②或妨碍司法公正。③

但是,如果被告人怂恿甲采取某种只是企图实施某种本身就是企图/未遂的犯罪,或者只是企图实施犯罪的企图/未遂的企图/未遂行为,第 805
47(8)(c)条就将适用。这可防止被告人因怂恿或帮助正犯企图实施犯罪而被定罪,但如上文所述,不需要为此目的适用第47(8)(c)条,这是因为某人必须怂恿犯罪或共谋犯罪未遂/企图,才可以适用共谋,甚至是针对未完成罪的共谋。"印第安纳州诉杰尔科案"(*People v. Jelke*)④提供了另一个企图/未遂本身就构成犯罪的事例,有关条款规定,某人"企图唆使、引诱、诱使或强迫(妇女)以卖淫谋生"是犯罪行为。

可以认为,第47(8)(c)条适用于将企图/未遂本身定为犯罪的所有法定罪行,当某人实施此类犯罪的企图/未遂行为时,因为是企图,因此应被认定为企图实施这些罪行的企图/未遂行为。⑤

15-054 第47(8)(c)条是否适用于更普遍地实施行为犯的企图/未遂?

不行。例如,2006年《欺诈法》第1条至第4条中规定的核心犯罪,是将未遂/企图纳入既遂犯罪定义的犯罪,无论行为人是否成功地获得财产或造成财产损失,或使他人面临财产损失的风险,都是有罪的。⑥ 尽管如此,某人可以对欺诈未遂负责,还可以对参与或试图参与他人的欺诈未

---

① *State v. Sales*(1866)2 Nev. 268, *State v. Campbell*(1995)657 So. 2d 152 at 155 *per* Doucet C. J.; *R. v. Darby*(1702)7 Mod. 100; *R. v. Cole*(1901)3 Ont. L. Rep. 389.

② *R. v. Owen*[1976]1 W. L. R. 840.

③ *R. v. Rogerson* (1992) 174 C. L. R. 268 at 279 *per*Mason C. J., citing *e. g.*, *R. v. Andrews* [1973]Q. B. 422 at 425; *R. v. Rowell*[1978]1 W. L. R. 132 at 138; *R. v. Machin*(1980)71 Cr. App. R. 166 at 170. *R. v. Vreones*[1891]1 Q. B. 360; *R. v. Kellett*[1976]Q. B. 372; *R. v. Kenny*[2013]3 W. L. R. 59.

④ (1956)135 N. E. 2d 213.

⑤ *People v. Loocerello*(1962)233 N. Y. S. 2d 206; and *People v. Lupinos*(1998)176 Misc. 2d 852 at 854; *People v. Howlett*(1973)76 Misc. 2d 801; *People v. Schmidt*(1974)76; *Penal Law*: Sections 205. 30, 195. 05.

⑥ Section 1 of *Forgery and Counterfeiting Act* 1981; Section 1 of the *Bribery Act* 2010, *R. v. Smith* [1960]2 W. L. R. 164; *R. v. Cassano* (1805)5 Esp. 231; *R. v. Plympton*(1724)2 Ld. Raym. 1377. *State v. Austin* (1986)105 Wash. 2d 511.

遂负责。[①] 因此,如果被告人怂恿正犯作出虚假陈述,以便其可以获得财产收益,但事实证明被告人和正犯认为是虚假的事情事实上是真实的,被
806 告人可能被判犯有第 44 条所规定的罪行,而正犯则将被判欺诈罪。

15-055 第 47(8)(c)条是否旨在防止双重未完成责任?[②]

根据该规定,很难看出双重未遂责任是如何发挥作用的,因为无论正犯是否企图或实施预期的目标犯罪,帮助或怂恿未遂的企图都会导致未遂责任。此外,企图达到预期的目标犯罪的,并不是帮助者或怂恿者。帮助者/怂恿者仅作为非正犯参与或试图作为非正犯参与。此外,如果正犯没有被帮助或怂恿,就无法在帮助和怂恿下尝试预期的目标犯罪。简言之,正犯就无法用被告人试图邮寄给正犯的枪企图或完成谋杀。如果邮政工作人员发现了枪并将其交给了警察,被告人就仅对试图帮助和怂恿正犯承担责任。而正犯则在帮助或怂恿未遂的情况下,正犯则没有机会在被告人的帮助和怂恿下企图实施犯罪。由于 2007 年的法律将帮助和怂恿未遂定为犯罪,被告人可以对企图参与他人犯罪承担责任。

第 49(4)条和第 49(5)条用于限制双重未完成罪责任。第 49 条中的相关条款规定:

(3)可就同一行为,触犯本法数个法条所规定的罪行。

(4)在评价——

(a)就第 45 条而言,行为是否能够鼓励或帮助犯罪时;或

(b)就第 46 条而言,行为是否能够鼓励或帮助实施某项或多项犯罪时;

本部分的犯罪以及所列的犯罪均不在考虑之列。

(5)所列罪行是指——

(a)在英格兰和威尔士,附表 3 第 1、2、3 部分所列的罪行。

第 49 条并不排除将第 44 条适用于第 45、46 条,或适用于附表 3 所列的法定煽动及预备罪。相当于某人怂恿他人实施第 45 条或第 46 条所述罪行的许多行为,将相当于间接怂恿或帮助,因此属于第 66 条的范围。然而,除此之外,还可能存在双重未完成罪责任。第 49 条仅被用来限制第 45、46 条所述罪行的适用,因为其认为,如果被告人试图怂恿正犯实施 2007 年《严重犯罪法》第 44、45、46 条或附表 3 所述罪行之一,则无法援
807 引这些法条中规定的罪行。

---

① *R. v. Deller*(1952)36 Cr. App. R. 184. *Stewart v. Wright*(1906)147 F. 321.

② Glanville Williams, *Textbook of Criminal Law*, (London: Steven & Sons, 1978) at 388. *Northeast Women's Center, Inc. v. McMonagle*(1988)689 F. Supp. 465. ra P. Robbins, "Double Inchoate Crimes", (1989)26 *Harv. J. on Legis*. 1 at 91.

15-056 第 44 条中规定的犯罪可适用于所有罪行,包括其本身。某人可能会因故意试图怂恿他人实施第 45 条和第 46 条所述罪行而承担责任。2007 年相关立法涉及范围非常广泛,因为附表 3 只将范围很小的法定煽动和预备罪排除在这些罪行之外。附表 3 没有列出其他大量的法定煽动和预备罪;因此,第 45、46 条并不用于排除适用这些罪行。允许法律触及如此间接的错误行为的公正性和必要性值得怀疑。[①] 法律的运作被推回了什么领域(从最终犯罪故意的角度来看),不过是"思想犯"的公开表现而已。未完成犯罪和实质性犯罪之间的界限并不明确,因为若干犯罪的定义包括了一般大众可能认为的企图/未遂。攻击、堕胎和勒索就是事例。一旦基于法定故意侵入房屋,即构成夜盗罪。

另外,还有一系列打击单纯的犯罪预备行为的犯罪。例如,有些法规规定持有违禁物品的各种罪行,其目的往往是防止物品被用于犯罪目的。例如,持有爆炸物[②]或武器[③]、拥有用于某些伪造和仿造的工具[④]、持有用于欺诈的物品[⑤]以及持有意图对人身[⑥]或财产构成可公诉罪行的物品。[⑦] 1990 年《计算机滥用法》(Computer Misuse Act 1990)第 3A 条规定的罪行包括:

(1)如制造、改装、供应或要约供应物品,意图其被用于犯第 1 条或第 3 条所定罪行或帮助犯第 1 条或第 3 条所定罪行,即属犯罪。

(2)如供应或要约供应物品,并相信该物品相当可能会被用于犯第 1 条或第 3 条所定罪行或帮助犯第 1 条或第 3 条所定罪行,即属犯罪。

(3)取得物品,目的是将该物品用于犯第 1 条或第 3 条所定罪行或帮助犯第 1 条或第 3 条所定罪行,即属犯罪。

如上所述,2007 年《严重犯罪法》第 49(4)条及第 49(5)条规定,不得因怂恿或帮助第 44、45、46 条所定的罪行或附表 3 所列的罪行而根据第 45 条或第 46 条被定罪,因为第 45、46 条不适用于第 44、45、46 条规定的罪行或 2007 年法附表 3 所列罪行。被排除的罪行清单不仅包括法定 808
煽动罪,还包括预备罪和未完成的帮助等罪行。例如,1990 年《计算机滥

---

① Douglas N. Husak, "The Nature and Justifiability of Non-consummate offences", (1995) 37 *Ariz. L. Rev*. 151.

② Section 4(1) of the *Explosive Substances Act* 1883.

③ Section 16 of the *Firearms Act* 1968.

④ Section 17 of the *Forgery and Counterfeiting Act* 1981.

⑤ Section 6 of the *Fraud Act* 2006. section 25(1) of the *Theft Act* 1968.

⑥ Section 64 of the *offences against the Persons Act* 1861 as amended by the *Criminal Law Act* 1967.

⑦ *R. v. Buckingham*(1976) 63 Cr. App. R. 159.

用法》第3A条所列罪行列于附表3。很难理解为什么附表3列出了1990年《计算机滥用法》第3A条中规定的罪行，却忽略了2006年《欺诈法》第6条和第7条中规定的几乎相同的罪行。使用清单排除第45、46条适用于某些法定煽动和筹备罪，而不适用于其他罪行，是完全荒谬的。一般排除比使用特别列表更有意义。除此之外，第44条也不应适用于其本身、法定煽动以及第45条和第46条中规定的犯罪。

15-057 此外，2007年《严重犯罪法》在其所涵盖的未完成共犯的范围内，导致了过度入罪问题。没有令人信服的理由可以证明设立企图怂恿他人等罪行的必要性。2007年《严重犯罪法》应进行修订，规定一般性排除条款。例如，《得克萨斯州刑法法》规定："企图或共谋实施或教唆本章所界定的预备性犯罪不属于犯罪。"[①]如果第49(4)条以及第49(5)条的颁布是为了防止双重未完成罪责任，这种立法意图显然非常糟糕。共犯本身并不总是未完成共犯，但当援引2007年《严重犯罪法》时，检控方通常会针对未完成的帮助或怂恿。豁免是矛盾的、狭隘的和自欺欺人的。如果有一般性的条款会好得多。如果法律委员会再多研究一点，就会得出类似的结论。因为已经有普通法司法管辖区处理了该问题。《缅因州刑法典》(Maine Criminal Code)[②]规定："共谋、企图或教唆[未完成]犯罪不应构成犯罪。"同样，《路易斯安那修订州法》(Louisiana Revised Statutes)[③]所附其他法规的解释评注规定："如果另一犯罪的定义包括企图做某事，这一条无法适用，因为这样一来，被告人将被指控企图/未遂从事非法行为的企图/未遂。"

15-058 那么2007年《严重犯罪法》第66条的目的是什么？

2007年《严重犯罪法》第66条的这项具体规定，其立法目标锁定的是间接怂恿和帮助，但这在概念上不同于纯粹的双重未完成罪责任。第66条规定："如果行为人甲安排行为人乙实施能够怂恿或帮助犯罪的行为，而乙实施了该行为，则就本部分立法目的而言，甲也应被视为已实施了该行为。"[④]如果被告人怂恿正犯甲(未完成罪1)怂恿正犯乙(未完成
809 罪2)杀死被害人，即使正犯甲忽略了被告人的怂恿，被告人也将对第44

---

① V. T. C. A. ,Penal Code § 15.05. § § 78 to 148 of the *Texas Penal Code*.

② ME ST T. 17-A § 154.

③ *State v. Eames*,(1978) 365 So. 2d 1361 *per* Dixon J. (with two Justices concurring and one Justice concurring in the result). *United States v. Riddle*(1996)44 M. J. 282 at 288;*U. S. v. Awan*(2006) 459 F. Supp. 2d 167 at 184;*U. S. v. Roeseler*(2001) 55 M. J. 286 at 298;*U. S. v. Ortiz*(1990) 738 F. Supp. 1394. In *U. S. v. Riddle* (1996)44 M. J. 282 at 285;*U. S. v. Lanzon*(2011)639 F. 3d 1293 at 1298.

④ *Earl of Somerset's Case*(1616)14 Jac. 1;1 St. Tr. 334. *State v. Manthey*(1992)169 Wis. 2d 673 at 687.

条的罪行负责。[1] 如果被告人试图怂恿正犯甲去怂恿正犯乙杀死被害人，但乙无视怂恿，被告人和甲都将构成第 44 条规定的罪行。如果乙在甲的怂恿下杀害或试图[2]杀害被害人，则甲将根据 1861 年《从犯和教唆犯法》第 8 条[3]和 2007 年《严重犯罪法》第 44 条承担责任。在谋杀发生时，要求所有当事方对其参与谋杀负有责任并非没有道理。毕竟，当被告人想要被害人被谋杀，进而要求甲雇佣专业杀手乙来杀死被害人时，被告人不仅对被害人，而且对整个社会都构成了极大的威胁。如果被告人没有用枪杀死他人的意愿或能力；雇佣刺客的行为远比被告人自己试图谋杀被害人的行为致命。将被告人的行为定为犯罪并无不公平之处，但将正犯甲怂恿正犯乙杀人的未遂行为定为犯罪似乎将法律扩展了很长一段距离。如此一来，没有理由判处终身监禁。

第 6 节　无效怂恿：行为可责性与因果连接

15-059　是否可以认为，只有在假定的因果关系成立的情况下，才有人企图通过"怂恿"参与犯罪？

可以这样认为！很容易确定帮助未遂与预期目标犯罪之间的因果关系，因为很容易评估推定的帮助行为何时可能造成因果作用。例如，被告人向正犯邮寄了一把枪，正犯打算用枪来杀死被害人；正犯收到了枪，但决定不杀死被害人。如此一来，陪审团可以推断，如果正犯决定杀死或试图杀死被害人，被告人向正犯提供枪的行为是能够帮助正犯杀死被害人的行为。根据这些事实，被告人不作为从犯承担责任，因为 1861 年《从 810
犯和教唆犯法》第 8 条只将实际参与犯罪定为犯罪。某人无法参与自己没有试图实施的犯罪。[4]

帮助很容易被认为是能够在因果意义上帮助正犯实施潜在犯罪的行为。认为枪支能够对未经尝试的谋杀起到因果关系的作用是没有争议的，因为如果谋杀是在枪支被用来杀人的情况下完成的，提供枪支就属于对正犯的（因果关系）的帮助。

---

① *State v. Santiago*(2012) 305 Conn. 101.

② *R. v. Dunnington*[1984] Q. B. 472; *R. v. Hapgood*(1870) L. R. 1 C. C. R. 221; *R. v. Clayton*(1843) 1 Car. & K. 128; *R. v. Williams*(1844) 1 Car. & K. 589.

③ *R. v. Cooper*(1835) 5 Car. & P. 533 at 536-537.

④ *R. v. Dunnington*[1984] Q. B. 472; *R. v. Hapgood*(1870) L. R. 1 C. C. R. 221; *R. v. Clayton*(1843) 1 Car. & K. 128; *R. v. Williams*(1844) 1 Car. & K. 589.

15-060 很难确定什么时候"怂恿"被认为能够怂恿(心理上导致)正犯犯罪。这是不是说,没有调动或怂恿正犯的怂恿行为,不一定是能够怂恿其采取行动的行为,因此不应该算数?

必须注意确定什么时候怂恿能够刺激正犯实施特定行为。[1] "通过怂恿企图参与"的概念[2]有着难以置信的广泛影响。就 2007 年法第 44—46 条而言,劝说或怂恿(包括威胁)都是足够的。[3] 不必证明怂恿行为实际上使犯罪人实施了预期的目标犯罪,因为只需证明怂恿者的行为能够(心理上)怂恿犯罪人犯罪。不仅形容词"能够"(capable)默示了因果关系要求,而且动词"怂恿"(encourage)也默示了因果关系要求。关于使用动词"促致"而不是动词"怂恿"的法规的事例,见 1848 年《叛国严重犯罪法》第 3 条,其将"以暴力迫使或刺激外国人或陌生人入侵联合王国……"定为犯罪。

15-061 "能够怂恿"的要求是否意味着 2007 年《严重犯罪法》中的犯罪行为不适用于那些由于距离既遂差距太大以至于无法怂恿的企图,即使这些怂恿如果实施完毕,的确能够达成怂恿的效果?

怂恿只有在达到预定的受众时才能起到怂恿作用。送枪给正犯协助其杀人是一回事,但试图送枪帮助正犯杀人是另一回事。被告人可以给正犯枪来协助正犯杀死被害人,但正犯可能有能力在不使用被告人的(枪)的帮助的情况下杀死被害人。例如正犯可能已经拥有一把刀,或者正犯可能已经接受过武术训练,这使得正犯能够一次毙命。尽管如此,给正犯配备枪支,是有助于正犯杀人的行为。2007 年相关立法中设定的犯
811 罪的未完成性质,意味着正犯是否使用被告人提供的枪支,或者是否使用已经拥有的刀具,或者是否依靠自己的武术技能来杀死被害人,都并不重要。如果被告人基于必要的犯意提供了枪,就将根据 2007 年相关立法承担责任,无论其所提供的帮助是否被用于实施预期的目标犯罪。[4] 向某人提供枪支是使其具备杀人能力的行为,显然是能够帮助谋杀的行为。

15-062 这是不是说,"怂恿"的概念,需要能成为动力的怂恿。这是否意味着必须存在假定的因果关系,因为必须表明被告人的行为能够推动/怂恿正犯实施违法犯罪行为?

很久以前,道尔顿用名词"推动者"(mover)等来指怂恿者。道尔顿写道,某人"如果属于促致者,或者是推动者,或者是帮助者,怂恿者或者

---

① *State v. Jovanovic*(1980) 174 N. J. Super. 435.

② *R. v. Blackshaw*[2012] 1 W. L. R. 1126.

③ Section 65 of the *Serious Crime Act* 2007.

④ The *Penal Code of Kentucky* has a provision that works in the same way. KRS § 506. 010(3).

同意者”,就可以被认定为犯罪的从犯。① 道尔顿继续使用动词对此加以说明:“命令,促致,推动,帮助,或者同意。”被告人的怂恿不必是正犯的唯一激励要素,但必须是激励要素或者假定的激励要素。当陪审团能够推断怂恿行为事实上能够使行为人处于被激励实施预期目标犯罪的状态时,因果关系要求即得到满足。帮助者/怂恿者的怂恿行为是激励行为;其为行为人提供了实施预期目标犯罪的诱因、激励或理由。

普通法上的煽动罪,即使是在面向全世界大肆怂恿的情况下,也可被认定②,但这种怂恿必须达到潜在的接受者的头脑中。格兰维尔·威廉姆斯写道:“由于煽动与不完整罪有关,这些话是否对被请求者缺乏影响是无关紧要的;但这些话必须已经传到了对方的耳朵里。如果没有达到这种效果,就可能会被判企图煽动罪。”③这不同于 2007 年《严重犯罪法》所规定的共谋未遂,因为这些罪行要求被告人的行为是能够怂恿正犯实施预期目标犯罪的行为。

15-063　这是不是说,行为实际上不需要怂恿正犯实施违法犯罪,但必须被认为能够事实上怂恿正犯这样做?

对。如果正犯忽略了这种怂恿,就必须证明,这种怂恿可能在相同的情况下影响了与正犯共同生活在当代英国的行为人。这不是纯粹的客观测试,因为有必要考虑被请求者的性格和社会构成。问题是:在当时的情况下,怂恿行为是否能够使被怂恿者受到影响而实施特定的罪行?不同的怂恿行为将能够根据被怂恿者的不同获得不同的结果。警察对刑事怂恿的反应,可能与有犯罪倾向的人不同。 812

15-064　为什么不能根据 1861 年《从犯和教唆犯法》第 8 条,对于试图怂恿的人追责?

普通法上的共犯只有在间接参与者的怂恿下,正犯“事实上……受到怂恿”④实施预期的目标犯罪时才能成立。如果没有事实上的怂恿,就没有事实上的参与。如果没有事实参与,间接参与者的责任就无法是派生的。派生责任的承担取决于“派生犯”参与预期的目标犯罪。当怂恿者的怂恿实际上并没有怂恿正犯实施预期的目标犯罪时,怂恿者只是试图参与预期的目标犯罪。参与未遂不是事实上的参与。因此,根据 1861 年《从犯和教唆犯法》第 8 条的规定,无法用参与未遂定罪。

---

① Michael Dalton, *The Country Justice*, (London: Printed by William Rawlins *et al.*, 1697) at 396.

② *R. v. Most*(1881) 7 Q. B. D. 244; *R. v. Diamond*(1920) 84 J. P. 211; *Invicta Plastics Ltd. v. Clare* [1976] R. T. R. 251.

③ *R. v. Quail*(1866) 4 F. & F. 1076; *R. v. Krause*(1902) 66 J. P. 121.

④ *R. v. Schriek* [1997] 2 N. Z. L. R. 139 at 150; *Charnley. v. R.* [2013] N. Z. C. A. 226 at paragraph 46 *per* Arnold J. (Simon, France and Dobson J. J. concurring).

15-065　根据 2007 年《严重犯罪法》是否需要因果关系？

在“女王诉朗姆案”（*R. v. Lam*）中，维多利亚最高法院的莱德利希法官（Redlich J.）表示：

“帮助和教唆行为与所犯罪行之间不需要有因果关系。史密斯和霍根认为，主犯没有必要受到非实行主体的影响。他们认为，协助和教唆这两个词的自然含义并不意味着有因果关系。如果不考量间接参与者的行为，或者即使没有实施这种行为正犯也会实施相关犯罪，就确立了间接参与。”[1]

“要求提供证据，证明主犯知道每名被告人所提供的怂恿，或证明间接参与人的行为与犯罪之间一定有因果关系，这将是‘明显的胡说八道’。”[2]

我认为，根据 1861 年《从犯和教唆犯法》第 8 条，不证明事实上的参与是明显的胡说八道，因为这种做法将企图参与实际参与混为一谈，还将免除本法第 8 条中关于派生责任的犯行要求。莱德利希法官的方法表明，即使证据表明帮助者/怂恿者只是企图参与犯罪，陪审团也可以推断事实参与。这样做法将允许所有企图以怂恿方式参与的行为都作为共犯受到起诉，然而应将其作为未完成罪加以处理。

共犯法处理的是既遂共犯，而不是未遂共犯。与 2007 年《严重犯罪法》不同，共犯结构要求事实影响力，即使这种影响力是轻微的。[3] 正犯必须受到怂恿者的实际影响，至少部分受到怂恿者的影响，并且必须试图实施或实际实施了预期的目标犯罪。[4]（如果正犯甚至没有试图实施被怂恿实施的犯罪，被告人也无法承担派生责任，因为不存在使其承担派生责任的目标犯罪。）[5]正犯必须在怂恿者的怂恿[6]下实施预期的目标犯罪。在没有影响的情况下，怂恿者的责任必须是未完成罪，而不是派生的违法行为。

15-066　以站在 50 层公寓阳台上的被告人为例，其用双筒望远镜观察下面大街上的正犯，后者正用枪指着被害人的头（被害人是被告人
813 的老校友）。被告人大喊“杀了他！”30 秒后正犯扣动扳机杀死了被害

① （2005）159 A. Crim. R. 448 at paragraph 60 citing J. C. Smith and Brian Hogan, *Criminal Law*（London: Butterworths, 7th edn., 1992）at 145.

② *R. v. Lam*（2005）159 A. Crim. R. 448 at paragraph 62.

③ *R. v. Giannetto*（1997）1 Cr. App. R. 1 at 13; *Wilcox v. Jeffery*［1951］1 All E. R. 464.

④ *The Queen v. Coney*（1881-82）L. R. 8 Q. B. D. 534.

⑤ *R. v. Dunnington*［1984］Q. B. 472.

⑥ James Fitzjames Stephen, *A Digest of the Criminal Law*,（London: Macmillan, 6th edn., 1904）at 399-400.

人。当证据在法庭上出示时，证明正犯没有听到被告的喊声。正犯没有意识到被告正在阳台上观看，也不知道被告试图怂恿自己杀死被害人。正犯没有听到被告人怂恿的话，因为距离太远，街上交通噪声太大。尽管如此，监控录像显示被告确实试图怂恿正犯杀死被害人。根据这些事实，被告人无法被作为谋杀的从犯，因为其实际上并没有参与正犯的犯罪。尽管这种怂恿实际上并不影响正犯，被告可能会根据 2007 年《严重犯罪法》规定的未完成犯罪承担责任，因为怂恿某人在其已经有杀人故意的情况下杀人，是能够怂恿这种人杀人的行为。当正犯已经打算杀死被害人时，小小的怂恿可能是转折点。

15-067　这是不是说，如果怂恿已经达到了正犯的内心，被告主张正犯已经打算杀死被害人是无法作为抗辩事由的，因为理性的陪审员可以推断被告人的怂恿是额外的事实影响要素，把正犯推向了犯罪的边缘？[①]

这是似是而非的提议。尽管如此，陪审团可能会得出这样的结论：被告人的怂恿太微不足道了，根本无法起到作用。如果是这样，在特定情况下，激励将被视为无法激励正犯。如果被告人事实上怂恿或协助了正犯，即使没有帮助和怂恿正犯，其也会实施这种罪行是无关紧要的。如果被告向正犯提供一把枪来帮助正犯杀死被害人，正犯也不可能轻易地从其他来源获得一把枪。事实上，正犯并没有使用其他来源的枪，而是使用了被告人提供的枪，因此被告人对正犯的犯罪行为作出了事实上的加功。 814

在“女王诉朗姆案”中，莱德利希法官继续坚称：[②]

“吉利斯（Gillies）法官同样认为，确定主犯没有看到、听到或对间接参与者的行为漠不关心是无关紧要的。法律文本承认，在刑事审判中，如果间接参与人不是根据与主犯的合意行事，确定主犯知道第二参与人的行为并受其影响而实施犯罪是不现实的，而且往往是不可能的。吉利斯法官建议，如果陪审团客观地认为从犯的行为能够合理地怂恿或帮助主犯，就足够了。事实上，不必这样做。”［强调补充］就附带责任而言，吉利斯法官的坚称是不正确的。事实上的怂恿可能很难证明，但这并无法成为将未遂参与视为完美参与的理由。客观地判断行为可能会怂恿某人犯罪，[③]但这并不意味着其实际上怂恿了特定的犯罪者犯罪。这在上面的

---

① *State v. Tally*（1894）15 So. 722. Sanford H. Kadish，“Complicity，Cause and Blame：A Study in the Interpretation of Doctrine”，（1985）73 *Cal. L. Rev*. 323 at 359 citing *State v. Tazwell*（1878）30 La. Ann. 884；George P. Fletcher，*Rethinking Criminal Law*，（Boston：Little，Brown，1978）at 677-682.

② *R. v. Lam*（2005）159 A. Crim. R. 448 at paragraph 61 citing Peter Gillies，*The Law of Criminal Complicity*，（Sydney：Law book Co.，1980）at 54-55.

③ *R. v. Sadique*［2012］1 WLR 1700 at 1710G.

假设中得到了证明,因为很明显正犯并没有被被告人在50楼阳台上的尖叫声所鼓舞,因为正犯根本没有听到被告人的声音。

15-068 在刑法的许多领域,前提都在于,证据都是有问题的,但这并无法证明在没有事实怂恿的情况下,推定事实怂恿是正当的。[①] 陪审团必须从证据中推断出事实上的怂恿,而不能仅仅因为客观判断行为能够怂恿正犯实施犯罪,就推定存在事实上的怂恿。正犯受被告人行为的影响,必须是从所有证据中推断出来的。没有影响力的假设。证据必须足以让陪审团推断正犯实际上受被告人的行为影响。[②] 在"女王诉康尼案"[③]中,霍金斯法官(Hawkins J.)表示:"怂恿并不一定等于帮助和教唆,可能是有意或无意的,事实上,某人可能无意中怂恿他人,通过其在场,通过错误的言语或手势,或通过沉默,不干涉,或可能故意怂恿的表达,表示同意的手势或动作,无意中怂恿他人。在后者的情况下,属于协助和教唆他人,而在前者的情况下,不属于协助和教唆他人。"在许多情况下,事实怂恿的证据将非常有力,以致辩护律师不会对该问题提出异议;在这个意义上,事实怂恿可以(假定)被视为正犯所接收。[④]

15-069 总而言之,这似乎在告诉我,根据《严重犯罪法》参与未遂很难确定,因为陪审团必须猜测该未遂是否有助于或怂恿了预期目标犯罪。

现在来考虑一下,为了根据2007年《严重犯罪法》获得有罪判决,可能会怂恿某人犯罪的各种行为。下面将参考已完成的共犯案件中提供的若干事例,以阐明该问题。在上述引文中,莱德利希法官表示:"如果陪审团客观地认为从犯的行为能够合理地怂恿或帮助主犯,就足够了。虽然这不是为了确立附带责任而确定事实怂恿的正确标准,但总体来说,这类标准将被用来确定2007年《严重犯罪法》规定的行为能力。"[⑤]

15-070 这不是标准的客观循环吗?不是说理性的谨慎主体,无法被说服去实施犯罪吗?

理性人是不会冒犯别人的。完全客观的标准是这样的:理性人会被怂恿者不合理的刑事怂恿所蛊惑吗?回答:不!正如菲尔兹(W. C.

---

① *Bast v. Com.* (1907) 99 S. W. 978 at 980.

② *Hutt v. R.* [1989] T. A. S. S. C. 27 at paragraph 53. *R. v. Clarkson* [1971] 1 W. L. R. 1402 at 1407.

③ (1881—82) L. R. 8 Q. B. D. 534 at 557; *R. v. Chishimba* [2010] N. S. W. C. C. A. 228 at paragraph 148. Sir Michael Foster, *Crown Law*, (London: Printed by W. Strahan and M. Woodfall, 1776) at 354.

④ Williams, *op. cit. supra*, note 68 at 382.

⑤ *R. v. Sadique* [2012] 1 WLR 1700 at 1710G *per* Hooper L. J. .

Fields）曾经说过的："你无法贿赂诚实的人。"个人主义的或主观意义的[①]客观标准似乎是必须的。个人主义的标准是这样的：被告的怂恿行为是否能够怂恿特定类型的人或被告试图怂恿的正犯？注意，重点是假定的犯罪者的性格，而不是怂恿者的精神状态，因为测试并不是用来确定怂恿者的犯意，而是被用来确定在有关情况下是否可以怂恿特定类型的犯罪人犯罪。 816

15-071　陪审团是否必须确定，怂恿者的行为，在客观判断时，在所有情况下都能够怂恿其旨在怂恿的特定类型的犯罪者？

重点应放在该行为在所有行为人的情况下如何影响目标行为人上。举个事例，当正犯刚到幼儿园，发现某老师猥亵自己 4 岁的孩子。而正犯的情况是自己小时候也曾被骚扰过，所以当发现自己的孩子被骚扰时，正犯非常愤怒。被告人和正犯抵达幼儿园，怂恿正犯使用板球棒对恋童教师造成严重的身体伤害。正犯是警官，他通常不会被劝说去攻击嫌疑犯，即使他面对的是对儿童实施严重性犯罪的建议嫌疑犯。但由于这项罪行是针对自己的孩子实施的，于是正犯听取被告人的建议，对被害人造成严重的身体伤害，被告人完全了解情况，并故意怂恿正犯实施违反 1861 年《侵害人身权法》第 20 条的罪行。

诚然，陪审团可能会得出这样的结论：被告人的怂恿之词不足以怂恿理性的警官实施严重罪行，但被告人的怂恿之词能够在特定情况下怂恿特定的犯罪者。被告人在特殊情况下怂恿正犯；而正犯在这些情况下被激怒了，因为他发现自己的孩子受到了性骚扰，而且正犯自己在还是个孩子的时候也受到了恋童癖者的伤害。

在"纽约诉达菲案"[②]中，被告给了正犯一把上了膛的枪，并奚落正犯实施自杀。理性人不会仅仅因为有人给了自杀的建议就被说服自杀。但在"纽约州诉达菲案"中，实施自杀的被害人所处的境遇是"喝得烂醉，处于极度沮丧和想要自杀的状态"。如此一来，怂恿者嘲弄正犯"把枪放在嘴里，轰掉自己的头"。被告还给了正犯装有子弹的枪，并且充分了解正犯已经喝醉，心情抑郁和具有自杀倾向。陪审团不难推断被告人的行为能够怂恿身处正犯所处的情况下的人自杀。被告人的行为并不是正犯自杀的唯一原因，但这足以让正犯下定决心。因此，被告人的行为能够为正犯提供不容忽视的理由，让正犯像他所怂恿的那样行事。自杀本身不是犯罪，但 1961 年《自杀法》第 2 条规定："（1）如果（a）被告的行为能够怂

---

① *Mutatis mutandis*, Peter K. Westen, "Individualizing the Reasonable Person in Criminal Law", (2008) 2(2) *Crim. L. & Phil*. 137.

② (1992) 79 N. Y. 2d 611.

恿或协助他人自杀或企图自杀,并且(b)被告的行为旨在怂恿或协助自杀或企图自杀,即属犯罪。”1961 年相关法第 2 条要求的仅仅是直接故
816 意。

15-072 许多行为是否太微不足道,缺乏可测量的事实影响力?

许多怂恿行为看似微不足道,但在某些情况下,却会怂恿别人去铤而走险。[1] 在“女王诉布莱克肖案”(*R. v. Blackshaw*)[2]中,被告人的怂恿行为微不足道,而且非常间接,但其所处的环境使法院相信,这些行为能够怂恿假定的犯罪者实施暴乱并造成刑事损害。该决定是量刑决定,但附带意见清楚地表明,法院对布莱克肖试图怂恿民众暴乱的社交媒体的发帖是否事实上能够怂恿受鼓舞民众中的若干人暴乱,并不在意。布莱克肖在“脸书”上发布消息,怂恿他的追随者和其他人参加暴乱,并实施刑事破坏。这些发帖,本身的作用十分间接,无法怂恿完全自主的成年人外出暴乱和捣毁建筑物。不过,布莱克肖发帖的情况是,当时其所处的整个郡的骚乱仍在继续。

毫无疑问,布莱克肖在脸书上的活动,能够怂恿人们参与 2011 年英格兰骚乱。2011 年的英格兰骚乱是近代史上最严重的骚乱,因为骚乱涉及来自伦敦许多行政区和英格兰各地城镇的数千人纵火和刑事破坏。全国上下发生了大规模骚乱。[3] 知名报纸称之为“黑莓暴动”(BlackBerry riots),因为人们使用黑莓等智能手机和社交媒体煽动和组织暴动。[4] 有一大群闲散失业、处境不利的人发动暴乱,他们因为警察执法,开枪打死了某 29 岁男性的事件而被激怒。在这方面,布莱克肖在社交媒体上的帖子有可能怂恿进一步的骚乱和刑事损害行为。暴徒横冲直撞时,不需要太多的刺激。严重犯罪行为中的过错限制为此类被告人提供了一定的保护。根据 2007 年《严重犯罪法》第 45 条,被告需要知道相关情况,以便陪审团推断,其相信自己的怂恿会怂恿正犯实施预期的目标犯罪。

15-073 因此,对被告人的怂恿行为的评估,涉及陪审团假设性地调查潜在的犯罪者的思想,以确定作为事实问题的犯罪者在特定的情况下是否可以被怂恿实施特定的罪行。

一旦陪审团这样做了,将能够确定作为事实问题的怂恿(被告人的行为)是否能够怂恿其打算怂恿的听者。如果被告人开玩笑地怂恿自己所

---

① *State v. Barnum*(2000)14 S. W. 3d 587 at 591 *per* Price C. J.;*State v. Jackson*(2012)385 S. W. 3d 437 at 441-442.

② [2012]1 W. L. R. 1126.

③ *R. v. Blackshaw*[2012]1 W. L. R. 1126 at 1142.

④ “The Blackberry Riots”,(London:The Economist,13 August 2011).

认识的[①]警察实施轻罪，陪审团可能会推断，如此一来客观地看待被告人的行为，就无法认定其会怂恿假定的犯罪者，也就是说，被告人的行为无法怂恿警察实施轻罪。罪过要素也可能保护被告人免受处罚，因为2007 818
年《严重犯罪法》第44条要求，被告人应故意怂恿正犯实施预期的目标犯罪。同时，第45条要求被告人相信正犯在自己的怂恿下会实施预期的目标罪行。如果被告人开玩笑并且完全知道假定的正犯是警察，陪审团就不太可能推断被告人相信正犯会因为其微不足道和含糊不清的怂恿话语而实施预期的目标罪行。

15-074　上面的说法到目前为止似乎还能成立：如果案件不存在特殊情节该如何处理呢？

这在很大程度上取决于被怂恿实施的犯罪和怂恿犯罪的情况。陌生人随机要求警察抢劫银行这种行为，在正常情况下无法怂恿警察在当代英国的公共场所，犯下与抢劫一样严重的罪行。如果这名警官没有受到贿赂、勒索或威胁，很难想象仅仅是言语就能说服其成为重罪的罪犯。如果正犯是欠下巨额赌债破产的腐败警察，这些特殊的情节就会使被告人的行为性质有所不同。

15-075　这是不是说，这些判例必须使用灵活的标准加以评估？是不是犯罪越严重，陪审团就越需要推断出该行为是可以被怂恿的？

要想影响本不想杀人的人去杀人，需要极大的怂恿。在英国，普通人即使面对百万英镑，也不可能实施谋杀罪。尽管如此，100万英镑足以影响许多人。[②] 要想影响职业杀手去杀人，需要的怂恿要少得多，但5英镑的报酬不太可能有影响。这样的提议本身并无法使某人去杀害他人。相反，要想影响某人实施若干微不足道的罪行，比如商店行窃，并不需要太大的影响力。

现实情况是，各行各业的人，都存在被说服从事违法犯罪的可能性。普通民众中的某个人，能仅仅通过言语就被说服进行公开性交吗？是的，甚至人数很多。能否说服警官进行公开性交？是的，也许不多，但有些是可以说服的。犯罪越严重，在一般意义上的说服力越低，更确切地说，在警察中说服力越低。所以唯一的标准是，确定怂恿者所针对的人群中的某个人是否可以被怂恿。证据必须足以让陪审团毫无疑问地推断，在怂 819
恿行为发生的所有情况下，怂恿行为都能够怂恿目标犯罪人类别内的犯罪人，而被告人意在怂恿假定的犯罪人，或认为其所实施的怂恿行为会怂

---

① *R. v. Fitzmaurice*[1983]2 W. L. R. 227；*D. P. P. v. Armstrong*[2000]Crim. L. R. 379；*R. v. Jones*[2008]Q. B. 460. *People v. Breton*(1992)603 N. E. 2d 1290. *R. v. Jones*[2010]2 Cr. App. R. 10.

② 在 *State v. Santiago*(2012)305 Conn. 101。

恿特定的犯罪人。如果该行为能够怂恿警官实施犯罪,99%的警察不会被该行为所鼓舞实施犯罪就是无关紧要的。大多数普通民众无法被说服去犯罪,但法律针对的是那些试图影响少数可以被说服的人的怂恿者。

15-076 在社交媒体网站上发布的信息是否能够怂恿牧师、警官、教授、医生、律师、退休教师和其他专业人士暴乱?[①]

这或许能怂恿那些志同道合的懒汉,但陪审团必须作为事实问题来判断是否是这样,以及煽动信息是否针对这样的听众。当某人怂恿全世界犯下罪行时,不难确定其所实施的怂恿针对的是某一公众群体,而且这种怂恿能够怂恿该公众群体中的人犯罪。[②] 当某人在推特上煽动骚乱时,其旨在怂恿尽可能多的志同道合的人参与暴乱。鉴于社会上通常会有许多人赞同这样的观点,因此此类煽动行为有可能怂恿某个志同道合的人在某处开展暴乱,存在争议。

15-077 在"有能力"标准下,责任范围似乎很广。有哪些保障措施?

核心保障是过错约束,因为要使被告人承担责任,其要么有意怂恿正犯,要么相信这样做会怂恿正犯。如果这种怂恿是微不足道的,可能会使陪审团认定被告人不相信这样做会怂恿正犯。此外,被告人的怂恿不必是正犯实施的预期目标犯罪的主要动力,但如果要满足"有能力"的标准,就必须不能只是微不足道的激励要素。如果被告人的怂恿是微不足道的,就无法为特定的犯罪人实施预期的目标犯罪提供不容忽视的动机(理由)。必须考虑犯罪者的所有情况,因为如前所述,在特殊情况下,微不足道的怂恿可能会打破平衡。

为了在完全和纯粹意义上产生因果关系,被告人必须压制正犯的个
820 人意愿。[③] 压制正犯意志的胁迫,将使其成为准无辜的代理人。欺诈、胁迫或不当影响可以用来怂恿某人犯罪或自杀,[④]但较低层级的说服,也有因果关系。为确立参与未遂的目的,并不要求如此强烈的因果联系,只需要证明被告人的怂恿为正犯提供了实施预期目标犯罪的坚实的额外理由。被告人的行为不一定是正犯实施犯罪的主要原因,但一定是导致正

---

① *R. v. Badger*(1843)4 Q. B. 468 at 469-470.

② *R. v. Blackshaw*[2012]1 W. L. R. 1126. *R. v. Diamond*(1920)84 J. P. 211;*R v. Antonelli*(1905)70 J. P. 4.

③ *R. v. v Kennedy*(*No.* 2)[2008]1 A. C. 269;*Lewis v. State*(1985)474 So. 2d 766. Sue Woolf Brenner,"Undue Influence in the Criminal Law:A Proposed Analysis of the Criminal Offence of 'Causing Suicide'",(1982)47 *Albany L. Rev.* 62;Luis E. Chiesa,"Punishing Without Free Will",(2011)*Utah L. Rev.* 1403.

④ *State v. Melchert—Dinkel*(2012)816 N. W. 2d 703;Laws 2012,Act 639, § 1,eff. 1 May 2012.

犯从事犯罪的一般原因背后的深层次理由之一。可能有许多要素促使正犯违法犯罪,但只要被告人的怂恿行为有若干影响,打破了平衡,被告人就应该承担责任。在相关判例[①]中,有条法谚表明:“为了认定煽动自杀者犯有谋杀罪,煽动和自杀之间必然存在因果联系;煽动未必是唯一的原因,但那一定是犯罪的诱因之一。”

15-078　如果在客观意义上判断怂恿过于微不足道而无法影响正犯的犯罪决定,陪审团不应推断其确实影响了正犯的犯罪决定,或者能够影响正犯的犯罪决定。这是否成立?

在“女王诉吉那托案”[②]中,肯尼迪法官表示:“假如有人走到被告人面前说,‘我要杀了你的妻子’,如果被告人起了什么作用的话,不管是怂恿,还是拍拍正犯的背,点头,回答‘哦,好的’,那就足以使他卷入谋杀,使他有罪,因为他是在怂恿谋杀。”这种微不足道的间接怂恿是否能够影响某人犯下谋杀等非常严重的罪行,这是值得怀疑的。然而,陪审团必须考虑所有情况。如果某人已经打算谋杀或自杀,微不足道的怂恿可能是引爆点。在这个假设中,“哦,好的”是对已经打算谋杀的人说的,所以也许能够以不容忽视的方式影响正犯的最终决定。因此,陪审团可能会推 821
断这种表述有能力打破平衡,但需要确凿的证据证明正犯对实施预期的目标犯罪是非常认真的。更合适的观点是,这种表述不会造成因果关系的差异,因此太过微不足道,无法算作能够为正犯提供不容忽视的杀人理由的行为。

15-079　仅仅是建议,会不会是怂恿,能否对完全自主的成年犯罪人的犯罪决定产生不容忽视的影响?莎士比亚表示:“只要用好处引诱他们,就会像猫儿舔牛奶似的贪馋不去。”[③]

卡迪什写道:“人们常说,任何程度的影响或帮助,无论多么轻微,都足够充分。这是否证明说到底并不要求帮助产生了加功的效果?[④]‘有能力’测试是指对目标犯罪有可能造成影响的加功尝试。给予很小怂恿的人,不应被视为从犯,因为除非有特殊情况,这种协助将无法影响完全自主的成年人犯罪。孩子和易受骗的人可能会对这种建议甘之如饴,但对于完全自主的成年人来说,情况肯定不是这样。如果根据微不足道的

---

① *State v. Jones*,(1910)67 S. E. 160 at 162.

② (1997)1 Cr. App. R. 1 at 13. Similarly,it is doubtful that the conduct in *Wilcox v. Jeffery*[1951] 1 All E. R. 464;Matthew Hale,*The History of the Pleas of the Crown*,(London:Printed by E. and R. Nutt *et al.*,1736) Vol. I,at 616.

③ M. William Shake—speare,*The Tempest*,(London:printed by J. M. for Henry Herringman,1670).

④ Kadish,*op. cit. supra*,note 137 at 361-362.

怂恿来认定怂恿了若干轻微道德犯罪的人,触犯了 2007 年《严重犯罪法》所规定的罪行,那将是十分残酷的。”

在相关判例[①]中,斯科特法官(Scott J.)表示:

“在该案中提出的说明为何不应将教唆行为视为企图通奸的理由同样适用,不论通奸是轻罪还是重罪。这些都涉及确定什么才是教唆的标准难题。‘表面上看什么样的表述’,法庭表示,‘或者双关语,才算是教唆呢?’什么样的行为自由构成了这种罪行?每个塞浦路斯女子向其在人行道上遇到的已婚男人点头或眨眼,是否都会因通奸而被起诉?法律能否安全地确定街上哪些人是贞洁的,哪些人是淫秽的?这将是危险和困难的刑法规则。”

15-080 根据 2007 年《严重犯罪法》第 65 条:

(1)在本部分当中,凡提及某人实施了能够怂恿犯罪的行为,即包括其威胁他人实施犯罪或以其他方式向他人施加实施犯罪的压力的情况。

(2)在本部分当中,凡提及某人实施的作为,是能怂恿或帮助实施某项犯罪的,包括下列情况:

(a)采取措施减少就该罪行提起刑事诉讼的可能性;

(b)未采取合理措施履行职责。

(3)但是,无法仅仅因为某人没有对警官关于协助防止破坏社会秩序的请求作出回应,就认为其所做的行为能够怂恿或协助犯罪。 822

第 7 节 间接怂恿

15-081 间接怂恿不应足以使人信服。从心理学的角度来说,这是合理的,因为负责任的行为人的介入,会转移对间接怂恿者的报复性愤怒,后者与最终的伤害没有足够的联系,不值得指责。仅仅因为人们预见到或本可以预见到这种行为是由他们的间接行为造成,就让其对他人随后的行为负责是不对的。没有紧迫的必要认为间接的行为人应对损害本身负责,尽管他们很可能因其他罪行,如未遂而受到起诉,或在适当情况下因诸如持有等独立罪行而受到起诉。

如果某人无意中刺激他人杀人,但没有怂恿其这样做,即使刺激者意识到或应该意识到自己的行为会产生什么样的影响,也不会犯谋杀罪或

① *State v. Butler*, (1894) 35 P. 1093 at 1094; *U. S. v. Bagdasarian*(2011) 652 F. 3d 1113.

过失杀人罪。[1] 无意中激怒他人破坏治安[2]或轻率驾驶[3]，不会使挑衅者对他人的个人不法行为承担刑事责任。一般来说，如果人们的合法行为产生了影响他人犯罪选择的意外效果，法院就不应追究合法行为人的责任。以街角商店的老板甲为例。甲向客户乙出售冰淇淋；乙随后走出甲的商店，将冰淇淋的包装扔在地上。甲应该为乙乱扔垃圾负责吗？这种危害结果取决于乙做出了干预性的选择，即把包装扔在地上，但如果不是甲把冰淇淋卖给乙，这一切显然是不会发生的。很明显，甲在道德上不应该因为这种遥远的危害结果而受到责备（刑事谴责）。适当的措施是惩罚那些在街上乱扔东西的人。[4]

在"施耐德诉新泽西州案"（*Schneider v. State of New Jersey*）[5]中，克拉拉·施耐德是抗议者，站在街上向过往行人分发传单。施耐德确信，根据欧文顿镇的某项法令，自己是在没有许可证的情况下进行游说。这些传单包含了与肉类市场发生劳资纠纷的信息，并概述了有组织劳工运动的立场。这些传单试图说服人们不要光顾相关的肉类市场。许多接受这些传单的人要么读了传单，要么根本没读就把传单扔到街上。最终的结果是，街上到处都是被丢弃的传单。警察逮捕了请愿人，而不是那些丢弃传单的人。密尔沃基郡法院根据地方法令判定请愿人有罪。新泽西州最高法院维持了对上诉人的定罪。[6] 请愿人向美国最高法院提出上诉。罗伯茨大法官（代表法院发表意见）表示：[7] 823

"立法目的……被下级法院认为是防止在街上乱扔纸屑，虽然被指控的犯罪者没有被指控在街上乱扔纸屑，但对其定罪是基于这样理论：其分发传单的行为，怂恿或导致了这种乱扔纸屑的结果。本院认为，保持街道清洁和外观良好的目的，不足以成为这项法令的正当理由——该法令禁止在公共街道上的人将文学作品交给愿意接受的人。这种分发行为的间接后果，以及城市当局在清洁和照料街道方面所承受的负担，都源于宪法对言论和新闻自由的保护。这项宪法保护并没有剥夺城市防止街头垃圾的所有权力。防止乱扔垃圾的方法显而易见。其中包括惩罚那些在街上扔东西的人。"

---

① *R. v. Dubois*（1959）32 C. R. 187（Quebec）.

② *Beatty v. Gillbanks*（1882）9 Q. B. D. 308；*Wise v. Dunning*［1902］1 K. B. 167.

③ *R. v. Mastin*（1834）172 E. R. 1292.

④ *Schneider v. New Jersey*（1939）308 U. S. 147.

⑤ （1939）308 U. S. 147.

⑥ *Town of Irvington v. Schneider*（1938）120 N. J. L. 460.

⑦ *Schneider v. New Jersey*（1939）308 U. S. 147 at 162.

15-082　在"女王诉古德曼案"(*R. v. Goldman*)①中,古德曼被判试图煽动潜在的供应商传播涉及16岁以下儿童的色情物品。② 如上所述,2007年相关立法打击怂恿未遂的行为。③ 古德曼对甲(潜在供应商)的广告做出了反应,要求其提供7岁至13岁女孩的色情录像带。古德曼给甲寄去了购买录像带的货款,但甲并没有提供相应物品。古德曼被判有罪,是因为他曾试图怂恿甲传播这些非法视频。尽管如此,把甲排除在考量之外也是错误的,因为甲是最初的煽动者。可以认为,甲试图怂恿古德曼和他的同类癖好者持有儿童色情作品。甲可能并没有怂恿古德曼销售这些视频,但甲的广告无疑怂恿其持有此类视频。④ 甲一定相信,通过怂恿人们购买儿童色情制品,这些人将实施持有儿童色情制品的罪行。陪审团可以推断,甲还一定相信,通过向某些人出售儿童色情制品,会帮助他们拥有此类物品。如果供应商是这个想法的始作俑者,就属于怂恿犯罪。但是,如果潜在的犯罪人到供应商那里要求供货,供货本身不应被视为怂恿,而应被视为共谋。

15-083　当许多恋童癖者购买儿童色情制品时,他们创造了对儿童色情制品市场的需求。2007年《严重犯罪法》是否涵盖了这种间接怂恿?

该法没有将这种远程的间接怂恿作为犯罪处理。换句话说,其并没有仅仅因为恋童癖者集体怂恿其他人从事生产和供应儿童色情制品的业务而将其定为犯罪。相反,必须有针对个人实施的怂恿行为。该法处理向特定供应商/生产商要求(或试图要求)⑤此类材料的个别请求(怂恿行
824 为)。(请注意,当生产商/供应商向全世界投放广告时,将承担责任,因为这样的广告能够怂恿社会大众中的恋童癖者拥有儿童色情制品。)⑥

的确,恋童癖者催生出对包含这些可怕内容的自助式网站的需求,但如果他们仅仅是服务于自身需求,就并没有怂恿其他人为自己服务。⑦这类群体怂恿供应商继续经营,因为资金会自动累积到其账户中,但不怂恿供应商将资金分配给特定个人。如果违法图片和电影在被告人购买3年前就已经上传到网站上,很难看出被告人是如何怂恿正犯在过去上传违法图片的。此外,很难看出被告人是如何怂恿供应行为的,如果他所要

---

① *R. v. Goldman*[2001]EWCA Crim. 1684.

② The *Protection of Children Act* 1978.

③ Compare, *R. v. Jones*[2008]Q. B. 460; *Baney v. State*(2009)42 So. 3d 170.

④ Section 1(c) of the *Protection of Children Act* 1978.

⑤ *R. v. Jones*[2008]Q. B. 460; *Baney v. State*(2009)42 So. 3d 170.

⑥ *Invicta Plastics Ltd. v. Clare* [1976]R. T. R. 251.

⑦ *R.(on the Application of O'shea) v. City of Coventry Magistrates' Court*[2004]EWHC 905(Admin).

做的只是支付费用,让图片和电影自动下载到他的电脑上。同样,如果某人在公路边的传统桌子上留下西瓜和南瓜,并放置买者主动如实付款的收款箱,显然会怂恿整个世界的人都购买这些商品,但其本人并没有受到特定个人的怂恿来将果品供应给这个人。在刑法中,责任是个人的而不是集体的,刑法以个人的不法行为为对象。①

没有必要利用 2007 年《严重犯罪法》中作为未完成罪的犯罪怂恿来起诉儿童色情制品的持有者,因为其仅仅要求生产商和分销商从事生产这些可怕材料的业务。这种怂恿太间接。仅以持有罪起诉持有人,以销售罪起诉分销商就足够了。禁止人们拥有或销售这些材料是没有错的。在"美利坚合众国诉斯蒂文森案"(*U. S. v. Stevens*)②中,阿利托大法官(Alito J.)指出,根本的犯罪(性侵犯儿童)"如果不针对儿童色情制品的传播,就无法有效打击"。因此,持有、传播和制作犯罪显然是必要和正当的。对那些直接怂恿他人生产、销售或持有此类材料的人认定犯罪,也是必要和正当的。刺激必须是直接的、贴近的。值得注意的是,持有儿童色情制品具有间接的伤害性,因为那些仅仅购买儿童色情制品的人不会与儿童接触。持有者不是直接伤害孩子的人。生产者伤害儿童,因为他 825
们侵犯儿童以生产这种色情制品。

15-084　在这方面,"美利坚合众国诉斯蒂文森案"③的多数派决定似乎是错误的。在本案中,多数派法官认为,发行描绘斗狗的电影是受保护的言论自由行为。史蒂文斯所卖的录像带显示,狗互相残杀。史蒂文斯没有制造斗狗,也没有煽动其他人这样做,但根据某项禁止从事描绘动物虐待业务的联邦法律(18 U. S. C. § 48),他被判处 37 个月的监禁。美国联邦最高法院认为,用于对其判处监禁的法律实际上过于严厉,因此根据美国宪法第一修正案,该法律无效。相反,我认为这类案件符合刑事定罪和惩罚的危害理由,尽管 37 个月的监禁是不成比例的判决,但 6 个月的监禁可能是合理的,因为这种行为,具有不合理且不可免责的间接伤害结果。从某种意义上讲,是有害的,被告需要因为从最初的伤害中获益而受到惩罚。如此一来,有理由将分销本身定为犯罪。

15-085　如此一来,定罪的道德正当性是什么?

刑事定罪的理由是,持有者/经销商选择从潜在刑事损害的结果中获益。这个案件类似于某人处理赃物的案件。这样的人不会因为以折扣价

---

① Baker, *op. cit. supra*, note 4 at Chap. 41.

② *U. S. v. Stevens*(2010) 559 U. S. 460 at 494 citing *New York v. Ferber* (1982) 458 U. S. 747 at 759.

③ (2010) 559 U. S. 460.

购买赃物而直接伤害人,但因从潜在的犯罪伤害中得到好处而需要承担罪责。正是从犯罪损害中获取利益的行为,才使得将其所发挥的辅助作用定为犯罪是公平的。象牙的购买者共同形成了利润丰厚的象牙市场,这就是其存在的理由。同样,购买儿童色情制品的人形成了有利可图的市场,这就是儿童色情制品发行和生产的增长点。象牙市场增加了对濒危大象种群造成伤害的风险,因为象牙市场本身怂恿象牙制品的生产。象牙拥有者应被指控为持有罪,而不是怂恿罪,因为持有是其从最初的伤害中所获得的利益。持有者享受到了犯罪危害的结果,因此本身就存在错误。象牙持有者不会杀死大象,甚至不会与大象接触,但其故意从偷猎者的犯罪伤害中获益。

当恋童癖者选择持有真实孩子的图像时,就选择了接受犯罪危害的产物。持有者/购买人故意和明知地收受严重刑事损害的结果。通过接受只能通过不法损害产生的产品,持有人对不法损害结果照单全收。其对潜在危害的认识是肯定的,而且选择从危害的结果中获益。当甲把枪
826 卖给潜在的杀手时,可能不知道买方是否会用枪来杀人,但当乙购买象牙或儿童色情制品时,显然知道事实上,生产这种产品是会产生危害结果的。同样,收受赃物罪的严重后果是明知赃物被盗而收受赃物。

15-086　第50条中的合理性抗辩事由保护了哪些行为?

2007年《严重犯罪法》第50条包括合理性抗辩事由。其内容如下:

(1)如证明——

(a)行为人知道特定情节的存在;并且

(b)行为人如此一来实施的行为是合理的,则不构成本条犯罪。

(2)如证明——

(a)行为人相信特定情节的存在;

(b)这种确信是合理的;以及

(c)行为人认为其如此一来实施的行为是合理的,则不构成本条犯罪。

(3)在确定某人的行为是否合理时,要考虑的要素包括——

(a)预期罪行的严重程度(如属第46条所定罪行,则指公诉书所指明的罪行);

(b)声称为之行事的目的;

(c)声称行使的权力。

在"比蒂诉吉班克斯案"①中,当时的人们认为救世军在公共场所集

① (1882) 9 Q. B. D. 308. *Wise v. Dunning* [1902] 1 K. B. 167; *Duncan v. Jones* [1936] 1 K. B. 218.

会是合法的,尽管官方根据过去的经验认为,这将引发对立组织“骷髅军”的攻击。救世军认为骷髅军的行为是违法的,但怂恿骷髅军的行为并不是救世军的目的。其目的仅仅是在公众场合聚集,向信徒宣扬他们的宗旨。菲尔德法官(Field J.)[①]表示:

“上诉人与其他人组成了宗教活动协会……没有人将其他目的归咎于这个协会,而且他们的意见似乎反对这样做法,而且,在本案中,他们根本不反对法源。因为这是他们的合法目标,他们像以前一样聚集,列队穿过韦斯顿的街道。无法认为这样的集会本身就是非法的。上诉人抱怨,由于这次集会,他们被裁定犯有没有合理证据证明他们有罪的罪行。

……

本案证据……表明骚乱是由与上诉人对立的其他人引起的,他们没有实施暴力行为。”

在“雷德蒙·贝特诉检察长案”(*Redmond—Bate v. D. P. P*)中,雷德蒙·贝特女士在一座大教堂的台阶上布道时,遭到警察逮捕。有很多人 827
聚集在雷蒙德·贝特女士周围,其中若干人变得敌对起来。警官要求雷德蒙·贝特停止布道,因为他担心如果继续布道会导致破坏社会秩序。雷德蒙·贝特拒绝停止布道,结果警察逮捕了,并指控其故意妨碍警察履行 1996 年《警察法》第 89(2)条规定的职责。

15-087　塞得利大法官表示:[②]“如果骚乱或暴力的威胁来自会趁机做出反应,制造麻烦的路人,如果他们不愿意配合,就应该要求他们而不是传教士停止并对其加以逮捕。”塞德利大法官还表示:[③]“我看不出逮捕或定罪的合法依据……没有公路阻塞的迹象。没有人必须停下来听。如果他们这样做了,他们就可以自由地表达这样的观点,即传教士应该像上诉人及其同伴一样被关起来或保持沉默。”在“女王(应拉波特的申请)诉格洛斯特郡警察局长案”[*R. (on the application of Laporte) v. Chief Constable of Gloucestershire*]中,布朗法官表示:“以救世军队长比蒂先生[④]或韦克菲尔德传教士雷德蒙·贝特女士[⑤]所涉两案为例。在每个案件中,分庭法院显然有权撤销其各自的定罪。我再说一遍,警察的首要职

① *Beatty v. Gillbanks*(1882)9 Q. B. D. 308 at 313-314. *U. S. v. Turner*(2013)720 F. 3d 411 at 420;*Virginia v. Black*(2003)538 U. S. 343.

② *Redmond—Bate v. D. P. P.*[2000]H. R. L. R. 249 at 259.

③ *Redmond—Bate v. D. P. P.*[2000]H. R. L. R. 249 at 260. *U. S. v. Polouizzi*(2010)687 F. Supp. 2d 133 at 169;*Bushell's Case*(1670)6 St. Tr. 999;*Hamond v. Howell* (1677)2 Mod. 218.

④ *Beatty v. Gillbanks*(1882)9 Q. B. D. 308.

⑤ *Redmond—Bate v. D. P. P.*[2000]H. R. L. R. 249.

责是保护无辜者的权利,而不是强迫无辜者停止行使这些权利。"①

第50条规定的抗辩事由将需要某种伤害和公共利益分析。将由陪审团评估所涉行为的社会价值。范伯格曾写道:"危险行为的价值(用处)越大……产生损害后果的风险就越可以合理接受,对极具价值的行为,风险都是合理的,除非危险已经达到确定、清楚的程度。"②电视台的工作人员是否应为制造对裸体和暴力的街头抗议的需求承担刑事责任?如果电视台工作人员和其他人因行使其合法权利和自由而被追究刑事责任,仅仅是因为这可能怂恿其他人从事犯罪行为以吸引公众关注其事业,难道这不是不可容忍的刑事责任延伸吗?③ 法院可能会认为,媒体对抗议活动的报道涉及言论自由,有着非常有价值的目的,即让公众了解世界
828 上正在发生的事情。这是议会在颁布第50条时考虑到的有价值的行为。

第8节 取消共犯未遂

15-088 在普通法中,中止似乎并不被视为对未完成罪(如共谋④、企图/未遂⑤和煽动⑥)的抗辩事由。2007年《严重犯罪法》也没有纳入中止。尽管如此,如果证据清楚地表明,被告有效地抵销了自己的帮助或怂恿,并采取坚定措施放弃其犯罪故意,即使怂恿者/帮助者试图怂恿或协助某项非常严重的罪行,量刑法官也不太可能判处监禁。根据2007年《严重犯罪法》,一旦积极参与者作出能够怂恿或协助犯罪人犯罪的行为,共谋未遂即成为犯罪,因此,中止不是抗辩事由。尽管撤诉不是抗辩,但间接参与者自愿撤诉的证据可以用来减轻处罚。2007年《严重犯罪

---

① [2007]2 A. C. 105 at 155. *Austin v. Commissioner of Police of the Metropolis*[2008]Q. B. 660 at 680-681.

② Joel Feinberg, *The Moral Limits of the Criminal Law*: *Harm to Others*, (New York: Oxford University Press, 1984) Vol. I at 215-216.

③ Glanville Williams, "Complicity, Purpose and the Draft Code: Part 1", [1990] Crim. L. R. 4 at 10.

④ *Mogul Steamship Co. Ltd. v. McGregor*, *Gow & Co.* (1888) 21 Q. B. D. 544 at 549, *R. v. De Berenger*(1814) 3 M. & S. 67 at 76 *per* Bayley J.; *R. v. Grundy*[1977] Crim. L. R. 543. R. *v. LK*(2010) 241 C. L. R. 177 at 264, Gummow, Hayne, Crennan, Kiefel and Bell J. J., in joint judgment, observe: *U. S. v. Read*(1981) 658 F. 2d 1225. William Hawkins, *A Treatise of the Pleas of the Crown* (London: Printed by E and R Nutt, *et al*, 1734), Vol. Ⅱ. at 442. *U. S. v. Schiro*(2012) 679 F. 3d 521; *U. S. v. Heard* (2013) 709 F. 3d 413.

⑤ *R. v. Page*[1933] V. L. R. 351 at 354; *R. v. Collingridge*(1976) 16 S. A. S. R. 117 at 132, (Bright J.), James Fitzjames Stephen, *A Digest of the Criminal Law*, (London: MacMillan & Co. 1904) at 40. *R. v. Lankford*[1959] Crim. L. R. 209.

⑥ *People v. Gordon*(1975) 47 Cal. App. 3d 465.

法》没有规定中止或放弃的抗辩事由,[1]这是法律委员会及其研究人员的其他疏漏。犯罪和抗辩属于法律委员会的职权范围,但没有考虑对未完成共犯的全方位抗辩。在美国,每州,除了少数例外之外,都制定了某项对未完成罪的中止或放弃的抗辩事由。[2]

在美国,有三种相互关联的抗辩,分别是"放弃"(Abandonment)、"中止"(Withdrawal)和"拒绝"(Renunciation)。"中止"是共犯责任的抗辩, 829
而"放弃"和"拒绝"通常适用于未完成罪。[3] 在有的州[4],这种抗辩被称为放弃抗辩,但放弃抗辩和拒绝抗辩这两个术语经常互换使用。[5] 拟议的《美国联邦刑法》建议将拒绝作为抗辩事由。[6] 例如,爱达荷州刑法规定:"被告在唆使他人犯罪后,在表明完全自愿放弃犯罪目的情况下,劝说他人不要这样做或以其他方式阻止犯罪,属于正向抗辩事由。"[7]

15-089　对于未完成罪来说,放弃犯罪该如何理解?

在"罗德岛诉拉特沃斯案"(*State v. Latraverse*)[8]中,罗得岛州最高法院的科勒赫法官(Kelleher J.)表示:"承认放弃抗辩的唯一动机,是希望个人停止追求他们的犯罪计划,从而降低预期的实质性犯罪完成的风险。"莫尔斯认为:"放弃抗辩主要是基于结果主义的考量。法律希望给代理人不造成被禁止的伤害的激励,也许放弃表明代理人毕竟没有危险,因此无须褫夺其行为能力。尽管激励效果与行动指导功能完全一致,但

---

① Daniel L. Rotenberg, "Withdrawal as a Defence to Relational Crimes", (1962) *Wis. L. Rev.* 596 at 600. Christopher Russell, "Does Attempted Murder Deserve Greater Punishment than Murder—Moral Luck and the Duty to Prevent Harm", (2004) 18 *Notre Dame J. L. Ethics & Pub. Pol' y* 419; Kenneth W. Simons, "Does Punishment for Culpable Indifference Simply Punish for Bad Character—Examining the Requisite Connection between *Mens Rea and Actus Reus*", (2002) 6 *Buff. Crim. L. Rev.* 219.

② Baker, *op. cit. supra*, note 4 at Chap. 41.

③ *Matter of J. F., Jr.* (1997) 948 S. W. 2d 807; *Hawkins v. State* (2007) 214 S. W. 3d 668. generally, Michael T. Cahill, "Defining Inchoate Crime: An Incomplete Attempt", (2012) 9 *Ohio St. J. Crim. L.* 751; Michael S. Moore, "Yaffe's Attempts", (2013) 19(2) *Legal Theory* 136.

④ *Chrisman v. State* (2009) 910 N. E. 2d 1290; *U. S. v. Smauley* (1994) 39 M. J. 853; *U. S. v. Schoof* (1992) 34 M. J. 811; *U. S. v. Dworken* (1998) 855 F. 2d 12; *People v. Salazar* (1985) 140 Mich. App. 137.

⑤ *U. S. v. Vasco* (2009) 564 F. 3d 12 at 21; *Longval v. State* (2009) 914 So. 2d 1098; *U. S. v. Wales* (2005) 127 Fed. Appx. 424 at 430.

⑥ S. 1630, 97th Cong., 2d Sess. § 1002(b) (1982). Model Penal Code § 5.02(3); S. 1437, 95th Cong., 1st Sess. § 1003(b) (1977) (federal).

⑦ Idaho Code § 18—2003 (Interim Supp. 1983).

⑧ (1982) 443 A. 2d 890 at 896. George P. Fletcher, *Rethinking Criminal Law*, (Boston, Little Brown, 1977) at 544.

这两种考虑都与先前的行为无关。"[①]"抗辩的目的不仅在于鼓励停止,还在于承认那些放弃激励或采取积极措施[②]以确保不会导致他人犯罪者,
830 不像那些从不停止的行为人危险。[③] 及时采取代价不菲的措施来取消其试图发动的犯罪行为的人,相较于那些没有采取这些措施的行为人,更不应受到指责。"[④]

在美国大多数州,只有在犯罪人没有实施或企图犯下被怂恿实施的罪行时,放弃抗辩才适用。如果犯罪已经被实施或企图实施,怂恿者/帮助者将作为从犯承担责任,因此需要援引中止辩护。在这方面,防止实质性损害是拒绝抗辩存在的主要目的。[⑤] 辩护方还认识到,那些愿意改变主意并采取措施防止其先前怂恿或协助的犯罪行为被实施的人的罪责较轻。放弃他们先前的犯罪计划降低了其道德责任。正是由于这个原因,这种抗辩通常要求拒绝是自愿和及时的。

如果假定的从犯拒绝或放弃参与预期的目标犯罪,因为警察紧随其后,或者因为其认为在特定的情况下犯罪风险太大,这种拒绝缺乏自愿性。[⑥] 而其表现出与那些不拒绝参与犯罪者同样的可责性。[⑦] 在"美利坚合众国诉巴特里基特案"(*U. S. v. Buttrickit*)[⑧]中,林奇法官(Lynch J.)表示:"首先,允许被告方承认行为人的行为不再对社会构成危险。其次,辩护的有效性为行为人提供了停止犯罪计划的动机,从而减少了实质性犯罪发生的风险。""怂恿者/帮助者在预防犯罪方面往往比其他人处于更好的地位,因此,为其提供激励,使其将其过去的帮助或怂恿一笔勾销是有意义的。"

15-090 拒绝抗辩中要求被告防止预期的目标犯罪未遂或实施的规定,给被告造成的负担比共犯的中止抗辩给被告造成的负担更重。[⑨] 这公平吗?

当行为人预期的目标犯罪已经既遂或未遂时,不应适用抗辩,这是有

---

① Stephen J. Morse, "Reason, Results, and Criminal Responsibility", (2004) *U. Ill. L. Rev*. 363 at 424.

② David O. Brink, "First Acts, Last Acts, and Abandonment", (2013) 19(2) *Legal Theory* 114.

③ Daniel G. Moriarty, "Extending the Defence of Renunciation", (1989) 62 *Temp. L. Rev*. 1; Evan Tsen Lee, "Cancelling Crime", (1997) 30 *Conn. L. Rev*. 117.

④ Jean E. Hampton, "*Mens Rea*", (1990) 7(2) *Social Philosophy and Policy* 1; Jean E. Hampton, "The Nature of Morality", (1989) 7(1) *Social Philosophy and Policy* 22 at 42.

⑤ Paul H. Robinson, 1 *Crim. L. Defence*, § 81.

⑥ *Chennault v. State*(1984) 667 S. W. 2d 299.

⑦ Robinson, *loc. cit. supra*, note 207.

⑧ (2005) 432 F. 3d 373.

⑨ *People v. Sisselman*(1989) 147 A. D. 2d 261 at 263-264.

道理的，因为责任此时取决于实际参与而不是企图参与。抗辩事由适用 831
于未遂和共谋等未完成犯罪，但重点是未遂的帮助或怂恿。当某人企图犯罪时，[①]可以很容易地阻止犯罪的发生，因为其所要做的就是停止犯罪企图。[②] 这也适用于被告参与共谋的情况，除非合意本身具有怂恿同谋者自己实施犯罪的效果。[③] 如果合意本身导致间接的怂恿，被告可能会根据 2007 年《严重犯罪法》第 45 条接受处罚。

15-091　这种抗辩如何适用于 2007 年《严重犯罪法》第 44—46 条所述罪行？

当帮助者/怂恿者试图参与他人犯罪时，拒绝抗辩的成立将更加困难，因为帮助者/怂恿者必须自愿地采取措施，防止犯罪者得逞，才能提出拒绝的抗辩。[④] 一般来说，放弃辩护要求的不仅仅是停止，要求放弃者“放弃其犯罪或以其他方式防止犯罪的努力”。[⑤] 放弃也必须是自愿的；被告因为风险太大而放弃犯罪是不够的。[⑥] 假设被告人向正犯邮递了
枪，意图帮助正犯杀死被害人。被告人改变主意，去正犯家等邮递员把枪 832
取回。如此一来，拒绝抗辩应该适用，因为其防止了正犯在其帮助下实施犯罪，而被告没有以其他方式怂恿正犯实施谋杀。同样，如果被告人给正犯寄了一张 10 万英镑的支票，怂恿正犯杀死被害人，只有在让支票作废，并向正犯明确表示，自己将不再为正犯杀人提供资金的情况下，才成立放弃抗辩。被告人还必须确保正犯理解该信息，因此不再受到最初怂恿的影响。[⑦]

在某些情况下，被告人因为可能无法改变正犯的想法，很难取消怂恿。假设被告人怂恿正犯杀死被害人，告诉正犯被害人和正犯的丈夫有外遇。被告人不仅向正犯讲述了这段恋情，还展示了正犯的丈夫亲吻和拥抱被害人的清晰画面。此外，被害人是正犯最好的朋友。假设被告人告诉正犯应该杀了被害人，因为被害人毁了正犯的婚姻。此后，被告人改

---

① *Falay v. State*(2013)740 S. E. 2d 738；*State v. Hughes*(1986)521 A2d 1295.

② *Mullins v. Commonwealth*(1940)5 S. E. 2d 491；*Commonwealth v. Peaslee*(1901)177 Mass. 267，Compare *State v. Strommen*(2002)648 N. W. 2d 681；*Dale v. State*(1995)535 N. W. 2d 619；*State v. Gartlan*(1999)132 N. C. App. 272；*State v. Cox*(1979)278 N. W. 2d 62.

③ *State v. Webb*(1909)115 S. W. 998；*Smith v. U. S.* (2013)133 S. Ct. 714；*State v. Liljedahl* (1982)327 N. W. 2d 27；*People v. Sisselman*(1989)542 N. Y. S. 2d 801；*People v. Denio*(1997)454 Mich. 691.

④ *People v. Ozarowski*(1976)38 N. Y. 2d 481.

⑤ *People v. Stevens*(2009)884 N. Y. S. 2d 283. Also section 5. 01(4) of the A. L. I. 's *Model Penal Code*.

⑥ *People v. Stevens*(2009)884 N. Y. S. 2d 283，where Kavanagh J. *People v. Sisselman*(1989)147 A. D. 2d 261；*Wesbrook v. State*(2000)29 S. W. 3d 103 at 122.

⑦ *State v. Webb*(1909)216 Mo. 378，*State v. Kinchen*(1910)126 La. 39.

变了主意,告诉正犯不值得为丈夫和他的情人坐牢。被告人试图说服正犯离婚,并起诉获得丈夫的每一分钱,完全可以得到丈夫的所有财产。但正犯无法从脑海中抹去清晰的镜头,也无法接受这个事实:最爱和最信任的两个人,最好的朋友和丈夫,会对自己如此不好。当警察因为一次例行的交通违章拦截正犯时,发现车里有把大威力的枪。这段清晰的录像和被告人最初的怂恿信息仍在正犯的脑海中萦绕。当警察问正犯为什么车里有一把大威力的枪时,正犯承认自己正要开车去被害人家,杀死这个和丈夫有外遇的家伙。正犯还告诉警方,被告人怂恿自己杀死被害人,被告人在她的平板电脑上展示了视频片段,证明正犯的丈夫与被害人有染。正犯告诉警方,只是无法把视频片段从脑海中抹去,因此决定按照被告人最初的建议杀死被害人。

在这个假设中,正犯开车带枪到正犯所处的位置仅仅是犯罪预备行为。[①] 这不是谋杀未遂。在假设中,被告人没有通过提供枪来帮助正犯。被告人所做的只是通过给其看清晰的录像怂恿正犯来杀死被害人,同时告诉正犯杀死被害人。被告人尽了自己所能来取消此前的怂恿,但是没有成功。在美国判例法规定被告人必须防止其诉怂恿或帮助的犯罪发生的情况下,自从警察截获正犯后,这个问题就不在这里出现了。然而,问题仍然是被告人未能尝试取消之前的怂恿是否足以否定拒绝辩护的成立。有些判例表明此种情况下拒绝抗辩可以成立,[②]但其他判例则表明,
833 怂恿的影响必须完全被消除,拒绝抗辩才可以成立。

15-092 换句话说,被告人必须说服正犯放弃谋杀。[③](如果在上述假设中,正犯被警察截获是因为被告人及时告密,这就足以构成完全拒绝,因为被告人阻止了犯罪的发生或企图。)根据 2007 年《严重犯罪法》第 44—46 条的规定,这个问题是没有意义的,因为这种拒绝无法被视为实质性抗辩事由。这是新法的缺点,因为其没有给被告提供改变主意的动力。这并无法激励被告重新考虑其试图参与的行为。鉴于未完成罪的目的是在伤害未遂之前插手,为假定的参与人提供激励,使其在伤害发生之前尽力防止其试图协助或鼓励的伤害,这是有意义的。根据 2007 年

---

① *Schemm v. State*(2007) 228 S. W. 3d 844. *People v. Sisselman*(1989) 147 A. D. 2d 261 at 263–264; *Peacock v. State*(1986) 498 So. 2d 545; *State v. Smith*(1980) 409 N. E. 2d 1199; *State v. Peterman*(2005) 280 Kan. 56.

② *Forman v. State*(1954) 220 Miss. 276 at 287.

③ 18 Pa. Cons. Stat. Ann. § 902(b). *State v. Kinchen*(1910) 126 La. 39 at 48 *per* Provosty J.; *State v. Cromwell*(2009) 33 So. 3d 31; *United States v. Buttrick*(2005) 432 F. 3d 373 at 377; *U. S. v. Vasco*(2009) 564 F. 3d 12 at 21; *Com. v. Joseph*(2004) 848 A. 2d 934; *Schemm v. State*(2007) 228 S. W. 3d 844; *Commonwealth v. Higley*(1975) 70 Pa. D. & C. 2d 142.

《严重犯罪法》,从轻判决是可能给予取消其协助或鼓励的被告的唯一让步。后者将由量刑法官酌情决定。[1]

15-093　对于怂恿者来说,证明自己取消了怂恿,不难吗?

如果被告声称自己取消了怂恿,显然存在证据上的问题。证明帮助被取消则要容易得多。例如,如果被告人给正犯一把枪杀死被害人,但又在其有机会使用枪之前取回枪,就不难证明被告人取消了曾给予的帮助。但正如刚才看到的,当正犯被发现准备实施被怂恿实施的犯罪时,可能很难确定先前的怂恿不再在正犯的脑海中起作用。在某些情况下,可能很明显,若干附带发生的怂恿已经发生,以至于当正犯准备实施特定的目标犯罪时,被告人的鼓励不再在正犯的头脑中起作用,但这种情况可能很少见。 834

① Section 58 of the *Serious Crime Act* 2007.

译后记

本书付梓，如释重负。

完成了对丹尼斯教授的承诺，将这本鸿篇巨制尽可能完整地还原并介绍给中国的读者。英美刑法及相关研究，在中国刑法学界自然绝非主流，对此现状虽感慨良多，但普通法世界法秩序的存在与运行，却是不争的现实。希望借由这本在普通法体系享有盛名、地位卓然的刑法学巨著的引入，为那些抱持开放心态与自省态度的学人，提供某种可供随手翻阅参考的可靠资料。

本书付梓，如履薄冰。

虽然颇为自诩，但译文中的错愕之处必不能免。另外，英语作为通用语言，熟练运用者自然不在少数，但中英文本的互译，自然有其价值与必要。但无论如何，都希望各位读者秉持开放心态，不吝争鸣指摘，也希望这本译稿能够得到机会再版，与原著同频共振，更可修正此间暴露的各种不正。

本书付梓，如响应声。

无论是作为原书编著者的丹尼斯教授，还是为本书出版提供资助的吉林大学法学院，抑或幕后操刀的编辑老师，还有太多太多亲友师朋，因本书结缘，汇聚成一张智识之网，个中交流与互动，凝聚在译文的字里行间，成为学术交流、学人相交的最好注解。

李立丰

2020 年 12 月 31 日于沈阳

图书在版编目(CIP)数据

格兰维尔·威廉姆斯刑法学教科书. Ⅰ，犯罪论编 / (英) 丹尼斯·贝克著；李立丰译. -- 北京：法律出版社，2023

书名原文：Glanville Williams Textbook of Criminal Law

ISBN 978-7-5197-7318-2

Ⅰ. ①格… Ⅱ. ①丹… ②李… Ⅲ. ①刑法–法学–教材 Ⅳ. ①D914.01

中国版本图书馆 CIP 数据核字(2022)第 224363 号

格兰维尔·威廉姆斯刑法学教科书. Ⅰ，犯罪论编
GELANWEIER · WEILIANMUSI XINGFAXUE JIAOKESHU. Ⅰ,FANZUILUN BIAN

[英]丹尼斯·贝克 著
李立丰 译

责任编辑 屈 瑶 刘梦瑀
装帧设计 臧晓飞

出版发行 法律出版社
编辑统筹 学术·对外出版分社
责任校对 王 丰
责任印制 陶 松
经 销 新华书店

开本 710 毫米×1000 毫米 1/16
印张 37.75 **字数** 646 千
版本 2023 年 6 月第 1 版
印次 2023 年 6 月第 1 次印刷
印刷 三河市龙大印装有限公司

地址:北京市丰台区莲花池西里 7 号(100073)
网址:www.lawpress.com.cn
投稿邮箱:info@lawpress.com.cn
举报盗版邮箱:jbwq@lawpress.com.cn

销售电话:010-83938349
客服电话:010-83938350
咨询电话:010-63939796

版权所有·侵权必究

书号:ISBN 978-7-5197-7318-2
定价:119.00 元

凡购买本社图书,如有印装错误,我社负责退换。电话:010-83938349